D1664888

HANDBUCH DER
MEDIENGESCHICHTE

herausgegeben von

Helmut Schanze

ALFRED KRÖNER VERLAG

Handbuch der Mediengeschichte
Hg. Von Helmut Schanze
Stuttgart: Kröner 2001
(Kröners Taschenausgabe; Bd. 360)
ISBN 3-520-36001-2

Inhalt

I Systematische Konzepte

Medientheorie
von Rainer Leschke 14

Medienanalyse
von Hans-Dieter Kübler 41

Medienästhetik
von Rudolf Schnell 72

II Integrale Mediengeschichte
von Helmut Schanze 207

Von der Schrifterfindung zu den Digitalmedien 208

Mediengeschichte der Antike: Skriptorium und Bibliothek, Theater und Forum, reitende Boten und Lauffeuer. . . . 220

III Die einzelnen Medien

Vorwort

Handbücher antworten auf einen Bedarf an gesichertem Wissen und an Übersicht in einem abgrenzbaren Feld. Ein so junger und zugleich in die Vorzeit der Menschheit zurückreichender Bereich wie jener der Medien aber kann kaum mit jener Sicherheit bearbeitet werden, wie dies vielleicht mancher Nutzer eines Handbuchs erwarten mag. Nicht ohne Grund spricht man gegenwärtig von einer neuen medialen Unübersichtlichkeit. Die Systematik der Medien hat einen hohen Differenzierungsgrad erreicht. Die Rede von der Konvergenz aller alten Medien im Neuen Medium »Computer« ist ein Versprechen auf Vereinheitlichung. Seine Einlösung aber hängt von der Beantwortung der Frage ab, was denn die alten und die jeweils neuen Medien waren und wofür sie standen. Dies ist die Grundfrage der Mediengeschichte. Sie orientiert in der Medienvielfalt der Gegenwart durch Rückgriff in die Vergangenheit der Medien am Faden der Zeit.

Das vorliegende Handbuch ist in mehrfacher Hinsicht ein Experiment. Zum einen kann es den vielgestaltigen Gegenstand nur beschreiben, kaum aber vorzeigen. Die geschichtliche Darstellung ist in den Grenzen eines Einzelmediums, des Buches, befangen. Überdies ist die globale Vielfalt der Medienlandschaft kaum zwischen die Deckel eines einzigen Buch zu bringen. Mehr noch: Es muss eine Art work in progress bleiben angesichts des gegenwärtigen Umbruchs der Medienlandschaft. Die alten Graphien, die über das 20. Jahrhundert hinweg von den neuen Audiovisionen überformt und dominiert wurden, erhalten neue Spielräume auf der »Digitalen Plattform«. Eine neue Koexistenz von Buchstaben und Bildern stellt sich gegenwärtig ein. Mit Hilfe von Programmen wird ein Ton- und Bilderzauber erzeugt und auf die Lautsprecher und die Bildschirme gebracht, den gleichen, auf denen auch, wie die Feuerzeichen, die Buchstaben erscheinen und verschwinden.

Das vorliegende Buch ist entstanden im Kontext und zum Abschluss eines Sonderforschungsbereichs, der sich seit 1985 schwerpunktmäßig mit dem Medium Fernsehen beschäftigt hat, und der in seinem Titel »Bildschirmmedien« die Entwicklung zu einem »Neuen Medium« konzeptionell vorweggenommen hat, das seine Virulenz erst Mitte der 90er Jahre des 20. Jahrhunderts entfaltet hat. Über Jahre mit dem Herausgeber in der »Siegener« Medienforschung verbunden, bleiben die Beiträger und ihre Beiträge aber durchaus eigenen Handschriften verpflichtet. Unterschiedliche Generationen in der Wissenschaft markieren unterschiedliche Positionen in Zielsetzung und Methode. Diese Unterschiede waren, im Sinne des Gegenstands, der von seiner Vielfalt lebt, nicht zu homogenisieren. Trotzdem sollte ein lesbares Buch entstehen, lesbar in den Einzelbeiträgen, lesbar im Ganzen, informativ und nützlich für Forschung, Lehre und Medienpraxis. Dem sollte die Gesamt-konzeption dienen. Sie wird in der Einleitung beschrieben.

Die Lesbarkeit und Nutzbarkeit ist den Beiträgern, vor allem aber der sorgfältigen Redaktion zu danken. Übernommen hat sie Frau Dr. Sibylle Bolik, unterstützt von Herrn Dr. Konrad Scherfer, beide langjährige Mitarbeiter im Teilprojekt »Medienwertungsforschung« innerhalb des Sonderforschungsbereichs »Bildschirmmedien«. Zuerst und zuletzt trug dazu der Verlag bei. Als Anregerin des Buchs und erster Leserin sei hier der Verlegerin, Frau Dr. Imma Klemm, gedankt. Sie und ihre Mitarbeiterin, Frau Leonie Tafelmaier, haben der Texte der Autoren im Vollsinn des Wortes zum Buch gemacht. Wenn das *Handbuch der Mediengeschichte* die Nutzbarkeit und auch die Schönheit des Mediums der vielberufenen »Gutenberg-Galaxis« demonstrieren kann, so ist dies im Sinne aller Beteiligten. Das Papier, mit Buchstaben bedruckt und gebunden als Buch für die Hand, behauptet damit nach wie vor sein Recht neben den Bildschirmen als feste Oberfläche des Digitalmediums.

Siegen, im Frühjahr 2001   HELMUT SCHANZE

Einleitung

Das Paradigma der Medialität ist seit Mitte der 80er Jahre des 20. Jahrhunderts zum herrschenden geworden. Neben den Begriffen Information, Kommunikation und Wissen dient zuletzt der Begriff des Mediums als Signatur des gegenwärtigen Zeitalters. Die Frage: ›Was ist ein Medium‹ wird nachdrücklich gestellt. Ergebnis der Mediendiskurse jedoch ist: Eine einheitliche Antwort ist nicht zu erwarten. Eine Pluralität von Medienwissenschaften, die sich ausdifferenziert haben, gibt unterschiedliche Auskünfte. Zu den technischen, ökonomischen, juristischen, psychologischen, soziologischen, pädagogischen und linguistischen Aspekten der Medienentwicklung nehmen nicht nur die jeweiligen Bezugswissenschaften Stellung, sondern auch die Medien- und Kommunikationswissenschaft. Sie tritt als eigenständige Disziplin auf. Intermedialitäten und mediale Koevolutionen aber stehen auch auf der Tagesordnung jener Fachgebiete, die, wie die Musik-, Kunst- und Literaturwissenschaften, auf Formen und Inhalte der ›alten Medien‹ spezialisiert sind. ›Alte‹ und ›neue‹ Medienbegriffe, vom Medium der Parapsychologie bis zum Universalmedium Internet, verschränken sich in der Diskussion.

Die Historizität der Medien scheint evident. Mediengeschichte, deren Bedarf in den 80er Jahren noch in Frage gestellt werden konnte, wird neben Medientheorie, Medienästhetik und Medienanalyse heute allgemein als Teildisziplin der Medienwissenschaft betrieben.

Die gegenwärtigen medienhistorischen Diskussionen gehen zurück auf die 20er und 30er Jahre des 20. Jahrhunderts. Das Aufkommen der sogenannten Massenmedien wurde als Bedrohung für die Künste, aber auch als Chance für neue Vermittlungsformen gesehen. Paul VALÉRYs und Walter BENJAMINs Thesen zur Veränderung der Wahrnehmung , ja des Denkens im Zuge der Medienrevolutionen, Marshall MCLUHANs umfassende Geschichte der »Extensions of Man« (M. MCLUHAN, 1968) machten Mediengeschichte zu einem medientheoretisch entscheidenden Projekt. Elizabeth EISENSTEINs grundlegende Arbeit zur Frage des *Agent of Change*, die die kultur- und wissenschaftsgeschichtliche Bedeutung der Printing Press in den Mittelpunkt stellte (E. EISENSTEIN, 1979), führte ebenfalls zu Überlegungen, eine allgemeine Mediengeschichte zu entwerfen. In Konzepten wie der *Li-*

teraturgeschichte als Mediengeschichte (H. SCHANZE, 1976), der *Kommunikationsgeschichte* (M. BOBROWSKY/W. LANGENBUCHER, 1987) und der Epochenkonfrontation der *Aufschreibesysteme 1800–1900* (F. A. KITTLER, 1985/1995) wurden unterschiedliche Anknüpfungspunkte gewählt. Das erste Konzept galt der Möglichkeit, Literaturgeschichte im Medienzeitalter fortzuschreiben und von hier aus, quasi rückwärtsschreitend, den Gesichtspunkt der Medialität auch in der Vorgeschichte des Zeitalters der Massenmedien fruchtbar zu machen. Im zweiten Fall ging es um eine Historisierung und Erweiterung der Publizistik zu einer historischen Kommunikationswissenschaft. Die historische Konfrontation der verschiedenen Systeme der Schriftlichkeit und ihrer fortschreitenden Technifizierung schließlich diente einer diskursanalytischen »Rekonstruktion der Regeln, nach denen die faktisch ergangenen Diskurse einer Epoche organisiert sein mussten, um nicht den Ausschlüssen wie dem Wahnsinn zu verfallen« (F. A. KITTLER, 1985/1995, S. 519). Gegenüber der »hergebrachten Literaturwissenschaft« wurde der Gedanke zur Geltung gebracht, dass Wahrnehmung und Wissen unlösbar an die Aufschreibesysteme gebunden sind. Friedrich A. KITTLER zitierte 1985 Friedrich NIETZSCHE mit dem Satz, dass das Werkzeug, seine primitive Schreibmaschine, an unseren Gedanken mitarbeite (F. A. KITTLER, 1985/1995, S. 247). Dass der »Buchstabe«, mit NOVALIS der »wahre Zauberstab«, auch über das Bild gebietet, wurde durch die Ankunft der technischen Audiovisionen nachdrücklich in Frage gestellt. Während eine Literaturgeschichte als Mediengeschichte einem »erweiterten Literaturbegriff« (H. KREUZER, 1976) folgt und die Kommunikationsgeschichte die Systematik der Kommunikationstheorien historisiert, weist das Konzept der Diskurstheorie auf eben jenen blinden Fleck im Auge des Literaturhistorikers, der, angesichts der Selbstverständlichkeit, mit der ihm der kognitive Apparat zur Verfügung zu stehen scheint, dessen Fragilität und Bedrohung kaum wahrnimmt. Mediengeschichte wurde zu einer Geschichte der Technifizierung der Wahrnehmung. Dass diese unterschiedlichen Ansätze heute dialogfähig gemacht werden müssen, um zu einer integralen Mediengeschichte zu kommen, sollte außer Frage stehen.

Spricht man von Mediengeschichte, so ist zunächst von der Geschichte der Massenmedien des 20. Jahrhunderts die Rede. In Geschichten von Einzelmedien, wie der des Fernsehens, oder in der Mediengeschichte der Bundesrepublik, in der eine historische Epoche in ihrer medialen Entwicklung aufgegriffen wurde, werden das massenmediale Paradigma und seine Folgen beschrieben. In jedem Falle erschienen Begriff und Sache tauglich, historiographische Fragestellungen gegenwartsbezogen aufzugreifen.

Mediengeschichte stellt aber – bezieht man den Medienbegriff auf die Gesamtheit der medialen Techniken seit Erfindung der Schrift, auf die Dispositive der Wahrnehmung, des Denkens und der Mitteilung insgesamt, auf neue und ›alte Medien‹ wie Musik, Kunst, Theater und Literatur, – einen weiten Bezugsrahmen dar, an dem sich die Einheit der Fragestellung und damit des fachlichen Bereichs entscheiden dürfte. Die Diskussion um die ›Massenmedien‹, wie sie zu Beginn des 20. Jahrhunderts in Bezug auf Film und Rundfunk, später auf das Fernsehen, geführt wurde, ist nicht nur defensiv von Seiten der Künste geführt worden, sie hat auch neue Kunstformen hervorgebracht. Die Revolution der Digitalmedien hat die Historizität der Massenmedien bewusst gemacht und das Feld der ›alten Medien‹ vor ihnen, des Drucks, des Theaters, der Schrift, aber auch des Hörfunks und des Fernsehens, neu zu sehen gelehrt.

Die Frage ist allerdings, ob mit den vielfältigen und durchaus nicht methodisch einheitlich unternommenen Versuchen der Mediengeschichtsschreibung, die einerseits sich an historiographische Vorbilder anlehnen, andererseits einen radikalen Neuanfang, ja eine Posthistorie erwarten, eine bündige Antwort nach einem ›Bedarf an Mediengeschichte‹ bereits gegeben ist. Bejaht man dies, so sind zunächst die vielfach unverbundenen, parallelen und konfligierenden Ansätze der einzelnen, an Mediengeschichte und ihrer Konzeption beteiligten Disziplinen ohne die Absicht einer vorschnellen Konkordanz aufzunehmen. Was an historischen und historiographischen Konzepten in den verschiedenen, systematisch orientierten Medienwissenschaften aufgefunden werden kann, ist in eine Übersicht zu bringen, welche die Komplexität dessen, was Medien in der Gegenwart als Angebote zur Sinnproduktion leisten können, nicht vorschnell reduziert. Ist der Begriff einer »Medienkultur« (S. J. SCHMIDT, 1992, S. 425–450) ein notwendiges Kompositum, so sollte auch die Differenz der Medien, und nicht nur das jeweils Neueste in den Blick genommen werden. Der Begriff einer Mediengeschichte muss die kulturelle Dimension vor allen anderen zur Geltung bringen. Nicht nur sind die systematischen Medienwissenschaften und ihre Ansätze zu historisieren. Über eine bloße Forschungsgeschichte der Medienwissenschaften hinaus ist der historische Kern der jeweiligen Begrifflichkeiten auszuweisen. Auch die Medienpraxis ist historisch aufzuklären. Während die Literaturgeschichte noch von einer Geschichte der Produzenten, der Verarbeiter, der Verbreiter und der Rezipienten des Buchs ausgehen konnte – so Erich SCHMIDT 1886 –, ihren Fokus aber auf ›Inhalte‹ und ›Formen‹ richtete, werden im Zeitalter der Massenmedien, z. B. in den Rundfunkgeschichten, die Programme, als Anordnungen von Sendungen im Zeitablauf, in den Mittelpunkt des Interesses treten. In den neuen Digitalmedien wird die formale Seite der Medienpraxis der Massenmedien, wie auch die der vorgängigen Individualmedien zum Inhalt . Neue Nutzungsformen entstehen. Und diese ziehen, als vielfältige Medienpraxen, stets den Gesamtrahmen von gesellschaftlichen und mentalen Entwicklungen, Fortschritten, Umbrüchen und Rückbrüchen in ihren ganzen, mit einem weiten Begriff von Kultur beschriebenen Rahmen mit ein. Mediengeschichte könnte mit Kulturgeschichte gleichgesetzt werden, und umgekehrt, so scheint es, hat Kulturgeschichte keinen anderen Inhalt mehr als die Medien.

Das Auge der Geschichte, so eine Einsicht der historischen Hilfswissenschaften, ist die Chronologie. So war es durchaus notwendig, Mediengeschichte in Tabellen (W. FAULSTICH/C. RÜCKERT, 1993) oder eine *Große Medienchronik* (H. H. HIEBEL u. a., 1999) zu erarbeiten. Auffallend ist jedoch, dass die Chronik die Systematik der verschiedenen Einzelmedien zu Hilfe nehmen muss, um ihr Material zu organisieren. Mediengeschichte, noch bevor sie als integrale Mediengeschichte aufgeschrieben wird, zerfällt in Mediengeschichten. Michael GIESECKE hat seine von EISENSTEINs Werk ausgehende Darstellung *Der Buchdruck in der frühen Neuzeit* als »historische Fallstudie über die Durchsetzung neuer Informations- und Kommunikationstechnologien« ausgewiesen (M. GIESECKE, 1998). Selbst eine Geschichte eines Einzelmediums wie die des Fernsehens muss, schon aus pragmatischen Gründen ihrer Schreibbarkeit, in Einzelgeschichten und systematische Übersichten aufgelöst werden. Die von Jürgen WILKE konzipierte *Mediengeschichte der Bundesrepublik* verteilt den historischen Gesamtzusammenhang nicht nur auf einzelne, fachlich ausgewiesene Autoren, sie spart auch nicht mit Vor- und Rückgriffen und bewertet allein schon durch unterschiedliche Umfänge der Einzelkapitel die verschiedenen Medien im Kontext der Kommunikationsgeschichte (J. WILKE, 1999). Das Fernsehen, in der Fernsehgeschichte der Bundesrepublik, wie sie zusammenfassend Knut HICKETHIER beschreibt (K. HICKETHIER, 1998), das Dominanzmedium der Epoche, tritt insofern hinter die ›alten Medien‹ wieder zurück. Bezieht man die von Hans Helmut PRINZLER vorgelegte Geschichte des Films im gleichen Zeitraum (H. H. PRINZLER, 1995) in die Betrachtung ein, so entsteht auch hier ein Bild unterschiedlicher Schwerpunktsetzungen, die ein gemeinsames historiographisches Konzept, in dem die Einzelmedien zusammen mit der Medienentwicklung als Ganzes vermittelt werden, eher zu einem Zukunftsprojekt werden lassen. Schon der Aufbau eines gemeinsamen Forschungsstandes in den historischen Medienwissenschaften ist ein Problem, das sich nur interdisziplinär angehen lässt und dessen Dimension die Möglichkeiten eines einzelnen Medienforschers überschreiten dürfte.

Diesem vagen und dispersen Stand der Forschung, der keineswegs dem kaum abweisbaren Bedarf an Mediengeschichte Rechung trägt, hat sich der hier vorgelegte Band zu stellen. Ein Handbuch, das den gegenwärtigen, dynamischen Stand der Forschung dokumentiert und zugleich Perspektiven eröffnen soll, hat die Pluralität der Ansätze für eine Erforschung der Medien zu berücksichtigen. So wie es keine ›Medienwissenschaft‹ an sich gibt, vielmehr einen Plural von Medienwissenschaften, so wie eine Pluralität von Medien in der technischen ›Multimedia‹-Entwicklung zu bearbeiten ist, so wie eine ganze Branche an Informationstechnologien eine Vielzahl von technischen Kommunikationsmöglichkeiten bei gleichzeitiger Konvergenz auf einer ›digitalen Plattform‹ anbietet, so kann auch ein Handbuch der Mediengeschichte sich nicht mehr auf ein unilineares Geschichtsmodell beziehen. Wie im Bereich der Geschichtswissenschaften üblich geworden, wird man von einer Pluralität von Mediengeschichten sprechen müssen.

Ein Handbuch der Mediengeschichte zielt gleichwohl auf eine Synthese ab, die mehr sein muss als Buchbindersynthese. Das Buchzeitalter kannte zwei Modelle, Vielheit in Einheit zu organisieren: das ›System‹ und das ›Lexikon‹. So war bereits die Große Französische Enzyklopädie, dirigiert von einer ›Société des

Gens de Lettre‹, als Lexikon nach dem Prinzip des Alphabets organisiert. Die historischen Wissenschaften des 19. Jahrhunderts
versammelten ihre Gelehrsamkeit in ›Geschichten‹, nachdem sie
die Naturgeschichte an die Naturwissenschaften verloren hatten.
Die Strukturalisten des 20. Jahrhunderts versuchten nach dem
Verfall des historischen Paradigmas der Fortschrittsgeschichte zu
neuen Systematisierungen durch Differenzbildung zu kommen.
Dass Systemtheorie zugleich Medientheorie sein muss, ist ein Ergebnis eben jener Erfahrungen, die das 20. Jahrhundert mit den
Massenmedien machte (vgl. N. LUHMANN, 1981). Der sogenannte Poststrukturalismus opponierte gegen den Methoden-
zwang nicht zuletzt mit dem Hinweis auf die Pluralisierung der
Ansätze im Gefolge der neueren und neuesten Medienentwicklung. Wer unter Hinweis auf eine umfassende Medialisierung gegen den Zwang zur Methode argumentiert, wie sie ihm die
Buch-Wissenschaft auferlegen will, muss gleichwohl eine ›Archäologie des Wissens‹, und damit der Medien des Wissens betreiben. Nicht nur in der Medienentwicklung, hin zu den Digitalmedien, ist eine ›Wiederkehr des Buchs‹ zu registrieren, auch
in der neueren Theorieentwicklung.

    Hieraus können Konsequenzen gezogen werden. Das Buch
als Handbuch ist zwar keine Ordnungsmacht mehr, dem Alphabet entlang lässt sich zwar vieles aufschreiben, aber doch nicht alles; die Utopie eines Handbuchs erhält jedoch auch in der multimedialen Ausstattung der Wissenschaft durchaus noch eine
Funktion: die der ›Übersicht‹. Übersichtlichkeit ist kein Selbst-
zweck, und schon Friedrich SCHLEGEL, ein genauer Kenner des
Buchwesens und seiner Fallstricke, meinte, dass Übersichten erst
dann entstehen, wenn man alles übersieht. Übersichtlichkeit
bringt vielmehr den Gedanken an ein System, den ›Esprit systé-
matique‹, in Balance mit jener neuen Unübersichtlichkeit, welche die neue Medienindustrie mit dem ihr eigenen Fleiß produziert. Übersichtlichkeit und Orientierung über die Leistung der
Multimedialität ist eine Forderung, die der Mediennutzer stellen
darf. Nun steckt in jedem neuen Medium ein oder alle alten. Das
wusste schon MCLUHAN. Der Versuch einer Mediengeschichte
gerät damit zum Unternehmen, orientierendes Wissen zu organisieren. Darin liegt die Chance eines Handbuchs, das die vielen
Mediengeschichten in übersichtlicher Ordnung aufstellt.

Das Handbuch muss den aktuellen Stand der medienhistorischen Forschung sowohl systematisch wie historisch aufarbeiten. Es soll eine umfassende Information über die historisch relevanten Konzepte von Medientheorie, Medienästhetik, Medienanalyse, Mediensoziologie, Medienpsychologie, Medienpädagogik, Medienrecht und Medienökonomie, über die Mediengeschichte von der Schrifterfindung bis zur Gegenwart und zu den Geschichten der einzelnen Medien (Theater, Kunst, Literatur, Buch, Film, Hörfunk, Fernsehen, Digitalmedien) seit dem 15. Jahrhundert geben.

Der Beginn bei den systematischen Fragestellungen, also bei Theorie, Ästhetik und Analyse der Medien, gefolgt von den verschiedenen Medienwissenschaften, die ›Ausnahme‹ einer Geschichte der Medientechnologie und der Medienpraxis bedarf zusätzlicher Begründungen und Hinweise. Die drei Gebiete ›Theorie‹, ›Ästhetik‹ und ›Analyse‹ sind inzwischen als Bereiche des Medienstudiums im engeren Sinn etabliert. Sie finden und fanden eigene Bearbeitung nicht nur im Sinne eines Forschungsstandes, sondern vor allem in Bezug auf ihre systematische Bedeutung in der Medienforschung generell. Hier soll der historische Kern der Begrifflichkeit näher dargelegt werden, also die Theoriegeschichte, Ästhetikgeschichte und Analysegeschichte, alles Ansätze, die nicht in einem systematisch orientierten Forschungsstand aufgehen. Ohne hierbei sklavisch am Faden der Zeit zu argumentieren, besteht die theoretische Notwendigkeit, die Begrenzungen jeweiliger Medienbegriffe nicht nur in Form einer Mitteilung über systematische Defizite, Missgriffe und Verfehlungen, sondern auch positiv, über Leitfiguren des Mediendiskurses, mitzuteilen. Ähnliches gilt für die Medienästhetik, deren generelle Konzeption in eine Geschichte der Wahrnehmung einmündet und insofern immer die ganze Mediengeschichte einbeziehen muss. Gleichwohl findet sie ihren Schwerpunkt, nach Jahrhunderten der Dominanz einer literarisch orientierten Ästhetik (nach ihrem Begründer Gottlieb BAUMGARTEN ist sie die Wissenschaft von der Vollkommenheit der sinnlichen Rede) bei den audiovisuellen Medien, die auf dem Hintergrund einer Mediengeschichte der Bildlichkeit im Mittelpunkt stehen. Die Medienanalyse selbst setzt das methodische Besteck des Medienwissenschaftlers ein, ist aber, im höchsten Maße sogar, selber abhängig von den theoretischen und ästhetischen Prämissen.

Wenn in der Folge dann die beteiligten Disziplinen abgehandelt werden, so kann es auch hier nicht um ein getreues Abbild der Forschungsleistungen, Methoden und Ziele gehen, sondern nur um deren spezifisch historischen Gehalt. So schließt die hier vorgestellte Medienpsychologie die empirische Medienforschung keineswegs aus, beansprucht aber nicht, dieses Fach in seiner Breite und in seinen Ergebnissen vollständig zu erfassen. Man wird gegebenenfalls randständige Forschungsrichtungen schon deshalb breiter darstellen müssen, weil sie im Mediendiskurs eine Rolle spielen, die aus ihrer fachimmanenten Verortung kaum zu rechtfertigen wäre. Die Mediendiskurse sind in vielfältiger Weise mit dem Diskurs der Psychoanalyse, vor allem bei Sigmund FREUD und Jacques LACAN, verschwistert. Ähnlich Einschränkendes gilt für die Mediensoziologie, die hier als Medienkultursoziologie erscheint. In beiden Fällen sind die Ergebnisse empirischer Forschung Material nicht zuletzt der einzelnen Mediengeschichten; ihre Methoden sind der Medienanalyse zuzuweisen. Die Medienpädagogik ist historisch als Anwendungsfeld konzipiert, nicht im Sinne eines pädagogischen Gesamtkonzeptes für die Medien. Bei Medienrecht und Medienökonomie waren ohnehin nur die entscheidenden historischen Eingriffe der jeweiligen Disziplin in den Mediendiskurs zu markieren. In allen diesen Fällen also war, was die Gegenstände anbetrifft, nicht nur im Blick auf den zur Verfügung stehenden Raum rigide zu selektieren. Unzulässige Verkürzungen sollten jedoch vermieden werden.

Die Geschichte der Medientechnologie, als roter Faden quasi, wurde der folgenden ›integralen Mediengeschichte‹, vor allem aber den Geschichten der einzelnen Medien zugeordnet. Gleiches gilt für die Geschichte der Medienpraxis, die als Geschichte von Medienpraxen nur fassbar erscheint, wenn man sie als Handeln in einzelnen Medien begreift. Die Fragen der Medienverbünde, der Mediendifferenzierungen, der Spezifität und der historischen Funktion der Medien, auch die Frage der Intermedialitäten und medialen Koevolutionen finden in diesem mediengeschichtlichen Dreifachansatz ebenfalls ihre jeweiligen Orte: entweder in Form von historischen Theorien, Systematiken und Anwendungen im ersten Teil, oder in der Wechselwirkungsgeschichte im zweiten Teil oder dort, wo sie Einzelmedien voneinander funktional und technologisch abgrenzen helfen.

Die Rede von der Historizität der Medien ist, so ergibt sich aus dem Forschungsstand, zwar keine beliebige, aber auch keine derart kohärente, dass sich eine einzige Linie, sei es die technologische, sei es die psychologische, sei es die soziologische, allein durchhalten ließe. Die Geschichte der Medienpraxen von der Antike bis in die Postmoderne ist so vielfältig und differenziert, zum Teil auch völlig unverbunden, dass ein vager Konvergenzgedanke noch keine Einheit hervorzuzaubern vermag. Sie ist auch kaum erstrebenswert. Das Wort von den Mediendiskursen ist insofern mit Bedeutung zu füllen, als alle Rede von den Medien nicht nur ewigen, sondern vor allem auch ganz nahe liegenden temporären Zwecken zugeordnet werden muss. Erkenntnis ist vom Interesse nicht zu trennen. Diese von Jürgen HABERMAS so eindringlich vertretene Einsicht findet ihren Prüfstein, was die Medien anbetrifft, bei ihm selber, in seiner Konzeption eines *Strukturwandels der Öffentlichkeit* , die den Medienbegriff nur in einer pervertierten Gestalt zu kennen scheint. Sind Medien Agenturen der Öffentlichkeit, so tendieren sie zugleich, in ihrer historischen Gestalt, zur Verselbständigung und Verdinglichung, die sie zum Gegenstand einer kritischen Theorie machen muss. Theodor W. ADORNO, ausgehend von seinen amerikanischen Studien, konnte hier bereits deutlicher markieren, was in der deutschen Medienlandschaft noch zu erwarten war. Mediengeschichtlich tritt hier eine Verschiebung auf, die theoriegeschichtlich noch aufzuarbeiten ist. Der maßgebliche Einfluss, den die Kritische Theorie auf die deutsche Fernsehgeschichte nehmen konnte, ist oft überschätzt worden. Man sollte ihn aber auch nicht unterschätzen oder gar minimieren. Das Konzept eines Rundfunks als ›Public Service‹ hat von ihm fraglos profitiert. Die Kritische Theorie wirkte in die Einzelmediengeschichten hinein.

Eine integrale Mediengeschichte, wie sie der vorliegende Band versucht, hat deshalb ihre Grenze immer dort, wo die Spezifität der Einzelmedien beginnt. Sie führt die Grundgedanken der Koevolution der Medien, die niemals ineinander aufgehen und sich doch mit den technischen Innovationen ständig neue Institutionen und Organisationen geben, und der Intermedialität, der ständigen Auseinandersetzung und gegenseitigen Definition der medialen Formen und Inhalte, von der Schrifterfindung bis zu den Digitalmedien. Sie lässt Stoff genug für die Geschichten der Einzelmedien, die zu Medienkomplexen wie Literatur,

Kunst, Theater, Druck, Film, Hörfunk, Fernsehen und Digitalmedien zusammengefasst sind. Hier waren Vorentscheidungen
zu treffen – nicht jeder wird die bisweilen groben Zuordnungen
aus seiner Sicht teilen können. Ist jede Systematik zugleich auch
ein Wertungsprinzip, so wird man hier Vorlieben und vielleicht
auch Verdrängungen einräumen, die kaum zu vermeiden waren.
Auch im Blick auf die zu erwähnende Forschungsliteratur waren
enge Grenzen zwischen den Buchdeckeln gegeben. Sind schon
die ›Systematischen Konzepte‹ jeweils nur Abkürzungen und
Schwerpunktsetzungen, die sich aus dem Anspruch herleiten,
Bausteine zu einer historisierten Systematik anzubieten, so sind
in einer integralen Mediengeschichte immer wieder Hinweise
auf die ausgearbeiteten Literatur-, Theater- und Kunstgeschich-
ten vonnöten, um den Gesichtspunkt der Medialität zu plausibili-
sieren.

Dies gilt auch für die Geschichten der Einzelmedien, die
mehr einen Verweischarakter haben, als dass sie die für Medien ja
unverzichtbaren Inhalte im Detail beschreiben könnten. Sind die
Inhalte der jeweils neuen Medien die Formen der alten, so lässt
sich die zunehmende Komplexität des Mediensystems – will man
nicht Vereinfachungen, wie sie die Reduktion des Mediensystems
auf die Bildmedien als Massenmedien darstellt – nicht mehr weiter reduzieren. Sie sollte vielmehr in allen Medienbereichen als
Chance einer kulturellen Vielfalt genutzt werden.

Reicht also Mediengeschichte in die Systematik der Medienwissenschaften hinein, ist eine integrale Mediengeschichte allenfalls nur in Brüchen und Diskontinuitäten als Geschichte einzelner miteinander verbundener Medienpraxen, also am konkreten
Fall zu beschreiben, und sind die Geschichten der Einzelmedien
doch immer mehr als ihre Summe, so rechtfertigt sich von hier
aus der Aufbau des Handbuchs. Regelmäßig knappe Literaturhin-
weise ergänzen die Texte; Überschneidungen waren dabei kaum
zu vermeiden. Die Beiträger sehen ihr Fachgebiet, ihr Medium
jeweils aus einer bestimmbaren Perspektive. Diese Perspektiven-
vielfalt ist einerseits der Pluralität der Medienwissenschaften ge-
schuldet, zum anderen jedoch auch ein gewolltes Darstellungs-
ziel. Eine Medienkulturwissenschaft, in deren Zentrum die mediengeschichtliche Fragestellung beheimatet ist, muss Raum geben für die Vielfalt der Ansichten. Eine immer noch aktuelle Me-
diendefinition – eine unter vielen – weist darauf hin, dass ein Me-

dium als Kommunikationsorganisation dadurch gekennzeichnet sei, dass es eine »Arbeitsgemeinschaft von Menschen« sei, die »darauf geschult und zusammengesetzt ist, mit einer Stimme zu sprechen und eine Art inkorporierter Persönlichkeit zu bilden« (W. SCHRAMM, 1964/1970, S. 16). Dies zielt vor allem auf die Organisation der Presse. Hier ist Meinungsvielfalt nur über eine Vielzahl von konkurrierenden ›Organen‹ zu erhalten. Nach MCLUHAN, Marten BROUWER und Dieter BAACKE gleicht das System der Massenkommunikation einem »Pilzflechtwerk« (D. BAACKE, 1973, S. 7), und Hans Magnus ENZENSBERGER vermutet mit einem gewissen Recht »etwas zähes«, was durch die Kanäle fließe (H. M. ENZENSBERGER, 1960). Angesichts solcher divergierenden Ansichten, deren Aktualität kaum bestreitbar ist, sollte das Feld der Mediengeschichte tunlichst offen gehalten werden.

HELMUT SCHANZE

Literatur

E. SCHMIDT, Wege und Ziele der deutschen Literaturgeschichte (1886), in: Methoden der deutschen Literaturwissenschaft, hg. von V. ZMEGAC, Frankfurt a. M. 1971. – H. M. ENZENSBERGER, »an alle fernsprechteilnehmer«, in: ders., Landessprache, Frankfurt a. M. 1960. – J. HABERMAS, Strukturwandel der Öffentlichkeit, Frankfurt a. M. 1962. – T. W. ADORNO, Prolog zum Fernsehen, in: ders., Eingriffe. Neun kritische Modelle, Frankfurt a. M. 1963, S. 69–80. – W. BENJAMIN, Das Kunstwerk im Zeitalter seiner technischen Reproduzierbarkeit. Drei Studien zur Kunstsoziologie (1931–1937), Frankfurt a. M. 1963. – W. SCHRAMM, Grundfragen der Kommunikationsforschung, München 1964, ²1970. – M. MCLUHAN, Die magischen Kanäle. Understanding Media, Düsseldorf 1968. – H. M. ENZENSBERGER, Baukasten zu einer Theorie der Medien, in: Kursbuch 20 (1970), S. 159–186. – H. SCHANZE, Fernsehserien. Ein literaturwissenschaftlicher Gegenstand?, in: Zs. f. Literaturwissenschaft und Linguistik (LiLi) 6, Göttingen 1972, S. 79–94. – D. BAACKE, Mediendidaktische Modelle: Fernsehen, München 1973. – H. SCHANZE, Medienkunde für Literaturwissenschaftler. Einführung und Bibliographie. Mitarbeit: Manfred KAMMER, München 1974. – H. KREUZER, Veränderungen des Literaturbegriffs, Göttingen 1976. – H. SCHANZE, Literaturgeschichte als ›Mediengeschichte‹, in: Literatur in den Massenmedien, hg. von F. KNILLI, München/Wien 1976, S. 189–199, erweitert in: Literaturwissenschaft – Medienwissenschaft, hg. von H. KREUZER, Heidelberg

1977, S. 131–144. – E. L. EISENSTEIN, The Printing Press as an Agent of Change, 2 Bde, Cambridge 1979. – N. LUHMANN, Veränderungen im System gesellschaftlicher Kommunikation und Massenmedien, in: ders., Soziologische Aufklärung 3. Soziales System, Gesellschaft, Organisation, Opladen 1981, S. 130–136. – F. A. KITTLER, Aufschreibesysteme 1800–1900, München 1985, ³1995. – R. STEINMETZ, Kommunikation. Die Entwicklung der menschlichen Kommunikation von der Sprache bis zum Computer, München 1987. – Wege zur Kommunikationsgeschichte, hg. von M. BOBROWSKY/W. LANGENBUCHER, München 1987. – Propyläen Technikgeschichte, hg. von W. KÖNIG, 5 Bde, Berlin 1990–92. – Kognition und Gesellschaft. Der Diskurs des Radikalen Konstruktivismus 2, hg. von S. J. SCHMIDT, Frankfurt a. M. 1992. – W. FAULSTICH/C. RÜCKERT, Mediengeschichte im tabellarischen Überblick von den Anfängen bis heute, Bardowick 1993. – H. KREUZER/C. W. THOMSEN, Geschichte des Fernsehens in der Bundesrepublik Deutschland. 5 Bde, München 1994. – H. H. PRINZLER, Chronik des deutschen Films, Stuttgart/Weimar 1995. – W. FAULSTICH, Die Geschichte der Medien, bislang 3 Bde, Göttingen 1996, 1997, 1998. – V. FLUSSER, Medienkultur, hg. von S. BOLLMANN, Frankfurt a. M. 1997. – W. FAULSTICH, Grundwissen Medien, München 1998. – M. GIESECKE, Der Buchdruck in der frühen Neuzeit. Eine historische Fallstudie über die Durchsetzung neuer Informations- und Kommunikationstechnologien, Frankfurt a. M. 1998. – K. HICKETHIER, Geschichte des deutschen Fernsehens, Stuttgart/Weimar 1998. – H. H. HIEBEL u. a., Große Medienchronik, München 1999. – J. HÖRISCH, Ende der Vorstellung. Die Poesie der Medien, Frankfurt a. M. 1999. – Mediengeschichte der Bundesrepublik Deutschland, hg. von J. WILKE, Bonn 1999. – H. BÖHME, P. MATUSSEK, L. MÜLLER, Orientierung Kulturwissenschaft, Reinbek b. Hamburg 2000.

I

SYSTEMATISCHE KONZEPTE

Medientheorie

1. Grundlagen

Wenn Theoriebildung generell als Problemlösungsstrategie verstanden wird, dann ist davon auszugehen, dass Medientheorien immer dann entstanden sind, wenn Medien oder Medialität problematisch geworden sind. Dies ist historisch immer zu beobachten gewesen, wenn ein Funktionswandel von Medien stattgefunden hat oder aber wenn neue Medien aufgetaucht sind. Erst nach der Ausdifferenzierung einer Disziplin Medienwissenschaft im Laufe der 80er Jahre bzw. von Teildisziplinen wie der Filmwissenschaft kann von wissenschaftsimmanenten Dynamiken der Theorieentwicklung ausgegangen werden. Gerade aufgrund des vergleichsweise späten Zeitpunkts der Ausdifferenzierung einer eigenständigen Disziplin Medienwissenschaften und des ebenfalls relativ jungen Medienbegriffs muss davon ausgegangen werden, dass Medientheorien bereits vor der Einführung der Disziplin, ja bereits vor der Etablierung des heute gebräuchlichen Medienbegriffs entstanden sind. So sind schon vor der Einführung des Medienbegriffs im Kontext der Publizistik (E. DOVIFAT, 1998, S. 476) oder der amerikanischen Mediensoziologie (H. D. LASSWELL, 1960, S. 117) medientheoretische Reflexionen festzustellen, die sich entweder mit Fragen intermedialer Konkurrenz oder aber mit den Strukturen von Einzelmedien (insbesondere Buch, Film und Radio) beschäftigen. Die theoretische Reflexion eines Zusammenhangs oder Systems von Medien ist, sofern noch nicht über einen Medienbegriff verfügt wird, eher selten und geschieht dann als Teil einer Theorie des Kunstsystems auf der Basis des Kunstbegriffs. Grundsätzlich lassen sich in der Entwicklung von Medientheorien spezifische Phasen isolieren, die zu jeweils unterschiedlichen Theoriemodellen und Stadien der Theoriebildung geführt haben.

Auf die klassische Entstehungsbedingung von Medientheorie, die Einführung eines neuen Mediums, wird mit theoretischen Ansätzen reagiert, die in einer primären intermedialen Reflexion versuchen, die unterschiedlichen Qualitäten der gegeneinander gehaltenen Medien zu bestimmen. Im Kontext dieser Konzepte primärer Intermedialität wird ein Komplex von Merkmalen erarbeitet, der den jeweiligen Einzelmedien zugeschrieben wird. Auf der Basis dieser Merkmalskomplexe werden in einer weiteren Entwicklungsphase der Theoriebildung Einzelmedientheorien entworfen, die versuchen, mithilfe von Paradigmen verwandter Disziplinen des Wissenschaftssystems (vor allem der Ästhetik, Literaturwissenschaft, Psychologie, Soziologie und Philosophie) die unterschiedlichen Merkmale des jeweiligen Mediums in einer Theorie zu integrieren und das Wesen des jeweiligen Mediums zu bestimmen. In diesem Zusammenhang entstehen Einzelmedienontologien. Die Problematisierung des Verhältnisses unterschiedlicher Medien zueinander, des Funktionswandels von historischen Medien aufgrund des Auftretens eines neuen Mediums oder aber der sozialen Funktion und Auswirkungen von unterschiedlichen Medien führt zu generellen Medientheorien, die auf die Erklärung eines Systems von Medien abzielen und dabei Paradigmen und Fragestellungen unterschiedlicher Wissenschaftsdisziplinen (vor allem der Ästhetik und der Soziologie) heranziehen. Diese generellen Medientheorien stellen insofern Reflexionen des Mediensystems aus der Perspektive unterschiedlicher Disziplinen dar; es kann also noch nicht von eigenständigen Medientheorien in diesem Zusammenhang gesprochen werden. Diese Theoriemodelle sind generalistisch insofern, als sie mehrere Medien berücksichtigen; sie sind jedoch gleichzeitig dadurch begrenzt, dass sie nur spezifische Aspekte des Mediensystems thematisieren. Ihr Ziel liegt also nicht in einer vollständigen Erklärung des Mediensystems, sondern in der Analyse spezifischer, durch die jeweilige Bezugsdisziplin determinierter Fragestellungen. Der Versuch, das ›Wesen‹ des Mediensystems in eigenständigen Theoriemodellen zu beschreiben, hat zu generellen Medienontologien geführt, die die Basis einer eigenständigen Wissenschaftsdisziplin sind. Die Einführung des Mediums Computer, das unterschiedliche mediale Oberflächen zu integrieren vermag, führt zu einer neuerlichen generellen Reflexion medialer Differenzen und Interferenzen, die die generellen Medienontologien weitgehend unberücksichtigt gelassen haben, und hat auf dieser Basis sekundäre Intermedialitätstheorien hervorgebracht.

Die unterschiedlichen Modelle der Medientheorie sind zwar historisch in der dargestellten Reihenfolge entstanden, aber sie stellen keine Theoriemodelle mit historisch begrenzter Geltung dar, sondern es kann die Koexistenz und parallele Weiterentwicklung von Einzelmedienontologien, generellen Medientheorien, generellen Medienontologien und Intermedialitätstheorien beobachtet werden. Insofern gilt für die aktuelle medientheoretische Situation, dass es keine eindeutige historische Sequenz medientheoretischer Modelle gibt, sondern eine Parallelität und Überlagerung unterschiedlicher Stadien medientheoretischer Entwicklungen.

Gleichzeitig haben nicht alle Medien in gleichem Ausmaß theoretische Dynamiken in Gang gesetzt: So hat etwa der Film in weitaus größerem Maße theoretische Reflexe evoziert als die Fotografie, das Radio und das Fernsehen. Einzelne Medien wie etwa die Telegraphie, das Grammophon, das Telefon, das Tonband und das Fax sind demgegenüber theoretisch allenfalls peripher von Bedeutung gewesen. Diese unterschiedliche theoretische Relevanz von Einzelmedien verweist darauf, dass medientheoretische Fragestellungen weder technologiegetrieben sind, noch Medialität an sich in Rechnung stellen, sondern dass sie dominant von der kulturwissenschaftlichen oder sozialwissenschaftlichen Relevanz der jeweiligen Medien motiviert werden. Die theoretisch weitgehend unbeachteten Medien zeichnen sich durch eine tendenziell eher geringe sozial- oder kulturwissenschaftliche Relevanz aus.

2. Primäre Intermedialität

Die Wahrnehmung intermedialer Differenzen erfolgt vergleichsweise früh, nämlich mit der Reflexion der Differenzen von Schriftlichkeit und Oralität der Sprache. So wird etwa die Leistungsfähigkeit mündlicher Kommunikation gegenüber schriftgebundener Überlieferung bzw. Malerei bereits von PLATON im *Phaidros* analysiert. Zwar kann auf dieser Ebene von einer geschlossenen Theorie nicht die Rede sein, dennoch weist PLATONs Argumentation durchaus Elemente von Theorie auf: Es wird das Verhältnis von Medien anhand einzelner ihrer Medialität zugeordneter Eigenschaften analysiert. Provoziert wird die Analyse durch das vergleichsweise neue Medium der phonologischen Schrift . Der intermediale Vergleich bringt eine konstitutive mediale Differenz: die mangelnde Interaktivität von Schrift und Malerei zutage. Vor diesem Hintergrund erfolgt eine Bewertung der Medien. Die frühen Diskussionen um den Film und das Radio in der ersten Hälfte des 20. Jahrhunderts verfahren prinzipiell strukturhomolog: Es handelt sich ebenfalls nicht um geschlossene Theorien, sondern eher um theoretische Ansätze oder Fragmente. Ihre Voraussetzung ist, dass die Medien anhand ausgewiesener Kriterien miteinander verglichen werden. Ziel ist ein Vergleich, der die Leistungen eines Mediums bestimmen kann und daher zu einer Positionierung bzw. Einschätzung des Mediums führt. Diese frühen Theoriefragmente reagieren insofern auf die durch ein neues Medium evozierte Irritation, als sie Unbekanntes auf Bekanntes zurückführen und gleichzeitig durch die Wahl der Kriterien Ordnungsvorschläge unterbreiten. Sie gehen dabei weitgehend deskriptiv vor und suchen mediale Differenzen mit dem Ziel festzustellen, eine Relation von geeigneten Inhalten und jeweiligem Medium herauszufinden. Die Ansätze primärer Intermedialität werden so vor allem aus der Perspektive der Produzenten von Inhalten entworfen; es sind wesentlich Selbstvergewisserungen von Autoren, die in dem neuen Medium eine neue Distributionsmöglichkeit sehen und die angemessenen Textformen und -sorten für dieses Medium zu bestimmen suchen. Darüber hinaus sind es vor allem Fragen der Medienkonkurrenz, die gerade von Seiten der Literaturproduzenten (Arthur SCHNITZLER, Rudolf LEONHARD, Fritz Walter BISCHOFF, Arnold ZWEIG, Kurt PINTHUS und im Literatursystem engagierter Wissenschaftler (Georg LUKÁCS), aber auch – und dann insbesondere normativ – von Seiten organisierter Rezipienten und in der Kinoreform-Debatte vorgebracht werden. Eine weitere Voraussetzung medientheoretischer Reflexionen besteht in der Massenwirksamkeit eines Mediums: Diskussionen setzen in der Regel nicht mit der technischen Entwicklung eines Mediums ein, sondern mit dessen sozialer Akzeptanz und Durchsetzung, was etwa an der Diskussion um das Massenmedium Buch im 18. Jahrhundert abzulesen ist, die im Zusammenhang veränderter Rezipientenschichten aufgrund neuer Distributionsformen wie Leihbibliotheken und Literaturcafés steht.

Die Standardargumentation primärer Intermedialität geht von den technischen Merkmalen eines Mediums aus, wobei durch den intermedialen Vergleich die besonderen Merkmale des Mediums herausgefunden werden. Anhand eines Abgleichs des vorhandenen Inhaltsrepertoires – im Falle von Film und Radio insbesondere auf Basis der differenten literarischen Genres –

werden die spezifischen Inhalte und damit die Darstellungsleistung des neuen Mediums festgelegt. Sofern keine Eigenständigkeit der medialen Repräsentation unterstellt wird, wird versucht,
das Medium einer normativen Regulierung zu unterwerfen, sofern aber eine Eigenständigkeit der Darstellungsleistung festgestellt werden kann, wird das Medium als Kunstform ins System
der Künste integriert. Das Kunstsystem ist dabei das primäre Bezugssystem und ersetzt den noch nicht vorhandenen Medienbegriff. Die Bedeutung des neuen Mediums wird weiterhin durch
seine Massenwirksamkeit befördert. Soziologische und ästhetische Reflexion werden dabei theoretisch nicht vermittelt, d. h. in
kein einheitliches Theoriekonzept integriert. Die soziale Dimension und die ästhetische Leistung zusammen werden zu normativen Forderungen verdichtet: Es werden Thesen über das Filmische, das Funkische, das Digitale etc. entworfen, an denen die
Realität des Mediums gemessen wird. Dabei operieren die frühen
Intermedialitätskonzepte wesentlich phänomenologisch, d. h., sie
sind an einzelnen Differenzen auf der Ebene der Merkmale von
Medien orientiert und versuchen nicht, die einzelnen Merkmale
in einen theoretischen Zusammenhang für das jeweilige Einzelmedium zu integrieren und es vollständig zu erklären, sondern
sie analysieren vielmehr punktuelle Differenzen. Derartige intermediale Vergleiche finden sich teilweise auch noch in den heuri-
stischen und propädeutischen Überlegungen von Einzelmedientheorien mit einem vergleichsweise umfangreichen Erklärungsanspruch wie etwa den Filmtheorien von Dziga VERTOV, Rudolf
ARNHEIM und Siegfried KRACAUER.

3. Einzelmedienontologien

Einzelmedienontologien entstehen im Wesentlichen in zwei unterschiedlichen Kontexten: zum einen als Rationalisierung medialer Produktionspraxis und zum anderen als Erweiterung des
Objektbereichs bestehender Wissenschaften.

    Systematisierungsversuche aus der Praxis der Medienpro-
duktion sind geleitet von dem Interesse, die Produktionspraxis zu
rationalisieren und die Leistungen eines neuen Mediums adäquat
einzusetzen. Themen und theoretische Strategien dieser teilweise
außerordentlich differenzierten theoretischen Überlegungen
sind etwa bei VERTOV und Sergej EISENSTEIN wesentlich pragma-

tisch motiviert. Thematische Variationen der medientheoretischen Reflexion werden wesentlich von den Anforderungen der
Produktionspraxis bestimmt, so etwa die Reflexion der Montage,
des Ton- und des Farbfilms bei Eisenstein. Ähnlich versucht Bertolt BRECHT in seiner Radiotheorie sein Konzept des epischen
Theaters als dem Medium Rundfunk adäquat zu erweisen und
das Konzept trotz des essayistischen Ansatzes zu einer generellen
Beschreibung der Qualitäten des Mediums auszudehnen.

Demgegenüber geht die wissenschaftliche Reflexion eines
neuen Mediums wesentlich vom Produkt und von der Rezeption,
kaum jedoch von der medialen Produktion aus. Auf der Basis eines gegebenen Wissenssystems (insbesondere der Ästhetik, der
Literaturwissenschaft, der Psychologie und der Soziologie) wird
versucht, das neue Medium mit dem methodischen Instrumentarium der Bezugswissenschaften zu analysieren. Ziel dabei ist die
Bestimmung des ›Wesens‹ des Mediums. Die Wesensbestimmung
variiert dabei in Abhängigkeit von dem gewählten wissenschaftlichen Bezugsystem und den involvierten Paradigmen. Der Paradigmenwechsel in den Einzelmedienontologien, also die Veränderungen der theoretischen Grundannahmen in den diversen
Film-, Radio- und Fernsehtheorien sowie den Theorien des Digitalen und der Multimedialität ist dabei bestimmt von den Paradig-
menwechseln der Bezugswissenschaften, nicht jedoch von den
Veränderungen und Entwicklungen des jeweiligen Mediums.

Wenn man die zentralen Paradigmenwechsel der Filmtheorie
nachzeichnet, so stellen etwa Béla BALÁZS' Konzepte noch ein
Phänomen des Übergangs zwischen primärer Intermedialität, einer rationalisierten Praxis und einer Einzelmedientheorie dar.
BALÁZS geht von einem literaturwissenschaftlich orientierten Erkenntnisinteresse aus: »Die Sprache des Films [...] hat sich unauf-
haltsam verfeinert, und die Wahrnehmungsfähigkeit, auch des
primitivsten Publikums kam ihr nach. Ich möchte nun eine Art
Grammatik dieser Sprache skizzieren. Eine Stilistik und eine Poetik vielleicht.« (B. BALÁZS, 1972, S. 7) Die »besondere Ausdrucksform« des Films wird in der Großaufnahme, der Einstellung und
der Montage gesehen, die damit das Wesen des Mediums ausmachen. Die Großaufnahme sorgt dabei für einen eigenständigen
Objektbereich – die »Mikrophysiognomie« (B. BALÁZS, 1972,
S. 14) – des Mediums, während Einstellung und Montage seine
spezifischen Ausdrucksqualitäten ausmachen. Mit diesen eigen-

ständigen Qualitäten des Mediums verfügt das Medium gleichzeitig über ein Kunstpotenzial. Die Anthropomorphisierung medialer Technik – »[d]ie Lyrik der Kamera« (B. BALÁZS, 1972, S.
33) – passt ebenso wie seine Metaphorik – »die dichtende Schere«
(B. BALÁZS, 1972, S. 47) und die »Deutungskraft der Montage«
(B. BALÁZS, 1972, S. 49) – das Medium implizit an das verwandte
Analyseinstrumentarium an. Dem Massenmedium Film sucht
BALÁZS sich durch »ideologische Bemerkungen« (B. BALÁZS,
1972, S. 186) zu nähern: Die industriellen Produktionsbedingungen der medialen Produkte lassen einen Massenabsatz erforderlich werden, der notwendig zu einer Ausrichtung der dominanten Filmproduktion an einem kleinbürgerlichen Publikum führt.
Dabei sind die Reflexionen über den Film als Kunstmedium einerseits und als Massenmedium andererseits von Balázsnicht in
einen theoretischen Zusammenhang integriert, sondern additiv
zusammengestellt worden.

ARNHEIM geht davon aus, »daß man die Gesetze einer Kunst
aus den Charaktereigenschaften ihres Materials abzuleiten habe.«
(R. ARNHEIM, 1932/1988, S. 17) Dieses Material des Mediums erlaubt jedoch keine einfache Widerspiegelung von Realität, sondern es operiert mit charakteristischen Verfremdungen. Diesen
Verfremdungseffekten des Mediums inhäriert ein Bedeutungspotenzial, das intentional eingesetzt werden kann. Auf der Basis
der Gestaltpsychologie nimmt ARNHEIM an, dass erst die Differenz gegenüber einer bedeutungslosen einfachen Widerspiegelung durch die dem Medium innewohnenden charakteristischen
Verfremdungen das Bedeutungspotenzial und damit die Kunstfähigkeit des Mediums erzeugt. Die medientechnische Entwicklung des Mediums, die das Verfremdungspotenzial sukzessive –
durch die Entwicklung vom Stumm- zum Ton- und zum Farb-
film bis zur Vorstellung des »Komplettfilms« (R. ARNHEIM,
1932/1988, S. 317) – zugunsten seiner Widerspiegelungsqualitä-
ten reduziert, führt so aus ARNHEIMS Perspektive zu einer gleichzeitigen Reduktion des Kunstpotenzials des Mediums. Ähnlich
wie BALÁZS spaltet Arnheim die Analyse des Massenmediums
Film von der des Kunstfilms ab und reflektiert unter dem Titel
»Zur Psychologie des Konfektionsfilms« (R. ARNHEIM, 1932/
1988, S. 193) die sozialen Effekte und Voraussetzungen der industriellen Produktionsbedingungen des Mediums.

Während VERTOV, EISENSTEIN, BALÁZS und ARNHEIM bei ihren medientheoretischen Reflexionen von den formalästhetischen Bedingungen des Mediums ausgehen, verweist André BAZIN darauf, dass die formalästhetische Reflexion allein die Entwicklung der Medienprodukte nicht zu erklären vermag: Die formalästhetische Reflexion wird auf eine Stiltheorie umgestellt. »Da technische Eingrenzungen praktisch ausgeräumt waren, müssen wir also Zeichen und Ursprünge der Entwicklung der Sprache woanders suchen, indem wir die Sujets und als Folge die für ihren Ausdruck notwendigen Stilmittel genau untersuchen.« (A. BAZIN, 1975, S. 34) »Die Entwicklung der kinematografischen Sprache« (A. BAZIN, 1975, S. 28) verläuft also zumindest teilweise unabhängig von den – inzwischen weitgehend ausdifferenzierten – technischen Bedingungen des Mediums. Am Beispiel des Einsatzes der Tiefenschärfe demonstriert BAZIN, dass erst die Reflexion des stilistischen Einsatzes technisch-medialer Möglichkeiten in der Lage ist, Entwicklungen der Medienproduktion zu erklären. »Die Tiefenschärfe dagegen führt die Vieldeutigkeit in die Bildstruktur wieder ein« (A. BAZIN, 1975, S. 40), und mit der neu gewonnenen Polyvalenz wird der Regisseur »endlich dem Romanschriftsteller ebenbürtig« (A. BAZIN, 1975, S. 44). Der Film avanciert damit zugleich vom einfachen Objekt der Wahrnehmung zum Gegenstand von Interpretation und ist dann vollständig ins Kunstsystem integriert.

Bei KRACAUER wird diese Tendenz noch weiter verstärkt: Das Medium Film an sich wird ihm zum Objekt von Interpretation, und er ordnet ihm darüber hinaus einen eindeutigen Sinn zu: »die Errettung der äußeren Wirklichkeit«. KRACAUER weist dem Medium Film fünf Grundeigenschaften oder Affinitäten zu: »Wenn Fotografie im Film fortlebt, so muß der Film die gleichen Affinitäten wie sie aufweisen. In der Tat sind von den fünf Affinitäten, die für ihn charakteristisch scheinen, vier mit der Fotografie identisch.« (S. KRACAUER, 1985, S. 95) Die ›ungestellte Realität‹, das ›Zufällige‹, die ›Endlosigkeit‹ und das ›Unbestimmbare‹ sind diejenigen ontologischen Qualitäten, die KRACAUER der Fotografie und dem Film zuschreibt, der ›Fluß des Lebens‹ ist diejenige Affinität, die einzig dem Film zukomme. Das Medium wird also über eine Kombination ontologischer Qualitäten bestimmt, die naturgemäß vergleichsweise diffus ausfallen, denen zugleich aber auch eine sozio-kulturelle Funktion zugemessen wird, nämlich dem »ideologisch obdachlosen« (S. KRACAUER, 1985, S. 375) Menschen wenigstens einen medial vermittelten Zugriff auf die »physische Realität« zu gewähren.

Christian METZ versucht die Semiotik auf das Medium Film anzuwenden, demonstriert jedoch zugleich bei der Applikation des neuen Paradigmas die veränderten Rahmenbedingungen: Die Rede von einer Filmsprache erweist sich aufgrund der Motiviertheit, des Mangels distinktiver Einheiten und der im Gegensatz zur Zahl der Wörter systematischen Unbegrenztheit filmischer Einstellungen als bloß metaphorisch. Metz macht im Gegensatz zu LOTMAN darauf aufmerksam, dass der Paradigmentransfer durch die differente Struktur der Objektbereiche nachhaltig begrenzt wird. Dabei sind die Grenzen der Applikation des Paradigmas abhängig davon, ob dessen konstitutive Begriffe – wie bei LOTMAN – metaphorisch erweitert oder – wie bei METZ – rigide begrenzt werden. Insofern führte die Filmsemiotik entweder zu einer Interpretation des Mediums, die sich einer zeichentheoretischen Terminologie bedient, oder zu einem vergleichsweise begrenzten Erkenntnisgewinn in Teilbereichen der Einzelmedientheorie des Films wie etwa mit METZ' »großen Syntagmen im Film« (C. METZ, 1979, S. 363). Eine Ontologisierung ist auf der Basis der Filmsemiotik nur in ihrer metaphorischen Applikation, nicht jedoch als wissenschaftliche Applikation aufgrund der dann systematisch unvollständigen Erfassung des Objektbereichs zu realisieren. In diesem Fall kann auch nur bedingt von einer Einzelmedientheorie die Rede sein, da eine vollständige Erfassung des Mediums weder behauptet noch angestrebt wird.

DELEUZE setzt zu einer Re-Interpretation der Befunde BAZINS (G. DELEUZE, 1991, S. 11) und der Filmsemiotik METZ' (G. DELEUZE, 1991, S. 41ff.) aus poststrukturalistischer Perspektive an. Er operiert mit einer Opposition von Bildtypen – einem Bewegungs-Bild, welches sich in das Wahrnehmungs-, Affekt- und Aktionsbild differenziert, und einem Zeit-Bild –, die die stilistischen Strukturen und damit das Wesen des Mediums repräsentieren sollen. »Das Kino ist eine neue Praxis der Bilder und Zeichen« (G. DELEUZE, 1991, S. 358), und die Bildtypen markieren das Potenzial des Mediums. Gerade auch der Gegensatz zu elektronischen und digitalen Bildtypen verweist auf die unterstellte Entsprechung von Bildtyp und Medium. Filmtheorie ist so die Theorie der von diesem Medium ermöglichten Bilder. Zugleich wird den gefundenen Strukturmustern ein Sinn unterlegt, so dass DELEUZEs Theorie des Kinos als eine generalisierende Interpretation der Produkte des Mediums aufzufassen ist, die das Wesen des Mediums in der Interpretation findet.

Das Muster der Serie der Einzelmedienontologien des Films lässt sich, wenn auch aufgrund der offenbar geringeren theoretischen Relevanz des Mediums in reduzierter Form, ebenso beim Radio finden. Nach den frühen intermedialen Standortbestimmungen des Mediums und der pragmatisch orientierten Konzeption BRECHTs setzt die formalästhetische Reflexion und der erste Theorieentwurf, der auf eine vollständige Erfassung des Mediums abzielt, mit ARNHEIMs Radiotheorie ein, die eine schlichte Analogiekonstruktion zu seiner Filmtheorie darstellt. Genau wie in der Filmtheorie »wird von einer Analyse der Materialbedingungen ausgegangen, d. h. es werden die Eigenarten der Sinnesreize, deren sich die betreffende Kunst bedient, mit den Mitteln der Psychologie beschrieben, und aus diesen Eigenarten werden die Ausdrucksmöglichkeiten der Kunst abgeleitet.« (R. ARNHEIM, 1936/1979, S. 13f.) Auch der formalästhetische Reflexionen kennzeichnende Bruch zwischen einer ästhetischen Analyse der Kunstfähigkeit des Mediums und einer soziologischen Reflexion seiner Massenwirkung wiederholt sich. Das »respektlose[ ] Überfliegen von Klassen- und Landesgrenzen [als] ein geistiges Ereignis erster Ordnung« (R. ARNHEIM, 1936/1979, S. 132) lässt sich aus den ästhetischen Qualitäten des Mediums nicht ableiten und muss so gesondert eingeführt werden. Ein ähnlicher Bruch in der Reflexion des Mediums Radio lässt sich bei KNILLI feststellen: Auf die formalästhetische Analyse des Mediums, insbesondere auf der Basis des Hörspiels, folgt, allerdings mit einer erheblichen zeitlichen Verzögerung, die soziologische.

Gerade auch für die Einzelmedienontologien des Radios gilt deren Abhängigkeit von der allgemeinen Paradigmenentwicklung der Geisteswissenschaften: Von der Gestaltpsychologie bei ARNHEIM, von Max BENSEs formaler Ästhetik und der Semiotik bei KNILLI, und von der sozialgeschichtlichen Analyse bis zur schlichten ontologisierenden Interpretation bei Werner FAULSTICH verdanken sich die verwandten Paradigmen nicht den Entwicklungen des Mediums, sondern denen der Bezugswissenschaften.

Für nahezu alle einzelmedientheoretischen Reflexionen des Mediums Radio gilt, dass sie sich dominant auf das Genre Hörspiel beschränken und ihre Aussagekraft mit dem sukzessiven Bedeutungsverlust des Genres schwand. So trifft ARNHEIMS aus der Formalästhetik des Mediums abgeleitete und die von ihm medientheoretisch präferierte ästhetische Tendenz der Verstärkung »akustisch-funkischer Formen« allenfalls auf das Hörspiel zu (R. ARNHEIM, 1936/1979, S. 116); die Entwicklung der anderen Programmsparten erwies sich demgegenüber eher als gegenläufig, d. h. sie operierten vor allem mit Strategien der Illusionserzeugung.

KNILLI beschränkt sich von vornherein auf das Hörspiel, das als paradigmatische Kunstform des Mediums Rundfunk fungiert, und analysiert nach der Darstellung der Strukturelemente – Geräusch, Ton, Stimme – die Gestaltungsmittel des Hörspiels, die sich aus den medialen Bedingungen des Radios ableiten, und insofern gehen Theorie des Hörspiel und Radiotheorie noch konform; die Reflexion der Sujets und Dramaturgie jedoch verlässt weitgehend den Bereich der Radiotheorie zugunsten einer genreästhetischen Reflexion. FAULSTICH versucht zwar die Totalität des Mediums wiederzuerlangen, indem er Orson WELLES' Hörspiel *The War of the Worlds* seinem Ansatz zugrunde legt, dass die Fiktion einer Reportage und damit eine andere Form als die des Hörspiels zumindest simuliert, jedoch erweist sich diese Begrenzung des Objektbereichs von fünfzig Jahren Programmgeschichte auf ein Hörspiel theoretisch als außerordentlich problematisch. FAULSTICHs Radiotheorie reduziert sich auf die Zuschreibung von fünf ontologischen Qualitäten: »Live«, »Auditivität«, »Illusion«, »Angst« und »Reihe«.

Verfügt die Klärung der formalästhetischen Leistungen eines Mediums noch über eine durchaus auch langfristige historische Berechtigung, wie etwa EISENSTEINs und ARNHEIMs Ansätze deutlich werden lassen, so sind die inhaltsästhetischen Einzelmedienontologien abhängig vom generellen Wert ihrer Sinnzuschreibungen und der ihnen zugrunde gelegten Paradigmen. Eine Kategorie wie KRACAUERs »Fluß des Lebens« setzt sich von daher wesentlich eher dem historischen Verschleiß aus als Arnheims Ästhetik des Films. Insofern betrifft FAULSTICHs Verdikt gegen Einzelmedientheorien diese nicht generell, sondern vor allem solche, die als Interpretationen eines Mediums mit der Zuschreibung ontologischer Qualitäten operieren.

Dass dieses keineswegs davon abhalten muss, Einzelmedientheorien dieses Typs zu produzieren, demonstriert Hartmut
WINKLER am Medium des Computers. Nach den pragmatischen
Reflexionen und vor allem vortheoretischen Deskriptionen des
neuen Mediums durch Howard RHEINGOLD und Sherry TUR-
KLE sind sowohl formalästhetische als auch inhaltsästhetische Ansätze zu einer Theorie des Mediums entworfen worden. Die an
der Form des Mediums orientierten Ansätze, die – wie etwa der
Ansatz von Friedrich A. KITTLER – jedoch dazu neigen, zu generellen Medientheorien ausgedehnt zu werden, bleiben orientiert
an dem formalen und insbesondere auch technischen Potenzial
des Mediums und entwerfen auf dieser Basis seine Theorie.
WINKLER überträgt dagegen das DELEUZEsche Wunsch-Konzept
auf das neue Medium und nimmt auf dieser Grundlage eine
Deutung des Mediums vor. Dabei wird die Universalmaschine
zugleich als Einzelmedium konstituiert: »als partikulares Medium, das komplementär auf andere, anders funktionierende Medien bezogen bleibt« (H. WINKLER, 1997, S. 329). Dennoch legt
gerade das Einzelmedium Computer aufgrund seiner integrativen Struktur durchaus Universalisierungstendenzen nahe, die
Radio- und Filmtheorien wenigstens nicht in dieser Form offen
stehen und die zu einem Schleifen der Grenzen zwischen Einzelmedienontologien und generellen Medienontologien führen.

4. Generelle Medientheorien

Die Generalisierung medientheoretischer Fragestellungen wurde
nicht von den Medien selbst oder ihren technischen Entwicklungen hervorgerufen, sondern ihre Generalisierung verdankt sich
einer spezifischen Perspektive: der Reflexion von sozialen und ästhetischen Effekten der Medien. Insofern, da ja Wirkungen und
Einflüsse analysiert werden, setzen diese Reflexionen die historische Durchsetzung eines Systems von Massenmedien voraus. Ihnen ist es also nicht um die Identität eines Mediensystems oder
gar einzelner Medien zu tun, sondern um die Analyse des Phänomens der Massenmedien im Kontext anderer Systeme. Dabei
kommt die Reflexion der medialen Effekte und Strukturen im
Rahmen des Kunstsystems noch weitgehend ohne einen Medienbegriff aus. So gehen etwa Walter BENJAMIN oder aber Max
HORKHEIMER und Theodor W. ADORNO bei ihren Reflexionen der

ästhetischen und sozialen Konsequenzen von Medien zwar von
einem Kunst-, nicht jedoch von einem Medienbegriff aus. Der
Bezugspunkt dieser theoretischen Ansätze bleibt das Kunstsystem bzw. eine Ästhetik, nicht jedoch die Medien. Es handelt sich
also um eine Erweiterung des traditionellen Gegenstandsbereichs
des Bezugssystems und erst in zweiter Linie, quasi als Abfallpro-
dukt, um Medientheorie.

Aus der soziologischen Perspektive wird der Medienbegriff
als Sammelbegriff ohne ontologisches Interesse eingeführt, um
massenmediale und medienübergreifende Effekte in sozialen Systemen analysieren zu können. Insofern spiegelt sich auf der Ebene der generellen Medientheorien die Dissoziation von ästhetischer und soziologischer Perspektive, die bereits in den Einzelmedienontologien beobachtet werden kann. Die zunehmend erkannte sozio-kulturelle Bedeutung von Massenmedien führt zu
einer entsprechenden Ausdehnung des Objektbereichs genereller
Theoriemodelle: So haben neben der Kritischen Theorie die Systemtheorie und der Konstruktivismus ihren Gegenstandsbereich entsprechend erweitert. Umgekehrt haben die Zeitungswissenschaft wie die Philologien ihren Gegenstandsbereich sukzessive ausgedehnt und zunehmend auch andere mediale Repräsentationen berücksichtigt, wodurch sich Entwicklungen etwa
von der Zeitungswissenschaft über die Publizistik und Kommunikationswissenschaft oder von den Literatur- und Theaterwis-
senschaften über die Film- und Fernsehtheorie zu generellen
Medienwissenschaften und entsprechenden Theorien ergeben
haben.

BENJAMIN verfügt zwar über keinen Medienbegriff und geht
im Wesentlichen auf die Medien Film und Fotografie ein, jedoch
geht er gleichzeitig in wesentlichen Aspekten über eine reine Einzelmedientheorie hinaus, da er das Medium Film als einen Indi-
kator dafür behandelt, dass das System der Kunst sich insgesamt
verändert hat. Die Einbeziehung der Medien in das Kunstsystem
verweist auf generelle gesellschaftliche Veränderungen, so dass
Kunst- und die damit in eins fallende Medientheorie nur auf der
Basis einer Gesellschaftstheorie zu entwerfen ist, die diese Verän-
derungsprozesse erklären kann. Medientheoretische Theoreme
wie das der ›Reproduzierbarkeit‹, der ›Aurabegriff‹, der ›Starkult‹
oder auch der medienspezifische Wahrnehmungsmodus des ›zerstreuten Examinators‹ werden aus gesellschaftstheoretischen Pa-

radigmen abgeleitet (W. BENJAMIN, 1936/1979, S. 10ff., 13, 28, 41). BENJAMIN geht von einer phasenverschobenen Anpassung des Kunstsystems an die Veränderungen der gesellschaftlichen Basis, d. h. der Produktivkraftentwicklung und der Produktionsverhältnisse, aus. Die Integration von Medien ins Kunstsystem stellt dabei ein Element der Anpassung des Kunstsystems an die kapitalistische Produktionsweise dar. Die Veränderungen des Mediensystems lassen eine Modifikation der Kunsttheorie erforderlich werden, die zugleich Medientheorie ist.

Während BENJAMIN der Integration der Medien ins Kunstsystem durchaus noch kulturrevolutionäre Züge abzugewinnen vermag, rekonstruieren HORKHEIMER und ADORNO diesen Prozess als das Entstehen einer »Kulturindustrie« eher in Termini des Verfalls, von dem insbesondere die Kunst betroffen ist. Der »Ausschluß des Neuen« (M. HORKHEIMER/T. W. ADORNO, 1971, S. 120) durch universale Standardisierung, die allenfalls noch »budgetierte[ ] Wertdifferenzen« (M. HORKHEIMER/T. W. ADORNO, 1971, S. 111) zulässt, und ästhetische Barbarei sind Kennzeichen kulturindustrieller Produktion. Die Kulturindustrie sorgt so für die Anpassung der Kultur an die kapitalistische Produktionsweise: »Die Heroisierung des Durchschnittlichen« (M. HORKHEIMER/T. W. ADORNO, 1971, S. 140) und die »Zwecklosigkeit für Zwecke, die der Markt deklariert« (M. HORKHEIMER/T. W. ADORNO, 1971, S. 142), markieren die charakteristische Inversion ästhetischer Prinzipien. Medialität gewinnt im Kontext von HORKHEIMERS und ADORNOS Reflexion der Kulturindustrie keinerlei Eigengewicht: Medialität wird als bloße Conditio der Industrialisierung der Kulturproduktion und ihrer Massenrezeption reflektiert. Den Medien wird dabei allenfalls eine instrumentelle Funktion zugebilligt, so dass die ästhetischen und technischen Qualitäten und Differenzen der Einzelmedien hinter ihrer soziokulturellen Funktion verblassen.

Demgegenüber betont ECO in *Apokalyptiker und Integrierte* die mediale Eigenqualität und sucht die normativen Implikationen des Ansatzes von HORKHEIMER und ADORNO zumindest in Hinsicht ihrer ästhetischen und ideologischen Valenz zu neutralisieren. ECOS Interesse besteht in einer Integration von Medienprodukten in die kulturwissenschaftliche Reflexion und damit in einer Erweiterung des kulturwissenschaftlichen Objektbereichs ohne eine vorgängige normative Hierarchisierung von Kunst und

Unterhaltung. »Ob wir es anerkennen oder nicht, das Universum der Massenkommunikation ist unser Universum.« (U. ECO, 1984, S. 18) Die soziale Bedeutung des Objektbereichs der Medien verlangt nach ECO eine differenzierte Analyse der medialen Produkte und kann sich mit einer ästhetisch motivierten Ächtung nicht zufrieden geben.

Hans Magnus ENZENSBERGER teilt ebenfalls die abstrakte Negation massenmedialer Produktion nicht und greift von daher auf die systematisch offeneren medientheoretischen Konzepte von BENJAMIN und BRECHT zurück, indem er unterschiedliche Modelle der sozialen Funktion von Medien reflektiert. Er unterscheidet vor dem Hintergrund der BRECHTschen Differenzierung von Medien als Distributions- bzw. Kommunikationsapparaten und dem von BENJAMIN dargestellten analytischen Potenzial medialer Wahrnehmung zwischen einer repressiven und einer emanzipatorischen Funktion von Medien. ENZENSBERGER insistiert im Gegensatz zu ECOs Neutralisierungsversuch auf einer gesellschaftstheoretischen Fundierung der Medientheorie.

Der instrumentelle Charakter der Medienreflexion wird trotz der von den ästhetischen bzw. sozialphilosophischen Modellen erheblich differierenden Prämissen eben auch bei LASSWELL deutlich: »Those who look primarily at the radio, press, film, and other channels of communication are doing *media analysis*.« (H. D. LASSWELL, 1960, S. 117) Medientheorie reduziert sich aus der Perspektive einer empirisch basierten Kommunikationstheorie zunächst dominant auf einen Faktor in der LASSWELL-Formel, nämlich die Reflexion des Kommunikationskanals, wodurch Medientheorie funktional auf den übergeordneten Zusammenhang der Kommunikation bezogen bleibt. Auch die sukzessive Ausdifferenzierung von massenmedialen Rezeptionsmodellen von Paul LAZARSFELD, Bernard BERELSON und Hazel GAUDET – »the two-step flow of communication« – ändert an der Auffassung von Medien nur insofern etwas, als der Wirkungsaspekt hinzukommt und sich allmählich herausstellt, dass »the influence of the mass media was less automatic and less potent than had been assumed.« (E. KATZ, 1960, S. 346) Die Analyse medialer Differenzen wird funktional auf potenzielle Varianzen der Medienwirkung bezogen. Genauso bleibt Daniel LERNERs Differenzierung der Kommunikationsstrukturen von »media systems« und »oral systems« (D. LERNER, 1960, S. 132) anhand sozio-ökonomischer, politischer und kultureller Parameter einem instrumentellen bzw. funktionalen Begriff der Medien verpflichtet. Die schrittweise komplexere Modellierung von Kommunikationsprozessen etwa bei Gerhard MALETZKE und von Rezeptions- und Wirkungsmodellen bis zu Klaus MERTENs reflexivem Kommunikationsmodell ändert an der Konzeption von Massenmedien als Übertragungsinstanzen mit einer je spezifischen Selektivität oder Reflexivität kaum etwas. Das kommunikationstheoretische Bezugssystem bleibt der Kommunikationsprozess, in dem Medien vor allem als Vermittlungsinstanz theoretisch reflektiert werden.

Die Applikation von kultur- und sozialwissenschaftlichen Paradigmen auf die Medientheorie erfolgt außer im Kontext der Kritischen Theorie insbesondere aus systemtheoretischer und konstruktivistischer Perspektive. Neben systemtheoretischen Entwürfen in den Kommunikationswissenschaften, etwa von Manfred RÜHL oder MERTEN, hat insbesondere Niklas LUHMANN nicht nur ein generelles Theoriemodell, sondern auch Ansätze zu einer systemtheoretischen Medientheorie konzipiert. Dabei wird die Bedeutung der Medientheorie, wiewohl es sich vor allem um den Versuch der Applikation des in *Soziale Systeme* entwickelten Theoriekonzepts auf die Medien handelt, allein schon durch LUHMANNs Exposition deutlich: »Was wir über unsere Gesellschaft, ja über die Welt, in der wir leben, wissen, wissen wir durch die Massenmedien.« (N. LUHMANN, 1996, S. 9) Massenmedien werden von LUHMANN als »beobachtende Systeme [begriffen, die] zwischen Selbstreferenz und Fremdreferenz unterscheiden« (N. LUHMANN, 1996, S. 15). »Der Code des Systems der Massenmedien ist die Unterscheidung von Information und Nichtinformation. Mit Information kann das System arbeiten.« (N. LUHMANN, 1996, S. 36) Dabei kommt es im System der Massenmedien zu einer operativen »Schließung der Informationsverarbeitung« (N. LUHMANN, 1996, S. 39). Die Besonderheit des medienspezifischen Codes besteht im systematischen Veralten und der Nicht-Wiederholbarkeit von Information. Aufgrund dieser Strukturen erzeugen Massenmedien eine »gesellschaftsweite soziale Redundanz« (N. LUHMANN, 1996, S. 43), wobei es »keine Sachverhalte [gibt], die ihrem Wesen nach für die Behandlung in den Massenmedien ungeeignet wären« (N. LUHMANN, 1996, S. 50).

Aus der Perspektive des Konstruktivismus sind Medien »Instrumente der Wirklichkeitskonstruktion« (S. J. SCHMIDT, 1994, S. 14). Medienprodukte sind »Kopplungsangebote für kognitive und kommunikative Systeme« (S. J. SCHMIDT, 1994, S. 16), die »je systemspezifisch« (S. J. SCHMIDT, 1994, S. 16) zur »Sinnproduktion« (S. J. SCHMIDT, 1999, S. 126) genutzt werden. Dabei besteht der konstruktivistische Impetus wesentlich darin, den Fokus der Medientheorie und -analyse »auf die jeweiligen konstruktiven Prozesse und ihre empirischen Konditionierungen« (S. J. SCHMIDT, 1994, S. 18) sowie auf die »Voraussetzungen, Mechanismen und Anschließbarkeitskriterien kognitiver und kommunikativer Wirklichkeitskonstruktionen unter der Bedingung vorausgesetzter Selbstorganisation der konstruierenden Systeme« (S. J. SCHMIDT, 1994, S. 19) zu legen.

Die aus einer soziologischen Perspektive resultierenden Medienbegriffe vereinigen die differenten Medien in Hinsicht auf ihre soziale Funktionalität, ohne ihrer Spezifik besonderes Gewicht zu verleihen, teilweise ohne sie auch nur zu thematisieren. Medien bleiben dabei kategorial notwendig mittelbar. Ähnliches gilt für die kommunikationswissenschaftliche Reflexion von Medien. Die ästhetisch-sozialphilosophische Perspektive der Kritischen Theorie bleibt auf einen regulativen Begriff des Kunst- und Gesellschaftssystems bezogen und evoziert eine Instrumentalisierung der produktions- und rezeptionsästhetischen Qualitäten der Medien. Insofern operieren die generellen Medientheorien mit einer funktionalen und nicht mit einer qualitativen Generalisierung und sind von daher nur unter anderem auch Medientheorien. Medientheorien, die sich der Paradigmen anderer Wissenssysteme bedienen, sind von daher in ihren Fragestellungen und in ihrer Aussagekraft zwangsläufig perspektivisch limitiert. Zugleich verhalten sich Einzelmedienontologien und generelle Medientheorien tendenziell inkompatibel: der Generalisierung eines Mediums steht die Generalisierung von Funktionen der Medien gegenüber.

5. Generelle Medienontologien

Theorieentwürfe, die versuchen, das Wesen oder den Sinn der Medien zu bestimmen, und dabei nicht von Einzelmedien, sondern von einem wie auch immer strukturierten System von Medien ausgehen, das sich nicht mithilfe der Paradigmen anderer Wissensmodelle in einen übergeordneten Zusammenhang integrieren lässt, lassen sich als generelle Medienontologien bestimmen. Die früheste dieser generellen Medienontologien, die nichts weiter sein will als eben das und die sich kaum sonderlich um Paradigmen anderer Wissenssysteme zu scheren scheint, hat Marshall McLuhan mit *Understanding Media* hervorgebracht. Charakteristisch ist gerade vor dem Hintergrund der von den Paradigmen anderer Wissenssysteme gespeisten generellen Medientheorien die Verschiebung des Fokus der Theorie von der Inhaltsdimension, vom Produktionsprozess, von der Rezeptions- und Wirkungsweise weg und hin auf einen Kern oder ein Wesen des Medialen, der in all den bisher verfolgten Dimensionen nicht aufgehe: »Das Medium ist die Botschaft« (M. McLuhan, 1992, S. 17) und eben nicht sein Inhalt oder die massenmediale Kommunikation.

Mit der Verlagerung der Perspektive sind jedoch zugleich mögliche theoretische Bezugssysteme verlorengegangen: die Ankopplung des medientheoretischen Wissens an die Soziologie oder Psychologie, an die Semiotik oder Sozialphilosophie ist allein schon durch die isolierende Konstitution des Gegenstandes ausgeschlossen, so dass man sich – wenigstens auf den ersten Blick – auf einem Feld ohne eingeübte Methodik und traditionelle Wissensbestände befindet. Die Herauslösung des Gegenstandes Medien aus vertrauten Wissenssystemen zwingt zu einer Art theoretischer Initialisierung, die mit ihrem Gegenstand ihren eigenen Begriffsapparat und ihre ebenso eigene Methodik zu entwerfen hat und damit auf nahezu allen Ebenen wissenschaftlicher Praxis neu ansetzen muss. Nun ist mehr als zweifelhaft, ob McLuhans essayistische Oppositionsketten, Analogienserien und Metaphernscharaden ernsthaft zu so etwas wie dem theoretischen Bestand einer Wissenschaft überhaupt gezählt werden können, und auch seine methodischen Mechanismen sind alles andere als originär, zweifellos neu ist jedoch die radikale Konzentration auf den Gegenstand der Medien.

McLuhan interpretiert Medien und weist ihnen einen Sinn zu, ein Verfahren, das bei der Reduktion der Komplexität von Kunstwerken zwar eingespielt und – wenigstens in Grenzen – anerkannt ist, dessen Übertragung auf Sachverhalte jedoch unter

Ideologieverdacht steht. Die Abschneidung von möglichen Bezugssystemen fördert die Tendenz zur Universalisierung: Medien können nicht mehr nur ein einzelner, isolierter Gegenstand sein, außerhalb dessen, ihn bedingend, noch anderes existiert, sondern die solcherart konstituierten Medien avancieren zum Zentrum historischer Entwicklung und sozialer Existenz. Gerade die Abschottung gegenüber gegebenen Wissenssystemen nötigt zu jenem vertrauten imperialen Gestus von Universaltheorien: Derart autark konzipierte Medientheorie macht sich also anheischig, Geschichte und soziale sowie politische Systeme aus sich selbst heraus ableiten zu können, was keineswegs hilft, den Ideologieverdacht zu beschwichtigen. Die fatale Neigung zur Universaltheorie ist auch den Medienontologien nach McLUHAN nicht abhanden gekommen: auch Jean BAUDRILLARD, Vilém FLUSSER, Paul VIRILIO und Norbert BOLZ setzen weder wesentlich bescheidener noch methodischer an. Wie die meisten Ideologien sind die Medienontologien einer Dialektik von Schmähungen und frenetischem Beifall ausgesetzt.

Bei McLUHAN skandieren und konstituieren Medien Zeitalter so wie das Maschinenzeitalter und das elektrische Zeitalter. Den Zeitaltern werden mittels ihrer Medien Tendenzen und Qualitäten zugeordnet: Explosion und Implosion, Rationalität und ganzheitliches, irrationales Erfassen. Die sozialen und historischen Strukturen werden dabei per Analogie aus medialen Strukturen abgeleitet: »Der Druck brachte im sechzehnten Jahrhundert den Individualismus und den Nationalismus hervor.« (M. McLUHAN, 1992, S. 31) Zugleich lässt der Universalitätsanspruch eine Ausdehnung des Medienbegriffs erforderlich werden: So werden Medien für McLUHAN zu Ausweitungen des Menschen, zu Ausweitungen des Körpers in den Raum bzw. zu Ausweitungen des Zentralnervensystems. Geld und Rad (M. McLUHAN, 1992, S. 37) sind damit Medien im McLUHANschen Sinne. McLUHAN differenziert diese Medien unabhängig von ihrer technischen Qualität in heiße, detailreiche und kalte, detailarme Medien (M. McLUHAN, 1992, S. 35). Diese Differenzierung wird dann von den Medien auf sozio-historische Konstellationen projiziert: »rückständige Länder [sind] ›kühl‹«, »das vergangene Maschinenzeitalter [war] heiß«, »wir Zeitgenossen des Fernsehens sind kühl« (M. McLUHAN, 1992, S. 40). Zugleich werden aus der Metaphern-Opposition historische Bewegungen abgeleitet: Erhitzen und Abkühlung sollen so historische Entwicklungen erklären. Die Logik der applizierten Metaphorik übernimmt die Funktion einer historischen Kausalerklärung. McLuhan stellt von einer inhaltsorientierten, substantiellen oder materialen Analyse der Medien um auf eine strukturelle, wenn sich auch die Struktur in Metaphernserien verliert: »die ›Botschaft‹ jedes Mediums oder jeder Technik ist die Veränderung des Maßstabs, Tempos oder Schemas, die es der Situation des Menschen bringt.« (M. McLuhan, 1992, S. 18) Um den universalen Erklärungsanspruch aufrechterhalten zu können, muss den Medien eine kaum minder universale Wirkungsmacht unterstellt werden: »Denn jedes Medium hat die Macht, seine eigenen Postulate dem Ahnungslosen aufzuzwingen.« (M. McLuhan, 1992, S. 26) Und nach dieser – im Übrigen von der kommunikationswissenschaftlichen Wirkungsforschung durchaus relativierten – Wirkungshypothese ist es dann nur folgerichtig, dass den Medien eine »gestaltende Kraft in der Geschichte« (M. McLuhan, 1992, S. 29) zugebilligt wird.

Die McLuhan-Rezeption gestaltete sich bis Ende der 70er Jahre zumindest ambivalent: Die Diskussion wurde von generellen Medientheorien, entweder der Kritischen Theorie oder aber einer empirisch orientierten Kommunikationswissenschaft, bestimmt, und McLuhan konnte trotz seiner populären Sinngebungsversuche wie dem »Global Village« (M. McLuhan/B. R. Powers, 1995) kaum mit den in diesen Auseinandersetzungen geltenden wissenschaftlichen Standards mithalten. Erst die sukzessive Ablösung der paradigmatischen Definitionsmacht der Kritischen Theorie einerseits und des Strukturalismus andererseits bereitete unter dem Titel Postmoderne ein Terrain, auf dem auch anspruchslosere Theoriemodelle reüssieren konnten. So gelangte McLuhan trotz der vernichtenden Kritik etwa von Enzensberger neuerlich in die Diskussion und füllte mitsamt einer Serie weitgehend strukturhomologer Modelle wie denen von Baudrillard, Flusser, Virilio u. a. das von der Frankfurter Schule gelassene Vakuum zumindest metaphorisch aus.

Baudrillard ist genau in diesem Übergang zwischen einer kritischen bzw. empirischen Medienwissenschaft und der Postmoderne zu positionieren: »Es gibt keine Medientheorie. Die ›Medienrevolution‹ ist bislang, sowohl bei McLuhan als auch bei denjenigen, die gegen ihn Partei ergreifen, empiristisch und my-

stisch geblieben.« (J. BAUDRILLARD, 1978, S. 83) BAUDRILLARD
historisiert die materialistische Gesellschaftsanalyse und geht davon aus, dass das Posthistoire bzw. die Postmoderne mit deren
Mitteln nicht mehr zu erfassen sei. Diese historische Begrenzt-
heit des analytischen Instrumentariums verlange nach einem
neuen Paradigma, und dieses meint BAUDRILLARD in seinem Si-
mulationsmodell, das dem »Ende der Produktion« (J. BAUDRIL-
LARD, 1982, S. 22) Rechnung tragen soll, gefunden zu haben.
Aufgrund dieses Modells zieht er mediale Strukturen zur Erklärung sozialer Entwicklungen heran. Auch im Falle BAUDRIL-
LARDs ist Medienontologie als Universaltheorie konzipiert. Dabei geht er ähnlich wie MCLUHAN vor: Er ist an Struktureigen-
schaften, an der »gesellschaftliche(n) Form« (J. BAUDRILLARD,
1978, S. 94) und nicht an den Inhalten, Produktions- oder Rezep-
tionsformen der Medien interessiert, denen er dann einen Sinn
unterlegt. »Die Massenmedien sind dadurch charakterisiert, daß
sie anti-mediatorisch sind, intransitiv, dadurch, daß sie Nicht-
Kommunikation fabrizieren – vorausgesetzt, man findet sich bereit, Kommunikation als Austausch zu definieren [...].« (J. BAU-
DRILLARD, 1978, S. 91). Insofern nimmt BAUDRILLARD den von
BRECHT und ENZENSBERGER monierten Mangel an Interaktivität
der Massenmedien auf, ohne allerdings noch wie diese auf ein
emanzipatorisches Potenzial der Medien zu hoffen. BAUDRIL-
LARD spekuliert statt dessen auf einen generellen Bruch mit dem
Code, wie er etwa in den Graffiti zum Ausdruck kommt.

VIRILIO operiert, indem er von »Medien der Bewegung« (P.
VIRILIO, 1978, S. 21) ausgeht, mit einem ähnlich weiten Medienbegriff wie MCLUHAN und konstruiert einen Komplex von Geschwindigkeit, Medien und Krieg. Historische Entwicklungen
beschreibt er als ein Fortschreiten in diesen Dimensionen, wobei
er diesen Tendenzaussagen durch einen apokalyptischen Tenor
zusätzliches Gewicht zu verleihen sucht. Die unterschiedlichen
Ebenen werden von Virilio mittels Analogien zusammengehalten:
So verfügt Linearität für VIRILIO über eine mediale, eine kognitive
und eine Bewegungsdimension, so dass sich die Linearität von
Texten, der Rationalismus und gerade Straßen in einem Zusammenhang wiederfinden. Virilio unterstellt im Wesentlichen drei
historische Tendenzen: die Zunahme der Geschwindigkeit, die
Zunahme der Bedeutung medialer Vermittlung und die sukzessive Verkleinerung. Exemplarisch finden sich all diese Tendenzen

in der Medienentwicklung repräsentiert. So ist ein »exponentielle(r) Anstieg der Geschwindigkeit der Massenkommunikationsmittel« (P. VIRILIO, 1978, S. 24), eine universale »Medien-Perzeption« (P. VIRILIO, 1978, S. 39) oder eine mediale Prothetik (P. VIRILIO, 1978, S. 37) sowie die rapide Minimierung elektronischer Bauteile (P. VIRILIO, 1989, S. 222f.) zu konstatieren, wodurch Prozesse unterschiedlichster Funktion und Provenienz auf ihren gemeinsamen metaphorischen Nenner gebracht werden. Geschwindigkeit, Krieg und Information haben so nach Virilio die Tendenz, in eins zu fallen und darüber hinaus zur Katastrophe zu tendieren. Dass die Konvergenz von Militär und Medien sich allenfalls in Teilen der Medientechnik – etwa beim Film (P. VIRILIO, 1986, S. 19ff.) – mediengeschichtlich nachweisen lässt und keineswegs für alle existierenden Medientechniken gilt, wodurch ihre Generalisierung außerordentlich zweifelhaft wird, entgeht sowohl VIRILIO als auch KITTLER, der diese These übernimmt und sie noch auszubauen sucht.

FLUSSER operiert bei seinen Überlegungen zwar mit einem engeren Medienbegriff als VIRILIO und McLUHAN, das heißt jedoch nicht, dass die Folgerungen, die er aus seinen medientheoretischen Hypothesen zieht, weniger weitschweifend wären. Auch bei ihm periodisieren und determinieren medientechnische Entwicklungen historische Prozesse: das mythische Universum der traditionellen Bilder (V. FLUSSER, 1990, S. 15) wird durch das linearer Texte (V. FLUSSER, 1990, S. 9) und dieses wiederum durch eines technischer Bilder (V. FLUSSER, 1990, S. 53) – bis hin zu den digitalen – abgelöst. Dabei wird die medientechnische Entwicklung jeweils zur determinierenden Ursache eines generellen gesellschaftlichen und kulturellen Wandels stilisiert: Geschichte ist die Geschichte von Medienrevolutionen (V. FLUSSER, 1989, S. 29). Der Übergang von der Linearität der Texte zu den technischen Bildern wird nach FLUSSER durch eine Dialektik von Apokalypse und Erlösung moduliert: Der zentralistischen Distribution von Medienprodukten an ein disperses Publikum wird von FLUSSER mittels etymologischer Ableitung eine »fascistische« Qualität zugeschrieben. Diesem universalen Medienfaschismus (V. FLUSSER, 1990, S. 53) ist – so FLUSSER – nur mittels jener – bereits von BRECHT geforderten – Umwandlung der Distributionsmedien in Kommunikationsmedien zu entkommen, wodurch ein neues nachgeschichtliches Zeitalter anbreche. Die

Expansion medientechnologischer Entwicklungen und ihre An-
reicherung mit Bedeutung wird von FLUSSER mittels etymologischer Ableitungen, forcierter Analogieschlüsse und einer großzü-
gigen Substitution von Begriffen durch Metaphern bewerkstelligt, Verfahren, die zwar von allen postmodernen Medienontologien gepflegt werden, die jedoch zumindest in ihrem wissenschaftlichen Gebrauch außerordentlich problematisch sind. Die
Interpretation von Medien und die Komplexitätsreduktion medialer Strukturen mittels einfacher Sinnzuschreibung verfügt
zwar nur über ein nahezu zu ignorierendes Erklärungspotenzial,
jedoch über eine kaum zu überschätzende ideologische Attraktivität. Die Offerte einfacher und zudem auch noch bildhafter Lösungen in einem außerordentlich komplexen und keinesfalls
mehr unmittelbar durchschaubaren Terrain wie den Medien hat
für eine eminente Popularität postmoderner Medienontologien
gesorgt.

6. Intermedialitätsdebatten

Die primäre Irritation durch die Einführung neuer Medien führte zu medienwissenschaftlichen Konzepten, die den Differenzen
medialer Sachverhalte nachgingen und deren Intermedialität zu
bestimmen suchten. Sobald die Irritation jedoch von der Komplexität eines Mediensystems (K. PRÜMM, 1988, S. 195) selbst
ausgeht und weder durch die Territorialisierungen der Einzelmedienontologien noch durch die Sinnzuschreibungen der generellen Medienontologien hinreichend reduziert zu werden vermag,
dann besteht eine der Verarbeitungsstrategien von Komplexität
darin, Komplexität selbst programmatisch werden zu lassen. Diese sekundäre Intermedialität, die mit Multimedialitätsdebatten
und der Diskussion um Hybridmedien zusammenfällt, reagiert
also auf eine Komplexitätszunahme des Mediensystems und die
unbefriedigende Erklärungsleistung der vorhandenen Theoriemodelle zunächst durch eine Benennung der Situation und eine
Identifizierung von Objekten, an denen die bisherigen Erklä-
rungsstrategien versagen.

   Die sekundäre Intermedialität verdankt sich dabei zugleich
einer konventionellen Strategie wissenschaftlicher Innovation,
nämlich der einer Ausdehnung des Objektbereichs. Der Versuch,
auf diesem Wege selbst erschöpften Paradigmen und Wissensmo-

dellen zu neuer Geltung zu verhelfen, hat zumindest in den Literaturwissenschaften durchaus Tradition: Die Integration von Trivialliteratur, Comics, Hörspiel, Film und aktuell von Hypertexten operiert mit demselben Muster. Intermedialität wird dabei als ein Gegenstandsbereich konstituiert, der zu umfassend ist, als dass er innerhalb der Einzelmedientheorien erfasst werden könnte, und der gleichzeitig zu handgreiflich ist, als dass er von den generellen Medienontologien aufgrund ihrer mangelnden Konkretisierungsleistung begriffen werden könnte. Die Komplexität des Mediensystems wird von daher an konkreten Objekten, also medialen Interferenzen, abgearbeitet.

Intermedialität ist insofern nicht nur vom Objektbereich, sondern auch auf der theoretischen Ebene zwischen den gängigen Ebenen von Einzelmedientheorien und generellen Medienontologien positioniert. Es handelt sich also um einen Zentrierungs- oder Vermittlungsversuch gemäß einem Modell, demzufolge in der Mitte auch das Wesen zu finden sei. Basierend auf Julia Kristevas Konzept der Intertextualität entwirft Karl PRÜMM intermediale Forschungsfelder wie eine intermediale Genregeschichte und intermediale Produktionsstrategien. Dabei wird Multimedialität, das Phänomen, dass »ein ästhetisches Objekt in mehreren Medien verfügbar und rezipierbar ist« (K. PRÜMM, 1988, S. 199), der Intermedialität untergeordnet. Die prominent in diesem Kontext involvierten medialen Felder sind insbesondere Interferenzen zwischen Literatur, Film und bildender Kunst. Die Analyse dieser neuerschlossenen Felder führte zunächst zur Bildung von Typologien (F.-J. ALBERSMEIER, 1995). Bei Joachim PAECH materialisiert sich Intermedialität quasi im »Zwischenbild« (J. PAECH, 1994, S. 176), wodurch Intermedialität wenn auch keinen Raum, so doch einen spezifischen Gegenstand, das »Interface«, gewonnen hat. Gemäß der Tradition der Medienontologien wird dieses privilegierte Objekt nachhaltig mit Bedeutung aufgeladen: »Das Bild zwischen den Bildern ist im elektronischen Zeitalter der Mensch selber« (J. PAECH, 1994, S. 176). Bei Jürgen E. MÜLLER wird Intermedialität zur Signatur moderner kultureller Kommunikation überhaupt:

> Das Zeitalter medialer Vernetzungen produziert unzählige inter-mediale Hybriden, die mit ihren medialen Dynamiken und Transformationen überkommene und fixierte Text- und

Zeichenbedeutungen fortwährenden Metamorphosen in Anderes aussetzen. (J. E. MÜLLER, 1996, S. 15)

Nun haben Fluchten zu neuen Gegenständen in den Wissenschaften nur selten geholfen, die Probleme zu lösen, die zur Flucht motivierten. Insofern ist die medientheoretische Phase sekundärer Intermedialität primär Ausdruck des Desiderates einer generellen Medientheorie, der eine so plausible wie erklärungsmächtige Reduktion der eminent gewachsenen Komplexität des Mediensystems gelänge. Sekundäre Intermedialität ist daher ähnlich wie die primäre vornehmlich ein Übergangsstadium auf dem Wege zu neuen Konzepten von Medientheorie.

RAINER LESCHKE

Literatur

PLATON, Phaidros (um 360 v. Chr.), in: Sämtliche Werke 4, hg. von W. F. OTTO u. a., Hamburg 1984. – K. PINTHUS, Das Kinobuch (1913), Frankfurt a. M. 1983. – E. DOVIFAT, »Wege und Ziele der zeitungswissenschaftlichen Arbeit« (23.11.1928), in: Emil Dovifat. Studien und Dokumente zu Leben und Werk, hg. von B. SÖSEMANN, Berlin/New York 1998. – R. ARNHEIM, Film als Kunst (1932), Frankfurt a. M. [11]1988. – B. BRECHT, Der Rundfunk als Kommunikationsapparat (1932), in: ders., Gesammelte Werke, Bd. 18, Frankfurt a. M. 1973. – R. ARNHEIM, Rundfunk als Hörkunst (1936), München 1979. – W. BENJAMIN, Das Kunstwerk im Zeitalter seiner technischen Reproduzierbarkeit (1936), in: ders., Das Kunstwerk im Zeitalter seiner technischen Reproduzierbarkeit. Drei Studien zur Kunstsoziologie, Frankfurt a. M. [11]1979, S. 7–44. – M. HORKHEIMER/T. W. ADORNO, Kulturindustrie. Aufklärung als Massenbetrug (1947), in: dies., Dialektik der Aufklärung. Philosophische Fragmente, Frankfurt a. M. 1971. – E. KATZ, The Two-Step Flow of Communication, in: Mass Communication, hg. von W. SCHRAMM, Urbana u. a. 1960, S. 346–365. – S. KRACAUER, Theorie des Films. Die Errettung der äußeren Wirklichkeit (1960), Frankfurt a. M. 1985. – H. D. LASSWELL, The Structure and Function of Communication in Society, in: Mass Communication, hg. von W. SCHRAMM, Urbana u. a. 1960, S. 117–130. – P. F. LAZARSFELD u. a., Radio and the Printed Page as Factors in Political Opinion and Voting, in: Mass Communication, hg. von W. SCHRAMM, Urbana u. a. 1960, S. 513–526. – D. LERNER, Communication Systems and Social Systems, in: Mass Communication, hg. von W. SCHRAMM, Urbana u. a. 1960, S. 131–140. – G. MALETZKE, Psychologie der Massenkommunikation. Theorie und Systematik, Hamburg 1963. – H. M. ENZENSBERGER, Baukasten zu einer Theorie der Medien, in: Kursbuch 20 (1970), S. 159–186. – B. BALÁZS, Der Geist des Films, Frankfurt a. M. 1972. – D. VERTOV, Schriften zum Film, München 1973. – A. BAZIN, Was ist Kino? Bausteine zu einer Theorie des Films, Köln 1975. – J. M. LOTMAN, Probleme der Kinoästhetik. Einführung in die Semiotik des Films, Frankfurt a. M. 1977. – K. MERTEN, Kommunikation. Eine Begriffs- und Prozeßanalyse, Opladen 1977. – J. BAUDRILLARD, Requiem für die Medien, in: ders., Kool Killer oder der Aufstand der Zeichen, Berlin 1978. – P. VIRILIO, Fahrzeug, in: ders., Fahren, fahren, fahren, Berlin 1978. – S. M. EISENSTEIN, Dramaturgie der Film-Form. Der dialektische Zugang zur Film-Form, in: Texte zur Theorie des Films, hg. von F.-J. ALBERSMEIER, Stuttgart 1979, S. 278–307. – C. METZ, Probleme der Denotation im Spielfilm, in: Texte zur Theorie des Films, hg. von F.-J. ALBERSMEIER, Stuttgart 1979, S. 324–373. – J. BAUDRILLARD, Der symbolische Tausch und der Tod, München 1982. – U. ECO, Apokalyptiker und Integrierte. Zur kritischen Kritik der Massenkultur, Frankfurt a. M. 1984. – Radiokultur in der Weimarer Republik, hg. von I. SCHNEIDER, Tübingen 1984. – P. VIRILIO, Krieg und Kino. Logistik der Wahrnehmung, München/Wien 1986. – K. PRÜMM, Intermedialität und Multimedialität. Eine Skizze medienwissenschaftlicher Forschungsfelder, in: Ansichten einer künftigen Medienwissenschaft, hg. von R. BOHN u. a., Berlin 1988, S. 195–200. – G. DELEUZE, Das Bewegungs-Bild. Kino 1, Frankfurt a. M. 1989. – V. FLUSSER, Die Schrift: hat Schreiben Zukunft? Göttingen ²1989. – P. VIRILIO, Der negative Horizont. Bewegung – Geschwindigkeit – Beschleunigung, München/Wien 1989. – V. FLUSSER, Ins Universum der technischen Bilder, Göttingen ³1990. – G. DELEUZE, Das Zeit-Bild. Kino 2, Frankfurt a. M. 1991. – Prolog vor dem Film. Nachdenken über ein neues Medium 1909–1914, hg. von J. SCHWEINITZ, Leipzig 1992. – M. McLUHAN, Die magischen Kanäle. Understanding Media, Düsseldorf u. a. 1992. – J. PAECH, Das Bild zwischen den Bildern, in: Film, Fernsehen, Video und die Künste. Strategien der Intermedialität, hg. von J. PAECH, Stuttgart 1994, S. 163–178. – H. RHEINGOLD, Virtuelle Gemeinschaft: Soziale Beziehungen im Zeitalter des Computers, Bonn u. a. 1994. – S. J. SCHMIDT, Die Wirklichkeit des Beobachters, in: Die Wirklichkeit der Medien, hg. von K. MERTEN u. a., Opladen 1994, S. 3–19. – F.-J. ALBERSMEIER: Literatur und Film. Entwurf einer praxisorientierten Textsystematik, in: Literatur intermedial. Musik – Malerei – Photographie – Film, hg. von P.V. ZIMA, Darmstadt 1995. – M. McLUHAN/B. R. POWERS, The Global Village. Der Weg der Me-

diengesellschaft in das 21. Jahrhundert, Paderborn 1995. – N. LUH-
MANN, Die Realität der Massenmedien, Opladen ²1996. – J. E. MÜL-
LER, Intermedialität. Formen moderner kultureller Kommunikation,
Münster 1996. – H. WINKLER, Docuverse. Zur Medientheorie der
Computer, München 1997. – S. TURKLE, Leben im Netz. Identität in
Zeiten des Internet, Reinbek bei Hamburg 1998. – S. J. SCHMIDT,
Blickwechsel. Umrisse einer Medienepistemologie, in: Konstrukti-
vismus in der Medien- und Kommunikationswissenschaft, hg. von
G. RUSCH/S. J. SCHMIDT, Frankfurt a. M. 1999. – S. J. SCHMIDT, Kalte
Faszination. Medien, Kultur, Wissenschaft in der Mediengesell-
schaft, Weilerswist 2000.

Medienanalyse

1. Begriffliche Sondierungen

1.1 Medienbegriffe

Wie Medienanalyse verstanden und betrieben, wie ihre Methodik konzipiert und angewendet wird und wie demnach ihre Ergebnisse ausfallen, ergibt sich danach, wie und wie weitreichend Medien und Analyse begrifflich-systematisch gefasst werden.

Medien werden als technische, professionelle und organisatorische Kommunikationsmittel für öffentliche und gesellschaftliche Kommunikation verstanden, wie sie sich insbesondere seit der Erfindung des Drucks durch Johannes Gutenberg zum Ende des 15. Jahrhunderts allmählich entwickelten. Mit ihrer weiteren Technisierung vor allem im Laufe des 19. und 20. Jahrhunderts, der Ausweitung ihrer Reproduktionspotenziale auf das statische (Fotografie) und das bewegte Bild (Film), auf Ton (Radio, Schallplatte, Tonband/Kassette, CD) und schließlich auf Ton und Bild gemeinsam (Tonfilm, Fernsehen, Video), sowie mit den gesellschaftlichen Entwicklungen insgesamt, die traditionelle Strukturen und Bindungen der Menschen zu informellen, ›massenhaften‹ Beziehungen wandelten, wurden die Medien als Massenmedien bezeichnet. Deren Dominanz wird durch jüngste Entwicklungen von Mikroelektronik, Digitalisierung, elektronischer Vernetzung und medialer Konvergenz bis hin zu Internet und Multimedia allmählich verändert bzw. aufgehoben, so dass sich neue Kombinationen von privater, direkter und medialer, indirekter, öffentlicher Kommunikation bilden. Mit der generellen Expansion technischer Kommunikation und Medien geraten menschliche Kommunikation und Wirklichkeitswahrnehmung zunehmend unter medialisierende Tendenzen, so dass verbreitet an der authentischen Wahrnehmung von Wirklichkeit gezweifelt und die zweite, medial vermittelte Wirklichkeit als universale angesehen wird (H.-D. KÜBLER, Mediale Kommunikation, 2000). Medienkultur – noch vor wenigen Jahren ein Widerspruch in sich – gilt heute als die dominante, mindestens als die auffallendste Form von Wirklichkeitsaneignung und -konstruktion (C. PIAS u. a., 1999; W. FAULSTICH, 2000). Von ihr aus lassen sich retrospektiv Medialisierungsprozesse in der Menschheitsgeschichte bis zu

ihren Anfängen zurückverfolgen, so dass nicht mehr technische
Formen vorrangig sind, sondern der symbolisch-intentionale
Gehalt des Objekts bzw. der Person. Solche universale Medien-
geschichte verkörpert ihrerseits historische Medienanalyse in
umfassendstem Verständnis und bedient sich aller analytischen
Methoden (W. FAULSTICH, 1996, 1997, 1998).

Als technische, bald auch industrielle Kommunikationsmittel
konstituieren Medien formelle Strukturen und Organisationen
für Produktion, Vertrieb und Verbreitung: Druckereien, Verlage,
Redaktionen, Nachrichtenagenturen, Filmstudios, Verleihfir-
men, Kinos, Sender, Programmproduzenten, Werbeagenturen
etc. Entsprechend bilden sich einschlägige Professionen heraus
und spezifizieren sich. Produktionsziele und Arbeitsabläufe werden – zumal unter dem Primat der Aktualität – fixiert, Verbrei-
tungsformen und Reichweiten werden bestimmt. Unter dem
Diktat des Marktes, der Verkäuflichkeit und der Konkurrenz werden Nutzungsquoten durch das anvisierte Publikum angestrebt
und ermittelt. Für all diese Prozesse und Aufgaben bedarf es ana-
lytischer Methoden, die einerseits in der Praxis selbst entwickelt
und erprobt, andererseits von der unabhängigen Wissenschaft
konzipiert und gewissermaßen in sekundären Analysen eingesetzt werden. So findet sich als angewandte Forschung inzwischen eine reichhaltige, unter der anhaltenden Medien-Konkur-
renz ständig wachsende Forschung, die sich als Marktforschung,
Marketing und Mediaplanung versteht; deren empirischer, meist
repräsentativer und kontinuierlicher Nutzungserhebungen und
-ergebnisse muss sich die unabhängige wissenschaftliche Medienforschung mangels eigener, vergleichbarer Erhebungsmög-
lichkeiten bedienen. Mit solchen Nutzungsdaten werden auch
Medienimages und -zuschreibungen wie etwa Grade der Ent-
behrlichkeit, der emotionalen Bindung, des Prestiges, der Glaub-
würdigkeit der Medien in der Bevölkerung ermittelt, die mindestens als subjektive Indikatoren zur Medienanalyse gerechnet
werden können (K. BERG/M.-L. KIEFER, 1996).

Medienanalyse im engeren Sinne meint Analyse des Me-
dien-Produkts (D. PROKOP, 1981; W. FAULSTICH, 1980, 1988; T.
HEINZE, 1990; K. HICKETHIER, 1993/1996). Für die diversen Medien sind die Produkte unterschiedlich. Ihr Spektrum reicht vom
singulären, gegebenenfalls hochkomplexen Werk bis hin zum unendlichen Serienprodukt. Der klassische Spielfilm besetzt den ei-

nen Pol, Zeitung, Zeitschrift, Roman- oder Comicheft in der Reihe, Radio- und Fernsehsendung sind periodisch und seriell. Alle Produkte lassen sich sowohl als konkrete Kommunikate, die empirisch erfasst werden können, wie auch als exemplarische Repräsentanten einer bestimmten Gattung begreifen, die auch als journalistische oder publizistische Textform bezeichnet wird: z. B. Nachricht, Reportage, Feature, Western, Komödie, Fernsehspiel, Krimi, Talkshow, Serie etc. Diese Gattungen lassen sich für ein Medium, aber auch vergleichend für mehrere Medien, also intermedial, analysieren. Zu all diesen Genres und Formen finden sich mittlerweile unzählige Untersuchungen.

Über diese Produktgattungen hinaus werden die Medien selbst als mediale Konstrukte in abstrahierender oder phänomenologischer Weise betrachtet (W. FAULSTICH, 1979): Wenn von der Tageszeitung, der Illustrierten, dem Spielfilm, dem Hörfunk, dem Fernsehen, dem Computer und heute auch vom Internet die Rede ist, dann sind sowohl die Inhalte, Programme, Textformen, Genres, neudeutsch auch als ›content‹ bezeichnet, die diversen Technologien und Geräte als auch die Institutionen, Strukturen und Prozesse von Produktion und Vertrieb gemeint. Eine Geschichte der Presse (K. KOSZYK, 1966, 1972) analysiert möglichst alle Aspekte ebenso wie eine Geschichte des Fernsehens (K. HICKETHIER, 1998). Insofern lässt sich Medienanalyse nicht a priori eindeutig festlegen und eingrenzen, zumal ihre Ausübung zusätzlich vom jeweiligen Wissenschaftsverständnis und den ihm verpflichteten Disziplinen beeinflusst ist. Denn Medienanalyse kann aus der Sicht der Semiotik, Kommunikations- und Publizistikwissenschaft, Medienwissenschaft, Literatur- und Sprachwissenschaft, Kunstwissenschaft und Ästhetik, Musikwissenschaft, Soziologie, Psychologie, Jurisprudenz, Theologie etc. betrieben werden.

1.2 Analyse

Analyse lässt sich primär als Sammelbegriff für alle wissenschaftlichen Untersuchungen von Medien – im genannten Sinne – verstehen, sofern sie theoriegeleitet, möglichst verallgemeinerbar, nachprüfbar sind und sich dem wissenschaftlichen Diskurs stellen.

Ein Grenzfall zwischen wissenschaftlicher und alltäglicher Analyse ist die professionelle *Medienkritik* (D. PROKOP, 1973, 1985). Auch sie befasst sich bekanntlich mit allen Medien, vom Buch bis zum Film, von der Fernsehsendung bis hin zum Computerspiel, wobei sich in der kulturellen Tradition allerdings gewisse Schwerpunkte und Wertungen herausgeschält haben. Im vornehmlich beteiligten Zeitungsfeuilleton war etwa die wechselseitige Pressekritik bislang relativ selten, sie nimmt erst jüngst, wohl unter dem wachsenden Konkurrenzkampf und infolge des intermedialen Engagements vieler Verlage zu. Literatur-, Film- und Fernsehkritik zählen zu den angestammten Rubriken des Feuilletons, manche weisen zudem Rezensionen von Schallplatten, heute CDs, von Videos und Computerspielen auf.

Ambitionierte Medienkritik rekurriert auf vielfältiges kulturelles, historisches und ästhetisches Wissen. Selbst wenn sie sich gemeinhin auf ein singuläres Medienprodukt bezieht, intendiert sie meist generalisierende Aussagen und Wertungen über Medien, Inhalte, Darstellungsweisen und Wirklichkeitsbilder. In der ersten Phase der Mediengesellschaft, etwa in den 20er und 30er Jahren, zählten Medienkritiker zu den öffentlich einflussreichsten Medienanalysten, von ihnen stammen nicht zuletzt allgemeine Werke zur Medienanalyse und -geschichte. Außerdem war die wissenschaftliche Beschäftigung mit Medien der Medienkritik bis in die 60er Jahre hinein sehr verwandt, da sich jene ebenfalls vorrangig phänomenologischer und normativer Zugangsweisen zu den Medienprodukten bediente (E. DOVIFAT, 1968/69; E. DOVIFAT/J. WILKE, 1967/1976). Die aus der Literaturwissenschaft hervorgegangene Medienwissenschaft bevorzugt bis heute interpretative und damit ideographische Analysemethoden, die denen der Medienkritik nicht unähnlich sind. Die Medienkritik kann selbst Gegenstand medienhistorischer und -analytischer Studien sein: als analytisches Dokument der Mediengeschichte wie als jeweils zeitbestimmter kritischer Beleg für die gesellschaftliche und kulturelle Bewertung der Medien(produkte) (z. B. R. VIEHOFF, 1981; K. HICKETHIER, 1994; E. STRASSNER, 1997, 1999).

Mit dem verstärkten Einfluss der Sozialwissenschaften vor allem in den angelsächsischen Ländern entfaltet sich ein methodologisches Bewusstsein für die *Medienanalyse*, vor allem hinsichtlich der Frage nach ihrer Empirie. Ihnen gehen die paradigmati-

schen Forderungen voraus, die Max WEBER auf dem Ersten
Deutschen Soziologentag 1910 in Frankfurt für eine *Soziologie des
Zeitungswesens* formuliert hat. Nach der Aufzählung und Begründung zahlreicher Forschungsfragen, die das gesamte, bereits um-
rissene Feld der Medienanalyse betreffen und zudem von ihr aus
auf eine möglichst zeitgenössische Gesellschaftsanalyse abzielen,
stellt WEBER die Frage nach dem dafür ergiebigen Gegenstand der
Erkenntnis und der Analyse und nennt dafür die »Zeitungen
selbst«:

> [W]ir werden [...] ganz banausisch anzufangen haben damit,
> zu messen, mit der Schere und mit dem Zirkel, wie sich denn
> der Inhalt der Zeitungen in quantitativer Hinsicht verscho-
> ben hat im Lauf der letzten Generation, nicht am letzten im
> Inseratenteil, im Feuilleton, zwischen Feuilleton und Leitar-
> tikel, zwischen Leitartikel und Nachricht, zwischen dem,
> was überhaupt an Nachrichten gebracht wird und was heute
> nicht mehr gebracht wird. [...] Und von diesen quantitativen
> Bestimmungen aus werden wir dann zu den qualitativen
> übergehen. Wir werden die Art der Stilisierung der Zeitung ,
> die Art, wie die gleichen Probleme innerhalb und außerhalb
> der Zeitungen erörtert werden, die scheinbare Zurückdrän-
> gung des Emotionalen in der Zeitung, welches doch immer
> wieder die Grundlage ihrer eigenen Existenzfähigkeit bildet,
> und ähnliche Dinge zu verfolgen haben und darnach schließ-
> lich in sehr weiter Annäherung die Hoffnung haben dürfen,
> der weittragenden Frage langsam näher zu kommen, welche
> wir zu beantworten uns als Ziel stecken. (M. WEBER, 1911/
> 1986, S. 23f.)

Mit dieser analytischen Skizze hat WEBER nicht nur bis heute
traktierte, wenn auch anders formulierte Forschungssegmente
benannt, wie sie seither von der ›content analysis‹ (Inhaltsanalyse)
mit inzwischen ausgefeilten Methoden untersucht werden; er hat
zugleich eine methodologische Problematik thematisiert, die in
verschiedenen Varianten die Medienanalyse seither durchzieht
und in den Grundfragen gipfelt, was die Medienanalyse wie untersuchen und welche (generellen) Aussagen sie mit ihren Methoden treffen kann. Denn Medienanalyse muss sich mit der zeichentheoretischen Beschaffenheit von Medienprodukten, also
mit ihrer semiotischen Komplexität und damit mit der Frage nach
ihrer adäquaten, validen Erfassung beschäftigen; außerdem muss

sie sich ihre ungeheure, ständig wachsende Fülle und damit die Frage nach der Auswahl und Repräsentativität der zu untersuchenden Stichprobe gewärtigen, ferner muss sie das Verhältnis zwischen singulären und seriellen Produkten in unendlicher Reihung und damit die Frage thematisieren, welche zeitlichen Dimensionen eine Analyse anstreben muss und kann oder wie exemplarisch sie ihre Objekte nehmen muss, und schließlich muss sie die grundsätzliche Frage beantworten, ob Medienprodukte um ihrer selbst willen analysiert werden, womit ihnen insgeheim der Status des Kulturprodukts verliehen wird, oder ob sie eher als Spiegel und Abbild gesellschaftlicher Verhältnisse und kultureller Entwicklungen gesehen werden. Als Reflex- oder Kontrollhypothese wird diese Dualität apostrophiert.

Von Letzterer wird häufig auch auf potenzielle Wirkungen der Medien bzw. der Medienprodukte geschlossen, so dass Medienanalyse in solch einem linearen Sinne auch als Wirkungsforschung missverstanden wird – etwa mit der Annahme, dass, was so und so inhaltlich beschaffen ist, so und so wirkt bzw. wirken muss. Aber die moderne Rezeptionsforschung hat wiederholt, zumal auf empirische Weise, aufgezeigt, dass eine lineare, direkte Verknüpfung von inhaltsanalytischen Befunden und möglichen Wirkungen nicht gegeben, mindestens nicht unzweifelhaft und automatisch nachgewiesen werden kann. Die Individualität des Rezipienten eröffnet vielmehr eine Vielfalt und Kontingenz potenzieller Sinndeutungen und damit entsprechender Wirkungen.

Mit der Verbreitung der Massenmedien und der anhaltenden Vermehrung ihrer Inhalte entwickelt sich die *Inhaltsanalyse* als sozialwissenschaftliche Methode (R. LISCH/J. KRIZ, 1978; K. MERTEN, 1993/1996, 1999; W. FRÜH, 1981/1998). Besonders die Analyse der Kriegspropaganda im Zweiten Weltkrieg verschafft ihr erheblichen Aufschwung. Der Sozialpsychologe Harold D. LASSWELL arbeitet sie zu einer quantitativen Methode aus, um militärische Symbole und Stereotypen zu untersuchen. Der Messung ihrer Häufigkeit fügt er bald auch qualitative Aspekte der Bewertung hinzu. Er gilt seither als »Vater der Inhaltsanalyse« (W. SCHRAMM, 1957, S. 105). Aber auch andere Inhalte der Medien werden untersucht: Als erste systematische Inhaltsanalyse von Zeitungen gilt die von John Gilmer SPEED (1893), der mittels des Vergleichs mehrerer Zeitungen und über bestimmte Zeiträume hinweg Veränderungen der Berichterstattung von Themen in

New Yorker Zeitungen untersucht. 1941 findet an der Universität von Chicago eine Konferenz über Massenkommunikationsforschung statt, an der die damals führenden Vertreter teilnehmen. Da dort Bernard R. BERELSON erste methodologische Konzepte vorträgt, die später (1948) zu einer ersten Anleitung führen (1952 auch ins Deutsche übertragen), Paul F. LAZARSFELD selbst Inhaltsanalysen von Radiosendungen vorstellt, ferner Inhaltsanalysen zum Wahlverhalten und zu deutschen Propagandasendungen referiert werden und LASSWELL das Grundsatzreferat zum Stand der Inhaltsanalyse hält, gilt diese Tagung als »Geburtsjahr der Inhaltsanalyse als eigenständige Methode« (K. MERTEN, 1983, S. 41). 1952 legt BERELSON das erste, bis heute genutzte und am meisten zitierte Lehrbuch zur Inhaltsanalyse vor, in dem er sie definiert als »a research technique for the objective, systematic, and quantitative description of the manifest content of communication« (B. BERELSON, 1952, S. 18).

An dieser Definition entzündet sich sogleich Kritik, die zunächst vom Filmhistoriker und Soziologen Siegfried KRACAUER (1952) vorgebracht wird und bis heute anhält (J. RITSERT, 1972; P. MAYRING, 1997). Sie fragt nach der Qualität symbolischen Materials, dem Verhältnis von manifestem und latentem Inhalt, zugespitzt nach der Dualität von Inhalt und Gehalt bzw. Sinn, sie prüft die zu wählenden Untersuchungseinheiten, ihre Isolierbarkeit bzw. ihre Kontextualität und bezweifelt endlich den Primat der Quantifizierung, der zudem den Anspruch auf Objektivität erhebt. Denn die quantitative Inhaltsanalyse geht davon aus, dass sie signifikante Textteile isolieren, sie in der Häufigkeit ihres Vorkommens quantifizieren, ihre inhaltliche Bedeutung – zumindest tendenziell – objektiv und systematisch bestimmen kann – angewendet werden dafür Methoden der statistischen Semantik – und dass sie damit über die Inhalte bzw. die Intention des untersuchten Medienprodukts valide, möglichst repräsentative und verallgemeinerbare Aussagen treffen kann. Mit elektronischer Datenverarbeitung sind solche quantitativen Verfahren inzwischen weitgehend standardisiert, automatisiert und können immense Text- und Symbolmengen erfassen (U. KUCKARTZ, 1999, 2000). Demgegenüber betont die qualitative Herangehensweise die kontextuelle Interferenz aller Symboleinheiten, die sich nur willkürlich isolieren lassen, sie erkennt ihre semantische Vielschichtigkeit (Latenz), die sich nur mit hermeneutischen Verfahren sukzessive, aber nie endgültig entschlüsseln lassen, und sie unterstreicht die Subjektivität jeder Wahrnehmung und Interpretation, die sich nur durch intersubjektive Diskursivität und Konsensfindung tendenziell eingrenzen und bedingt generalisieren lässt. In anderen Kontexten und für andere Interpreten eröffnet das Kommunikat andere Sinngehalte. Mit Rekurs auf die herrschenden gesellschaftlichen Verhältnisse wurde die qualitative Inhaltsanalyse auch als Methode der Ideologiekritik reklamiert (J. RITSERT, 1972). Heute werden diese Differenzen eher pragmatisch gesehen, ihre Gewichtung ergibt sich nach den Erkenntnisinteressen der Untersuchung und der Reichweite ihrer Methoden. In der Regel werden verschiedene Untersuchungsmethoden miteinander kombiniert und multivariate Verfahren zur Erzielung adäquater Ergebnisse eingesetzt (H.-D. KÜBLER, 1999).

Untersucht werden Themen, Symbole/Metaphern, Bedeutungsfelder, Stilmittel, Text-Bilder-Varianzen auf verschiedenen Ebenen eines Textes bzw. Kommunikats – also auf der syntaktischen, semantischen und pragmatischen Ebene und ihren diversen Kombinationen – je nachdem, ob Erkenntnisse über die Absichten und den Symbolgebrauch der Urheber, Autoren, Kommunikatoren, über die Wahrnehmung und das Verständnis der Rezipienten oder über das Kommunikat per se eruiert werden sollen. Soll mittels der Inhaltsanalyse sogar die »soziale Wirklichkeit« ergründet werden, wie schon WEBER intendierte, indem von »Merkmalen eines manifesten Textes auf Merkmale eines nichtmanifesten Kontextes geschlossen wird«, wie es Klaus MERTEN (1983, S. 57) zusammen mit Klaus KRIPPENDORFF (1980) anstrebt, müssen noch komplexere Bedeutungseinheiten der Kommunikate einbezogen werden. Sie entziehen sich aber tendenziell der eindeutigen Isolation und empirischen Erhebung. Außerdem stellt sich mit dieser Intention wiederum das prinzipielle Determinationsproblem, das nach der Abbildfunktion oder Selbstreferentialität der Medienwirklichkeit fragt. Systemtheorie und Konstruktivismus haben dieses mittlerweile zugunsten der Annahme von der relativen Autonomie der Medien aufgegeben.

2. Medienanalyse an historischen Beispielen

2.1 Presse und Journalismus

Dem ältesten, periodischen Massenmedium, der Zeitung, widmen sich erste Analysen bald nach ihrem Erscheinen, im Laufe des 17. Jahrhunderts. Denn Zeitungen gelten von Anfang an als unbequeme, wenn nicht unerwünschte Publikationen. Die ersten Analysen sind daher entsprechend dem damaligen Verständnis Mischungen aus persönlicher, mitunter beißender Kritik, analytischen Einsichten und normativen Belehrungen. Am bekanntesten wird das Traktat des Hofrats Kaspar von STIELER *Zeitungs Lust und Nutz* (1695/1969), dessen gelehrte und kurzweilige Betrachtungen Anleitung zur (seinerzeit) aufgeklärten Lektüre sein wollen, aber auch als »älteste Gesamtdarstellung zum Pressewesen« gelobt werden (G. HAGELWEIDE, 1969, S. VII). Eine nicht mehr moralisierende, sondern deskriptive Zeitungskunde begründet die moderne Staatswissenschaft: Der Diplomat Joachim von SCHWARZKOPF veröffentlicht 1775 in Frankfurt die 127seitige Schrift *Über Zeitungen. Ein Beitrag zur Staatswissenschaft* und ferner in den Jahren 1800 bis 1804 etliche Broschüren und Aufsätze über lokale Zeitungen einiger deutscher Territorien und über Zeitungstypen wie die gelehrten Journale und die Intelligenzblätter. Während des Kampfes um die Pressefreiheit seit den Karlsbader Beschlüssen (1819), in dem erstmals ein allgemeines Bewusstsein von Öffentlichkeit und öffentlicher Meinung sowie von der darin involvierten Rolle der Presse entsteht, mehren sich juristische und staatspolitische Analysen. Daneben nehmen katalogisierende Bemühungen zu, die 1845 zum ersten *Deutschen Zeitungskatalog* führen. Die erste *Geschichte des deutschen Journalismus* legt 1845 der Redakteur und spätere Literaturhistoriker Robert PRUTZ vor, die bis zur Mitte des 18. Jahrhunderts reicht. In ihrer Nachfolge entstehen etliche lokalhistorische und/oder bibliographisch-deskriptive Studien, die allerdings die öffentliche Funktion der Presse vernachlässigen. Lange Zeit als Standardwerk gilt die dreibändige *Geschichte des Deutschen Zeitungswesens* des Redakteurs Ludwig SALOMON, die bis 1848 reicht, aber auch einen »Ausblick in die 50er und 60er Jahre« enthält (K. KOSZYK/K. H. PRUYS, 1969/1976, S. 7ff.).

Innerhalb der Nationalökonomie, die sich damals der Presse als modernem Wirtschaftszweig annimmt, legt 1898 der junge Bankangestellte (und spätere Reichsbankpräsident) Hjalmar SCHACHT die erste *Statistische Untersuchung über die Presse Deutschlands* vor, und ähnlich wie SPEED führt Paul STOKLOSSA 1910 eine vergleichende quantitative Analyse von 30 Tageszeitungen durch, deren Artikel er nach Kategorien einteilt und nach ihrer Fläche vermisst, um herauszufinden, »was das deutsche Volk tagtäglich an geistiger Speise vorgesetzt erhält« (P. STOKLOSSA, 1910, S. 556). WEBERS im gleichen Jahr vorgebrachtes Postulat ist also bereits aufgegriffen worden. Seit seiner Berufung 1883 nach Leipzig befasst sich der frühere Redakteur der *Frankfurter Zeitung* und Nationalökonom Karl BÜCHER mit dem Zeitungswesen; 1916 gründet er das erste Institut für Zeitungskunde und legt so den Grundstein für eine kontinuierliche publizistische Forschung und ein akademisches Journalismusstudium. In seinen Arbeiten setzt sich BÜCHER vor allem mit dem durch die Industrialisierung der Zeitungsproduktion eingetretenen Wechselverhältnis der beiden Märkte, dem der Anzeigen und dem der Leser, und den Folgen für die Zeitung auseinander. So macht seine kritische These Schule, dass »durch die ganze Presse hin die Zeitung jetzt den Charakter einer Unternehmung hat, welche Anzeigenraum als Ware produziert, die nur durch einen redaktionellen Teil absetzbar wird« (K. BÜCHER, 1926, S. 21).

Dem Leipziger Vorbild folgen in den zwanziger Jahren etliche Universitäten, die Zeitungs- und bald schon die Publizistikwissenschaft als akademische Disziplin etabliert sich. Entsprechend wächst die Zahl der wissenschaftlichen Publikationen. 1924 wird in Berlin das zentrale »Deutsche Institut für Zeitungskunde«, unabhängig von der Universität, gegründet, das die Aufgabe erhält, die »hochwertigen wissenschaftlichen Erfolge der übrigen deutschen Institute zusammenzufassen und zentral zu vertiefen« (E. STRASSNER, 1999, S. 75). Mit seinen Handbüchern und Bibliographien (*Bibliographisches Handbuch der Zeitungswissenschaft*, 1929; *Internationale Bibliographie des Zeitungswesens*, 1932; *Handbuch der Weltpresse*, 1931; *Handbuch der deutschen Tagespresse*, 1932) werden (hilfs)wissenschaftliche Grundlagen gelegt. Der dort lehrende Emil DOVIFAT versteht seine *Zeitungslehre* (E. DOVIFAT, 1937; E. DOVIFAT/J. WILKE, 1967/1976) eher phänomenologisch-normativ, als Handreichung für die Praxis, während Otto GROTH mit seinem vierbändigen Werk *Die Zeitung*, das zwischen 1928 und 1930 erscheint, eine Systematik der Zeitungskunde (Journalistik) anstrebt, tatsächlich aber eine Strukturbeschreibung des Mediums erarbeitet.

Vom Nationalsozialismus wird die Zeitungswissenschaft weitgehend für die Strategie und Ideologie der Propagandamaschinerie und der Indoktrination des journalistischen Nachwuchses – vielfach ohne Gegenwehr – vereinnahmt. Zeitung, Rundfunk und Film gelten als »publizistische Führungsmittel«. Andere Vertreter ziehen sich auf eher unpolitische formale und gestalterische Fragen zurück, so dass nach 1945 das »kollektive schlechte Gewissen« weithin lähmt (L. HACHMEISTER, 1987, S. 154). Der 1946 nach Münster berufene Walter HAGEMANN setzt mit seiner kritischen Aufarbeitung der *Publizistik im Dritten Reich* (1948) erste Zeichen der Neuorientierung. Er definiert die Publizistikwissenschaft gleichermaßen als Universal- wie auch als Spezialwissenschaft, da sie sich mit allen denkbaren Bewusstseinsinhalten, aber zugleich mit den »Möglichkeiten und Grenzen der öffentlichen Aussage« zu befassen habe, wie er in seinen beiden systematischen Werken *Grundzüge der Publizistik* (1947/1966) und *Die Zeitung als Organismus* (1950) ausführt: »Unterrichtung, Beeinflussung, Belehrung und Unterhaltung« seien die Aussage-Ziele der Publizistik, die es wissenschaftlich zu untersuchen gelte (W. HAGEMANN, 1947/1966, S. 275). Den umfänglichsten Beitrag zur historisch-geisteswissenschaftlichen Zeitungskunde liefert GROTH mit seinem siebenbändigen Werk *Die unerkannte Kulturmacht* (1960–1972). Dabei interessiert er sich besonders für das »Phänomen des Vermittelns«, denn die Presse sei nicht nur ein materiales Objekt aus Papier und Druckerschwärze, vielmehr eine »geformte Gesamtidee, die das jeweilige gesellschaftliche Kommunikationssystem prägt« (O. GROTH, Bd. 1, 1960, S. 103f.).

Diese vornehmlich historisch-geisteswissenschaftliche Ausrichtung zumal auf das Medium Zeitung als Prototyp öffentlicher Kommunikation – »Zeitung ist das Zeitgespräch der Gesellschaft«, definiert etwa die Münchener Schule (L. HACHMEISTER, 1987, S. 218) – wird im Laufe der 60er Jahre durch mehrere Entwicklungen ergänzt, korrigiert und am Ende abgelöst: einmal durch die Entwicklung der Massenmedien selbst, die mit Film und Hörfunk seit den 20er und 30er Jahren, mit dem Fernsehen seit den 50er Jahren ein sich ausdifferenzierendes, vielfach komplementäres, aber auch untereinander konkurrierendes Mediensystem bilden, in dem das einzelne Medium funktional verflochten ist und jeweils das modernste zu theoretischen und analytischen Anstrengungen anregt. Die Presse verliert damit ihre Bedeutung für die Theoriebildung. Zum anderen werden allmählich die amerikanischen Sozialwissenschaften in ihren Theorien und Methodiken rezipiert. Funktionalismus und später auch Systemtheorie avancieren zu makrotheoretischen Vorgaben, wie sie etwa der Münsteraner Hendricus PRAKKE mit seiner »funktionalen Publizistik« paradigmatisch vertritt (L. HACHMEISTER, 1987, S. 230ff.). Die Methoden der empirischen Sozialforschung, Befragung und Inhaltsanalyse, werden nun zunehmend genutzt und akzeptiert, denn wissenschaftliche Aussagen verlangen nach empirischer Verifikation. Neben der theoretischen Begründung einer Massenkommunikationsforschung und ihrer Methoden rücken entsprechend den angloamerikanischen Diskussionssträngen vor allem Fragen der Wirkungsforschung ins Zentrum des Erkenntnisinteresses.

Nicht zuletzt gegen die Maxime der empirisch-analytischen Sozialforschung wendet sich die dritte Entwicklung: eine sich politisierende und (ideologie)kritische Orientierung, die mit der Aufarbeitung des Marxismus, in Verbindung mit der Kritischen Theorie Frankfurter Provenienz, mindestens den Anspruch erhebt, wissenschaftliche Theorie und Analyse mit gesellschaftlicher Praxis aktiv zu verbinden. Zunächst erfolgt diese Neuorientierung weitgehend außerhalb der etablierten Publizistikwissenschaft (F. W. DRÖGE/W. B. LERG, 1965), wie am sinnfälligsten das von DOVIFAT 1968/69 herausgegebene, in dieser Art letzte *Handbuch der Publizistik* verdeutlicht. In ihm betont der Herausgeber erneut die »Gesinnungsbestimmung« der Publizistik, reklamiert sie als Lehre von den »publizistischen Führungsmitteln« und lehnt jede Verschiebung hin zu den Sozialwissenschaften strikt ab (E. DOVIFAT, Bd. I, 1968, S. 5). Die einzelnen Kapitel enthalten entsprechend deskriptiv-phänomenologische Beiträge zur Presse, ihren Ressorts und Genres.

Demgegenüber versuchen sich eher Außenseiter und Soziologen an ideologiekritischen Analysen von Presseprodukten. In Essays hat sich der Schriftsteller Hans Magnus ENZENSBERGER schon Ende der 50er Jahre der Sprache des Nachrichtenmagazins

Der Spiegel angenommen, Anfang der 60er Jahre auch der *Frankfurter Allgemeinen Zeitung*, deren Journalismus er als »Eiertanz« brandmarkt. Aber erst unter dem generellen Label der »Bewusstseinsindustrie«, das dem der »Kulturindustrie« (1969) von Max HORKHEIMER und Theodor W. ADORNO ähnelt, werden diese Fallstudien von einem nun sensibilisierten Publikum breit rezipiert (H. M. ENZENSBERGER, 1962). Der marxistische Soziologe Horst HOLZER legt 1967 eine ideologiekritische Analyse von Publikumszeitschriften (*Quick*, *Revue*, *Stern*) vor, worin er deren affirmative Funktionen zur Sicherung von Massenloyalität, zur unterhaltenden Ablenkung, zur Konsumorientierung und Sozialtherapie herausarbeitet und sie als moderne Form ideologischer Verblendung kennzeichnet.

Als symptomatischstes Exemplum spätkapitalistischer Ideologie und Manipulation wird die *Bild*-Zeitung des Springer Konzerns attackiert, die man Ende der 60er Jahre mit einer Auflage von über vier Millionen Exemplaren täglich der massivsten Beeinflussung der Bevölkerung verdächtigt und deren Redaktionen mit ihrer aggressiven Publizistik meist skrupellos fast alle Anschuldigungen bestätigen (H. D. MÜLLER, 1968; J. ALBERTS, 1972; E. KÜCHENHOFF, 1972): »BILD fungiert als Ordnungsmacht einer außengeleiteten Gesellschaft, als Garant des Status quo«, lautet eine der analytischen Thesen (R. ZOLL/E. HENNIG, 1970, S. 182). Gleichsam am anderen Pol wird primär *Der Spiegel* analysiert, der seit der sogenannten *Spiegel*-Affäre 1962 zu *der* publizistischen Institution aufgerückt ist, fast alle anderen politischen Skandale aufdeckt oder an ihrer Enthüllung beteiligt ist. Doch er firmiert auch als besonders raffiniertes Beispiel, wie man eher intellektuelle Leser mit Personalisierung, Schlüssellochperspektive, Enthüllungs- und Sensationsstorys, Zynismus und Voyeursofferten über die wahren, strukturellen Machtverhältnisse täuschen und sie für Nebensächliches und Pseudofakten interessieren könne (R. ZOLL/E. HENNIG, 1970, S. 258f.; D. JUST, 1967; L. BRAWAND, 1987). Darüber hinaus finden die Jugendpresse, einige Lokalzeitungen (J. HÜTHER u. a., 1973), die sogenannte »Regenbogenpresse« (C. KODRON-LUNDGREEN/C. KODRON, 1976), die Wochenzeitungen *Rheinischer Merkur* und *Die Zeit* und – mit der sich verbreitenden Emanzipationsdebatte – Frauenzeitschriften (H. ULZE, 1979; J. RÖSNER, 1992; B. HORVATH, 2000) als spezielle Instrumente geschlechtsspezifischer Sozialisation und vor allem entfremdeter Außenlenkung sporadische analytische Beachtung (R. ZOLL/E. HENNIG, 1970, S. 137ff.).

Eher auf presseinterne Verbesserungen zielt die Kritik der beiden Kommunikationswissenschaftler Peter GLOTZ und Wolfgang R. LANGENBUCHER (1969) ab, die der bundesdeutschen Tagespresse ihre journalistischen Defizite etwa in der Auslands-, Wirtschafts- und Lokalberichterstattung ankreiden und ihr vorwerfen, sie missachte die Interessen der Leser. Insgesamt registriert 1970 eine Übersicht der bundesdeutschen Medien (R. ZOLL/E. HENNIG, 1970) nur lückenhafte medien- und inhaltsanalytische Datenbestände, über Hörfunk und Fernsehen noch gar keine, so dass das Bestreben, die mediale »Meinungsbildung« auch über medien- und inhaltsanalytische Ergebnisse abzubilden, nur tendenziell erreicht wird. Doch dieser Befund schließt natürlich nicht aus, dass an den Hochschulen, zumal an den traditionell weiterarbeitenden publizistikwissenschaftlichen Instituten, etliche einschlägige Qualifikationsarbeiten erstellt wurden, die bis heute nicht hinlänglich aufgearbeitet sind (H. PÜRER/J. RAABE, 1996).

Neben diesen eher spektakulären Analysen arbeiten Institute wie die »Deutsche Presseforschung« in Bremen und das »Institut für Zeitungsforschung der Stadt Dortmund« sowie – als Ableger des Bremer Instituts – das »Deutsche Pressemuseum« in Meersburg am Bodensee kontinuierlich an pressegeschichtlichen Fragestellungen, an der Erstellung historischer Bibliographien, an der Archivierung und Dokumentation der Presse sowie an einschlägigen Ausstellungen weiter.

Außerdem beschäftigt sich die moderne Linguistik seit ihrer pragmatischen Ausrichtung – vornehmlich auf qualitative Weise – mit Gebrauchstexten aller Art, worunter auch die Sprache der Nachrichten/Meldungen und das Zeitungsdeutsch – von der *Bild*-Schlagzeile bis zum kreativen Understatement-Wortschatz des *Spiegel* – zählen (E. STRASSNER, 1975; H.-H. LÜGER, 1983; H. BURGER, 1984; H.-J. BUCHER, 1986, 1999), jüngst auch in historischer Retrospektive (G. FRITZ/E. STRASSNER, 1996). In den 90er Jahren werden auch die sogenannte alternative Presse und die aufkommenden Stadtmagazine als neue Printprodukte thematisiert (W. FLIEGER, 1992; C. HOLTZ-BACHA, 1999). Neuerdings findet zudem das moderne Layout der Presse – auch als multimediales ›clustering‹ von Text, Grafik, Bild und Info-Kasten

gekennzeichnet – linguistisch-semiotisches Analyseinteresse
(H.-J. BUCHER, 1996; J. BLUM/H.-J. BUCHER, 1998). Eher entsprechend der beschreibenden Tradition der Publizistikwissenschaft – und nicht mit streng empirisch-analytischem Anspruch –
werden in den 80er Jahren (wieder) »Porträts« der wichtigsten
deutschen Presseprodukte hergestellt (M. W. THOMAS, 1980; J.
MASSEN, 1986); sie sind bis heute offenbar nicht aktualisiert worden, da sich jüngste Gesamtdarstellungen (H. PÜRER/J. RAABE,
1994/1996; E. STRASSNER, 1999) auf sie berufen. Diese stellen die
Presse abermals in all ihren Aspekten – Geschichte, Produktion,
Journalismus, Distribution, Rezeption, Forschung – dar, beschränken sich also nicht auf eine Medienanalyse im engeren
Sinn, vielmehr weisen sie dort die gravierendsten Forschungsde-
fizite auf. Empirische Detailanalysen befassen sich hingegen mit
einzelnen Trends in der Berichterstattung von Zeitungen, nicht
mit den Organen insgesamt (H.-M. KEPPLINGER, 1999, E.
STRASSNER, 1999).

2.2 Film: singuläres (Kunst)Produkt, Kino und Medienindustrie

Aus Sicht der etablierten (deutschen) Kommunikationswissenschaft verfolgen Filmtheorie und Filmanalyse seit jeher einen eigenständigen Weg, wenn nicht Sonderweg (J. TOEPLITZ, 1975–
1991; U. GREGOR/E. PATALAS, 1976–1983), der dieses Medium
theoretisch-analytisch kaum zum symptomatischen Moment öffentlicher Kommunikation werden lässt – und dies, obwohl der
Film recht schnell kapitalkräftige Konzerne hervorbringt, damit
die gesamte Kommerzialisierung der Medien vorantreibt, durch
Verflechtungen mit Zeitungen und Comics und mit der eigenen
Serialisierung durchaus intermediale Potenziale und Wirkungen
zeitigt und nicht zuletzt von der nationalsozialistischen Propaganda als mächtiges Beeinflussungs- und Ablenkungsvehikel
missbraucht wird (D. PROKOP, 1970/1982, 1995). Doch für Filmtheorie und -analyse bleibt er eher singuläres (Kunst-)Werk oder
– wie in KRACAUERs Filmgeschichte (1947/1984, S. 12) – Abbild
»kollektiver Tiefenschichten der Kollektivmentalität, die sich
mehr oder weniger unterhalb der Bewusstseinsdimension er-
strecken«. Insofern glaubt KRACAUER im amerikanischen Exil
mittels des Films die Mentalitätsgeschichte der Deutschen von
1918 bis 1933, ihre »psychologischen Dispositionen«, aufdecken
zu können, zumal er dem Film theoretisch uneingeschränkt fo-

tografische Abbildqualität attestiert, mit der sich unverstellt die
Wirklichkeit erfassen und »erretten« lasse (S. KRACAUER, 1960/
1985).

Ob der Film eher realistischen Intentionen genügt (wie bei
den Gebrüdern LUMIÈRE) oder eher formalistisches bzw. phanta-
stisches Konstrukt (wie bei Georges MÉLIÈS) ist – diese Dualität
durchzieht die gesamte Filmtheorie und bestimmt auch die Normen, an denen man ihn misst; doch sie werden auch schon für die
Malerei und die Fotografie seit Mitte des 19. Jahrhunderts postuliert. Dementsprechend werden die Arbeiten eines Béla BALÁZS,
eines Sergej M. EISENSTEIN und eines Rudolf ARNHEIM als analytische Sondierungen nach den ästhetischen Formgesetzen des
Films verstanden, während André BAZIN oder KRACAUER in den
Filmbildern vornehmlich historische Wirklichkeitsabbilder bzw.
-erfahrungen rekonstruieren. So rigoros pointiert, gilt diese Dichotomie inzwischen als unhaltbar, angemessener sei es hingegen, die »filmtheoretischen Ansätze daraufhin zu beleuchten, wie
Theoriebildung und Geschichtsschreibung miteinander ver-
schränkt sind« (T. R. KNOPS, 1999, S. 161).

Vorgeschlagen wird (K. WITTE, 1973, S. 9; F.-J. ALBERSMEIER,
1979, S. 8; W. FAULSTICH, 1980, S. 47ff.), die Konzipierung und
Konstitution der Filmtheorie parallel zur Filmgeschichte zu sehen, da sie sich »geradezu als eine (distanziert-kritische bis ange-
passte) Dependance der historischen Filmproduktion« (F.-J.
ALBERSMEIER, 1979, S. 8) begreifen lasse. Und da die meisten
Filmtheoretiker entweder selbst Filmschaffende oder Filmkriti-
ker sind, mischen sie Kritik und Analyse des einzelnen Films mit
filmtheoretischen Verallgemeinerungen bzw. stützen diese auf
jene. Eine systematische Methodik der Filmanalyse wird erst später entwickelt – und vielfach auch wieder verworfen (T. R.
KNOPS, 1999). Als Gliederung für die Produktionsgeschichte des
Films wird das historisch-ökonomische Modell angeführt, das
Dieter PROKOP in seiner *Soziologie des Films* (1970/1982) vornehmlich anhand der amerikanischen Filmwirtschaft vorlegt
(vgl. D. PROKOP, 1995).

In der Phase der pionierhaften, innovativen Kleinfirmen
(1885 – ca. 1910) überwiegen Darstellungen von Physikern und
Technikern über die technische Entstehung der »lebenden« Bilder, kinematographische Projektionen und die physiologischen
Grundlagen ihrer Wahrnehmung. So ist für die beiden Filmpio-

niere Auguste und Louis LUMIÈRE die Technik der Filmprojektion vorrangig, während sich der Bühnenmagier Georges MÉLIÈS von den fotografischen Optionen der Kamera faszinieren lässt. In der folgenden Phase (1910–1930) werden die Produktionsfirmen vor allem in Hollywood größer und teilen den Markt unter sich (Oligopole) auf. Die Filmtheorie differenziert sich bereits in verschiedene Perspektiven: In Deutschland erstellt die Soziologin Emilie ALTENLOH 1914 eine erste Nutzungsstudie des Kinos, die Kinoreformbewegung (Konrad LANGE) streitet über den (moralischen) guten und den sittlich anstößigen Film und engagiert sich für staatliche Zensurmaßnahmen. In Frankreich entwirft Ricciotto CANUDO (1911) eine Theorie der »usine aux images« und definiert den Film als »siebte Kunst« (R. CANUDO, 1927; U. GREGOR/E. PATALAS, 1976, Bd. 1, S. 68). Auch BALÁZS (1924, 1930) interpretiert das Kino als visuelle Kultur vornehmlich für die Kleinbürger, und ARNHEIM postuliert aus der Sicht der Gestaltpsychologie den *Film als Kunst* (1932). Der damalige Redakteur der *Frankfurter Zeitung*, KRACAUER (1977, S. 271ff.), kritisiert das Kino als Ort sozialromantischer Verbrämung und »Kult der Zerstreuung« für die kleinen Leute, die »Ladenmädchen« beispielsweise. Mit diesen ideologiekritischen und sozialpsychologischen Analyseansätzen korrespondieren in der Filmproduktion avantgardistische Vorstöße und avancierte Filmformen der »Neuen Sachlichkeit«.

Allein in der Sowjetunion konvergieren und befruchten sich nach der Oktoberrevolution 1917 Filmpraxis und -theorie aufs engste und eröffnen bislang unerschlossene Seh-Räume. Den Primat der Montage über den Ausdruck und die Bedeutung der einzelnen Einstellung propagiert EISENSTEIN als die revolutionäre, parteiliche Filmsprache, die mit krassen Konturen und klaren Begriffen die widersprüchliche Wirklichkeit zum Sprechen bringen und den Film in den Dienst des Klassenkampfes stellen soll. Die Filmtheorien der russischen Formalisten Boris M. EJCHENBAUM, Jurijn TYNJANOV und Victor B. SKLOVSKIJ orientieren sich, im engen Verbund mit der gleichzeitig entwickelten Literaturtheorie, weiterhin an einer »Poetik des Films« (F.-J. ALBERSMEIER, 1979, S. 9) und bereiten analytische Wege für strukturalistische Konzepte der Filmsprache in den 60er Jahren vor.

In der (dritten) Phase der Vormachtstellung Hollywoods gegenüber den anderen nationalen Kinos (1930–1945/46) gelingt es

der Filmtheorie offenbar nur noch vereinzelt (etwa Bert
BRECHT, Walter BENJAMIN und Erwin PANOFSKY in ihren Essays), die ideologischen Fesseln vorherrschender Filmstrukturen
durch eine »produktions- und rezeptionsästhetisch orientierte
Theorie« (F.-J. ALBERSMEIER, 1979, S. 10) zu überwinden. Insbesondere die Geißel des Faschismus und des Krieges bewirkt
theoretisch-analytischen Stillstand, Exil und letztlich Schweigen.
Allein die radikale Kunstkritik ruft anfangs noch zum Widerstand gegen die ästhetische Omnipotenz der amerikanischen
Filmindustrie auf. Immerhin expliziert André MALRAUX in seiner *Esquisse d'une psychologie du cinéma* (1939/1946) das Kino als
mythenbildende Institution, während Ilja G. EHRENBURG mit
Traumfabrik (1931) und René FÜLÖP-MILLER mit *Phantasiema-
schine* (1931) die nunmehr industrielle Produktionsweise der Se-
rienware Film herausstellen, die Phantasie wie Träume den
Marktgesetzen unterwirft. Erst in der nächsten Phase, der des zunehmend internationalen Monopols (1947–1970), erreichen
Filmtheorie und -analyse international ihre kritische Unabhängigkeit und Produktivität, eine bislang unbekannte Differenziertheit und ein neues Bewusstsein von der spezifischen Medialität
des Films. Verantwortlich dafür sind besonders die Herausgabe
und breite Rezeption rasch Ansehen erlangender Filmzeitschrif-
ten (wie *Revue Internationale de Filmologie, Cahiers du Cinéma, Cinéthique; Bianco e Nero, Cinema Nuovo; Sight and Sound; Filmkritik,
Film* u. a.). Wie insbesondere die *Cahiers du Cinéma* illustrieren,
versammeln die Redaktionen und Zeitschriften junge, progressive Filmschaffende, die »Autoren«, die die – nicht zuletzt infolge
der Konkurrenz des Fernsehens – allenthalben grassierende Krise des Films mit neuen ästhetischen Formen (wie etwa der
»Nouvelle Vague«) zu überwinden, diese theoretisch zu begründen wie auch verkrustete Strukturen in Produktion, Vertrieb und
Rezeption aufzubrechen suchen. In den Zeitschriften kommen
jeweils verschiedene Schulen und Tendenzen zu Wort, die
strukturalistisch-linguistische (Ion PETERS, Roland BARTHES,
Christian METZ), semiotische (Umberto ECO, Emilio GARRONI,
Gianfranco BETTETINI), phänomenologische (BAZIN, Vilmos
AGEL, Amédée AYFRE) und materialistische Theoreme (die
Gruppe Cinéthique) auf den Film übertragen. Für sozialpsycho-
logische Sichtweisen auf Film und Kino werden nun die Werke
KRACAUERs rezipiert.

Großen Einfluss auf die Filmtheorie gewinnt in den 60er und 70er Jahren der Strukturalismus: Mit seinem zweibändigen Werk *Esthétique et psychologie du cinéma* (1963, 1965) hat Jean MITRY, erster Universitätsprofessor für Filmwissenschaft, die »klassische Filmtheorie« aus phänomenologischer Sicht umfassend rekapituliert. Von ihr aus begründet Christian METZ mit seiner *Semiologie des Films* (1972) eine neue Ära der Filmanalyse, indem er die Analogie zur Sprache verwirft und einen speziellen Code für die visuell-erzählerischen Elemente des Films, die »Syntagmen«, entwickelt. Auch wenn sie heute von unterschiedlicher Warte aus kritisiert werden (F.-J. ALBERSMEIER, 1979, S. 16; T. R. KNOPS, 1999, S. 168ff.), begründen sie gleichwohl methodische Orientierungen für die singuläre Filmanalyse, die gegenwärtig in vielfältig modifizierten Formen fortgeführt wird. So konzipiert in England Peter WOLLEN (1969) im Gegenzug zu METZ eine Form des »Cine-Strukturalismus«, indem er das Zeichenmodell von Charles S. PEIRCE und seine Unterscheidung von ikonischen, indexikalischen und symbolischen Zeichen einbezieht (J. MONACO, 1980/2000).

Mit gesellschaftlichen Entwicklungen wie der Entkolonialisierung, der wachsenden Globalisierung, der Entdeckung des Kinos bislang unbeachteter Nationen und Kulturen, etwa in der sogenannten Dritten Welt, und mit immer wieder aufbrechenden Emanzipations- und Autonomiebestrebungen (wie dem »Cinéma direct«, dem englischen »Free Cinema«, dem amerikanischen »Independent Cinema«, dem unabhängigen Kino Lateinamerikas, aber auch der Entwicklung neuer Distributionsformen wie dem kommunalen und alternativen Kino) haben sich Filmtheorie und -analyse enorm diversifiziert und bringen immer wieder – in Wechselwirkung mit der Filmproduktion und den gesellschaftlich-politischen Strömungen – neue Konzepte und Ideen hervor, die sich nicht mehr wie in den Phasen davor als markante Tendenzen fixieren lassen. Das globale Oligopol der sogenannten Global Players, die heute längst multi- und transmedial agieren, hat sich noch stärker verfestigt; an seinen Rändern, zumal in politischen Krisen und Umbrüchen, formieren sich immer wieder Initiativen, die meist das authentische, eben nicht standardisierte und vollkommerzialisierte Kino des Mainstream propagieren (wie etwa das dänische »Dogma 95«). So lässt sich ebenso gut behaupten, der »Film sei im wesentlichen heute noch genauso unerforscht wie zu Beginn der analytischen Großveranstaltung« (T. R. KNOPS, 1999, S. 173), wie sich weltweit unzählige interessante Studien und Analysemodelle anführen lassen. Sie widmen sich allerdings kaum mehr dem Film (als Medium) per se und suchen daher auch nicht mehr nach einer allgemeinen Theorie, sondern analysieren konkrete Filmbeispiele und -genres in ihren historischen und sozialen Kontexten (T. R. KNOPS, 1999, S. 173f.).

Die methodisch orientierte Filmanalyse hierzulande unterteilt Werner FAULSTICH 1988 in drei Phasen (K. HICKETHIER, 1993/1996, S. 26): zunächst die Anfänge ab etwa 1964, markiert von Gerd ALBRECHTs grundlegendem Konzept *Die Filmanalyse – Ziele und Methoden* (1964), bis 1976, als es zu etlichen methodologischen Kontroversen kommt. Diese werden dann in der zweiten Phase von 1976 bis 1980 in diversen Einzelanalysen erprobt. Ab 1980 verstärken sich übergreifende theoretische Bestrebungen, die sich auf Handreichungen (wie J. MONACO, 1980/2000) berufen können oder selbst in solche münden (W. FAULSTICH, 1980, 1988; K. HICKETHIER, 1993/1996). Sie exemplifizieren entweder verschiedene interpretative Ansätze (W. FAULSTICH, 1988) oder gehen systematisch-thematisch (K. HICKETHIER, 1993/1996) vor, um die Komplexität, Multimedialität und Polysemie des Filmbildes aufzuweisen. Mit dem 100-jährigen Bestehen des Films verstärken sich abermals filmhistorische Bestrebungen, die Filmgeschichte anhand signifikanter Beispiele (H. KORTE/W. FAULSTICH, 1990–1995), im Überblick (G. NOWELL-SMITH, 1998) oder in lexikalischer Form (M. TÖTEBERG, 1995; D. KRUSCHE, 1973/2000) aufarbeiten.

2.3 Universalmedium Fernsehen

Beim (noch) jüngsten Massenmedium Fernsehen setzen analytische Bestrebungen ebenfalls auf ganz verschiedenen Ebenen an und komplizieren sich zudem infolge der noch komplexeren und differenzierteren Beschaffenheit des Fernsehen im Vergleich zu den anderen Medien. Als technisch ausgereiftes, öffentlich vertriebenes, aber privat rezipiertes Medium vereinigt und modifiziert es sämtliche vorangegangenen Medienformate und -produkte im Laufe seiner Entwicklung (H.-D. KÜBLER, 1979; H. KREUZER, 1982). Fernsehen lässt sich mithin als hochmoderne Technologie, als kommunikatives Phänomen, als öffentliche, institutionelle und professionelle Medienproduktion (namentlich anhand der Sender und ihrer rechtlichen Strukturen), als semiotisches Superzeichen, als »audiovisueller Diskurs« (S. ZIELINSKI, 1989), als »Dispositiv« (K. HICKETHIER, 1991) kennzeichnen oder in seinen einzelnen Sendeformen und Gattungen beschreiben, und entsprechend fallen die Analysemethoden, zumal die eher sozialwissenschaftlich-empirischen oder die eher historisch-interpretativen, aus. Für das deutsche Fernsehen bündeln all diese Aspekte – allerdings mit programmgeschichtlichem Akzent – die in den 90er Jahren erschienenen Gesamtdarstellungen (H. KREUZER/C. W. THOMSEN, 1993/94; K. HICKETHIER, 1998).

Wie bei den anderen Medien steht die technologiegeschichtliche Analyse des Fernsehens am Beginn seiner Entwicklung. Die Analyse seiner ersten Programme, in Deutschland während des Nationalsozialismus, erfolgt erst retrospektiv (E. REISS, 1979; W. URICCHIO, 1991). Die anfänglich noch improvisierende, handwerkliche Produktion von Fernsehsendungen, die entweder live oder mit Film bewerkstelligt wird, motiviert wohl auch dazu, Fernsehen ebenfalls als »Kunst« zu betrachten (G. ECKERT, 1953). Mehrheitlich überwiegen in populären und phänomenologischen Darstellungen indes skeptische oder warnende Stimmen, wie sie allerdings auch zu den Anfängen des Films zu vernehmen sind: Die »ins Haus gelieferte Welt« denaturiere zur künstlichen »Matrize« und lasse den Menschen »antiquiert« werden, beklagt der Philosoph Günther ANDERS (1956/1968) und nimmt etliche Argumente späterer Fernsehkritik vorweg. Dass das Fernsehen wie kein Medium davor in Privatsphäre und Alltag eindringt und diese verändert, wird mit Sorge betrachtet, vor allem im Hinblick auf den bedrohten Zusammenhalt der Familie: Als »fünfte Wand« analysiert Werner RINGS (1962) das Fernsehen. Zugleich beschuldigt man es als mächtiges Vehikel für die weltweite kulturelle Standardisierung durch die amerikanische Hegemonie.

Auch die kritischen Analysen des kommerziellen US-Fernsehens von Max HORKHEIMER und Theodor W. ADORNO grundiert solcher Argwohn, der sich verallgemeinert gegen die neuzeitliche »Kulturindustrie« richtet: »Neu [...] ist, daß die unversöhnlichen Elemente der Kultur, Kunst und Zerstreuung durch ihre Unterstellung unter den Zweck auf eine einzige falsche Formel gebracht werden: die Totalität der Kulturindustrie. Sie besteht in Wiederholung.« (M. HORKHEIMER/T. W. ADORNO, 1947/1969, S. 144) »Aufklärung« verkehre sich in ihr Gegenteil,

werde zum »Massenbetrug«, »zum Mittel der Fesselung des Be-
wußtseins« (T. W. ADORNO, 1967, S. 69). In mehreren Essays expliziert ADORNO diese These anhand des Fernsehens. Dabei plä-
diert er einerseits für eine umfassende Analyse: »Das Medium
selbst [...] fällt ins umfassende Schema der Kulturindustrie und
treibt deren Tendenz, das Bewußtsein des Publikums von allen
Seiten zu umstellen und einzufangen, als Verbindung von Film
und Radio weiter.« (T. W. ADORNO, Prolog zum Fernsehen,
1963, S. 69) Andererseits konkretisiert er sie mit qualitativen Fallstudien amerikanischer Fernsehserien in den frühen 50er Jahren
(anhand von »Fernsehmanuskripten«) und arbeitet symptomati-
sche Stereotypen heraus (T. W. ADORNO, Fernsehen als Ideologie, 1963). In den 70er Jahren finden diese ideologiekritischen
Ansätze etliche Nachfolgen und Erweiterungen aus diversen ma-
terialistischen Sichtweisen. Sie rekonstruieren entweder deren
vielfältige, heterogene Diskussionsstränge (D. PROKOP, 1973,
1979, 1985) oder versuchen sich an speziellen, möglichst umfassenden Theorien (F. DRÖGE, 1972; G. DAHLMÜLLER/W. D.
HUND, 1973; H. HOLZER, 1975; siehe auch D. BAACKE, 1974; M.
KAUSCH, 1988). Wohl am grundsätzlichsten argumentieren der
Soziologe Oskar NEGT und der Filmemacher Alexander KLUGE
(1972), die in kritischer Weiterführung der HABERMASschen
Analyse des *Strukturwandels der Öffentlichkeit* (1962/1990) Anforderungen und Chancen einer »proletarischen Öffentlichkeit« auslo-
ten und in deren Wahrnehmung die Funktionen des Fernsehens
als »hochindustrialisierte« und mächtige »Programmindustrie«
identifizieren (O. NEGT/A. KLUGE, 1972, S. 169ff.). Seine Pro-
duktionsmechanismen und Kommunikationsstrategien entlar-
ven sie als ablenkende »Neuversinnlichung«, wodurch authentische, identitätsstiftende Erfahrungszusammenhänge erschüttert
werden. Zugleich bemängeln sie an der üblichen Fernsehkritik,
sie klebe an der Oberfläche der Programme und dringe nicht zu
den strukturellen Produktionsbedingungen vor. Letztlich jedoch
lassen sich »Produkte [...] wirksam nur durch Gegenprodukte wi-
derlegen«, lautet die ultimative Maxime (O. NEGT/A. KLUGE,
1972, S. 181).

   Mit diesen Ansätzen gänzlich unvereinbar sind die Thesen,
die der kanadische Philologe Marshall MCLUHAN in seinen rasch
zu weltweiten Bestsellern avancierten Büchern *The Gutenberg Galaxy* (1962) und mehr noch in *Understanding Media* (1964) vertritt.

Als »Extensions of Man« begreift MCLUHAN die Medien und unterteilt sie in »heiße« und »kalte« Medien. Als »kaltes Medium« verlange das Fernsehen von seinem Publikum persönliche Beteiligung und beanspruche sämtliche Sinne. Deshalb müsse es ständig seine Reizpotenziale erhöhen und seine künstlichen Live-Ereignisse in Echtzeit erweitern (M. SCHNEIDER, 1999, S. 194). Inzwischen gelten vielen MCLUHANS wenig systematische Theoreme als epochale, wenn nicht geniale Anstöße für Medientheorie und -analyse (P. LUDES, 1998; D. KLOOCK/A. SPAHR, 1997/2000). In kritischer Gegenposition, aber in ähnlichem analytischen Duktus formuliert MCLUHANS Schüler, der »Medienökologe« Neil POSTMAN (1982, 1985), seine strikten Verdikte: Fernsehen zerstöre zum einen die Kindheit und überhaupt die Generationenfolge, zum anderen untergrabe es jede seriöse, historisch qualitative Kultur unter dem Diktat des totalen Amüsements und Kommerzes. Mit pädagogischer Verve verurteilen Marie WINN (1979) und Jerry MANDER (1979) das Fernsehen vollends und erzielen hierzulande ebenfalls nachhaltige Resonanz. Solche pauschale Kritik des Fernsehens wird seither in unregelmäßigen Abständen immer wieder vorgebracht (J. MEYROWITZ, 1987; B. SICHTERMANN, 1994; K. KREIMEIER, 1995; P. BOURDIEU, 1998; S. MÜNKER/A. ROESLER, 1999).

Mit der wachsenden Bedeutung des Fernsehens in der öffentlichen Kommunikation (K. HICKETHIER, 1998, S. 178ff.) und der steigenden Konkurrenz der Sendeanstalten untereinander verstärken diese ihre eigene – natürlich zweckorientierte – Programmforschung und öffentlichkeitswirksame Aktivitäten, wie sie etwa die seit 1968 durchgeführten »Mainzer Tage der Fernsehkritik« und ihre jährlichen Buchpublikationen darstellen; unter der Federführung des Intendanten des Süddeutschen Rundfunks, Hans BAUSCH (1980), entsteht darüber hinaus die erste Gesamtdarstellung der (vornehmlich institutionellen) Geschichte des Rundfunks, Hörfunk und Fernsehen, die kürzlich um die jüngste Zeit ergänzt worden ist (D. SCHWARZKOPF, 1999). Sie wird von etlichen Monographien zu einzelnen Anstalten begleitet und ergänzt.

Auch die programmgeschichtliche Aufarbeitung und damit die Medienanalyse im engeren Sinne kommt nun voran. Muss 1970 noch besagte Übersicht (R. ZOLL/E. HENNIG, 1970, S. 137) konstatieren, dass für die Programmsparten des Fernsehens keine

Inhaltsanalysen vorliegen – womit sicherlich viele kleinere, unpublizierte Arbeiten übersehen worden sind –, können schon 1978 und 1981 Münsteraner Publizistikwissenschaftler (J. HACKFORTH u.a, 1978, 1981) umfangreiche Bibliographien und Aufsatznachweise über *Fernsehen, Programm, Programmanalysen* vorlegen. An der Universität Tübingen wird 1974 erstmals ein größeres Forschungsverbundprojekt über Fernsehnachrichten, Kinderfernsehen und Literatursendungen im Fernsehen eingerichtet, und der Siegener Literaturwissenschaftler Helmut KREUZER initiiert neben verstreuten Publikationen erstmals eine Gesamtdarstellung des Fernsehens, die Institution, Geschichte, Kritik und Rezeption umfasst (H. KREUZER/K. PRÜMM, 1979; vgl. auch H. KREUZER, 1980, 1982). Seit 1986 kann an den Universitäten Siegen und Marburg der DFG-Sonderforschungsbereich »Bildschirmmedien« arbeiten, der eine Vielzahl von Studien hervorbringt und dessen zentrale Ausbeute in einer fünfbändigen *Geschichte des Fernsehens in der Bundesrepublik Deutschland* (H. KREUZER/C. W. THOMSEN, 1993/ 94) besteht. Viele weitere Einzelstudien können hier nicht aufgeführt werden, nicht zuletzt orientieren sie sich an den jeweils aktuellen Schwerpunkten des Programms. So waren in den 70er und 80er Jahren Nachrichten, Magazine, Fernsehwerbung, Fernsehspiel, Kinder- und Jugendfernsehen von vorrangigem Interesse, während sich mit den privatkommerziellen Sendern die Aufmerksamkeit auf Talkshows, Soft News, Kommerzshows, Musikclips, Reality-TV und jüngst auf die sogenannten Real Life Shows à la *Big Brother* konzentriert.

Als quantitative oder qualitative Programmanalysen sind solche Studien zunächst auf aktuelle Programmangebote gerichtet, werden aber mit zunehmendem zeitlichem Abstand historisch und dienen so retrospektiven Aufarbeitungen. Eine kontinuierliche und hinreichend erschlossene Dokumentation all dieser Fernsehanalysen – wie sie HACKFORTH u. a. begonnen haben – existiert nicht und dürfte für jede programmgeschichtliche Weiterarbeit ein Desiderat sein (J. K. BLEICHER, 1993, 1996; K. HICKETHIER, 1998; P. LUDES, 1999).

3. Medienkultur(en)

Mit der anhaltenden Vervielfältigung der Medien und ihrer elektronisch möglichen Konvergenz, mit der Digitalisierung und weltweiten Vernetzung mehren sich analytische Ansätze, die nicht mehr das einzelne Medium, sondern den medialen Gesamtzusammenhang fokussieren und von ihm aus weitreichende theoretische Analysen über Veränderungen von Wirklichkeit, Kultur und Kommunikation anstellen (D. KLOOCK/A. SPAHR, 1997/2000; C. PIAS u. a., 1999; J. HÖRISCH, 1999, W. FAULSTICH, 2000, H-D. KÜBLER, Mediale Universalität, 2000). Die konkrete, zumal empirische Analyse des einzelnen Mediums, erst recht seiner Formate und Inhalte, geraten dadurch ins Hintertreffen. Federführend sind dafür die sogenannten französischen Poststrukturalisten wie Jean BAUDRILLARD, Jean-François LYOTARD, Jacques LACAN und Gilles DELEUZE, aber auch Paul VIRILIO und Vilém FLUSSER; sie fragen (erneut, aber auch radikaler) nach der totalen Medialisierung und dem Verlust unmittelbarer Realität. Unter dem Eindruck von Computer und Internet und ihrer noch ungeahnten Potenziale gewinnen solche Ansätze an besonderer Plausibilität und Dringlichkeit (F. RÖTZER, 1991; S. MÜNKER/A. ROESLER, 1997; J. VULNER, 2000). Eingebürgert hat sich für diese Gesamtperspektive der Terminus der Medienkultur(en), der nicht mehr wie noch zu Zeiten der Kritischen Theorie als Antagonismus zur Medienindustrie gesehen wird; vielmehr will man mit ihm ausdrücken, dass gegenwärtige Kultur weitgehend von Medien dominiert, also medialisiert ist. Welche realen Formen von Wirklichkeit daneben oder darunter noch existieren, wird kaum thematisiert oder vielfach übergangen. Ebenso wird die Analyse des konkreten Mediums bzw. seines ›content‹ höchstens als exemplarischer Beleg für universale Tendenzen der Standardisierung, Internationalisierung bzw. Globalisierung, der Vernetzung und Kommerzialität herangezogen.

HANS-DIETER KÜBLER

Literatur

K. STIELER, Zeitungs Lust und Nutz. Vollständiger Neudruck der Originalausgabe von 1695, hg. von G. HAGELWEIDE, Bremen 1969. – J. G. SPEED, Do Newspaper Now Give the News?, in: Forum 15 (1893), S. 705–711. – H. SCHACHT, Statistische Untersuchungen über die Presse Deutschlands, in: Jahrbuch für Nationalökonomie und Statistik, II. Folge, 15. Bd., Jena 1898, S. 503–525. – P. STOKLOSSA, Der Inhalt der Zeitung. Eine statistische Untersuchung, in: Zs. f. d. ges. Staatswissenschaft 66 (1910), S. 555–565. – M. WEBER, Zu einer So-

ziologie des Zeitungswesens (1911), in: Publizistik- und Kommunikationswissenschaft. Ein Textbuch zur Einführung in ihre Teildisziplinen, hg. von W. R. LANGENBUCHER, Wien 1986, S. 18–24. – E.
ALTENLOH, Zur Soziologie des Kinos, Jena 1914. – B. BALÁZS, Der
sichtbare Mensch, Halle 1924. – K. BÜCHER, Gesammelte Aufsätze
zur Zeitungskunde, Tübingen 1926. – R. CANUDO, L'Usine aux images, Paris 1927. – O. GROTH, Die Zeitung, 4 Bde., Mannheim u. a.
1928–30. – B. BALÁZS, Der Geist des Films, Halle 1930. – R. ARNHEIM,
Film als Kunst, Berlin 1932. – W. HAGEMANN, Grundzüge der Publizistik, Münster 1947, ²1966. – E. DOVIFAT, Zeitungslehre, 2 Bde., Ber-
lin/Leipzig 1937. – M. HORKHEIMER/T. W. ADORNO, Dialektik der
Aufklärung. Philosophische Fragmente (1947), Frankfurt a. M. 1969.
– S. KRACAUER, Von Caligari zu Hitler. Eine psychologische Ge-
schichte des deutschen Films (1947), Frankfurt a.M 1984. – W. HAGE-
MANN, Publizistik im Dritten Reich, Hamburg 1948. – W. HAGE-
MANN, Die Zeitung als Organismus, Heidelberg 1950. – B. BERELSON,
Content Analysis in Communication Research, New York 1952. – S.
KRACAUER, The Challenge of Qualitative Content Analysis, in: Public
Opinion Quarterly 16 (1952), S. 631–642. – G. ECKERT, Die Kunst
des Fernsehens, Emsdetten 1953. – G. ANDERS, Die Antiquiertheit
des Menschen, München 1956, ²1968. – W. SCHRAMM, Twenty Years
of Journalism Research, in: Public Opinion Quarterly 21 (1957), S.
91–107. – O. GROTH, Die unerkannte Kulturmacht. Grundlegung
der Zeitungswissenschaft, Bd. 1–7, Berlin 1960–1972. – S. KRACAUER,
Theorie des Films. Die Errettung der äußeren Wirklichkeit (1960),
hg. von K. WITTE, Frankfurt a. M. 1985. – H. M. ENZENSBERGER, Ein-
zelheiten I. Bewußtseins-Industrie, Frankfurt a. M. 1962. – J. HABER-
MAS, Strukturwandel der Öffentlichkeit, Neuwied 1962, NA Frankfurt a. M. 1990. – M. MCLUHAN, The Gutenberg Galaxy. The Making
of Typographic Man, Toronto 1962 (dt. Die Gutenberg-Galaxis. Das
Ende des Buchzeitalters, Düsseldorf/Wien 1968). – W. RINGS, Die 5.
Wand – das Fernsehen, Wien/Düsseldorf 1962. – T. W. ADORNO,
Prolog zum Fernsehen, in: ders., Eingriffe. Neun kritische Modelle,
Frankfurt a. M. 1963, S. 69–80. – T. W. ADORNO, Fernsehen als Ideo-
logie, in: ders., Eingriffe. Neun kritische Modelle, Frankfurt a. M.
1963, S. 80–98. – J. MITRY, Esthétique et psychologie du cinéma, 2
Bde., Paris 1963–1965. – G. ALBRECHT, Die Filmanalyse – Ziele und
Methoden, in: Filmanalyse 2, hg. von F. EVERSCHOR, Düsseldorf
1964, S. 233–270. – M. MCLUHAN, Understanding Media: The Extension of Man, New York 1964 (dt. Die magischen Kanäle. Understanding Media, Düsseldorf/Wien 1968). – F. DRÖGE/W. B. LERG,
Kritik der Kommunikationswissenschaft, in: Publizistik 10 (1965), S.

251–284. – K. Koszyk, Deutsche Presse im 19. Jahrhundert, Berlin 1966. – T. W. Adorno, Résumé über Kulturindustrie, in: ders., Ohne Leitbild. Parva Aesthetica, Frankfurt a. M. 1967, S. 60–70. – E. Dovifat/J. Wilke, Zeitungslehre, 2 Bde., Göttingen 1967, ^{6}1976. – H. Holzer, Illustrierte und Gesellschaft, Freiburg im Br. 1967. – D. Just, Der Spiegel. Arbeitsweise, Inhalt, Wirkung, Hannover 1967. – Handbuch der Publizistik, 3 Bde., hg. von E. Dovifat, Berlin 1968/69. – H. D. Müller, Der Springer Konzern, München 1968. – P. Glotz/W. R. Langenbucher, Der missachtete Leser. Zur Kritik der deutschen Presse, Köln 1969, NA München 1993. – G. Hagelweide, Einleitung, in: K. Stieler, Zeitungs Lust und Nutz. Vollständiger Neudruck der Originalausgabe von 1695, hg. von G. Hagelweide, Bremen 1969, S. VII–XXV. – K. Koszyk/K. H. Pruys, Aus der Einführung zur 1. und 2. Auflage, in: dtv-Wörterbuch zur Publizistik, hg. von dens., München 1969, ^{4}1976, S. 7–18. – P. Wollen, Signs and Meaning in the Cinema, London 1969, ^{4}1998. – D. Prokop, Soziologie des Films, Frankfurt a. M. 1970, erw. NA 1982. – R. Zoll/E. Hennig, Massenmedien und Meinungsbildung. Angebot, Reichweite, Nutzung und Inhalt der Medien in der BRD, München 1970. – J. Alberts, Massenpresse als Ideologiefabrik. Am Beispiel »Bild«, Frankfurt a. M. 1972. – F. Dröge, Wissen ohne Bewußtsein – Materialien zur Medienanalyse, Frankfurt a. M. 1972. – K. Koszyk, Deutsche Presse 1914–1945, Berlin 1972. – E. Küchenhoff, BILD-Verfälschungen, 2 Bde., Frankfurt a. M. 1972. – C. Metz, Semiologie des Films, München 1972. – O. Negt/A. Kluge, Öffentlichkeit und Erfahrung. Zur Organisationsanalyse von bürgerlicher und proletarischer Öffentlichkeit, Frankfurt a. M. 1972. – J. Ritsert, Inhaltsanalyse und Ideologiekritik, Frankfurt a. M. 1972. – G. Dahlmüller/W. D. Hund, Kritik des Fernsehens, Darmstadt/Neuwied 1973. – J. Hüther u. a., Inhalt und Struktur regionaler Großzeitungen, Düsseldorf 1973. – D. Krusche, Reclams Filmführer, Stuttgart 1973, erw. Aufl. ^{11}2000. – Massenkommunikationsforschung 3. Produktanalysen, hg. von D. Prokop, Frankfurt a. M. 1973. – C. Metz, Sprache und Film, München 1973. – K. Witte, Das Alte und das Neue, in: Theorie des Kinos, hg. von K. Witte, Frankfurt a. M. 1973, S. 7–12. – S. Kracauer, Kino, hg. von K. Witte, Frankfurt a. M. 1974. – Kritische Medientheorien. Konzepte und Kommentare, hg. von D. Baacke, München 1974. – H. Holzer, Theorie des Fernsehens, Hamburg 1975. – Nachrichten. Entwicklungen – Analysen – Erfahrungen, hg. von E. Strassner, München 1975. – J. Toeplitz, Geschichte des Films, 5 Bde., Berlin 1975–1991. – U. Gregor/E. Patalas, Geschichte des Films, 4 Bde., Reinbek bei Hamburg 1976–1983. – C. Kodron-Lundgreen/C. Kodron,

20 000 000 unterm Regenbogen. Zur Inhaltsanalyse der Regenbogen-presse, München/Wien 1976. – S. KRACAUER, Das Ornament der Masse. Essays, Frankfurt a. M. 1977. – J. HACKFORTH u. a., Fernsehen, Programm, Programmanalyse. Auswahlbibliographie 1970–1977, München u. a. 1978. – R. LISCH/J. KRIZ, Grundlagen und Modelle der Inhaltsanalyse, Reinbek bei Hamburg 1978. – F.-J. ALBERSMEIER, Einleitung: Filmtheorien in historischem Wandel, in: Texte zur Theorie des Films, hg. von F.-J. ALBERSMEIER, Stuttgart 1979, S. 3–17. – Fernsehsendungen und ihre Formen. Typologie, Geschichte und Kritik des Programms in der Bundesrepublik Deutschland, hg. von H. KREUZER/K. PRÜMM, Stuttgart 1979. – H.-D. KÜBLER, Fernsehen, in: Kritische Stichwörter zur Medienwissenschaft, hg. von W. FAULSTICH, München 1979, S. 85–126. – Kritische Stichwörter zur Medienwissenschaft, hg. von W. FAULSTICH, München 1979. – J. MANDER, Schafft das Fernsehen ab! Reinbek bei Hamburg 1979. – D. PROKOP, Faszination und Langeweile. Die populären Medien, Stuttgart 1979. – E. REISS, »Wir senden Frohsinn«. Fernsehen unterm Faschismus, Berlin 1979. – H. ULZE, Frauenzeitschriften und Frauenrolle. Eine aussagenanalytische Untersuchung der Frauenzeitschriften Brigitte, Freundin, Für Sie und Petra, Berlin 1979. – M. WINN, Die Droge im Wohnzimmer, Reinbek bei Hamburg 1979. – W. FAULSTICH, Einführung in die Filmanalyse, Tübingen 1980. – Fernsehforschung und Fernsehkritik, hg. von H. KREUZER, Göttingen 1980 (Li-Li-Beiheft 11). – K. KRIPPENDORF, Content Analysis, Beverly Hills 1980. – J. MONACO, Film verstehen, Reinbek bei Hamburg 1980, überarb. u. erw. NA 2000. – Porträts der deutschen Presse, hg. von M. W. THOMAS, Berlin 1980. – Rundfunk in Deutschland, hg. von I I. BAUSCH, 5 Bde., München 1980. – W. FRÜH, Inhaltsanalyse. Theorie und Praxis, München 1981, Konstanz, überarb. Aufl. ⁴1998. – J. HACKFORTH u. a., Fernsehen, Programm, Programmanalyse. Auswahlbibliographie 1960–1969, München u. a. 1981. – D. PROKOP, Medienprodukte, Zugänge – Verfahren – Kritik, Tübingen 1981. – R. VIEHOFF, Literaturkritik im Rundfunk, Tübingen 1981. – N. POSTMAN, Das Verschwinden der Kindheit, Frankfurt a. M. 1982. – Sachwörterbuch des Fernsehens, hg. von H. KREUZER, Göttingen 1982. – H.-H. LÜGER, Pressesprache, Tübingen 1983. – K. MERTEN, Inhaltsanalyse. Einführung in Theorie, Methode und Praxis, Opladen 1983. – H. BURGER, Sprache der Massenmedien, Berlin/New York 1984. – Medienforschung, Bd. 3: Analysen, Kritiken, Ästhetik, hg. von D. PROKOP, Frankfurt a. M. 1985. – N. POSTMAN, Wir amüsieren uns zu Tode, Frankfurt a. M. 1985. – H.-J. BUCHER, Pressekommunikation, Tübingen 1986. – J. MAASSEN, Die Zeitung. Daten – Deutungen –

Porträts, Heidelberg 1986. – L. Brawand, Die Spiegel-Story. Wie alles anfing, Düsseldorf 1987. – L. Hachmeister, Theoretische Publizistik. Studien zur Geschichte der Kommunikationswissenschaft in Deutschland, Berlin 1987. – J. Meyrowitz, Die Fernseh-Gesellschaft. Wirklichkeit und Identität im Medienzeitalter, Weinheim/Basel 1987. – D. Ehrenstein, Desert Fury, Mon Amor. In: Film Quarterly 41 (1988), 4, S. 2–12. – W. Faulstich, Die Filminterpretation, Göttingen 1988. – M. Kausch, Kulturindustrie und Populärkultur. Kritische Theorie der Massenmedien, Frankfurt a. M. 1988. – S. Zielinski, Audiovisionen, Reinbek bei Hamburg 1989. – Fischer Filmgeschichte, hg. von W. Faulstich/H. Korte, 5 Bde., Frankfurt a. M. 1990–1995. – T. Heinze, Medienanalyse. Ansätze zur Kultur- und Gesellschaftskritik, Opladen 1990. – Die Anfänge des Deutschen Fernsehens. Kritische Annäherungen an die Entwicklung bis 1945, hg. von W. Uricchio, Tübingen 1991. – Digitaler Schein. Ästhetik der elektronischen Medien, hg. von F. Rötzer, Frankfurt a. M. 1991. – W. Faulstich, Medientheorien, Göttingen 1991. – K. Hickethier, Apparat – Dispositiv – Programm. Skizze einer Programmtheorie am Beispiel des Fernsehens, in: Medien/Kultur, hg. von K. Hickethier/S. Zielinski, Berlin 1991, S. 421–447. – W. Flieger, Die TAZ. Vom Alternativblatt zur linken Tageszeitung, München 1992. – J. Rösner, Frauenzeitschriften und weiblicher Lebenszusammenhang. Themen, Konzepte und Leitbilder im sozialen Wandel, Opladen 1992. – J. K. Bleicher, Chronik zur Programmgeschichte des deutschen Fernsehens, Berlin 1993. – Geschichte des Fernsehens in der Bundesrepublik Deutschland, hg. von H. Kreuzer/C. W. Thomsen, München 1993/94. – K. Hickethier, Film- und Fernsehanalyse, Stuttgart/Weimar 1993, ²1996. – K. Merten, Inhaltsanalyse. Einführung in Theorie, Methode und Praxis, Opladen 1993, ²1996. – Grundwissen Medien, hg. von W. Faulstich, München 1994, ³1998. – K. Hickethier, Geschichte der Fernsehkritik, Berlin 1994. – B. Sichtermann, Fernsehen, Berlin 1994. – H. Pürer/J. Raabe, Medien in Deutschland, Bd. 1: Presse, München 1994, überarb. Aufl. ²1996. – K. Kreimeier, Lob des Fernsehens, München/Wien 1995. – Metzler-Film-Lexikon, hg. von M. Töteberg, Stuttgart/Weimar 1995. – D. Prokop, Medien-Macht und Massen-Wirkung. Ein geschichtlicher Überblick, Freiburg im Br. 1995. – K. Berg/M.-L. Kiefer, Massenkommunikation V. Eine Langzeitstudie zur Mediennutzung und Medienbewertung 1964–1995, Baden-Baden 1996. – H.-J. Bucher, Textdesign – Zaubermittel der Verständlichkeit?, in: Textstrukturen im Medienwandel, hg. von E. W. B. Hess-Lüttich u. a., Frankfurt a. M. u. a. 1996, S. 31–60. – Fernseh-Programme in Deutschland. Konzeptionen, Diskussionen, Kritik, hg. von J. K. BLEICHER, Opladen 1996. – W. FAULSTICH, Die Geschichte der Medien, bislang 3 Bde., Göttingen 1996, 1997, 1998. – Die Sprache der ersten deutschen Wochenzeitungen im 17. Jahrhundert, hg. von G. FRITZ/E. STRASSNER, Tübingen 1996. – P. MAYRING, Qualitative Inhaltsanalyse, Weinheim 1997. – Medientheorien. Eine Einführung, hg. von D. KLOOCK/A. SPAHR, München 1997, ²2000. – Mythos Internet, hg. von S. MÜNKER/A. ROESLER, Frankfurt a. M. 1997. – E. STRASSNER, Zeitschrift, Tübingen 1997. – E. STRASSNER, Zeitung, Tübingen 1997, ²1999. – J. BLUM/H.-J. BUCHER, Die Zeitung: Ein Multimedium, Konstanz 1998. – P. BOURDIEU, Über das Fernsehen, Frankfurt a. M. 1998. – Geschichte des Internationalen Films, hg. von G. NOWELL-SMITH, Stuttgart/Weimar 1998. – K. HICKETHIER, Geschichte des deutschen Fernsehens, Stuttgart/Weimar 1998. – H. H. HIEBEL u. a., Die Medien. Logik – Leistung – Geschichte, München 1998. – P. LUDES, Einführung in die Medienwissenschaft. Entwicklungen und Theorien, Berlin 1998. – H.-J. BUCHER, Sprachwissenschaftliche Methoden der Medienanalyse, in: Medienwissenschaft: Ein Handbuch zur Entwicklung der Medien und Kommunikationsformen, hg. von J. F. LEONHARD u. a. Berlin, New York 1999, S. 213–231. – C. HOLTZ-BACHA, Alternative Presse, in: Mediengeschichte der Bundesrepublik Deutschland, hg. von J. WILKE, Köln 1999, S. 330–349. – J. HÖRISCH, Ende der Vorstellung. Die Poesie der Medien, Frankfurt a. M. 1999. – H.-M. KEPPLINGER, Zeitungsberichterstattung im Wandel, in: Mediengeschichte der Bundesrepublik Deutschland, hg. von J. WILKE, Köln 1999, S. 195–210. – T. R. KNOPS, Theorien des Films, in: Medienwissenschaft: ein Handbuch zur Entwicklung der Medien und Kommunikationsformen, hg. von J. F. LEONHARD u. a., Berlin/New York 1999, S. 161–175. – H.-D. KÜBLER, Qualitative versus quantitative Methoden in der Medienanalyse, in: Medienwissenschaft: ein Handbuch zur Entwicklung der Medien und Kommunikationsformen, hg. von J. F. LEONHARD u. a., Berlin/New York 1999, S. 256–272. – U. KUCKARTZ, Computergestützte Analyse qualitativer Daten, Weinheim 1999. – Kursbuch Medienkultur. Die maßgeblichen Theorien von Brecht bis Baudrillard, hg. von C. PIAS u. a., Stuttgart 1999. – P. LUDES, Programmgeschichte des Fernsehens, in: Mediengeschichte der Bundesrepublik Deutschland, hg. von J. WILKE, Köln 1999, S. 255–276. – K. MERTEN, Sozialwissenschaftliche Methoden der Medienanalyse, in: Medienwissenschaft: ein Handbuch zur Entwicklung der Medien und Kommunikationsformen, hg. von J. F. LEONHARD u. a., Berlin/New York 1999, S. 244–256. – Rundfunkpolitik in Deutschland. Wettbewerb und Öffentlichkeit, hg. von D.

SCHWARZKOPF, 2 Bde., München 1999. – M. SCHNEIDER, Theorien des Fernsehens, in: Medienwissenschaft: ein Handbuch zur Entwicklung der Medien und Kommunikationsformen, hg. von J. F. LEONHARD u. a., Berlin/New York 1999, S.189–200. – E. STRASSNER, Historische Entwicklungstendenzen der Zeitungsberichterstattung, in: Medienwissenschaft: ein Handbuch zur Entwicklung der Medien und Kommunikationsformen, hg. von J. F. LEONHARD u. a., Berlin/New York 1999, S. 913–923. – Televisionen, hg. von S. MÜNKER/A. ROESLER, Frankfurt a. M. 1999. – W. FAULSTICH, Medienkulturen, München 2000. – B. HORVATH, Bitte recht freundlich. Frauenleitbilder in der deutschen Zeitschrift »Brigitte« 1949–1982, Zürich 2000. – H.-D. KÜBLER, Mediale Kommunikation, Tübingen 2000. – H.-D. KÜBLER, Mediale Universalität, in: medien + erziehung 44 (2000) 5, S. 279–289. – U. KUCKARTZ, Computergestützte quantitative Inhaltsanalyse, Weinheim 2000. – J. VULNER, Info-Wahn. Eine Abrechnung mit dem Multimedienjahrzehnt, Wien/New York 2000.

Medienästhetik

Mediengeschichte und Medienästhetik stehen in einem Verhältnis, das einen gegenseitigen Bezug sowohl in theoretischer wie
systematischer Hinsicht erfordert. Definiert man Medienästhetik
umfassend als theoretische, entwicklungsgeschichtliche und systematische Bestimmung der Wahrnehmungs- und Ausdrucksformen audiovisueller Medien, so ist die mediengeschichtliche
Voraussetzung der Ton-, Bild- und Schriftmedien und ihrer
Kunstformen (wie sie in der traditionellen Ästhetik seit dem 18.
Jahrhundert, in Philosophie und Rhetorik seit der Antike verhan-
delt werden) mit in die Begriffsbestimmung einzubeziehen. Stehen der theoretische und der systematische Ansatz im Vordergrund, so sind die Wahrnehmungs- und Ausdrucksformen einer
historischen Dynamik unterworfen, die medientechnologische
Referenzen unabdingbar machen.

1. Begriffsbestimmung

Das Begriffskompositum Medienästhetik knüpft an die Wissenschaft von der sinnlichen bzw. sensitiven Erkenntnis (›scientia co-
gnitionis sensitivae‹) an, die durch Alexander Gottlieb BAUMGAR-
TENS (1714–62) *Aesthetica* systematisch begründet wurde (1750/
58). Von diesem neuzeitlichen Ursprung her ist der Begriff ›Ästhetik‹ in wörtlicher Bedeutung (griechisch aisthanesthai =
wahrnehmen) als ›Wahrnehmungsform‹ insbesondere der Künste
zu verstehen, doch hat der Begriff seit dem 18. Jahrhundert eine
aufschlussreiche Entwicklung durchlaufen. BAUMGARTENS Bestimmung setzt die Ästhetik als eine Philosophie oder Logik der
Sinne, die die Logik des Diskurses aufhebt, insofern sie mit dieser
den kognitiven Anspruch teilt; Gotthold Ephraim LESSINGS
(1729–81) Ästhetik im *Laokoon* (1766) stellt hingegen die Materialität der unterschiedlichen Kunstformen heraus, während Johann Gottfried HERDERS (1744–1803) *Plastik* (1770/78) auf eine
Kritik der die verschiedenen Künste wahrnehmenden Sinne zielt;
in Immanuel KANTS (1724–1804) *Kritik der Urteilskraft* (1790) wird
Ästhetik auf den Aspekt des Geschmacksurteils eingeengt, wobei
Geschmack als »interesseloses Wohlgefallen« und Schönheit als

»Symbol des sittlich Guten« verstanden wird, doch bleiben hier
wie auch in Friedrich SCHILLERs Theoriebildung zur Ästhetik
(*Briefe über die ästhetische Erziehung des Menschen*, 1795) die Kategorie des Naturschönen ebenso wie die Wirkungs- und Wahrnehmungsformen des Ästhetischen noch präsent. In den einschlägigen Theoriebildungen des 19. Jahrhunderts geht der *aisthetische*
Impuls mitsamt dem Bezug auf das Naturschöne jedoch zugunsten geschichtsphilosophischer Entwürfe verloren (Friedrich
SCHLEGEL, *Athenäum*-Fragmente, 1796–1800; Friedrich SCHEL-
LING, *Philosophie der Kunst,* 1802–03, erschienen 1859; Georg Wilhelm Friedrich HEGEL, Vorlesungen über die Ästhetik, 1817–26,
erschienen 1835–38). HEGELs Definition der Ästhetik als einer
»Philosophie der schönen Kunst« versteht Kunst als eine Vermitt-
lungsform philosophischer Ideen, die in der Moderne jedoch, im
Vergleich mit der Philosophie selber, nicht mehr »das höchste
Bedürfnis des Geistes« sei. Dieses Theorem hat auf verschiedene
Ästhetiken und Kunstphilosophien des 19. und 20. Jahrhunderts
(Friedrich VISCHER, Benedetto CROCE, Georg LUKÁCS) einge-
wirkt, ist jedoch auch auf erheblichen Widerspruch von Philosophen gestoßen, die für eine ›Autonomie der Kunst‹ eintraten, von
Friedrich NIETZSCHEs Schrift *Die Geburt der Tragödie aus dem Geist
der Musik* (1872) bis zu Theodor W. ADORNOs *Ästhetischer Theorie*
(1970).

Im Unterschied zu den geschichtsphilosphisch inspirierten
Ästhetiken, die sich vor allem auf den literarischen Text beziehen,
analysiert Medienästhetik die audiovisuellen Medien als Ausdruck einer spezifischen, durch ihre Technik definierten und nur
ihnen eigenen Form der Wahrnehmung. Der Begriff Medienästhetik ist insoweit, seiner Etymologie entsprechend, als ›Wahrnehmungsform der Medien‹ zu verstehen. Diese ist nicht identisch mit dem, *was* gezeigt oder gesagt wird, sondern sie besitzt ihr
charakteristisches Merkmal in der Art und Weise, *wie* sie ihre
Möglichkeiten und Fähigkeiten, ihre Techniken, ihre Mittel zur
Verarbeitung von vorgegebenen oder hergestellten Inhalten oder
Gegenständen einsetzt. Das *Wie* dieser Wahrnehmung steht deshalb im Mittelpunkt der Medienästhetik, deren bedeutendste
Impulse sich von Walter BENJAMINs Aufsatz *Das Kunstwerk im
Zeitalter seiner technischen Reproduzierbarkeit* (1936) herleiten. BEN-
JAMIN hat darin der Frage einer Konkurrenz, die den traditionel-
len Künsten (Zeichnung, Malerei) durch Fotografie und Film er-

wachsen könnte, mit der Begründung den Boden entzogen, dass im Zeitalter der ›technischen Reproduzierbarkeit‹ von Kunst der Kunstbegriff selber einer Revision bedürfe. Dieser Essay konnte eine kanonische Funktion gewinnen, weil BENJAMIN seine Ästhetik nicht als philologische Theorie, auch nicht als Kunstphilosophie entfaltet hat, sondern – im genauen Sinn des Wortes – als Lehre von der Wahrnehmung der Medien, vor allem der des Films. Soweit Medienästhetiken an diese Voraussetzung anschließen, handelt es sich also um historisch und theoretisch orientierte Darstellungen und Analysen der Wahrnehmungsformen audiovisueller Medien (R. SCHNELL, 2000).

2. Entwicklungsgeschichte

Die Wahrnehmung des Menschen ist – ebenso wie die jahrtausendealten Versuche, sie physikalisch und theoretisch zu erfassen und zu ergründen (D. C. LINDBERG, 1987) – Teil seiner gesellschaftlichen Praxis. Insoweit das Auge das historisch variable Element des Wahrnehmungsvorgangs repräsentiert, unterliegt es als Perzeptionsinstrument der gesellschaftlichen Praxis in einem buchstäblichen Sinn: Es ist ihr, als seiner materiellen Voraussetzung, ausgesetzt und bildet seinerseits einen Resonanzraum, dessen wahrnehmende Qualität sich als eine Art visueller Geistesgegenwart umschreiben lässt. Diese Geistesgegenwart ist offen und empfänglich für Neues – nur so lassen sich die Antriebsenergien deuten, die in der Geschichte der Menschheit zur Entwicklung der audiovisuellen Medien und damit auch zu einer Veränderung nicht des Auges in einem physiologischen Sinne, wohl aber des Gesichtssinns geführt haben (W. BENJAMIN, 1936/1974). Diese Veränderung hängt mit der produktiven Verarbeitung von Realitätsimpulsen zusammen, die den Vorgang des Sehens historisch stets begleitet hat. An ihrem Entwicklungszusammenhang lässt sich die Entfaltung der technischen Produktivkräfte ebenso ablesen wie die Wahrnehmungsgeschichte des Individuums.

2.1 Magie und Illusion

Bereits in der Prähistorie findet sich dieser Entwicklungszusammenhang vorgeprägt. Es handelt sich, wie Studien von André LEROI-GOURHAN (1988) gezeigt haben, bei den prähistorischen Wandmalereien noch nicht um frühe Formen der Schrift, sondern um eine eigenständig sich entwickelnde Form symbolischen Ausdrucks, die zunehmend religiöse Gehalte aufnimmt und vermittelt. Am Anfang der medialen Wirklichkeitsreproduktion steht mithin nicht die Reproduktionsabsicht, sondern der Bezug zu einer transzendenten Realität, die wiedergegeben oder entworfen, imaginiert, beschworen oder verehrt werden soll. Mimesis, Abstraktion und Imagination sind eins, und zugleich dient die in den prähistorischen Zeichnungen präsente Kommunikation der Mitteilung, etwa an Zeitgenossen, oder des Informationstransfers an nachfolgende Generationen. Es handelt sich in den meisten Fällen um Höhlenzeichnungen, denen magische Qualität zukam, Zeugnisse einer Götter- und Heldenverehrung, die sich bis zu den Tempeln der ägyptischen und hellenischen Antike fortentwickelt hat. Sie darf, schon in ihren frühesten Beispielen, als künstlerischer Ausdruck einer Heils- und Glücksbeschwörung verstanden werden, die zu immer feineren Formen der Bewegungsillusion geführt hat. Sie reicht von den frühesten Bild-Dynamisierungen der Prähistorie über die Phasenbilder der Ägypter bis zur Choreographie des balinesischen Silhouettentheaters, von den griechischen Vasendarstellungen und Tempelfriesen über die Wandmalereien in christlichen Kirchen bis zu den um 1800 in Europa entstehenden Lithophanien. Es sind Spiele, die mit der menschlichen Wahrnehmungsfähigkeit getrieben werden, Spiele mit Hell und Dunkel, Licht und Schatten, die mithilfe kultischer oder dämonischer Bezüge die Illusion einer Kunst-Wirklichkeit von magischer Qualität herstellen. Auch in Indien und China, in Indonesien, Sri Lanka und Thailand hat diese Kult- und Kunstform eine reiche Tradition ausgebildet, die bis heute, auch in islamischen Ländern, wirksam und lebendig geblieben ist.

2.2 Die Zentralperspektive

Mit der Entdeckung der ›perspectiva artificialis‹ durch Filippo Brunelleschi erlebte diese Traditionslinie einen qualitativen Entwicklungssprung. Zwar bedeutet der Übergang von der illusorischen Bewegungsdynamisierung in symbolischen Bildformen zur Perspektivierung der Wahrnehmungsformen in der Renaissance keinen Bruch innerhalb der Wahrnehmungsgeschichte. Neu aber ist, dass mit Brunelleschi die visuelle Wahrnehmung zum Konvergenzpunkt von Erkenntnissen und Entwicklungen

der modernen Naturbeherrschungswissenschaften wird. Was
bislang als symbolische Wiedergabe räumlicher Dimensionen
unmittelbar an die Gegenständlichkeit der Objekte wie an den
Gesichtssinn der wahrnehmenden Subjekte gebunden war, erfuhr in der Renaissance eine Brechung und Distanzierung durch
die Einführung mathematisch-naturwissenschaftlicher Gesetz-
lichkeiten und handwerklich-technischer Apparaturen. Mit der
Entdeckung der Perspektive wird der Mensch der Renaissance
zum Herrn des Wahrnehmungsprozesses. Er unterwirft die
Wirklichkeit seinem Blick. Sein Blickwinkel wird zum Ordnung
stiftenden Prinzip, das gliedert, staffelt, hierarchisiert. Mehr als
nur ein technisches Verfahren zur exakten Wirklichkeitserfas-
sung, repräsentiert die Entdeckung der Perspektive eine Etappe
der Medienanthropologie, die ein neues Ich- und Selbstbewusstsein darstellt. Der Betrachter bestimmt von nun an den Winkel,
unter dem die Gegenständlichkeit der äußeren Welt wahrgenommen wird. Die Perspektive bildet insoweit auch ein Disziplinie-
rungsinstrument: Sie verkleinert, stellt zurück oder blendet aus,
was in den von ihr anvisierten Horizont nicht passt. Da die Ob-
jektivierung des Wahrnehmungsvorgangs durch ein naturwissen-
schaftlich-technisches Instrumentarium zugleich eine Subjekti-
vierung bedeutet, wird wahrgenommen, was das wahrnehmende
Subjekt perspektivisch wahrzunehmen wünscht. Der Redukti-
onismus der Perspektive präzisiert das Wahrnehmungsverhältnis
von Subjekt und Objekt und beschränkt es dadurch. Aber er setzt
zugleich auch ein Maß an schöpferischer Autonomie frei, das sich
einem neuen, durch die Perspektive geschulten Blick auf die
Wirklichkeit verdankt (G. Boehm, 1969).

2.3 Camera obscura

Eine mediengeschichtlich innovative Stufe, die der Entdeckung
der Perspektive in der Bildenden Kunst vergleichbar ist, erreicht
die kinematographische Wahrnehmung mit der Erfindung der
Camera obscura. Im Unterschied aber zu den technischen Instrumenten Brunelleschis steht die Apparatur der ›dunklen Kammer‹ nicht in erster Linie in einem funktionalen, dienenden
Wahrnehmungsverhältnis zum Betrachter, sondern in dem einer
autonomen Wirklichkeitsreproduktion.

   Die Camera obscura bedeutete einen bahnbrechenden Fortschritt in der Geschichte kinematographischer Wahrnehmungs-

formen, der der Entdeckung der Perspektive vergleichbar ist, weil sich in ihr eine Neu- und Umstrukturierung visueller Erfahrungsmöglichkeiten durch optische Techniken repräsentierte. Aber es ist ein ganz anderer Fortschritt als der durch die Entdeckung der Perspektive. Die Camera obscura erlaubte dem Beobachter die im Grunde unbegrenzte Reproduktion der beobachteten Realität und ermöglichte ihm zugleich eine bislang ungeahnte Produktion neuer, eigenständiger Wirklichkeiten. Bedingung hierfür ist die Isolierung des Beobachters, der sich, um die Wirkungen der Camera obscura verfolgen zu können, in einen dunklen, geschlossenen Raum zurückziehen und damit einen Individuierungsprozess durchlaufen muss. Um die Welt mittels dieses Geräts wahrnehmen zu können, muss der Beobachter sich aus ihr entfernen, doch ist sein Standort weder vorgeschrieben noch festgelegt. Zudem wird das Sehen, das Betrachten von der leiblichen Existenz des Beobachters abgelöst. Der Weltausschnitt, den das kleine Wandloch in die Dunkelkammer einlässt, existiert – im Unterschied zum Wahrnehmungszusammenhang, den die perspektivische Zeichnung oder später die Fotografie eröffnen – unabhängig vom Betrachter. Sein Körper, seine Sinne, seine Erfahrungswirklichkeit sind nicht Teil der Darstellung, denn Bild und Realität existieren getrennt voneinander. Doch bedeutet diese Stellung nicht ein abermals hierarchisierendes Wahrnehmungsprivileg in der Tradition der Zentralperspektive, sondern einen neuen, harmonischen Einklang des Beobachterstatus mit der Wirklichkeit und der Wahrheit der Welt (J. CRARY, 1996).

2.4 Das Panorama

Nach der Zentralperspektive und der Camera obscura wird man auch das Panorama eine eigenständige und folgenreiche Etappe der Wahrnehmungsgeschichte nennen dürfen (S. OETTERMANN, 1980). Zum ersten Mal bot sich in der Wahrnehmungsgeschichte die Möglichkeit eines panoramatischen Sehens gegen Ende des 18. Jahrhunderts. In England (1794) und Frankreich (1799) werden Rotunden gebaut, die dem Beobachter einen Rundblick von 360 Grad gestatten. Der Betrachter erhält, sich um seine eigene Achse drehend, einen zentralen Einblick in Städte, Landschaften oder Bewegungsabläufe. Er wird auf diese Weise zum Bildmittelpunkt, der durch visuelle Omnipotenz und Omnipräsenz definiert ist. Die Welt erscheint ihm als ein durch Perspektiven diffe-

renzierter Bildzusammenhang. Der natürliche Wahrnehmungs-
horizont wird dabei ebenso überschritten wie der begrenzte Seh-
winkel des Menschen von etwa 45 Grad. Denn der Illusionie-
rungseffekt des Panoramas besteht darin, den Betrachter – mit
Hilfe eigens von Kapitalgesellschaften entwickelter und erstellter
Panorama-Architekturen von bis zu 40 Metern Durchmesser –
so ins Wahrnehmungszentrum zu rücken, dass dieser seine Perspektive als das bestimmende, das Wahrnehmungsgeschehen be-
herrschende Element erfährt. In einem panoramatischen Rund-
bau entsteht und bewegt sich unter seinen Augen eine Realität,
die ohne ihn in dieser Form nicht vorhanden wäre. Sein Blick
entspricht dem eines Schwenks in der Horizontalen um eine
imaginäre Achse, wie ihn später die Filmkamera vollführen wird.
Der Zuschauer ist auf diese Weise buchstäblich ›im Bild‹. Er befindet sich auf einer kleinen Empore, die ihm den ungehinderten
Rundblick erlaubt. Eine medientechnisch entscheidende Voraussetzung zur Realisierung solcher Effekte bildet die bereits in der
Renaissance entwickelte perspektivische Malerei, die im Panorama optisch höchst kunstvoll in Szene gesetzt und später durch
akustische Effekte (Musik, Geräusche) und durch den Einsatz
von Diaprojektoren noch gesteigert wird. Die Einführung von
Bewegung ins Panorama, seine Entwicklung zum Diorama, bildet die entwicklungslogisch nächste Stufe der Medienästhetik,
die durch ein Doppeleffekt-Verfahren erreicht wird: Lichteinfall
von vorne zeigte die Ansicht bei Tage, Lichteinfall von hinten
jene bei Nacht. Allein durch eine geschickte Lichtregie ließen
sich auf diese Weise mit dem Doppeleffekt-Diorama Hell-Dun-
kel-Wirkungen erzielen, die den Wechsel von Tag und Nacht
suggerierten und damit binnen weniger Minuten, im Zeitraf-
fer-Verfahren, den Ablauf eines ganzen Tages, vom Aufgang der
Sonne bis zur Nacht, durchzuspielen erlaubten. Auf diese Weise
wurden Zeit und Raum dynamisch miteinander verbunden, ein
Effekt, den seit den 30er Jahren des 19. Jahrhunderts das ›Moving
Panorama‹, das Reisen durch den Raum inszenierte, mittels nar-
rativer Strukturen verstärkt hat.

2.5 Fotografie

Die Realität in ihr Abbild zu verwandeln, sie auf diese Weise
wahrnehmungstechnisch zu beherrschen, den Beobachter an einen Apparat anzuschließen und sein Auge zu erweitern – das ist

die historische Leistung der Fotografie, die in der Ästhetik des Panoramas virtuell bereits vorgeprägt ist. Zu vollziehen war lediglich noch ein – allerdings entscheidender – Schritt: die Fixierung des einzigartigen Augenblicks und dessen Reproduktion. Der Begriff ›Fotografie‹ bedeutet, wörtlich aus dem Griechischen übertragen, ›Lichtschrift‹. Dieses Wort trifft den Vorgang, um den es sich handelt, genau. Die technische Voraussetzung der Fotografie bildet die Nutzung des Lichts in Verbindung mit sensibilisiertem, also lichtempfindlichem Material, das fixiert werden musste. Diesen entscheidenden Emanzipationsschritt, der auch die epochale Differenz zur Camera obscura markiert, vollzogen zu Beginn des 19. Jahrhunderts mehrere Forscher und Erfinder mit unterschiedlichen Techniken (Joseph NIÉPCE, Louis DAGUERRE, Hippolyte BAYARD, William Fox TALBOT). Das Ergebnis war bei diesen Verfahren ein der Realität entnommenes, analoges und fixiertes Bild, das den Wahrnehmungsstandort und die Wahrnehmungspräferenz der jeweils aufnehmenden Kamera und des sie steuernden Subjekts repräsentierte. Es beruht auf einer Technik visueller Realitätsverarbeitung, die durch die produktive Verbindung von Physik und Chemie ermöglicht wird, von Gesetzen der Optik, wie sie bereits die Funktionsweise der Camera obscura repräsentierte, und chemischen Vorgängen, die zur Herstellung lichtempfindlicher Platten oder beschichteter Papiere führten. Doch geht in den praktischen Umgang mit den Möglichkeiten der Fotografie das Wissen ein, Wirklichkeit in der Singularität des eingefangenen Augenblicks nicht nur abbilden, sondern auch perspektivisch entwerfen, ausschnitthaft gestalten und, in äußerster Präzision, erzeugen zu können. Detailgenauigkeit und Wahrheitstreue sind die kulturellen Parameter, denen die Fotografie ihre Erfolgsgeschichte verdankt (B. BUSCH, 1995). Ihre Leistungen lassen sich stichwortartig umreißen: Umwandlung der Anschauung in Aufzeichnung, Wiedergabe der Realität als Abbildung, Technifizierung des Aufzeichnungsverfahrens, instantane Bannung des Augenblicks, dauerhafte Fixierung der Abbildung, Erweiterung der menschlichen Wahrnehmungsmöglichkeiten. Mit allen diesen Qualitäten besitzt die Fotografie die Fähigkeit zur Weltnachbildung und -neubildung, die ein Gutteil Realitätsmächtigkeit repräsentiert, und zugleich eine zunächst undefinierte Nähe zu künstlerischer Produktivität (R. BARTHES, 1985).

2.6 Film

Dem französischen Physiologen Jules MAREY und dem in England geborenen Landschaftsfotografen Edward MUYBRIDGE kommt das Verdienst zu, den Übergang von der Fotografie zum Film technisch ermöglicht zu haben. Was MAREY ebenso wie MUYBRIDGE interessierte, waren Bewegungsabläufe, genauer: das Studium von Einzelphasen rasch ablaufender Bewegungseinheiten. Um diese analysieren zu können, benötigten sie Momentaufnahmen, das heißt fotografische Fixierungen der einzelnen Bewegungsphasen in möglichst großer Zahl. Einen Bewegungsablauf – man könnte auch sagen: den Fluss der Bilder – herzustellen, setzte voraus, diesen zunächst in Einzelbilder zu zerlegen, und zwar sowohl für die Aufnahme als auch für die Wiedergabe. Das war im Grunde die Aufgabe, die der Film in technischer Hinsicht stellte. Was MAREY, MUYBRIDGE und andere mit ihren Experimenten, Forschungen, Erfindungen und Konstruktionen erreicht hatten, war eine fotografische Wirklichkeitsverarbeitung epochalen Ausmaßes. Sie hob nicht nur, wie bereits die Fotografie, die Distanz zum Objekt auf, sondern auch die Einheit seiner Bewegungsfolgen. Indem sie die Bewegung zergliederte und das isolierte Einzelelement fixierte, schuf sie eine neue Wirklichkeit, die in dieser Form nicht existiert hatte. Diese Vorstufen der kinematographischen Medien – nicht mehr Foto, noch nicht Film – stellen künstliche Formen von Raum- und Bewegungsillusion zum Zweck einer technisch hergestellten Realitätswiedergabe dar.

Um aber die Illusion eines Bewegungsflusses zu vervollkommnen, mussten zwei weitere Effekte in die kinematographische Apparatur integriert werden: der stroboskopische Effekt und die Nachbildwirkung. Die Nachbildwirkung beruht darauf, dass Licht- oder Bildimpulse im menschlichen Auge fortwirken, auch nachdem sie nicht mehr sichtbar sind. Auf diesem Effekt basiert der Film physiologisch. Bei ausreichend rascher Bildfolge stellt sich eine Wirkung ein, die in der Gestaltpsychologie als ›Phi-Phänomen‹ bezeichnet wird. Sie vermittelt dem Zuschauer den Eindruck eines kontinuierlichen Bewegungsablaufs. Die Nachbildwirkung ist jedoch nicht identisch mit jener kinematographischen Technik, die sich ihrer zum Zweck der Illusionierung bedient: die Stroboskopie. Unter einem Stroboskop versteht man eine Apparatur, die mit Hilfe eines in regel- oder unregelmäßiger Folge an- und ausgehenden Lichtes Bewegungsfolgen in Einzelbilder zerlegt und damit den Eindruck eines zerhackten Bewegungsablaufs entstehen lässt – eine heute in jeder Diskothek gebräuchliche Technik. Mit dieser Technik arbeiten im Grunde auch alle Filmaufnahme- und -wiedergabeapparate. Sie machen durch den Einsatz von Lichtimpulsen in Verbindung mit der Nachbildwirkung Bewegungsabläufe sichtbar, die in Wirklichkeit aus lauter Einzelbildern bestehen. Die Verbindung des stroboskopischen Effekts mit der Nachbildwirkung ermöglichte die Entstehung des Films. Bei der Projektion wird der Lichtstrahl durch die Umlaufblende unterbrochen, die im Lichtgang einer Kamera oder eines Projektors die Lichtöffnung regelmäßig öffnet oder schließt. Es handelt sich dabei um einen aufnahmetechnisch notwendigen Vorgang, der die Belichtung und die Projektion der Bilder reguliert. Ein störender Nebeneffekt musste jedoch vermieden werden, nämlich das in frühen Filmen häufig noch wahrnehmbare Flimmern des bewegten Bildes. Bei der Wiedergabe der Bilder entstehen Helligkeitsschwankungen, die durch den stroboskopischen Effekt der filmischen Aufnahme- und Projektionsapparatur erzeugt werden. Die Filmrolle musste deshalb für den Abspielvorgang mit Hilfe einer Flügelscheibe und des sogenannten ›Malteserkreuzes‹ so instrumentiert werden, dass die Belichtungs- bzw. Projektionsmomente statt der realen Einzelbilder die Illusion eines ununterbrochenen Bewegungsflusses entstehen ließen. Die Erhöhung der Bildfrequenz – seit 1927, dem Jahr der Einführung des Tonfilms, liegt sie international bei 24 statt wie zuvor bei 16 bis 18 Bildern pro Sekunde – führte schließlich zur vollständigen Aufhebung des Flimmerns und damit zu einer störungsfreien Wahrnehmung kontinuierlicher Bewegungsphasen, die es in der Realität der kinematographischen Apparatur in dieser Form nicht gibt.

Tatsächlich lässt sich von ›Film‹ erst in dem Augenblick sprechen, als es gelungen war, mehrere technische Probleme der Vorgeschichte kinematographischer Wahrnehmung zu lösen und diese Einzelresultate im filmischen Verfahren zu verknüpfen. Fotografie und Einzelbildisolierung, Nachbildwirkung und Stroboskopeffekt bildeten hierfür notwendige, doch noch nicht hinreichende Voraussetzungen. So ermöglichte erst die Perforierung des von der Eastman-Company seit 1889 industriell hergestellten

Zelluloidbandes, eine Filmrolle mittels kleiner Löcher über ein Zahnrad an einem Objektiv so vorbeizuführen, dass eine Belichtungsphase entstand. Erst dieser durch Thomas EDISON, dem Erfinder der Glühbirne und des Grammophons, technisch erstmals gelöste Vorgang erlaubt es, den Begriff des Films in einem strengen Sinn zu benutzen. Edisons ›Kinetograph‹ (1891) war die erste Kamera mit einem perforierten Rollfilm, der bewegte Bilder aufnehmen, das ›Kinetoscop‹ (1893) der erste Guckkasten, der bewegte Bilder in Form einer Endlosschleife wiedergeben konnte. Die Erfindung des Kinos stand buchstäblich auf der Tagesordnung der Technikgeschichte. Am 1. November 1895 zeigte Max SKLADANOWSKY im Berliner ›Wintergarten‹ Jahrmarkteffekte und Straßenszenen in Form bewegter Bilder. Einer der ersten Filmprojektoren, Oskar MESSTERs ›Kinematograph‹, der Laterna magica-Effekte mit einem verlässlichen Transportmechanismus verband, ermöglichte seit 1896 die kommerzielle Nutzung des Kinos. Doch als Datum der ersten öffentlichen Vorführung eines Films gilt der 28. Dezember 1895, der Tag, an dem der ›Cinématographe‹ der Brüder Auguste und Louis LUMIÈRE der Öffentlichkeit präsentiert wurde, der Kamera und Projektor in sich vereinte. Darauf, dieses Datum als Geburtsstunde des Films anzuerkennen, hat sich die Zunft der Filmhistoriker verständigt, weil die Brüder LUMIÈRE im Grand Café am Boulevard des Capucines in Paris das Problem des Filmtransports während der Projektion mit Hilfe eines spezifischen, greiferartigen Antriebsmechanismus illusionsfördernd gelöst hatten: Der Fluss der Bilder konnte von nun an ununterbrochen und ungehindert strömen.

2.7 Wahrnehmungstechniken

Der Entwicklungsgeschichte kinematographischer Wahrnehmung bis zur Erfindung des Films lässt sich ablesen, dass sich mit ihr auch die Wahrnehmungstechniken des Menschen verändert haben. Insbesondere die optische Wahrnehmung hat durch die Vorgeschichte des Films eine spezifische Ausprägung erfahren, die der Geschichte der modernen Naturwissenschaften seit Galilei parallel läuft und durch diese geformt und akzentuiert wird (H. SCHIPPERGES, 1978). Mit den optischen Apparaturen bilden sich Instrumente der Zerstreuung aus, die den zentralperspektivischen Blick entlasten, indem sie den punktuell bannenden Wahrnehmungszwang außer Kraft setzen.

Seinen künstlerisch prägnantesten Ausdruck hat dieser Prozess in den visuellen Provokationen der Avantgarden zu Beginn des 20. Jahrhunderts gefunden, im Kubismus, im Futurismus, im Konstruktivismus und im Surrealismus. Die Zerschlagung des Zusammenhangs, die Auflösung des Gegenständlichen, die Zersplitterung von Kontinuen, die Analyse von Oberflächenphänomenen, die Perspektivierungen von Raum und Zeit in der Bildenden Kunst führen zur Demontage aller vorhandenen Wahrnehmungskonventionen. Die Montage der vereinzelten und verstreuten, heteronomen und heterogenen Dinge bildet eine ästhetische Antwort auf die Zumutungen, die dem demontierten Lebenszusammenhang entspringen. Dieser wird zum Beschleunigungsraum, zum Aggregat akzelerierender Bewegung und Dynamik, in dem die visuellen Illusionierungskünste ihre Qualitäten adäquat entfalten können. Das setzt eine entscheidende Wahrnehmungsveränderung voraus, die Jacques AUMONT mit dem treffenden Wort ›variables Auge‹ benannt hat (J. AUMONT, 1992). Im Film kulminiert dieser Entwicklungsprozess, im Kino erlebt er seinen prägnantesten Ausdruck, seine Steigerung und höchste Konzentration. Die Kinematographie ist insoweit Reflex ihrer Zeit und Replik auf sie (K. HICKETHIER, 1986). Die Technik des Films, seine arbeitsteilige Produktionsweise, seine Einbindung in Industrialisierungs- und Ökonomisierungsprozesse, die mit der Kameraperspektive gewonnenen Gestaltungsmöglichkeiten, der Wechsel von Konzentration des Bildeindrucks und Verflüchtigung visueller Codierungen mittels Montage – all das bot dem Wahrnehmungssinn Auge abermals Zumutungen von bislang ungeahnter Qualität, aber es erlaubte ihm auch, den Ansturm der filmischen Wahrnehmungseindrücke als emotive und sensuelle Entlastung von aller physischen Realität zu erleben. Illusionierung, Perspektivierung, Bewegung, Beschleunigung, Rhythmisierung – all diese dem heutigen Publikum vertrauten Strukturphänomene filmischer Ausdrucksmöglichkeiten waren zu Beginn des 20. Jahrhunderts noch zu entdecken, zu erproben und zu verfeinern. Am Anfang der Filmära steht der Zuschauer dem Bild als Beobachter gegenüber. Er sieht bewegte Abläufe, Bewegungen vor der Kamera. Erst in dem Maße, wie sich die Kamera, der Wahrnehmungsstellvertreter des Auges im Kino, ihrerseits in Bewegung zu versetzen vermag, verwandelt sie auch das Auge des Betrachters, zieht es in sich hinein, macht es zum Zentrum der

Bewegungsenergien, die es freisetzt, und tut ihm, im Zusammenspiel mit der Montage, Gewalt an. Eine Gewalt, deren Formen sich im Fortgang der Filmgeschichte gesteigert und auch wieder gemäßigt haben, Variablen einer Konventionalisierung filmischer Wahrnehmung, die funktionsspezifisch bestimmt waren und heute noch sind.

Wenn die kinematographische Ästhetik auf die Bildproduktion des Menschen, auf die menschlichen Vorstellungen und Phantasien und die Struktur der Träume in einer gewissen Weise antwortet, so ist diese Antwort doch nie nur eine einfache Wiedergabe von etwas imaginativ immer schon Vorhandenem, sondern stellt im besten Falle – wie alle Kunst – eine Herausforderung an die bereits ausgebildeten Standards der menschlichen Wahrnehmung dar. Hierin liegt der Grund für die Provokationen, die vom Film ausgehen konnten, die Schocks, die einer noch wenig entwickelten Rezeptionsfähigkeit in der Frühzeit des Films zugefügt wurden. Es sind Erfahrungen des Fremdartigen und Befremdenden, der Schnelligkeit und der Beschleunigung, schwindelerregende Sogwirkungen, wie sie von einer Dynamisierung filmischer Bilder noch heute ausgehen können, in 3D-Projektionen beispielsweise oder in den Videoinstallationen virtueller Welten. Das Auge ist – wie der Intellekt auf seine Weise auch – zu solchen Perzeptionsveränderungen in der Lage, weil der Wahrnehmungsvorgang selber nicht linear und kontinuierlich organisiert ist (H.-G. SOEFFNER/J. RAAB, 1998). Die dem Film vergleichbare Wahrnehmungsfähigkeit des Menschen ist ihrerseits montageartig strukturiert – eben deshalb kann sich der Film ihrer bedienen und auf sie einwirken. Die ›natürliche‹ Wahrnehmungsfähigkeit ist in medial geprägten Gesellschaften in unverstellter Form nicht mehr vorhanden. Die von Menschen geschaffenen medialen Wahrnehmungsformen wirken auf die Wahrnehmungsfähigkeit der Menschen zurück, prägen sie, formen sie um, adaptieren sie an parallele soziale und technische Prozesse, beispielsweise der Beschleunigung, der Dynamisierung von Bewegungs- und Verkehrsformen, die ihrerseits eine die Wahrnehmung verändernde Qualität besitzen. Es gibt keine Unmittelbarkeit oder Unschuld des Sehens mehr. Wahrnehmung ist medial vermittelt.

3. Fernsehen, Videoclips, Neue Medien

3.1 Fernsehen

Mit der Entwicklung des Fernsehens wurde ein weiterer entscheidender Schritt vollzogen: der zu den elektronischen Bildmedien. Was auf diesen Schritt folgte, ist unter dem Stichwort ›Digitalisierung‹ bekannt. Der Begriff bezeichnet ein binäres, das heißt ›zweiwertiges‹ Schreibsystem. Diese binäre Schreibweise besteht aus der denkbar kleinsten zweiwertigen Schreibeinheit, die zugleich sein grundlegendes Ausdruckselement bildet, nämlich ›Null‹ oder ›Eins‹. Diese kleinste Einheit nennt man ›bit‹ (von engl. ›binary digit‹ = ›zweiwertige Ziffer‹). Die Bits übersetzen lebendige Realitätszusammenhänge in arithmetisch gefasste Abstraktionen. Digitalisierung ist das medientechnische Verfahren des Computerzeitalters – ohne dieses Verfahren gibt es keine medientechnologische Zukunft. Auch wenn bis zum Jahr 2000 die digitale Entwicklung des Fernsehens noch keineswegs abgeschlossen ist, lässt sich bereits absehen, dass neue Fernsehformate in digitaler Technik Bilder von einer neuen, störungs- und flimmerfreien Qualität und klaren, brillanten Farben entstehen lassen, deren Übertragung sich durch digitale Kompression zudem verbilligt. Das digitale Fernsehen der Zukunft löst die Verfahren der analogen Bildübertragung unwiderruflich ab. Wahlweise können die Fernsehsender nebeneinander unterschiedliche Dienste (Fernsehen, Hörfunk, Internet) anbieten oder einzelne Filme ausstrahlen. Die nicht mehr analog, sondern lediglich als Datenmenge verfügbaren Filme werden durch gezielte Datenreduktion so bearbeitet, dass nur die jeweils für die Übertragung benötigten Daten tatsächlich auch gesendet werden, so dass die Qualität der ausgestrahlten Bilder gleichbleibend gut ist.

Die im Fernsehen wahrzunehmenden Bilder sind Material, auf das schon bei der Aufnahme Vorentscheidungen und Selektionen einen strukturierenden Einfluss genommen haben. Es wird eine Auswahl aus einer virtuell unendlichen Fülle von Bildern getroffen. Authentisch an diesen Bildern sind nicht die gezeigten Bildinhalte, sondern lediglich die Stufen der Bearbeitung, die sie bis zur Ausstrahlung durchlaufen haben. Es werden Kameraeinstellungen benutzt, die die ausgewählten Bilder in einer je spezifischen Weise wiedergeben. Es finden sich Perspektivierun-

gen, die die aufgenommenen Bilder in besonderer Form akzentuieren und damit interpretieren. Dieses aufgenommene Material durchläuft weitere Bearbeitungsstufen. Aus der vom Aufnah-
meteam getroffenen Bildauswahl wählt wiederum die Redaktion
aus, was ihr für den Sendezweck und den Sendeort akzeptabel
und verwendbar erscheint. Es wird geschnitten, das heißt: gekürzt, wobei die Kürzung ihrerseits eine Pointierung bedeutet,
ein Zusammenschneiden auf Höhepunkte visueller oder akustischer Art hin. Es handelt sich also, pointiert gesprochen, bei den
ausgestrahlten TV-Bildern um Material, das in einem komplexen, mit dem Ausgangsort nicht identischen Rezeptionskontext
als authentischer Wirklichkeitsausschnitt aufgenommen wird,
der es nicht ist (H. KREUZER/K. PRÜMM, 1978; N. LUHMANN,
1996). Das derart technisch und ästhetisch bearbeitete Material
erfährt durch die Sendung weitere Verarbeitungsstufen. Es wird
in einen Kontext eingebettet, zu dem etwa die Studioatmosphäre
mit ihrer Architektur, ihren Interieurs, den Bildtafeln, der Mode-
ratorin und dem Moderator gehört. All dies wird von einer Kamera aufgenommen, in deren Positionierung wiederum Vorentscheidungen wie Kameraeinstellung oder -winkel eingeflossen
sind. Die von den Moderatorinnen und Moderatoren geleistete
Präsentation der Bilder, der Text, den sie sprechen, die persönliche Ausstrahlung, die von ihnen ausgeht, verleiht ihrer Sendung
jene Wirkung, die dem jeweiligen Sendeplatz Renommée und
Dauer verschafft. Den Komplementärfaktor innerhalb dieser
Programmstruktur bildet die Werbung. Die Werbung reproduziert Inhalt und Struktur der Programmteile und weist so auf diese zurück und voraus, in einem buchstäblichen Sinn: als Werbung fürs kommende Programm. Mit ihren Dynamisierungs-
und Akzelerierungseffekten hat die Eigenbewegung der Werbespots längst dem übrigen Programm die Prägung gegeben. Das
hat zum einen mit der inzwischen erreichten Qualität der Werbespots zu tun. Sie erlaubt es, im Hinblick auf das verwendete Zei-
chenrepertoire und die bereitgestellten Bildercodes von einer
Autonomie der kommerziellen Programmteile zu sprechen. Die
dramaturgischen Beschleunigungseffekte in der Werbung schla-
gen durch bis in den Rhythmus von seriösen Nachrichtensendungen. Diese sind an der Ästhetik des permanenten Reizwech-
sels orientiert, von dem auch die Werbespots leben.

3.2 Videoclip

Seit Beginn der 60er Jahre repräsentiert der Videoclip den Versuch, innerhalb der »Splitterästhetik« (K. HICKETHIER, 1994) des Fernsehens eine genuin fernsehästhetische Form der visuellen Umsetzung von Musik zu bieten. Der Videoclip ist keine Bildreproduktion der Alltagswirklichkeit, obwohl er diese zitiert. Er ist nicht an künstlerischen Traditionen orientiert, obwohl er diese aufnimmt. Alltag und Kunst werden vielmehr so miteinander verschmolzen, dass aus ihrem Zusammenspiel ein spannungsreiches Mit- und Gegeneinander unterschiedlicher kultureller Paradigmen entsteht, das die gängigen Orientierungsmuster außer Kraft setzt. Ermöglicht wird dieses Zusammenspiel durch das Verbindungselement Musik, das – als eine Art Ferment des einzelnen Videoclips – die unterschiedlichen Bildmaterialien miteinander in Beziehung setzt, sie rhythmisiert, akzentuiert und pointiert, so dass im besten Fall ein neues, ästhetisch eigenständiges Produkt entsteht. Erst mit den fernsehtechnischen Fortschritten, die durch die Entwicklung der Elektronik erzielt wurden, hat sich das Genre von den vordergründigen Bild-Musik-Zusammenhängen seiner Anfangsjahre gelöst und eigenständige Strukturen ausgebildet. Die zunehmend sich perfektionierenden Techniken der elektronischen Bildbearbeitung und die hierdurch ermöglichten differenzierten Formen unterscheiden sich deutlich von denen der Montage in der Filmgeschichte, auch wenn sie deren Erbe im Zeitalter des TV-Kommerz angetreten haben. Der Schnitt wird nicht mehr im buchstäblichen Sinne am Material ausgeführt, sondern indirekt, da ein mechanischer Schnitt die elektronisch aufgezeichneten Bild- und Tonsignale zerstören würde (B. Gruber/M. VEDDER, 1982). Die Bildmischung bietet die Möglichkeit, mehrere Bildsignale miteinander so zu verbinden, dass ein neues Bild entsteht. Als Bildquellen kommen dabei Videobänder ebenso wie Kameras in Frage. Auch hier sind die Möglichkeiten vielfältiger als im Film, da sich in die Bildmischung unterschiedliche Videotechniken einbeziehen lassen. ›Harte‹ Schnitte, die Bilder ohne Übergang unmittelbar aneinanderfügen, sind ebenso möglich wie das ›weiche‹, differenzierte Auf-, Ab- und Überblenden, das sogenannte ›Fading‹, durch das ein vorhandenes Bild durch ein neues mit behutsamen Übergängen abgelöst wird. Weitere Möglichkeiten der Bildmischung sind:

das ›Wischen‹, mit dem ein Bild durch ein neues gleichsam weg-
geklappt wird; die Einblendung, die eine Überlagerung von Bildern erlaubt, unter anderem in Form geometrischer Figuren; das
Stanzen, das die Einblendung von Texten oder Grafiken in Bilder
erlaubt; die ›Blue Box‹, mit deren Hilfe dem Bild Hintergründe
eingefügt werden, die es ermöglichen, bestimmte Farbflächen (z.
B. blau) zu entfernen und durch andere Bilder zu ersetzen, so
dass eine Bildüberlagerung oder eine Durchdringung unterschiedlicher Bildschichten und -qualitäten entsteht.

3.3 Neue Medien

Eine qualitativ neue Stufe medienästhetischer Entwicklungen ist
mit dem Computer und dem Internet erreicht worden. Man
kann im Hinblick auf die von dem Hersteller Apple ausgehenden
visuellen Impulse, insbesondere die ›Icons‹ genannten piktogra-
phischen Befehlszeichen, von einer computergeschichtlich epochemachenden Veränderung sprechen. Alle innerhalb des Computers auszuführenden Operationen waren bis zu diesem Zeitpunkt als Befehle über Tastenkombinationen einzugeben, die
auswendig gelernt oder ausladenden Handbüchern entnommen
werden mussten. Zwar beendeten die Icons diesen Bedingungs-
zusammenhang nicht mit einem Schlag. Aber sie beseitigten eine
entscheidende Schwachstelle der Computerarbeit, indem sie jene
Prozesse, die sich als komplexe Abläufe innerhalb des Computers
vollzogen, den Benutzern als eine symbolisch komprimierte Einheit anboten. Sie übersetzten den alphanumerischen, also aus
Buchstaben und Zahlen gebildeten Code aus dem Innern des
Rechners in die symbolischen, metasprachlichen Zeichen seiner
Außenhaut. Mit den Icons ist eine graphische Benutzeroberfläche
entstanden, die auch ›Computeranalphabeten‹ den Zugang in die
digitale Welt eröffnet hat.

    Die Übersetzung der alten multifunktionalen Tastenkombi-
nationen – also beispielsweise die gleichzeitige Bedienung einer
Befehls- und einer Buchstabentaste – in ein einfaches Symbol erleichtert auch den schlichtesten Zeitgenossen den Umgang mit
dem PC. Die Stiftung einer Ordnung dürfte der Anreiz sein, der
die Programmierer, die Entwickler von Software und die Gestalter von Benutzeroberflächen neben ergonomischen Erwägungen zu ihrer Arbeit motiviert (C. SCHACHTNER, 1993).

Das Internet ist nichts weiter als eine Verknüpfung von Rechnern in globalem Maßstab, die sich zu einer gigantischen Datenbank mit vielfältigen Nutzungsmöglichkeiten erweitert hat. Was der einzelne Computer der neuen Rechnergenerationen kann – Grafiken herstellen, Fotos erzeugen, Videobilder einspielen, Animationen generieren –, das leistet auch das Internet, freilich in einer unüberschaubaren, immer weiter sich ausdehnenden Dimension. Die Einbindung des PC ins Internet multipliziert seine Ressourcen und Potenzen und erweitert die Qualitäten einer perfekten Gedächtnis- und Schreibmaschine in eine völlig neue Dimension von Speicherung, Kommunikation und Informationstransfer, schnell, offen und vielfältig. An die Stelle der Linearität der Schrift und der Bipolarität des Gesprächs sind die Knoten eines multimedialen und multifunktionalen Gewebes mit einer multilinearen und multidirektionalen Struktur getreten. Das Internet lässt die Welt zusammenwachsen, überspringt Grenzen, verschmilzt Kulturen und verbindet eine immer größere Zahl von Menschen. Es ist aufgrund seiner Speicherkapazität ein Informationsmedium, aufgrund seiner Verknüpfungsmöglichkeiten ein Kommunikationsmedium. Beide Qualitäten ergänzen einander, gelegentlich bedingen sie sich wechselseitig. Diese Eigenschaften haben ihren Ursprung im seriösen Bereich des wissenschaftlichen Austauschs, der die Anfangsjahre der Netznutzung charakterisierte. Informationelle und kommunikative Struktur sind durch die Dimension der Echtzeit, durch Themenzentrierung und durch Fragen und Antworten bestimmt. Die Kommunikation dient der Information, die Information ermöglicht Kommunikation. Insoweit weist das Internet eine transmediale Struktur auf, die es erlaubt, eine Pluralität von Zeichensystemen miteinander zu verbinden. Der kommunikative Austausch innerhalb von Nutzergruppen, Interessengemeinden oder Chat-Groups folgt einer Internet-spezifischen Ästhetik, die Gleichgesinnte anzieht, einlädt, bei Laune hält und zur Einmischung oder zum Mitspielen motiviert. Soziale Minoritäten und Randgruppen haben sich hier in besonderer Weise profiliert, weil das Internet mit seiner offenen Struktur, seiner unbegrenzten Reichweite und seiner Anonymität der Spezifik ihrer Kommunikationswünsche ersichtlich entgegenkommt. Offenbar bildet vor allem der Faktor Anonymität einen spezifischen Reiz. Soziale Daten wie Geschlecht, Alter, Rasse oder soziale Stellung und persönliche

Merkmale wie Aussehen, Intonation, Gestik oder Mimik spielen, im Unterschied zur persönlichen Begegnung, bei der Kontaktaufnahme über das Internet – zumindest zunächst – keine Rolle. Das Internet lädt deshalb zu Identitätsveränderungen ein, auch zu wiederholten Rollenwechseln, die nicht nur den Reiz des Spielerischen erhöhen, der mit den Chatforen verbunden ist, sondern auch unterschiedliche Persönlichkeitsanteile und -merkmale auszuleben erlauben (S. TURKLE, 1996). Entstanden ist auf diese Weise eine eigene kommunikative Sphäre mit besonderen Regeln und Ausdrucksformen (M. RIEKEN, 1994). Wenn im Zusammenhang des Internet von Medienästhetik gesprochen werden soll, geht es in erster Linie, wie beim Computer auch, um das Design der Benutzeroberfläche. Die Homepage ist zum Schaufenster geworden. Der potenzielle Kunde muss durch die Vielfalt des Angebots geleitet, vor das Schaufenster gelockt und dort mit Hinweisen, Informationen, Argumenten und Anregungen der unterschiedlichsten Art zum Einkauf verführt werden. Internet-Spezifik lässt sich auf Homepages dieser Art als ›Transmedialität‹ bestimmen. Hier ist jene Form des Austauschs und Übergangs von besonderem Interesse, die unterschiedliche Medien zu einem identischen Funktionszusammenhang integriert, nämlich dem der Information und Kommunikation. Die simultane, abgestimmte Nutzung verschiedener Medien wie Bild, Ton, Text, Grafik, Animation, Video, Film, Musik repräsentiert eine Ästhetik des Verweisens. Die Medien ergänzen einander im Internet, sie können ineinander übergehen oder einander ablösen.

4. Computerspiele, CD-ROM, Video- und Computerkunst

4.1 Computerspiele

Eine Nutzungsmöglichkeit des Computers, die auf ihre Weise den Abhängigkeitsgrad von seinen Leistungen und Qualitäten verdeutlichen kann, umschreibt das Stichwort ›Computerspiele‹. An ihnen zeigt sich, dass die Rechenmaschine auch als Bild-Medium fungieren kann. Auch wenn der Bildaufbau durch den Rechner relativ langsam vor sich geht, auch wenn das erzeugte Bild im Vergleich mit analogen Verfahren gelegentlich unscharf erscheint – die Bilderzeugung gehört zu den genuinen Möglichkeiten des Computers. Um diese für digitale Spiel- und Lernformen nutzbar zu machen, bedarf es freilich einer Verabschiedung linearer und hierarchischer Denk- und Vorstellungsmuster, wie sie das literarische Zeitalter in Jahrhunderten hervorgebracht hat. Es geht um Bilder, um nicht-sprachliche Symbolisierungen, um nicht-lineare Erzählverläufe, um Splitter einer Geschichte mit Abschweifungen, Umwegen, Sackgassen und Labyrinthen. Es geht um Verknüpfungen, die auch aus Einwirkungsmöglichkeiten der Spielerinnen und Spieler auf die Figuren und Konflikte der Spiele resultieren können. Es sind Phänomene einer Hybridkultur (I. SCHNEIDER, 1994), die in diesem Bereich der digitalen Welt ihren Platz haben, Multimedia-Produkte, in denen sich Farben und Formen, Töne und Texte, Sprache und Musik zu einem neuen Ganzen verbinden, dessen Teile sich fortwährend aufeinander beziehen. Entscheidend für die Umsetzung kreativer Storys und Konzepte in diesem komplexen und zeitaufwendigen Prozess (B. LANDBECK, 1997) ist die gewählte Programmiersprache. Ausschlaggebend für ein erfolgreiches Bestehen der Spielanforderungen sind Geschicklichkeit und Kombinationsfähigkeit, Gedächtnisleistung, die Koordinierung von Körperfunktionen und Einsicht in die Eigenlogik der visualisierten Handlungsverläufe (J. FRITZ, 1997). Es handelt sich um eine historisch neue Spiel-Qualität, die den Reiz dieser Spiele ausmacht und ihren Erfolg erklärt.

4.2 CD-ROM

Das gilt in vergleichbarer Weise auch für die CD-ROM (= Compact Disk Read Only Memory, wörtlich: Nur-Lese-SpeicherCD), einen Datenträger aus Silicium, der, einmal beschrieben, nicht wieder beschreibbar ist. Die CD-ROM unterscheidet sich von der Compact Disc (CD) zur Wiedergabe von Tonaufnahmen dadurch, dass sie alle computerlesbaren Daten, also optische Signale, akustische Signale, selbst Fotos und Videos und ebenso Daten von Computerprogrammen in digitalisierter Form speichern kann, die über das CD-ROM-Laufwerk eines Computers ›lesbar‹, also abspielbar sind. Die CD-ROM eignet sich gut für die reine Wiedergabe von Daten, weil sie über eine außerordentlich hohe Speicherkapazität verfügt. Nachschlagewerke, Wörterbücher, Werkausgaben und multimediale Anwendungen vielfältigster Art lassen sich speichern und als Fundus für alle denkbaren

Formen der Weiterverarbeitung nutzen. Reizvoll erscheint insbesondere die Tatsache, dass die auf diese Weise entstehenden Hybridausgaben – d. h. digital verarbeitete Versionen von Werkausgaben – sich zu Forschungszwecken nutzen lassen. Über Suchbegriffe lassen sich Materialien erschließen, über Formen der Interaktivität weitere Zugänge eröffnen und Verzweigungen verfolgen (H. SCHANZE/M. KAMMER, 1998). Originalhandschriften lassen sich abbilden, und statistische Auswertungen, etwa zum Wortgebrauch oder zur Stilkunde, können vorgenommen werden. Ganze Lehr- und Lernprogramme sind mittlerweile auf CD-ROM erhältlich, darunter Einführungen in Studienfächer, deren interaktives Design auf ein Selbst-, Ergänzungs- oder Aufbaustudium orientiert ist. Medienästhetisch entscheidend ist bei der Konzeption der CD-ROM für solche Zwecke die Instanz derjenigen, die mit den Programmen arbeiten sollen. Es geht – wie beim Bildschirm des Computers auch – um die Gestaltung einer benutzerfreundlichen Oberfläche, die zur Mitarbeit anregt und zugleich eine hohe Vermittlungsleistung bietet. Das entscheidende dramaturgische Instrument bildet in diesem Zusammenhang die Struktur des Hypertextes, der sich über ›Links‹, also im fortlaufenden Text markierte Verbindungswörter oder Suchbegriffe, erschließen lässt. Diese Hyperstruktur muss in die auf CD-ROM gespeicherten Daten bereits eingearbeitet sein, um die lernstrategischen Verknüpfungen innerhalb des Textes nutzbar zu machen. Es geht dabei um eine Ausbalancierung der unterschiedlichen Leistungen, die einerseits die Technik, andererseits die Texte kennzeichnen. Beide Qualitäten müssen miteinander so in Übereinstimmung gebracht werden, dass sie optimale Lerneffekte ermöglichen.

4.3 Video- und Computerkunst

Der Computer ist ein Rechner, der sich auch als künstlerisches Medium nutzen lässt. Er erlaubt eine Art der Bilderzeugung, die sich aus der Sukzession des Produktionsprozesses ergibt. Dieser Prozess bedeutet die Umwandlung von visuellen Impulsen in Taktzeiten des Rechners, ein Prozess, der variabel, nicht statisch ist, Veränderungsmöglichkeiten bietet, Verschiebungen und Verräumlichungen erlaubt, Farben, Bilder, Töne, Texte erzeugt, alle diese Elemente in alle anderen verwandeln und nicht zuletzt mit Hilfe des 3D-Verfahrens suggestive, sogartige Dimensionen der

Tiefe eröffnen kann. Künstler wie Bruce NAUMAN, Bill VIOLA, Nam June PAIK und Klaus von BRUCH haben sich diese Möglichkeiten bereits seit Mitte der 80er Jahre für ihre Videoproduktionen und -installationen zunutze gemacht. Der Regisseur Robert WILSON und der Komponist Phil GLASS haben sie in ihrer Ko-Produktion Einstein on the Beach für die Oper fortentwickelt. Die Versuche zur Nutzung der Digitalisierung gehen jedoch einen technischen Schritt weiter als die durch das Medium Video angeregten Arbeiten. Ihr Gegenstand stellt, im Unterschied zu analogen Verfahren, nicht etwas dar, was ist oder war. Ihr Verfahren ist keines der Re-Präsentation von Objekten. Ihr Gegenstand ist immateriell, etwas, das nicht ist. Ihr Verfahren generiert die Simulation von etwas, was sein könnte. Es hat seine Realität in seiner Virtualität. Die stets vorhandene Möglichkeit, etwas Geschaffenes zu etwas Anderem zu verändern, gehört zu ihren konstitutiven Voraussetzungen. Vorhanden sind nur Datenmengen. Erarbeitet werden müssen Codes, die aus diesen Datenmengen Programme bilden. Damit unterscheidet sich das, was der digitalen Medienkunst technologisch zur Verfügung steht, in nichts von dem, was auch Wirtschaft, Industrie oder Militär zur Verfügung haben. Was aus den Datenmengen mit Hilfe von Programmen entsteht, ist immateriell und reell zugleich, ubiquitär einsetzbar und neutral. Es lässt sich bearbeiten und umformen und den unterschiedlichsten Nutzungsmöglichkeiten zuführen. Dass der Begriff ›Kunstwerk‹ für eine solche Arbeit entweder nicht taugt oder aber einer Neuakzentuierung im Sinne einer Erweiterung bedarf, ist evident. Kategorien aus dem Arsenal der klassischen Ästhetik wie Werkcharakter, Originalität, Handwerk oder Subjekt-Objekt-Konstellation genügen im Zeitalter der audiovisuellen Medien nicht mehr. Sie erweisen sich als gänzlich unbrauchbar vor ästhetischen Produkten, die unterschiedlichste Herkunfts- und Einflussbereiche in sich verbinden (A.-M. DUGUET, 1996).

RALF SCHNELL

Literatur

W. BENJAMIN, Das Kunstwerk im Zeitalter seiner technischen Reproduzierbarkeit (1936), in: ders., Gesammelte Schriften I.2, Frankfurt a. M. 1974, S. 435–508. – E. PANOFSKY, Die Geburt des Films, ein Stück Kulturgeschichte. Versuch einer zeitgeschichtlichen Darstellung des

Lichtspiels in seinen Anfangsjahren, Würzburg/Aumühle 1940. – G. BOEHM, Studien zur Perspektivität. Philosophie und Kunst in der frühen Neuzeit, Heidelberg 1969. – H. SCHIPPERGES, Welt des Auges. Zur Theorie des Sehens und Kunst des Schauens, Freiburg u. a. 1978. – Fernsehsendungen und ihre Formen. Typologie, Geschichte und Kritik des Programms in der Bundesrepublik Deutschland, hg. von H. KREUZER/K. PRÜMM, Stuttgart 1979. – S. OETTERMANN, Das Panorama. Die Geschichte eines Massenmediums, Frankfurt a. M. 1980. – B. GRUBER/M.VEDDER, DuMont's Handbuch der Video-Praxis: Technik, Theorie und Tips, Köln 1982. – R. BARTHES, Die helle Kammer. Bemerkungen zur Photographie, Frankfurt a. M. 1985. – F. A. KITTLER, Grammophon Film Typewriter, Berlin 1986. – D. C. LINDBERG, Auge und Licht im Mittelalter: die Entwicklung der Optik von Alkindi bis Kepler, Frankfurt a. M. 1987. – K. HICKETHIER, Das ›Medium‹, die ›Medien‹ und die Medienwissenschaft, in: Ansichten einer künftigen Medienwissenschaft, hg. von R. BOHN u. a., Berlin 1988, S. 51–74. – A. LEROI-GOURHAN, Hand und Wort. Die Evolution von Sprache, Technik und Kunst, Frankfurt a. M. 1988. – N. BOLZ, Eine kurze Geschichte des Scheins, München 1991. – J. AUMONT, Projektor und Pinsel. Zum Verständnis von Malerei und Film, in: Montage/AV, 1 (1992), S. 77–89. – C. SCHACHTNER, Geistmaschine. Faszination und Provokation am Computer, Frankfurt a. M. 1993. – K. HICKETHIER, Fernsehästhetik. Kunst im Programm oder Programmkunst?, in: Film, Fernsehen, Video und die Künste. Strategien der Intermedialität, hg. von J. PAECH, Stuttgart 1994, S. 190–213. – M. RIEKEN, Kommunikation im Internet am Beispiel von Muds, Bielefeld u. a. 1994. – I. SCHNEIDER, Hybridkultur. Eine Spurensuche, in: Hybridkultur. Bildschirmmedien und Evolutionsformen der Künste, hg. von C. W. THOMSEN, Siegen 1994, S. 9–24. – B. BUSCH, Belichtete Welt. Eine Wahrnehmungsgeschichte der Fotografie, Frankfurt a. M. 1995. – J. CRARY, Techniken des Betrachters. Sehen und Moderne im 19. Jahrhundert, Dresden/Basel 1996. – A.-M. DUGUET, Führt Interaktivität zu neuen Definitionen in der Kunst?, in: Perspektiven der Medienkunst. Museumspraxis und Kunstwissenschaft antworten auf die digitale Herausforderung, hg. vom Zentrum für Kunst und Medientechnologie, Karlsruhe 1996, S. 36–41. – N. LUHMANN, Die Realität der Massenmedien, Opladen 21996. – S. TURKLE, Life on the Screen, New York 1996. – J. FRITZ, Was sind Computerspiele?, in: Handbuch Medien: Computerspiele, hg. von J. FRITZ/W. FEHR, Bonn, 1997, S. 81–86. – B. LANDBECK, Die Herstellung eines Edutainment-Titels. Von der Konzeption bis zur Auslieferung, in: Handbuch Medien: Computerspiele, hg. von J. FRITZ/W. FEHR, Bonn 1997,

S. 175–182. – Interaktive Medien und ihre Nutzer, hg. von H. SCHANZE/M. KAMMER, 3 Bde., Baden-Baden 1998–2001. – H.-G. SOEFFNER/J. RAAB, Sehtechniken. Die Medialisierung des Sehens: Schnitt und Montage als Ästhetisierungsmittel medialer Kommunikation, in: Technik und Sozialtheorie, hg. von W. RAMMERT, Frankfurt a. M./New York 1998, S. 121–148. – Konfigurationen. Zwischen Kunst und Medien, hg. von S. SCHADE/G. THOLEN, München 1999. – R. SCHNELL, Medienästhetik. Zu Geschichte und Theorie audiovisueller Wahrnehmungsformen, Stuttgart 2000.

Medienpsychologie

1. Medien und Psyche in der frühen Neuzeit – Buchdruck und Zentralperspektive

Die Erfindung des Buchdrucks mit gegossenen beweglichen Typen durch Johannes GUTENBERG im Jahre 1448 fällt in die Zeit einer anderen, medienhistorisch ebenfalls revolutionären Entdeckung: die der ›perspectiva artificialis‹. Die damit sich einbürgernde, scheinbar objektive Nachprüfbarkeit subjektiver Sehweisen nach den Richtlinien einer – richtigen oder falschen – Perspektivierung (D. J. HARAWAY, 1998, S. 37f.) findet nun im Buchdruck das kongeniale Gegenstück ihrer Verbreitung. Während sich mit der Zentralperspektive bereits eine Standardisierung der Wahrnehmung abzeichnet, wird diese psychologisch ›massenwirksam‹ erst mit einer Veröffentlichung, die das Wissen um die neuen Gesetzmäßigkeiten der Sichtbarkeit zugleich allgemein nachvollziehbar und anwendbar macht. Hier spielt der Buchdruck die Rolle jenes Mediators, der dieses Wissen durchsetzt, da er ihm reproduktionstechnisch auf ideale Weise entspricht. In diesem markanten Übergang tritt an die Stelle der Kultur einer ›Seelenlandschaft‹, die sich den Dingen erinnernd verbindet (K. BARTELS, 1990, S. 25f.), allmählich das Programm normierter Informationsverarbeitung in einer autonomen Systematik der identischen Reproduktion (M. GIESECKE, 1991, S. 636–639; ders., 1992, S. 235–237; S. J. SCHMIDT, 1998, S. 56). Dabei generiert und garantiert das unmittelbare mediale Zusammenspiel von Innovation und Transport ein Wissenssystem, welches sich psychologisch von seiner Umwelt entkoppelt, indem es sich seiner selbst experimentell versichert. Ein erster Höhepunkt dieser Tendenz zeichnet sich in der Philosophie René DESCARTES' ab, welche aus dem methodischen Zweifel ein selbstbewusstes »Cogito« (»ergo sum«) entlehnt (M. FEULING, 1991, S. 162f.; M. PERNIOLA, 1994/1999, S. 17). In diesem Sinne etabliert sich im 16. und 17. Jahrhundert eine Psychodynamik der Repräsentation als Ermächtigung des erkennenden Subjekts. Insofern sie das Konstruktive ihrer Position verdrängt, setzt sie jeder spirituellen Relation ein Programm operativer Machbarkeit (Schließung) entgegen. Dieses entwickelt sich zum Fundament einer psychischen Realität, die sich im Geltungsanspruch der Vernunft auf eine objektive sowie mechanisch

korrekte Wiedergabe zuvor exakt vermessener Gegenstände
stützt (A. KOSCHORKE, 1999, S. 360–362).

2. Mesmerismus – Entgrenzung des Ichs durch mediale Stimulation

Die Propagierung der Magnetotherapie durch Franz Anton MES-
MER löst in der zweiten Hälfte des 18. Jahrhunderts eine massive
Sensibilisierung der Gesellschaft für psychologische Phänomene
aus (U. MAHLENDORF, 1994, S. 595–600). MESMER geht in seiner
Theorie des animalen Magnetismus von einem energetischen
Fluidum aus, welches den menschlichen Organismus einerseits
belebt, andererseits eine heilsame sowie mediale – vermittelnde –
Qualität besitzt: In den Anwendungen der Magnetotherapie wird
ein psychischer Austausch zwischen Heiler und Patient angestrebt, der sich wesentlich der intersubjektiven (Über-)Mittler-
funktion des Fluidums verdankt (B. SIEGERT, 1991, S. 57). Gott-
hilf Heinrich SCHUBERT, der MESMERS Thesen um 1800 im deutschen Sprachraum popularisiert, beschreibt dies in seinem Buch
Ansichten von der Nachtseite der Naturwissenschaften in allgemeiner
Form:

> Das Geistige in uns, selbst wenn es hierin nur den körperli-
> chen Kräften des Anorganischen, z. B. dem Licht, dem Ma-
> gnetismus, der Elektricität gliche, wirkt durch keine Entfer-
> nung gehindert, auf alles Verwandte hinüber. (G. H. SCHU-
> BERT, 1808, S. 350)

Gleichzeitig sieht sich diese Emphase atmosphärisch mitempfin-
dender Zwischenmenschlichkeit einer realen Ausdifferenzierung
des Sozialen gegenüber. Jene erfolgt auf der Basis eines Ideals
umfassender Alphabetisierung und nimmt in der Vereinzelung
der Individuen bereits heutige Züge an. Gegen den psychologischen Einschnitt einer partiellen Entkoppelung sozialer Bande im
Rahmen einer bürgerlichen Bildungs- und Lesekultur werden
nun die medialen, offenen – sympathetischen – Ströme des animalen Magnetismus kompensatorisch aufgebracht. Sie stiften
scheinbar noch einmal die psychische Verbindung und Verbindlichkeit, die historisch schon unwiederbringlich verloren ist (A.
KOSCHORKE, 1999, S. 111f., 190). Dazu schließt der Mesmerismus theoretisch auch an jene seelenkundlichen Tendenzen der

Aufklärung und Empfindsamkeit an, mit denen sich unter dem
Einfluss der psychologischen Werke des Philosophen Christian
Freiherr von WOLFF sowie der Untersuchungen des menschlichen Erkenntnisvermögens durch Immanuel KANT eine Erfahrungsseelenkunde erstmals als eigenständige, empirisch verfah-
rende Wissenschaft behauptet (K. P. MORITZ, 1783/93). Obwohl
der Mesmerismus hierin auf einem experimentell-naturwissen-
schaftlichen Hintergrund beharrt, wendet er sich in seiner Idee
romantischer Ich-Entgrenzung doch ebenso gegen ein klassisches Vernunftkonzept. Indem er im »fluide universel« ein Medium ins Zentrum der Kommunikation rückt, das entscheidend
von seiner Entstofflichung oder Spiritualität her gedacht wird,
öffnet der Mesmerismus den cartesianischen Körper-Geist-
Dualismus auf eine psychologisch integrative Problematik hin.
Darin bringt er zugleich ein soziales Krisenbewusstsein zum Ausdruck, das sich als Gefühl individueller Entfremdung einer funk-
tionellen Neuordnung der Gesellschaft verdankt (A. KOSCHORKE,
1999, S. 120f.). So tritt der Perfektionierung des »Aufschreibesy-
stems« im 18. Jahrhundert (F. A. KITTLER, Aufschreibesysteme,
1985, S. 33–59) eine auf Ausgleich bedachte Belebung von Af-
fektzonen der Einbildungskraft zur Seite. Der mechanisierten
Wissensgesellschaft entspringt eine zwiespältige Konjunktur des
Imaginären, für die der Mesmerismus als medienpsychologisch
prominentes Beispiel stehen kann (P. FUCHS, 1989, S. 185f.).

3. Medium und Psychiatrie –
    Charcots photographische Klinik

Der psychiatrischen Praxis Jean-Martin CHARCOTs geht medienhistorisch die Erfindung der Photographie voraus. Sie erlaubt
zum ersten Mal die Aufnahme von Bildern, deren dokumentari-
scher Wert unmittelbar einsichtig erscheint. Davon fasziniert,
stattet CHARCOT seine Klinik, die Salpêtrière in Paris, mit einem
photographischen Dienst aus. Dieser erhält den Auftrag, CHAR-
COTs Forschungsreihen und Konsultationen mit der Kamera festzuhalten (G. DIDI-HUBERMAN, 1982/1997, S. 55–58). Dafür entwickelt der Photograph Albert LONDE (1858–1917) eine außerge-
wöhnliche Technik, welche es in der Nutzung von Kameras mit
mehreren Objektiven erlaubt, sukzessive Momentaufnahmen
herzustellen. Damit wird es möglich, medizinische Versuchsan-

ordnungen quasi filmisch zu reproduzieren (F. A. KITTLER, Romantik – Psychoanalyse – Film, 1985, S. 127). Mehr noch: »*Die photographische Platte ist die wahre Netzhaut des Gelehrten* [...]. Man kann sogar sagen, daß in vielen Fällen ein einfacher, die Augen ansprechender Abzug viel mehr erzählt als eine vollständige Beschreibung.« (A. LONDE, zit. n. G. DIDI-HUBERMAN, 1982/1997, S. 42f.) Damit akzentuiert der Photograph zugleich das Programm, dem sich auch der Psychiater verpflichtet fühlt. In diesem Sinne interessiert sich Charcot besonders für die Symptomatik der Hysterie, die als psychische Krankheit die Schulmedizin immer schon vor das eigentümliche Problem ihrer fehlenden organischen Ursache gestellt hatte. Dort versucht CHARCOT nun Abhilfe zu schaffen, insofern er beabsichtigt, mittels des Kameraobjektivs Objektivität herzustellen. Entgegen dem ärztlichen Wissen seiner Zeit möchte CHARCOT das widersprüchliche Erscheinungsbild der Hysterie, Krankheit ohne eindeutigen Grund zu sein, in ein einwandfreies klinisches Portrait überführen. Im Auge der Kamera soll sich verifizieren, was dem menschlichen Blick ansonsten entgeht (S. HENKE u. a., 1997, S. 365–367). So beginnt CHARCOT mit der photographischen Spurensuche, indem er innerhalb seiner Testreihen wiederholt hysterische Anfälle seiner Patientinnen provoziert. Erstere werden in ihren unterschiedlichen Phasen durch den Photoapparat dokumentiert, d. h. der Psychiater experimentiert mit Mensch und Maschine, um psychische Differenz medial auszuschalten und daher real einsehbar zu machen. Medienpsychologie bedeutet hier die Inanspruchnahme des Kameraobjektivs als zeugnisgebendes Interface, das geradewegs zwischen einer Symptomatik der Hysterie und dem Blickwinkel der sie beobachtenden Ärzteschaft vermittelt. Der dabei sich einstellende Zirkelschluss kehrt zu den eigenen Anfängen zurück: CHARCOT und sein Photographenteam entdecken nicht den medizinischen Krankheitskeim der Hysterie, sondern entwickeln ein technisches Verfahren zur Abbildung der Effekte einer psychischen Bruchstelle. Jedoch gibt dieses Verfahren in seiner Koppelung an ein psychiatrisches Wissenssystem keinen objektiven Eindruck wieder. Denn es ist die spezifische Ausrichtung des Kameraauges selbst, welche Realität nicht einfach neutral reproduziert, sondern ihrem Gegenstand allein gemäß dieser Ausrichtung Konturen verleiht, d. h. ihn in einer bestimmten Weise darstellt und vereinnahmt (G. DIDI-HUBERMAN,

1982/1997, S. 58–78, 197–199). Dies in Rechnung gestellt, liefert CHARCOTS photographische Klinik, die u. a. Sigmund FREUD 1885 dazu veranlasst, einige Monate an der Salpêtrière zu studieren, nur wenig glaubwürdige Beweise für die empirische Erfassung einer Seelenkrankheit. Vielmehr ist es FREUD, der zeigen wird, dass in der Hysterie eine psychische Realität ernst zu nehmen ist, die zur Erkundung ihrer Symptomatik und Disposition anderer medialer Einschübe als der fixen Einbindung in ein psychiatrisch-technisches Verbundsystem bedarf (F. A. KITTLER, Aufschreibesysteme, 1985, S. 282f.; S. FELMAN, 1987/1998, S. 164–167).

4. Freuds Entwurf – eine (Medien-)Technologie des Unbewussten?

In *Die Traumdeutung* spricht FREUD von der »Idee« einer »psychischen Lokalität«, wobei er zugleich beiseite lassen möchte, »daß der seelische Apparat, um den es sich hier handelt, uns auch als anatomisches Präparat bekannt ist«. Im Unterschied dazu geht es ihm darum, »daß wir uns das Instrument, welches den Seelenleistungen dient, vorstellen wie etwa ein zusammengesetztes Mikroskop, einen photographischen Apparat u. dgl.« (S. FREUD, 1900/1999, S. 541). Dass Freud an dieser Stelle der Versuchung ausweicht, seine Idee auch anatomisch auszuweisen und stattdessen zu technischen Analogien Zuflucht nimmt, heißt nicht, dass er Ersteres nicht doch versucht hätte. Denn fünf Jahre zuvor schreibt FREUD in kürzester Zeit ein ca. hundertseitiges Manuskript nieder, das erst 1950 unter dem (nicht von FREUD stammenden) Titel *Entwurf einer Psychologie* erscheint. In dieser Schrift – die in ihrer Entstehung wesentlich von FREUDS freundschaftlichem Kontakt zu Wilhelm FLIESS profitiert –, entwirft er das Modell eines »psychischen Apparats«. Er hat dabei die Absicht, eine »naturwissenschaftliche Psychologie zu liefern, d. h. psychische Vorgänge darzustellen als quantitativ bestimmte Zustände aufzeigbarer materieller Teile« (S. FREUD, 1950/1999, S. 387). Die so entstandene Neuronentheorie geht von einer psychischen Örtlichkeit aus, die in der Verarbeitung der sie bestimmenden Energien in diverse neuronale Systeme zerfällt. FREUD bezeichnet diese Systeme als φ (durchlässige Neuronen), ψ (undurchlässige Neuronen) und ω (Wahrnehmungsneuronen). Im Zentrum der

Theoriebildung steht dabei der Versuch einer Darstellung der Wahrnehmungsvorgänge sowie die Erklärung des Denkens und Erinnerns im Kontext einer ausgreifenden Strukturanalyse, die zudem psychische Befindlichkeiten (Angstzustände u.ä.) ergründen soll (N. HAAS, 1994, S. 59–62). Ein entscheidendes Merkmal der Idee des psychischen Apparats ist der Gedanke, dass jener in seiner Funktion als einer Verschiebung von Erregungsquantitäten dazu tendiert, diese auf »Bahnungen« zu lenken, welche durch ein ursprüngliches Befriedigungs- oder Schmerzerlebnis geprägt sind. Somit geht es für den psychischen Apparat insbesondere darum, bestimmte Eindrücke (Unlust) zu vermeiden, andere (Lust) zu privilegieren. Grundlegendes Ziel der Aktivität des ›Seeleninstruments‹ ist demnach die »Wunschbelebung« (S. FREUD, 1950/1999, S. 415). Doch sind die den Apparat in seiner Orientierung einstellenden Urerlebnisse für diesen nicht einfach wiederzufinden, weil sie in ihrer realen Existenz prekär bleiben. Da sie sich im Inneren des Neuronennetzes mit einem Erinnerungsbild verknüpfen, haben sie maßgeblich halluzinatorischen Charakter (M. WEGENER, 2000, S. 78f.): Allein als Vorstellung primärer Wunscherfüllung motivieren sie den »Wiederholungszustand der Begier« (S. FREUD, 1950/1999, S. 460). In diesem Sinne funktioniert der psychische Apparat gemäß einer Eigengesetzlichkeit, die ihre Außenwelt in einem Primärvorgang mit Wahrnehmungszeichen überzieht. In diesem Prozess zielt der Apparat auf asynchrone und flüchtige, verdichtende und verschiebende Weise auf die Besetzung des Bildes, das ursprüngliche Wahrnehmungsqualitäten verheißt. Insofern jene Attraktion allerdings überwiegend halluzinatorisch vermittelt ist, bliebe diese Suche vollkommen frustrierend, wenn ihr nicht ein stabilisierendes Element zur Seite gestellt wird. Dieses nennt FREUD Sekundärvorgang und präzisiert: »Wenn also ein Ich existiert, muß es psychische Primärvorgänge *hemmen*.« (S. FREUD, 1950/1999, S. 417–422) Das Ich kann die Primärvorgänge nicht steuern, es kann sie höchstens hemmen. Als solches hat es nur teilweisen Einfluss auf den Energiefluss im Netzwerk des psychischen Apparats, in dessen Ökonomie es als stabile Besetzung bestimmter Vorstellungen, als Aufschub oder Ablenkung interveniert. Damit kann FREUD innerhalb des Psychismus zwei Funktionsweisen unterscheiden: einerseits die unbewussten Vorgänge, welche auf der Suche nach Wahrnehmungsidentität im Grunde unabhängig verfahren, andererseits die vorbewusst-bewussten Vorgänge, welche in der Beurteilung von Wahrnehmungskomplexen danach trachten, deren mögliche Ähnlichkeit mit dem leitenden Erinnerungsbild als Identität auszuflaggen (J. LAPLANCHE/J.-B. PONTALIS, 1967/1992, S. 396–399). Doch bleibt dieser Denkvorgang an einen unverstandenen Rest verwiesen, insofern in der Erfahrung des anderen – des »Nebenmenschen« – Wunschbesetzung und Realität unheilbar auseinander klaffen (S. FREUD, 1950/1999, S. 426f.; M. WEGENER, 2000, S. 80).

Derartig auf ein Informationsmanagement zugespitzt, verliert der Ort des Seelischen sein erhabenes Pathos. Als psychischer Apparat, der zuvorderst Vermittlungsaufgaben übernimmt, erweist er sich vielmehr als ein Medium, welches zudem und hinsichtlich FREUDs naturwissenschaftlicher Intention in seiner prinzipiellen Funktion als Technologie des Unbewussten, als Arbeitsspeicher oder Gedächtnismaschine aufgefasst werden kann (F. A. KITTLER, Das Symbolische, 1989, S. 525). Doch bliebe diesbezüglich anzumerken, dass FREUD sich bald von seiner Fiktion des Neuronenmodelles distanziert. Schon in der *Traumdeutung* verlegt er die psychischen Kräfte und Leistungen in die Zwischenräume des Nervensystems, dort, wo Bahnungen und Widerstände in ein ihnen entsprechendes Korrelat übergehen, also auch eine Unterbrechung homogener Strukturen erfolgt. Von da aus lässt sich der *Entwurf* als Metapher lesen, die gerade in dem Versuch, eine Maschine des Unbewussten zu evozieren, nur um so stärker das Unmögliche ihres Vorhabens betont (J. DERRIDA, 1966/1994, S. 306–315). Doch behält FREUD ebenso basale Postulate des *Entwurfs* bei, indem er auch später noch eine Medialität des Unbewussten betont. Danach hat alles Bewusste unbewusste Vorstufen bzw. das Unbewusste gleicht dem Einzugsgebiet, dem alles Bewusstsein sich verdankt und aufruht (S. FREUD, 1900/1999, S. 617). Indem sich diese Mittlerfunktion des Unbewussten aber selbst wiederum nur medial, d. h. etwa im Traumbild oder in der »Sprechkur« artikuliert, ist jeder Versuch ihrer Freilegung einem Dilemma ausgeliefert:

> Das Unbewußte ist das eigentlich reale Psychische, uns nach seiner inneren Natur so unbekannt wie das Reale der Außenwelt, und uns durch die Daten des Bewußtseins ebenso unvollständig gegeben wie die Außenwelt durch die Angaben unserer Sinnesorgane. (S. FREUD, 1900/1999, S. 617f.)

5. Medienpsychologie und Auraverlust – das »Optisch-Unbewusste« im Kino

FREUDS Hypothese, dass das Unbewusste nicht schlichter Gegensatz zum Bewussten ist, sondern diesem als eigentliche psychische Leistung vorausgeht sowie dem Bewusstsein auf unberechenbare Art innewohnt, findet nun rasch Aufnahme in die zeitgenössische Medientheorie. Namentlich Walter BENJAMIN nutzt psychoanalytische Einsichten auch zur Spezifizierung von Medieneffekten (S. WEIGEL, 1997, S. 34–38, 44–49). Hier geht BENJAMIN in seinem einflussreichen Text *Das Kunstwerk im Zeitalter seiner technischen Reproduzierbarkeit*, der in verschiedenen Fassungen zwischen 1935 und 1939 entsteht und erst 1955 auf deutsch publiziert wird, davon aus, dass der Film »unsere Merkwelt in der Tat mit Methoden bereichert [hat], die an denen der Freudschen Theorie illustriert werden können« (W. BENJAMIN, 1955/1974, S. 498). Der Filmkamera offenbaren sich Details der Realität, die das menschliche Auge übersieht. Denn es verfügt nicht über die technischen Möglichkeiten der Zeitlupe, der Vergrößerung, des Standbilds, des Rücklaufs etc. Doch zehrt die psychologische Sonderheit des Films nicht allein von dessen avancierter Technik. Denn die Verschränkung der cineastischen Merkwelt mit einer Theorie des unbewussten Begehrens stellt gleichzeitig die Frage nach einer Psychodynamik dieser Konstellation: Im Kino erfahren wir »vom Optisch-Unbewußten [...], wie von dem Triebhaft-Unbewußten durch die Psychoanalyse« (W. BENJAMIN, 1955/1974, S. 500).

Allerdings beschäftigt sich BENJAMINs Medienpsychologie weniger mit der Abreaktion unbewusster Triebregungen im Kinosaal. Ihr Interesse konzentriert sich vielmehr zunächst auf das dortige Auftauchen einer »andere[n] Natur« (W. BENJAMIN, 1955/1974, S. 500) als Umwälzung in den Strukturen der Wahrnehmungslandschaft. Diese Andersheit verbindet BENJAMIN mit den Verhältnissen einer technischen Reproduzierbarkeit von Welt, wie sie der Fortschritt der Photographie sowie der »machtvollste Agent« dieser Tendenz – der Film – möglich macht. Auf dem Spiel steht der Zusammenbruch herkömmlicher Denk- und Wahrnehmungsmuster, die BENJAMIN in den Begriff der Aura kleidet, und die er in ihrem Schwund anhand der veränderten Einstellung des Betrachters zum Kunstwerk exemplifiziert (W.

BENJAMIN, 1955/1974, S. 475–478): War die Aufnahme des
Kunstwerks durch den Aufnehmenden vor Etablierung der Reproduktionstechnik noch wesentlich durch die atmosphärische
Kraft der Aura beeinflusst, ändert sich dies nun im technischen
Aufbruch des Gegenstandes aus der Hülle der Tradition. Jene
Hülle ist durch BENJAMIN in der Aura als »einmalige Erscheinung
einer Ferne, so nah sie sein mag« (W. BENJAMIN, 1955/1974, S.
480) definiert und indiziert in der Wahrnehmung des Kunstwerks immer auch eine unüberbrückbare Distanz, die sich zuletzt
jedoch, zumindest partiell, als Ritualfunktion entpuppt. Im Ban-
ne der Aura bleibt der Rezipient im Artefakt an ein Kultbild verwiesen, dessen Kultwert ihm eine bestimmte Sichtweise oktroy-
iert. Letztere bedeutet der *Kunstwerk*-Aufsatz im doppelten –
marxistischen wie psychologischen – Sinne des Begriffs als Fe-
tischcharakter (S. BUCK-MORSS, 1989/1993, S. 108f., 131). Als
»Fetischdiener« (W. BENJAMIN, 1955/1974, S. 481) unterliegt der
Aufnehmende zweierlei Ordnungsmächten: einerseits der einer
Aufrechterhaltung kapitalistisch gesteuerter Warenzirkulation,
andererseits dem zu diesem Konsumkult nötigen psychologischen Druck, welcher im Einsatz auratisch-verführerischer Präsenz fundiert ist (J. FÜRNKÄS, 2000, S. 116–123). Die technische
Reproduzierbarkeit durchbricht nun diese hegemoniale Situation, indem sie der fetischistischen Kalkulation die prekäre Insistenz des Optisch-Unbewussten entgegensetzt. Im Kino fußt
jene auf einer Bewusstseinserweiterung, in der sich neben einer
irritierenden Vielfalt und Prägnanz der Details auch »ganz
[U]nbekannte[s]« (W. BENJAMIN, 1955/1974, S. 500) im Bekannten mitteilt, ohne sich darin allerdings zu vereindeutigen (G.
SCHWEPPENHÄUSER, 2000, S. 395–396; S. RIEGER, 2000, S. 331).
Solche der Reproduktionstechnik eigene Surrealität aber lässt
sich nicht permanent unterdrücken. Denn sie signalisiert einen
Wendepunkt des unbewussten Begehrens, der sich diesem immer schon subversiv entzieht. An dieser Tendenz des Begehrens
zerbricht der Aurakult. Doch ist das Optisch-Unbewusste in diesem Sinne an eine dauerhafte mediale Indirektheit gekoppelt und
bewahrt darin einen Rest der auratischen Funktion (Distanzwah-
rung). Jene erweist sich auf subtile Weise als technikkompatibel,
insofern sie hier als Sensibilität für die Zwiespältigkeit technischer Verfahren, also abgetrennt von anachronistischer Sehnsucht und losgelöst von materieller Ausbeutung wiederkehrt. So

erlaubt die diskrete Aktualisierung der Aura im Optisch-Unbewussten ein Minimum an humaner Beseelung im Universum
technologischer Reproduktion. Sie kann, folgt man BENJAMIN,
die Menschen davor schützen, zu seelenlosen Automaten in einer
Maschinerie der Gewalt (Faschismus) zu werden (G. SCHWE-
RING, 1998, S. 133, 144–148).

Die medienpsychologische Relevanz des Films im *Kunstwerk*-
Aufsatz besteht somit in einer Testleistung der Zuschauer, in der
jene sich unbewusst auf die Gegenwart von Medialität einlassen.
Obwohl hierin zerstreut, sind sie jedoch nicht unaufmerksam.
Vielmehr öffnet sich ihr tradierter Blick in Richtung auf ein Op-
tisch-Unbewusstes, dessen Aktivierung, im Kinosaal beginnend,
in der Folge allgemein emanzipative Züge annimmt. Ästhetisch,
gesellschaftlich und psychologisch geht es dabei um Anderes:
»Anders vor allem dadurch, daß an die Stelle eines vom Menschen mit Bewußtsein durchwirkten Raums ein unbewußt
durchwirkter tritt.« (W. BENJAMIN, 1955/1974, S. 500) Jedoch lau-
ert hier, laut Theodor W. ADORNOs und Max HORKHEIMERs
These von der »Kulturindustrie«, die Gefahr einer »Psychotech-
nik«, in der die medial freigesetzten Effekte des Unbewussten
wiederum den Einsatz propagandistischer Verfahren provozieren
(M. HORKHEIMER/T. W. ADORNO, 1947/ 1996, S. 172f.). – Insofern BENJAMINs Untersuchung die Medialität des Films allerdings an die des Unbewussten anlehnt, gehört sie zu den Stif-
tungstexten psychoanalytischer Filminterpretation, die u. a. bei
Christian METZ ihre Fortsetzung findet (C. METZ, 1975/1994; J.
Rose, 1986/1996, S. 203–218).

6. Botschaften encodieren/decodieren –
    medienpsychologische Perspektiven

Schon während der Materialschlachten des Ersten Weltkrieges
hatte sich gezeigt, dass dort den Techniken der Nachrichtenübermittlung (Fernmeldung) eine entscheidende Bedeutung zukommt. So mussten in dieser Hinsicht nicht nur Truppen geführt
oder der Nachschub organisiert, sondern auch feindliche Bewegungen ausgespäht bzw. die Ausspähung der eigenen strategischen Operationen durch gegnerische Abhörgeräte verhindert
werden. Der militärischen Ausweitung der Nachrichtentechnik
(Telegraph, Telefon, Radio) gleicht ein Bemühen, diese in ihrer

Übertragungsfunktion gleichzeitig abzuschotten, d. h. für den Feind möglichst unzugänglich zu machen (W. KITTLER, 1990, S. 303–309; H. HIEBLER u. a., 1999, S. 926–931). Dabei zeitigt die Fortsetzung dieser Tendenz zugleich ihre Steigerung. Bereits der Zweite Weltkrieg kann als Krieg der Rechen- oder Schreibmaschinen bezeichnet werden. Denn insofern Alan M. TURINGS Forschungen zur Grundlage einer Dechiffrierung der Codes der deutschen Chiffriermaschine Enigma wurden, hatten die Alliierten einen kriegsentscheidenden Vorteil auf ihrer Seite (F. A. KITTLER, 1986, S. 364–378; ders., Die künstliche Intelligenz des Weltkrieges, 1989, S. 194–197). Somit avanciert der Nachrichtentransport zum omnipräsenten Instrument moderner Kriegführung und erfährt darin eine Zuspitzung, die in seiner medialen Logik wiederkehrt. Denn um einen militärischen Vorteil sicher zu stellen, muss Kommunikation bei aller Ausweitung ihrer Komplexität in der Chiffrierpraxis doch auf eine Essenz reduziert werden, d. h. sie unterliegt einer digitalen Rationalisierung als »binärer Maschinerie« (TURING). Jene Rationalisierung aber basiert sowohl in technischer Hinsicht als auch im übertragenen (psychologischen) Sinne auf einer manifesten Gegensätzlichkeit, in der Information auf ihren empirisch-instrumentellen Impuls hin zentriert wird.

Insofern sich die nach 1945 als Wissenschaft von der Nachrichtenübertragung etablierende Kybernetik wesentlich auf diese Errungenschaften stützt (F. A. KITTLER, 1986, S. 374), mündet sie in der Umstellung von Kommunikation auf ein digitales Zeichensystem in ein Übermittlungsmodell ein, das Claude E. SHANNON und sein Assistent Warren WEAVER 1949 in ihrem Buch *The Mathematical Theory of Communication* auf den Punkt bringen. Dort entspricht dem digitalen Code eine elementare Kommunikationsstruktur, in welcher sich Informationsproduzenten und Informationsrezipienten gemäß der zwischen ihnen zu vermittelnden Botschaft gegenüberstehen: Die auf der einen Seite (Sender) zu einem Signal encodierte Information ist auf der andere Seite (Empfänger) erneut zu decodieren. Dabei liegt der Vorteil dieses Modells in seiner strukturellen Kohärenz, der Nachteil in seiner u. a. psychologischen Eindimensionalität (P. WINTERHOFF-SPURK, 1999). Laut SHANNON und WEAVER ist die Botschaft in ihrer Versendung zwar durch eine permanente Störanfälligkeit (»noise«) gekennzeichnet, doch bleibt sie innerhalb des Modells in ihrer verbindenden Manifestation unhinterfragt: Die operationale Geschlossenheit des Axioms leitet sich von den Anforderungen einer prinzipiell anzusetzenden, kommunikativen Transparenz oder Objektivität ab (H. SCHANZE, 1974, S. 24f.; P. M. SPANGENBERG, 1995, S. 32f.). Medienpsychologisch betrachtet geht es damit um die Emergenz einer Medienrealität, die als solche wesentlich von ihrer Konsistenz als zunächst alternativlos reziprokes Verhältnis zwischen Sender und Empfänger abhängt. Sie rekurriert auf eine Wirklichkeit der Medien, die als empirisch fassbare normativ von ihrer Positivität oder Wahrscheinlichkeit her gedacht wird. Zugleich rücken die übermittelte Botschaft sowie deren Wirkungen in den Vorder-, die mögliche Instabilität – Unwahrscheinlichkeit – ihrer Übertragung in den Hintergrund. In diesem Sinne ergeben sich Medienwirkungen als emotionale oder kognitive Verhaltensweisen, die durch den Kontakt mit den Mitteln individueller oder kollektiver Kommunikation ausgelöst werden, hauptsächlich im Kreislauf eines Reiz-Reaktion-Schemas. Auf dem Plan steht eine Statistik, in der die Botschaft in ihrer empirischen Funktion über alle Hindernisse oder Zufälligkeiten der Rezeption und des Transports hinausweist (H.-B. BROSIUS, 1998, S. 225–233). Psychologische Medieneffekte, die von dieser Primärannahme eines statistisch vermessbaren Medienverbundsystems abweichen, insofern sie hier diffus bleiben oder Grenzbereiche der Kommunikation andeuten, bleiben weitgehend unberücksichtigt (P. WINTERHOFF-SPURK, 1999, S. 140). In diesem Sinne kann die empirische Medienpsychologie, die im deutschen Sprachraum zunächst unter dem Stichwort *Psychologie der Massenkommunikation* (G. MALETZKE, 1963) firmiert, vom SHANNON/WEAVERschen Übermittlungsmodell als einem Urahn der eigenen Forschungsaktivitäten sprechen, das jedoch angesichts zeitgenössisch ausgeweiteter Multimedialität (Video, Internet, Virtual Reality) zu flexibilisieren wäre (J. GROEBEL, 1997, S. 319–331; P. WINTERHOFF-SPURK, 1999, S. 10f. S. 21f.).

Eine andere Auffassung moderner Medienrealität lässt sich mit Marshall MCLUHAN bestimmen, der das Problem der Botschaft in den Medien in seinem Buch *Understanding Media* dahingehend umreißt, dass in seiner »Funktion und praktischen Anwendung das Medium die Botschaft ist« (M. MCLUHAN, 1964/1994, S. 21). Hier erscheint die Übertragungsinstanz nicht länger

als das Instrument, welches in seiner physikalischen Neutralität
allein die kommunikative Wechselseitigkeit sowie deren eigentlich sinnvollen Charakter aufrechterhält und absichert, d. h. für
den empirischen Charakter eines Sender-Empfänger-Modells
einsteht. Indem nämlich das Medium den Platz der Botschaft
einnimmt, lässt es sich über diese nicht verrechnen: Es ist selbst
schon Wirkung und nicht einfache Ursache einer solchen. Parallel dazu taucht das Problem einer Differenzierung auf, die als
Nichtanschließbarkeit medialen Geschehens über selektive Kon-
texte bzw. die Auswahlkompetenzen von Rezipienten hinausweist. In dieser Lektüre signalisiert MCLUHANs Pointierung eine
Gefährdung des Kommunikationsprozesses überhaupt, insofern
jener von der Möglichkeit seiner radikalen Unverfügbarkeit her
gedacht werden kann. So wird das Medium in seiner funktionalen Ambivalenz sichtbar. Als soziales Band ermöglicht es die sinnvolle und realitätsgerechte Aussprache oder Interpretation psychischer Leistungen und ist ebenso Zäsur, Wendung zu wieder-
holter Unterbrechung oder sogar drohender Abbruch von Verbindung. Diese Unsicherheit medialen Verkehrs ist es nun, die
sich auch seinen Sicherheiten mitteilt (N. LUHMANN, 1996, S.
11). Hiermit bringt sich eine Medienkomplexität zur Geltung,
deren psychologische Reichweite zuvorderst in einer Doppelbö-
digkeit besteht, die als solche in der Struktur der Übertragung
auch ihre Pole (Medienproduzenten/-rezipienten) affiziert. Medienpsychologisch registrierbare Effekte des Datenverkehrs entstehen somit nicht erst im empirisch vermessbaren Raum objek-
tiver Medienpräsenz, sie zeigen sich ebenfalls im Scheitern dieser
Situation, d. h. in den überschüssigen, die beidseitige Reziprozität
von Sender und Empfänger durchquerenden Mechanismen des
Nachrichtentransports: Die Botschaft als Instanz der Übertragung erweist sich im Rahmen einer Nicht-Instrumentalität ihrer
Verhältnisse (G. C. THOLEN, 1996, S. 111f.).

Aus diesem Blickwinkel insistiert medienpsychologische Geschichtsschreibung darauf, dass Medien in ihr nicht bloß als Beweis einer zuletzt kanalgerechten Informationskodierung dienen,
d. h. einer schrittweisen Fortschrittserzählung anheimfallen, die
sich unmittelbar auf die betroffenen psychischen Realitäten überträgt. Denn alternativ ließe sich die Geschichte der Medien ebenso als Abfolge von »Technopathologien« rekonstruieren, wobei
Letztere die Raster bereitstellen, die es nachträglich erlauben, den

Medienwandel in seinen unterschiedlichen Konfigurationen zu systematisieren. Gleichzeitig stehen sie dafür ein, dass diese Technikdiskussion nicht ohne den Hinweis auf ihre – medienwie psychologisch – mehrfach konnotierten Voraussetzungen auskommt (B. J. DOTZLER, 1992, S. 20): »Lassen wir sie [die Mediengeschichte] vor uns abrollen, so spüren wir eben jenen Schock des Unvertrauten bei vertrauten Dingen, der zum Verständnis des Lebens der Formen notwendig ist.« (M. MCLUHAN, 1964/1994, S. 530) In diesem Sinne bilden Technopathologien als Chronik zunächst unkalkulierbarer Einschnitte Erinnerungsspuren aus, die allererst das Motiv zu ihrer historischen Aufzeichnung hergeben. Insofern dort nämlich Medienlogik und Psychologik im Gefolge wechselnd asymmetrischer Konstellationen – Unvertrautes – aufeinander treffen, drängen sie zu ihrer übersetzenden Tradierung. Jene ist damit unweigerlich mit einem konstitutiven Rest befasst, der hier zwar als Funktion unter anderen Funktionen gilt, in seiner spezifischen Funktionalität an diesem Ort jedoch nicht aufgeht: Er bleibt unvertraut (S. ŽIŽEK, 1992, S. 138–145). Medienpsychologisch gewendet bedeutet dies eine Erweiterung der Sender-Empfänger-Konstellation, d. h. des Modells, in dem Medienpsychologie vornehmlich im Rückgriff auf kommunikative Essenzen argumentiert. Das Konzept wäre um die Annahme einer Medialität zu ergänzen, welche die prekäre Beziehung zwischen Medienrealität und psychischer Realität nicht reziprok (empirisch) vermisst, sondern indirekt ausrichtet (W. BENJAMIN, 1955/1974, S. 485).

7. Psychologik und digitale Logik – Lacans Lesart der Kybernetik

Einen anderen Ausblick auf die Entthronung selbstbewusster Psychologik im Kontext medialer Verhältnisse bietet Jacques LACANS Relektüre der FREUDschen Schriften. Dabei bemüht sich LACAN vor allem Mitte der 50er Jahre des vorigen Jahrhunderts um eine genuin strukturalistische Variante der Psychoanalyse. Hierzu schließt er nicht nur an Theorien der strukturalen Linguistik (Ferdinand de SAUSSURE) und Ethnologie (Claude LÉVI-STRAUSS), sondern auch an Erkenntnisse der Kybernetik (Norbert WIENER, SHANNON) an. Im Hinweis auf eine »relative Zeitgenossenschaft« (J. LACAN, 1978/1991, S. 373) von Psychoanalyse und Kybernetik greift Lacan auf kybernetische Beschreibungen der Methoden des Sammelns, Speicherns und Übertragens von Informationen zurück, um dort dem der »Achse« der Sprache impliziten Andrängen des Unbewussten eine prominente Rolle zuzumessen (J. LACAN, 1978/1991, S. 373, 380). Denn so wie in der kybernetischen Logik eine »Zeichenfolge« sich »immer auf eine Folge von 0 oder 1 zurückführen [läßt]« (J. LACAN, 1978/1991, S. 385), deutet sich im »Fort/Da« des Kinderspiels aus FREUDS *Jenseits des Lustprinzips* ein Grundmuster der Einschreibung des unbewussten Begehrens an (H. WINKLER, 1997, S. 292). Darin ist das Begehren in seinen Hinwendungen an die Realität wesentlich in eine Bewegung der An- und Abwesenheit eingelassen, es oszilliert zwischen jenen Polen hin und her. Mit dieser alternierenden Bewegung entspricht das Begehren dem Gesetz der von LACAN eingeführten »symbolischen Ordnung«, in welcher die Trennung des Subjekts von der mütterlichen Geborgenheit sprachlich umgesetzt und überwunden wird sowie gleichzeitig als psychologische – traumatische – Zäsur markiert bleibt (G. C. THOLEN, 1991, S. 196–199). Indem das Kind das »Fort« der Mutter symbolisch mit einem »Da« verknüpft, kann es den Mangel aussprechen und begehrend anerkennen, ohne ihn dadurch zu kompensieren: »Das mehr oder minder konfuse, zufällige Herumkriechen in der Welt der Symbole ordnet sich um die Korrelation der Absenz und der Präsenz.« (J. LACAN, 1978/1991, S. 380) Doch resultiert aus dieser Organisation des Begehrens noch keine symmetrische Relation, insofern dem begehrenden Subjekt das Medium selbst im Wege steht. LACAN vergleicht dies mit einer Türe oder einem Stromimpuls, deren Auf oder Zu bzw. An oder Aus als Effekte nicht unabhängig von der Funktion des Schalters oder der Türangeln gedacht werden können (J. LACAN, 1978/1991, S. 381–383). Jene Funktionen aber lassen sich nicht vereindeutigen, da sie sich nur indirekt, d. h. in ihren Wirkungen kundgeben. An dieser Stelle spielt LACAN auf die anderen Register seiner Theorie an: »Die Tür gehört ihrer Natur nach zur symbolischen Ordnung, und sie öffnet sich auf etwas, von dem wir nicht so recht wissen, ob's das Reale oder das Imaginäre ist, aber eines von beiden ist es.« Weil das Symbolische als Medium und Gesetz des Begehrens keine perfekte kybernetische Maschine ist, überschreitet es den Horizont von 0 und 1 in Richtung einer »Dissymmetrie zwischen der Öffnung und der Schließung« (J. LACAN, 1978/1991, S. 383), welche sich nun als Bedingung intersubjektiver Aktivität herausstellt (G. C. THOLEN, 1996, S. 111). Denn erst das Verhältnis des Begehrens zum Realen und Imaginären erlaubt eine Signifikanz des Subjekts, dessen psychische Realität sich innerhalb dieser Signifikanz nicht in Automatismen erschöpft, indem sie für Anderes offen steht. Dagegen entspräche eine Welt des Symbolischen als universale Welt der Maschine (F. A. KITTLER, *Das Symbolische*, 1989, S. 521) einer in sich geschlossenen Struktur, d. h. einem Determinismus ohne Brechung im Realen (S. 1992, S. 143f.; J.-L. BAUDRY, 1975/1994, S. 1067). In diesem Sinne betont LACAN in seinem Diskurs, dass die Kybernetik der Psychoanalyse zwar exakte Denkanstöße bezüglich einer Oszillation des Begehrens geben kann, dass sie damit aber nicht schon Wissenschaft des Begehrens ist. Denn was die Kybernetik als mathematisch-technische Theorie der Informationsübermittlung nicht erklären kann, markiert die Psychoanalyse. Dabei handelt es sich um das Moment der Verdrängung, welches das Unbewusste als ein »Begehren des Anderen« kennzeichnet und im selben Zug aus einer Logik der Rechenmaschine herausnimmt:

> Was in einer Maschine nicht rechtzeitig kommt, verfällt ganz einfach und beansprucht nichts. Beim Menschen ist das nicht dasselbe, die Skansion ist lebendig, und was nicht rechtzeitig gekommen ist, bleibt in der Schwebe. Darum handelt es sich bei der Verdrängung. (J. LACAN, 1978/1991, S. 390)

8. Artificial Life – Psychologie des Internets

Die Anfänge des Internets liegen bereits um 1960, wobei sich erst in den 80er Jahren des 20. Jahrhunderts jene hypertextuelle Struktur des weltweiten Computerverbundsystems durchsetzt, die heute gewöhnlich unter der Bezeichnung Internet figuriert (R. CAILLIAU, 1998, S. 71–75). Voraussetzung dafür ist die Verschaltung einzelner Rechner über Knotenpunkte zu einem Netzwerk, in dem die Datenübertragung rein elektronisch und in Echtzeit erfolgt. Dabei haftet dem Internet schon zu Beginn seiner Geschichte die Idee einer Gesellschaftlichkeit an, die in ihrer alternativen Existenz frei von hegemonialen Strukturen ist (R. Cailliau, 1998, S. 76). Gemäß dieser Annahme definiert die dezentrale Organisation des Internets auf quasi natürliche Weise einen herrschaftsfreien Raum (J. D. BOLTER, 1995, S. 360f.; P. LÉVY, 1995, S. 112f.; M. POSTER, 1997, S. 170), in dem sich die Identitäten seiner Einwohner grundlegend verändern (lassen): Die ›User‹ sind in ihrer Art und Weise der Benutzung der ›Datenautobahn‹ autonom, d. h. frei von den sozialen, institutionellen, ethnischen oder geschlechtlichen Schranken, welche die Welt außerhalb der Netzgesellschaft fixieren. Die Freiheit der Wahl im Internet bedeutet die praktische Freiheit der Benutzer »viele Perspektiven nacheinander einzunehmen, ohne nur einer dieser Perspektiven [...] unwiderruflich anzuhängen. Wer Internet durchstreift, braucht nie aufzuhören [...].« (J. D. BOLTER, 1995, S. 361f.) In der Folge differenziert BOLTER ein neues Paradigma elektronischer Lebensaspekte gegen eine überkommene Kultur des Buches oder Druckbuchstabens aus, die in ihrer Rigidität entscheidend von der Macht des Autors über seinen Leser geprägt ist. Gerade diese Abhängigkeit, so BOLTER, wandelt sich im Hypertext des Internet zu unmittelbarer Lesefreiheit (J. D. BOLTER, 1995, S. 366f.). Entsprechend konzentriert sich eine psychologische Beobachtung der Medienproblematik des Internets auf die Performanzen und Resultate jener uneingeschränkten (Text-)Dynamik des Umherschweifens. Sie geht darin von einer künstlichen Realität des beständigen Wandels und der Wandelbarkeit aus, in welcher die Nutzer ihre Auftritte selbstbestimmt vollziehen, d. h. eine oder mehrere virtuelle Identität(en) psychisch real und autonom ›verkörpern‹ (S. TURKLE, 1995, S. 28–31). In diesem Sinne verabschiedet das Internet die Kontingenzen der Leiblichkeit; im Zentrum der Identitätsvermessung steht eine körperlose Psyche. Jener offenbart sich der Computer als Wunschmaschine, die kompensatorisch gestattet, was jenseits des Computerbildschirms unmöglich ist. Für Sherry TURKLE erweitert sich der internetgestützte Rechner deshalb zum »evokative[n] Objekt« (S. TURKLE, 1995, S. 31), das in seiner psychologischen Brisanz doppelt kodiert ist. Denn über seine rein instrumentelle Funktion hinaus stellt der Computer im Zeichen des Internet einerseits neue Fragen zum Verhältnis von Kultur und Natur, andererseits verstärkt er die Tendenz der menschlichen Psyche, »Simulation als bare Münze« (S. TURKLE, 1995, S. 33, 160) zu nehmen. Hier zerfällt das Subjekt im virtuellen Raum des Internet, wo es die Heterogenität und vielfältigen Facetten seiner Persönlichkeit zwanglos ausleben kann. Im selben Zug renoviert es sich auf therapeutische Weise: Aufgeklärt über seine psychische Disposition und in der Lage, diese produktiv zu reflektieren, kehrt es zu sich zurück (S. TURKLE, 1995, S. 332f.). Im »Rhizom« (G. DELEUZE/F. GUATTARI, 1980, S. 12–42) des Internets erfüllt sich, laut TURKLE, die postmoderne Vision eines fragmentierten, nomadisierenden Subjekts (S. TURKLE, 1995, S. 18–26, 443f.).

Doch wird diese Diagnose radikaler Anpassbarkeit und Neu-formation der Subjekte im Rahmen allmächtiger Computersi-mulation andernorts skeptisch beurteilt. So weist Geert LOVINK von der Agentur Bilwet darauf hin, dass medienpsychologische Überlegungen dieser Art das Problem eines menschlichen Um-gangs mit Hard- und Software um das Moment der »Wetware« verkürzen (G. LOVINK, 1994, S. 226–228). Die »Wetware« – den Begriff entnimmt LOVINK einem Buch des Sci-Fi-Autors Rudy RUCKER – steht dabei für eine Restinsistenz menschlichen Versa-gens im Kosmos des Virtuellen. Als überwiegend flüssiges, unkal-kulierbares und amorphes Element drängt sich die »Wetware« zwischen die säuberlich dränierten Schaltkreise von Hard- und Software, um diese unwillkürlich zu durchkreuzen. Folglich agiert das am Computer sich psychisch autonom und physisch unabhängig wähnende Subjekt nicht frei von einer Binnendiffe-renz in seinem Universum, insofern es selbst diese Differenz wiederholt einbringt (H. WINKLER, 1997, S. 305; I. ROSENFIELD, 1998, S. 381–388). Aus dieser Perspektive zeigt sich die Netzwelt als keineswegs ›wunschgerecht‹ verfasst, und den sogenannten frei flottierenden Identitäten entspricht keine mediale Glückse-ligkeit. Stattdessen lässt sich eine Inkonsistenz der Medialität im Internet feststellen, die nicht zuletzt in einer Spaltung seines Tex-tes zu suchen wäre. Denn insofern das weltweite Computernetz z. B. in den Chatrooms, der E-Mail oder den Multi User Dunge-ons wesentlich Textherstellung ist, entkommt es auch nicht den hier immanenten Kontingenzen der Lektüre. Deren Bedingung hat Jacques DERRIDA in seiner Unterscheidung zwischen Schrift und Text skizziert, wobei er die Schrift als das problematische Element hervorhebt, das zwar für Texte konstitutiv ist, in diesen aber unbestimmt und unbestimmbar bleibt, sie also unendlich er-öffnet (J. DERRIDA, 1967/1983, S. 197, 282). Schrift in diesem Sin-ne, d. h. als allgemeine Unmöglichkeit von Texten, jemals vol-lends in Bedeutung überzugehen, unterminiert die Prämissen ei-ner freien Wählbarkeit des Sinns. Zugleich wird der lektüretechnische Impuls eines dekonstruktiven Schriftmodells hinsichtlich der emphatischen Beschreibung einer Freiheit der Wahl im Internet deutlich; er markiert die phantasmatischen Grundzüge des Konzepts: Vor dem Hintergrund der Annahme einer dekonstruktiven Schriftbewegung, die sich den Koordinaten einer Selbstpräsenz hartnäckig entzieht, lassen sich die angeblich uneingeschränkten Selbstbeschreibungen der Subjekte im »Writing Space« (J. D. BOLTER, 1991) des Internet in Frage stellen (G. SCHWERING, 1999, S. 19–24). Indem auf diese Weise die andere Realität des Internets unversehens auf ein »psychologisches Supplement« (S. TURKLE, 1995, S. 304) zusammenschrumpft, erweist Erstere sich nicht als Paralleluniversum zu den Konditionen einer äußeren Realität, sondern ist in jenen verhaftet. Umgekehrt kann die »Lektion der virtuellen Realität« auch als »Virtualisierung der ›wirklichen Realität‹« (S. ŽIŽEK, 1992, S. 146) beschrieben werden. Anhand der Verhältnisse in einer elektronischen Welt der Textvernetzung lässt sich zeigen, inwiefern bereits die Realität der sogenannten harten Fakten einer Vermittlungskultur (Sprache, Schrift) unterliegt, in der die Beziehung der Subjekte zum Realen nicht positiv bestimmt, sondern medial strukturiert ist.

GREGOR SCHWERING

Literatur

K. P. MORITZ, Magazin für Erfahrungsseelenkunde, Berlin 1783–93. – G. H. SCHUBERT, Ansichten von der Nachtseite der Naturwissenschaften, Dresden 1808. – S. FREUD, Die Traumdeutung (1900), in: ders., Gesammelte Werke, Bd. II/III, hg. von A. FREUD u. a., Frankfurt a. M. 1999. – S. FREUD, Entwurf einer Psychologie (1895/1950), in: ders., Gesammelte Werke, Nachtragsband, hg. von A. RICHARDS/I. GRUBRICH-SIMITIS, Frankfurt a. M. 1999, S. 386–477. – W. BENJAMIN, Das Kunstwerk im Zeitalter seiner technischen Reproduzierbarkeit (dritte Fassung 1939/1955), in: ders., Gesammelte Schriften, Bd. I.2, hg. von R. TIEDEMANN/H. SCHWEPPENHÄUSER, Frankfurt a. M. 1974, S. 471–508. – M. HORKHEIMER/T. W. ADORNO, Dialektik der Aufklärung (1947), Frankfurt a. M. [46]1996. – C. E. SHANNON/W. WEAVER, The Mathematical Theorie of Communication, Urbana 1949 (dt. Mathematische Grundlagen der Informationstheorie, München/Wien 1976). – G. MALETZKE, Psychologie der Massenkommunikation, Hamburg 1963. – M. MCLUHAN, Understanding Media, New

York 1964 (dt. Die Magischen Kanäle, Basel/Dresden 1994). – J. DER-
RIDA, Freud et la scène de l'écriture, in: Tel Quel 26 (1966) (dt.
Freud und der Schauplatz der Schrift, in: J. DERRIDA, Die Schrift und die
Differenz, Frankfurt a. M. 1994, S. 302–350). – J. DERRIDA, De la
grammatologie, Paris 1967 (dt. Grammatologie, Frankfurt a. M.,
1983). – J. LAPLANCHE/J.-B. PONTALIS, Vocabulaire de la Psychanalyse,
Paris 1967 (dt. Das Vokabular der Psychoanalyse, Frankfurt a. M.
1992). – H. SCHANZE, Medienkunde für Literaturwissenschaftler,
München 1974. – J.-L. BAUDRY, Le dispositif: approches métapsycho-
logiques de l'impression de réalité, in: Communications 23 (1975), S.
56–72 (dt. Das Dispositiv: Metapsychologische Betrachtungen des
Realitätseindrucks, in: Psyche 11 [1994], S. 1047–1074). – C. METZ,
Le film de fiction et son spectateur. Etude métapsychologique, in:
Communications 23 (1975), S. 108–135 (dt. Der fiktionale Film und
sein Zuschauer. Eine metapsychologische Untersuchung, in: Psyche
11 [1994], S. 1004–1045). – J. LACAN, Le séminaire de J. Lacan, livre
II. Le moi dans la théorie de Freud et dans la technique de la psychoanalyse, Paris 1978 (dt. Das Seminar II. Das Ich in der Theorie Freuds
und in der Technik der Psychoanalyse, Weinheim/Berlin 1991). – G.
DELEUZE/F. GUATTARI, Mille plateaux, Paris 1980 (dt. Tausend Pla-
teaus. Kapitalismus und Schizophrenie, Berlin 1992) – G. DIDI-
HUBERMAN (Hg.), Invention de l'hystérie. Charcot et l'Iconographie
photographique de la Salpêtrière, Paris 1982 (dt. Erfindung der Hysterie. Die photographische Klinik von J.-M. Charcot, München
1997). – S. HENKE u. a., Hysterie Das Theater der Epoche, in: G.
DIDI-HUBERMAN, Erfindung der Hysterie. Die photographische Klinik von J.-M. Charcot, München 1997), S. 359–383. – F. A. KITTLER,
Aufschreibesysteme 1800/1900, München 1985. – F. A. KITTLER, Romantik – Psychoanalyse – Film: eine Doppelgängergeschichte, in:
Eingebildete Texte. Affairen zwischen Psychoanalyse und Literaturwissenschaft, hg. von J. HÖRISCH/G. C. THOLEN, München 1985, S.
118–135. – F. A. KITTLER, Grammophon, Film, Typewriter, Berlin
1986. – J. ROSE, Sexuality in the Field of Vision, London/New York
1986 (dt. Sexualität im Feld der Anschauung, Wien 1996). – S. FEL-
MAN, What Difference Does Psychoanalysis make? or the Originality
of Freud, in: S. FELMAN, J. Lacan and the Adventure of Insight, Cambridge, Mass./London 1987, S. 53–67 (dt. Welchen Unterschied
macht die Psychoanalyse? Oder: Die Originalität Freuds, in: Eigentlich könnte alles auch anders sein, hg. von N. BINCZEK/P. ZIMMER-
MANN, Köln 1998, S. 157–175). – S. BUCK-MORSS, The Dialectics of
Seeing. W. Benjamin and the Arcades Project, Cambridge, Mass./
London 1989 (dt. Dialektik des Sehens. W. Benjamin und das Passa-

gen-Werk, Frankfurt a. M. 1993). – P. Fuchs, Blindheit und Sicht:
Vorüberlegungen zu einer Schemarevision, in: P. Fuchs/N. Luhmann, Reden und Schweigen, Frankfurt a. M. 1989, S. 178–208. – F.
A. Kittler, Das Symbolische – eine Welt der Maschine, in: Literatur
in einer industriellen Kultur, hg. von G. Grossklaus/E. Lämmert,
Stuttgart 1989, S. 521–536. – F. A. Kittler, Die künstliche Intelligenz
des Weltkrieges: A. Turing, in: Arsenale der Seele, hg. von F. A. Kitt-
ler/G. C. Tholen, München 1989, S. 187–202. – H. Sturm, Medienwirkungen – ein Produkt der Beziehungen zwischen Rezipient
und Medien, in: Empirische Medienpsychologie, hg. von J. Groe-
bel/P. Winterhoff-Spurk, München 1989, S. 33–44. – K. Bartels,
Vom Erhabenen zur Simulation. Eine Technikgeschichte der Seele,
in: Armaturen der Sinne. Literarische und technische Medien 1870
bis 1920, hg. von J. Hörisch/M. Wetzel, München 1990, S. 17–42. –
W. Kittler, Grabenkrieg – Nervenkrieg – Medienkrieg. F. Kafka und
der 1. Weltkrieg, in: Armaturen der Sinne. Literarische und technische Medien 1870 bis 1920, hg. von J. Hörisch/M. Wetzel, München 1990, S. 289–309. – J. D. Bolter, Writing Space. The Computer, Hypertext, and the History of Writing, New York 1991. – M. Feuling, Fort/Da – Psychologik und Computerlogik, in: Fragmente 35/
36 (1991), S. 153–184. – M. Giesecke, Der Buchdruck in der frühen
Neuzeit. Eine historische Fallstudie, Frankfurt a. M. 1991. – U. A.
Müller/M. Wetzel, Unterbrochene Verbindungen, Kassel 1991
(Fragmente 35/36). – B. Siegert, Gehörgänge ins Jenseits. Zur Geschichte der Einrichtung telephonischer Kommunikation in der Psychoanalyse, in: Fragmente 35/36 (1991), S. 51–69. – G. C. Tholen,
Platzverweis. Unmögliche Zwischenspiele von Mensch und Maschine, in: Fragmente 35/36 (1991), S. 185–200. – B. J. Dotzler, Technopathologien. Stichworte zum Stichwort, in: Technopathologien, hg.
von B. J. Dotzler, München 1992, S. 7–25. – M. Giesecke, Sinnen-
wandel, Sprachwandel, Kulturwandel. Studien zur Vorgeschichte der
Informationsgesellschaft, Frankfurt a. M. 1992. – S. Žižek, Von der
virtuellen Realität zur Virtualisierung der Realität, in: Zur Rechtfertigung der hypothetischen Natur der Kunst und der Nicht-Identität in
der Objektwelt, hg. von R. Fleck, Köln 1992, S. 137–147. – N. Haas,
Freuds »Entwurf« – ein Schreibspiel, in: Im Zug der Schrift, hg. von
N. Haas u. a., München 1994, S. 59–74. – G. Lovink, Hardware,
Wetware, Software, in: Computer als Medium, hg. von N. Bolz u. a.,
München 1994, S. 223–230. – U. Mahlendorf, Die Psychologie der
Romantik, in: Romantik-Handbuch, hg. von H. Schanze, Stuttgart
1994, S. 590–604. – M. Perniola, Il Sex appeal dell'inorganico, Turin
1994 (dt. Der Sex-Appeal des Anorganischen, Wien 1999). – J. D.

BOLTER, Schuld und Verantwortung in einer vernetzten Kultur, in: Das Böse, hg. von der Kunst- und Ausstellungshalle der BRD, Göttingen 1995, S. 358–373. – P. LÉVY, L'intelligence collective. Pour une anthropologie du cyberspace, Paris 1995 (dt. Die kollektive Intelligenz. Eine Anthropologie des Cyberspace, Mannheim 1997). – P. M. SPANGENBERG, Mediengeschichte – Medientheorie, in: Literaturwissenschaft, hg. von J. FOHRMANN/H. MÜLLER, München 1995, S. 31–76. – S. TURKLE, Life on the Screen, New York 1995 (dt. Leben im Netz. Identität in Zeiten des Internet, Reinbek bei Hamburg 1999). – N. LUHMANN, Die Realität der Massenmedien, Opladen 21996. – G. C. THOLEN, Medium ohne Botschaft. Aspekte einer nicht-instrumentellen Medientheorie, in: Nummer 4/5 (1996), S. 102–112. – J. GROEBEL, Medienpsychologie und Medienzukunft, in: Massenkommunikation. Ergebnisse und Perspektiven, hg. von H. FÜNFGELD/C. MAST, Opladen 1997, S. 319–331. – M. POSTER, Elektronische Identitäten und Demokratie, in: Mythos Internet, hg. von S. MÜNKER/A. ROESLER, Frankfurt a. M. 1997, S. 147–170. – S. WEIGEL, Entstellte Ähnlichkeit. Benjamins theoretische Schreibweise, Frankfurt a. M. 1997. – H. WINKLER, Docuverse. Zur Medientheorie der Computer, München 1997. – S. ŽIŽEK, Die Pest der Phantasmen. Die Effizienz des Phantasmatischen in den neuen Medien, Wien 1997. – H.-B. BROSIUS, Informationsrezeption – gestern, heute, morgen, in: Medienrezeption seit 1945. Forschungsbilanz und Forschungsperspektiven, hg. von W. KLINGLER u. a., Baden-Baden 1998. – R. CAILLIAU, Zur Technikgeschichte des Internet. Stichworte eines Surf-Pioniers, in: Internet und Politik. Von der Zuschauer- zur Beteiligungsdemokratie, hg. von C. LEGGEWIE/C. MAAR, Köln 1998, S. 70–81. – W. FAULSTICH, Medienpsychologie, in: Grundwissen Medien, hg. von W. FAULSTICH, München 1998, S. 77–84. – D. J. HARAWAY, Das virtuelle Spekulum in der neuen Weltordnung; Fötus, in: Nummer 7 (1998), S. 30–45. – I. ROSENFIELD, Internet – die körperlose Psyche, in: Internet und Politik. Von der Zuschauer- zur Beteiligungsdemokratie, hg. von C. LEGGEWIE/C. MAAR, Köln 1998, S. 381–388. – S. J. SCHMIDT, Medien: Die Koppelung von Kommunikation und Kognition, in: Medien, Computer, Realität. Wirklichkeitsvorstellungen und Neue Medien, hg. von S. KRÄMER, Frankfurt a. M. 1998, S. 55–72. – G. SCHWERING, Benjamin – Lacan; vom Diskurs des Anderen, Wien 1998. – G. STANITZEK, Autorität im Hypertext: »Der Kommentar ist die Grundform der Texte« (Alexander Kluge), in: Internationales Archiv für Sozialgeschichte der deutschen Literatur 2 (1998), S. 1–46. – U. HICK, Geschichte der optischen Medien, München 1999. – H. HIEBLER u. a., Übertragungsmedien, in: Große Medienchronik, hg.

von H. H. HIEBEL u. a., München 1999, S. 783–1027. – A. KOSCHOR-
KE, Körperströme und Schriftverkehr. Mediologie des 18. Jahrhun-
derts, München 1999. – G. SCHWERING, Schrift im Netz? Mediengeschichte und Dekonstruktion, in: MUK 131 (1999), S. 4–27. – J.
VOGL, Technologien des Unbewußten. Einleitung, in: Kursbuch
Medienkultur. Die maßgeblichen Theorien von Brecht bis Baudril-
lard, hg. von L. ENGELL u. a., Stuttgart 1999, S. 372–376. – P. WINTER-
HOFF-SPURK, Medienpsychologie: eine Einführung, Stuttgart u. a.
1999. – J. FÜRNKÄS, Aura, in: Benjamins Begriffe, Bd. I, hg. von M.
OPITZ/E. WIZISLA, Frankfurt a. M. 2000, S. 95–146. – S. RIEGER, Eide-
tik. Ein psychologisches Bildkonzept zwischen Gedächtniskunst, Li-
teratur und technischen Medien, in: DVjs 2 (2000), S. 305–332. – G.
SCHWEPPENHÄUSER, Bildkraft, prismatische Arbeit und ideologische
Spiegelwelten. Medienästhetik und Photographie bei W. Benjamin,
in: Weimarer Beiträge 3 (2000), S. 390–408. – M. WEGENER, Freuds
Experiment. Zu Wahrnehmung, Wirklichkeit und Wunsch beim frühen Freud, in: Die Philosophin 21 (2000), S. 65–83.

Mediensoziologie

Ende des 20., Anfang des 21. Jahrhunderts konzentrierten sich aus eurozentrischer Perspektive vor allem vier soziologische und kulturwissenschaftliche Forschungsrichtungen auf Medienentwicklungen: (1) Die Zivilisationstheorie und Symboltheorie in der Tradition von Norbert ELIAS; (2) die Kritische Theorie zur Kulturindustrie und zum Strukturwandel der Öffentlichkeit, als deren internationale Weiterentwicklung die Cultural Studies angesehen werden können, die aber stärker sozialhistorische und kommunikationswissenschaftliche Erkenntnisse integrieren; (3) seit der zweiten Hälfte des 20. Jahrhunderts gewannen sozialwissenschaftliche Theorien der Massenkommunikation an Bedeutung; (4) Ende des 20. Jahrhunderts wurden soziologische Theorien zur Entwicklung eines neuen Gesellschaftstyps, einer Kommunikationsgesellschaft im Informationszeitalter erarbeitet. Die hier ausgewählten vier Forschungsrichtungen entwickelten sich über mehrere Jahrzehnte hinweg und sind für die Weiterentwicklung von mediensoziologischen Theorien in der ersten Hälfte des 21. Jahrhunderts zu beachten (s. hierzu: www. trinity.edu/~mkearl/commun.html).

1. Zivilisations- und Symboltheorie

ELIAS konzentrierte sich in *Über den Prozeß der Zivilisation* (1939) auf längerfristige, mehrere Jahrhunderte umfassende Interdependenzen von Staatenbildungsprozessen, Verhaltensstandards und Persönlichkeitsstrukturen. Diese drei Entwicklungen sah er insgesamt als Ausdruck menschlicher Verflechtungszusammenhänge (Figurationen). Die Entwicklung der Verhaltensstandards und Persönlichkeitsstrukturen las er hierbei aus den Etikettebüchern vom 15. bis zum 20. Jahrhundert ab. Er interpretierte diese sowohl als Beobachtungen der »Wandlungen des Verhaltens in den weltlichen Oberschichten des Abendlandes« (N. ELIAS, 1939, Bd. 1) als auch als Verhaltensmodelle. Obwohl ELIAS keine einfache allgemeine Verbreitung dieser Verhaltensmodelle über die gesamte Gesellschaft hinweg annahm, führte die Orientierung am Genre der Etikettebücher und der in Druckmedien linear argumentativ vorgetragenen Beobachtungen und Normierungen zu einer

Begrenzung auf bestimmte soziale Schichten und die historische
Epoche der Vorherrschaft der Druckmedien.

Wurden in der Zivilisationstheorie Etikettebücher noch als
Verhaltensbeobachter und kulturelle Indikatoren interpretiert,
entwickelte ELIAS gegen Ende seines Lebens eine eigene »Symboltheorie « (zuerst veröffentlicht 1989 in *Theory, Culture and Society*, als Buch 1991), die vor allem die folgenden Aspekte betont:
Im Zusammenspiel der Erfüllung unterschiedlicher Elementarfunktionen (N. ELIAS, 1983) – der materiellen Versorgung, der
Gewaltkontrolle, der Produktion, Wahrung und Weitergabe von
Orientierungsmitteln und von Selbstkontrolle für die jeweils
neugeborenen Angehörigen einer Gruppe durch die Älteren –
spielte die Entwicklung wirklichkeitsgerechterer Orientierungsmittel in langfristigen generationenübergreifenden Lernprozes-
sen eine wichtige Rolle. Durch die Kombination der Interpretation ganz unterschiedlicher Medien als Kommunikations- und
Orientierungsmittel, die die räumlich-zeitliche Grundorientie-
rung der Menschen um eine symbolische ergänzen, wurden
menschliche Vorstellungen, Orientierungsmuster, Verhaltensmodelle und gesamtgesellschaftliche Entwicklungen kontinuierlich aufeinander bezogen.

Für neuere Entwicklungen der Fernsehkultur konstatierte
Ben BACHMAIR 1996 (S. 339): »Das Konglomerat von Text, Ästhetik, Fetisch, Sinn mausert sich zu einem der Wirklichkeitsker-
ne unseres Alltagslebens.« Denn im Unterschied zu ELIAS' Beobachtung oft physisch durchgesetzter Zwänge haben Telekommu-
nikationsmittel seit Ende des 20. Jahrhunderts die Möglichkeiten
der Wahrnehmung und Überwachung auf Distanz neuartig verstärkt. Elektronische Überwachungsmittel in Unternehmen und
an öffentlichen Plätzen beschleunigten ökonomisch, staatlich
und religiös induzierte Kontrollen. Massenmedial verbreitete
und nicht direkt aufgezwungene Wissensbestände fördern »häufig wiederholte Handlungen, oft benutzte Argumentationen, immer wieder beobachtete Gefühlsausdrücke« und

    verfestigen sich zu Denk-, Gefühls- und Verhaltensmustern,
    die als Modelle für eigenes Handeln aufgefasst werden. Da
    jedes Mitglied der Gesellschaft eine Vorstellung davon hat,
    was die anderen Mitglieder wissen könnten, braucht ein Teil
    der Wissensbasis nicht explizit gemacht zu werden, und es

bilden sich Selbstverständlichkeiten heraus, die nur in Ausnahmefällen hinterfragt werden. (U. WERNER, 1999, S. 103)

Die Persönlichkeitsveränderungen, die mit einer zunehmenden und intensiveren Nutzung von Bildschirmmedien – zur Information und Unterhaltung am Arbeitsplatz und in der Freizeit – einhergehen, sind unter verschiedenen Gesichtspunkten zu differenzieren. Jan van DIJK (1999, S. 216–219) unterscheidet vier Haupttypen von Persönlichkeitsstrukturen: (1) Eine rigide oder formalistische Persönlichkeit, die von Mitmenschen ähnliche Verhaltensweisen erwartet, wie sie in der technischen Medienkommunikation vorherrschen; (2) eine computerisierte Persönlichkeit, die ihre Mitmenschen und sich selbst vorrangig in Bezug auf den Umgang mit dem Computer vergleicht und bewertet; (3) unsoziale Persönlichkeitstypen, die Computer und andere Medien als sicheren Ersatz für direkte zwischenmenschliche Kommunikation und Gemeinschaft sehen; (4) multiple Persönlichkeiten, die Multimedianetze als erweiterte Erlebnisräume für ganz unterschiedliche Rollen und Identitäten nutzen.

Die zunehmende Multimediatisierung menschlicher Kommunikation muss deshalb weiterhin im Kontext fortwirkender traditioneller Medien interpretiert werden. Unter zivilisationstheoretischen Perspektiven bietet hierfür Jochen HÖRISCHS Hauptwerk (1992, 1998, 1999) zahlreiche Einsichten. Denn seine dreibändige Geschichte ontosemiologischer Leitmedien aus der Perspektive europäischer Literatur hebt die unauflösliche Koppelung dieser Leitmedien an menschliche Verhaltensmodelle in einem »intersubjektiv verbindlichen Geltungsrahmen« hervor.

> Das im Hinblick auf Fragen der unsichtbaren Fundierungs-Macht heute zeitdiagnostisch auffallende ist nun aber, dass die audiovisuellen Massenmedien, die in den letzten Jahrzehnten (neben Geld) zu Leitmedien avancierten, die überlieferte Trennung von sichtbar und unsichtbar überwunden haben. [...] Das z. Z. neueste Leitmedium schaltet auf tautologische Sichtbarkeit um. (J. HÖRISCH, 1999, S. 238f.)

Was hat die Selbstbeobachtung moderner Gesellschaften mit Zivilisationsprozessen zu tun? Wie vor allem die Forschung von Siegfried FREY (1999) zeigt, fand ein Umbruch hin zu eher affektuellen, kurzfristig an Äußerlichkeiten orientierten Eindrücken

statt. In diesem Sinne wurde der (von Max WEBER beschriebene)
Prozess der wertrational geprägten Zweckrationalisierung in der
zweiten Hälfte des 20. Jahrhunderts massenmedial teilweise um-
geleitet. Die Denationalisierung und Multimodernisierung moderner Gesellschaften (vgl. M. ZÜRN, 1998; M. BEISHEIM u. a.,
1999; S. N. EISENSTADT, 1999; P. LUDES, 2001), die kaum zentrale
Steuerungsinstitutionen erlaubt, vielmehr die Vernetzung unterschiedlicher Organisationsformen, Kommunikationssituationen
und sozialer Kompetenzen organisiert, lässt vermuten, dass unter
den Elementarfunktionen gesellschaftlicher Entwicklungen die
Etablierung, Verbreitung und Nutzung von Orientierungsmitteln für umfassendere Gruppierungen an Bedeutung gewinnt.
Die in den USA im Vergleich zu Europa beachtlich schwächere
staatliche Zentralinstanz verbindet sich mit flexibleren, unterschiedlichen Verhaltensstandards, die stärker situationsbezogen
prägten und flexiblere Persönlichkeiten forderten und fordern
(vgl. J. ARDITI, 1999, S. 42). Derartige Verhaltensmodellierungen
gewinnen mit den Denationalisierungsprozessen auch in der Europäischen Union an Bedeutung. Die von ELIAS hervorgehobene
Verhaltensstandardisierung durch Ängste, Fremdkontrolle und
Selbstkontrolle wird vor allem auch dadurch transformiert, dass
sich Mehrheiten moderner Gesellschaften – obwohl (technisch
kontrolliert) stärker beobachtet als je zuvor – nicht unbedingt in
erster Linie als beobachtet und fremdkontrolliert, sondern selbst
als Beobachter (mit einer Fernbedienung) erleben. Die Umbrüche des Beobachtungsmodus von der Beschreibung (und der
phantasievollen Vorstellung) zu massenmedialen, alltäglichen,
audiovisuellen, berichtenden oder fiktionalen Beobachtungen
oder expliziten Verhaltensmodellierungen, vor allem in der Werbung (vgl. R. KLOEPFER/H. LANDBECK, 1991; S. J. SCHMIDT/B.
SPIESS, 1997), beschleunigten und intensivierten die von Elias interpretierten Zusammenhänge medialer Beschreibungen
menschlicher Verhaltensweisen und der Selbstbeobachtung
durch Individuen und kleinere, persönlich interagierende Gruppierungen. Hierzu kommt der epochale Trend des Anstiegs der
über das Auge aufgenommenen Informationen:

> Wie die Natur nun in höherem Maße als früher zur Quelle
> einer durch das Auge vermittelten Lust wird, so werden auch
> die Menschen nun für einander in höherem Maße zur Quel-
> le einer Augenlust oder umgekehrt auch zur Quelle einer

durch das Auge vermittelten Unlust, zu Erregern von Pein-
lichkeitsgefühlen verschiedenen Grades. Die unmittelbare
Angst, die der Mensch den Menschen bereitet, hat abgenommen, und im Verhältnis zu ihr steigt nun die durch Auge und
Über-Ich vermittelte, die innere Angst. (N. ELIAS, 1939/
1976, Bd. 2, S. 407)

Diese bereits vor mehr als sechs Jahrzehnten von ELIAS hervorgehobene Dimension des langfristigen Prozesses der Zivilisation
wurde durch die zunehmende Dominanz audiovisueller Massenmedien seit der zweiten Hälfte des 20. Jahrhunderts verstärkt.
Insbesondere die zunehmende Installation von Video-Überwa-
chungskameras auf Straßen und öffentlichen Plätzen (in Großbritannien oder der Bundesrepublik Anfang des 21. Jahrhunderts
je mehr als 400 000) führt zu einer neuen Verknüpfung von Beobachtung und Kontrolle, Ähnliches gilt für die Überwachung von
Arbeitsplätzen. Eine neue Form der Abhängigkeit von automati-
scher Video-Überwachung verstärkt sich bei der Materialkon-
trolle, z. B. in Kernreaktoren. Simulationsräume bzw. CAVES gewinnen für immer mehr Berufe (beim Militär, in der Pilotenaus-
bildung und in der Medizin) an Bedeutung.
    Die Transformation von (Selbst-)Beobachtungsstandards,
ihre Ausdehnung, Beschleunigung, Verdichtung, elektronische
Audiovisualisierung und Professionalisierung, verstärkt insgesamt Denationalisierungsprozesse. Der Bedeutungsverlust traditioneller Staatsaufgaben und -kompetenzen (wie die Sicherung
wohlfahrtsstaatlicher Regelungen und hierdurch geforderte
Loyalität) und die Ausweitung von Märkten erfordert entsprechend vielfältigere Verhaltensmodellierungen, die zugleich flexi-
bler eingeübt werden. Diese Prozesse der Selbstbeobachtung und
Verhaltensstandardisierung, der Denationalisierung und verstärkten Marktorientierung bzw. -abhängigkeit verlaufen nicht
›naturwüchsig‹ in wechselseitiger Ergänzung. In generationen-
übergreifender zivilisationstheoretischer Perspektive lässt sich
zwar schlussfolgern, dass z. B. in dem neuen Gesellschaftstyp einer vernetzten Europäischen Währungsunion gemeinsame
Orientierungsmittel und Verhaltensmodelle vorherrschen. Die
Zusammenhänge von Medienbeobachtungen, Gesellschafts-,
Verhaltens- und Persönlichkeitsentwicklungen sind aber in neu-
artigen Forschungsdesigns zu erfassen und zu interpretieren.

Diese müssen sowohl interkulturelle Vergleiche durchführen als auch transkulturelle Gemeinsamkeiten herausarbeiten. Hierbei kann es nicht um totale Umbrüche, sondern um je spezifisch zu erfassende Balanceverschiebungen von Medienbeobachtungen, Verhaltensmodellierungen, kulturellen und gesamtgesellschaftlichen Entwicklungen gehen.

2. Kritische Theorie, Strukturwandel der Öffentlichkeit und Cultural Studies

Während der Zeit ihres Exils in den USA setzten sich Theodor W. ADORNO und Max HORKHEIMER nicht nur mit der Entwicklung des Faschismus in Deutschland und Europa auseinander, sondern zunehmend mit der Massenkultur in den USA. In ihrem Buch *Dialektik der Aufklärung* (1942–44 geschrieben, 1947 Erstveröffentlichung) konzentrierten sich auf die »Kulturindustrie«. Denn die industriell produzierten Kulturwaren folgten ihrer Auffassung nach (in Anknüpfung an Bertolt BRECHT) dem Prinzip ihrer Verwertung, nicht aber eigenständigen künstlerischen Gestaltungsprinzipien. Das Profitmotiv wurde auf die »geistigen Gebilde« übertragen, Kulturwaren wurden auf ihre Massenwirkung hin durchkalkuliert. Die Waren selbst und die Konsumenten sollten möglichst standardisiert werden, ihre Ich-Schwächen ausgebeutet werden (M. HORKHEIMER/T. W. ADORNO, 1947/1971; T. W. ADORNO, 1967).

Gegenüber diesen skeptischen Diagnosen zur Massenkultur und Kulturindustrie, die auch in ADORNOs *Prolog zum Fernsehen* (1963) medienspezifisch pointiert wurden, entwickelte Jürgen HABERMAS , als wichtigster Gesellschaftstheoretiker in der Tradition und Überwindung der Kritischen Theorie, eine historisch fundierte Geschichtsphilosophie und Soziologie des Strukturwandels der bürgerlichen Öffentlichkeit, ihrer sozialen Strukturen, politischen Funktionen, Idee und Ideologie. HABERMAS unterscheidet Typen repräsentativer und bürgerlicher Öffentlichkeit, Institutionen der Öffentlichkeit, ihr Verhältnis zu Familie bzw. Privatheit und Politik, untersucht den »Modellfall der englischen Entwicklung« und die »kontinentalen Varianten« des Strukturwandels der Öffentlichkeit. Ähnlich wie ADORNO konstatiert er für die Entwicklung seit Ende des 18. Jahrhunderts einen Verfall kulturräsonierender Öffentlichkeit hin zu einem kulturkonsumierenden Publikum: Massenkultur vermittle regredierende Erfahrungen (J. HABERMAS, 1962).

Mediensoziologisch einflussreich wurden u. a. HABERMAS' Interpretationen zur Entwicklung der Tagespresse:

> Die Integration der einst getrennten Bereiche von Publizistik und Literatur, nämlich Information und Räsonnement auf der einen, Belletristik auf der anderen Seite, bringt eine eigentümliche Realitätsverschiebung, geradezu eine Verschlingung verschiedener Realitätsebenen zustande. (J. HABERMAS, 1962, S. 260)

Funk, Film und Fernsehen reduzierten die Distanz, die Leser noch zu gedruckten Buchstaben einhalten mussten. Die »Mündigkeit«, selbst zu sprechen und zu widersprechen, werde usurpiert, die Massenmedien erzeugten Scheinöffentlichkeiten (J. HABERMAS, 1962, S. 260ff.) »Die Öffentlichkeit übernimmt die Funktion der Werbung. Je mehr sie als Medium politischer und ökonomischer Beeinflussung eingesetzt werden kann, um so unpolitischer wird sie im ganzen und dem Schein nach privatisiert.« (J. HABERMAS, 1962, S. 267) Konsens werde über Public Relations und Werbung industriell hergestellt und habe »mit öffentlicher Meinung, mit der endlichen Einstimmigkeit eines langwierigen Prozesses wechselseitiger Aufklärung im Ernst nicht viel gemeinsam« (J. HABERMAS, 1962, S. 291). Der Staat müsse ebenfalls seine Bürger wie Verbraucher ansprechen, gezielte Meinungslenkung werde professionalisiert, Öffentlichkeit werde zum Hof, »vor dessen Publikum sich Prestige entfalten lässt – statt in ihm Kritik« (J. HABERMAS, 1962, S. 299).

Bereits 1962 konstatierte HABERMAS auch, parlamentarische Verhandlungen würden in der erweiterten Öffentlichkeit »selbst zur Show stilisiert. Publizität verliert ihre kritische Funktion zugunsten der demonstrativen; noch die Argumente werden in Symbole verkehrt, auf die nicht wiederum mit Argumenten, sondern nur mit Identifikationen geantwortet werden kann.« (J. HABERMAS, 1962, S. 307) Der »Streit einer kritischen Publizität mit der zu manipulativen Zwecken bloß veranstalteten« sei aber weiterhin offen (J. HABERMAS, 1962, S. 342), eine Auffassung, die HABERMAS in seinem Vorwort zum Taschenbuch von 1990 in Bezug auf die Rolle des Fernsehens weiterentwickelte. Er akzeptiert, in Reaktion auf kritische historische Abhandlungen zu seinem

Werk, die Vielfalt unterschiedlicher Öffentlichkeiten und Publika, die Verschränkung hegemonialer und plebejischer Öffentlichkeiten. Auch habe er den »patriarchalischen Charakter der
Öffentlichkeit« unterschätzt (J. HABERMAS, 1990, S. 18). Gegenüber allen Verkürzungen auf Öffentlichkeitstheorien betont er,
der Strukturwandel der Öffentlichkeit sei »eingebettet in die
Transformation von Staat und Ökonomie« (J. HABERMAS, 1990,
S. 21). Er habe den »kritikfördernden, kulturell mobilisierenden
Einfluss der formalen, insbesondere der sich ausweitenden sekundären Schulbildung« unterschätzt, ebenso wie Chancen eines
»veränderten Publikumsverhaltens« (J. HABERMAS, 1990, S. 29).
Erst die Forschungsrichtung der Cultural Studies habe beachtliche Ergebnisse zum »kulturellen Kontext der Rezeption« vorgelegt (J. HABERMAS, 1990, S. 31). Politische Öffentlichkeiten konstituierten sich durch »die kommunikative Erzeugung legitimer
Macht einerseits und andererseits die manipulative Inanspruchnahme der Medienmacht zur Beschaffung von Massenloyalität«
(J. HABERMAS, 1990, S. 45). Vieles spreche dafür, dass »das demokratische Potential einer Öffentlichkeit, deren Infrastruktur von
den wachsenden Selektionszwängen der elektronischen Massenkommunikation geprägt ist, ambivalent« sei (J. HABERMAS, 1990,
S. 49).

   Diese Ambivalenz wird in HABERMAS' späteren Untersuchungen zur Entstehung einer europäischen Öffentlichkeit aufgehoben: »Bevor eine Gesellschaft politisch auf sich selbst einwirken kann, muss sich ein Teilsystem ausdifferenzieren, das auf kollektiv bindende Entscheidungen spezialisiert ist.« Die Trennung
des Staates von der Gesellschaft erfordert allerdings eine Selbst-
bestimmung der Öffentlichkeit, die sich als solche (innerhalb eines begrenzten Territoriums) wahrnehmen und mobilisieren
kann (J. HABERMAS, 1998, S. 97–99). Berücksichtigt man, »daß in
den europäischen Staaten des 19. Jahrhunderts Nationalbewußt-
sein und staatsbürgerliche Solidarität erst allmählich, mit Hilfe
von nationaler Geschichtsschreibung, Massenkommunikation
und Wehrpflicht *erzeugt* worden sind«, bestehe kein Grund zum
Defätismus gegenüber der Entwicklung einer europäischen Öffentlichkeit (J. HABERMAS, Der europäische Nationalstaat, 1999,
S. 435). Denn »eine Verfassung und ein europäisches Parteiensy-
stem kann man wollen. Vereine, Initiativen und Bürgerbewegun-
gen, die über nationale Grenzen hinweggreifen, eine europaweite

Bürgergesellschaft könnte sich dann entwickeln, wenn die Bildung einer europäischen Öffentlichkeit gelänge.« (J. HABERMAS, Es gibt Alternativen!, 1999, S. 54) Öffentlichkeit erscheint hier wiederum als unerlässliche Voraussetzung für demokratische Meinungsbildung und Entscheidungsfindung, für solidarische Vernetzung und Kontrollchancen gegenüber Markt und Macht, Ökonomie und staatlichen Institutionen. Die Zusammenhänge zwischen Internet und Öffentlichkeit sowie konkretere Chancen der Entstehung einer europäischen Öffentlichkeit bzw. medienspezifischer Teilöffentlichkeiten erforderten deshalb eigene Untersuchungen (vgl. z. B. W. FAULSTICH/K. HICKETHIER, 2000, bes. Teil III).

Die Cultural Studies , die sich zunächst vor allem in Birmingham in Großbritannien entwickelten, führten über die in Deutschland etablierten Ansätze der Kritischen Theorie hinaus. Es wurden neue Forschungsgebiete erschlossen durch die Verbindung von kultur- und mediensoziologischen Fragestellungen, mit einem explizit kritischen Erkenntnisinteresse. Am Center for Contemporary Cultural Studies wurden unter anderem die Entwicklung der lokalen Presse, Volkslieder und populäre Musik, Fiktionsebenen und häusliche Kunst, Popmusik, Jugendkultur und Sport untersucht. Die Konzentration auf lokale, alltäglich-häusliche bzw. »volkstümliche« Themen führte zu einer Überwindung traditioneller Verständnisse von »Massenkultur« als Ausdruck einer manipulierten, passiven Bevölkerung (R. BROMLEY u. a., 1999). Raymond WILLIAMS entwickelte in seinem Buch *Culture and Society 1780–1950* (1958) einen nicht-elitären Begriff von Kultur: Er integrierte ökonomische, soziale und politische Aspekte. Ihm schien, der Bereich der Kultur decke eher einen Sprachraum als den Herrschaftsraum einer Klasse. Edward P. THOMPSON betonte demgegenüber in *Die Entstehung der englischen Arbeiterklasse* (1963) die ungleichen politischen, ökonomischen und sozialen Lebensbedingungen der englischen Arbeiterklasse und die sich hieraus ergebenden grundsätzlichen Konflikte zwischen den Lebensweisen unterschiedlicher Klassen; er lehnte deshalb das Verständnis von Kultur als »gesamter Lebensweise« ab. Stuart HALL wurde 1968 Direktor des Center for Contemporary Cultural Studies in Birmingham. Er betonte die Wechselbeziehungen zwischen technischer Infrastruktur, Produktionsverhältnissen, Wissensrahmen, Bedeutungsstrukturen, die codiert

und decodiert werden müssen, und einem kulturellen Programm
als sinntragendem Diskurs.

Über diese klassischen, marxistisch und alltagskultur-orien-
tierten Arbeiten der Cultural Studies führten stark medienwissenschaftlich orientierte Arbeiten seit Ende der 80er, Anfang der
90er Jahre des 20. Jahrhunderts hinaus. So betonte John FISKE , in
der Populärkultur gehe es nicht nur um Herrschafts- und Unter-
ordnungsbeziehungen, sondern gerade auch um die Wider-
stands- oder Vermeidungsstrategien der Beherrschten (J. FISKE,
1989). Ien ANG betonte 1990 die Entwicklung eines transnationa-
len Mediensystems und die Veränderung von Medienrezeption
hin zu Medienkonsum. Kritisch gegenüber früheren Auffassun-
gen von Vertretern der Cultural Studies betonte sie, dass Formen
des kulturellen Widerstandes nicht nur Wege zur Lösung, sondern auch zur Kapitulation beschrieben. Sie bedeuteten nicht nur
Vergnügen, sondern ebenso Schmerz, Wut, Enttäuschung oder
Verzweiflung.

Gegenüber der HABERMASschen Untersuchung des Strukturwandels der Öffentlichkeit unterschätzten Vertreter der Cultural Studies aber die Vereinnahmung emanzipatorischer Bewegungen durch Populärkultur und Werbung. Besonders krass ist
diese systematische Unterschätzung bei FISKE (1989), der eine
»erhebliche Freiheit [...] in der kulturellen Ökonomie« behaupte-
te (weil hier viele Waren kostenlos seien – das war nur scheinbar
noch vor der Verbreitung von Pay-TV) und gar feststellte: »Natürlich gehört diese Freiheit zu aller Populärkunst, nicht allein
zum Fernsehen« (J. FISKE, 1989, dt. 1999, S. 238f.). Die Unterschätzung der »Kulturindustrie-Faktoren« bzw. der politischen
Ökonomie durch die Cultural Studies wurde in einem eigenen
Sammelband (M. FERGUSON/P. GOLDING, 1997) systematisch
diskutiert. Auch differenziertere Forschungsmethoden zur Verbindung medien- und kulturwissenschaftlicher Analysen wurden
von David DEACON u. a. (1999) vorgelegt.

In seiner Antrittsvorlesung am Departement of Cultural Studies and Sociology der University of Birmingham hob der neue
Dekan, Frank WEBSTER, im Jahre 2000 die Verbindungen zwischen Soziologie und Cultural Studies hervor. Jugend, Rasse,
ethnische Zugehörigkeit bzw. multiethnische Gesellschaft und
Gender waren in den letzten Jahrzehnten des 20. Jahrhunderts zu
wichtigen Untersuchungsbereichen avanciert. Die Soziologie

habe zwar versucht, durch Forderungen an methodische Exakt-
heit »polizeigeschützte Grenzen« gegenüber den Cultural Studies
zu errichten, das Überwinden dieser Grenzen sei aber eine er-
folgversprechende Herausforderung an soziologische Untersuchungen, die medienwissenschaftliche Analysen und Kulturstu-
dien verknüpfen mit dem von vornherein interdisziplinären Ansatz der Cultural Studies. Derart würden beide Forschungsrichtungen zu einem wesentlichen Bestandteil der Menschenwissen-
schaften des 21. Jahrhunderts.

Zusätzlich und in Konkurrenz zu diesen makrosoziologisch
und gesellschaftstheoretisch ebenso wie gesellschaftskritisch
orientierten Ansätzen der Kritischen Theorie, der HABERMAS-
schen Öffentlichkeitstheorie und der Cultural Studies etablierte
sich in der zweiten Hälfte des 20. Jahrhunderts in allen Industriegesellschaften eine eigene akademische Disziplin der empi-
risch-sozialwissenschaftlich orientierten Massenkommunikationsforschung. Ihre Ergebnisse wurden und werden in einer
mediensoziologisch reflektierten Systemtheorie integriert.

3. Theorien der Massenmedien

Denis McQUAIL (1983/1994/2000) entwickelte einen differenzierten Bezugsrahmen für Massenkommunikationstheorien. Er
integrierte vor allem US-amerikanische und westeuropäische
Forschungserträge und Kommunikationsmodelle und hob für
die 90er Jahre des 20. Jahrhunderts die folgenden vier wichtigsten
gesellschaftlichen Veränderungen hervor: (1) wirtschaftliche, politische, militärische, ökologische Internationalisierung, (2) die
schnellere und umfassendere Verbreitung von Informationen
(siehe auch H. S. DORDICK/G. WANG, 1993), (3) das Entstehen einer postmodernen Kultur ohne allgemein verbindliche Werte
und (4) Individualisierung.

Der Nürnberger Politik- und Publizistikwissenschaftler
Winfried SCHULZ (1993) betonte wiederum vier andere »epochale Trends«: technischer Wandel, System-Expansion, Privatisierung und Internationalisierung, die sich wechselseitig beeinflussen. Versucht man, Kommunikationsentwicklungen und gesamtgesellschaftliche Entwicklungen im Zusammenhang zu verstehen, wie es in einer makrotheoretisch orientierten Mediensoziologie geschieht, reicht eine Reduzierung auf diese Trends aller-

dings nicht aus. Differenziertere Untersuchungen zu »Medienle-
bensstilen zwischen Informationselite und Unterhaltungsproletariat« legte Hubert EICHMANN (2000) vor. Er konnte, unter Einsatz der Erkenntnisse über zehn soziale Milieus der SI-
NUS-Studien, differenziert Zusammenhänge zwischen konser-
vativ-technokratischem Milieu (10%), kleinbürgerlichem Milieu
(15%), traditionellem Arbeitermilieu (5%), modernem bürgerlichen Milieu (6 %), aufstiegsorientiertem Milieu (18 %), tradi-
tionslosem Arbeitermilieu (11%), liberal-intellektuellem Milieu
(10%), postmodernem Milieu (5%), modernem Arbeitnehmer-
milieu (7 %) und hedonistischem Milieu (11%) und Medienle-
bensstilen erfassen. So konnte ein Anstieg an Wissensungleichheiten durch die differenzielle Nutzung von Printmedien, Fernsehen, Computer und Internet empirisch nachgewiesen werden,
ebenso, »dass mit der Diffusion neuer Medien- und Kommunikationstechnologien Verschärfungen bestehender sozialer Dispa-
ritäten einhergehen« (H. EICHMANN, 2000, S. 359).

Eine Weiterentwicklung der Mediensoziologie besteht also
darin, Sozialstrukturanalysen, Soziale-Milieu-Studien, Lebens-
stilanalysen, eher wissenssoziologisch orientierte Untersuchungen zu Mentalitäten, Verhaltensmodellen, Gefühlsmustern und
der Entwicklung sozialer Ungleichheiten und Machtbalancen zu
verbinden. In diesem Sinne tendiert eine erkenntnisfördernde
Mediensoziologie zu ihrer Aufhebung in interdisziplinären Studien (vgl. bereits früh E. FELDMANN, 1972; siehe auch die
entsprechenden Kapitel in A. GIDDENS, 1999, vor allem Kap. 14;
K. FELDMANN, 2000, vor allem Kap. 10.4; G. W. OESTERDIEK-
HOFF, 2000, Kap. 2.3, 5.3). Einen detaillierteren Überblick über
Theorien der mittleren Reichweite einer empirisch orientierten
Mediensoziologie bieten Klaus NEUMANN-BRAUN und Stefan
MÜLLER-DOOHM (2000).

Systemtheoretisch vertieft wurden Massenkommunikations-
forschungen vor allem in Niklas LUHMANNs Die Realität der
Massenmedien (1996). LUHMANN veröffentlichte seit den 60er
Jahren des 20. Jahrhunderts zahlreiche Aufsätze zu Prozessen der
Kommunikation und ihrer Funktion für allgemeinere soziale
Prozesse. Denn nur wenig von dem, was in modernen Gesellschaften als Wissen behandelt werde, verdanke sich der Wissenschaft. Das meiste werde durch Massenmedien produziert und
reproduziert (N. LUHMANN, 1996, S. 178). Sein Buch Die Realität

der Massenmedien begann er, diese These zuspitzend: »Was wir über unsere Gesellschaft, ja über die Welt, in der wir leben, wissen, wissen wir durch die Massenmedien.« (N. LUHMANN, 1996, S. 9) Unter Massenmedien verstand er »alle Einrichtungen der Gesellschaft, [...] die sich zur Verbreitung von Kommunikation technischer Mittel der Vervielfältigung bedienen« (N. LUHMANN, 1996, S. 10). Entscheidend sei, dass keine Interaktion unter Anwesenden, zwischen Sendern und Empfängern stattfinden könne (N. LUHMANN, 1996, S. 11), eine Definition, die Internet-Kommunikation, wegen ihrer potenziellen Interaktion (die meist auch unter einem Prozent der Gesamtnutzung liegt) von traditionellen Massenmedien unterscheidet (vgl. M. BERGHAUS, 1999). Transmedial hätten sich vor allem drei »Programmbereiche« entwickelt: Nachrichten und Berichte, Werbung, Unterhaltung. Diese vermittelten je unterschiedlich soziale Realitäten, insgesamt dienten sie aber der Stabilisierung eines Verhältnisses von Redundanz und Varietät in der Alltagskultur. Ihre Differenzierung zeichne Formen nach, »in denen die moderne Gesellschaft individuelle Motivlagen für Kommunikation verfügbar« mache (N. LUHMANN, 1996, S. 130).

Eine fortgeschrittenere Ausformulierung seiner Medientheorie legte LUHMANN 1997 in seinem zweibändigen Werk *Die Gesellschaft der Gesellschaft* vor. Er unterschied erneut Verbreitungsmedien und Erfolgsmedien. »Verbreitungsmedien bestimmen und erweitern den Empfängerkreis einer Kommunikation« (N. LUHMANN, 1997, S. 202). Erfolgsmedien leisten demgegenüber

eine neuartige Verknüpfung von Konditionierung und Motivation. Sie stellen die Kommunikation in jeweils ihrem Medienbereich, zum Beispiel in der Geldwirtschaft oder dem Machtgebrauch in politischen Ämtern, auf bestimmte Bedingungen ein, die die Chancen der Annahme auch im Falle ›unbequemer‹ Kommunikationen erhöhen. So gibt man eigene Güter her oder leistet Dienste, wenn (und nur wenn) dafür bezahlt wird. [...] Mit Hilfe der Institutionalisierung symbolisch generalisierter Kommunikationsmedien kann also die Schwelle der Nichtakzeptanz von Kommunikation, die sehr naheliegt, wenn die Kommunikation über den Bereich der Interaktion unter Anwesenden hinausgreift, hinausgeschoben werden. (N. LUHMANN, 1997, S. 203f.)

Und – gegen HABERMAS' Diskurstheorie (vor allem von 1981) gewendet – es sei illusorisch, Konsens oder gar Beeinfluss-barkeit durch direkte Interaktion, durch Dialoge,»durch Verstän-digungsversuche unter erreichbaren Partnern in eine rationale Form « zu bringen (N. LUHMANN, 1997, S. 826). Deshalb seien Kommunikationstheorie, Evolutionstheorie und die Theorie der funktionalen Ausdifferenzierung von Teilsystemen konstitutive Teile einer angemessenen Theorie der »Gesellschaft der Gesell-schaft«.

Mediensoziologie kann nur über den jeweiligen Stand allge-meiner soziologischer Forschung und allgemeiner medienwis-senschaftlicher Forschung hinausführen, wenn sie die empirische Erforschung von Medienkommunikationsentwicklung kontinu-ierlich als Forum, Faktor und Teilprozess gesamtgesellschaftli-cher Entwicklungen, vor allem kultureller Entwicklungen inter-pretiert. LUHMANN (1997, S. 111ff.) resümiert, die Neuen Me-dien des 20. Jahrhunderts hätten die weltweiten Kommunika-tionsmöglichkeiten beträchtlich erweitert und damit die Diskre-panz zwischen möglicher und aktueller Kommunikation bzw. das Selektionsproblem der Auswahl und Anschlussfähigkeit von Kommunikation verschärft. Denn das Zusammenwirken aller Kommunikationsmedien, also der Sprache, der Verbreitungsme-dien und der symbolisch generalisierten Kommunikationsme-dien bzw. Erfolgsmedien konstituiere bzw. Kondensiere

das, was man mit einem Gesamtausdruck *Kultur* nennen könnte. Kondensierung soll dabei heissen, dass der jeweils benutzte Sinn durch Wiederbenutzung in verschiedenen Si-tuationen einerseits derselbe bleibt [...], sich aber anderer-seits konfirmiert und dabei mit Bedeutungen anreichert, die nicht mehr auf eine Formel gebracht werden können. (N. LUHMANN, 1997, S. 409)

Damit deutet LUHMANN in eine Richtung (s. auch N. WERBER, 2000), die vor allem Richard MÜNCH, Manuel CASTELLS und die Vertreter einer Medienkulturwissenschaft in den 90er Jahren ge-gangen sind, nämlich die kultur- und mediensoziologische Erfor-schung von Medienkulturen und Globalisierungsprozessen.

4. Medienkulturen und Globalisierung

1995 begann MÜNCH seine Diagnose der *Dynamik der Kommuni-kationsgesellschaft* mit der Feststellung, Kommunikation sei der »Motor« der unablässigen Modernisierung der Gesellschaft. Unter Auswertung empirischer Daten für verschiedene Medien, ökonomische Entwicklungen und Einstellungsänderungen aus der Bundesrepublik Deutschland, aus Frankreich, Großbritannien und den USA, beschreibt er differenziert, wie moderne Kommunikationsgesellschaften »durch eine ständige Vermehrung, Beschleunigung, Verdichtung und Globalisierung der Kommunikation« gekennzeichnet sind (R. MÜNCH, 1995, S. 77, Kap. II und Anhang: Tab. 3–5). In kritischer Abgrenzung zu LUHMANN sieht er Medientheorie nicht als »Teil einer Systemtheorie, sondern Teil einer umfassend konzipierten Handlungstheorie« (R. Münch, 1998, S. 146).

> Arbeitsteilung, Finanz- und Arbeitsmärkte, Kommunikationsnetze, Bilder- und Datenströme ziehen uns in ein globales System hinein, ohne dass im gleichen Maße die soziale Integration fortschreitet. Die soziale Integration der Nationalstaaten erodiert, die zwischenstaatliche, supranationale und weltgesellschaftliche Integration wächst nicht in gleichem Tempo nach. (R. MÜNCH, 1998, S. 17)

Er hebt vor allem die normativen und integrativen Erfordernisse moderner Gesellschaften hervor, die ebenso durch Grundrechte wie durch massenmediale Kommunikationsangebote und Verhaltensmodelle institutionalisiert würden.

In seiner dreibändigen Untersuchung des Informationszeitalters, der Veränderung von Wirtschaft, Gesellschaft und Kultur durch die Entstehung einer vernetzten Gesellschaft, klärt CASTELLS (1996, 1997, 1998) die wechselseitigen Abhängigkeiten technischer, ökonomischer und politischer Entwicklungen. Vor allem im Bereich der Informationstechnologien würden die materiellen Grundlagen der Gesellschaft (und der Kommunikation – vgl. H. U. GUMBRECHT/K.-L. PFEIFFER, 1988) gestaltet. Aber informations- und kommunikationstechnologische Innovationen seien keine isolierten Entwicklungen. Sie begründeten oder reflektierten vielmehr (heute vorrangig wissenschaftliche) Erkenntnisse, je besondere institutionelle und industrielle Umgebungen, die Verfügbarkeit der Fähigkeiten, technische Probleme zu definieren und zu lösen, die Wirtschaftsmentalität, technologische Innovationen und Anwendungen kosteneffizienter zu gestalten und eine Vernetzung von Produzenten und Konsumenten bzw. Nutzern und Nutzerinnen, die ihre je spezifischen Erfahrungen kommunizieren und wechselseitig daraus lernen (M. CASTELLS, 1996, S. 37).

Zusätzlich zu den bereits genannten Faktoren sei für die weitere Entwicklung hin zur massenmedialen Bedeutung neuer Informationstechnologien im Silicon Valley auch die Nähe der Hollywood-Studios förderlich gewesen, die zum Beispiel neue Computeranimationstechnologien strategisch weiterentwickelten. Staatliche Subventionen für militärische Forschung, Innovationsmilieus zum Beispiel an der Stanford University, Venture-Kapital und multikulturell geprägte Offenheit für Neues förderten dort, aber auch in annähernd ähnlich strategischen Regionen in verschiedenen Teilen der Welt, wie Süd-Paris oder São Paulo-Campinas, die konzentrierte Synergie von Markt, Macht und Medien zur Beschleunigung informations- und kommunikationstechnologischer Innovationen. Vor allem die audio-visuellen Medien prägten die symbolischen Stimuli zeitgenössischer Kultur, das Fernsehen rahme die Sprache sozialer Kommunikation. Im letzten Band seiner Trilogie resümiert CASTELLS (1998, Kap. 2), der Aufstieg der Informationsgesellschaften sei Ende des 20. Jahrhunderts eng verbunden mit der Verstärkung von Ungleichheiten und dem Ausschluss großer Bevölkerungsgruppierungen. Die zunehmende soziale Exklusion führe zu einer Zunahme »perverser Integration«, krimineller Aktivitäten auf einer neuen Ebene des Kapitalismus im Informationszeitalter. Die Regulierung und die Freisetzung von Marktkräften prägten gerade die Entwicklung elektronischer Verbreitungsmedien und digitaler Informationstechnologien. Der Ausschluss weiter Teile der Weltbevölkerung von den potenziellen Vorteilen der durch Multimedianetze vorwärts getriebenen Modernisierung steigere sich zu Diskriminierungen und Ausbeutungen, die teilweise über extreme Leidensformen des frühen Kapitalismus im 19. Jahrhundert hinausgingen: Kinderarbeit, sexuelle Ausbeutung und die Entstehung einer »Vierten Welt« in der »Ersten Welt«. Fast jedes Land weltweit, fast jede Stadt kenne heute mehr oder weniger große Menschengruppierungen, die ökonomisch, sozial, kultu-

rell von bisher selbstverständlichen Lebensverhältnissen ausgeschlossen würden: innerstädtische Ghettos in den USA, spanische Enklaven der Massenarbeitslosigkeit Jugendlicher, französische Vorstädte mit einem hohen Anteil von Nordafrikanern ....
Diese »Vierte Welt« werde bevölkert von Wohnungslosen, Ge-
fängnisentlassenen, Prostituierten, Kriminellen, den Opfern bru-
taler Gewalttaten, Kranken und Analphabeten. Die neue Stufe
globaler Kriminalität werde durch den Kontrollverlust demokra-
tischer Staaten gefördert. In unterhaltsamen Spielfilmen und Serien würden erfolgreiche Kriminelle zu Rollenvorbildern für An-
gehörige junger Generationen, in Ergänzung zu den gerade beschriebenen sozialen Exklusionen. Die in den letzten Jahrzehnten des 20. Jahrhunderts beobachtbare relative Verschlechterung
der Lebensverhältnisse der Mehrheit der Bevölkerungen moderner Wohlfahrtsgesellschaften und der Länder der sogenannten
»Dritten Welt« werde durch massenmediale Unterhaltung überspielt. In diesem Sinne seien die audiovisuellen Massenmedien
nicht nur Indikatoren gesellschaftlicher Veränderungen, nicht
nur Triebkraft globaler Kapitalisierung; vielmehr breiteten Spielfilme, Fernsehprogramme, World-Wide-Web-Angebote teilweise auch einen Schleier der Unterhaltung über sich verschlech-
ternde Lebensverhältnisse (vgl. insgesamt P. LUDES, 1998, Kap.
6.4, 8.4–8.6).

Die in der Kritischen Theorie von HORKHEIMER und ADOR-
NO bereits in den 40er Jahren des 20. Jahrhunderts konstatierte
Transformation von Kunst in Waren wurde in der Erklärung von
Seattle des Information Society Forum der Europäischen Kom-
mission im November 1999 ebenso bestätigt wie aus wirtschaftli-
chen Gründen kritisiert:

> Eine Informationsgesellschaft, in der die Kultur auf den Sta-
> tus einer Ware reduziert wird, die nach reinen Marktkriterien
> vermarktet wird, könnte die Form einer Gesellschaft anneh-
> men [...], in der die kulturelle Vielfalt soweit verloren geht,
> dass die Innovation gelähmt wird. Eine solche verarmte Kul-
> turwelt wird weder in wirtschaftlicher noch in einer anderen
> Hinsicht funktionieren und ist eindeutig nicht nachhaltig.
> (Forum Information Society, 1999)

Der freie Austausch von Informationen bilde das Wesen von Demokratie; nur so könnten sich Menschen auf gemeinsame Werte

einigen und aktiv am kulturellen Leben teilnehmen – eine Forderung, die an HABERMAS' Idealtyp einer funktionierenden bürgerlichen Öffentlichkeit erinnert.

Über diese Verbindung soziologischer, medien- und kommunikationswissenschaftlicher Forschung hinaus entwickelte sich in der Bundesrepublik außerhalb der Mediensoziologie eine eigene Forschungsrichtung der Medienkulturwissenschaft, in der wichtige Erkenntnisse der Mediensoziologie in umfassendere Synthesen von Kognitionswissenschaft, Evolutionstheorien, Kultur- und Medientheorien integriert werden. Maßgeblich hierfür sind vor allem die Arbeiten von Siegfried J. SCHMIDT (1994, 2000; ebenso S. J. SCHMIDT/G. ZURSTIEGE, 2000).

Mediensoziologie wird sich in Westeuropa und Nordamerika in den nächsten Jahrzehnten in verschiedenen Kombinationen und Richtungen weiterentwickeln: als spezielle Soziologie, mit einer Konzentration auf die empirische Erforschung technischer Verbreitungsmedien und deren Funktion für kulturelle und gesamtgesellschaftliche Entwicklungen; als kaum herauslösbarer Bestandteil zivilisationstheoretischer Erforschungen längerfristiger sozialer Prozesse; als integraler Bestandteil weiterentwickelter Cultural Studies, die sowohl Fragestellungen der Politischen Ökonomie als auch methodologisch erprobte Verfahren der empirischen Sozialforschung nutzen und als wichtiges Element der Kombination von Globalisierungstheorien mit der Untersuchung von Medienkulturen.

Die hier vorgestellten klassischen und aktuellen mediensoziologischen/kulturwissenschaftlichen Forschungsrichtungen berücksichtigen stärker als Theorien mittlerer Reichweite gesamtgesellschaftliche Entwicklungen; diese werden in konkreten Einzelstudien aber immer wieder rückgebunden an die historisch-systematische empirische Erforschung der Entwicklung von Medien in kulturellen und gesamtgesellschaftlichen Kontexten: Medien als Beobachter und potenzielles Modell weiter verbreiteter Verhaltensweisen, die Wahrnehmungen transformieren. Sie konstituieren zudem ein kulturelles Gedächtnis, das erst die Anschlussfähigkeit von Kommunikationen erlaubt. In diesem Sinne sind die hier ausgewählten vier Richtungen (zumindest aus der Vogelperspektive) Teile eines gemeinsamen Wegenetzes.

PETER LUDES

Literatur

N. ELIAS, Über den Prozeß der Zivilisation. Soziogenetische und psychogenetische Untersuchungen. Bd. 1: Wandlungen des Verhaltens in den weltlichen Oberschichten des Abendlandes. Bd. 2: Wandlungen der Gesellschaft. Entwurf zu einer Theorie der Zivilisation, Basel 1939, Frankfurt a. M. ³1976. – T. W. ADORNO/M. HORKHEIMER, Dialektik der Aufklärung, Amsterdam 1947, Frankfurt a. M. 1971. – R. WILLIAMS, Culture and Society 1780–1950, Harmondsworth 1958. – J. HABERMAS, Strukturwandel der Öffentlichkeit. Untersuchungen zu einer Kategorie der bürgerlichen Gesellschaft. Mit einem Vorwort zur Neuauflage 1990, Neuwied a.Rh. 1962, Frankfurt a. M. 1990. – T. W. ADORNO, Prolog zum Fernsehen, in: ders., Eingriffe. Neun kritische Modelle, Frankfurt a. M. 1963, S. 69–80. – E. P. THOMPSON, Die Entstehung der englischen Arbeiterklasse, Frankfurt a. M. 1963. – T. W. ADORNO, Résumé über Kulturindustrie, in: ders., Ohne Leitbild. Parva Aesthetica, Frankfurt a. M. 1967, S. 60–70. – E. FELDMANN, Theorie der Massenmedien. Eine Einführung in die Medien- und Kommunikationswissenschaft, München u.a. 1972. – N. ELIAS, Über den Rückzug der Soziologen auf die Gegenwart, in: Kölner Zs. für Soziologie und Sozialpsychologie 35 (1983), S. 29–40. – D. McQUAIL, Mass Communication Theory. An Introduction, London u.a. 1983, ³1994, ⁴2000. – Materialität der Kommunikation, hg. H. U. GUMBRECHT/K.-L. PFEIFFER, Frankfurt a. M. 1988. – N. ELIAS, The Symbol Theory, London u. a. ²1991. – J. FISKE, Moments of Television: Neither the text nor the audience, in: Remote Control. Television, Audiences, and Cultural Power, hg. von E. SEITER u. a., London 1989, S. 56–77 (dt.: Augenblicke des Fernsehens, in: Kursbuch Medienkultur, hg. von C. PIAS u. a., Stuttgart 1999, S. 234–254.) – R. KLOEPFER/H. LANDBECK, Ästhetik der Werbung. Der Fernsehspot in Europa als Symptom neuer Macht, Frankfurt a. M. 1991. – J. HÖRISCH, Brot und Wein – Die Poesie des Abendmahls, Frankfurt a. M. 1992. – I. ANG, Culture and Communication. Towards an Ethnographic Critique of Media Consumption in the Transnational Media System, in: European Journal of Communication 5 (1990), S. 239–260. – H. S. DORDICK/G. WANG, The Information Society, Newbury Park, Calif. u. a., 1993. – W. SCHULZ, Die Transformation des Mediensystems in den Achtzigern, in: Rundfunk im Wandel, hg. von A. KUTSCH, Berlin 1993. – S. J. SCHMIDT, Kognitive Autonomie und soziale Orientierung. Konstruktivistische Bemerkungen zum Zusammenhang von Kognition, Kommunikation, Medien und Kultur, Frankfurt a. M. 1994. – R. MÜNCH, Dynamik der Kommunikationsgesellschaft, Frankfurt a. M. 1995. – B. Bachmair, Fernsehkultur. Subjektivität in einer Welt bewegter Bilder, Opladen 1996. – M. Castells, The Information Age. Economy, Society and Culture. Volume I: The Rise of the Network Society, Massachusetts/Oxford 1996; Volume II: The Power of Identity, Massachusetts/Oxford 1997; Volume III: End of Millennium, Massachusetts/Oxford 1998. – N. Luhmann, Die Realität der Massenmedien, Opladen 1996. – Cultural Studies in Question, hg. von M. Ferguson/P. Golding, London u. a. 1997. – N. Luhmann, Die Gesellschaft der Gesellschaft, Frankfurt a. M. 1997. – S. J. Schmidt/B. Spiess, Die Kommerzialisierung der Kommunikation. Fernsehwerbung und sozialer Wandel 1956–1989, Frankfurt a.M. 1997. – J. Habermas, Die postnationale Konstellation. Politische Essays, Frankfurt a. M. 1998. – J. Hörisch, Kopf oder Zahl – Die Poesie des Geldes, Frankfurt a.M. 1998. – P. Ludes, Einführung in die Medienwissenschaft. Entwicklungen und Theorien, Berlin 1998. – R. Münch, Globale Dynamik, lokale Lebenswelten. Der schwierige Weg in die Weltgesellschaft, Frankfurt a.M. 1998. – M. Zürn, Regieren jenseits des Nationalstaates. Globalisierung und Denationalisierung als Chance, Frankfurt a. M. 1998. – J. Arditi, Etiquette Books, Discourse and the Deployment of an Order of Things, in: Theory, Culture & Society 16 (1999), 4, S. 25–48. – M. Beisheim u. a., Im Zeitalter der Globalisierung? Thesen und Daten zur gesellschaftlichen und politischen Denationalisierung, Baden-Baden 1999. – M. Berghaus, Wie Massenmedien wirken. Ein Modell zur Systematisierung, in: Rundfunk und Fernsehen 47 (1999), S. 181–199. – Cultural Studies. Grundlagentexte zur Einführung, hg. von R. Bromley u. a., Lüneburg 1999. – D. Deacon u. a., Researching Communications. A Practical Guide to Methods in Media and Cultural Analysis, London 1999. – S. N. Eisenstadt, Multiple Modernities in an Age of Globalization, in: Grenzenlose Gesellschaft?, hg. von C. Honegger u. a., Frankfurt a.M. 1999, S. 35–48. – Es gibt Alternativen! Jürgen Habermas antwortet auf Fragen zu Perspektiven der neuen Bundesregierung und zur Zukunft des nachklassischen Nationalstaates, in: Zeit Punkte 4 (1999) S. 51–57. – Forum Information Society, Erklärung von Seattle. Beitrag des Information Society Forum zur WTO-Ministerkonferenz in Seattle, in: Ein europäischer Weg in die Informationsgesellschaft, Brüssel 1999. – S. Frey, Die Macht des Bildes, Bern u.a. 1999. – A. Giddens, Soziologie, hg. von C. Fleck/H. G. Zilian, Graz/Wien 1999. – J. Habermas, Der europäische Nationalstaat unter dem Druck der Globalisierung, in: Blätter für deutsche und internationale Politik 4 (1999), S. 425–436. – J. Hörisch, Ende der Vorstellung – Die Poesie der Medien, Frankfurt a. M. 1999. – J.

van DIJK, The Network Society. Social Aspects at New Media, London 1999. – U. WERNER, Konsum im multikulturellen Umfeld. Eine semiotisch orientierte Analyse der Voraussetzungen kulturübergreifenden Marketings, Frankfurt a. M. u. a. 1999. – H. EICHMANN, Medienlebensstile zwischen Informationselite und Unterhaltungsproletariat. Wissensungleichheiten durch die differentielle Nutzung von Printmedien, Fernsehen, Computer und Internet, Frankfurt a. M. u. a. 2000. – K. FELDMANN, Soziologie kompakt. Eine Einführung, Wiesbaden 2000. – Medien- und Kommunikationssoziologie. Eine Einführung in zentrale Begriffe und Theorien, hg. von K. NEUMANN-BRAUN/S. MÜLLER-DOOHM, Weinheim/München 2000. – Öffentlichkeit im Wandel. Neue Beiträge zur Begriffsklärung, hg. von W. FAULSTICH/K. HICKETHIER, Bardowick 2000. – G. W. OESTERDIEKHOFF, Zivilisation und Strukturgenese: Norbert Elias und Jean Piaget im Vergleich, Frankfurt a. M. 2000. – S. J. SCHMIDT, Kalte Faszination. Medien, Kultur, Wissenschaft in der Mediengesellschaft, Weilerswist 2000. – S. J. SCHMIDT/G. ZURSTIEGE, Orientierung Kommunikationswissenschaft. Was sie kann, was sie will, Reinbek bei Hamburg 2000. – N. WERBER, Medien der Evolution. Zu Luhmanns Medientheorie und ihrer Rezeption in der Medienwissenschaft, in: Rezeption und Reflexion, hg. von H. de BERG/J. F. K. SCHMIDT, Frankfurt a. M. 2000, S. 322–360. – P. LUDES, Multimedia und Multi-Moderne. Schlüsselbilder, mit CD-ROM, Wiesbaden 2001.

Medienpädagogik

Medienerziehung findet im Schulunterricht und außerhalb der Schule statt. Medienpädagogische Theorie- und Praxismodelle werden dementsprechend in Teilgebieten der Erziehungswissenschaft wie Freizeit-, Sozial- bzw. Schulpädagogik und in den Fachdidaktiken entwickelt. Die Konzepte entstehen in Zusammenhang mit Theoriebildungen der Sozialwissenschaften allgemein und der der medienwissenschaftlich relevanten Disziplinen wie Germanistik und Kunstgeschichte. Impulse zur Veränderung gehen auch von der Medienentwicklung selbst und gegebenenfalls von bildungspolitischen Entscheidungen aus.

1. Der bewahrpädagogische Ansatz

Die Anfänge der Medienpädagogik werden in der *Schmutz- und Schund-Debatte* an der Wende vom 19. zum 20. Jahrhundert z. B. gegen Groschenhefte (H. WOLGAST, 1896/1922; vgl. den Anhang zur 4. Aufl. 1910) und in der *Filmerzieherbewegung* (zur Erklärung des Hamburger Lehrervereins von 1907 vgl. P. MEYER, 1978, S. 23) gesehen. Beide Entwicklungen sind der Reformpädagogik verpflichtet. Die kulturkritische Einstellung, für die Skepsis gegenüber den Folgen der industriellen Revolution, Hochschätzung der Künste und des Handwerks und die Forderung nach ›kindgemäßen‹ Angeboten charakteristisch sind, prägt Ziele und Methoden des bewahrpädagogischen Ansatzes. Filmerzieher und Literaturpädagogen wollen Kinder und Jugendliche vor Gefährdung durch minderwertige Produkte schützen und durch gute Gegenbeispiele zur Geschmacksbildung beitragen.

Die Ablehnung der Unterhaltungsliteratur wie des (populären) Films beruft sich vor allem auf Wirkungsannahmen. Nach Adolf SELLMANN (1912; s. L. KERSTIENS, 1964, S. 193ff.) bedeutet die spezifische Filmästhetik eine Überforderung der Kinder, die Reizüberflutung führe zu Hypermotorik, und die Persönlichkeit nehme Schaden, da Phantasie und selbständiges Denken zurückgedrängt würden, die Unterscheidungsfähigkeit zwischen Realität und medialer Pseudorealität beeinträchtigt werde und Filmhandlungen zur Nachahmung verleiteten (vgl. H. WOLGAST, 1896/1922, S. 44ff.).

Der positiven Beeinflussung der Geschmacksbildung sollen
Filmvorführungen speziell für Kinder dienen; mit dem gleichen
Ziel wird eine poetische Jugendliteratur gefordert. Um mit den
erzieherisch wertvollen Angeboten vertraut zu machen, werden
Filmclubs eingerichtet und Schülerbibliotheken ausgebaut. Die
erste Bildstelle entsteht 1919. Zur Verhinderung negativer Einflüsse durch minderwertige Produkte soll der Jugendschutz beitragen, der sich vor 1914 in Filmzensurgesetzen verschiedener
deutscher Länder niederschlägt. Ein Erlass des preußischen Kul-
tusministers von 1912 legt darüber hinaus Beschränkungen für
Schüler fest, die den Gefahren des Kinos vorbeugen sollen, und
fordert gleichzeitig die Schulen auf, geeignete Vorführungen zu
organisieren (B. SCHORB, 1994, S. 151). Zu den rechtlichen Vor-
läufern des späteren gesetzlichen Jugendschutzes zählt schließlich das Reichslichtspielgesetz von 1920 bzw. 1934 (vgl. J. LIEVEN,
1994, S. 167).

Die Schulfilmbewegung der 20er Jahre, die – anders als die
Kinoreformbewegung – dem staatlichen Bildungssystem verpflichtet war, konnte an deren frühe Erkenntnis, dass der Film
besondere Chancen als Unterrichtsmedium bietet, anknüpfen.
Die Kinoreformbewegung ist schließlich in der Schulfilmbewegung aufgegangen. Ebenso haben die Nationalsozialisten die
Bildstellen übernommen, ausgebaut und in ihrem Sinne als ›medienpädagogische‹ Kontrollinstrumente genutzt. 1934 werden sie
in der Reichsstelle für den Unterrichtsfilm zusammengeführt
(B. SCHORB, 1994, S. 152). Der Medieneinsatz auch in der Schule sollte Propagandazwecken dienen.

Nach dem Zweiten Weltkrieg wird der bewahrpädagogische
Ansatz wieder aufgegriffen und – mit unterschiedlichem Nachdruck – fortgeführt. Im kulturkonservativen Klima der 50er und
60er Jahre lösen die plötzlich ›hereindrängenden‹ US-amerikanischen Spielfilme und Comics starke Irritation aus. Die Medienpädagogik, sofern sie sich als Filmerziehung versteht, wird in dieser Phase von Martin KEILHACKER geprägt. An die Kinoreformbewegung anknüpfend basiert die Filmerziehung auf Jugend-
filmveranstaltungen und Filmgespräch als Mittel der Auseinandersetzung mit Machart und Methode der Werke. Nach Bernd
SCHORB (1994, S. 156) ist das Filmgespräch, das über den Ar-
beitskreis Jugend und Film e.V. (gegründet 1949) in der ganzen
Bundesrepublik Verbreitung fand, »bis weit in die siebziger Jahre

hinein die wichtigste Methode außerschulischer Medienarbeit«.
Während sich KEILHACKER als Psychologe auch durch Beiträge
zur Medienwirkungsforschung einen Namen gemacht hat, steht
sein Schüler Erich WASEM vor allem für einen starken justiziablen
Jugendschutz (vgl. M. KEILHACKER, 1957; E. WASEM, 1957).

Parallel zur Entwicklung einer Filmerziehung findet in den
50er und 60er Jahren die von Bibliothekaren und Lehrern getra-
gene Auseinandersetzung mit *Comics* statt (vgl. J. WERMKE, 1973,
S. 16ff.). Im Printmedium und damit auf dem Terrain des traditionellen Kulturträgers Buch wird die Debatte besonders scharf
geführt. Zwar wird auch hier als positive Maßnahme die Einrichtung von Jugendbuchclubs und Schülerbüchereien betrieben (H.
E. GIEHRL, 1953, S. 133), die bewahrpädagogischen Sanktionen,
vom Entzug der Schulmittelfreiheit für Comic-Leser bis zu Bü-
cherverbrennungen (A. KÖHLERT, 1954, S. 36; T. BRÜGGEMANN,
1956/57, S. 226–230), nehmen in der Diskussion der 50er Jahre
jedoch breiten Raum ein. Richard BAMBERGER führt mit seinem
Buch *Jugendlektüre* (1955; die 2. Auflage von 1965 tendiert noch
zur Verschärfung der Thesen) den Kampf gegen Schmutz- und
Schundliteratur fort.

Die Wirkungsannahmen, die von BAMBERGER und anderen
ins Feld geführt werden, entsprechen weitgehend denen SELL-
MANNs von 1912. Zudem befürchtet man neben der Lähmung
der Phantasie die Störung der Lese- und Ausdrucksfähigkeit. Als
Nachweis einer kriminalisierenden Wirkung werden häufig Tatbestände aus Strafakten, die dem Inhalt bestimmter Co-
mic-Hefte entsprechen, zitiert. Gegen die künstlerische Qualität
spreche allein schon »das massenhafte Auftreten der Bilder« und
die Tatsache, dass sie »nach einer Verlagsidee, die rein kommerzielle Zwecke verfolgt«, hergestellt würden (R. BAMBERGER,
1965, S. 359).

Die Zuspitzung der Diskussion um einen aus heutiger Sicht
wenig spektakulären Medienbereich auf seinen Bild- und Mas-
senmediencharakter präformiert die Ende der 60er Jahre n der
BRD beginnende Auseinandersetzung mit dem Fernsehen , das
stärker als der Film in Konkurrenz zur Lektüre als Freizeitbe-
schäftigung gesehen wird. Damit verschiebt sich für längere Zeit
die Aufmerksamkeit schwerpunktmäßig von der Dichotomie
zwischen gutem und schlechtem Film bzw. zwischen guter und
schlechter Lektüre zu einer von guter Buchkultur und schlechten

Bild- und Massenmedien. Infolgedessen wird z. B. das Hörspiel als das scheinbar literaturnähere Medium problemlos als UnterrichtsGegenstand akzeptiert. Aber auch die Kriterien zur Beurteilung von Bildmedien – nicht nur von Verfilmungen – orientieren sich vielfach an literarischen, seltener an medienspezifischen Maßstäben.

Die Film- und Medienpädagogik in der DDR weist nach Dieter WIEDEMANN in den frühen Jahren z. T. ebenfalls »bewahrpädagogische Orientierungen« auf, etwa in der »Nutzung der erzieherischen Potenzen von Film und Fernsehen« (D. WIEDEMANN, 1994, S. 225). Neben primär politischen stehen häufig ästhetisch ausgerichtete medienpädagogische Bemühungen. Allerdings wurden seit Anfang der 60er Jahre die Schüler in den DDR-Schulen per Unterschrift verpflichtet, keine Rundfunksender des »Klassenfeindes« zu hören (D. WIEDEMANN, 1994, S. 223). Die politischen Restriktionen schränkten die Entwicklung medienpädagogischer Theorie und Praxis ein. Ein Desiderat sind bislang vergleichende Untersuchungen medienerzieherischer Ansätze in BRD und DDR (z. B. R. ULSHÖFER, 1976; W. BÜTOW u. a., 1977).

Der bewahrpädagogische Ansatz mit seinen Wirkungsannahmen findet bis heute in der schulischen und außerschulischen Medienerziehung Anhänger und ist als Reaktion auf die Einführung des Privatfernsehens und die Begeisterung von Kindern und Jugendlichen für Videofilme und Computerspiele erneut in die öffentliche Diskussion geraten (z. B. W. GLOGAUER, 1993; vgl. dagegen B. SCHORB/W. H. SWOBODA, 1991).

Ihre nachhaltigste Wirkung hat die Bewahrpädagogik in den juristischen Regelungen des *Jugendschutzes* erzielt. Das »Gesetz zum Schutze der Jugend in der Öffentlichkeit« (JÖSchG) tritt 1951 in Kraft, 1953 das »Gesetz über die Verbreitung jugendgefährdender Schriften« (GjS). Die Novelle des Jugendschutzgesetzes im Jahre 1957 sieht ein Kinobesuchsverbot für Kinder unter sechs Jahren und eine nach dem Alter gestufte Freigabe der Filme vor. Mitte der 80er Jahre wurde die Kennzeichnungspflicht auch für Videokassetten übernommen. Wichtiger Baustein in diesem System ist die Freiwillige Selbstkontrolle (FSK) der Filmwirtschaft, die bereits 1947 unter dem Druck der öffentlichen Meinung gegründet wurde und über die Freigabe der Filme entscheidet. 1955 wird die FSK für Serienbilder eingerichtet. Die Bundesprüfstelle (BPS) dagegen indiziert jugendgefährdende Schriften (u. a. Medien) auf Antrag.

Die Funktionalität dieses Instrumentes ist von Anfang an umstritten, da es einerseits einen Konsens über die Kriterien für Jugendgefährdung voraussetzt, der nicht existiert, und andererseits auf Kontrollmöglichkeiten angewiesen ist, die nur eingeschränkt bestehen und mit den neuesten Medien an ihre Grenzen geraten. Dessen ungeachtet ist die öffentlich geführte Diskussion über Verantwortung und Toleranz ein wichtiges Element der Medienkultur .

2. Der ideologiekritische Ansatz

Ende der 60er Jahre beginnt auch in der Medienpädagogik die Adaption der Kritischen Theorie der Frankfurter Schule und ihrer Kritik an der ›Kulturindustrie‹. Einer der Kristallisationspunkte war das Institut Jugend Film Fernsehen (JFF) mit seiner gleichnamigen Zeitschrift (heute: *medien+erziehung* [*merz*]). Massenpresse und Fernsehen stehen im Zentrum der Aufmerksamkeit. Ihnen wird generell Manipulation unterstellt. Die Thesen, die Horst HOLZER (1973, S. 167) zur Präzisierung der »Verschränkung der Medienfunktionen, die aus dem staatsmonopolistischen Verhältnis von Lohnarbeiter und Kapital resultieren, mit den Gebrauchswertansprüchen, die das Publikum aufgrund seiner Klassensituation an die Medien heranbringt«, aufstellt, dienen auch Medienpädagogen als Bezugspunkte: (1) Die »Medien kompensieren durch Personalisierung gesellschaftlicher Tatbestände Abstraktheit und Anonymität [...]«. (2) »Die Medien suggerieren durch Intimisierung, Privatisierung gesellschaftsrelevanter Angelegenheiten dem Publikum [...] persönliches Beteiligtsein und direkte Kontrolle [...]«. (3) »Die Medien geben ihrem Publikum Gelegenheit, seine Vorstellung von sozialer Gerechtigkeit auf ein ›gesellschaftlich erträgliches Maß‹ zu reduzieren« durch ungreifbare Traumwelten einerseits, greifbare Konsumsymbole andererseits. (4) »Die Medien treiben ihr Publikum durch Präsentation einer illustren Warenwelt als ›Kaufkraft‹ auf den Markt«, gleichzeitig verwehren sie der Mehrheit die Erkenntnis, dass individueller sozialer Aufstieg nur innerhalb einer festgefügten Hierarchie von Herrschaftspositionen möglich ist (H. HOLZER, 1973, S. 167f.).

Bevorzugte Gegenstände der Medienpädagogik sind in dieser Phase: Werbung, Serie, Journalistische Formen. Als Mittel der Manipulation durch Massenmedien wird vor allem die Kombination von Wort und Bild analysiert. Als paradigmatisch gilt Bernward WEMBERs Analyse des Dokumentarfilms *Bergarbeiter im Hochland von Bolivien* (1971; vgl. B. WEMBER, 1976).

Medienwirkungsannahmen sind also für die ideologiekritische Medienerziehung ebenso zentral wie für die bewahrpädagogische. Allerdings werden Gefahren und Ziele nicht mehr über moralische und ästhetische, sondern über politische Kategorien definiert. Der Rezipient wird jedoch auch in diesem Kontext als passiv angesehen, er ›konsumiert‹ das Angebot der Massenmedien, er tendiert zum Eskapismus, und seine Reaktionen sind kalkulierbar.

Aufgabe der Pädagogen ist es, durch Ideologiekritik zu Aufklärung und Emanzipation beizutragen. Die Kopflastigkeit der Methode mag dazu geführt haben, dass sie sich stärker im schulischen Rahmen als im außerschulischen entfaltet hat. Vor allem die Fächer Kunst und Deutsch haben Massenmedien nicht nur in größerem Umfang in den Unterricht aufgenommen, sondern auch ihre traditionellen Gegenstände der Hochkultur ideologiekritischer Analyse zugeführt und Konsequenzen für das Fachverständnis gezogen.

Für den Kunstunterricht stellt Hermann K. EHMER in seiner Analyse einer Doornkaat-Werbung Thesen auf, die für das Konzept der *Visuellen Kommunikation* maßgeblich sind bzw. werden.

> Das quantitative Verhältnis von ›Kunstwerken‹ und ›allgemeinen optischen Kommunikationsmedien‹ [...] läßt, wenn wir unseren Unterricht in gesellschaftlichem Auftrag zu verstehen gewillt sind, keine Bevorzugung der ersteren als UnterrichtsGegenstand mehr zu. [...] Wir haben optische Medien generell als Träger, als Transportmittel von Informationen und damit auch als Funktoren von Manipulation zu begreifen. Diesen gilt es notwendig kritisch, im präziseren Sinn *ideologie*kritisch zu begegnen. Denn selbst Kunstwerke sind nicht außerhalb von Ideologien denkbar. (H. K. EHMER, 1971, S. 163)

Entsprechende Forderungen wurden für den Deutschunterricht formuliert, z. B. von Christa BÜRGER (1970, S. 27ff.) bzw. von Heinz IDE für das Bremer Kollektiv (1972, S. 5ff.). Das *Kritische*

Lesen steht für ein neues Konzept, das am Beispiel des Lesebuchs *drucksachen* Anfang der 70er Jahre heftige Kontroversen ausgelöst hat, da die Anteile ›hoher Literatur‹ – moderner und vor allem historischer – zugunsten von Zeitung und Illustrierte, Comic und Plakat reduziert werden. Wenig später werden die Hessischen Rahmenrichtlinien von 1972 jedoch revidiert (zur Diskussion vgl. G. KÖHLER/E. REUTER, 1973; N. ALTENHOFER u. a., 1974; V. MERKELBACH, 1974, S. 479ff.); Ideologiekritik als Methode und Massenmedien als Unterrichtsgegenstand treten zurück.

Neben dem bildungsbürgerlichen Protest sind es Spezifika des Konzeptes selbst, die zur Modifikation drängen. Der hohe Theorieanspruch des ideologiekritischen Ansatzes, der häufig ohne Berücksichtigung der Verarbeitungsfähigkeit unterschiedlicher Altersstufen gesetzt wird, die nicht selten dogmatische Fixierung der Analyseergebnisse, die im Widerspruch zur angestrebten Kritikfähigkeit steht, und die tendenziell elitäre Missachtung des Vergnügens an Unterhaltung und Entspannung machen die Problematik dieses Ansatzes unter pädagogischen Gesichtspunkten aus (vgl. G. TULODZIECKI, 1992, S. 39f.; J. WERMKE, 1973, S. 25ff.).

In der Folge wird von Vertretern des ideologiekritischen Ansatzes selbst die stärkere Beachtung der Schüler sowohl bei der Setzung von Unterrichtszielen wie bei der Unterrichtsmethode angemahnt (vgl. H. K. EHMER, 1978, S. 36).

In ihren Überlegungen zum Unterricht mit Krimi-Serien benennen Knut HICKETHIER und Wolf Dieter LÜTZEN präzise die Fehlerquellen einer streng ideologiekritischen Vorgehensweise:

> Soll die spontane Motivation der Schüler, sich mit ihrem außerschulischen Medienkonsum auch in der Schule auseinanderzusetzen, nicht verloren gehen, dann muß verhindert werden, daß mit diesem Gegenstand ein überwiegend lehrerzentrierter und rein Gegenstandsbezogener Unterricht gemacht wird, der ausschließlich auf der Ebene kognitiver Lernprozesse abläuft. Der Unterrichtsverlauf kann nicht strikt einer mediensoziologischen Systematik folgen. Es kommt deshalb darauf an, daß die Schüler bereits bei der Planung über den Unterrichtsverlauf und die Schwerpunkte mitbestimmen. (K. HICKETHIER/W. D. LÜTZEN, 1978, S. 330)

Praktische Medienarbeit im Sinne eines aktiven Umgangs mit Film (Super-8) und Fernsehen (Video) ist im Schulunterricht dieser Phase die Ausnahme. An der außerschulischen Filmarbeit (s.o. unter 1.) kritisiert Joachim PAECH dagegen die »Fetischisierung« der Medien Film und Fernsehen, da »der wesentliche kommunikationspolitische Gehalt der Massenmedien unterschlagen« werde. Deshalb fordert er die Medienerziehung auf, »das Medium als Vermittler zu einem außer ihm liegenden Zweck« zu begreifen und die eigene Aufgabe in der Befähigung zum *»eingreifenden Handeln«* innerhalb der gesellschaftlich relevanten Massenkommunikation« zu sehen (J. PAECH, 1974, S. 212). Die Medienarbeit solle »in die schulische und außerschulische politische Bildung integriert« werden (J. PAECH, 1974, S. 229).

Diese Forderungen von EHMER, HICKETHIER/LÜTZEN und PAECH führen bereits über den ideologiekritischen Ansatz der Medienpädagogik hinaus zum handlungsorientierten. Das Verdienst dieser Phase besteht in der deutlichen Erweiterung medienerzieherischer Perspektiven: vom einzelnen Medienprodukt zu Medieninstitutionen, von individualpsychologischen zu gesellschaftspolitischen Zusammenhängen.

3. Der handlungsorientierte Ansatz

Zum Paradigmawechsel Anfang der 70er Jahre tragen Kommunikationstheorien, Symbolischer Interaktionismus, Konstruktivismus bei. Den unterschiedlichen Facetten des handlungsorientierten Ansatzes ist die Annahme eines *aktiven Rezipienten* und die Betonung *handelnden Lernens* gemeinsam. Sie unterscheiden sich damit sowohl vom bewahrpädagogischen wie vom ideologiekritischen Ansatz. Dieter BAACKES Ausführungen zu *Kommunikation und Kompetenz* (1973) sind für die weitere Entwicklung einer handlungsorientierten Medienerziehung richtungweisend geworden.

Der Rezipient wird nicht mehr als passives Opfer gesehen, das den Medienimpulsen automatisch folgt, sondern als Subjekt, das auch außerhalb von Unterrichtsprozessen seine Erfahrungen aktiv und reflexiv verarbeitet, sich seine Meinung bildet, nach seinen Bedürfnissen und seinem Geschmack entscheidet. Die Medienerziehung muss daher Vorkenntnisse und Einstellungen, situative Bedingungen und Erwartungen ihrer Zielgruppe(n) kennen und respektieren, wenn sie zur Verbesserung von Handlungsfähigkeit beitragen will. Die Mediennutzung wird nun zur leitenden Forschungsfrage.

Als handelndes Lernen können sowohl methodisch-didaktische Konzepte, die der selbsttätigen – experimentierenden und gestaltenden – Aneignung im Lernprozess einen zentralen Stellenwert zugestehen (wie z. B. das entdeckende Lernen), als auch solche, die auf das Handeln unter Ernstfallbedingungen (z. B. in Projekten) abheben, zusammengefasst werden. Beide Aspekte werden in der Medienerziehung – wenn auch in unterschiedlichen Gewichtungen – konstitutiv.

Neben Schule und Bildstellen treten in den 70er Jahren die Medieninstitutionen selbst als Orte der Medienerziehung in den Vordergrund. Der *öffentlich-rechtliche Rundfunk* , dem über den in den Rundfunkgesetzen der Länder verankerten »Bildungsauftrag« auch pädagogische Verantwortung obliegt, der er nicht nur durch die allgemeine Programmgestaltung, sondern auch im Schulfunk und in Angeboten für Kinder und Jugendliche Rechnung trägt, konzipiert nun neue Sendeformen, die ihrerseits zur Emanzipation des Publikums beitragen sollen. Beteiligungssendungen wie *Hallo Ü-Wagen* mit Carmen THOMAS im WDR-Hörfunk (seit 1974) oder *direkt* (seit 1971) im ZDF suchen die Zuhörer und Zuschauer an öffentlichen Plätzen auf bzw. bieten ihnen im Studio ein Forum, stellen Themen, die von aktuellem Interesse sind oder sein sollten, zur Diskussion, verbinden Informationen von Experten mit spontanen Artikulationen aus dem Publikum, zielen auf streitbaren Austausch konträrer Argumente und bemühen sich um weitgehende Transparenz hinsichtlich der Planung der Sendung und hinsichtlich der Reaktionen.

Transparenz ist auch das Ziel medienkritischer Sendungen wie *Glashaus* (WDR 1972) oder *Betrifft: Fernsehen* (ZDF 1974), die den Zuschauern und Zuhörern Informationen über Hintergründe der eigenen Arbeit vermitteln wollen, die sie brauchen, um Medienbotschaften adäquat einschätzen zu können. Darüber hinaus werden Angebote zu aktiver Filmarbeit gemacht. Der WDR z. B. hat eine »AG-Schülerfernsehen« eingerichtet, die das Produzieren von Videofilmen ermöglicht.

Hoffnungen der Medienerziehung im engeren Sinne richten sich in den 70er Jahren verstärkt auf *Schule und Unterricht*. In die

Lehrpläne findet die Forderung, Massenmedien einzubeziehen – wenn auch meist unzureichend spezifiziert –, Eingang. Die Ausarbeitung von Unterrichtsmodellen zu Einzelmedien und für den Unterricht relevanten Aspekten wird von Erziehungswissenschaftlern und Fachvertretern betrieben: z. B. D. BAACKE, *Mediendidaktische Modelle: Zeitung und Zeitschrift* (1973) bzw. *Fernsehen* (1973); Rudolf DENK, *Erziehung zum Umgang mit Medien* (1977); Heinz HENGST, *Auf Kassetten gezogen und in Scheiben gepreßt* (1979); Hans-Dieter KÜBLER, *Massenmedien im Deutschunterricht* (1981). 1971 wird die Zeitschrift *Diskussion Deutsch* gegründet, die anstehende Veränderungen des Faches, u. a. die Einbeziehung von Massenmedien, verstärkt thematisiert. Jutta WERMKE, die Comics zum Ausgangspunkt ihrer Auseinandersetzung mit bewahrpädagogischen und ideologiekritischen Positionen im Deutschunterricht gewählt hat, bezeichnet in Konsequenz eines erweiterten Literaturbegriffs (vgl. Helmut KREUZER, 1967), der unterschiedliche mediale Formen und Qualitätsniveaus umfasst, und eines Bildes vom Schüler als aktivem Rezipienten, die Aufgabe des Deutschunterrichts als »Lese- und Ausdrucksschulung« (J. WERMKE, 1973, S. 35), die nicht nur das Buch, sondern auch andere Medien zu ihrem Gegenstand und Mittel macht. Die »Ausbildung der rezeptiven wie produktiven Kommunikationsfähigkeit« erfordere sowohl kompetente Informationsverarbeitung (z. B. in der Unterscheidung von Fiktion und Nicht-Fiktion und in der Beurteilung der vermittelten Inhalte) als auch das Kennen und Anerkennen verschiedener Rezeptions- bzw. »Lektürebedürfnisse« (J. WERMKE, 1973, S. 51f.; vgl. G. WALDMANN, 1973 und M. DAHRENDORF, 1970 zur Leseerziehung).

Allgemeine pädagogische Konzepte zur Medienerziehung im Unterricht thematisieren weniger die Veränderung der Fachstrukturen als die schulischen Organisationsformen, die insbesondere die Möglichkeiten des handelnden Lernens begrenzen. Ludwig KERSTIENS , der neben Verstehen, Verarbeiten und Beurteilen die Fähigkeit, »seine eigenen Interessen und Überzeugungen öffentlich wirksam zu artikulieren« (L. KERSTIENS, 1976, S. 77), als Erziehungs- und Lehrziele zum *Unterrichtsthema: Massenkommunikation* nennt, kommt zwar zu dem Ergebnis, »daß der schulische Unterricht eine solche Qualifikation [zur kompetenten Teilnahme an der Massenkommunikation] nicht zureichend vermitteln kann«, aber er erwartet immerhin, »daß er dazu bei-

trägt, den Schüler für die Kommunikationsanforderungen zu
qualifizieren« (L. KERSTIENS, 1976, S. 80). Demgegenüber urtei-
len Jürgen HÜTHER und Joachim H. KNOLL deutlich schärfer:
»Natürlich kann kommunikative Kompetenz nicht durch die
herkömmliche Medienerziehung vermittelt werden, sondern
wohl nur durch aktive Medienarbeit in Projektgruppen, die sich
an der unmittelbaren Erfahrungswelt der Schüler orientiert.« (J.
HÜTHER/J. H. KNOLL, 1976, S. 19) Aufgrund dieser Differenzen
in der Auseinandersetzung mit den institutionellen Rahmenbedingungen gehen bis auf weiteres schulische und außerschulische
Medienerziehung getrennte Wege (vgl. D. BAACKE, 1980, S. 12).
Als Kategorien einer schulischen Medienerziehung fasst Arnold
FRÖHLICH 1982 zusammen: Handlungsorientierung, Kommu-
nikationsorientierung, Projektorientierung und Situationsorien-
tierung. Mit Projektorientierung wird dabei das Projekt als Ziel-
perspektive gekennzeichnet, der sich der Unterricht im Rahmen
seiner Möglichkeiten annähern soll (A. FRÖHLICH, 1982, S.
150f.).

Die außerschulische Medienerziehung setzt auf *Aktive Medienarbeit*. Sie beruft sich auf Walter BENJAMIN (1936/1961), Bertolt BRECHT (1932/1967) und Hans Magnus ENZENSBERGER
(1970) und folgt nach Oskar NEGT und Alexander KLUGE (1973)
der Leitidee der Herstellung von Gegenöffentlichkeit unter den
gegebenen gesellschaftlichen Verhältnissen. Als wesentliche
Punkte des sich Ende der 70er Jahre abzeichnenden Konzepts
nennt BAACKE: »(1) Medien sind [...] nicht nur Rezeptions-, sondern auch Produktionsinstrument [...], (2) daher genügt es nicht,
Medien als Institution oder die von ihnen produzierten Aussagen
nur ideologiekritisch zu betrachten, vielmehr sollen alternative
Handlungsmöglichkeiten *mit* Medien aufgewiesen werden [...],
(3) alle Handlungen mit Medien zielen auf gesellschaftliche Kon-
kretheit: etwa wenn Gruppen Stadtteilzeitungen herausgeben
oder Videofilme produzieren, wenn Kulturfestivals, Straßenfeste
und Demonstrationen stattfinden. (4) Die Spannung zwischen
Selber-Machen und Rezipieren stellt einen unaufhebbaren *Bruch*
unserer Medienwelt dar: Medien gibt es zum einen als mächtige
Institutionen mit professionellen Machern (institutionalisierte
Medien), zum andern als handhabbare Geräte und für jedermann
offene Einrichtungen, und diese Unterschiedlichkeit ist zu pro-
blematisieren.« (D. BAACKE, 1980, S. 11)

Immerhin stellen die leicht handhabbaren Geräte und öffentlichen Einrichtungen die technischen Voraussetzungen der aktiven Medienarbeit dar: die massenhafte Verbreitung von Videorekordern seit Anfang der 80er Jahre – von Hörkassettenrekordern bereits zehn Jahre früher – und die Umwandlung der ehemaligen Bildstellen in Medienzentren, deren Aufgabe nicht mehr nur der Verleih von Bild- und Tonträgern ist, sondern auch die Information über Medien, die Beratung einzelner Gruppen, Weiterbildung von Lehrern und anderen erzieherisch Tätigen sowie die Beteiligung an Projekten von Schulen, Verbänden, Vereinen.

Professionalität und Perfektion sind zunächst jedoch keine maßgeblichen Kriterien im Selbstverständnis der *Alternativmedien*.

> Für den Moment mag es sogar rechtens sein, die Not ihrer Unzulänglichkeit zur Tugend zu erklären – Tugend gegenüber einem etablierten Kulturbetrieb, der sich keine Unzulänglichkeit und Ineffizienz leistet, in dem man zugleich aber stets schon ›fertig‹ zu sein hat, ohne daß Lernen noch möglich wäre, in dem zusammen mit den Unzulänglichkeiten weitgehend auch Innovationen ausgemerzt sind. (G. EMIG u. a., 1980, S. 13)

Diese Einstellung gilt sowohl für die Alternativpresse, wie auch für Videobewegung (M. KÖHLER, 1980) und Freie Radios (NETWORK Medien-COOPERATIVE, 1983). Der alternative Status, der – nicht nur bei den Videogruppen – eng mit »Skepsis gegenüber öffentlichen Geldgebern oder Institutionen« verbunden ist aus »Angst, bei ›Auftragsarbeit‹ ihre politische Unabhängigkeit zu verlieren«, wird allerdings zum Problem, wenn als Möglichkeiten der Organisation und Finanzierung nur noch übrig bleiben: Videoarbeit im Rahmen der Hochschulen, als Beruf oder per Selbstfinanzierung (M. KÖHLER, 1980, S. 11).

Aktive Medienarbeit wird allerdings nicht nur in Alternativgruppen, sondern auch als Bestandteil von Freizeitangeboten der kommunalen Bildungsstätten und der Sozialarbeit gepflegt. »Kultur für alle« als Konzept der sogenannten Neuen Kulturpolitik, die die Förderung von Alltagskultur und in diesem Zusammenhang den Umgang mit Medien zu ihren Aufgaben zählt, impliziert nach Hilmar HOFFMANN »immer auch Kultur *von* allen« (H. HOFFMANN, 1979, S. 19). Seit 1984 bieten die Offenen Kanäle (in NRW z. B. die Bürgerradios) prinzipiell allen Bevölkerungsgruppen Zugang zu Hörfunk bzw. Fernsehen als Produktionsmitteln.

Die *Forschungsfragen* des handlungsorientierten Ansatzes beziehen sich nicht mehr vorrangig auf die Wirkung von Medien, sondern auf deren Nutzung und Aneignung durch Kinder und Jugendliche. Die Publikationen zeigen seit Mitte der 80er Jahre eine zunehmende Ausdifferenzierung der Thematik und zugleich die Weiterentwicklung des Methodenrepertoires (z. B. D. BAACKE/H.-D. KÜBLER, 1989; vgl. H. THEUNERT, 1994, S. 387ff.). Die Untersuchungen reichen von der klassischen statistisch angelegten Mediennutzungsforschung z. B. von Heinz BONFADELLI u.a. (1986), die den Vergleich demographisch aufgeschlüsselter Gruppen hinsichtlich Zeitpunkt, Dauer usw. ihrer Einzelmediennutzung zulässt, über die symbolische Verarbeitung von Fernseherlebnissen in assoziativen Freiräumen von Ben BACHMAIR (1984/85; vgl. ders., 1993), bei der die kreative Aneignung von Themen, Stoffen, Personal durch die Kinder im Vordergrund steht, bis zur Erfassung von Medienensembles in biographischen und lebensweltlichen Zusammenhängen, die der polymedialen Orientierung von Kindern und Jugendlichen Rechnung trägt. BAACKE, Uwe SANDER und Ralf VOLLBRECHT formulieren als Ziel, »jugendliches Medienverhalten kontextabhängig, alltagsnah und medienumgebungsorientiert zu erforschen« (D. BAACKE u.a., Lebenswelten sind Medienwelten, 1990, S. 21; vgl. D. BAACKE u. a., Lebensgeschichten sind Mediengeschichten, 1990; M. CHARLTON/K. NEUMANN-BRAUN, 1992; D. SPANHEL, 1987). Von Familie einerseits (J.-U. ROGGE/K. JENSEN, 1986; M. CHARLTON/K. NEUMANN, 1986; vgl. B. HURRELMANN u. a., 1993) und Peer-Groups andererseits als Sozialisationsfaktoren ausgehend, richtet sich die Aufmerksamkeit zunehmend auf die Bedeutung der Medien für Stil- und Ausdrucksformen Jugendlicher und die Herausbildung von Jugendkultur(en) (vgl. M. RADDE u.a., 1988, S. 7).

Technische Entwicklungen und medienpolitische Entscheidungen führen Mitte der 80er Jahre zu einer neuen Situation, die der Medienpädagogik die Weiterentwicklung ihrer Konzepte abverlangt. Die Rundfunkanstalten haben inzwischen Beteiligungsund medienkritische Sendungen eingestellt; die Videobewegung ist bedeutungslos geworden; die Einführung von Medien im

Schulunterricht stagniert (vgl. B. ESCHENAUER, 1989). Die Medienpädagogik als Disziplin und Handlungsfeld hat sich jedoch etabliert: Eine Fülle von Praxismodellen, Forschungsergebnissen und die Gründung der Gesellschaft für Massenmedien und Kommunikationskultur (GMK, 1984) bilden die Ausgangsbasis für die 90er Jahre.

4. Konzepterweiterungen

Die quantitativen und qualitativen Veränderungen des Fernseh- und Hörfunkangebotes durch die Zulassung privater Rundfunksender (seit 1984) und die zunehmende Bedeutung von Computer und Internet in Beruf und Freizeit (seit Anfang der 90er Jahre) stellen die Medienpädagogen vor neue Fragen. Die Kommerzialisierung räumt der Werbung vor allem im Fernsehen einen wesentlich höheren, faktisch auch das Programm beeinflussenden Stellenwert ein. Die Kulturpolitik muss sich Effizienzkriterien stellen und erhält durch Privatisierungen Konkurrenz, die die Position einer »Kultur für alle« (H. HOFFMANN, 1979) gefährden, aber zugleich neue Handlungsmöglichkeiten eröffnen (T. HEINZE, 1994, 1995; vgl. J. WERMKE, »Gestaltungsräume«, 2000, S. 9ff.). Auch die bildungspolitische Diskussion wird zeitweilig beherrscht vom Kriterium ›Wirtschaftsstandort Deutschland‹, den es zu stärken gilt.

Die Situation für die Medienpädagogik ist ambivalent. Zwar fordert die Bund-Länder-Kommission (BLK) für Bildungsplanung und Forschungsförderung 1995 ebenso wie die Kultusministerkonferenz (KMK) die Integration der Medienerziehung in den Schulunterricht, jedoch ohne eine Erhöhung des Stundenvolumens vorzusehen und ohne dass die Lehrerausbildung bereits darauf vorbereiten würde. Wenig später steht die Einführung der Informationstechnischen Grundbildung im Mittelpunkt des öffentlichen Interesses, Medienerziehung scheint überholt zu sein. Die von Staat und Wirtschaft geförderte Initiative »Schulen ans Netz« wird mit erheblichem finanziellem Aufwand betrieben, ihre Effektivität ist jedoch umstritten. Die Verarbeitung dieser Situation schlägt sich in einer Vielzahl von Publikationen zur Medienkompetenz nieder (vgl. F. SCHELL u. a., 1999) und führt zu Konzepterweiterungen, die sich bereits unterschiedlich konkret abzeichnen.

Die Integration der Medienerziehung in den Schulunterricht erfordert die Verbindung *erziehungswissenschaftlicher* und *fachdidaktischer* Perspektiven. Gerhard TULODZIECKI hat 1992 an FRÖHLICH (1982) anknüpfend und unter Berücksichtigung lern- und entwicklungspsychologischer Aspekte als Aufgabenbereiche schulische Medienerziehung definiert: »Aufarbeitung von Medienwirkungen, Mediennutzung unter Abwägung von Handlungsalternativen, Mediengestaltung, Medienanalyse und Medienkritik« (G. TULODZIECKI, 1992, S. 68). Dieser Aufgabensystematik ordnen 1995 in einer Bestandsaufnahme TULODZIECKI u. a. vorliegende Unterrichtsmodelle verschiedener Fächer für die Jahrgangsstufen 1 bis 12 zu (G. TULODZIECKI u. a., 1995, S. 38). Im Unterschied hierzu setzt WERMKE bei der Fachdidaktik an und hebt mit folgenden Schlüsselfragen auf eine nicht nur formale, sondern inhaltliche Integration ab:

– Welche Konsequenzen hat die Medienentwicklung für das Selbstverständnis des Faches? Wie ist das Fach an der Medienentwicklung beteiligt?
– Inwiefern sind die traditionellen Gegenstände des Faches in den Medien präsent? Inwiefern führen die Medien zur Veränderung des traditionellen Gegenstandsbereichs?
– Wie kann die Doppelfunktion der Medien, Unterrichtsgegenstand oder -mittel zu sein, genutzt werden?
– Welche Standardaufgaben können auch, gar nicht oder besser auf Beispiele aus den Medien bezogen werden? (J. WERMKE, 1997, S. 28)

Beide Wege zielen auf die gleiche Praxis und eine fachspezifische Differenzierung von Medienerziehung, wie sie auch Dieter SPANHEL (Förderung von Medienkompetenz, 1999, S. 159ff.) anmahnt. Für den Deutschunterricht liegen neben den didaktisch-methodisch begründeten Vorschlägen von Wermke thematische und genretypologische Entwürfe zur curricularen Einbindung der Medien von Wolfgang GAST (1995; vgl. W. GAST/G. MARCI-BOEHNCKE, 1996) bzw. von Bodo LECKE (1996) vor. Die neue Generation der Lehrpläne aus den 90er Jahren basiert durchweg auf Modellen der Fach/Medien-Integration.

Für die Verhältnisbestimmung von Medienerziehung und *Informationstechnischer Grundbildung* setzt sich die Erkenntnis durch, dass die vermeintliche Alternative unter systematischen und sachlogischen Gesichtspunkten nicht standhält (vgl. das nordrhein-westfälische Rahmenkonzept *Zukunft des Lehrens – Lernen für die Zukunft: Neue Medien in der Lehrerausbildung*, 2000; G. TULODZIECKI/S. BLÖMEKE, 1997; D. M. MEISTER/U. SANDER, 1999): Informationstechnische Grundbildung kann sich nicht in ›Gerätebedienung‹ erschöpfen, sondern muss die medienerzieherischen Aufgaben und Schlüsselfragen (s.o.) einbeziehen. Medienerziehung muss, wie bereits mehrfach in ihrer Geschichte der Medienentwicklung folgend, sowohl die Kontinuität ihrer Ziele als auch neue Problemstellungen herausarbeiten.

Die Interaktivität computergestützter Medien z.B. wirft neue Fragen der Mediennutzung und Medienaneignung auf (B. SCHORB, 1995, S. 57–93; vgl. R. ECKERT u.a. 1991; J. SCHWAB/M. STEGMANN, 1999) und eröffnet für den Unterricht weiterführende Möglichkeiten aktiver Medienarbeit im Sinne des Rollenwechsels von Rezipient und Produzent (zum produktionsorientierten Umgang mit Literatur vgl. M. KEPSER, 1996, 2000). Der Status der Internetkommunikation zwischen Schriftlichkeit und Mündlichkeit sowie das spielerische Moment von ›Nintendo‹ bis ›Surfen‹ sind in ihren Konsequenzen für den Unterricht noch zu erschließen (vgl. F. RÖTZER, 1995). Schwerpunktmäßig diskutiert werden bislang dagegen mediendidaktische Aspekte, die sich aus dem Einsatz des Computers als Lehr/Lernmittel ergeben (H. MANDL u.a., 1998): z.B. die Rolle der Lehrperson, Kriterien für Lernsoftware, die Notwendigkeit, z.B. bestimmte orthographische Regeln zu erlernen, die auch ein Rechtschreibprogramm übernehmen kann (vgl. G. THOMÉ/D. THOMÉ, 2000). Dabei wird zunehmend deutlich, dass weniger die Medienerziehung als das erziehungswissenschaftliche Selbstverständnis tangiert ist, wenn Autorität, Souveränität, Unverzichtbarkeit des Lehrers und der Lehrerin in Frage stehen. Bereits 1992 hat Rainald MERKERT Konsequenzen der Medienentwicklung für pädagogische Konzepte zur Diskussion gestellt (vgl. R. MERKERT, 1998, S. 88ff.; D. SPANHEL, Multimedia im Schulalltag, 1999, S. 61ff.). Die politische Verantwortung der Medienpädagogik wird im Kontext der Neuen Medien von der ›Wissensklutfthese‹ herausgefordert (vgl. D. BAACKE, 1997, S. 74–76; H. MOSER, 1995, S. 127–130).

Die alte Konkurrenz zwischen *Leseerziehung* und Medienerziehung wirkt überholt. Eine Dichotomie von Literatur versus Medien ist zunehmend schwerer zu vertreten. Im Umfeld der Medien entwickeln sich neue Formen der Literatur bzw. der Lite-

raturvermittlung. Vor allem Kinder- und Jugendliteratur wird im
Medienverbund präsentiert (vgl. H. HENGST, 1994, S. 239ff.; J.
WERMKE, 1998, S. 179ff.). Unter Qualitätskriterien für auditive
und AV-Medien (z. B. Kinderhörkassetten, Verfilmungen) gewinnen medienästhetische Differenzierungen jedoch nur langsam an Bedeutung. Die steigende Zahl an Publikationen zu Kin-
der- und Jugendmedien der letzten Jahre lässt auf Weiterentwicklung hoffen (vgl. zum Fernsehen: H. D. ERLINGER u. a., 1995; H.
THEUNERT u. a., 1995; J. von GOTTBERG u. a., 1997; B. SCHORB/
H.-J. STIEHLER, 1999; zu Hörmedien: W. SCHILL/D. BAACKE,
1996; U. SIX/G. ROTERS, 1997; I. PÖTTINGER, 1997; I. PAUS-
HAASE u. a., 2000).

Die Lesesozialisation wird in neueren fachdidaktischen Publikationen im Zusammenhang der Medienumwelt von Kindern
erörtert (H. EGGERT/C. GARBE, 1995; C. ROSEBROCK, 1995; J.
WERMKE, 1996). Die Annahme, Lesen sei Schlüsselqualifikation
für Medienkompetenz (B. HURRELMANN, 1993; dagegen W.-R.
WAGNER, 1999), erschwert jedoch nach wie vor die Akzeptanz einer gleichermaßen anspruchsvollen Kompetenzvermittlung im
Umgang mit Bild- und Hörmedien als Teil der Allgemeinbildung
(vgl. C. DOELKER, 1997; W. GAST, 1993; D. SPANHEL, Medienkompetenz, 1999, S. 309f.; M. R. SCHAFER, 1988; J. WERMKE,
Hörästhetik, 2000, S. 126ff.). Der Konflikt verweist letztlich auf
ungeklärte Fragen der Germanistik zur Definition ihres Gegenstandsbereichs und die Dringlichkeit der Aufarbeitung aktueller
und historischer Aspekte der Intermedialität und Koevolution.

Die Omnipräsenz der Medien und ihre Bedeutung für Wahrnehmung und Verständnis von Wirklichkeit führen zur Annäherung von *Ästhetischer Erziehung* und Medienerziehung. Ästhetische Erziehung, die stark im außerschulischen Bereich verankert
ist, hat sich in Abgrenzung zu Visueller Kommunikation über
kompensatorische Aufgaben – Förderung der sinnlichen Wahrnehmung, insbesondere der Nahsinne, und der Ausdrucks- und
Gestaltungsfähigkeit – auch von Stimme, Körper, Bewegung –
definiert (H. MAYRHOFER/W. ZACHARIAS, 1976). Neuere Publikationen zeigen, dass auch die konstruktive Verarbeitung von
Medienerfahrungen der Kinder und Jugendlichen als Aufgaben-
bereich Ästhetischer Erziehung erkannt wird (z. B. W. ZACHARI-
AS, 1991; W. ZACHARIAS, 2000; G. SELLE, 1990; G. BIEWER/P.
REINHARTZ, 1997; vgl. P. MARCHAL, 1998). Die Medienerzie-

hung ihrerseits, die sich bislang vorwiegend an Massenmedien abarbeitet – künstlerisch anspruchsvolle Medienprodukte finden gelegentlich in den Unterrichtsfächern Beachtung –, entdeckt die medienpädagogische Relevanz ästhetischer Aspekte (z.B. D. BAACKE/F.-J. RÖLL, 1995; P. MASET, 1999; N. NEUSS, 1999): Es sind insbesondere die Ästhetisierung des Medienalltags, die Ästhetik der Rezipienten, die Medienkunst (J. WERMKE, Ästhetische Perspektiven, 2000, S. 206ff.; B. SCHORB, 1995, S. 209). Beschleunigung und Veränderung als ›Konstanten‹ der Wahrnehmung, Inszenierung von Medienereignissen als ›Tatsachen‹, Visualisierung von Gewalt und Krieg als ›Spektakel‹ sind keine grundsätzlich neuen Themen. In erzieherischen Kontexten erfordern sie jedoch zunehmend den Zugang über unterschiedliche mediale Erfahrung und unterschiedliche Grade der Verfremdung, wenn die politischen Implikationen der Medienästhetik sichtbar werden sollen (vgl. B. B. FLAIG u.a., 1997). Das aber setzt fächerübergreifendes Arbeiten voraus.

Die Konzepterweiterungen, die sich in den 90er Jahren angebahnt haben, lassen erkennen, dass über eine disziplinäre Verankerung der Medienpädagogik hinaus Medien nicht nur als Elemente der Alltagserfahrung in allen pädagogisch relevanten Disziplinen einzubeziehen sind, sondern dass die Auseinandersetzung mit der Medienentwicklung Chancen der Überprüfung von Fachtraditionen und -grenzen eröffnet.

JUTTA WERMKE

Literatur

H. WOLGAST, Das Elend unserer Jugendliteratur. Ein Beitrag zur künstlerischen Erziehung der Jugend, Leipzig 1896/1922. – B. BRECHT, Der Rundfunk als Kommunikationsapparat (1932), in: ders., Gesammelte Werke, Bd. 8, hg. in Zusammenarbeit mit E. HAUPTMANN, Frankfurt a. M. 1967, S. 127–134. – W. BENJAMIN, Das Kunstwerk im Zeitalter seiner technischen Reproduzierbarkeit (1936), in: ders., Illuminationen. Ausgewählte Schriften, hg. von S. UNSELD, Frankfurt a. M. 1961, S. 148–184. – H. E. GIEHRL, Comic books – komische Bücher?, in: Welt der Schule, München, 6 (1953), S. 130–133. – A. KÖHLERT, Schule und Comics, in: Jugendschriften – Warte NF 10 (1954), S. 35–36. – R. BAMBERGER, Jugendlektüre, Bonn u. Wien 1955, ²1965. – T. BRÜGGEMANN, Eine Klasse urteilt über Comics, in: Pädagogische Rundschau 11 (1956/57), S. 226–230. – M. KEILHACKER,

Der Wirklichkeitscharakter des Filmerlebens bei Kindern und Jugendlichen, in: Jugend und Film 1 (1957), S. 9–22. – E. WASEM, Jugend und Filmerleben. Beiträge zur Psychologie und Pädagogik der Wirkung des Films auf Kinder und Jugendliche, München/Basel 1957. – L. KERSTIENS, Zur Geschichte der Medienpädagogik in Deutschland, in: Jugend Film Fernsehen 8 (1964), S. 182–198. – H. KREUZER, Trivialliteratur als Forschungsproblem. Zur Kritik des deutschen Trivialromans seit der Aufklärung, in: Deutsche Vierteljahrsschrift für Literaturwissenschaft und Geistesgeschichte 2 (1967), S. 173–191. – C. BÜRGER, Deutschunterricht – Ideologie oder Aufklärung, Frankfurt a. M. u. a. 1970. – M. DAHRENDORF, Voraussetzungen und Umrisse einer gegenwartsbezogenen literarischen Erziehung, in: Wozu Literatur in der Schule?, hg. von A. C. BAUMGÄRTNER/M. DAHRENDORF, Braunschweig 1970, S. 27–50. – H. M. ENZENSBERGER, Baukasten zu einer Theorie der Medien, in: Kursbuch 20 (1970), S. 159–186. – H. K. EHMER, Zur Metasprache der Werbung – Analyse einer Doornkaat-Reklame, in: Visuelle Kommunikation. Beiträge zur Kritik der Bewußtseinsindustrie, hg. von H. K. EHMER, Köln 1971, S. 162–178. – B. WEMBER, Filmische Fehlleistungen. Ideologische Implikationen des Dokumentarfilms »Bergarbeiter im Hochland von Bolivien«, in: Jugend Film Fernsehen 2–3 (1971), S. 90–116. – H. IDE, Über die Notwendigkeit eines veränderten Literaturunterrichts, in: Ideologiekritik im Deutschunterricht. Analysen und Modelle. Sonderband der Zeitschrift Diskussion Deutsch, hg. von H. IDE u. a., Frankfurt a. M. u. a. 1972, S. 5–14. – D. BAACKE, Kommunikation und Kompetenz. Grundlegung einer Didaktik der Kommunikation und ihrer Medien, München 1973. – H. HOLZER, Kommunikationssoziologie, Reinbek bei Hamburg 1973. – Mediendidaktische Modelle: Fernsehen, hg. von D. BAACKE, München 1973. – Mediendidaktische Modelle: Zeitung und Zeitschrift, hg. von D. BAACKE, München 1973. – O. NEGT/A. KLUGE, Öffentlichkeit und Erfahrung. Zur Organisationsanalyse von bürgerlicher und proletarischer Öffentlichkeit, Frankfurt a. M. 1973. – G. WALDMANN, Theorie und Didaktik der Trivialliteratur. Modellanalysen – Didaktikdiskussionen – Literarische Wertung, München 1973. – Was sollen Schüler lernen? Die Kontroverse um die hessischen Rahmenrichtlinien für die Unterrichtsfächer Deutsch und Gesellschaftslehre, hg. von G. KÖHLER/E. REUTER, Frankfurt a. M. 1973. – J. WERMKE, Wozu Comics gut sind?! Unterschiedliche Meinungen zur Beurteilung des Mediums und seiner Verwendung im Deutschunterricht, Kronberg/Ts. u. Frankfurt a. M. 1973, ⁴1979). – N. ALTENHOFER u. a., Die Hessischen Rahmenrichtlinien für das Fach Deutsch in der wissenschaftlichen Diskussion. Zur

Systematik des Sprach- und Literaturunterrichts, Kronberg/Ts. 1974. – V. MERKELBACH, Rahmenrichtlinien statt Bildungspläne für den Deutschunterricht in Hessen, in: Diskussion Deutsch 20 (1974), S. 479–495. – J. PAECH, Kritik der praktischen Medienarbeit, in: Didaktik der Massenkommunikation 1: Manipulation durch Massenmedien – Aufklärung durch Schule?, hg. von R. SCHWARTZ, Stuttgart 1974, S. 211–237. – L. KERSTIENS, Unterrichtsthema: Massenkommunikation. Grundlagen, Erziehungs- und Lehrziele, Vorschläge für den Unterricht, Bad Heilbrunn/Obb. 1976. – H. MAYRHOFER/W. ZACHARIAS, Ästhetische Erziehung. Lernorte für aktive Wahrnehmung und soziale Kreativität, Reinbek bei Hamburg 1976. – Medienpädagogik, hg. von J. HÜTHER/J. H. KNOLL, München 1976. – R. ULSHÖFER, Methodik des Deutschunterrichts, Bd. 2, Stuttgart 1976. – B. WEMBER, Wie informiert das Fernsehen? Ein Indizienbeweis, München 1976. – W. BÜTOW u. a., Methodik. Deutschunterricht. Literatur, Berlin (Ost) 1977. – R. DENK, Erziehung zum Umgang mit Medien, Freiburg i.Br. 1977. – H. K. EHMER, Krise und Identität – Zur Kritik einiger fachdidaktischer und fachpolitischer Kategorien, in: Sehen lernen. Kritik und Weiterarbeit am Konzept Visuelle Kommunikation, hg. von H. HARTWIG, Köln 1978, S. 13–40. – K. HICKETHIER/W. D. LÜTZEN, Krimi-Unterhaltung. Überlegungen zum Genre am Beispiel von Kriminalfilmen und -serien, in: Sehen lernen. Kritik und Weiterarbeit am Konzept Visuelle Kommunikation, hg. von H. HARTWIG, Köln 1978, S. 312–335. – P. MEYER, Medienpädagogik. Entwicklung und Perspektiven, Königstein/Ts. 1978. – H. HENGST, Auf Kassetten gezogen und in Scheiben gepreßt. Tonkonserven und ihre Funktionen im Medienalltag von Kindern, Frankfurt a. M. 1979. – H. HOFFMANN, Kultur für alle. Perspektiven und Modelle, Frankfurt a. M. 1979. – Alternative Medienarbeit. Videogruppen in der Bundesrepublik, hg. von M. KÖHLER, Opladen 1980. – Die Alternativpresse. Kontroversen, Polemiken, Dokumente, hg. von G. EMIG u. a., Augsburg 1980. – D. BAACKE, Aufgaben und Probleme außerschulischer Medienarbeit, in: Praxisfeld Medienarbeit, hg. von D. BAACKE/T. KLUTH, München 1980, S. 8–16. – B. SCHORB u. a., Sozialisation durch Massenmedien, in: Handbuch der Sozialisationsforschung, hg. von K. HURRELMANN/D. ULICH, Weinheim/Basel 1980, S. 603–627. – Massenmedien im Deutschunterricht. Lernbereiche und didaktische Perspektiven, hg. von H.-D. KÜBLER, Frankfurt a. M. 1981. – A. FRÖHLICH, Handlungsorientierte Medienerziehung in der Schule. Grundlagen und Handreichung, Tübingen 1982. – NETWORK MEDIEN-COOPERATIVE, Frequenzbesetzer. Arbeitsbuch für ein anderes Radio, Reinbek bei Hamburg 1983. –

B. Bachmair, Symbolische Verarbeitung von Fernseherlebnissen in assoziativen Freiräumen. Bibliotheksverlag der Gesamthochschule Kassel – FB Erziehungs- und Humanwissenschaften, 2 Bde., Kassel 1984/85. – H. Bonfadelli u. a., Jugend und Medien. Eine Studie der ARD/ZDF-Medienkommission und der Bertelsmann Stiftung, Frankfurt a. M. 1986. – M. Charlton/K. Neumann, Medienkonsum und Lebensbewältigung in der Familie, München/Weinheim 1986. – J.-U. Rogge/K. Jensen, Über den Umgang mit Medien in Familien, in: Das Parlament. Aus Politik und Zeitgeschehen v. 18.1.1986, S. 11–26. – D. Spanhel, Jugendliche vor dem Bildschirm. Neueste Forschungsergebnisse über die Nutzung der Videofilme, Telespiele und Homecomputer durch Jugendliche, Weinheim 1987. – Jugendzeit – Medienzeit. Daten, Tendenzen, Analysen für eine jugendorientierte Medienerziehung, hg. von M. Radde u. a., Weinheim/München 1988. – M. R. Schafer, Klang und Krach. Eine Kulturgeschichte des Hörens, Frankfurt a. M. 1988. – Qualitative Medienforschung, hg. von D. Baacke/H.-D. Kübler, Tübingen 1989. – B. Eschenauer, Medienpädagogik in den Lehrplänen. Eine Inhaltsanalyse zu den Curricula der allgemeinbildenden Schulen, Gütersloh 1989. – G. Tulodziecki, Medienerziehung in Schule und Unterricht, Bad Heilbrunn/Obb. 1989, ²1992. – D. Baacke u. a., Lebensgeschichten sind Mediengeschichten, Opladen 1990. – D. Baacke u. a., Lebenswelten sind Medienwelten, Opladen 1990. – Experiment Ästhetische Bildung. Aktuelle Beiträge für Handeln und Verstehen, hg. von G. Selle, Reinbek bei Hamburg 1990. – R. Eckert u. a., Auf digitalen Pfaden. Die Kulturen von Hackern, Programmierern, Crackern und Spielern, Opladen 1991. – Medienpädagogen kommentieren populäre Thesen über die Wirkungen der Darstellungen von Gewalt und Sexualität im Fernsehen auf Kinder und Jugendliche, hg. von B. Schorb/W. H. Swoboda, München 1991. – Schöne Aussichten? Ästhetische Bildung in einer technisch-medialen Welt, hg. von W. Zacharias, Essen 1991. – M. Charlton/K. Neumann-Braun, Medienkindheit – Medienjugend. Eine Einführung in die aktuelle kommunikationswissenschaftliche Forschung, München 1992. – R. Merkert, Medien und Erziehung. Einführung in pädagogische Fragen des Medienzeitalters, Darmstadt 1992. – B. Bachmair, TV-Kids, Ravensburg 1993. – W. Gast, Film und Literatur. Analysen, Materialien, Unterrichtsvorschläge. Grundbuch, Frankfurt a. M. 1993. – W. Glogauer, Die neuen Medien verändern die Kindheit. Nutzung und Auswirkung des Fernsehens, der Videofilme, Computer- und Videospiele, der Werbung und Musikvideoclips, Weinheim 1993. – B. Hurrelmann, Lesenlernen als Grundlage einer umfassenden Me-

dienkompetenz, in: Taschenbuch Grundschule, hg. von H. R.
BECHER/J. BENNACK, Baltmannsweiler 1993, S. 246–260. – B. HUR-
RELMANN u. a., Leseklima in der Familie. Eine Studie der Bertels-
mann-Stiftung, Gütersloh 1993. – H. HENGST, Der Medienverbund
in der Kinderkultur. Ensembles, Erfahrungen und Resistenzen im
Mediengebrauch, in: Handbuch der Medienpädagogik, hg. von S.
HIEGEMANN/W. H. SWOBODA, Opladen 1994, S. 239–254. – Kultur-
management. Professionalisierung kommunaler Kulturarbeit, hg.
von T. HEINZE, Opladen 1994. – J. LIEVEN, Jugendschutz und Me-
dienkontrolle seit den 50er Jahren. Zur Entwicklung der Strukturen
und Arbeitsweisen des Jugendmedienschutzes in der Bundesrepublik Deutschland, in: Handbuch der Medienpädagogik, hg. von S.
HIEGEMANN/W. H. SWOBODA, Opladen 1994, S. 167–182. – B.
SCHORB, Zwischen Reformpädagogik und Technozentrik. Über Ki-
noreform und die ›Keilhacker-Schule‹, in: Handbuch der Medienpädagogik, hg. von S. HIEGEMANN/W. H. SWOBODA, Opladen 1994, S.
149–166. – H. THEUNERT, Quantitative versus qualitative Medien-
und Kommunikationsforschung? Über Grundsätze, Gegensätze und
Notwendigkeiten der Ergänzung heutiger methodologischer Paradigmen, in: Handbuch der Medienpädagogik, hg. von S. HIEGE-
MANN/W. H. SWOBODA, Opladen 1994, S. 387–401. – D. WIEDEMANN,
Kommunikationskulturelle Spurensicherung. Rückblick auf medienpädagogische Ansätze in der DDR, in: Handbuch der Medienpädagogik, hg. von S. HIEGEMANN/W. H. SWOBODA, Opladen 1994, S.
223–236. – Bund-Länder-Kommission (BLK) für Bildungsplanung
und Forschungsförderung, Medienerziehung in der Schule. Orien-
tierungsrahmen, Bonn 1995. – H. EGGERT/C. GARBE, Lesesozialisation, Stuttgart 1995. – Erklärung der Kultusministerkonferenz zur
Medienpädagogik, hg. vom Sekretariat der Ständigen Konferenz der
Kultusminister der Länder in der Bundesrepublik Deutschland,
Bonn 1995. – W. GAST, Deutschunterricht und mediale Bildung, in:
Germanistik: Disziplinäre Identität und kulturelle Leistung, hg. von
L. JÄGER, Weinheim 1995, S. 274–284. – Handbuch des Kinderfernse-
hens, hg. von H. D. ERLINGER u. a., Konstanz 1995. – Kultur und
Wirtschaft. Perspektiven gemeinsamer Innovation, hg. von T. HEIN-
ZE, Opladen 1995. – Lesen im Medienzeitalter. Biographische und hi-
storische Aspekte literarischer Sozialisation, hg. von C. ROSEBROCK,
Weinheim/München 1995. – H. MOSER, Einführung in die Medien-
pädagogik, Opladen 1995. – Schöne neue Welten? Auf dem Weg zu
einer neuen Spielkultur, hg. von F. RÖTZER, München 1995. – B.
SCHORB, Medienalltag und Handeln. Medienpädagogik in Geschichte, Forschung und Praxis, Opladen 1995. – H. THEUNERT u. a., »Wir

gucken besser fern als ihr!« Fernsehen für Kinder, München 1995. –
Weltbilder, Wahrnehmung, Wirklichkeit. Bildung als ästhetischer
Prozeß, hg. von D. BAACKE/F.-J. RÖLL, Opladen 1995. – G. TULODZIE-
CKI u. a., Handlungsorientierte Medienpädagogik in Beispielen. Pro-
jekte und Unterrichtseinheiten für Grundschulen und weiterführen-
de Schulen, Bad Heilbrunn/Obb. 1995. – W. GAST/G. MARCI-
BOEHNCKE, Medienpädagogik in der Schule. Plädoyer für ein fach-
spezifisches Curriculum – jetzt, in: medien praktisch 79 (1996), S.
47–51. – M. KEPSER, Kreatives Schreiben mit dem Computer im
Deutschunterricht – didaktische Anregungen, in: Medien in der
Schule. Anregungen und Projekte für die Unterrichtspraxis in der
Sekundarstufe I und II, hg. von W. FAULSTICH/G. LIPPERT, Paderborn
1996, S. 121–140. – Kinder und Radio. Zur medienpädagogischen
Theorie und Praxis der auditiven Medien, hg. von W. SCHILL/D. BAA-
CKE, Frankfurt a. M. 1996. – B. LECKE, Literaturdidaktik vs. Medienpädagogik – kontrovers oder komplementär, in: Literaturstudium
und Deutschunterricht auf neuen Wegen, hg. von B. LECKE, Frankfurt a. M. 1996, S. 151–167. – J. WERMKE, Leseerziehung für Medien-
rezipienten, in: Wovon der Schüler träumt. Leseförderung im Spann-
nungsfeld zwischen Literaturvermittlung und Medienpädagogik, hg.
von J. S. HOHMANN/H. RUBINICH, Frankfurt a. M. u. a. 1996, S.
90–117. – D. BAACKE, Medienpädagogik, Tübingen 1997. – C. DOEL-
KER, Ein Bild ist mehr als ein Bild. Visuelle Kompetenz in der Multi-
media-Gesellschaft, Stuttgart 1997. – B. B. FLAIG u. a., Alltagsästhetik
und politische Kultur. Zur ästhetischen Dimension politischer Bildung und politischer Kommunikation, Bonn 1997. – Kinder an die
Fernbedienung. Konzepte und Kontroversen zum Kinderfilm und
Kinderfernsehen, hg. von J. von GOTTBERG u. a., Berlin 1997. – Neue
Medien – neue Aufgaben für die Lehrerausbildung, hg. von G.
TULODZIECKI/S. BLÖMEKE, Gütersloh 1997. – Pädagogik des Ästhetischen, hg. von G. BIEWER/P. REINHARTZ, Bad Heilbrunn/Obb. 1997. –
I. PÖTTINGER, Lernziel Medienkompetenz. Theoretische Grundlagen und praktische Evaluation anhand eines Hörspielprojekts, Mün-
chen 1997. – U. SIX/G. ROTERS, Hingehört. Das Radio als Informationsmedium für Jugendliche, Gütersloh 1997. – J. WERMKE, Integrierte Medienerziehung im Fachunterricht. Schwerpunkt: Deutsch,
München 1997. – Ästhetik und Kommunikation heute. Beiträge zu
einem Studienfach und seinen Teilbereichen, in: Massenmedien und
Kommunikationskultur, H. 123/124, hg. von P. MARCHAL, Siegen
1998. – H. MANDL u. a., Gutachten zur Vorbereitung des Programms
»Systematische Einbeziehung von Medien, Informations- und Kommunikationstechnologien in Lehr- und Lernprozesse«. Materialien

zur Bildungsplanung und zur Forschungsförderung, H. 66, hg. von der Bund-Länder-Kommission (BLK) für Bildungsplanung und Forschungsförderung, Bonn 1998. – P. R. MERKERT, Raum und Zeit als menschliche Konstrukte und die modernen Medien, in: Technologiekritik und Medienpädagogik. Zur Theorie und Praxis kritischreflexiver Medienkommunikation, hg. von T. HUG, Hohengehren 1998, S. 88–99. – J. WERMKE, Kinder- und Jugendliteratur in den Medien. Oder: der Medienverbund als ästhetische Herausforderung, in: Ästhetik im Prozeß, hg. von G. RUPP, Opladen/Wiesbaden 1998, S. 179–217. – Ästhetik der Kinder. Interdisziplinäre Beiträge zur ästhetischen Erfahrung von Kindern, hg. von N. NEUSS, Frankfurt a. M. 1999. – Idealisten oder Realisten? Die deutschen Kinder- und JugendfernsehmacherInnen und ihre subjektiven Medientheorien, hg. von B. SCHORB/H.-J. STIEHLER, München 1999. – Medienkompetenz: Grundlagen und pädagogisches Handeln, hg. von F. SCHELL u. a., München 1999. – Multimedia – Chancen für die Schule, hg. von D. M. MEISTER/U. SANDER, Neuwied/Berlin 1999. – Pädagogische und psychologische Aspekte der Medienästhetik, hg. von P. MASET, Opladen 1999. – J. SCHWAB/M. STEGMANN, Die Windows- Generation. Profile, Chancen und Grenzen jugendlicher Computeraneignung, München 1999. – D. SPANHEL, Förderung von Medienkompetenz im Handlungsfeld Schule – Bedingungen, Möglichkeiten, konkrete Beiträge, in: Medienkompetenz: Grundlagen und pädagogisches Handeln, hg. von F. SCHELL u. a., München 1999, S. 159–166. – D. SPANHEL, Medienkompetenz muß Lehrerinnen und Lehrern in der universitären Ausbildung vermittelt werden, in: Medienkompetenz: Grundlagen und pädagogisches Handeln, hg. von F. SCHELL u. a., München 1999, S. 305–312. – D. SPANHEL, Multimedia im Schulalltag – Was müssen Lehrerinnen und Lehrer wissen, um Multimedia einsetzen zu können?, in: Multimedia – Chancen für die Schule, hg. von D. M. MEISTER/U. SANDER, Neuwied/Berlin 1999, S. 54–76. – W.-R. WAGNER, Kulturtechnik Multimedia. Die Technikignoranz der Medienpädagogik, in: medien praktisch 92 (1999), S. 14–19. – Computer im Deutschunterricht der Sekundarstufe, hg. von G. THOMÉ/D. THOMÉ, Braunschweig 2000. – Interaktiv. Medienökologie zwischen Sinnenreich und Cyberspace. Neue multimediale Spiel- und Lernumwelten für Kinder und Jugendliche, hg. von W. ZACHARIAS, München 2000. – M. KEPSER, Internetliteratur im Deutschunterricht, in: Computer im Deutschunterricht der Sekundarstufe, hg. von G. THOMÉ/D. THOMÉ, Braunschweig 2000, S. 107–125. – I. PAUS-HAASE u. a., Hörfunknutzung von Kindern. Bestandsaufnahme und Entwicklungschancen des Kinderhörfunks im

dualen System, Berlin 2000. – J. WERMKE, Ästhetische Perspektiven
der Medienerziehung, in: Spannungsfeld Medien und Erziehung.
Medienpädagogische Perspektiven, hg. von H. KLEBER, München
2000, S. 197–226. – J. WERMKE, »Gestaltungsräume« für Ästhetik und
Ökonomie. Zur Diskussion der 90er Jahre, in: Ästhetik und Ökonomie, hg. von J. WERMKE, Wiesbaden 2000, S. 9–54. – J. WERMKE, Hörästhetik als Aufgabe der Medienerziehung im Deutschunterricht, in:
Zuhören – Lernen – Verstehen, hg. von L. HUBER/E. ODERSKY,
Braunschweig 2000, S. 123–136. – Zukunft des Lehrens – Lernen für
die Zukunft: Neue Medien in der Lehrerausbildung. Rahmenkonzept, hg. vom Ministerium für Schule und Weiterbildung, Wissenschaft und Forschung, Schriftenreihe Schule in NRW 1 (2000), Düs-
seldorf/Frechen 2000.

Medienrecht*

Juristische Paradigmenwechsel resultieren in der Regel aus einer nicht immer ganz gleichzeitigen Gemengelage von miteinander verwobenen ideengeschichtlichen, ideologischen, gesellschaftlichen und technischen Entwicklungen. Ein wenig willkürlich lassen sich die wichtigsten Transformationsprozesse der Neuzeit in vier Epochen zusammenfassen: (1) Die massenmediale Steinzeit, technisch beherrscht von den Printmedien in ihrer Entwicklung von der Gutenberg- bis zur Rotationspresse, ideologisch von unterschiedlichen Schichten der religiösen und dann politischen Zensur einerseits und dem Ringen um Pressefreiheit seit der Aufklärung andererseits, (2) Pressefreiheit und erste Regulierungen des Rundfunks in der Weimarer Zeit und die Pervertierung der Medien und des Medienrechts unter der Nazidiktatur, (3) der demokratische Wiederaufbau in der Bundesrepublik Deutschland und der Wirtschaftsfaktor Presse und Rundfunk und schließlich (4) die Ankunft des digitalen Zeitalters mit zunehmenden Konvergenzerscheinungen zwischen den herkömmlichen Massenmedien und dem vernetzten Computer.

1. Die Steinzeit des Medienrechts – oder: Von Gutenbergs beweglichen Lettern zur Rotationspresse

1.1 Von Mainz über die Paulskirche zu Bismarck

Die Geschichte der gedruckten Massenmedien in Deutschland ist weitgehend von Zensur und Unterdrückung gekennzeichnet (hierzu und im Folgenden H. KOHL, 1985, S. 185ff.). Kaum hatte Johann GENSFLEISCH, genannt GUTENBERG, um 1450 in Mainz die beweglichen Lettern für die Druckerpresse erfunden und damit die Grundlage für die Massenherstellung und -distribution von Büchern und Flugschriften geschaffen, trat um 1460 der Mainzer Bischof, religiöses und weltliches Oberhaupt zugleich, auf den Plan und führte die Vorzensur für alle Erzeugnisse der

* Überarbeitete Fassung eines unter dem Titel *Transformationsprozesse des Medienrechts* in Artefacts Artefictions – Artefakte Artefiktionen, FS für C. W. THOMSEN, hg. von A. KREWANI, erschienenen Beitrags.

Druckerpresse ein. Mainz befand sich dabei also zweifach an der
Spitze der Entwicklung, technisch sowohl als auch juristisch.
Denn der Mainzer Bischof, nahe am technischen Geschehen, war
ein Jahr schneller als der Papst, der mit seiner Bulle *Inter multiplices*
die Vorzensur erst ein Jahr später als Pflichtaufgabe für alle rö-
misch-katholischen Bischöfe einführte. Dass wir es hier mit einer
Reaktion auf die moderne Technik zu tun hatten, kann kaum bezweifelt werden. Selbst die alles durchdringende Inquisition hatte
sich bisher mit ›censura repressiva‹, also der Unterdrückung nach
einer Publikation, zufrieden gegeben (dazu allgemein F. SCHNEI-
DER, 1966; D. STAMMLER, 1971). Aus heutiger Sicht könnte man
die Zensurmaßnahmen dieser kirchlichen Instanzen als bloß religiös motivierte Abwehrbemühungen qualifizieren. In dieser Ära
an der Grenze zwischen Spätmittelalter und Neuzeit, die noch
von der Religion determiniert war, in der aber schon Renaissance
und Reformation jedenfalls für die schmale Klasse der Gebildeten
ein Identitätsbewusstsein stifteten und ihnen das Recht zu einer
unabhängigen Wahrheits- und/oder Gottessuche wiesen, war
dies jedoch zugleich ein – aus heutiger Sicht – politisches Problem. Deutlich wird das durch die repressiven Reaktionen der
(nur) weltlichen Herrscher im Reich. Da ihre Legitimation letztlich auch auf der »Gnade Gottes«, der Autorität der Religion also,
beruhte, stellten alle Angriffe auf religiöse Institutionen, Riten,
Dogmen letztlich auch eine Bedrohung des säkularen Thrones
dar. Die Reichstage von Worms (1524) und Speyer (1529) führten konsequenterweise eine allgemeine Vorzensur für alle kirch-
lich und säkular beherrschten Gebiete des Reiches ein. Nach dem
Selbstverständnis der Zeit dürfte es dabei weiterhin um die Wahrung des »wahren Glaubens« gegangen sein.

Anders ist der Ausblick im späten 18. und frühen 19. Jahrhundert. Immer noch regierte allübergreifend die Zensur; allerdings
änderte sich dramatisch die theoretische Rechtfertigung für all
jene, die von ihren Regenten forderten: »Sire, geben Sie Gedankenfreiheit!«. Die Aufklärung entwarf ein neues Weltbild. Sicherlich war der Monarch noch von Gottes Gnaden. Er war aber nicht
mehr frei in seinen Entwürfen, seiner Willkür. Er musste sich am
»Naturrecht« ausrichten, welches Respekt verlangte für die neu
erkannten Grenzen zwischen Staat und Gesellschaft; ihm wurde
Achtung abverlangt vor dem Bürger, vor dem Individuum als einer rechtsbegabten Persönlichkeit. Die Rolle des Monarchen war

begrenzt durch seine neu erkannten Aufgaben; Eingriffe in die
Gesellschaft waren nur durch Staatsinteressen gerechtfertigt,
mussten vernunftbegründet, nicht mehr nur willkürlich sein. Da
ideologisch auch der Bürger nunmehr als vernunftbegabt konzipiert war, stand es ihm jetzt auch – erstmals – zu, Handlungen
und Unterlassungen des Herrschers kritisch zu beleuchten. Meinungsfreiheit und Pressefreiheit wurden nun (rechts-)politische
Anliegen. Eine periodisch erscheinende Presse, die allmählich
entstand und gedieh, entwickelte sich von reinen Nachrichten-
blättern hin zu vielfältig ausdifferenzierten Meinungs- und Dis-
kussionsforen. Presse- und Meinungsfreiheit (damals noch nicht
immer getrennt) wurden zu Menschenrechten emporgehoben.
In Deutschland gab es dazu im frühen 19. Jahrhundert vielfältige
vorsichtige Vorstöße (z. B. Wilhelm von HUMBOLDT, *Ueber Pressfreiheit*, zit. n. J. WILKE, 1984, S. 134, der ergebenst vom Staats-
kanzler die Abschaffung der Vorzensur und die Einführung der –
nachträglichen – Gerichtskontrolle fordert). Auch hier zeigt sich
aber die generelle »deutsche Verspätung«. Französische und amerikanische Vorbilder waren es, die allmählich das politische Klima
dafür vorbereiteten, Presse- und Meinungsfreiheit als individuelle Rechte im demokratischen und gesellschaftlichen Diskus-
sionsprozess zu verstehen. Gleichzeitig entstand auch ein erstes
Verständnis für die kollektiven Funktionen eines solchen Rechts.
Vernunft und Volksmeinung – wohl stets als vorhanden verstanden – konnten nicht, so erkannte man, ohne weiteres entdeckt
werden. Sie bedurften eines Erkenntnisprozesses: der öffentlichen Diskussion. Insofern hatte die Pressefreiheit eine neue
theoretische/politische Grundlage gewonnen. Die dramatischen
sozialen Veränderungen der beginnenden Industrialisierung veränderten auch das Rechtsverständnis der neu auftauchenden
wichtigen gesellschaftlichen Akteure. Die Manufakturbesitzer
und Fabrikanten, so ungesichert ihre Rollen auch noch waren,
konnten nicht in den hierarchischen Feudalstrukturen, Zunft-
oder Innungsordnungen, die – aus damaliger Perspektive – an-
scheinend seit jeher so waren, wie sie eben waren, eingefangen
werden. Sie verlangten nicht mehr gnädig erteilte Privilegien,
sondern Rechte.

Die »Verspätung« in den deutschen Staaten dokumentierte
sich darin, dass kaum ein Herrscher bereit war, angesichts der
neuen Ideen und gesellschaftlichen Entwicklungen die Zensur-

bedingungen zu lockern. Im Gegenteil wurden der Pressefreiheit
neue Hindernisse in den Weg gelegt. Eine Zeitung oder Zeitschrift durfte nur herausgeben, wer eine Erlaubnis dafür erhielt,
welche nach dem Konzessionssystem, d. h. willkürlich, vom Staat
erteilt oder versagt wurde; zusätzlich wurden Stempelpflichten
und korrespondierende Stempelgebühren erdacht; häufig mussten Herausgeber Kautionen stellen, ehe sie publizieren konnten.
Der »Pöbel« war damit aus Geldmangel schon einmal vom Pressewesen ausgeschlossen.

  »Alles wird neu, anders, besser« war das Signal der Paulskir-
chenverfassung der Revolutionsjahre 1848/49. Nach deren Artikel 143 wurde jedem Deutschen die Meinungsfreiheit garantiert
und darüber hinaus vorgesehen, dass die Pressefreiheit auf keine
Weise und unter keinen Umständen beschränkt, ausgesetzt oder
durch vorbeugende Maßnahme abgeschafft werden kann; insbesondere die Zensur, die Erlaubnispflicht, Kautionsanforderun-
gen und sogar – gar nicht unwichtig auch unter heutigen Gesichtspunkten – Aspekte der Beförderung und Verteilung von
Presseprodukten wurden bedacht, wenn Behinderungen des
Postverkehrs verboten waren. Wie allgemein bekannt, verwelkten
die liberalen Blütenträume der Paulskirche noch im selben Jahr.
All die erwähnten Beschränkungen der Pressefreiheit wurden,
soweit sie denn überhaupt in der kurzen Zwischenzeit aufgehoben waren, wieder eingeführt. Allerdings gibt es hier eine ganz
große Ausnahme hervorzuheben: Die seit Mainzer Zeiten bekannte Vorzensur blieb dauerhaft abgeschafft, bis sie 1933 vom
Hitlerregime erneut eingeführt wurde.

1.2 Die Presse im Kaiserreich zwischen Freiheit und Repression – kommerzielle Blüte und staatliche Unterdrückung

In den meisten historischen Berichten und wohl auch im Selbstverständnis der Zeit wird der nächste historische Abschnitt durch
das Reichspressgesetz vom 7.5.1874 (RGBl. 1874, S. 65) konstituiert. In der Tat wird hier die Pressefreiheit in § 1 hervorgehoben
und insofern garantiert, als nur solche Beschränkungen, die gesetzlich vorgesehen sind, für erlaubt erklärt werden. Interessant
ist und bleibt aber der Paradigmenwechsel seit 1848. Standen dort
die individuellen Rechte im Vordergrund, liegt hier der Blick auf
den möglichen staatlichen Beschränkungen. Wichtig für die Pra-

xis war aber – und dies ist in seiner Bedeutung kaum zu unterschätzen – das Ende der kleinlichen Beschränkungen durch Kon-
zessionserfordernisse, Stempel, Gebühren usw.

Diese neuen Freiheiten begünstigten die Entstehung einer
periodischen Presse, die zugleich durch die Entwicklung der Rotationspresse ungeheure technische Impulse empfing. In dieser
Atmosphäre von technischem Fortschritt und juristischer Freiheit blühte die Tagespresse auf, allerdings nicht allzu lange. Schon
1878 wurden wichtige Teile des Reichspressgesetzes suspendiert
und alle Publikationen, die die »gefährlichen Bestrebungen der
Sozialdemokratie« verfolgten, verboten. Der öffentliche Diskurs
über die Massenmedien wurde damit erneut gröblich verfälscht.
Die nicht betroffenen bürgerlichen Publikationsorgane nahmen
dies aber durchweg gelassen, bisweilen gar angesichts der »verbesserten« Konkurrenzsituation erleichtert hin. Ihr Erfolg wurde
neben der schon erwähnten technischen Entwicklung der Rotationspresse insbesondere dadurch gefördert, dass allmählich ein
organisierter Anzeigenmarkt entstand. Dessen Genese wurde von
den Presseunternehmen mit besonderer Aufmerksamkeit verfolgt und verarbeitet. Ein deutlicher Paradigmenwechsel zeichnete sich hier ab. Waren bisher die Akteure am Massenmedien-
markt diejenigen, die engagiert zur gesellschaftlichen, politischen, weltanschaulichen Diskussion beitragen wollten, wurden
sie nunmehr überlagert durch den Presse-Geschäftsmann, der
nicht (nur) den öffentlichen Diskurs, sondern (auch) den opti-
malen Gewinn für seine Investition im Blick hatte. Nicht mehr
(nur) Aufklärung, sondern die Erzielung einer möglichst großen
Auflage, um Leser und Anzeigenkunden zu befriedigen, wurden
zum Ziel der Presse. Der Publizist, jetzt mehr primär der Herausgeber, nicht mehr der Autor, wird vom Diskutanten am Mei-
nungsmarkt zu einer Figur, die jedenfalls auch die Ansichten,
Nachrichten und Meinungen im Individualinteresse ökonomisch auswählt und der Gesellschaft zuteilt. Der Journalist sinkt
aus seinem Status als autonom verstandener Teilnehmer am öffentlichen Diskurs zu einem angestellten Dienstleister herab.

2. Von der Weimarer Freiheit zur Nazidiktatur

2.1 Das Presserecht in der Weimarer Republik

Mit Kriegsende und Revolution endeten cum grano salis die
noch bestehenden Einschränkungen der Pressefreiheit. Die Weimarer Reichsverfassung sah in ihrem Art. 118 vor, dass zwar
nicht jedermann, immerhin aber jedem Deutschen das Recht zustand, »innerhalb der Schranken der allgemeinen Gesetze seine
Meinung durch Wort, Schrift, Bild oder in sonstiger Weise frei zu
äußern«. Obwohl die Pressefreiheit explizit nicht erwähnt war
und wichtiger noch die Garantie des Art. 118 WRV wie alle anderen Verbürgungen jener Verfassung keine individuell einklagba-
ren Abwehrrechte für den Bürger begründete, waren und blieben Zensur und kleinliche Beschränkungen der Presse abgeschafft. Unbehindert vom Staat konnte die Presse, die sich – jedenfalls soweit sie Tagespresse war – überwiegend als parteipoli-
tisch orientierte und unternehmerisch betriebene verstand, sich
zunächst frei entwickeln. Dass diese Freiheit auch zu einer un-
kontrollierten Konzentration und zu Verflechtungen von Presse
und Industrie führte, wurde gesehen, aber rechtspolitisch und
rechtlich nicht bewältigt. Alfred HUGENBERG, der mit seinem
Zeitungsimperium die Ziele der rechtsgerichteten Deutschna-
tionalen Volkspartei verfolgte und zum Steigbügelhalter Adolf
HITLERs wurde, dokumentierte deutlich die Gefahren, die durch
geballte Meinungsmacht für den öffentlichen Meinungsdiskurs
entstanden waren. Die ideologische Grundlage für die Pressefreiheit, orientiert an individueller Meinungsäußerung, blieb
aber trotz vielfältiger Kritik weitgehend unverändert (eindrucksvoll insoweit die Verhandlungen auf dem 4. Kongress der Vereinigung der Deutschen Staatsrechtslehrer, siehe dazu Veröffentlichungen der VDStRL Bd. 4, 1924). Das Recht übte seine Steuerungsfunktion effektiv nur in eine Richtung, nämlich gegen einen gestaltenden, schützenden Staat aus. Späte und fehlgeleitete
Versuche, mit Hilfe der Republikschutzgesetzgebung und des
Notverordnungsrechts des Reichspräsidenten nach Art. 48 WRV
radikalen Stimmen Einhalt zu gebieten, waren im Ansatz verfehlt
und im Ergebnis erfolglos.

2.2 Das Aufkommen des Rundfunks und des Rundfunkrechts

Schon vor der Weimarer Zeit war in der Medienwelt ein neues technisches Phänomen hinzugekommen. 1887 entdeckte Heinrich Hertz die Möglichkeit der drahtlosen Verbreitung elektromagnetischer Schwingungen. Es dauerte fünf Jahre, bis im Jahre 1892 das Reich sich gesetzlich das Recht der Installation von Telegraphenanlagen für die Vermittlung von Nachrichten vorbehielt (RGBl. 1892, S. 467). Dies mag man als Beginn der Rundfunkgesetzgebung und der staatlichen Kontrolle über das Fernmeldewesen bezeichnen. Allerdings spielte der Rundfunk noch eine untergeordnete Rolle.

Während des Ersten Weltkriegs wurde das neue Medium vorwiegend für militärische Zwecke genutzt: Funkanlagen wurden beschlagnahmt, fortan war das Kriegsministerium für die Genehmigung von Privatfunkanlagen zuständig. Nach dem Krieg geriet auch der Rundfunk in die Revolutionswirren. Die Gründung der »Zentralfunkleitung« (ZFL) durch Revolutionäre am 9.11.1918 führte bei gleichzeitiger Besetzung der meisten Sender durch Soldaten dazu, dass kurzzeitig der Vollzugsrat der Arbeiter- und Soldatenräte ein eigenes Rundfunknetz zur Verfügung hatte. Schon damals schien – trotz der geringen Anzahl von Rezipienten – die Wirkungskraft des Mediums bekannt zu sein. Mit Abschwächen der revolutionären Stimmung nahm auch der Einfluss der Arbeiter- und Soldatenräte ab. Der Reichsregierung gelang es, durch Schaffung erst der Reichsfunkkommission (RFK) und am 1.2.1919 der »Reichsfunkbetriebsverwaltung« (RFBV) die Zentralfunkleitung in eine Neuorganisation des deutschen Rundfunkwesens einzubeziehen und nach und nach zu neutralisieren. Somit hatte die Revolution dafür gesorgt, dass in Konkurrenz zu der Telegraphen- und Fernsprechabteilung des Reichspostministeriums eine zweite staatliche Stelle für den Rundfunk zuständig war (W. B. Lerg, 1980, S. 40f.). Mit dem Ende der revolutionären Bestrebungen fiel somit auch die Notwendigkeit einer zweiten Behörde weg. Die Post hatte inzwischen ihren alleinigen Anspruch auf die Rundfunkorganisation verdeutlicht. Die Folge war die Zusammenführung der beiden Behörden: zunächst dadurch, dass Hans Bredow in Personalunion sowohl Leiter der Abteilung Funktelegraphie als auch Leiter der Reichsfunkbetriebsverwaltung wurde, letztlich durch endgültige Übernahme der

Reichsfunkbetriebsverwaltung in das Reichspostministerium am
9.4.1919. Dieses war damit wieder die zentrale Behörde für das
gesamte Funkwesen.

Die Weimarer Reichsverfassung wies in Art. 6 Nr. 7, Art. 88
Abs. 1 die Gesetzgebungs- und Verwaltungskompetenz für das
Post- und Telegraphenwesen dem Reich zu.

Der Rundfunk entwickelte sich nunmehr von einem aus
technischen Gründen nur für wenige erreichbaren »exklusiven«
Medium zunehmend zu einem Massenkommunikationsmittel.
Der technischen Öffnung des Rundfunks für die Allgemeinheit
folgte die rechtliche. Die Veranstaltung von Rundfunkpro-
grammen war zu einem wirtschaftlich lukrativen, aber auch risi-
koreichen Unterfangen geworden, konnte doch niemand die mit
der technischen Entwicklung einhergehenden wirtschaftlichen
Risiken abschätzen. Daher sollte das Reichspostministerium Ei-
gentümerin der Sende- und Empfangsanlagen bleiben, während
für den Betrieb und die Beschaffung der Sendeinhalte mehrere
privatwirtschaftliche Unternehmen in Sendebezirken kon-
zessioniert werden sollten (A. HESSE, 1999, 1. Kap., Rnr. 4; W. B.
LERG, 1980, S. 38ff.); der entstehende private und föderale
Rundfunk war daher nicht Ausdruck eines grundrechtlich fun-
dierten Freiheitsverständnisses und föderaler Überzeugung,
sondern einzig aus wirtschaftlichen Erwägungen heraus entstanden.

Erster Bewerber um eine Rundfunkkonzession waren am
16.5.1922 gemeinsam die Firmen Telefunken und Lorenz; sechs
Tage später zog die staatseigene Deutsche Stunde GmbH nach (P.
SCHIWY, 1997, Kap. A, Rnr. 3).

Die Reichspostverwaltung entschied sich jedoch gegen einen
zentralen Rundfunk und teilte das Reichsgebiet in neun Sendege-
biete ein. Dies geschah nicht aus föderalen Erwägungen, sondern
trug der Tatsache Rechnung, dass die nötigen Mittel für ein
reichsweites Sendenetz fehlten. Nachdem der eigentlich bis dahin noch verbotene Rundfunkempfang mit der Verfügung Nr.
815 (Nachrichtenblatt des RPM Nr. 117 v. 24.10.1923, S. 885f.)
am 24.10.1923 fernmelderechtlich freigegeben wurde, veranstal-
tete am 29.10.1923 in Berlin die »Deutsche Stunde GmbH« eine
»Musiksendung an alle«; die Geburtsstunde des Massenkommu-
nikationsmittels Rundfunk hatte stattgefunden.

Mit dem raschen Anstieg der Zahl der Rundfunkempfänger erkannte auch der Staat den zunehmenden Einfluss des Rundfunks auf die Meinungsbildung immer deutlicher. In der Folge versuchte er daher, die föderale und privatrechtliche Organisation zugunsten einer zentralen und staatlich gesteuerten umzuformen. Die neu gegründete Reichsrundfunkgesellschaft mbH (RRG), der Mehrheitsanteile an allen Regionalgesellschaften übertragen wurden, befand sich in staatlicher Hand. Die neuen, 1926 für zwölf Jahre erteilten Sendelizenzen enthielten eine Reihe von Eingriffen in die Programmautonomie der Veranstalter (A. HESSE, 1999, 1. Kap., Rnr. 11; P. SCHIWY, 1997, Kap. A, Rnr. 23f.): es durfte nur Nachrichtenmaterial der staatlichen Nachrichtenagentur »DRA« verwendet werden, Überwachungsausschüsse genehmigten Personalentscheidungen, Kulturbeiräte kulturelle Beiträge. Damit war der Rundfunk staatlich intensiv kontrolliert; andererseits sollte er politische Neutralität bewahren: Sein gesamtes Programm war streng überparteilich zu halten.

In der Endphase der Weimarer Republik verstärkte sich auch die Tendenz zum Staatsrundfunk. Die Versuche der Reichspost, den Rundfunk aus der Parteipolitik herauszuhalten (A. HESSE, 1999, 1. Kap., Rnr. 4; P. SCHIWY, 1997, Kap. A, Rnr. 7, 20), führten letztlich nicht zum Erfolg. Die Reichspost und die Länder vertraten – jeweils aus ihren eigenen Interessen – gegen die Reichsregierung den Standpunkt, der Rundfunk sei ein kulturelles Phänomen. Die Reichspost wollte den Rundfunk aus dem Parteienstreit heraushalten, um eine Einnahmequelle nicht zu gefährden; die Länder, um ihrerseits Einfluss zu gewinnen, was nur über die ihnen zustehende Kulturkompetenz möglich war. Gemeinsam war beiden Beteiligten im Kampf gegen den Zentralstaatsrundfunk die Betonung der kulturellen Seite des Rundfunks; hier liegt einer der Gründe dafür, dass der Rundfunk in Deutschland schon als »öffentliche Aufgabe« verstanden wurde und daher nicht privaten Interessen, sondern der Allgemeinheit zu dienen habe (A. HESSE, 1999, 1. Kap., Rnr. 4; P. SCHIWY, 1997, Kap. A, Rnr. 7).

Die Zentralisierung und Verstaatlichung des Rundfunks verstärkte sich unter der Regierung PAPENS im Jahre 1932 dramatisch: Die verbliebenen privaten Minderheitsgesellschafter mussten ihre Anteile an den Programmgesellschaften an die Länder abgeben, von den Landesregierungen ernannte Staatskommissare, die jedoch der Weisungsbefugnis des Reichsrundfunkkommissars unterstanden, konnten unmittelbar Sendungen untersagen und Mitarbeiter abberufen. Die totale Verstaatlichung des deutschen Rundfunks war also schon vor dem 30.1.1933 begonnen worden (G. HERRMANN, 1994, S. 63; D. REICH, 1990, S. 113). Der Rundfunk hatte nunmehr der »Aufbauarbeit an Volk und Staat« (Richtlinien des Reichsrates für die Programmgestaltung vom 18.11.1932, Text bei H. BAUSCH, 1956, S. 212–214) zu dienen.

2.3 Massenmedien und Medienrecht als Manipulationsinstrumente des Nazi-Staates

Jegliche Ansprüche an »Aufklärung« und freien Diskurs waren unter der Nazidiktatur aufgehoben. Die herrschende Ideologie und die Realität der Massenmedien korrespondierten perfekt.

Die »Machtergreifung« der NSDAP begann im Bereich des Rundfunks schon am 30.1.1933, als gegen den Willen der Programmverantwortlichen der Berliner Fackelzug live übertragen wurde. Noch am selben Tag reichte BREDOW sein Entlassungsgesuch ein. Die Pressefreiheit wurde einige Wochen nach HITLERs »Machtergreifung« am 28.2.1933 beendet, als alle sozialistischen und kommunistischen Presseverlage enteignet wurden.

Organisatorisch wurde die Verstaatlichung und Zentralisierung konsequent zu Ende geführt. Das am 13.3.1933 neu geschaffene (RGBl. 1933, S. 104) Reichsministerium für Volksaufklärung und Propaganda unter Joseph GOEBBELS erhielt die zentrale Zuständigkeit für Presse- und Rundfunkfragen (RGBl. 1933, S. 449; vgl. dazu und zur weiteren Entwicklung H. POHLE, 1990, S. 92ff.). Die Reichsrundfunkgesellschaft übernahm alle restlichen Anteile an den regionalen Rundfunkgesellschaften; die anfängliche Gegenwehr einiger Ministerpräsidenten (vgl. A. DILLER, 1980, S. 93ff.; P. SCHIWY, 1997, Kap. A, Rnr. 32f.) blieb erfolglos. Alle kritischen Stimmen, soweit sie denn noch vorhanden waren, wurden durch das berüchtigte Reichskulturkammergesetz vom 22.9.1933 (RGBl. I, S. 661) zum Verstummen gebracht. Danach durfte nur derjenige in der Presse oder im Rundfunk tätig sein, der den neu gegründeten Reichskulturkammern angehörte. Kammermitglied durfte nur sein, wer die notwendige ideologische »Zuverlässigkeit« besaß. Das Reichsschriftleitergesetz vom 4.10.1933 (RGBl. I, S. 713) ermächtigte den Reichspropagandaminister ferner, Journalisten aus Gründen des »öffentlichen Wohls« von der publizistischen Tätigkeit auszuschließen.

Mag man die Verstaatlichung des Rundfunks und die Politisierung der Presse auch noch als konsequente Fortsetzungen von schon in der späten Weimarer Zeit angelegten Tendenzen betrachten, so ist dennoch der dramatische Bedeutungswechsel nicht zu übersehen. Waren die Weimarer Versuche auf abwehrende Steuerung gerichtet, werden von den Nazis erstmals die Massenmedien konsequent – und technisch meisterlich – als Mittel zur Massenpropaganda eingesetzt. Presse, Hörfunk und das 1935 aufkommende, aber von der Breitenwirkung noch zu vernachlässigende Fernsehen wurden ebenso wie das korrespondierende Presse- und Rundfunkrecht im Dienste des Führers für Propagandazwecke genutzt. Besonders bemerkenswert ist, dass mit der Gleichschaltung auf der Seite der Rundfunkproduktion auch eine solche auf der Seite der Rezipienten einherging: Der »Volksempfänger«, das Radiogerät für die Familie im nationalsozialistischen Deutschland, konnte technisch nur den örtlichen Bezirkssender sowie den Deutschlandsender empfangen. Mit Kriegsbeginn am 1.9.1939 wurde schließlich für diejenigen, denen ausländische Radiostationen noch zugänglich waren, das Abhören von »Feindsendern« unter drakonischer Strafandrohung – bis hin zur Todesstrafe – verboten (RGBl. I, S. 1638; vgl. A. DILLER, 1980, S. 304ff.).

3. Der Wiederaufbau im geteilten Deutschland –
    Systemkontinuität hier, Massenmedien zwischen
    Medien- und Wirtschaftsrecht dort

3.1 Medienrecht als Produkt des Besatzungsrechts

Mit der Kapitulation am 7./8./9.5.1945 endete endgültig die Naziherrschaft in Deutschland. Die Siegermächte waren es, die in ihren Besatzungszonen nunmehr die Medien und das Medienrecht kontrollierten. In der sowjetischen Besatzungszone war – holzschnittartig vergröbert – alsbald das Nazisystem endgültig beseitigt; die Methoden der Volksbeeinflussung durch staatliche oder mit ihnen verbundene »gesellschaftliche« Organe und deren Monopol blieben aber – im Wesentlichen auch in der folgenden

DDR – gleich. Rundfunk wurde zentralisiert und offen als staatliche Veranstaltung betrieben. Nach den Buchstaben des Gesetzes lenkte das »Staatliche Rundfunkkomitee der DDR« (GBl. DDR 1952, S. 733) Hörfunk und Fernsehen. De facto unterstanden sie direkt dem Ministerrat der DDR (R. HARTSTEIN u. a., 1999, C-0.3, Rnr. 85f.; A. Hesse, 1999, 1. Kap., Rnr. 103). Es blieb dabei: Allein staatsgenehme Inhalte durften massenmedial verbreitet werden.

In den westlichen Besatzungszonen gestaltete sich die Entwicklung ein wenig differenzierter. Nachdem kurzzeitig von den Alliierten selbst Zeitungen herausgegeben wurden, wurde das Pressewesen wieder den Deutschen überlassen. Um die Presse auf einen demokratischen Weg zu lenken, wurden – bei immer abnehmender Kontrolldichte – Lizenzen an deutsche Herausgeber erteilt, die dem Widerstand angehörten oder jedenfalls »unbelastet« waren. Das privatwirtschaftliche System der Presse wurde im Kern von den westlichen Alliierten nicht angezweifelt, vielmehr befördert.

Schwieriger gestaltete sich im Westen die Rundfunkentwicklung. Der Betrieb von Rundfunkanlagen war von den Alliierten verboten worden (Gesetz Nr. 191; Alliierte Erklärung in Anbetracht der Niederlage Deutschlands vom 5.6.1945; beides bei F. SCHUSTER, 1949, S. 65ff.), die zunächst eigene Sender betrieben, die Schritt für Schritt wieder in deutsche Hände gegeben werden sollten. Über die Ausgestaltung der neuen Rundfunkordnung gab es Differenzen zwischen den Alliierten und deutschen Politikern. Letztere standen in der Tradition von Weimar und befürworteten weiterhin einen starken Einfluss des Staates auf den Rundfunk, den sie durch die Funkhoheit des Bundes begründet sahen (H. BAUSCH, 1980, S. 9f., 79f.; ders., 1979, S. 66, 71; D. REICH, 1990, S. 110f.). Angesichts der neuen demokratischen Legitimation der Staatsgewalt erschien ihnen dies unbedenklich. Schließlich trat auch die Post, die für sich aufgrund der 1933 auf das GOEBBELS-Ministerium übergegangenen Organisationsgewalt einen gewissen Wiedergutmachungsanspruch erhob, für die Wiederherstellung des status quo ante ein (H. BAUSCH, 1980, S. 9f.).

Jeder Alliierte hatte eine eigene, anfangs von der Rundfunkstruktur im eigenen Land geprägte Ansicht von der Rundfunkordnung: die USA mit einem überwiegend privaten, auf die Selbstregulierungskräfte des Marktes vertrauenden System, Großbritannien mit der BBC als klassischem öffentlich-rechtlichen, aber zentralistischen System und Frankreich mit einer zentralen staatlichen Anstalt. Um so erstaunlicher erscheint die Tatsache, dass es letztlich zu einer gemeinsamen Lösung kam: Es entstand ein öffentlich-rechtliches System mit rechtsfähigen – wenn in ihrer Finanzkraft und Größe auch extrem unterschiedlichen Anstalten, von Radio Bremen (Gesetz vom 22.11.1948, GVBl. Bremen, S. 225) mit 130 000 Teilnehmern bis hin zum NWDR (BritMRVO Nr. 118, abgedruckt in: F. SCHUSTER, 1949, S. 354) mit 5 Millionen Teilnehmern – Anstalten des öffentlichen Rechts, die aufgrund ihrer Struktur Staatsferne garantieren sollten. Ein zentraler Rundfunk nach französischem Vorbild kam nach den Erfahrungen mit der Propaganda GOEBBELS' nicht in Frage. Dass die Amerikaner ihre Vorstellung von Rundfunk nicht durchsetzen konnten, hatte vor allem zwei Gründe: Zum einen war die wirtschaftliche Basis für einen privaten Rundfunk kurz nach Kriegsende nicht vorhanden (H.-J. PAPIER/J. MÖLLER, 1999, S. 449), zum anderen hatten sich die kapitalkräftigen potenziellen Veranstalter durch ihre Rolle in der Nazizeit gründlich diskreditiert.

3.2 Rundfunk und Presse unter dem Grundgesetz

In der Bundesrepublik knüpfte Art. 5 des Grundgesetzes von 1949 an liberale Vorbilder an, verarbeitete aber zugleich Erfahrungen der Nazizeit. Nicht nur die Meinungsfreiheit, sondern explizit die Pressefreiheit und die Freiheit der Berichterstattung durch den Rundfunk ebenso wie das Rezipientengrundrecht, sich aus allgemein zugänglichen Quellen informieren zu können, wurden verankert.

Kurz darauf hoben die Alliierten die Lizenzpflicht für die Presse auf und überließen sie einem marktwirtschaftlichen System. Presserecht hat seither keine Strukturaufgaben erledigt, sondern sich vielmehr in der Gesetzgebung weitgehend auf – nicht ganz unwichtige – Detailprobleme wie das Impressum, das Gegendarstellungsrecht und die Kennzeichnungspflicht für die Werbung beschränkt. Vielfältige Anläufe, Gefahren, die für den öffentlichen Diskurs durch zunehmende Konzentration entstehen, zu begegnen, sind im Sande verlaufen; eine verschärfte wettbewerbsrechtliche Fusionskontrolle, die Presseunternehmen schärferen Maßstäben unterwirft als den Rest der Wirtschaft (§ 38 Abs. 3 GWB), wurde erst eingeführt, nachdem die Konzentrationswelle im Bereich der Tagespresse weitgehend abgeschlossen war.

Garant und Motor freimütigen Diskurses in der Presse wurde das Bundesverfassungsgericht. Es wies Anmaßungen des Staates zurück, kritische Artikel zu unterdrücken (BVerfGE 20, 162 – Spiegel), und untersagte ebenso den Druck des mächtigen Privaten, der anderer Meinung ist (BVerfGE 25, 256 – Blinkfüer). Hier und vielfach bewährte sich die Entscheidung des Grundgesetzgebers, die Grundrechte, anders als zur Weimarer Zeit, als »unmittelbar geltendes Recht« (Art. 1 Abs. 3 GG) auszugestalten.

Beim Rundfunk hat das Grundgesetz keine einzelne Organisationsform auf ewig festgeschrieben (G. HERRMANN, 1994, S. 70f.). Klar war jedoch, dass die staatsferne Organisation der bestehenden öffentlich-rechtlichen Rundfunkanstalten dem verfassungsrechtlichen Leitbild entsprach. Das wieder neu entstehende Fernsehen erweckte Begierden der Bundesregierung, dieses Massenmedium unter ihre Kontrolle zu bringen. Da gesetzgeberische Möglichkeiten zur Gründung einer Bundesfernsehanstalt faktisch aussichtslos erschienen, griff Kanzler Konrad ADENAUER in die rechtliche Trickkiste und gründete 1960 eine privatrechtliche »Deutschlandfernsehen GmbH«, deren Gesellschaftsanteile mehrheitlich dem Bunde zustanden; für die – beteiligungsunwilligen – Länder hielt der Bundesjustizminister Fritz SCHÄFFER Minderheitsbeteiligungen »treuhänderisch«. Auch hier wurde das Bundesverfassungsgericht zum Hüter der nunmehr nicht nur individuell, sondern institutionell verstandenen Rundfunkfreiheit (BVerfGE 12, 205 – Deutschlandfernsehen).

Das Bundesverfassungsgericht stellte klar, dass aus der Kompetenz des Bundes für das Fernmeldewesen keine Regelungsmacht über den Rundfunk abgeleitet werden könne; seither ist Rundfunk unumstritten Ländersache. Wichtiger noch war die Reaktion des Gerichts auf die politische Anmaßung ADENAUERS, quasi ein Regierungsfernsehen einführen zu wollen. Es entnahm der Garantie der Rundfunkfreiheit eine objektivrechtliche Verbürgung. Der Staat ist verpflichtet, eine positive Ordnung zu schaffen, damit der Rundfunk die Vielfalt der vorhandenen Meinungen in möglichster Breite und Vollständigkeit darstellt. Dafür muss der Gesetzgeber eine rechtlich gesicherte staatsferne Organisation schaffen, die das Spektrum der Meinungen aufnimmt und verarbeitet. Die Sondersituation, die eine abweichende Regelung von jener der Presse rechtfertigte, sah das Gericht zunächst in dem außergewöhnlich großen finanziellen Aufwand für die Veranstaltung von Rundfunk und der Frequenzknappheit. Obwohl die Frequenzknappheit inzwischen fortgefallen ist, sind diese Grundentscheidungen bis heute Kern der verfassungsrechtlichen Rundfunkorganisationsvorgaben geblieben. Unmittelbar praktische Folge des Urteils war, dass nunmehr die Länder sich zusammentaten und durch Staatsvertrag das Zweite Deutsche Fernsehen (ZDF) bildeten.

In einer zweiten Stufe musste sich das Bundesverfassungsgericht mit Begehrlichkeiten Privater, insbesondere der Zeitungsverleger befassen, die Zugang zu dem neuen machtvollen Medium verlangten, ein Verlangen, das stärker wurde, je mehr in den 70er Jahren Kabel- und Satellitentechnik die Frequenzknappheit dahinschmelzen ließen. Ein Versuch des Saarlands, Privatfernsehen strukturell weitgehend unkontrolliert zuzulassen, scheiterte mit dem FRAG-Urteil des Bundesverfassungsgerichts (BVerfGE 57, 295). Privatrundfunk sei zwar durchaus möglich; der Gesetzgeber habe aber sicherzustellen, dass er nicht Einzelnen oder gesellschaftlichen Gruppen ausgeliefert und dass die Meinungsvielfalt gewährleistet werde. Als mögliche Modelle nannte das Gericht eine binnenplurale Organisationsform der Privaten, bei denen die gesellschaftlichen Gruppen intern beteiligt würden, oder ein außenplurales Modell, welches durch die Gesamtheit der privaten Programme Meinungsvielfalt garantierte.

Der zunehmende Druck zur Nutzung der neuen technischen Kapazitäten führte zunächst zu vier Kabelpilotprojekten in Ludwigshafen, München, Dortmund und Berlin, die der Erforschung der technischen und gesellschaftlichen Auswirkungen der Programmvielfalt dienen sollten. Bevor diese jedoch in den frühen 80er Jahren abgeschlossen und ausgewertet waren, wurden Fakten geschaffen. Zum einen schuf die neue Bundesregierung mit Milliardeninvestitionen für die bundesweite Breitband-Verkabelung wirtschaftlich-technische Fakten; zum anderen verabschiedeten die ihr nahestehenden Landesregierungen Mediengesetze, die privaten Rundfunk zuließen. Zu einem der Ersten, dem Niedersächsischen Landesmediengesetz von 1984, stellte das Bundesverfassungsgericht fest, dass auch nach dem Ende der Frequenzknappheit private Anbieter dem umfassenden Informationsauftrag nicht voll gerecht werden könnten; Privatfunk sei nur möglich, wenn und soweit der öffentlich-rechtliche Rundfunk eine »Grundversorgung« bereitstelle; es müsse beim privaten Rundfunk zwar ein »Grundstandard« gleichgewichtiger Vielfalt, nicht aber in gleicher Höhe wie beim öffentlich-rechtlichen Rundfunk gefordert werden (BverfGE 73, 118). Nach entsprechenden Novellierungen der Landesrundfunkgesetze konnten 1984/85 private Rundfunksender per Satellit und Kabel ihre Arbeit aufnehmen. 1987 schließlich einigten sich die Bundesländer auf einen ersten Rundfunkstaatsvertrag, der ein duales Rundfunksystem von öffentlich-rechtlichen und privaten Veranstaltern etablierte und auch die vom Bundesverfassungsgericht geforderte Bestands- und Entwicklungsgarantie enthielt. Wichtige Wegweisungen enthielt auch das Nordrhein-Westfalen-Urteil des Bundesverfassungsgerichts aus dem Jahre 1991, welches festlegte, dass die »Grundversorgung« keine Minimalversorgung sein dürfe, dass die Bestands- und Entwicklungsgarantie auch für neue technische Dienste und künftige Funktionen gelte, dass die duale Rundfunkordnung nicht verfassungsrechtlich gefordert sei und dass insbesondere der Gesetzgeber nicht an »Modellkonsistenz« gebunden sei; die Modellentscheidung selbst müsse aber der Gesetzgeber treffen, dürfe sie nicht Privaten überlassen (BVerfGE 83, 238). Privaten Rundfunkveranstaltern wurde zugesichert, dass, wenn sie denn zugelassen würden, ihre Arbeit nicht von Voraussetzungen abhängig gemacht werden dürfe, »die eine Veranstaltung privater Rundfunkprogramme im hohen Maße erschweren, wenn nicht ausschließen würden« (BVerfGE 83, 238, 297).

Damit waren die wichtigsten Vorgaben für die Rundfunkentwicklung in den 90er Jahren des 20. Jahrhunderts national festgelegt. Ein staatsferner öffentlich-rechtlicher Rundfunk mit Entwicklungsperspektiven wird gewährleistet, privat-kommerzielle Veranstalter sind daneben erlaubt; auch sie müssen aber ein – gegenüber den Anstalten vermindertes, gegenüber der Presse erheblich vermehrtes – Vielfaltsgebot beachten, welches gesetzlich vorgegeben und staatlich überwacht werden muss. Für die Lizenzierungs- und Überwachungsaufgaben wurden in allen Ländern (in Berlin und Brandenburg eine gemeinsame) Landesmedienanstalten eingerichtet.

3.3 Presse und Rundfunk in der DDR

Die gleichgeschaltete Presse und der zentralisierte Regierungs-
bzw. Partei-Funk überlebten ungebrochen bis in das Revolu-
tionsjahr 1989. Dennoch gab es dramatische – extralegale – Veränderungen der Medienlandschaft. Während die DDR-Behör-
den »feindliche« Presseprodukte angesichts ihres sächlichen Sub-
strats an den Grenzen festhalten und ausmerzen konnten, gelang
ihnen dies bei den flüchtigen Wellen von Fernsehen und Hörfunk nicht, wie die Verantwortlichen nach einigen vergeblichen
Repressionsversuchen (z. B. der »Aktion Ochsenkopf«, bei der
Antennen von diesem westlichen Sendestandort abgewendet
werden sollten) erkennen mussten. Strafrechtliche Sanktionen
für »West-Empfang« gab es aber anders als zur Nazizeit nicht.
West-Hörfunk und West-Fernsehen wurden faktisch ein wichtiger Faktor der Medienlandschaft in der – vom »Dresdner Loch«
abgesehen – gesamten DDR.

Im Herbst 1989 fanden zuvor ungehörte Stimmen in den
Presseorganen der DDR plötzlich Raum. Daneben tauchten vermehrt Flugschriften auf. Nach dem Mauerfall wurde die Pressefreiheit inhaltlich durch den »Beschluß der Volkskammer der
Deutschen Demokratischen Republik über die Gewährleistung
der Meinungs-, Informations- und Medienfreiheit« (dokumentiert in: MP 1990, 126) realisiert. Das Staatliche Rundfunkkomitee wurde aufgelöst und der Rundfunk für eine Übergangszeit einer staatsfernen »Einrichtung« überantwortet. Nach diesem kurzen Zwischenspiel haben sich die inzwischen neu entstandenen
ostdeutschen Länder dem westdeutschen Vorbild weitgehend angeschlossen. Die Länder Sachsen, Sachsen-Anhalt und Thüringen gründeten den Mitteldeutschen Rundfunk (SächsGVBl., S.
169 – Staatsvertrag über den Mitteldeutschen Rundfunk vom
30.5.1991), das Land Brandenburg den Ostdeutschen Rundfunk
Brandenburg (Gesetz über den Rundfunk vom 6.11.1991, GVBl.,
S. 472). Mecklenburg-Vorpommern entschied sich für einen Bei-
tritt zum NDR (NDR-Staatsvertrag vom 17./18.12.1991, GVBl.
Mecklenburg-Vorpommern 1992, S. 78). Die fünf neuen Bundesländer erließen parallel dazu Privatrundfunkgesetze, die sich
weitgehend an vorherrschende Regelungsmuster in den alten
Ländern anlehnten (instruktiv hierzu z. B. H. KRESSE, 1992).

3.4 Die Europäische Union und das Rundfunkrecht

Noch dramatischer als die Wiedervereinigung mag für das Mediensystem die Einigung Europas sein. Je mehr Privatakteure im Rundfunk tätig sind, desto mehr verlangt das Europarecht, welches die Freiheit des Dienstleistungsverkehrs garantiert und Beihilfen an Unternehmen kritisch betrachtet, Beachtung, und zwar auch bei den öffentlich-rechtlichen Rundfunkanstalten (zur europäischen Entwicklung siehe z. B. B. HOLZNAGEL, 1996 mit zahlreichen weiteren Nachweisen). Hier liegt ein grundlegender rechtskultureller Unterschied zwischen dem auf das Wirtschaftssubjekt Rundfunk abgestellten Europarecht und dem auf Kultur und Demokratie orientierten deutschen Verfassungsrecht vor, der noch für die kommenden Jahre und Jahrzehnte Explosivstoff enthalten dürfte. Konkret ist bisher noch Kohabitation gelungen. Die EG-Fernsehrichtlinie vom 3.10.1998 (EGABl. Nr. L 298/23) enthält im Kern national akzeptable und akzeptierte Regelungen über den freien Empfang von Sendungen aus den Mitgliedsstaaten und Werbe- und Sponsoringnormen. Versuche, die deutsche Rundfunkgebühr als verbotene Beihilfe zu qualifizieren (dazu z. B. T. OPPERMANN, 1997), sind vorerst auf Eis gelegt. Die Uhr tickt aber weiter.

4. Die vernetzte Welt – eine Herausforderung an das Medienrecht

Die einst so sicheren Unterscheidungen zwischen Massenkommunikation – mit relativ dichter rechtlicher Regelung – und tendenziell unkontrollierter Individualkommunikation sind durch das Internet brüchig geworden. Jedermann, der vorher nur auf dem Dorfplatz, am Stammtisch oder per Flugblatt seine Botschaft vermitteln konnte, kann nunmehr über das Netz ein Publikum erreichen, welches die Leserschaft seiner Heimatzeitung und die Hörerschaft seines Heimatsenders übersteigt; wenn auch noch in schlechterer Qualität können die Sendungen der Fernseh- und Rundfunkveranstalter auch über das Netz eingespielt werden; der chinesische Internetrundfunk ist genauso einfach einzustellen wie jener aus Südamerika oder Saarbrücken. Nationales Recht hat hier an Wirkungskraft offenbar eingebüßt. Weltweite, internationale Regeln wären der Königsweg, hätte man denn gemeinsame Grundkonzepte und Grundwerte. An diesen fehlt es aber. Die internationale Gemeinschaft wird sich kaum an den sexuellen Normen des Iran, den politischen der Volksrepublik China oder den – bei uns aus gutem Grund etablierten, in Dänemark, den USA und dem Rest der Welt aber kaum notwendigen – deutschen antinazistischen Regelungen orientieren wollen. Vielfältige Hoffnungen werden daher auf Selbstregulierungsvereinbarungen der Internetanbieter gesetzt. Nationale Bemühungen möge man angesichts des globalen Phänomens als aussichtslos einstellen (J. WALTERMANN/M. MACHILL, 2000). Richtig daran ist, dass »soft law« sicherlich eine wichtige Rolle zur Gewinnung eines gewissen Minimalstandards im internationalen Bereich zwischen Staaten mit vergleichbarer Rechtskultur spielen wird. An der überwältigenden Aufgabe, die einheitliche Rechtskultur international zu erreichen, werden aber noch Generationen arbeiten müssen. Das nationale Recht hat daher noch hinreichend Anlass, seine Grundwerte durchzusetzen. Solange die Mehrheit der Bevölkerung weiterhin nationale Informations- und Unterhaltungsquellen bevorzugt, bleibt ein wichtiges Feld für effektive nationale Regelung. Auch ein Rückzug auf Selbstkontrolle ist dann nicht legitim, wenn diese nur von den zu Kontrollierenden ohne effektive Beteiligung der betroffenen Rezipienten stattfindet (H. KOHL, 2000, S. 151).

Auf absehbare Zukunft wird es weiterhin ein nationales (Massen-)Medienrecht geben müssen, um die Basis für einen freimütigen öffentlichen Diskurs zu gewährleisten. Im grenzüberschreitenden Bereich müssen Kooperationen verstärkt werden, aber nicht um den Preis der Aufgabe unserer verfassungsrechtlich garantierten Wertentscheidungen. Zusätzliche freiwillige Vereinbarungen der Veranstalter über die Grenzen hinaus sind an sich weder gut noch schlecht; auch sie müssen sich inhaltlich an denselben grundgesetzlichen Maßstäben messen lassen. Vorschnell wäre es, nationales Recht aufgeben zu wollen. Wenn und soweit es national Wirkungskraft entfaltet, besteht kein Anlass, es deswegen zu opfern, weil es international nicht greifen könnte. Im Übrigen aber wird das Recht weiterhin das tun müssen, was es bisher – national im Großen und Ganzen vernünftig – geleistet hat. Es gilt, die Transformationsprozesse der Gegenwart national, europarechtlich und international so einzufangen, dass sie die Informationsfreiheit des Individuums, seine Meinungsfreiheit und

den für den demokratischen und gesellschaftlichen Entwicklungsprozess unverzichtbaren öffentlichen Diskurs in mühevol-
ler Kleinarbeit gewährleisten.

Der deutsche Gesetzgeber hat sich bemüht, sich dieser Aufgabe trotz erheblicher Kompetenzprobleme – grob: Fernmelde-
und Wirtschaftskompetenz beim Bund, Rundfunkorganisations-
recht grundsätzlich bei den Ländern – nicht zu entziehen. Mit
dem Mediendienstestaatsvertrag (HessGVBl. 1997, S. 134) und
dem Teledienstegesetz (BGBl. I 1997, S. 1870) hat er einen im
Kern begrüßenswerten Versuch unternommen, einen Teil dieser
Kleinarbeit im Hinblick auf die Verantwortung für Inhalte und
den Jugendschutz im Netz zu leisten.

ARNE HASSE/HELMUT KOHL

Literatur

F. SCHUSTER, Gesetze und Proklamationen der Militärregierung
Deutschland bezüglich des Post- und Fernmeldewesens, in: Archiv
für das Post- und Fernmeldewesen 2 (1949), S. 65–75. – H. BAUSCH,
Der Rundfunk im Kräftespiel der Weimarer Republik, Tübingen
1956. – F. SCHNEIDER, Pressefreiheit und politische Öffentlichkeit,
Neuwied/Berlin 1966. – D. STAMMLER, Die Presse als soziale und ver-
fassungsrechtliche Institution, Berlin 1971. – H. BAUSCH, Föderalis-
mus in Rundfunkgeschichte und Rundfunkpolitik, in: Strukturfra-
gen des Rundfunks in Geschichte und Gegenwart, hg. von W. HOFF-
MANN-RIEM/D. ROSS, Hamburg 1979, S. 66–76. – H. BAUSCH, Rund-
funkpolitik nach 1945, in: Rundfunk in Deutschland, Bd. 3, hg. von
H. BAUSCH, München 1980. – A. DILLER, Rundfunkpolitik im Dritten
Reich, in: Rundfunk in Deutschland, Bd. 2, hg. von H. BAUSCH,
München 1980. – W. B. LERG, Rundfunkpolitik in der Weimarer Re-
publik, in: Rundfunk in Deutschland, Bd. 1, hg. von H. BAUSCH,
München 1980. – Pressefreiheit, hg. von J. WILKE, Darmstadt 1984. –
H. KOHL, Press Law in the Federal Republic of Germany, in: Press
Law in Modern Democracies, hg. von P. LAHAV, New York 1985, S.
185–227. – H. POHLE, Wollen und Wirklichkeit des deutschen Fern-
sehens bis 1943, in: Rundfunk und Fernsehen 1948–1989, hg. vom
Hans-Bredow-Institut, Baden-Baden 1990, S. 85–101. – D. REICH,
Der Wiederaufbau des deutschen Rundfunks unter der Militärregie-
rung, in: Rundfunk und Fernsehen 1948–1989, hg. vom Hans- Bre-
dow-Institut, Baden-Baden 1990, S. 102–114. – H. KRESSE, Die
Rundfunkordnung in den neuen Bundesländern, Stuttgart 1992. – G.

HERRMANN, Rundfunkrecht, München 1994. – B. HOLZNAGEL, Rundfunkrecht in Europa, Tübingen 1996. – T. OPPERMANN, Deutsche Rundfunkgebühren und Europäisches Beihilferecht, Berlin 1997. – P. SCHIWY, Geschichte des Rundfunkverfassungsrechts, in: Rundfunkverfassungsrecht, hg. von R. RICKER/P. SCHIWY, München 1997. – R. HARTSTEIN u. a., Kommentar zum Rundfunkstaatsvertrag, München 1999. – A. HESSE, Rundfunkrecht, München 1999. – H.-J. PAPIER/J. MÖLLER, Presse- und Rundfunkrecht, in: Mediengeschichte der Bundesrepublik Deutschland, hg. von J. WILKE, Bonn 1999, S. 449–468. – H. KOHL, Der Schutz des Individuums in elektronischen Netzwerken, in: Zur Autonomie des Individuums, hg. von D. SIMON/M. WEISS, Baden-Baden 2000, S. 151–162. – J. WALTERMANN/M. MACHILL, Verantwortung im Internet: Selbstregulierung und Jugendschutz, Gütersloh 2000.

Medienökonomie

1. Medienökonomie im Rückblick

In den bisherigen medienspezifischen Forschungen war der Bereich der Medienökonomie, letztendlich auch aufgrund mangelnder Notwendigkeit, stark unterbelichtet. Erst in jüngster Zeit nimmt das Interesse an betriebswirtschaftlichen Fragestellungen in diesem Bereich stark zu. Darin spiegelt sich der fundamentale Wandel der Medienbranche von staatlich finanzierten und subventionierten zu privatwirtschaftlich agierenden Unternehmen wider.

Medienunternehmen können allerdings nicht ausschließlich durch eine betriebswirtschaftliche Brille betrachtet werden, da sie neben wirtschaftlichen auch publizistische Zielsetzungen verfolgen, die sich aus den Rundfunk- und Pressegesetzen ableiten. Der hieraus mögliche Zielkonflikt bedingt, dass die für die Medienbranche und ihre Märkte spezifischen Rahmenbedingungen bei einer ökonomischen Betrachtung zu berücksichtigen sind.

Die Bedeutung der Medienbranche für die Gesamtwirtschaft hat in den vergangenen fünfzehn Jahren stark zugenommen. Sie ist mit der von Bernhard VOGEL als medienpolitischer Urknall bezeichneten Einführung des dualen Systems am 1.1.1984 D. SCHWARZKOPF, 1999, S. 39) in den Wettbewerb eingetreten und für Unternehmer und Investoren zu einem interessanten Aktionsfeld geworden. Die Einführung neuer digitaler Technologien verstärkt diese Entwicklung noch.

Der Strukturwandel von klassischen Investitionsgüter- hin zu Medienstandorten in der Kommunikations- und Informationsgesellschaft ist vielerorts zu spüren. Exemplarisch sei diese Entwicklung am Beispiel der Stadt Köln verdeutlicht. Hier erwirtschaften 6000 Medienfirmen über 12,2 Milliarden Euro Umsatz im Jahr. Inzwischen arbeitet jeder zehnte Beschäftigte in Köln in der Medienbranche. Würde der Standort als Unternehmen betrachtet, wäre er nach Time Warner und Disney der drittgrößte Medienkonzern der Welt (R.-H. PETERS, 1998, S. 60).

Trotz positiver Prognosen und Entwicklungstendenzen (B. CLEVÉ, 1996, S. 17) hat die Medienwirtschaft mit dem Problem zu kämpfen, als Insiderbranche zu gelten und somit von Außen-

stehenden, aber für den Wirtschaftsprozess wichtigen Personen-
kreisen, wie Kreditinstituten und Analysten, als wenig transparent beurteilt zu werden (M. RAUSCH, 1995/1996, Anhang).

1.1 Gebührenfinanzierte Rundfunkökonomie

Der öffentliche Rundfunk in Deutschland finanziert sich seit seinem Sendebeginn im Jahr 1923 durch die Gebühren der Teilnehmer. Ein Radioabonnement kostete bis zur ersten Erhöhung der
Hörfunkgebühr am 1.1.1970 unverändert zwei Mark monatlich.
Mit der Einführung des Fernsehens wird seit 1953 zusätzlich eine
Fernsehgebühr erhoben. Im Jahre 1948 erschloss sich dem Rundfunk mit der Einführung der Hörfunkwerbung eine zweite Einnahmequelle. Ab 1956 trat die Fernsehwerbung sowie das seit
Anfang der 90er Jahre zugelassene Sponsoring hinzu.

Erlöse erwirtschaften die Anstalten aber auch aus anderen
Quellen, wie dem Lizenzhandel, aus Zinserträgen, aus Vermie-
tungen und Verpachtungen und aus kostenpflichtigen Dienstlei-
stungen gegenüber Dritten. Die tragende Säule für die Mischfinanzierung des öffentlich-rechtlichen Rundfunks ist nach wie
vor das Gebührenaufkommen. Seit der zum 1.1.1997 wirksam
gewordenen Gebührenerhöhung beläuft es sich auf annähernd
sechs Milliarden Euro jährlich. Alle anderen Erträge haben lediglich eine marginale Bedeutung. Die Werbeerträge trugen 1997
nur 3,2 % zu den Gesamterträgen der Landesrundfunkanstalten
bei (M. BUCHWALD, 1999, S. 378f.).

1.2 Subventionierte Filmförderung unter kulturellen Aspekten

Die deutsche Filmwirtschaft wird durch verschiedene Filmför-
dergesellschaften der einzelnen Bundesländer subventioniert. Im
Jahr 1996 standen Fördersummen in Höhe von ca. 79,2 Millio-
nen Euro bundesweit zur Verfügung. Die Mittel werden in 31
Kategorien von der Stoffentwicklung über Drehbuch und Pro-
duktion bis hin zur Fort- und Weiterbildung vergeben (B. CLEVÉ,
1996, S. 97f.). Da auf die Finanzierungsmöglichkeiten durch die
Filmförderanstalten in der Literatur bereits ausreichend einge-
gangen worden ist, sei an dieser Stelle nur auf die Dokumentation
Finanzen für Film, Funk, Fernsehen und Multimedia von Martina
RAUSCH (1995/1996) und die Veröffentlichungen von Bastian
CLEVÉ (1996/1999, 1998) verwiesen.

Allerdings ist die Filmförderung in Deutschland in jüngster Zeit in die Diskussion gekommen. Gefordert wird eine konsequente Trennung von kultureller und wirtschaftlicher Förderung, da die Filmförderung zu einem alternativen Absatz- und Finanzierungsmarkt für Filmproduktionen geworden ist, der Rückflüsse allerdings eher verhindert als fördert (B. CLEVÉ, 1996, S. 19). Eine Neuorientierung der Förderung unter verstärkter Berücksichtigung des Gesichtspunkts der Profitabilität würde dem deutschen Film die Chance eröffnen, sich neue Finanzierungsformen zu erschließen.

1.3 Finanzierung Print

Medienunternehmen im Printbereich sind in der Regel Verlage, die klassische Printprodukte verlegen. Aufgrund der gegebenen Vielfalt von Anbietern im Pressebereich ist dieser Markt polypolistisch geprägt und regelt sich nach den Gesetzen von Angebot und Nachfrage. Diese Unternehmen bedienen sich der klassischen privatwirtschaftlichen Finanzierungsformen. Dies nicht zuletzt auch deswegen, weil sie als Produktionsbetriebe in der Lage sind, den Banken herkömmliche Sicherheiten zur Verfügung zu stellen.

2. Betriebswirtschaftslehre der Medien

2.1 Medienökonomisches Unternehmensmodell

In der allgemeinen Betriebswirtschaftslehre lassen sich Unternehmen nach der Art der Leistung, die sie erbringen, klassifizieren. In einer ersten groben Unterteilung wird hierbei zwischen Produktions- und Dienstleistungsunternehmen unterschieden. Bereits auf dieser Ebene ist eine eindeutige Zuordnung von Medienunternehmen schwierig, da sie in der Regel sowohl Dienstleistungs- als auch Produktionsbetriebe sind. Produktionsbetriebe sind sie, wenn die Inhalte für die verschiedenen Medien selbst erstellt werden. Dienstleistungsbetriebe sind sie, wenn sie auch die anschließende Übermittlung der Inhalte an das Publikum übernehmen.

Gemäß den inhaltlichen Themenschwerpunkten lassen sich die Programmgattungen oder -bereiche Information/Bildung,

Fiction, Nonfiktionale Unterhaltung, Musik, Sport sowie Kinder und Jugend unterscheiden. Diese inhaltliche Ebene wird anschließend medienadäquat für die Bereiche Print, Audio, Film und Fernsehen oder Multimedia aufbereitet. Bereits hier deutet sich an, dass ein Thema über verschiedene Dienstleistungskanäle verwertet werden kann (Cross Media).

Die traditionellen Bestimmungsfaktoren eines Unternehmens (vgl. Abb. 1) aus der allgemeinen Betriebswirtschaftslehre nach Erich GUTENBERG (H. SCHIERENBECK, 1974/2000, S. 25) und Arnd WIEDEMANNs Zahlungsströme als Fundament des Finanzmanagements (A. WIEDEMANN, 1998, S. 1) gelten auch für Medienunternehmen, müssen aber für die Medienbranche mit ihrer Vernetzung der Leistungsarten weiter ausdifferenziert werden (vgl. Abb. 2 und 3).

Auch Medienunternehmen verfolgen das Prinzip der Wirtschaftlichkeit und das Prinzip des finanziellen Gleichgewichts (H. SCHIERENBECK, 1974/2000, S. 25). Des Weiteren erfolgt eine Kombination der Produktionsfaktoren Personal und Technik (Bereitstellung der Distributionswege) unter zusätzlicher Verwendung immaterieller Produkte. Die konstitutiven Merkmale des Autonomieprinzips, des erwerbswirtschaftlichen Prinzips und des Prinzips des Privateigentums sind ebenfalls erfüllt.

Die Ausdifferenzierung für Medienunternehmen erfolgt für die Beschaffungs- und Absatzmärkte in Abb. 2 und für die Finanzmärkte in Abb. 3. Die in ihrer Gesamtheit eher heterogen ausgeprägten Medienunternehmen agieren auf sehr verschiedenen Märkten. Grundsätzlich orientieren sich die einzelnen Marktsegmente, die die unterschiedlichen Medienbereiche bedienen, an Produkten und Rezipientengruppen. Eine Abgrenzung kann daher anhand von geographischen, demographischen, soziopsychologischen und verhaltensbezogenen Kriterien erfolgen. Gemeinsam ist allen Medien hinsichtlich ihrer Beschaffungs- und vor allem ihrer Absatzmärkte, dass sie typischerweise an einen Sprachraum gebunden sind. Dies trifft vor allem auf die belletristische Literatur zu. Eine Internationalisierung ist lediglich im Film- und Musikbereich sowie bei ausgewählten Büchern und Zeitschriften festzustellen (M. SCHUMANN/T. HESS, 2000, S. 30f.).

Die Beschaffungsmärkte von Medien beschäftigen sich im Kern mit der Generierung von Content. Medienunternehmen

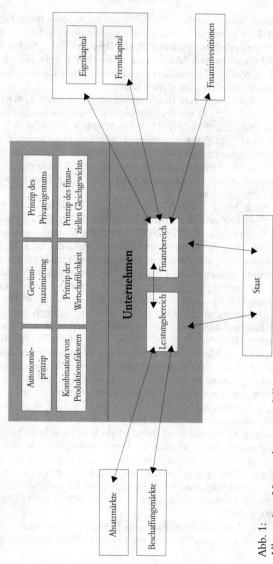

Realgütermärkte

Finanzmärkte

Prinzip des Privateigentums

Gewinn-maximierung

Autonomie-prinzip

Prinzip des finan-ziellen Gleichgewichts

Prinzip der Wirtschaftlichkeit

Kombination von Produktionsfaktoren

Unternehmen

Finanzbereich

Leistungsbereich

Eigenkapital

Fremdkapital

Finanzinvestitionen

Staat

Absatzmärkte

Beschaffungsmärkte

Abb. 1:
Allgemeines Unternehmensmodell

Abb. 2:
Absatz- und Beschaffungsmärkte von Medienunternehmen

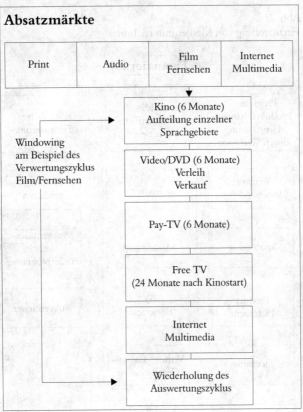

Abb. 3:
Finanzierung von Medienunternehmen

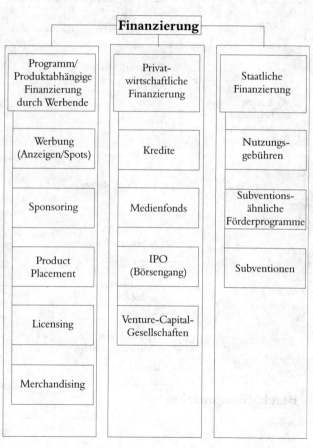

erwerben Inhalte, um aus ihnen ein verkaufsfähiges Produkt zu erstellen (Produzent). Alternativ können Inhalte auch schon als fertiges Produkt eingekauft werden, so dass lediglich die Verwertung übernommen wird (Dienstleistungsanbieter). Auf den Beschaffungsmärkten ist seit der Einführung des dualen Systems, das Deutschland durch die Vervielfachung des Programm- und Sendevolumens nach den USA zum zweitgrößten Fernsehmarkt der Welt machte (B. CLEVÉ, 1996, S. 52), eine Verknappung eingetreten. Lag die Sendezeit der fünf führenden Sender 1990 bei ca. 1100 Minuten pro Tag, so stieg sie bis 1998 auf ca. 1400 Minuten pro Tag an (Mediaperspektiven, 1999, S. 24). 1988 wurden von allen Anstalten insgesamt 3434 Spielfilme ausgestrahlt. 1998 waren es schon 10864 Filme (Mediaperspektiven, 1999, S. 24).

Die stark gestiegene Nachfrage hatte eine Kostenexplosion zur Folge. Für einen amerikanischen Spielfilm wurden 1984 in Deutschland Lizenzkosten von 60 000–65 000 Euro bezahlt. Fünf Jahre später erzielten diese Filme bereits Lizenzerträge in Höhe von 205 000 Euro. Für Top-Filme wurden 1998 auch schon mehrere Millionen Euro bezahlt (M. SCHÖNBERGER, 1998, S. 17).

Eine ähnliche Entwicklung ist bei den Sportrechten festzustellen. Die Übertragungsrechte der Olympischen Spiele kosteten die Europäische Rundfunkunion im Jahr 1980 lediglich 5,95 Millionen US$. Für die Spiele im Jahr 2008 werden bereits 459 Millionen US$ bezahlt (M. SCHÖNBERGER, 1998, S. 18). Auch außerhalb des Bereichs Film und Fernsehen lassen sich Beispiele für einen knappen Beschaffungsmarkt finden. So existieren weltweit nur zwei Bildagenturen, Reuters und Associated Press, die den Markt bedienen (P. GLOTZ, 1998, S. 14).

Medienunternehmen setzen ihre Produkte auf einem doppelten Markt ab. Es ist für eine erfolgreiche Vermarktung notwendig, den Nutzen für den Abnehmer präzise zu spezifizieren. Bei Medienprodukten ist zwischen dem Nutzen für die Rezipienten und für die Werbenden zu unterscheiden.

Der Nutzen eines Medienprodukts oder einer Dienstleistung für den Rezipienten besteht in der Erfüllung seines Bedürfnisses nach Information und Unterhaltung. Stark informationsorientierte Medien dienen der Gesellschaft bei der Meinungsbildung. Online-Medien erweitern die Möglichkeiten der Rezipienten, da zu der eindimensionalen Kommunikation in den klassischen Medien die Rückkanalfähigkeit hinzutritt. Es bietet sich daher an, die

inhaltlich getriebenen Medien in Zukunft durch Zusatzdienste
zu erweitern. Redaktionelle Inhalte lassen sich über das Internet
oder andere digitale Plattformen eng an entsprechende Kaufange-
bote für die Verbraucher koppeln.

Unternehmen nutzen die Medien als Werbeträger. Dabei ist
ein Medium um so interessanter, je verbreiteter es ist, je weniger
aufwändig die Produktion der Werbung ist und je mehr Aufmerksamkeit bei der Zielgruppe erregt werden kann. Ziel der Werbe-
wirtschaft beim Einsatz von Medien als Werbeträger ist daher
zum einen eine Minimierung der Streuverluste und zum anderen
eine Maximierung der Zielgruppenabdeckung. Durch eine entsprechende Programmgestaltung können die Voraussetzungen
für ein gutes Werbeumfeld geschaffen werden (M. SCHUMANN/
T. HESS, 2000, S. 35ff.).

Konsequenz des doppelten Marktes ist eine Anzeigen-Aufla-
gen-Spirale, die den Kreislauf zwischen Vertriebserfolg und Wer-
beerlösen beschreibt. Durch höhere Werbeerlöse ergibt sich
mehr Spielraum bei der inhaltlichen Ausgestaltung eines Produkts. Damit lassen sich neue Kundengruppen erschließen, mit
denen wiederum höhere Werbeerlöse erzielt werden können (M.
SCHUMANN/T. HESS, 2000, S. 63). Der Zusammenhang zwischen Erfolg auf dem Inhalte- und dem Werbemarkt gilt nicht
nur für den Printbereich, sondern für alle Medien, die ihre Erlöse
zum größten Teil durch Werbung erzielen. Die Anzeigen-Aufla-
gen-Spirale kann aber auch zu negativen Effekten führen, wenn
damit eine Konzentrationsbildung am Markt ausgelöst wird, die
im Extremfall in einer Monopolisierung endet (M. SCHUMANN/
T. HESS, 2000, S. 65f.).

Der Absatzmarkt von Medien funktioniert nach dem Konzept des Windowing (M. SCHUMANN/T. HESS, 2000, S. 66).
Nach diesem Konzept werden Inhalte über verschiedene Ver-
triebswege zu unterschiedlichen Zeitpunkten distribuiert. Beispielsweise lässt sich ein produzierter Film nacheinander im
Kino, über Video, Pay-TV und Free-TV auswerten. Durch die
Aufnahme des Films in eine Library (Archiv) sind durch erneute
Rechtevergabe weitere Erlöse zu erzielen. Auf diese Weise kann
das produzierte Material bis zu viermal verkauft werden. Durch
das Hinzutreten neuer Verwertungsstufen wie DVD (Digital Versatile Disc) oder Internet lässt sich der Verwertungszyklus noch
weiter ausdehnen. Neben den Erlösen aus den einzelnen Verwer-

tungsstufen, den Profit-Windows, treten die Erlöse durch Merchandising und Licensing.

Für jede einzelne Stufe besteht von Seiten der Rezipienten eine unterschiedliche Zahlungsbereitschaft. Einige Konsumenten wollen einen neu erschienenen Spielfilm umgehend im Kino sehen, andere warten dagegen bis zum Erscheinen des Videos. In der Regel ist die Aktualität bei Medienprodukten ein zentrales Leistungsmerkmal, das entscheidend die Höhe der möglichen Erlöse bestimmt.

Prinzipiell richtet sich die Rangfolge der Verwertungsstufen nach dem Erlöspotenzial. Beispielsweise hat die Einführung der Home-Videos in den 80er Jahren das Profit-Window Free-TV auf einen hinteren Platz in der Verwertungskette verdrängt (M. SCHUMANN/T. HESS, 2000, S. 66). Lediglich dem Kino kommt eine Ausnahmestellung zu. Es ist der wichtigste und traditionellste Auswertungsort für Filme. Diese Auswertungsstufe ist teuer, da die Kosten für die Filmkopien und vor allem für die Werbung vom Verleiher übernommen werden müssen. Abgesehen von den vergleichsweise seltenen Fällen, in denen ein Film hohe Summen eingespielt hat, ist die Kinoauswertung daher ein zwar unentbehrlicher, aber finanziell wenig attraktiver Start für die Karriere eines Films (C. KALLAS, 1992, S. 150).

Der Wert eines Films für die nachfolgenden Stufen der Verwertungskette hängt wesentlich von seinem Publikumserfolg im Kino ab. Je erfolgreicher und vor allem bekannter ein Kinofilm ist, um so leichter ist dessen weitere Vermarktung und um so höher sind die damit verbundenen Umsätze. Die höchste Rentabilität erzielt ein Film in der Verwertungsstufe Video durch den Verkauf von Kassetten und in geringerem Umfang durch den Verleih. Eine Kannibalisierung der einzelnen Verwertungsstufen wird verhindert, indem die Filmrechtnutzung nicht parallel, sondern zeitlich gestaffelt erfolgt. Die Auswertung im Free-TV erfolgt erst ein Jahr nach der Pay-TV-Auswertung, wodurch die Aktualität des Films und der damit verbundene Mehrwert von Pay-TV unterstrichen werden.

Das Windowing-Konzept ist in den Printmedien weniger ausgeprägt. Bereits erschienene Printprodukte oder aufwändige Reportagen können in Form von Sammelbänden, Jubiläumsausgaben oder Sonderheften nochmals verkauft werden. Anbieter mehrerer Tageszeitungen nutzen eine spezielle Variante des Windowing, indem sie einem überregionalen Mantel jeweils einen individuellen regionalen Inhalteteil hinzufügen. Durch diese Vorgehensweise ergeben sich für die Gesamtausgabe sowohl Kostenvorteile als auch Qualitätssteigerungen für den überregionalen Teil (M. SCHUMANN/T. HESS, 2000, S. 67).

Neben der Absatzform des Windowings entwickelt sich langsam auch der Absatz durch Versioning. Durch die Möglichkeiten der digitalen Verarbeitung können Inhalte heute in verschiedenen Produktdifferenzierungen angeboten werden. Dem Versioning liegt die Idee zugrunde, dass der Konsument sich aus einer Produktlinie das Produkt mit dem für ihn höchsten Nutzen auswählen kann. Innerhalb einer Produktlinie gibt es für den Konsumenten Abstufungen nach den Kriterien Aktualität, Geschwindigkeit, Funktionsumfang oder Zusatznutzen. Als Beispiel für das Versioning kann die Offline- oder Online-Distribution von Büchern genannt werden. So kann eine zwar schnell zugängliche, aber eventuell schlecht zu lesende Variante eines Fachbuchs im World Wide Web zugänglich gemacht werden und gleichzeitig in gebundener Form erscheinen.

Aufgrund des digitalen Grundformats dieser Medienprodukte lassen sich relativ einfach Produktlinien realisieren. Durch Beschränkung oder Erweiterung des Leistungsumfangs einer Datenbank können verschiedene Versionen zu unterschiedlichen Preisen angeboten werden (M. SCHUMANN/T. HESS, 2000, S. 67f.).

Die Generierung von Inhalten und deren Weiterentwicklung zu Medienprodukten auf der einen Seite und die vielfältigen Absatzmärkte auf der anderen Seite eröffnen die Möglichkeit, Cross-Media-Effekte zu nutzen. Diese entstehen, wenn ein Unternehmen mit der Entwicklung eines Stoffes an allen oder zumindest mehreren Wertschöpfungsstufen auf den Absatzmärkten verdient. Die mehrfache Ausnutzung eines Stoffes rechtfertigt auch relativ hohe Beschaffungspreise. Von diesem Effekt profitieren vor allem große Konzerne, die sowohl im Print-, Film-, Rundfunk- als auch im Multimediabereich vertreten sind.

2.2 Absatzkanäle für Medienunternehmen

Um einen Einblick in das Spektrum der Märkte zu geben, seien im Folgenden die Einzelmedien mit ihren jeweiligen Absatzmärkten kurz vorgestellt. Aus der Gesamtsicht der alternativen

Absatzkanäle wird auch das Potenzial für Cross-Media-Effekte deutlich, mit dem ein und derselbe Inhaltsstoff als Buch, Film, Fernsehgeschichte, Video in Verleih und Verkauf und schließlich als Sinngeber für ein Internetportal genutzt werden kann.

Ein Vergleich der Einzelmedien mit dem Gesamtmarkt ermöglicht auch Einblicke in die Struktur des Marktes. Bei einem zwangsläufig begrenzten Gesamtvolumen werden Verteilungskämpfe einsetzen. Strategische Allianzen zwischen Zeitungsverlegern und Radiosendern oder auch Medienkonzernen mit Internetfirmen sind eine Reaktion hierauf.

Der gesamte Medienmarkt umfasste in Deutschland im Jahr 1996 ein Volumen von rund 41,3 Milliarden Euro. Auf die Medienindustrie entfallen damit 2,3 % des Bruttoinlandsprodukts (M. SCHUMANN/T. HESS, 2000, S. 22).

Print

Der Presse- und Buchbereich kann auf eine lange Tradition zurückblicken. 1999 existierten in Deutschland 394 Tageszeitungen mit einer verkauften Auflage von 29 Millionen Stück. 23 verschiedene Titel von Wochenzeitungen erzielten eine Auflage von 2 Millionen Stück. Insgesamt erschienen 835 Publikumszeitschriften mit einer Auflage von 127 Millionen Stück (Mediaperspektiven, 1999, S. 45).

Im Jahr 1998 erwirtschaftete die Tagespresse Netto-Umsätze in Höhe von 9,4 Milliarden Euro. Die Anzeigenblätter erwirtschafteten einen zusätzlichen Anzeigenumsatz in Höhe von 1,7 Milliarden Euro (Mediaperspektiven, 1999, S. 47, 57). Der Buchhandel veröffentlichte im Jahr 1998 57678 Neuerscheinungen. Insgesamt erzielte der Buchhandel Umsätze in Höhe von 9,1 Milliarden Euro (Mediaperspektiven, 1999, S. 60f.).

Gerade der Printbereich fürchtet durch die Etablierung neuer Medienkanäle um sein Werbe- bzw. Anzeigenvolumen. Bisher haben die Zeitungsverleger hierauf mit strategischen Allianzen reagiert, um sich ihre Zukunft auch weiterhin zu sichern.

Hörfunk

1998 konnten bundesweit 248 Sender des öffentlich-rechtlichen und privaten Hörfunks 562 Millionen Euro an Netto-Werbeumsatz akquirieren (Mediaperspektiven, 1999, S. 78, 84). Darüber

hinaus werden die öffentlich-rechtlichen Hörfunkprogramme
insbesondere aus Gebühreneinnahmen finanziert (Mediaperspektiven, 1999, S. 8ff.).

Film

Durchschnittlich hat jeder Einwohner der Bundesrepublik im
Jahr 1998 1,8 Kinovorstellungen besucht. Dafür standen 4244
Filmtheater zur Verfügung. 729 Leinwände waren davon in sogenannten Multiplexen zu finden. Durch den Ticketverkauf wurden Bruttoeinnahmen in Höhe von 818 Millionen Euro erwirt-
schaftet. Die Filmverleiher erzielten einen Umsatz von 350 Millionen Euro. In 1998 hatten 287 erstaufgeführte Filme ihr Kino-
debüt. 50 dieser Produktionen stammten aus Deutschland. Der
deutsche Film sackte nach einem Marktanteil bei den Filmbesu-
chern von 17,3 % im Jahr 1997 auf 9,1 % im Folgejahr ab (Mediaperspektiven, 1999, S. 62). In der Verwertungsstufe Video wurden 1998 Gesamtumsätze in Höhe von 865 Millionen Euro erreicht. Die 4250 Videotheken erwirtschafteten dabei 368 Millionen Euro mit dem Verleih von Videos. Gemeinsam mit dem
Handel wurden 496 Millionen Euro aus dem Verkauf von Videos
erzielt (Mediaperspektiven, 1999, S. 64).

Öffentlich-rechtliches Fernsehen

Bis zum Jahr 1998 waren 34,05 Millionen Fernsehgeräte ange-
meldet, die zu Einnahmen an Rundfunkgebühren von 5,7 Milliarden Euro führten. Den öffentlich-rechtlichen Sendern flossen
weitere 357 Millionen Euro an Netto-Umsätzen durch die Werbung zu. Dafür wurden Programmleistungen für die ARD, das
ZDF, die dritten Programme, für Phoenix, den Kinderkanal, 3sat
und ARTE erstellt (Mediaperspektiven, 1999, S. 19).

Privates Fernsehen

Die privaten Sender RTL, SAT 1, DSF, ProSieben, Kabel 1, RTL
II, Super RTL, Viva/Viva2 und die sonstigen kleineren Sender erzielten im Jahr 1998 Netto-Werbeumsätze in Höhe von 3,7 Milliarden Euro (Mediaperspektiven, 1999, S. 19). Aufgrund der unterschiedlichen Finanzierungsformen von öffentlich-rechtlichen
und privaten Sendern liegt der Anteil von Werbung am Gesamtprogramm bei den Privaten deutlich höher. Bei SAT 1, RTL und

ProSieben liegt er zwischen 14 % und 16 %, bei ARD und ZDF dagegen nur bei 1,6 % (Mediaperspektiven, 1999, S. 24).

Online-Medien

Online-Medien entwickeln sich mehr und mehr zu einem Alltagsmedium. Der Anteil der Online-Nutzer steigt kontinuierlich und betrug im Jahr 1999 bereits 17,7 % der Bevölkerung. Im Schnitt befand sich jeder Nutzer 1999 täglich über 80 Minuten im Netz (Mediaperspektiven, 1999, S. 82ff.). Gesicherte Erkenntnisse zu Werbeeinnahmen und sonstigen Finanzierungsformen liegen noch nicht vor. Das Medium eröffnet aufgrund seiner Nutzungs- und Verbreitungszahlen eine weitere attraktive Möglichkeit für die Verwertung von Inhalten. Nach Schätzungen lagen die Werbeerlöse aus dem Online-Geschäft 1997 bei 25,6 Millionen Euro. Die Prognosen gehen für das Jahr 2002 von einer Steigerung der Erlöse auf 256 Millionen Euro aus. Dies würde bereits einem Anteil von 2,5 % am gesamten Werbemarkt entsprechen (M. Schumann/T. Hess, 2000, S. 22).

3. Privatwirtschaftliche Finanzierungsalternativen für Medienunternehmen

3.1 Initial Public Offering

Als wesentliche Voraussetzung für eine positive Geschäftsentwicklung eines Unternehmens gilt eine solide Eigenkapitalbasis. Gerade dynamische mittelständische Unternehmen, die von der Finanzkraft ihrer Inhaber abhängig sind, stoßen bei schnellem Unternehmenswachstum früher oder später an ihre Grenzen. Als eine Möglichkeit zur Beschaffung von zusätzlichem Eigenkapital kann ein Börsengang (Initial Public Offering), vorzugsweise am Neuen Markt, in Erwägung gezogen werden. Der Neue Markt wurde am 10.3.1997 ins Leben gerufen. Im Jahr 1999 gab es in diesem Börsensegment 110 Neuemissionen, darunter 14 Medienwerte aus unterschiedlichen Bereichen (T. Schmidt, 1999, S. XVIII).

Für einen erfolgreichen Börsengang muss ein Unternehmen sowohl qualitative als auch quantitative Voraussetzungen erfüllen. Zunächst muss eine überzeugende Equity Story als Vorbereitung auf das Initial Public Offering (IPO) erarbeitet werden. Die Investoren erwarten stichhaltige und überzeugende Gründe für die Eigenkapitalaufnahme: Welches sind die Hauptbetätigungsfelder, welche Strategie wird verfolgt, wie sollen die Mittel aus dem Börsengang verwendet werden? Auch sollte die Ertragskraft des Kandidaten über dem Branchendurchschnitt liegen (T. SCHMIDT, 1999, S. XVIII).

Als börsenfähig werden Unternehmen mit einem Umsatz von mindestens 25 Millionen Euro angesehen. Das Emissionsvolumen muss mindestens einen Nominalwert von 5 Millionen Euro erreichen, um einen liquiden Handel sicherzustellen. Die Jahresabschlüsse sind nach den internationalen Standards IAS oder US-GAAP zu erstellen (B. CLEVÉ, 1998, S. 204f.).

Durch den Börsengang verbessern sich die Eigenkapitalsituation und die Liquidität des Unternehmens. Auch zukünftig kann ein börsennotiertes Unternehmen bei entsprechender Wertentwicklung leichter neues Eigenkapital akquirieren. Vielfach sind auch die Banken bereit, aufgrund des verbesserten Standings die Kreditlinien zu erweitern. Außerdem erhöht sich der Bekanntheitsgrad in der Öffentlichkeit. Die Rechtsform der Aktiengesellschaft und insbesondere die Börsennotierung eröffnen ferner die Möglichkeit, Mitarbeiter mit Hilfe von Aktienoptionsplänen an der Wertentwicklung des Unternehmens teilhaben zu lassen und sie gleichzeitig stärker an das Unternehmen zu binden.

Mit dem Going Public sind allerdings auch höhere Publizitäts- und Transparenzpflichten verbunden. Die Rechtsform der Aktiengesellschaft verpflichtet zur Ausrichtung einer jährlichen Hauptversammlung. Erforderlich werden auch Analystenveranstaltungen. Die Kosten des Börsengangs (Bankprovisionen, Beratungshonorare etc.) werden zwar aus der Emission bestritten, sind aber nicht unerheblich. Ferner sind die Kosten einer etwaigen Umstrukturierung sowie die Kosten für die Umstellung der Jahresabschlüsse auf internationale Standards zu berücksichtigen. Ob steuerliche Vor- oder Nachteile bei einer Umwandlung in eine AG entstehen, ist vom Einzelfall abhängig (B. CLEVÉ, 1998, S. 206ff.).

Der Neue Markt kann auf eine positive Resonanz aus Anleger- und Unternehmenssicht zurückblicken. Die Emissionseuphorie ist zwar streckenweise gedämpft worden und das Börsensegment musste auch Korrekturphasen hinnehmen, aber insgesamt sind Neuemissionen nach wie vor überzeichnet. Für die Medienbranche erschloss sich mit dem Neuen Markt eine attraktive Finanzierungsquelle. Auch Internetwerten der New Economy bietet sich mit einem Börsengang die Chance, ihre wachstumsbedingten Finanzprobleme zu überwinden.

3.2 Venture Capital-Gesellschaften

Hinter Venture Capital (VC)-Gesellschaften stehen Investoren, die frühzeitig in ein Unternehmen einsteigen, das in überschaubaren Zeiträumen von fünf bis zehn Jahren die Chance auf überdurchschnittliche Gewinne verspricht. Ziel dieser Investoren ist es, Renditen, die deutlich über 20 % liegen, zu erzielen. Im Gegenzug nehmen sie dafür auch ein entsprechend höheres Risiko als Eigenkapitalgeber etablierter Unternehmen in Kauf. Der Einstieg eines Venture-Capitalisten in ein Unternehmen geht meist über die reine Zurverfügungstellung von Finanzmitteln hinaus. Oftmals bietet der Investor auch Beratungs- und Managementleistungen an.

Zielgruppe für Venture Capital sind kleine, innovative Unternehmen mit überdurchschnittlichen Wachstumschancen, aber auch hohem Investitionsrisiko, durch das ihnen eine Bankfinanzierung meistens versperrt ist. In der Frühphasenfinanzierung benötigen die Unternehmen Kapital zur Erarbeitung eines Unternehmenskonzepts (Produktentwicklung, Marktanalyse, etc.). In der Start-up-Phase wird die Markterschließung für das Produkt vorbereitet und das Produkt anschließend eingeführt. Danach beginnt die Expansionsphasenfinanzierung, an deren Ende die Börseneinführung steht. Zu diesem Zeitpunkt kann der Venture Capitalist seinen Unternehmensanteil mit entsprechendem Gewinn veräussern.

Venture Capital-Gesellschaften investieren vorrangig in Umwelttechnik, Biotechnologie, Telekommunikation oder Medizintechnik. Aber auch die Medienbranche ist für Venture Capital-Firmen interessant (B. CLEVÉ, 1998, S. 185ff.).

3.3 Medienfonds

Die Auflage von Medienfonds erfolgt in Deutschland bereits seit den 70er Jahren. Das Angebot ist zwar vielfältiger geworden, das Grundprinzip aber gleich geblieben. Einen Überblick über ver-

schiedene Fondsgesellschaften findet man beispielsweise in der
Spezialausgabe des *Blickpunkt: Film* 1999. Filmfondsgesellschaf-
ten finanzieren mit dem von den Anlegern zur Verfügung gestellten Kapital die Herstellung von Filmen, den Erwerb von Filmlizenzen, den Handel mit Filmlizenzen oder das Rechteleasing.

Die einzelnen Fonds können sich hinsichtlich der steuerli-
chen Bedingungen für den Anleger sowie der damit verbundenen
Risiken und der Gewinnaussichten stark unterscheiden. Ein Pro-
duktionsfonds ist beispielsweise darauf ausgerichtet, den Anleger
unmittelbar oder mittelbar (über einen Treuhänder) zum Mitun-
ternehmer und damit unter Steuergesichtspunkten zum Produzenten eines Films zu machen (G. BUDEIT/T. SEIFFERT, 1999, S.
II). Der Film wird steuerlich als selbstgeschaffenes immaterielles
Wirtschaftsgut des Anlagevermögens betrachtet, für das gemäß
§ 248 Abs. 2 HGB ein Aktivierungsverbot besteht. Damit ergibt
sich in Verbindung mit § 5 Abs. 2 EStG eine sofort abzugsfähige
Betriebsausgabe (W. LEIBOLD/A. OCHSENKÜHN, 2000). In diesem Fall partizipiert der Geldgeber an den Gewinnen und Verlu-
sten der Fondsgesellschaft. Die Haftung des Anlegers und damit
sein Risiko ist auf die Anlagesumme beschränkt.

Beim Rechtehandel- oder Leasingfonds werden die Verluste
auf längere Zeiträume verteilt, so dass keine vollständige Verlust-
zuweisung im Jahr der Investition erfolgt.

Filmfonds finanzieren hauptsächlich Hollywoodproduktio-
nen. Die Finanzierung von Independents stellt eher eine Ausnahme dar, da die Marktgängigkeit eines Produktes ein zentrales Se-
lektionskriterium für die Einwerbung von privatem Kapital ist.
Filmfonds erweitern die Finanzierungspalette und tragen gerade
mit Blick auf knappe Staatshaushalte und begrenzte Subventions-
möglichkeiten zu einer Optimierung des Finanzbereichs bei und
verhelfen dem deutschen Film zu mehr Wirtschaftlichkeit (G.
BUDEIT/T. SEIFFERT, 1999, S. II).

Filmfonds sind unkomplizierte Partner, da sie aufgrund ihres
Eigeninteresses Verhandlungen mit anderen Partnern mit Blick
auf wirtschaftliche Konditionen unterstützen. Allerdings kann
ein Produzent einen Fonds in der Regel nur als einen Baustein für
seine Gesamtfinanzierung nutzen. Mitunter beteiligen sich
Fonds nur mit einer Spitzenfinanzierung von 20 %.

Da die Fondsgesellschaft als Koproduktionspartner auftritt,
ist sie meist unbegrenzt an den Verwertungsrechten und dem

Recht am Negativ beteiligt. Daraus ergibt sich auch das besondere
Interesse an Produktionen, die sich weltweit vermarkten lassen
(B. CLEVÉ, 1998, S. 184). Die Fondspraxis bestätigt dies.

Film- und Medienfonds haben auf dem Anlegermarkt an Bedeutung gewonnen, da sie zum Teil bessere steuerliche Konditionen bieten als Beteiligungen im Schiff- oder Flugzeugbau. Der
Anteil der Medienfonds am Gesamtmarkt beträgt im Jahr 1999
mit einem Volumen von 10,2 Milliarden Euro 11,4 %.

Neben den Renditeaussichten scheinen Anleger Medienfonds insbesondere auch wegen des Produkts den Vorzug gegenüber anderen Beteiligungen zu geben. Die Identifikation mit einem Film ist außerordentlich hoch. Weitere Gründe für das
Wachstum resultieren auch aus dem höheren Maß an Einnah-
mensicherheit der Branche insgesamt und der Ausstattung der
Fonds. Fondsgesellschaften arbeiten im Interesse ihrer Kunden
mit Completion Bonds (Fertigstellungsgarantien) und Budget-
überschreitungsreserven in Höhe von 5 bis 10 %. Damit sind die
zentralen Risiken des Produktionsabbruchs oder einer Budget-
überschreitung abgesichert. Zusätzlich kann die Vermarktung der
Lizenzen bei stark sicherheitsorientierten Fonds von professionellen Distributoren übernommen werden.

Durch den aktuellen Entwurf des Erlasses zur »Ertragsteuer-
lichen Behandlung von Film- und Fernsehfonds« besteht zur Zeit
im Markt einige Unsicherheit über die zukünftige Ausstattung
der Fonds. Doch auch wenn sich die Finanzierungsstrukturen
und damit die Beteiligungsangebote ändern werden, hat die Finanzierung von Filmproduktionen durch geschlossene Fonds
aufgrund des nach wie vor großen Finanzierungsbedarfs weiterhin beste Chancen, an Bedeutung zu gewinnen (W. LEIBOLD/A.
OCHSENKÜHN, 2000).

3.4 Bankfinanzierung

Banken übernehmen in der Regel die Zwischenfinanzierung der
Erlöse von Filmproduktionen. Ein negativer Cash Flow (Liquidi-
tätsdefizit) kann sich in der Mitte oder gegen Ende eines Projekts
ergeben, denn Auftraggeber, Verleiher oder Käufer von Pre-Sales
bezahlen erst bei Ablieferung des sendefähigen Produkts (B. Clevé, 1996, S. 17). Die Bank trägt gemeinsam mit dem Produzenten
drei Risiken: (1) das Herstellungsrisiko, das entsteht, wenn der
Film nicht abgeschlossen wird und somit wertlos ist, (2) das Risi-

ko, dass ein abnehmender Vertragspartner nicht zahlt, und (3) das Risiko des kurzfristigen Blankokredits (C. KALLAS, 1992, S. 128f.). Die Bank sichert sich gegen diese Risiken ab, indem sie nur Filmprojekte zwischenfinanziert, deren Partner eine einwandfreie Bonität besitzen, deren Gesamtfinanzierung geschlossen ist und die mit einem Completion Bond ausgestattet sind, der für das Herstellungsrisiko eintritt. Des Weiteren verlangen Banken detaillierte Aufstellungen über das Filmprojekt, die von einer Synopse des Films bis hin zur Darstellung der Rechtesituation reichen (B. CLEVÉ, 1996, S. 25). Die Ausnahme ist heutzutage noch, dass Banken Teile einer Filmfinanzierung auf eigenes Risiko übernehmen.

Nach einer Umfrage der *Blickpunkt: Film* im November 1999 verfolgen Kreditinstitute den Medienmarkt sehr genau. Einige Banken haben sich bereits mit eigenen Medienteams im Markt positioniert (o.V., 1999, S. VI). Die Annäherung von Medienproduzenten und Finanziers ist zu begrüßen und für beide Parteien vorteilhaft.

4. Ausblick

Die Medienbranche ist ein Wachstumsmarkt, dem aufgrund seines Umsatzvolumens in Zukunft mehr und mehr Beachtung zuteil werden wird. Betriebswirtschaftliche Fragestellungen werden mit der immer stärkeren privatwirtschaftlichen Öffnung dieser Branche zunehmend an Interesse gewinnen. Die Veränderungen, die das Informationszeitalter in der Arbeitswelt verursacht und die die Weiterentwicklung digitaler Technologien mit sich bringt, werden vor allem in der Medienbranche offensichtlich.

Damit der Wachstumsprozess in den Medien erfolgreich gestaltet werden kann, ist eine Symbiose zwischen betriebswirtschaftlicher und kommunikationswissenschaftlicher Perspektive notwendig. Die Medienbranche begeistert mit ihrer Unterhaltungs- und Informationsfunktion sowohl Rezipienten als auch Medienschaffende. Der hohe Identifikationsgrad mit dem Betrachtungsgegenstand sollte auch dazu beitragen, dass sich die junge Disziplin der Medienökonomie schnell etabliert.

ARND WIEDEMANN/SUSANNE MAETING

Literatur

H. Schierenbeck, Grundzüge der Betriebswirtschaftslehre, München 1974, ²2000. – C. Kallas, Europäische Film- und Fernsehproduktionen, Baden-Baden 1992. – M. Rausch, Finanzen für Film, Funk, Fernsehen und Multimedia. Nationale und Internationale Förderprogramme im Medienbereich, Köln 1995, ²1996. – B. Clevé, Wege zum Geld. Film-, Fernseh- und Multimedia-Finanzierungen, Gerlingen 1996, ²1999. – B. Clevé, Investoren im Visier, Gerlingen 1998. – P. Glotz, Die Benachrichtigung der Deutschen. Aktuelle Berichterstattung zwischen Quoten- und Zeitzwang, Frankfurt a. M. 1998. – R.-H. Peters, Echte Fründe – Die Domstadt. Deutschlands Medienstadt Nummer eins, in: Wirtschaftswoche 34 (1998), S. 60–75. – M. Schönberger, Ökonomische Grundfragen des Fernsehens, Köln 1998. – A. Wiedemann, Die Passivseite als Erfolgsquelle, Wiesbaden 1998. – G. Budeit/T. Seiffert, Neue Chancen für die Produktionslandschaft, in: Blickpunkt: Film Spezial: Film- und Medienfonds in Deutschland, Ausgabe 2.2.1999, München 1999, S. II–III. – o.V., Konkurrenzdruck im Bankenmarkt wächst, in: Blickpunkt: Film Spezial: Film- und Medienfonds in Deutschland, Ausgabe 2.2.1999, München 1999, S. VI. – M. Buchwald, Öffentlich-rechtlicher Rundfunk: Institutionen – Auftrag – Programme, in: Rundfunkpolitik in Deutschland, hg. von D. Schwarzkopf, München 1999, S. 316–407. – Mediaperspektiven, Daten zur Mediensituation in Deutschland 1999, hg. von der Arbeitsgemeinschaft der ARD-Werbegesellschaften, Frankfurt a. M. 1999. – T. Schmidt, Equity Story für die Investment Community, in: Blickpunkt: Film Spezial: Banken, Börse, Beteiligungen – Finanzmarkt 1999, Ausgabe 22.11.1999, München 1999, S. XVIII. – D. Schwarzkopf, Rundfunkpolitik in Deutschland, München 1999. – W. Leibold/A. Ochsenkühn, Finanzierungsmöglichkeiten bei Medien- und Filmfonds nutzen, in: Handelsblatt 77 (2000), S. B19. – M. Schumann/T. Hess, Grundfragen der Medienwirtschaft, Berlin 2000.

II

INTEGRALE MEDIENGESCHICHTE

Von der Schrifterfindung zu den Digitalmedien

1. Historiographische Konzepte

Mit der modernen Digitaltechnik, so scheint es, kehrt gegenwärtig das älteste Kommunikationssystem zurück. Kommuniziert wird über bedeutende Bilder. Ein medienhistorischer Zyklus schließt sich. Ob, wie Apokalyptiker der Medientheorie behaupten, mit der totalen Simulation eine Rückkehr zur archaischen Macht der Kultbilder, wie in den Künsten der Jahrhundertwende um 1900, verbunden sei, oder ob nunmehr ein goldenes Zeitalter der rationalen Kommunikation anbreche – dies macht die Spannung der aktuellen medienhistorischen Diskurse aus. Von der Hölle und vom Paradies der Bilder ist die Rede (vgl. K. PRÜMM, 1996, S. 54ff.). Das Modell des technischen Fortschritts ist ambivalent. Wo Zukunft, wo Vergangenheit sei, ist kaum mehr auszumachen. Mit den Gedanken an Echtzeit und Ubiquität scheint Geschichte in einem emphatischen Sinn zum Stillstand zu kommen.

Allein am Fortschritt der Medientechnologie also kann sich die Mediengeschichte nicht orientieren, auch nicht, im Sinne eines Epochenmodells, allein an den Zäsuren, welche durch die Erfindungsgeschichte markiert werden. Mediengeschichte ist, wie das Beispiel der Fernsehgeschichte gezeigt hat, nur multidimensional zu interpungieren (vgl. H. KREUZER/H. SCHANZE, 1991). Technologiegeschichte steht jeweils am Anfang, Sozialgeschichte, Mentalitätsgeschichte, Wirtschaftsgeschichte und Rechtsgeschichte interferieren mit Mediengeschichte. Die Vielzahl der Medien, der Medienbegriff selber generieren ein kaum noch überschaubares Geflecht an Relationen, Interrelationen und Intermedialitäten. Will man, wie das Konzept einer »anderen Mediengeschichte« dies postuliert, nicht nur die technischen Medien der Moderne (wie den Film und das Fernsehen als »Massenmedien«) berücksichtigen, sondern auch »Tanz, Literatur, Theater und Photographie aus einer wahrnehmungstheoretischen und intermedialen Perspektive« in den Blick nehmen (U. FELTEN u.a., 2000; U. FELTEN/V. ROLOFF, 2001, S. 9), so ergeben sich rhizomatische Strukturen und Zwischenräume der Geschichte, wie sie Michel FOUCAULT, Gilles DELEUZE und mit ihnen die poststrukturalistische Medientheorie angesetzt haben. Eine integrale Darstellung der Mediengeschichte kann einerseits das Erzählmodell, ihre Orientierung am roten Faden des zeitlichen Verlaufs nicht aufgeben, andererseits muss sie die Grenzen von Geschichte, Geschichten und Geschichtlichkeit mit in ihre Darstellung einbeziehen.

Ist die Wissenschaft von der Geschichte als Aufklärung angetreten, so gerät sie bei der Frage nach ihrem Anfang an den Rand der Mythen. Auch Mediengeschichte ist mit Mythen verwoben. Die Frage nach dem Ursprung der Medien, nach den Medieninnovationen, wird in den medienhistorischen Diskursen regelmäßig mit Fabeln beantwortet. Von grauer Vorzeit muss hier nicht gesprochen werden, die Mythen um die Medien sind allgegenwärtig. Der neueste ist der Mythos von der Erfindung des Internets. Dem Historiker, der nach gesicherten Dokumenten sucht, ist der Boden durch die neue Technik selber entzogen. Dem unendlichen Gedächtnis der technischen Speicher entspricht ein technisches Vergessen: der Löschbefehl. Das entscheidende Dokument dürfte spurlos, wie dies die Innovation der digitalen Speichertechnik mit sich bringt, getilgt sein. Dies erinnert an die Fabel von der Zahlen- und Schrifterfindung, die PLATON in seinem Dialog *Phaidros* erzählen lässt. Ihr Erzählort ist der Handelsplatz Naukratis, ein Mittler zwischen phönizischem, griechischem und ägyptischem Handel und Wissen (PLATON, um 360 v. Chr./ 1958, S. 55). Die Pointe der Erzählung vom klugen König Thamus und dem göttlichen Schrifterfinder Theut ist, dass mit der Schrift nicht das Gedächtnis gestärkt, sondern vielmehr die Kunst der Erinnerung vernachlässigt werde. Dies ist eine Einsicht, die sich bis heute bewährt. PLATON registriert den alltäglich überprüfbaren Verlust an Erinnerungsfähigkeit zugunsten einer äußerlichen, speichernden Technik. Seine Warnung ist also nicht nur ein frühes Beispiel eines Technikpessimismus, der sich emotional bis zur technologischen Apokalypse aufladen kann.

Eine Mediengeschichte, auch wenn sie auf den Faden des technischen Fortschritts aufgezogen wird, hat nicht nur mit stetiger Fortentwicklung zu einem höheren Stand, sondern auch mit Um- und Rückbrüchen zu rechnen. Das Medienensemble wird durch das Hinzutreten neuer Medientechniken stets komplexer, die Zahl der möglichen Medienrelationen und Medientransformationen steigt. Gleichzeitig lassen sich Konvergenzen, ja Vereinfachungen bis zum medialisierten Schrecken beobachten. Sie ist zugleich gekennzeichnet durch immer komplizierter werdende Intermedialitäten und mediale Evolutionen. Jedes der neuen Medien bildet eine eigene Mediengeschichte aus. Keines der alten Medien wird ersetzt, gleichwohl aber in seiner Funktion und Bedeutung neu definiert. Damit bleibt der Mediengeschichte nur noch eine minimale Rationalität, die alle Medien zusammenschließt. Sie kann nur eine Mediengeschichte in Schnitten und Ausschnitten sein, die auf dem Faden der Zeit aufgezogen werden.

2. Am Anfang der Medien: Die Sinne

Medien gehen vom Körper des Menschen aus, von menschlicher Wahrnehmung und Erfahrung. Sie heben die Grenzen des Körpers auf, sie organisieren Übergänge: von der Sinnlichkeit zur Geistigkeit, von Zeit zur (künstlichen) Dauer, von Raum zur (künstlichen) Aufhebung von Distanzen. Mediengeschichte ist als Wahrnehmungs- und Erfahrungsgeschichte zu konzipieren. Definiert man, wie Marshall McLuhan, die Medien als »Ausweitungen des Menschen« (McLuhan, 1964, S. 15 u. ö.), so ist Mediengeschichte eine Geschichte der Sinnlichkeiten, eine Geschichte allerdings mit deutlichen Ausgrenzungen der ›niederen‹ Sensationen. Die Sinne des Gesichts und des Gehörs werden von Anbeginn gegenüber denen des Geschmacks, des Gefühls und des Geruchs privilegiert. Während sich die Basismedien Bild und Ton von Gesicht und Gehör direkt ableiten lassen, werden Geschmack und Gefühl als Begriffe der Ästhetik gebraucht. Gerüche bleiben am Rande des Systems der Künste. Die integrale Körperlichkeit bildet die Grenze der Ästhetik. In den von den Medien hergestellten Sensationen aber kehren immer wieder die ›niederen Sinne‹ Geruch und Geschmack zurück. Medialisierte Unmittelbarkeit verstärkt die Sensation; gleichwohl wird die mediale Distanz als ästhetischer Wert begriffen. Das Faszinosum der Zeitlosigkeit und der Ubiquität setzt den Mediennutzer in die Situation der Omnipräsenz und Omnipotenz. Der Körper steht am Anfang und am Ende der Medien.

3. Basismedien

Auf den sinnlichen Basismedien Ton und Bild setzen die unsinnlichen Basismedien, die Zahl und die Buchstaben auf. Töne und
Bilder werden ›zur Sprache‹ gebracht. Organisiert wird der Übergang zur Rationalität. Kanon aller Medien ist Sprache im weitesten Sinn. Von der Sinnlichkeit bleibt der Sprachlaut. Mit Zahlen
und Buchstaben wird die Raum- und Zeitbindung der Bilder und
der Töne aufgehoben. Räume und Zeiten werden berechnet und
beschrieben. Rechnen und Schreiben sind die ältesten Kultur-
und Medientechniken. Ihre Nutzung setzt Lernen, Schule, Bildung voraus.

   Mediengeschichte wird damit zu einer Geschichte der fortschreitenden Rationalisierung und Professionalisierung. Die
Schrift hält die Mündlichkeit bildhaft fest. Das Auge erzeugt den
Klang der Worte im Innern des geschulten Lesers. Die aus der
Schrift heraus entwickelten ›neuen Medien‹ der Antike, das griechische Theater und das Forum, geben der Schrift jene Sinnlichkeit zurück, die sie im Prozess der Aufzeichnung verlor. Der Körper des Schauspielers, die Materialität der (räumlichen) Szene,
der Fluss der Handlung in der realen Spielzeit werden, im Wortsinn, die Mittel der Repräsentation.

   Mit der Erfindung der Typographie (des Buchdrucks mit einzeln gegossenen Lettern) und der Rechentechnik wird das älteste
Rationalmedium, die Schrift, zu einer mechanischen Kunst. Die
gegossenen Buchstaben des Setzkastens setzen sich gegen die
Buchstaben der Handschrift durch. Mechanische Rechenappara-
te technifizieren den Umgang mit der Zahl. Mit dem photographischen Apparat wird das Bild, mit der Phonographie der Ton,
mit der Kinematographie das bewegte Bild, mit den Audio- und
Televisionen des 20. Jahrhunderts wird die Gesamtheit der darstellenden Künste den Gesetzen der analogen Medientechnik unterworfen. Die Künste insgesamt treten in das »Zeitalter ihrer
technischen Reproduzierbarkeit« (W. BENJAMIN, 1927/1977) ein.
Das Bildungsgesetz der Medien wird zurückgenommen. Beim
Medienkonsum wird der intellektuelle Aufwand minimiert.
MCLUHAN kann vom Radio als Buschtrommel reden. Gegenwärtig werden die Medien und die Künste digitalisiert, ein erneu-
ter Schritt der Rationalisierung. In der Technik der Digitalisierung verbinden sich Zahl und Buchstabe, Numerik mit Nicht-

Numerik. Alle nunmehr ›alten‹ Medientechniken werden simuliert; die basalen Medientechniken, Bild, Ton, Zahl und Buchstabe selber erhalten gegenüber den (analogen) Reproduktionsme-
dien einen neuen Spielraum. Den an die reproduzierten Künste
gebundenen Audiovisionen treten die ungebundenen Spielwerke
der Simulation und der Virtualität gegenüber, die Wirklichkeiten
ohne Substrat auf Basis eines Programms herstellen.

4. Intermedialitäten und Koevolutionen

Dieser Komplexität mit ihren Differenzierungen und Konvergenzen soll im Folgenden dadurch Rechnung getragen werden,
dass zunächst die sogenannten ›alten Medien‹ in ihren Intermedialitäten und Koevolutionen dargestellt werden. Die Geschichte
der Basismedien wird bis ins Zeitalter der Digitalisierung geführt.
Die jeweils neuen Medientechniken werden im Sinne von Elizabeth EISENSTEIN (1979) als Katalysatoren des Wandels der Basismedien rekonstruiert. Eine solche integrale Mediengeschichte
setzt ihrerseits die theoretischen und systematischen Ansätze der
Medienwissenschaft(en), wie sie im ersten Teil vorgestellt werden, voraus. Sie steht komplementär zu den gesonderten Mediengeschichten, die den ›Einzelmedien‹ seit Erfindung der Typographie gewidmet sind.

5. Die Medien und die Künste

Eine integrale Mediengeschichte hat zunächst eine ›Vorgeschichte‹ zu schreiben. Sie handelt von den Basismedien Bild, Ton, Zahl
und Buchstabe. Schriftliche Rechnung und schriftliche Aufzeichnung formieren das Mediensystem der Schrift. Es folgt die
Epoche der primären Medien, des Theaters, des Forums, des
Skriptoriums und der Bibliothek. Sie beziehen sich auf die Re-
chenkunst, auf Vermessung und Handel sowie auf das Buchsta-
benwesen, die Schriftstellerei. Rückgrat des ältesten Mediensystems ist die Handschrift; ihre Kunstform ist die ›alte‹, die klassische Literatur. Sie umfasst sowohl die Fachschriftsteller der alten
Enzyklopädie, der Summe alles Wissens, als auch die großen und
kleinen Gattungen der Poesie und Rhetorik. Neben der alten Literatur aber stehen, als ständige Herausforderung, die ›alten‹, die
klassischen Bildkünste, die Skulptur und Malerei, die Kunstfor-

men des Basismediums Bild. Trotz der zentralen Rolle der ›Musik‹ in der antiken Bildung: Vom Ton bleibt nur eine blasse Erinnerung. Wie die Mündlichkeit überdauert das Tonspiel, die Musik, nur in ihrer Beschreibung. Der ›flatus voci‹ vergeht bis zum Ende des 19. Jahrhunderts noch mit seiner Entstehung. In Beschreibungen blieben auch Skulptur, Malerei und Teile der Architektur, überprüfbar allerdings an den Überresten. Die antiken Torsi provozieren die Einbildungskraft, die sie zu ewig vollendeter Kunst stilisiert.

Die Epoche der alten Literatur, der alten bildenden Künste, der ›artes‹, reicht vom 13. vorchristlichen Jahrhundert bis ins 15. Jahrhundert. Mit der Erfindung der Typographie um 1440/65, dem ersten der technischen Medien, beginnt das ›Gutenbergzeitalter‹, die Epoche der technischen Graphien. Ihr Rückgrat ist das gedruckte Buch, ihre Kunstform eine ›neue‹ Literatur. Sie kennt die alten Gattungen, aber auch eine neue: den Roman. Parallel entsteht eine neue bildende Kunst, wiederum in Skulptur, Malerei und Architektur. Gedruckte Bücher werden, in alter Technik, mit Illustrationen versehen. Der Ton wird im Notendruck festgehalten.

Mit Photographie, Phonographie und Kinematographie erreichen die ›Graphien‹, quasi rückwärtsschreitend, Bild, Ton und Bewegtbild, ›das Leben‹. Das Medienereignis ist an einen konkreten Ort, an eine bestimmte Zeit gebunden. Mit Radio und Television beginnt im 20. Jahrhundert das Zeitalter der analogen Audiovisionen, welche sich an ein disperses Publikum an einem beliebigen Ort auf dem Globus adressieren. Die technischen Graphien werden in ein neues Mediensystem, das System der Audiovision, integriert, ohne jedoch in ihm aufzugehen. Der Ton und das Bild kehren mit Macht, aber vom Körper entbunden, in der Materialität der audiovisuellen Medienmaschinen, dem Lautsprecher und dem Fernseher, zurück. Das Anthropomorphe der medialen Apparate, bezeichnet als große Stimme und großes Auge, signalisiert deren übermächtige Körperlichkeit, dem der kleine Mensch, seine schwache Stimme, sein fehlbares Auge, hoffnungslos unterlegen ist.

Spricht man heute systematisch von Medien, so sind zunächst und vor allem die Medien der Audiovision, die ›Massenmedien‹ gemeint. In ihnen verschwinden die Literatur, die Bildkunst und die Musik, aber auch der Film; das System der Künste wird zur Tiefenstruktur einer medialen Oberfläche. Die ›moderne‹ Literatur, Kunst, Musik und Theater werden zum kritisch-analytischen Instrumentarium, das sich den technischen Diffusionen von Bild und Ton entgegensetzt. Die Graphien entwickeln sich einerseits als inhaltliche Voraussetzungen der Audiovision (z. B. im Drehbuch), andererseits als deren kritische Instanz. Der Begriff der audiovisuellen Medien löst die älteren Medienbegriffe, die durch Materialitäten bestimmt sind (Holz, Stein, Papier, die Leinwand der Malerei, den Körper im Theater) und den der Graphien ab, ohne sie jedoch zu ersetzen.

Im Medium des Films ist eine Überschneidungszone zwischen den neuen Graphien (den Medien des ›Gutenbergzeitalters‹) und den Medien der Audiovision gegeben. Die Kinematographie gehört noch zu den *Aufschreibesystemen* (F. A. KITTLER, 1985), als Dispositiv der Wahrnehmung bereits zu den Medien der Audiovision, welche die Graphien als Aufzeichnungs- und Wiedergabetechniken nutzen, aber eine Illusion des wahren, unmittelbaren Lebens erzeugen. Dass zwischen Kinematograph einerseits, dem Rundfunk andererseits medienhistorisch eine klare Epochengrenze zu markieren ist, wird vom übermächtigen audiovisuellen Betrieb überdeckt. Mit der entwickelten Audiovision wird auch das Kino zur kritischen Instanz. Das Graphische an der Kinematographie, die Kamera als Schreibstift, wird als Differenzqualität zum Fernsehen neu entdeckt (V. ROLOFF u. a., 1998, S. 15–78).

Mit dem Schritt zur Digitalisierung der Medien wird der grundlegende Unterschied zwischen der Typographie, der Phonographie und der Kinematographie einerseits und dem Rundfunk andererseits, der sich ihrer als Inhalte, nicht als Formen bedient, erkennbar. Der Audiovision folgt seit Mitte der 80er Jahre des 20. Jahrhunderts das ›Medium Computer‹. Das ›Neue Medium‹ ermöglicht die Simulation aller bisherigen Medien auf einer einzigen ›digitalen Plattform‹. In den Digitalmedien konvergieren Bild und Ton, Zahl und Buchstabe. Die Digitalisierung markiert zugleich die Differenz der Basismedien als Bildverarbeitung, Tonverarbeitung, Textverarbeitung und Numerischer Datenverarbeitung in unterschiedlichen Programmsystemen. Darüber hinaus erhalten die alten Künste gegenüber den Audiovisionen neuen Spielraum. Man kann metaphorisch von einer Wiederkehr des Buchs sprechen (H. SCHANZE, 1995).

Mit der Folge von Graphien, Audiovisionen und Simulationen ist das 20. Jahrhundert ein Medienzeitalter mit höchster historischer Dichte. Die lange Geschichte der Medien als Geschichte vermittelter Erfahrung und Wahrnehmung wird aber damit keineswegs obsolet. Ihre historische Dimension ist die einer Kopräsenz der neuen, der alten und der ältesten Medien.

6. Mediale Differenzen

Durchgehend zu unterscheiden sind Berechnungs-, Aufzeichnungs-, Speicherungs- und Verbreitungsverfahren einerseits von den darstellenden Verfahren andererseits. Die Handschrift eignet sich zur Berechnung, Aufzeichnung, Speicherung und Verbreitung. Darstellung ist bei der Schrift und beim Druck auf die graphische Anordnung reduziert. Sie erfordern komplexe Kodierungs- und Dekodierungsprozesse, die Erlernung der basalen Kulturtechniken des Schreibens und des Lesens. Dies schlägt sich nieder in einer langen Geschichte.

Mit Erfindung der Schrift bildet sich ein hochdifferenziertes Mediensystem aus. Berechnung, Aufzeichnung, Speicherung und Verbreitung werden über Skriptorien, Bibliotheken und den Handel mit Rollen und Kodizes organisiert. Theater und Forum nutzen die darstellenden Verfahren auf deren Basis. Die Typographie führt Berechnung, Aufzeichnung, Speicherung und Darstellung in Form einer technischen Graphie erneut zusammen. Die Photographie ist definiert durch Aufzeichnungs-, Speicherungs- und Wiedergabeverfahren, sie unterscheidet Kamera, Film und das photographische Bild. Entsprechend unterschieden sind bei der Phonographie die Aufzeichnungsmaschine, die Walze oder Platte als Speichermedien und der Plattenspieler als Wiedergabemaschine, bei der Kinematographie die Filmkamera, der Film und der Projektor. Definierend für die unterschiedlichen graphischen Medien sind auch die Träger, die Aufzeichnungs- und Verbreitungsmittel: das Pergament bzw. das Papier, die Schallplatte, der Film. Die Grunderfindungen bilden komplexe Einheiten von Aufzeichnungs- und Wiedergabemaschinen, Trägern und Distributionsformen. Die jeweiligen Erfinder kombinieren verschiedene Techniken zu medialen Gesamtapparaten, zu Dispositiven der Wahrnehmung.

Auch die Audiovision definiert sich durch Aufzeichnungs-
und Wiedergabemaschinen: die Kamera, das Mikrophon und die
Empfangsapparate. Hinzu kommt die technische Verbreitung,
das Sendernetz. Es ist namensgebend. Dem Nutzer erscheinen
sie als darstellende Medien. Sie setzen, wie das Theater und das
Kino, die technischen Graphien als Aufzeichnungsmedien voraus. Die Digitalmedien eröffnen ein neues Mediensystem, das jenem der Schrift in ihrer integrativen Funktion entspricht. Sie
führen Berechnung, Aufzeichnung, Speicherung, Distribution
und Darstellung in Form eines Universalmediums auf der ›digitalen Plattform‹ erneut zusammen.

7. Medien als Übergänge

Medien stellen Übergänge von einer Immaterialität zu einer anderen dar. Mediensysteme sind Organisationsformen von Übergängen: vom Sehen und Gesehenwerden, vom Sprechen zum
Hören, vom Schreiben zum Lesen, vom Text zur Darstellung,
vom Buch zum Film, vom Inneren zum Äußeren. Die Materialität der vermittelten Zeichen ist nur eine temporäre. Medien organisieren den Zeichentransfer und die intermediale Übersetzung
(vgl. E. W. B. HESS-LÜTTICH, 1987). Der Prozess der Medialisierung löst die Unmittelbarkeit der Wahrnehmung in eine zeitliche
und räumliche Anordnung progressiv auf. Zwischen Wahrnehmung und Erinnerung treten Distanzen, deren Aufhebung zugleich das Gesetz der Medien ist.
    Die Geschichtlichkeit der Medien ist demnach nicht ein Äu-
ßerliches, sondern vielmehr ihr konstitutives Prinzip. Schon in
den Basismedien sind historische Differenzen zu beachten: Bilder, Töne, Zahlen und Buchstaben stellen sekundäre, erzeugte
Wirklichkeiten dar, die einer primären Wirklichkeit folgen, die
selbst bereits eine mental konstruierte ist. Ohne diese rationale
Prämisse bleibt sie ›unbeschreiblich‹, magisch im Sinne des Wortes. Die Faszination einer primären Zeit- und Ortlosigkeit (ihre
Ubiquität) geht auf die Medien über. Im Medienumbruch von
einem Mediensystem zum anderen steht die Zeit quasi still. Die
Sehnsucht nach Ewigkeit und Ubiquität, die dem Bild wie der
Schrift unterstellt werden kann, nicht aber dem vergehenden
Ton, wird aufgehoben in den Schein der Zeit- und Ortlosigkeit,
den die modernen Medien vermitteln.

Die These von der Konstruktivität und der Kopräsenz aller Medien in der Gegenwart lässt das Modell einer reinen Vergangenheit, wie sie die klassische Geschichtsschreibung einübt, nicht zu. Wenn immer von einer Vorgeschichte der Medien gesprochen wird, so führt dies nicht zu einer Entwertung der jeweils alten Medien. Im Gegenteil: Mit jedem Fortschritt der Mediengeschichte steigt der Wert der alten Medien als Träger authentischerer Wahrnehmung und Erfahrung. In jedem neuen Medium ist die Vielzahl der alten Medien eingeschrieben. Das Bild der Schrift, das hier für den Medienprozess als Ganzem in Anspruch genommen wird, führt an deren Ausgangspunkt, der aber kein Anfangspunkt sein kann. Vor der Schrift liegen die fünf Sinne des Menschen, Sehen und Hören, Fühlen, Schmecken und Riechen. Sie konstituieren in einem Prozess des Verzichts die Basismedien Bild, Ton, Zahl und Buchstabe, deren Aufgabe es ist, einen Übergang von einer Wirklichkeit, einem der Rationalität entzogenen ›Ding an sich‹, einer ›Natur‹, zu einer zweiten Wirklichkeit der ›Kunst‹ und deren Rückkehr zu einer ›zweiten Natur‹ zu organisieren. Das von Arno HOLZ um 1900 formulierte Kunstgesetz »Kunst = Natur - X« – »Die Kunst hat die Tendenz, wieder die Natur zu sein. Sie wird sie nach Maßgabe ihrer jedweiligen Reproduktionsbedingungen und deren Handhabung« – ist das Mediengesetz schlechthin (vgl. H. SCHANZE, 1983, S. 463f.).

8. Geschichte des Scheins

Die Frage nach den Basismedien Bild, Ton, Zahl und Buchstabe lässt sich medienhistorisch als Frage nach der Rationalität der Medien reformulieren. Jedem Medium ist ein Rest an magischer Praxis eingeschrieben. Die Magie der Basismedien Bild und Ton wird bereits im Kontext der Vorgeschichte, die in die Geschichte der Digitalmedien hineinreicht, in den Basismedien Zahl und Buchstabe aufgehoben. Zahl und Buchstabe gelten als Kanon der Rationalität, aber auch des Scheins. Rationale Simulationen stehen unter Betrugsverdacht. Theodor W. ADORNO und Max HORKHEIMER haben in der Betrugsgeschichte, die von Odysseus und dem einäugigen Riesen Polyphem erzählt wird, den Ausgangspunkt der modernen Aufklärung und ihrer Dialektik festgemacht (M. HORKHEIMER/T. W. ADORNO, 1947). Odysseus überlistet den Riesen, indem er ihm das Auge nimmt und ihn über seine wahre Identität mit Hilfe seines doppeldeutigen Namens (Odysseus bedeutet auch »Niemand«) täuscht. Dieser erste Betrug liegt vor der Schrift. Der Name hebt die magische Praxis der Bilder auf und ersetzt sie durch die täuschende Rationalität. Über die Vormedien tritt der Schamane und Priester in Kontakt mit einer jenseitigen Macht. Offen muss bleiben, ob die ältesten überlieferten Höhlenzeichnungen auch pragmatischen Lehrzwecken, etwa der Erlernung der Jagdkunst dienten. Ritual und Lehre, in deren Diensten die Vormedien stehen, können, von der Gegenwart aus gesehen, nicht getrennt werden.

9. Vorgeschichte

Belege für bedeutende Bilddarstellungen finden sich bereits am Ende der letzten Eiszeit ca. 30 000 v. Chr. Bis ins Digitalzeitalter haben die Bilder ihr Eigenrecht im medialen Prozess behauptet und im Zeitalter der Audiovisionen auch gegenüber den Graphien durchgesetzt. Ihr protomedialer Charakter lässt sich aus ihrer Funktion ableiten: Bilder dienen der Darstellung, der Informationsspeicherung und der Übermittlung. Bereits in der Antike werden bedeutende Bilder (in einem umfassenden Sinn des Kunstwerks) gesammelt und ausgestellt. Bei den Tempeln und in den Palastbezirken finden sich Schatzhäuser für Weihgeschenke der Gläubigen, ex post gesehen Sammlungen und Ausstellungen bedeutender Bilder. Die Macht der Bilder bewährt sich bis heute (P. ZANKER, 1987).

Die bildliche Darstellung ist zugleich die Basis für die Schrift als neues Mediensystem. In allen Schriftsystemen lässt sich der Ursprung aus Bildern erkennen. In den sogenannten Bilderschriften wie den Hieroglyphen, seit etwa 3150 v. Chr. in Ägypten belegt, dominiert der Bildcharakter. In den abstrahierenden Alphabetschriften, deren Entwicklung von den sumerischen Sprachschriften ca. 3500 v. Chr. in mehreren Stufen über Keilschriften, Konsonantenschriften bis zum phönizischen bzw. dann griechischen Alphabet reicht, tritt mit dem System des ›Vokals‹ und des ›Konsonanten‹ ein Prinzip ein, das die auf wenige ›Buchstaben‹ reduzierte akustische Dimension der Sprache zum Ausgangspunkt einer Rationalisierung nimmt, die nur durch das noch abstraktere Prinzip der Zahl übertroffen wird. Die griechische Schrift wird seit dem 10. Jahrhundert v. Chr. aus altsemitisch-phönizischen Vorbildern entwickelt. Buchstabenzeichen und Zahlzeichen können ineinander übersetzt werden, da sich beide dem Prozess der Rationalisierung magischer Bild- und Tonpraxen verdanken. Zahlenmagie und Buchstabenmagie gehören zu den Geheimwissenschaften bis heute. Sie begründen die »Kunst des Gedächtnisses«, deren Blüte im Altertum und der Renaissance zu beobachten ist (F. A. YATES, 1966).

Die Schrift bringt ein vollständiges Mediensystem hervor. Seine Ausprägungen ergeben sich durch Aufgabenteilung: Rechenstube und Skriptorium als Produktionsorte, Archiv und Bibliothek als Speicherorte, Theater und Forum als Orte der Rückkehr zur Körperlichkeit, zur Repräsentation und Präsentation. Die Verbreitung bedient sich der Materialität des Geschriebenen, des Papyrus und des Pergaments, des menschlichen Körpers als Boten sowie des natürlichen Lichts, des modulierten Feuers.

Mediengeschichte der Antike:
Skriptorium und Bibliothek, Theater und Forum, reitende Boten und Lauffeuer

1. Vom Schatzhaus zur Bibliothek: Macht durch Bilder, Macht durch Tafeln und Papiere

1.1 Schrift, Skriptorium, Bibliothek

Mediengeschichte im Sinne der fortschreitenden Organisation von Übergängen beginnt mit der Erfindung der Schrift. Der Besitz wird vermessen und gezählt, das Ergebnis und seine Geschichte werden aufgeschrieben. In der Schriftgeschichte lässt sich der Übergang von der Magie der Bilder in die Rationalität der Schriftzeichen erkennen. Das Nebeneinander von Bilderschriften und Buchstabenschriften hat sich bis heute bewahrt. In der Tat ist der Gebrauch der Schrift zunächst den Priestern und ihren Schreibsklaven vorbehalten; ihre Inanspruchnahme zu Herrschaftszwecken setzt das Ineins von priesterlicher und weltlicher Machtausübung voraus. Dieses Ineins ist Kennzeichen der Skriptorien bis zur Erfindung der Druckkunst. Die Produkte der Skriptorien wandern in Archive und Bibliotheken. Sie sichern die scheinbare Ewigkeit der Schrift und machen sie nutzbar als Beweismittel in der Zukunft. Sie fixieren Ansprüche, deren Durchsetzung auf Dauer durch den Vorweis der Dokumente möglich wird. Schriftreligionen behaupten sich durch den Kanon des heiligen Buchs. Verwaltungen sichern Herrschaft durch die Kontinuität der geschriebenen Dokumente. Schriftarchive und Bibliotheken entstehen im Gefolge von rational zu rechtfertigenden Ansprüchen auf Personen und Sachen, und damit der Machtsicherung. Im Schatzhaus wird der herrschaftliche Status ausgestellt, im Archiv und mit der Bibliothek wird der Status begründet. Sie beweisen die Macht der Götter und der mit ihnen als Priester und Gottkönige verbundenen Herrscher. Die Tempel auf der Akropolis in Athen waren mit der dortigen ›Pinakothek‹ verbunden. Als Sammler von Kunstwerken sind die Könige von Pergamon bekannt, deren sagenhafter Reichtum sich auf ein Medienmonopol, die Herstellung und den Handel mit einem der

Trägermaterialien der Schrift, dem ›Pergament‹, zurückführen lässt.

Die ersten Belege für eine Machtsicherung durch gespeicherte Schriften finden sich in Tontäfelchen, die im Zweistromland massenhaft aufgefunden wurden. Die Geschichte der Bibliothek beginnt im 3. vorchristlichen Jahrhundert (sog. Bibliothek der Hethiterhauptstadt Boğazkale). Die Tafeln mit Schriftzeichen halten Besitzverhältnisse fest, später auch Geschichte und Geschichten, bis hin zu Literatur im Sinne alles Geschriebenen. Für Athen, Alexandria (die Zentren des Hellenismus) und später Rom sind öffentliche Bibliotheken historisch belegt. Auch die Papyri der Hochkulturen am Nil, mit ihren Bilderschriften, zeigen eine Entwicklung vom religiösen zum profanen Gebrauch und damit zum Modell der Bibliothek. Die Ton- und Steintafeln bzw. die kreisrunden Steinscheiben (z.B. der bis heute nicht endgültig entzifferte Diskus von Phaistos mit Hieroglyphenzeichen in spiralförmiger Anordnung – das Modell der modernen Schall- und Datenaufzeichnung) werden durch den Papyrus, der in Form von Rollen aufbewahrt wird, und das Pergament, aufbewahrt in Kodizes, ersetzt.

Der Handel mit Kodizes und Rollen (Schrift auf Pergament und Papyrus) verbreitet das Wissen und die Kunst über die gesamte, in Form einer Scheibe vorgestellte Welt der Antike. Als weitere effiziente Verbreitungsmedien lassen sich die antiken Botensysteme, Läufer bzw. reitende Boten mit memorierten oder schriftlichen Botschaften, vor allem aber das System des sogenannten Lauffeuers charakterisieren. HOMER beschreibt es in der *Ilias* (vgl. HIEBEL u.a., 1999, S. 791). Hier werden die Buchstaben der Schrift ein zweites Mal kodiert und über große Entfernungen übertragen. Bereits im 5. vorchristlichen Jahrhundert sind im Perserreich Botenstafetten belegt. Die modernen Telegraphen- und Radiosysteme führen ihre Geschichte zurück auf die Buschtrommel sogenannter primitiver Völker, sowie auf Feuer- und Rauchzeichen, mit denen Nachrichten über große Entfernungen bereits in der Antike in hoher Geschwindigkeit übermittelt werden konnten.

1.2 Bibliotheksgeschichte der Antike

Da das Material der Schriftarchive und der Bibliotheken nicht auf
Dauer beständig ist, tritt die Bibliothek als Speicher des gesammelten Herrschaftswissens stets in Zusammenhang mit Brand
und Verlust ans Licht der Geschichte. Die große Bibliotheksgeschichte beginnt mit einer Katastrophe unfern des Ortes, an dem
PLATON den Mythos über den Nutzen der Schrifterfindung an-
siedelt, unfern des Ortes auch, an dem der »Stein von Rosette«,
der Schlüssel zur Entzifferung der Hieroglyphen aufgefunden
wurde: im Nildelta. Alexandria ist Zentrum des hellenistischen
Bibliothekswesens. Nach dem Brand seiner Bibliothek, die das
gesamte Wissen der Zeit für eine Ewigkeit aufbewahren sollte,
beginnt die Suche nach den Fragmenten der Antiken. Nur noch
virtuell kann heute der Thesaurus der hellenistischen Welt aus
Fragmenten rekonstruiert werden. Die römischen Bibliotheken
werden gleichermaßen Opfer von Bränden und Plünderungen.
Die ergrabenen Räume der Sammlungen und Bibliotheken der
römischen Kaiserzeit geben das Ausmaß der verlorenen Bestände
an. Germaneneinfälle in Rom vernichten die dortigen Museums-
und Bibliotheksbestände bis auf Überreste.

Die mediale Fragmentierung der alten Literatur, die von der
Zeit nach Erfindung des Buchdrucks als klassische Literatur, und
damit als Ausdruck der Vollendung und des unerreichbaren Vor-
bilds gelesen wird, lenkt den Fokus auf ihren theoretischen Gehalt, die Annahme einer gegliederten Ganzheit der Bildung. Dies
gilt nicht nur für die unterschiedlichen Gattungen des Geschriebenen im Sinne von Kunstwerken, sondern auch für die Werke
der Fachschriftsteller. Die gewaltsam fragmentierte Bibliothek
der Antike und ihr Mythos sind die Basis selbst noch der neuesten
Mediensysteme der Simulation. Das theoretische Prinzip einer
universalen Mimesis, wie es ARISTOTELES zum Kunstprinzip
schlechthin erhoben hat, bindet Bildung einerseits an Schrift und
Bibliothek, weist andererseits aber auch auf den Verlust an Sinnlichkeit hin, der mit den Schriftmedien verbunden ist.

1.3 Schrift und Bibliothek im Mittelalter

Die Geschichte des medialen Verlusts ist zugleich die Geschichte
des Bemühens um Sicherung. In Aktionen der Vernichtung setzen sich die Nationen des nördlichen Europas in Besitz des grie-

chisch-römischen Erbes. Sie nutzen das Mediensystem der Schrift, das ihnen in Form der Schriftreligionen des Judentums, des Christentums und des Islam als neuer Kanon gegenübertritt. An ihm messen sie die Überreste und lassen sie, als Zeichen der neuen Herrschaft in Bildern und Bauten neu erstehen.

Wie die Antike kennt auch das Mittelalter Übergänge von Mündlichkeit zu Schriftlichkeit. Übernommen werden die Bildlichkeit und ihre Magie zur Herrschaftsausübung. Mündliche Tradition und schriftliche Überlieferung stehen in Konkurrenz. Dem Konzept einer Translation, wie es sich in der Konstruktion einer ›translatio imperii‹ ausweisen lässt, steht der Anspruch auf Unmittelbarkeit der ›nationes‹ gegenüber. Dies begründet in einer Gleichzeitigkeit des Ungleichzeitigen die Besonderheit der Mediengeschichte des Mittelalters. Sie ist gekennzeichnet durch das Wechselspiel von Oralität und Visualität, Schriftlichkeit und Bildlichkeit (H. WENZEL, 1995; W. FAULSTICH, 1996). Als Bildungsgeschichte ist sie an Skriptorien und Bibliotheken gebunden.

Die Mediengeschichte des Mittelalters kann an das komplexe antike Schriftsystem unmittelbar anknüpfen. Sie kennt insofern keinen Bruch bis zur Erfindung der Druckkunst. Sie kennt aber den Verfall der Bücher. Die Aufgabe der Sicherung von Wissen und Glauben geht mit dem Zerfall des griechisch-römischen Systems der öffentlichen Bibliothek auf die Kleriker, die christlichen Schreiber über. Die Religion der Bibel setzt den Kanon der heiligen Schrift und verwirft die Rede und das Theater als pagane Übung. Der Herrschaftsgebrauch der Schrift ist in der Aufschreibpraxis der karolingischen Hofschule (der sog. »karolingischen Renaissance«), vor allem aber am Aufbau der päpstlichen Kanzlei zu beobachten. Schriftproduktion, bis hin zum prächtigen Kodex, und Bibliothek verbleiben im Kontext des Verbunds von Glaubens- und Herrschaftssicherung der Kirche bis zum Ende des Mittelalters, und dies heißt: bis zur Erfindung der Druckerpresse, die eine Renaissance des antiken Mediensystems bei radikaler Umdefinition des Skriptoriums, der Bibliothek, des Theaters und des Forums auszulösen im Stande ist.

2. Theater der Antike: Medialisierung des Körpers

2.1 Der Ursprung des Theaters aus der Schrift

Mit dem Begriff des Theaters ist medienhistorisch der Übergang von der schriftlichen Aufzeichnung zur kunstmäßigen Darstellung durch einen Rollenträger bezeichnet. Friedrich NIETZSCHES These vom Ursprung des Trauerspiels aus den dionysischen Kulthandlungen reflektiert den Prozess der Entstehung eines Mediensystems aus seinen kultischen Vormedien (F. NIETZSCHE 1872, 1988, S. 25ff.). Sie hebt ab auf den Dionysoskult, der im athenischen Theater am Hang der Akropolis als bauliche Mitgegenwart, in Form eines Altars des Gottes, sichtbar war. Die ästhetische »Urduplizität« des »dionysischen« und des »apollinischen« Prinzips verweist auf die Doppelkonstitution des Theaters: Ist Dionysos der Gott des Rausches, so Apoll der Gott der heiteren Besonnenheit, der sich nicht zuletzt auch die Schrift verdankt. Das aufgeschriebene Drama hebt den dionysischen Zug in die Kette der Buchstaben auf und lässt ihn zum kunstmäßigen Spiel auf dem vorgesehenen festen Schauplatz werden.

Das aufgeschriebene Drama, die Handlung (dorisch »dran«, »handeln«, attisch »prattein«) und das Theater, ihr Schauplatz (griech. »theatrón«) gehören seit der Erfindung des kunstmäßigen Spiels aufs Engste zusammen. In diesem Prozess entsteht das Theater als Medium im Wortsinn, als ein Mittler zwischen Mythos und Drama einerseits und als Mittler zwischen Drama und Publikum, für das es den Mythos vergegenwärtigt, andererseits. Der Schauspieler spielt eine Rolle, d. h. er spielt nach einer Rolle, auf der das Drama aufgeschrieben wurde. Das Medium Theater kann nicht ohne die literarische Institution, die Gattung des Dramas, auskommen, diese nicht ohne die Repräsentation im Medium Theater. Sie bedingen sich gegenseitig.

Der dramatische Text wird für eine simulierte Mündlichkeit, für Rede und Gegenrede, Monolog und Dialog, vorgeschrieben. Er enthält regelmäßig auch Sprecherangaben und Regieanweisungen für die Bewegung des Schauspielers. Auf dem Theater, in der szenischen Aufführung, entsteht jene mimetische Form, an der der Zuschauer, nach ARISTOTELES , seine »Freude« hat.

Das Phänomen des zu spielenden Textes ist universell. Analoge Formen des Spiels sind in allen alten Kulturen Vorderasiens, in Asien, Fernost, Süd- und Mittelamerika zu finden. Die charakteristische europäische Ausprägung jedoch und die eingeführte Begrifflichkeit sind historisch zu verorten: Den Griechen wird die Erfindung der Kunstform wie des Spielorts zugeschrieben, von ihnen und der europäischen Entwicklung her werden die Leitbegriffe der Diskussion bezogen. Ihre Pole sind das einmalige Ereignis, die Repräsentation auf dem Theater, und der auf Dauer und spätere Wiederholbarkeit angelegte Text. Theater tendiert zum Mimus, dem spontanen Spiel, das Drama dagegen zum Logos, dem verbindlichen Wort.

Der Schauspieler hat den aufgeschriebenen Text zu lernen und damit in sein Gedächtnis aufzunehmen. Er muss sich auf der Bühne in eine andere Person verwandeln und wird so zum Träger der dramatischen Handlung. Er kann als handelnder Mensch einen Typus, ein Allgemein-Menschliches, oder einen Charakter, einen Menschen mit besonderen Eigenschaften, verkörpern. Sein Sprechen richtet sich nach den Vorgaben der beschriebenen Rolle. Das kehrt die natürlichen Verhältnisse zwischen Schrift und Sprache um und macht das Theater zum Ort der Kunst.

Die Griechen gebrauchen für die Kunst den zentralen Begriff der Mimesis, der Darstellung oder Nachahmung. Im Drama findet dieser Kunstbegriff seine Vollendung, da alle anderen Künste nur Teilbereiche der Natur darstellen. In der ›maximalen Direktheit‹ liegt seine besondere Wirkung beschlossen. Das Theater restituiert also die Magie von Bild, Wort, Ton, Schrift und Zahl durch Vergegenwärtigung im Spiel. Gotthold Ephraim LESSINGs Frage, warum die Verkleidung stattfinde, warum Gedächtnisse gemartert werden, hat die eine, immer noch gültige Antwort: Weil nur auf diese Weise die Emotion im höchsten Grade erregt werden kann. Das Theater ist das Wirkmedium des Dramas. Nur was lebendig vor Augen gestellt wird, kann Ereignis werden. Das Theater ist der paradigmatische, festgelegte Ort dieses Ereignisses. Dort finden sich die Zuschauer ein. Die künstliche Gegenwelt, in der sie sich wiedererkennen, ist die Welt des Theaters. Die Bretter bedeuten die Welt. Der Zuschauer erfährt eine »Reinigung« (Katharsis) seiner eigenen Seelenbewegungen in der Teilnahme am theatralischen Ereignis. Der Spielcharakter und die Möglichkeit des Probehandelns machen auch ihre Bedeutung im politischen Raum aus.

Dauer, Wiederholbarkeit und die potenzielle Ewigkeit ist durch die schriftliche Form der Spielvorlage, durch das Drama als literarische Gattung, garantiert. Im festgelegten Text erhält das Spiel seine Dimension über den Tag hinaus. Die Gattung Drama spielt mit Zeit und Raum, als die vollkommenste der »Naturformen der Poesie« (J. W. von GOETHE). Das Drama als Norm der Rede auf dem Theater diffundiert in eine Vielzahl von medialen Transformationen. Die Mediengeschichte des Theaters faltet diese Diffusionen, die den festen Spielort aufgeben (bzw. aufheben) aus.

Die Gattung des Dramas und die Institution Theater entstehen im Raum der griechischen Stadtstaaten des 8. bis 7. Jahrhunderts. Ihre Herkunft aus den Dionysien, den regellosen Feiern zu Ehren des Gottes Dionysos, gibt ihnen von Anbeginn an eine religiöse Dimension. Der Altar des Gottes bleibt bis in die griechische Spätzeit am Ort des Geschehens; die Aufführungen sind in Athen an die Zeit der jährlichen Dionysien gebunden, verwendet wird die dionysische Maske. Grundstruktur ist der liturgische Gesang.

Der legendäre Sänger ARION VON LESBOS ist der Überlieferung nach der erste, der um 620 v. Chr. den Gesängen die Form des Dithyrambus, der chorischen Aufführung, gibt. Ton und Bild werden in der Darstellung zusammengeschlossen. Damit zugleich ist das Vorsprachliche des Dramas bezeichnet. Die Tragödie entsteht aus dem »Geist der Musik« (F. NIETZSCHE, 1872, 1988, S. 9). Wort und Musik sind Ausdruck der Seelenbewegung; auch die Körperbewegung folgt der inneren Bewegung. Sie wird mit Wort und Musik zu einer darstellerischen Einheit. Aufgenommen wird der Stoff der griechischen Sage des Mythos, nach ARISTOTELES der »Ursprung« und die »Seele« der Dichtkunst.

Die älteste bekannte griechische Inschrift (um 725) bezieht sich auf einen Tanzwettbewerb, der in der Nähe von Vorformen des frühen Theaters anzusiedeln ist. Der Tanz gehört zu den konstitutiven Bestandteilen des Mediums Theater. Die Referenz einer ›anderen‹ Mediengeschichte auf den Tanz findet hier ihre historische Begründung. Im 6. Jahrhundert erfolgt die Ablösung der Tontafeln durch Papyrusrollen, Ausgangspunkt des Begriffs der Rolle als zentraler Theatermetapher.

Der zunächst nur monologische Vortrag zum altgriechischen Musikinstrument, dem Aulos, unter begleitenden Tanzbewegungen, ist der Ausgangspunkt der Entwicklung zur Kunstform des Dramas. Der Schauspieler Thespis erhält um 534 als erster den sogenannten Antworter, den Hypokrites. Zur ersten Person kommt die zweite bei AISCHYLOS, um 471, und die dritte bei SOPHOKLES, um 466. Die Schauspieler treten unter Masken auf (Begriff der Person). Sie stehen und schreiten auf dem Kothurn, dem erhöhten Schuh, sie lösen sich aus dem Chor (12–15 Mitglieder) heraus. Nur der erste Schauspieler, der Protagonist, wird bezahlt. Die Gattungen der Tragödie und der Komödie, unterschieden nach dem Ausgangskriterium, Untergang oder Versöhnung, Katastrophe oder Lysis, sind seit 486 v. Chr. belegt.

Hinzu kommt die räumliche Fixierung auf den Ort Theater im befriedeten Bezirk der Stadt, zunächst auf dem Marktplatz (Agora, Forum), dann aber an gesondert eingerichteten Schauplätzen. Im 5. Jahrhundert wird in Athen das erste Dionysos-Theater gebaut. Besonders dicht sind die Hinweise auf die Institutionalisierung von Theater und Drama in der Regierungszeit des PEISISTRATOS (bis 527 v. Chr.). Er richtet in Athen die großen Dionysien mit musischen Wettbewerben und Theateraufführungen als Staatskult ein (um 544).

Um 328 wird in Athen das neue Dionysos-Theater für 14000 Zuschauer errichtet, mit den traditionellen baulichen Elementen: dem Theatron, dem ansteigenden, halbkreisförmigen Zuschauerraum, der Orchestra, dem ovalen Tanzplatz, der Skene, dem Bühnenhaus, und dem Proskenion, der Vorbühne, auf der sich später die eigentliche Theateraufführung abspielt. Der steinerne Theaterbau unterstreicht die Bedeutung des Theaters für die Polis. Dem fixierten Text entspricht der feste Bau. Bis zu 40000 Zuschauer finden in den antiken Theatern Platz, bei optimaler Sicht auf das Geschehen. Das Medium des Theaters hat damit seine bis heute gültige Grundstruktur gewonnen.

2.2 Poetik des Dramas

Um 334 bereits bringt der Philosoph ARISTOTELES in seiner *Poetik* das spannungsreiche Verhältnis von Spiel und Text auf den Begriff. Er entwirft die erste ausgearbeitete, aber fragmentierte Medientheorie und die erste Mediengeschichte überhaupt. Dass ge-

rade die Ausführungen über die Tragödie erhalten sind, lässt auf
das besondere Interesse der Tradition an der extremsten Gattung
im Medium Theater schließen. Die nur kursorisch angesprochennen Gattungen sind nicht, wie das Drama, auf den zusätzlichen
Apparat angewiesen. Die Tragödie nutzt alle Mittel: Sprache,
Melodie und Rhythmus. An der vollständigen Darstellung, der
Mimesis habe jeder seine Freude. Die Mittel verbinden das Drama mit dem Dithyrambus. Dieser sei zunächst Improvisation gewesen. Er sei ausgedehnt und zur Form des Dramas entwickelt
worden. Das Drama habe so in Stufen zu seiner Natur gefunden.

ARISTOTELES, der in Athen, unfern vom Dionysos-Theater
lehrte, hält in seiner *Poetik* die Strukturen des einmaligen Wunderwerks der Dichtkunst, die auf dem Theater zum neuen Leben
erweckt wird, mit dürren Worten fest. Im sechsten Kapitel beschreibt er die Teile der repräsentativen Gattung. Im Regelfall
werden die formativen Elemente der Tragödie (vgl. H. LAUS
BERG, 1960) in der Folge Fabel, Charaktere, Sprache, Gedanken,
sichtbare Aufführung, Musik zitiert: »mythos kai ethe kai lexis kai
dianoia kai opsis kai melopoiia«. Julius Caesar SCALIGER, der für
die Renaissance entscheidende Theoretiker, übersetzt: »fabulam,
mores, dictionem, sententiam, apparatum, melodiam« (J. C. SCA
LIGER, 1561/1964, 1, 11, p. 18b). Apparat und Melodie stehen am
Schluss der Reihe (H. LAUSBERG, 1960, Bd. 1, § 1187). Die Spannung zwischen Poesie (in der Schriftform) und dem (medialen)
Apparat deutet Aristoteles implizit dadurch an, dass seine vergleichsweise kurzen Ausführungen drei solcher Reihen, mit unterschiedlicher Schwerpunktsetzung, aufweisen (H. SCHANZE,
2001).

2.3 Römisches Theater: Das Ende des Mythos

Die römische Antike übernimmt die dramatischen Gattungen
und die bauliche Gestaltung des Schauplatzes von den Griechen,
obwohl etruskische Spieler schon um 364 mit Tanz und Flötenspiel nach Rom kommen. In Rom und in den Städten der Provinzen werden nach dem Vorbild der Griechen Theaterbauten mit
hohem technischem Aufwand errichtet. Eindrucksvoll bis heute
ist das Theater in Orange (Südfrankreich). Drama und Theater
finden bis in die Kaiserzeit aber auch am Ort der Entstehung, unter römischem Patronat in Athen statt. Die alten festen Schauplät-

ze werden auf Befehl der Imperatoren an Ort und Stelle weiter glänzend ausgebaut. Die Orchestra wird halbkreisförmig und zur erhöhten Bühne.

Ausgehöhlt jedoch wird die politisch-religiöse Funktion und die bändigende Kraft der Schrift. Das Drama, als Literatur, und das Theater, als Schauplatz der Ereignisse, treten auseinander. Das Volk bevorzugt Bärenhatz und Gladiatorenkämpfe, reine Spektakel, die mit einem Mindestmaß an Regeln, in jedem Falle aber ohne ausgearbeiteten Text, auskommen. Kampfspiele, Gaukelei und Tierspiele und der Mimus sind beim Publikum beliebter als das logozentrierte Drama. Das Theater, der alte Schauplatz, wird zur Arena.

2.4 Dramengeschichte des Mittelalters.
Biblische Geschichte und Heilsgeschehen

Der scheinbare Stillstand der Entwicklung von Drama und Theater resultiert aus dem Verlust des Mythos, des dramatischen Fundaments. In die römische Welt tritt das Christentum ein. Fundament der neuen Religion ist das Buch, die Bibel. Für die Geschichte von Drama und Theater wird es auch wichtig, dass gerade in den römischen Theatern und Arenen das Martyrium der neuen Religion des einen Gottes zum schrecklichen Ereignis für eine vergnügungssüchtige Masse wird. So stehen die großen Bauten als Erinnerung an das Martyrium, entfremdet ihrer ursprünglichen Bestimmung.

Das mittelalterliche Drama braucht kein eigenes Theater mehr. Das einzige Drama, das in der Bibel berichtete Heilsgeschehen, ist Teil der Liturgie. Die Wurzel des mittelalterlichen Dramas, der Wechselgesang der Marien und des Engels am Grab, wird am Ostermorgen im Gottesdienst, in der Kirche vorgetragen.

3. Der Ursprung des Forums: Handeln mit Worten

3.1 Rede als Kunstform der Politik

Dem Medium Theater als dem des Übergangs der Rolle in den Körper setzt sich schon im 5. vorchristlichen Jahrhundert ein theoretisch definierter Übergang von Schrift in Vergegenwärtigung an anderem Ort entgegen: die Rede auf dem Forum. Mit

dem Sturz der Tyrannen in Syrakus und Athen entsteht die Notwendigkeit, die Gegensätze der gesellschaftlichen Interessen in
der Öffentlichkeit, durch Rede und Gegenrede, auszutragen. Mit
der sophistischen Aufklärung erfolgt die Lösung der Sprache vom
Mythos.

Redner und Komödiant sind über ihre Zielsetzungen zu trennen. Beide haben das Publikum zu beachten. Das Publikum des
Theaters ist ein konzentriertes. Es ist eigens gekommen, um das
Schauspiel zu sehen. Das Publikum des Forums ist ein zerstreu-
tes. Der Redner muss es erst für sich gewinnen. Er präsentiert seinen Fall parteigünstig und ist Vertreter der Interessen seiner
Mandanten.

Auch für das Forum gilt das vorgängige Schriftprinzip. Der
Redner ist zunächst Schriftsteller, seine Leistungen werden in
Schriftform überliefert und in Bibliotheken aufbewahrt. Die
Rede selber aber ist, wie das Theaterspiel, auf maximale Direkt-
heit angelegt. Entscheidend für ihre Wirkung ist die Präsenz des
Redners und der Hörer. Allein der Vortrag macht des Redners
Glück. Diese notwendige Präsenz des Redners teilt die Rede auf
dem Forum mit dem Dialog auf dem Theater. Die Herzen aller
Hörer sollen gezwungen werden; und dies ist nur möglich bei
voller Präsenz des Redners und der Hörer.

3.2 Rhetorik als zweite historische Medientheorie

Die antike Rede ist mündliche Rede vor Präsenzpublikum auf
dem Forum. Die Vorschriften der Rhetorik zielen auf das Präsenzpublikum. Die Vorbereitung der Rede soll auf die Fassungs-
kraft des Hörers Rücksicht nehmen. Die Erfindung soll fesseln,
interessieren, die Disposition soll durchsichtig sein und nicht ob-
skur, die Worte sollen klingen und nicht trocken sein. Der gute
Redner steht im Leben, er argumentiert aus dem Leben und für
lebendige Wesen. Er muss über deren Wünsche, Hoffnungen,
Befürchtungen orientiert sein. Alle Vermittlung über Distanz ist
von Übel, beeinträchtigt nur die Wirkung.

Die Unmittelbarkeit der Rede aber ist keine natürliche, sondern eine künstliche. Die Wirkung der Rede ergibt sich aus Präsenz und Übung. Sie beruht auf hergestellter Spontaneität. Eine
Rede ist nach den Regeln der Invention, Disposition und Elokution aufzusetzen; sie wird memoriert und kommt erst dann zur

Aktion. Erst nach langer Ausbildung in der Schule wird der Redner jene ›firma facilitas‹ haben, die ihn in jedem Augenblick das Angemessene sagen, mit anderen Worten, quasi spontan jene Argumente, jenes Genre, jene Formulierung finden lässt, mit denen er im Meinungsstreit obsiegt.

Kunstgemäße Herstellung wirksamer Mündlichkeit ist höchstes Ziel der Rhetorik. Der Schein der Unmittelbarkeit ist es, der die Wirkung ausmacht. Die Wirkmittel der Rede sind in einem sehr strikten Sinn programmiert, vorgeschrieben, und zwar im Einzelnen, in der jeweiligen Rede, durch den Aufsatz, im Ganzen durch die Regeln der Kunstlehre, die ein normativ-praktisches System darstellt. Das Programm, die Vorschrift muss geeignet sein, Präsenz zu erzeugen. Im Augenblick der Rede ist die Rede bereits Vergangenheit. Sie ist schriftlich aufgezeichnet und muss nur noch agiert werden. Der Redner ist der Spieler seines eigenen Werks. Nur diese Identität unterscheidet ihn vom Schauspieler, der die Vorschriften eines Poeten ausführt.

3.3 Verfall der Beredsamkeit. Rede und Brief

Es gehört zur Geschichte der griechischen Redekunst, dass sie, mit dem Verfall der forensischen Situation, zum Gegenstand einer sichernden, auf das Programm abhebenden Tradition wird. Der Name (wiederum) des Philosophen ARISTOTELES steht bereits für diese Spätphase. Das System der Rhetorik siegt über das Leben und die Geschichte. Nicht ohne Grund erscheint in der aristotelischen Tradition die Geschichte der Rhetorik nur noch in Fragmenten. Rhetorik wird zur philosophischen Rhetorik, dann, in ihrer römischen Rezeption, zur literarischen Rhetorik. Kanon der literarischen Rhetorik ist die Rolle, das Manuskript. Die ›firma facilitas‹ des Redners wird fixiert auf dem Papier. Es übernimmt die Funktion der lebendigen Memoria, für die es in der Folge sogar an technischer Begrifflichkeit mangeln wird. Die Schriftlichkeit der Rede siegt über die Mündlichkeit, das Programm über das Leben. Rhetorik wird medialisiert über das Manuskript. Rhetorik wird zu einer Rhetorik der Sendschreiben, der Briefe. Der Brief ist mehr als nur Einkleidung des Gedankens, er ist die genuine Form des Redens von Ort zu Ort im Manuskriptzeitalter.

3.4 Rhetorik des Mittelalters

Seit der Darstellung der mittelalterlichen Rhetorikgeschichte
durch James J. MURPHY (1974) ist der Gedanke an den Verfall der
Rhetorik, wie ihn die Renaissancetheoretiker für das ›dunkle
Zeitalter‹ entwarfen, einer Sicht der immer erneuten Translatio-
nen gewichen. Bereits die sogenannte »Karolingische Renaissance«, aber auch das Aufkommen von Interlinearversionen in den
›Volkssprachen‹ schufen eine Gelehrtenrhetorik, welche das System der Rhetorik in die politischen Verhältnisse der Reichsidee
und ihrer ›translatio imperii‹ überführte. Die Skriptorien und die
Bibliotheken des Mittelalters entwickeln eine Dynamik, die der
des antiken Forums durchaus gleichzusetzen ist. Die Entstehung
der Kanzleien, die »Ufficien« der oberitalienischen Stadtstaaten,
die Führung von Prozessen durch den Stand der rhetorisch ausgebildeten Juristen übertragen den griechisch-römischen Gedanken schriftlicher Politik in die damalige Gegenwart. Daneben
wird, in der Volkssprache, weiterhin die mündliche Verhandlung
gepflegt.

Das Zeitalter der Typographie (1500–1800)

1. Druck und mediale Kontrolle: die Masse der Bücher

1.1 Typographie als Katalysator des Wandels

Wie kaum eine Erfindung ist die der Druckkunst als Katalysator des Wandels ausgezeichnet. Sie bildet ein neues Mediensystem aus und verändert grundlegend die alten: das Skriptorium, die Bibliothek, das Theater und das Forum und damit den gesamten politisch-sozialen Raum. EISENSTEIN (1979) hat diesen Zusammenhang ausgewiesen und damit ein Paradigma der Mediengeschichte entworfen. Die frühen Typographen und die mit ihnen verbundenen Gelehrten der Renaissance und des Humanismus entwickeln die institutionellen und begrifflichen Grundlagen für alle technischen Graphien, die moderne Digitaltechnik eingeschlossen. Zu Recht wird Johannes GUTENBERG, der Erfinder, als der ›Mann des Jahrtausends‹ gefeiert. Hieran hat auch der latente Widerspruch zwischen Graphie und Audiovision nichts ändern können. Zu sehr sind bis heute die Mediensysteme auf die mit dem GUTENBERG-Medium geschaffenen Strukturen und arbeitsteiligen Organisationsformen angewiesen.

Die integrale Mediengeschichte beschreibt die Wechselwirkungsgeschichte der Typographie mit Museum und Bibliothek, Forum und Theater (E. EISENSTEIN, 1979; H. SCHANZE, 1983; M. GIESECKE, 1991; S. FÜSSEL, 1999). Mit der Erfindung des Drucks mit beweglichen Lettern verschwinden die alten, schriftbasierten Medien keineswegs. Aus den Skriptorien werden die neuzeitlichen, hoch spezialisierten Büros, in denen die einmaligen Geschäftsvorgänge und Korrespondenzen aktenmäßig festgehalten werden, aber auch die geheimnisvolle Sphäre des Dichters als des armen Poeten. Die Bibliothek wird zum umfassenden Instrument des individuell arbeitenden Gelehrten, der hier seine virtuelle Vollkommenheit lesend erwirbt. Der Druck stellt Öffentlichkeit in einem neuzeitlichen Sinn her. Die Korrespondenz, das Briefwesen, spaltet sich auf in einen öffentlichen, gedruckten, und einen privaten, weiterhin handschriftlichen Bereich. Die Staatssachen werden zu Privatangelegenheiten erklärt, ihrem medialen Charakter entsprechend. Der Versuch der Aufhebung dieser medialen Differenz führt zur Revolution in Frankreich 1789, die zugleich den Höhepunkt des Buchzeitalters markiert.

Die Bibliothek wird zum Körper des Wissens und der veröffentlichten Wissenschaft schlechthin. Die alten Medien verschwinden nicht, es entstehen vielmehr neue Konstellationen. Wegen der mit dem technifizierten System der Schrift verbundenen langen Geschichte der Alphabetisierung können die alten Medien dem neuen gegenüber in einer ebenso langen Geschichte zwischen Literatur und Theater die Macht ihrer Darstellungsmöglichkeiten ausspielen. Zwischen den darstellenden Künsten und dem Druck entsteht ein Konfliktfeld, das mit dem Begriff der Zensur umschrieben werden kann. Der Zugang zu den Büchern stimuliert die Entstehung des modernen, unsinnlichen Bildungsbegriffs.

1.2 Die neue Literatur

Die Literatur pflegt einerseits, in Wiederentdeckung einer verlorenen antiken Vollkommenheit, die Trias der Gattungen, die an den Körper der Person gebundene Lyrik, das Epos als die Form des Erzählens, bei der sich der Erzähler, nach GOETHE, hinter dem Vorhang verbirgt, und vor allem die Form des Theaters mit dem ihr eingeschriebenen Widerspruch von Schrift und Körper. Andererseits entwickelt sich aus dem antiken Erzählformen und den Formen der Rede, der Prosa, vom Ausgang des Mittelalters bis zum Beginn des 19. Jahrhunderts, unter Dominanz des Buchs, der ›Roman‹, das ›romantische Buch‹. »Leben, als Buch« ist die Zauberformel der europäischen Romantik (vgl. H. SCHANZE, 1994, S. 1ff.). Die neue Literatur operiert in einem doppelten Mediensystem, noch in der Handschrift, die als Medium der Produktion angesetzt wird, und im gedruckten Buch. Sie setzt sich den Medien der Körperlichkeit, der Rede und, vor allem, dem Theater, gegenüber. Im Roman setzt sie auf Biographie im weitesten Sinn. Das romantische Buch entfaltet das mediengeschichtliche Spannungsfeld von Leben und Typographie.

»Entdeckung der Welt und des Menschen« (Jakob BURCK-HARDT, 1860) ist das Ziel der Renaissance. In DANTES *Göttlicher Komödie* wird das Jenseits zum Diesseits: Entdeckt werden die Höllen des Inneren in der Bildlichkeit des Mittelalters. In den Selbstlebensbeschreibungen der Renaissancemenschen, in den

Novellen des Giovanni BOCCACCIO , die im Rahmen als mündliche Erzählungen angelegt sind, in den großen Romanen des Barock wird der Impetus der diesseitigen Lebenslust spürbar. In den Ritter- und Abenteurerromanen und deren entlarvenden Karikatur, dem *Don Quixote* des Miguel de CERVANTES, der alles nur aus den Büchern kennt, werden Entdeckungsreisen seit Christoph KOLUMBUS auf dem bedruckten Papier simuliert. In der Lyrik, die sich seit Francesco PETRARCA als Reise in die Innerlichkeit inszeniert, wird die subtile Verfeinerung des Gefühls betrieben. In Druckform werden individuelle Erfahrungen und Entdeckungen zur Erfahrung aller Leser.

Als höchste Gattung wird jedoch weiterhin das Drama gefeiert, weil es ›Leben‹ darstellen kann. Im Zeitalter des dominanten Buchs wird auf dem Theater über das »tintenklecksende Säkulum« von einem zur Wildheit des vorliterarischen Zeitalters zurückkehrenden, gleichwohl exzessiv lesenden »Räuber« gespottet (F. SCHILLER, *Die Räuber*, 1. Aufzug, 2. Auftritt, 1782). Die Romantiker, die das Buch zum Kanon erheben, schwärmen von mittelalterlicher Mündlichkeit, von oralen Traditionen des Märchens und sprachlicher Musikalität. Aber auch sie setzen zur umfassendsten Rettungsaktion der Mündlichkeit an. PLATONS Warnung gilt: mit dem Buchmärchen schwindet die Memoria. Aus der Erzählung wird die Lesung.

1.3 Die gelehrten Sammlungen: Museum und Bibliothek

Die Anfänge des Museums und der Bibliothek als neue Mediensysteme im Zeitalter der Typographie sehen beide, den Ort der Bilder und den Ort der Bücher, weithin ungetrennt. Die Demonstration der Gelehrsamkeit, des gebildeten Geschmacks und der Macht kann sich auf antike Vorbilder berufen, die in Rom mit ihren Schätzen bereits früh ergraben werden. 1471 wird das Museum auf dem römischen Kapitol zuerst der Öffentlichkeit zugänglich gemacht, 1506 folgt die Sammlung des Belvedere im Vatikan, der Grundstock der Vatikanischen Museen. Privatsammlungen werden aufgebaut durch die MEDICI in Florenz seit 1677 (Uffizien), die FARNESE in Neapel seit 1731. Alle diese Sammlungen gewinnen ihre Bedeutung durch die in Druckform vorgelegten Kataloge, durch im Druck verbreitete Abbildungen ihrer Bestände und durch die gelehrte Beschreibung durch am Ort tätige

Kunsthistoriker. Giorgio VASARI und Johann WINCKELMANN sind die großen, die Gattung im Reich der Literatur begründenden Autoren.

Die Geschichte des Nationalmuseums beginnt in Paris mit der Museumsgründung durch NAPOLEON I. 1798. Der Grundstock der Münchner Pinakothek wird durch die Sammlung der Brüder Melchior und Sulpiz BOISSERÉE seit 1800 gelegt. Wieder ist es der Widerspruch von Zerstörung und Sicherung, der die neue mediale Aktivität im Feld der Bildmedien auslöst. Mit der Öffnung für das breite Publikum gewinnen die Museen eine dezidiert mediale Funktion. Die großen Museen des 19. Jahrhunderts stehen bereits im Kontext der neuen Graphien, die dem Original eine besondere, abgehobene Bedeutung geben.

Die Bibliothek, der Ort des Wissens, wird zum Ort der gedruckten Bücher, über die der Dichter und der Gelehrte ein virtuell ewiges Leben erreichen. Die moderne Universität, die aus der Universitas Litterarum des späten Mittelalters, also noch aus der Handschriftenkultur und dem mündlichen Vortrag entsteht (der Vorlesung aus dem eigenen Manuskript), gewinnt nun in den Universitätsbibliotheken ein Zentrum, um das herum sich die Gelehrten versammeln. Sie ist nun der Ort der Studien für den ›Buchgelehrten‹, neben dem anatomischen Theater und dem Labor als Ort des Experiments. Die Sammlung von Erfahrungen beim Anatomieren und beim Experimentieren aber zielen letztlich auf das gedruckte Buch, die ›Enzyklopädie‹ in gedruckter Form.

Die Bibliothek, wörtlich, das Gestell für die Bücher, ist das Dispositiv des Gelehrten bereits im Manuskriptzeitalter. Durch den Buchdruck und die durch ihn erzeugte Masse der Bücher aber wird aus der Bibliothek ein öffentlicher Raum, der vom Skriptorium (der Gelehrtenstube, dem Dichterzimmer mit kleineren Privatbibliotheken) getrennt wird, als Ort der Lektüre und des Studiums. Waren die Fürstenbibliotheken noch Mittel der Machtausübung, so generiert die Universitätsbibliothek den freien Raum der Republik der Gelehrten. Neben die Staats- und Universitätsbibliotheken treten im 19. Jahrhundert die Volksbibliotheken. Zu erwähnen ist bereits hier, dass das Bibliothekssystem sich über den Gedanken der Mediothek auch im Zeitalter der Audiovisionen erhält.

2. Theater und Drama im Buchzeitalter

2.1 Bühne und Lesedrama

Das entscheidende Defizit des Drucks ist seine mangelnde Körperlichkeit. Gegenüber dem stillen Lesen ist das Spiel auf dem erneuerten Theater, das eine Öffentlichkeit ganz anderer, lebendiger Art garantiert, unendlich überlegen. Die Verwandlung der seltenen Handschrift in den Druck aber erlaubt die mitlesende Kontrolle der Körperlichkeit. War das Forum schon durch die Urkunde und den Brief zurückgedrängt worden, die nun einer umfassenden Quellenkritik unterzogen werden, so wird das Theater nun dadurch reguliert, dass der dramatische Text zuvor im Druck erscheint. Der Autor der Vorlage nimmt sein Recht am Werk über den Druck in Anspruch. Der darstellende Künstler, der Schauspieler, der Sänger, wird zum Virtuosen der kontrollierten Körperlichkeit.

Das antike Wissen wird über die Drucklegung wie eine neue Welt neuer Möglichkeiten rezipiert. So nimmt man, im Bereich des Dramatischen, in der antiken Überlieferung das Modell einer weltlichen Form auf. In der exklusiv christlichen Umgebung war die Handlung auf den Sakralraum oder auf die Prozession beschränkt. Die Frühhumanisten entdecken die antiken Formen des Dramas und seine Dramentheorie in der Manuskriptform, die sie der Druckerpresse übergeben. Damit ist eine neue Publikationsform geschaffen, die über den engen Rahmen der Manuskriptverbreitung hinausgeht. In Konkurrenz zur Masse der Zuschauer tritt die zunehmende Masse der Leser. Zwei Publika für das Drama entstehen, ein Prozess, der nahezu vier Jahrhunderte in Anspruch nehmen wird. Zunächst sind die Voraussetzungen für eine allgemeine Lesefähigkeit zu schaffen.

Das Drama des Humanismus entsteht unter Berufung auf die antike Situation und Theorie. Zunächst ist das römische, dann auch das griechische Drama vorbildlich. HORAZ und ARISTOTELES werden die Autoritäten der humanistischen Poetik. 1520 widmet Hieronymus VIDA aus Cremona sein wesentlich auf Horaz gründendes Werk FRANZ I. von Frankreich, als erste der italienischen Renaissancepoetiken. Die komplexe und fragmentierte *Poetik* des ARISTOTELES muss für den Druck ediert, kommentiert und ergänzend bearbeitet werden, so in den umfangreichen

Kommentaren von Francesco ROBORTELLO und Lodovico CASTELVETRO. Als primäre Medientheorie muss sie der neuen Mediensituation durch Auslegung angepasst werden. Der Ertrag der Kommentierung findet sich systematisiert in den *Poetices libri septem* des Julius Caesar SCALIGER 1561. Die französische Dramentheorie, von Jean CHAPELAIN bis Pierre CORNEILLE fußt auf den italienischen Ausgaben.

Die Konzeption der modernen Poetiken und der in ihnen enthaltenen Vorschriften zum Bau des Dramas zielen auf die literarische Form. Die Inszenierung wird nur beiläufig erwähnt.

Neue Normen entstehen unter der Autorität der alten. Hier konkurrieren die antike Rhetorik (die Theorie des Forums), die antike Poetik (die Theorie des Theaters) und die antike Philosophie. Neben der funktionierenden Vielfalt der praktischen Möglichkeiten der kleinen Gattungen bzw. Genres, die sich auf die literarische Rhetorik berufen kann, entsteht, unter Berufung auf die antiken Normen der Poetik, der Kanon der großen Gattungen: Lyrik, Epik, Dramatik. Die kleinen Gattungen repräsentieren einen funktional-rhetorischen Bestand; sie sind dem Bereich der Wiedergebrauchsreden zuzuordnen. Die großen Gattungen beziehen sich auf den poetischen Gedanken der Einmaligkeit des schöpferischen Akts, auf den Dichter als den ›alter deus‹.

2.2 Renaissancetheater. Geschlossene Theaterbauten

Das neue Drama sucht neue Spielräume, Theater im alten Sinn des Spielplatzes für das Ereignis. Die Drucklegung allein reicht nicht aus. Es entsteht eine Überbietungsstrategie: Das lebendige Theater steht repräsentativ gegen die toten Buchstaben. Aus dem Nacheinander und Miteinander von Schrift und Theater wird tendenziell ein Gegeneinander.

Es entstehen neue Formen des Dramatischen, die gleichwohl auf rhetorisch-literarischen Verfahren der Repräsentation beruhen, im hohen Maße aber die Körperlichkeit, das sinnliche Scheinen hervorkehren. Gedruckt wird lediglich ein Programm. In Italien werden allegorische Huldigungszüge zu Ehren des Fürsten im Freien gestaltet, die sogenannten Trionfi. Daneben entsteht ein strikt raumbezogenes, literarisches Theater mit festem, kontrollierbarem Text, dessen Spannung stets zwischen Spielfreude, Körperlichkeit und dem geziemenden, geregelten Auftritt besteht. Ludovico ARIOST begründet in Ferrara 1518 das Theater der Renaissance als geschlossenes Kammertheater, zunächst in Form der sogenannten Terenzbühne, mit einer freien Vorderbühne und mit durch Vorhänge verschließbaren Türen als Hintergrund. Die mittelalterliche Simultaneität wird durch eine natürliche Sukzession ersetzt. 1549 wird in Rom ein festes Theater gegründet. Seit 1576 gibt es Schauspielhäuser in London. 1597 gründet die Truppe William SHAKESPEARES das runde Globe-Theatre mit einem offenen Podium, noch ohne Kulissen.

Die Terenzbühne und die Shakespearebühne werden im 17. Jahrhundert weiterentwickelt zur sogenannten Guckkastenbühne mit Bühnenhaus, Kulissen, Vorhang und getrenntem Zuschauerraum. Eine komplizierte Bühnentechnik, Flugwerke, Wellenmaschinen, Feuerwerke, Beleuchtungen, im 18. Jahrhundert auch Projektionen und Phantasmagorien befriedigen das Illusions- und Schaubedürfnis des breiten Publikums.

2.3 Oper. Italienisches Theater

Als produktives Missverständnis der antiken Medientheorie, zugleich als Modell für die Gattungskonstitution in der Renaissance kann der Versuch der Erneuerung des griechischen Dramas in der Oper gelten. Das Drama, so entnahm man ARISTOTELES' *Poetik*, habe nicht nur den Apparat, sondern auch Musik als notwendigen Bestandteil. Die szenisch-musikalische Form wird erneuert für den Innenraum, als höfische Ergötzung in den kleinen Stadtstaaten Mittel- und Oberitaliens. Das moderne Theater wird dort zum Instrument der Repräsentation der territorial konzipierten Herrschaft. Auch wenn die Oper die Konkurrenz zum Buch bestehen kann: Bis heute haftet ihr die Konstitutionsbedingung der Exklusivität der Kammer, des Geheimen Rats an. Der Abscheu des Literaten, Theaterleiters und Geheimrats GOETHE gegenüber den ›Operisten‹ und ihrer Nähe zur Kamarilla – auch wenn er selber exklusives Bildungstheater macht – ist historisch begründet. Das im literarischen Raum als höchste Kunstform theoretisch favorisierte Drama und das neue Theater treten in einen spannungsreichen sozialhistorischen Konflikt.

Das neuzeitliche Drama und das neuzeitliche Theater entwickeln sich in charakteristischen zeitlichen Verläufen und mit deutlichen geographischen und nationalen Schwerpunkten. In

Italien entfalten sich die Oper und die maßgeblichen Formen der Kunstkomik. Seit 1545 agieren die Berufschauspieler der »Commedia dell'arte« in Oberitalien. Nach Frankreich kommt sie als »théatre italien«, ganz Europa bewundert die Kunst der italienischen Oper und der Commedia. In Italien wird auch das Schäferspiel als Sonderform neben Tragödie und Komödie entwickelt. Erster, maßgebender Höhepunkt ist Torquato TASSOs *Aminta*. Mit dem Extempore der modernen Komödie, das sich der Vorzensur des Manuskripts entzieht, gewinnt das Gegeneinander von Druck und Theater auch politische Brisanz.

2.4 Elisabethanisches Theater

In England gipfelt das Theater der Tragödien, Historien und Komödien, in der ›tragical history‹, mit Thomas KYD, Christopher MARLOWE und vor allem SHAKESPEARE, dessen Gesamtausgabe von 1623 ein Ereignis der dramatischen Weltliteratur ist. Mit dieser Ausgabe entsteht der Klassiker SHAKESPEARE. Das Buch gibt ihm die Ewigkeit. MARLOWE konzipiert in seinem *Dr. Faust* die Urform der modernen tragischen Geschichte, mit dem Hintergrund der genialen Interpretation eines deutschen Teufelsbündnerbuchs. Aus dem »abschewlichen Exempel«, so auf dem Titelblatt des sogenannten Volksbuchs von 1587, wird die Tat eines in seiner Zeit zu früh Gekommenen, der mehr weiß als alle Buchgelehrten und Geistlichen (vgl. H. SCHANZE, 1999, S. 31ff.).

2.5 Spanisches Welttheater

Spanien entwickelt das christliche Welttheater zwischen Komik und Heldentum aus den mittelalterlichen ›autos sacramentales‹ auf biblischem Hintergrund. Es beginnt mit Juan del ENCINA um 1470, Fernando de ROJAS, Lope de VEGA mit mehr als 800 Komödien, Tragödien und vor allem auch mit Pedro CALDERÓN de la Barca. CALDERÓN wird 1635 Theaterleiter am Hofe Philipps IV. (1605–65) in Madrid. Der Typus des »Welttheaters« wird in der mediengeschichtlichen Umbruchssituation um 1900 wieder aufgenommen.

2.6 Französisches Hoftheater versus Populärtheater

Frankreich führt das höfische Drama als literarisches Drama zur
›haute tragédie‹ und zur klassischen ›comédie‹ als Nationaltheater,
gegr. 1680. Es ist dezidiert ein literarisches, auch literarisch kon-
trolliertes Theater, das seine Öffentlichkeit vor allem über die
gleichzeitig erscheinende Druckausgabe erreicht. Maßgebend
wird Pierre CORNEILLE. Er übersetzt das Antikische in die Sphäre
des absolutistischen Hofes. Jean RACINE verlegt die Tragik ins Innere seiner gemessen agierenden Personen. Der Dialogpartner
wird zu einem zweiten Selbst. Die Sprache dominiert den Mimus, Gruppierung und Symmetrie die Bewegungen des Äußeren. CORNEILLE wird schon 1660 eine Akademieausgabe gewidmet, im Wettstreit 1671 aber siegt RACINE über ihn. Jean Baptiste
Poquelin, genannt MOLIÈRE, wird zum Klassiker der höfischen
Komödie. Er gründet 1643 das Illustre Théâtre, das 1689 zum
Théâtre de la Comédie Française erhoben wird. Zu nennen ist
aber auch als Gegenpol: das populäre Théâtre de la Foire, das populäre Jahrmarktstheater in Paris. Gegen die leisen Töne des Hofes stehen die schrillen des Marktes, die sich literarisch kaum
kontrollieren lassen und sich so der Buchdominanz entziehen.
Erhalten sind aber auch hier die Texte nur in den literarisch geführten Debatten und Querelen über sie.

2.7 Konzepte der neuzeitlichen Klassiken:
Stabilisierung des Theaters durch das Buch

Mit SHAKESPEARE, CALDERÓN und MOLIÈRE ist der Dichter zugleich der Mann des Theaters. Eine erneute Engführung von
Drama und Theater, wie zu Zeiten der alten Griechen, ist damit
gegeben. Dies rechtfertigt den Begriff der Klassik in besonderer
Weise. Klassisch ist auch das Einverständnis zwischen Theater
und Publikum in London, Madrid und Paris. Trotzdem bleiben
charakteristische Unterschiede. London organisiert ein breites
Publikum, eine breite Skala der Spielformen, Madrid orientiert
sein Publikum auf eine geistliche Verbindlichkeit, die hinter aller
Komik und Tragik aufscheint, Paris polarisiert zwischen dem Hof
und der Stadt.
    Die Tendenz zur Lösung des Mimus vom Logos wird theore-
tisch unterstützt von der maßgeblichen Poetik, die sich, unter Betonung gattungs- und zugleich medientrennender Ansätze, auf

die aristotelische Poetik bezieht und gemäß der Fragmentation
ihrer Überlieferung die Tragödie zum Kanon erhebt. Die Theorie der Einheiten setzt sich gegen die populären Formen des
Spiels, gegen Reihungsstrukturen und das Stationendrama des
geistlichen Spiels ab. In der italienischen Theorie finden sich die
Ansätze, die französische Theorie arbeitet sie zum schließlich geltenden System aus und formuliert die Regeln des dramatischen
Klassizismus. Die unterschiedlichen Zwecksetzungen lassen unterschiedliche Formen zu. Das soziale Gefälle, der sich ausbilden-
de Staat des Absolutismus favorisiert jedoch die geregelten Gattungen, falls er nicht den Mimus zu seinen staatlichen und geistlichen Zwecken funktionalisieren kann. Hof- und Staatsaktion,
Glaubensrepräsentation, höfische Repräsentation und Hohe Tragödie stehen jeweils im institutionellen Zusammenhang. Aus der
Poetik und der Rhetorik des ARISTOTELES wird die Ständeklausel
abgeleitet. Aus den edlen Personen der Theorie werden die Könige und Edelleute der zeitgenössischen Realität, aus den schlechten oder schlichten die Bauern. Dazwischen stehen die Bürger.
Aus dem antiken Theoriebestand wird stets nur das der Funktion
entsprechende gewählt. Dies bestätigt, ex negativo, die Bindung
des antiken Theatermodells an Kult und Polis. Dies sind die Elemente, die auch mit zunehmender Säkularisierung auseinander-
fallen müssen. Das moderne bürgerliche Theater darf nicht direkt politisch wirken und ist nicht mehr kultisch. Das Drama löst
sich so vom Theater, trotz der Ausnahmefiguren, die das klassische Muster der Vereinigung von Drama und Theater repräsentieren.

2.8 Mediale Widersprüche: Barockes Drama zwischen
Populärtheater, Schul- und Hoftheater in Deutschland

Bestimmend für das Theater in Deutschland ist das humanisten-
lateinische Schuldrama, das zeitlich und geographisch begrenzte
Fastnachtsspiel und schließlich die importierte Haupt- und
Staatsaktion. Bereits um 1585 ist das Auftreten der englischen
Komödianten in Deutschland belegbar. Französisches Theater
wird an der Mehrzahl der Höfe eingeführt. Die Oper ist regelmäßig italienisch. Einiges vom spanischen Zeremoniell kommt
an die süddeutschen Residenzen, vor allem an den Kaiserhof in
Wien.

Zum Traditionsbestand gehört die Nutzung der lateinischen Sprache (der literarischen Sprache) und das Übergewicht der theatralischen Repräsentation im süddeutschen Theater. Richtungsgebend ist hier seit 1570 das Drama der Jesuiten als Medium der Glaubensverbreitung. Sie setzen auf die Wirkung der theatralen Körperlichkeit, den szenischen Reichtum; im bewussten Widerspruch zur Buchfixierung des Theaters der Reformation.

Das deutsche Barockdrama, beginnend mit Martin Opitz zunächst im Schulraum, wird von Andreas GRYPHIUS und Daniel Casper von LOHENSTEIN in ein Zwischenfeld von höfischem Theater und bürgerlichem Anspruch gewiesen. In Konkurrenz zu höfischer Oper und Populärtheater gewinnt das gelehrte Barockdrama mit seiner emblematischen Sinngebung nur eine vergleichsweise marginale öffentliche Bedeutung. Es bleibt faktisch auf dem Papier stehen. Feste Häuser findet das deutsche Drama nach den Zerstörungen und der Entvölkerung des Landes kaum vor, auch kein großes Publikum einer Weltstadt wie in Paris und London.

Die charakteristische Verzögerung der Einführung von stehendem Theater mit Spielplan (in Kassel schon 1605) deutet nicht nur auf die Umstände der Reformation und der Glaubenskriege hin, sondern auch auf die Lebendigkeit der spätmittelalterlichen Spielformen und die oft unterschätzte Mächtigkeit neulateinischer Dichtung im deutschen Sprachraum.

Die Spielformen des populären Theaters, des Mimus, der allenfalls einige Stichworte braucht, um ex tempore die Menge zu ergötzen, stehen neben den literarischen, von der Antike her inspirierten Formen des gedruckten Bildungstheaters und den üppigen Unterhaltungsformen des Hofs. In den größeren Zentren ergibt sich auch eine topographische Differenzierung, die weniger eine Differenzierung des Publikums ist. Zwar sind Oper und Gelehrtendrama exklusiv, die Vergnügung des Volkes leisten sich aber auch, bisweilen maskiert, die höheren Stände. In Wien tritt der Hanswurst mit Beginn des 18. Jahrhunderts in den Vorstadttheatern auch in der Haupthandlung auf. Noch im 17. Jahrhundert wird das Laienspiel in der Oberammergauer Passion erneuert (1634).

2.9 Theater im Dienst der nationalen Idee und sein Anspruch auf Autonomie: Reformtheater

Die Entwicklung der dramatischen Kunst im Zeitalter der Aufklärung verstärkt die Buchorientierung, der Verbreitung der Lesefähigkeit entsprechend. Das Buch ist als Kanon von Bildung und Aufklärung ausgewiesen, dem gegenüber die pure Schaulust als Rückschritt zu gelten hat. Sie wird mit dem überflüssigen Prunk absolutistischer Herrschaftsausübung in Verbindung gebracht. VOLTAIRE mit seinen Tragödien in Frankreich, Carlo GOLDONI mit seinen Komödien und Vittorio ALFIERI mit seinen Tragödien in Italien schaffen Literaturdramen. Durch Individualisierung wird die Komödientypik literarisch aufgelöst. Ludwig HOLBERG begründet in Dänemark 1722 Theater und volkstümliches Lustspiel. George LILLO (1693–1739; *The London Merchant*, 1731) in England, Denis DIDEROT und Louis-Sébastien MERCIER in Frankreich suchen einen neuen Zugang zum Problem der Wirkungen des Dramas. Theater und Drama sollen ›natürlich‹ werden. Sie nähern sich als ›Lesedrama‹ dem Roman, der seinerseits vom Drama entscheidende formale Elemente des Gesprächs übernimmt. SHAKESPEARES Dramen können als ›Romane‹ gelesen werden. Als allgemeine Tendenz des Aufklärungstheaters kann die einer Ent-Theatralisierung festgehalten werden (vgl. E. FISCHER-LICHTE, 1987, S. 21ff.).

Auch in Deutschland findet der Dramaturg LESSING, der im Theater für das Publikum wirken will, eine gewandelte Situation vor. Sein Publikum in Hamburg ist ein bürgerliches. Johann Christoph GOTTSCHED hatte von Leipzig aus versucht, eine Reform durch Einführung der französischen Regeln in Zusammenarbeit mit der Schauspielerin Caroline NEUBER zu bewerkstelligen. Die damit verbundene höfische Kanonisierung des Dialogs findet LESSINGs Ablehnung. Das natürliche Sprechen eines SHAKESPEARE zieht ihn an. Wie die Klassizisten hält er aber auch nicht viel vom Populärtheater. Sein Einstand als Dramaturg in Hamburg 1767 fällt zusammen mit seinem epochalen dramatischen Wurf: *Minna von Barnhelm*, »die erste aus dem bedeutenden Leben gegriffene Theaterproduktion, von spezifisch temporärem Gehalt, die deshalb auch eine nie zu berechnende Wirkung tat« (J. W. von GOETHE, *Dichtung und Wahrheit*, 7. Buch). *Emilia Galotti* von 1772, LESSINGs exemplarisches bürgerliches Trauerspiel auf antiker Folie, liegt aufgeschlagen auf dem Pult des unglücklichen

GOETHEschen Werther. Mitleid und Furcht sollen Leser und Zuschauer empfinden, nicht vom Jammer und Schrecken des unentrinnbaren antiken Schicksals überwältigt werden. Der Zuschauer verlässt das moderne Theater nicht mit der gereinigten Emotion des ›So muss es sein‹, sondern mit der Erregung der Emotion ›So sollte es nicht sein‹. Mit seiner distanzierenden Transformation der Aristotelischen Wirkungstheorie unterwirft LESSING das emotionalisierende Spiel den Regeln des gedruckten Wortes, der Literatur, und macht es damit kritisierbar. Damit legt er den Grund für die Entwicklung eines bürgerlichen Reformtheaters, in dessen Räumen die (Buch-)Literatur und ihre Werte dominieren. Das Extempore des Populärtheaters einerseits und der dominante Apparat der höfischen Oper andererseits werden vom Schauplatz des Dramas bewusst getrennt.

Versuchte LESSING, ein bürgerliches Trauerspiel auf Basis der Nationalsprache einzuführen, so stellt sich der Begriff Nationaltheater ein: als Theater in der Umgangsprache des jeweiligen Bürgertums, nicht in der Fremdsprache der Höflinge, der Primadonnen, der ersten Tenöre und der Kastraten. Nationaltheater heißt im deutschen Sprachraum Theater in deutscher Sprache. Analoges gilt später für Osteuropa.

Die Theaterreform des ausgehenden 18. Jahrhunderts und des beginnenden 19. in Deutschland ist mit den Namen GOTTSCHEDs, LESSINGs und vor allem GOETHEs verbunden. Dass auch GOETHEs Reform im Namen SHAKESPEAREs beginnt und im geregelten Weimarer Klassizismus ihre maßgebende Ausprägung findet, verweist auf die besondere Problematik der Reform in Deutschland. GOETHE stellt die Anschauung des Widerspruchs in der dafür geschaffenen Form, dem Roman, vor: *Wilhelm Meisters Theatralische Sendung*, im Namen SHAKESPEAREs begonnen, wird zum großen Bildungsroman. GOETHEs *Götz von Berlichingen* (1773) hat seinen durchschlagenden Erfolg als Stück des ›Wandertheaters‹. GOETHEs eigene Theaterpraxis bewegt sich im Rahmen der Unterhaltungen eines aufgeklärten kleinen Hofes. Er sucht und findet exzeptionelle Schauspielerinnen, denen er die Worte einer Iphigenie in den Mund legen darf. Seinen Schauspielern erlegt er die strenge Disziplin der idealischen Vorstellung auf (*Regeln für Schauspieler*, um 1800, Hamburger Ausgabe, Bd. 12, S. 252ff.). Gegen alle Widrigkeiten des Hoftheatersystems setzt er ein kultiviertes, an Literatur gebundenes Sprechtheater durch.

Friedrich von SCHILLER, nicht GOETHE selbst, wird als Dramatiker von diesem reformierten Spielplatz profitieren. Der Prolog zum *Wallenstein* beschreibt die Ausnahmesituation: »Ernst ist das Leben, heiter ist die Kunst«.

SCHILLERS Verhältnis zum Theater beginnt mit der Flucht aus Stuttgart ans Mannheimer Theater. Seine *Räuber*, noch mehr *Kabale und Liebe* werden dort vom erfahrenen Theatermacher Heribert von DALBERG für die Bühne eingerichtet. In Mannheim erfährt er den hektischen Erfolg und die Enttäuschungen des theatralischen Betriebs. SCHILLER lernt hier das Medium Theater in seinem aktuellen technischen Stand und seinen Wirkmöglichkeiten auf ein ›bürgerliches‹ Publikum kennen. Von unvergleichlicher Wirkung ist noch immer *Don Carlos*, nicht nur wegen des Rufs nach der Gedankenfreiheit. SCHILLERS Theaterlaufbahn hat ihren Höhepunkt in der Weimarer Zeit. Die Gewaltsamkeit aber seiner Eingriffe, der ›Striche‹ im gedruckten Text, in die Stücke anderer zum Zwecke der theatralischen Realisation, wie er sie versteht, kennzeichnen Ferne und Nähe des großen Dramatikers unter den deutschen Dichtern zum Medium Theater.

Die Zusammenarbeit GOETHES und SCHILLERS gilt als Glücksfall der deutschen Dramen- und Theatergeschichte. Sie konstituiert eine Klassik im kleinsten Raum, mehr ein Versprechen als eine Wirklichkeit. Frühe Stücke wie *Götz* und auch *Stella* werden unter offensichtlichem Substanzverlust dem Weimarer Stil angepasst. *Egmont* lässt der Autor selbst für sein eigenes Theater von SCHILLER angeblich bühnenwirksam umarbeiten. Auf das fulminante Musikangebot eines Ludwig van BEETHOVEN zum *Egmont* ging Goethe, wohl aus guten Gründen, nur zögerlich ein. Die Nähe zur Musik war zu meiden, um dem Sprechtheater volle Geltung zu verschaffen.

Dem widerspricht keineswegs seine uneingeschränkte Bewunderung für das Spiel der *Zauberflöte* Emanuel SCHIKANEDERS und Wolfgang Amadeus MOZARTS, für die moderne Verbindung von Logos, Mimus und Musik. SCHIKANEDER war einer der letzten überragenden Prinzipale, der nicht nur den Text schrieb, zuweilen auch nur abschrieb, sondern auch selbst spielte, also Mimus und Logos zugleich verkörperte. Einen Zweiten Teil wollte GOETHE zur *Zauberflöte* verfassen.

GOETHES Wohlwollen jedoch kann auch das Spiel gefährden: so bei der Aufführung des *Zerbrochenen Krugs* Heinrich von

KLEISTs 1808. Das Stück gehöre, so GOETHE wohl zurecht, dem unsichtbaren Theater an. GOETHE vertritt hier die äußere Körperlichkeit des Theaters gegenüber dem inneren Leiden der Person. »Vor unseren Augen und Sinnen« müsse das Drama die Handlung entfalten (an A. MÜLLER, 28. 8. 1807). GOETHE kann auch eigene Produktionen auf das Niveau der literarischen Bedeutungslosigkeit bringen, wenn handfestes Theater ansteht. KLEISTS Theaterlaufbahn beginnt erst postum, mit seinem Entdecker Ludwig TIECK. Rücksichtnahme auf den Hof gestattete nicht die unveränderte erste Aufführung sogar eines Dedikationsstücks wie *Prinz Friedrich von Homburg*, der als Träumer auf dem Theater der Seele spielt.

Sucht man jedoch nach dem großen Ereignis, in dem die Geschichte des Dramas und die Geschichte des Theaters sich nach SHAKESPEARE noch einmal begegnen, so ist es die Tragödie von *Faust*. Im »Vorspiel auf dem Theater« ist die Konfliktgeschichte von Drama und Theater in sinnlicher Form vorgestellt, die Interessenkonflikte sind formuliert. Es siegt scheinbar die Tat über das Wort – »der Worte sind genug gewechselt, nun lasst uns endlich Taten sehen« –, eine Konstellation, die im ersten Faust-Monolog wieder aufgenommen wird. Das »Vorspiel auf dem Theater« kann als konzentrierte Medientheorie des Theaters gelesen werden. Als solche markiert es noch den Beginn des ›Fernsehens‹ in Deutschland 1952.

2.10. Literarisches Theater

Die Theatertheorie der Romantik ist beherrscht von Entdeckungen im Bereich der unklassischen Spielformen. In der alten Parabase sieht man bereits ein romantisches Element. Verständlicherweise entdeckt die romantische Theorie auch das Element der tragischen Ironie neu. Immer aber, wenn dramatische Autoren, wie etwa KLEIST, der Epoche der Romantik zugeordnet werden sollen, ergibt sich Widerspruch, der sich dadurch erklärt, dass die Romantik als Romanlehre ihren Ausgangspunkt nimmt von einer Theorie der poetischen Prosa. Die Komödie der Romantik, TIECKS, Clemens von BRENTANOS, ist Literaturkomödie. Theatererfolge feiern andere, so der Schauspieler und Autor August Wilhelm IFFLAND und der Staatsrat August von KOTZEBUE mit ihren wirkungssicheren Stücken.

Übermächtig ist der Zug zum Romantizismus im Sinne des Zauber- und Märchenhaften, der Ritter- Räuber- und Gespensterromantik. Deren Nähe zum Unterhaltungstheater ist evident. Das Hauptereignis des romantischen Theaters ist Carl Maria von WEBERs *Freischütz*, bei dem erstmals der Musiker eindeutig über den Dichter Friedrich KIND dominiert, was so selbst bei MOZART noch nicht der Fall war.

Die Leistung der Romantik ist die Universalisierung der Theatermetapher nicht im Sinne der Darstellung, sondern im Sinne eines romantischen Gegenstands. Eine theatralische Rolle spielen alle Personen des Romans, sie spielen ohne Unterlass, auch im Leben und mit sich selbst. Jean PAUL (Friedrich RICHTER) schreibt in seinen Romanen ein Kompendium für gefährliche Spiele auf, obwohl er selbst mit dem Theater wenig zu schaffen hat. In der englischen Romantik ist es vor allem Lord George BYRON, der dramatisierte, so in *Manfred*, einem Werk im Kontext der *Faust*-Fabel.

Besondere Nähe zum Theater, als Universalgenie der Musik, der Malerei und der Literatur, hat Ernst Theodor Amadeus HOFFMANN. Seine eigene Theaterproduktion jedoch erscheint, verglichen mit der weltliterarischen Wirkung von *Hoffmanns Erzählungen*, marginal. Theater wird, mit GOETHEs *Wilhelm Meister*, zum prominentesten Thema des ›romantischen Buchs‹.

Das Reformtheater GOTTSCHEDs, LESSINGS, GOETHEs und TIECKs, dem Ersten der professionell-literarischen Dramaturgen, wird vor allem durch Karl Leberecht IMMERMANN fortgeführt. Immermanns Theater in Düsseldorf, die Musterbühne, ist trotz aller Konsequenz im Einzelnen ein subtiler Kompromiss zwischen den Polen Theater und Drama. Der Literat nimmt die Oberleitung, die Intendanz und organisiert, wie schon GOETHE, am liebsten nur das Sprechtheater. Der kompetente Musikdirektor, dem Intendanten als Schauspieldirekter durchaus gleichgestellt, muss für die Oper sorgen. Wie brüchig der Kompromiss letztlich ist, zeigt seine freundschaftlich-harte Auseinandersetzung mit Felix MENDELSSOHN. Ein Glücksfall scheint, dass IMMERMANN den hervorragenden Musiker fand, der Unglücksfall war, dass dieser Tonkünstler sehr schnell die Grenzen seiner Handlungsmöglichkeiten dem literarisch dominierten Apparat gegenüber erkannte.

3. Das Forum im Zeitalter der Typographie

3.1 Renaissance der Rhetorik

Mit Recht wird das ›Gutenbergzeitalter‹ nicht nur als das Zeitalter eines neuen Theaters bezeichnet, sondern auch als ein Zeitalter eines neuen Begriffs der politischen Öffentlichkeit. Das antike Forum, die antike Rede erhält einen neuen Stellenwert. In England entwickelt sich das Parlamentswesen. Die Definition der Renaissance als einer Renaissance der Rhetorik suggeriert eine Wiederkehr antiker Verhältnisse. Umso deutlicher muss aus mediengeschichtlicher Sicht gemacht werden, dass Rhetorik sich nicht nur in ihrem Stellenwert, sondern auch in Bezug auf ihre Medien grundlegend verändert. Auf die Rhetorik des Manuskripts folgt die Rhetorik der Typographie, neben der und gegen die sich die mündliche Rede in einer sich neu definierenden Öffentlichkeit der mündlichen Verhandlung im Parlament und vor Gericht entwickelt. Die Rhetorik verdoppelt sich: Die gelehrte Rhetorik nutzt nach wie vor das Latein, eine fixierte Sprache, die politische Rhetorik nutzt die Sprache der jeweiligen Nation, wobei sich das Französische auf dem Kontinent einen Vorteil verschafft und als Weltsprache der Diplomaten eingeführt wird.

Der Gang von der Mündlichkeit zur Schriftlichkeit wird reversibel in dem Augenblick, als auch für die Schriftlichkeit selber eine große Öffentlichkeit, ein Publikum entsteht. Mit GUTENBERGS Erfindung tritt die Rhetorik aus dem Stadium des gelehrten Manuskripts in eine neue mediale Form. Es entsteht das virtuelle Forum des Buchdrucks.

Mit der Erfindung des Buchdrucks wird der Aufsatz der Rede, ihre schriftliche Form, von einer Stufe des Herstellungsprozesses zu einem auch ohne die rednerische Aktion vor Publikum verbreitbaren Produkt. Memoria und Aktion des Redners werden in diesem System überflüssig. Man kann das Buch in die Hand nehmen. Es entsteht die unsichtbare Kirche der Buchkultur, das disperse Publikum eines modernen Massenmediums. Der Erfolg der Bibelübersetzung Martin LUTHERs ist Zeichen eines Medienumbruchs. Die neue, enzyklopädisch angelegte Literatur wird das Universalforum der Gelehrtenrepublik.

Das sogenannte rhetorische Zeitalter der Frühmoderne lehrt die Rhetorik in eingegrenzter Form. Rhetorik wird mit Poetik verschwistert. Aus der Rhetorik des seltenen Manuskripts wird die Rhetorik der Schule. Gute Reden kann man in Formularbüchern nachlesen. Das Auswendiglernen wird zur sinnlosen Übung, der keine reale Praxis mehr folgen muss. Die Memoria fällt aus der Nomenklatur. Gestik und Mimik des Redners werden zu Posen. Für die ›Menschheitsfragen‹ ist das Buch zuständig. Anstelle der Rede auf dem Forum tritt die Rede in der Kammer. Mnemonik wird zur Geheimlehre. Sie wird zum obskuren Wissen für Adepten hermetischer Künste. Aktion wird zur höfischen Komplimentierkunst. Das neue virtuelle Forum lässt nur noch eine Erinnerung an das alte Forum, die alten Aktionen aufscheinen.

In der Tradition hermetischer Lehren und der höfischen Kameralpolitik steht noch das 18. Jahrhundert. GOETHEs Faust bezweifelt, als Zeitgenosse GUTENBERGs in zweifachem Sinn, dass aus dem Pergament der ›heil'ge Bronnen‹ der Überzeugung fließen könne. Aber auch der Rede in der Öffentlichkeit traut er wenig zu. Sie ist etwas für Komödianten und Pfarrer. Fausts (und GOETHEs) Rhetorik ist wesentlich eine medienkritische, d. h. die Medien unterscheidende. Die hergebrachte Rhetorik fällt unter ihr Verdikt, weil sie ziellos geworden ist. Die Bücher können die lebendige Rede nicht ersetzen.

3.2 Kritik der Rhetorik

Die Transformation der Rhetorik von 1500 bis 1900, die zunächst als Renaissance der Rhetorik, dann als Bruch der rhetorischen Tradition begriffen werden kann, ist, trotz aller Kritik am Buch, vor allem eine Transformation der Rhetorik zu einer Buchrhetorik. Die Romantik ratifiziert, mit aller philosophischen Gründlichkeit, das Verdikt über das sinnlose Auswendiglernen und den sinnlos erscheinenden rhetorischen Schmuck, zu welcher der Restbestand repräsentativer Rede im höfischen Kontext regrediert ist. Das Buch erweist sich leistungsfähiger als die mündliche Rede ohne Forum, den Zwecken des Bürgers dienlicher als der abgeschmackte Formelkram der Anreden und Komplimente, den man ohnehin überall in gedruckter Form zur Kenntnis nehmen kann.

Der indirekte Sieg der Philosophie über die Rhetorik, zurückführbar auf den alten Streit der beiden Lebenslehren, ist ein Sieg über eine Rhetorik, die ihre alte Lebendigkeit an die Typographie, an das Leben als Buch abgegeben hat. Die Philosophen haben es leicht, von der erstarrten Rhetorik zu reden. Die Renaissance der Präsenzrhetorik in der Französischen Revolution, ihre antikisierenden Aktionen wurden im Zeitalter der Restauration zum Schreck- und Gegenbild, mit dem der ruhige, der lesende Bürger nicht mehr viel zu tun haben wollte. Mit der europäischen Romantik wurde die revolutionäre Rede ins Buch zurückgenommen. Das Zwittergebilde einer »literarischen Rhetorik« wurde nun dominiert durch eine selbstbewusste »romantische« Theorie (H. SCHANZE, 1994, 336ff.).

Das Zeitalter der neuen Graphien.
Vom Telegraphen zum Kinematographen
(1800–1900)

1. Die Masse der Bücher

Dreihundert Jahre braucht die Medialisierung des Skriptoriums, der Bibliothek, des Theaters und des Forums im Kontext der Typographie, von 1500 bis zu ihrer romantischen Transformation im Zeitalter des dominanten Buchs um 1800. Schreib- und Lesefähigkeit, der Eintritt in die Bücherwelt, ist nun allen Schichten vermittelt. Wolfgang MENZEL, HEINE-Hasser und »Franzosenfresser«, prägt 1836 die Formel von den Deutschen als »Dichter und Denker«. Er will damit seine Landsleute treffen. »Was wir in der einen Hand haben mögen, in der anderen Hand haben wir immer ein Buch.« (W. MENZEL, Die deutsche Literatur, 1836, vgl. H. SCHANZE, 1974, S. 54f.) In der ersten Hälfte des 19. Jahrhunderts jedoch werden neue Techniken der Reproduktion und Übermittlung von Informationen entwickelt, die ihren Namen vom Mediensystem der Schrift herleiten. 1792 führt Claude CHAPPÉ die Bezeichnung »Telegraph« für die optische Nachrichtenübertragung, das schnelle Medium der Revolution, ein, 1801 erwirbt Alois SENEFELDER das Patent für das Lithographieverfahren, 1835 entdeckt Michael FARADAY die Selbstinduktion, 1837 erfindet Samuel MORSE seinen elektrischen Telegraphen und 1838 Louis DAGUERRE sein Verfahren zur Photographie. Mit der photochemischen Aufzeichnungstechnik für Bilder, der Photographie, mit dem elektroakustischen Übertragungsmedium des Telephons, mit der elektroakustischen Aufzeichnungstechnik der Phonographie, mit der komplexen Aufzeichnungs- und Wiedergabetechnik für bewegte Bilder, der Kinematographie, mit der MARCONIschen Funktelegraphie und schließlich mit der Kathodenstrahlröhre, der BRAUNschen Röhre, bringt das 19. Jahrhundert alle Voraussetzungen für das audiovisuelle Mediensystem des 20. Jahrhunderts in Einzelschritten hervor. Die Zusammenführung der elektroakustischen und der Bewegtbildtechnologie schafft nach 1900 die technischen Voraussetzungen für das integrale Mediensystem der Audiovision.

Buch, Theater und Forum werden von den Neuen Graphien in unterschiedlicher Weise betroffen. Das Buch wird durch den technischen Fortschritt der Drucktechniken das erste der modernen Massenmedien. Die Geschichte der Intermedialitäten im 19. Jahrhundert räumt dem Theater eine exponierte Stellung ein. Die Presse, das Druckforum, wird bereits um 1800, in Revolution und Restauration zur »Fünften Großmacht« (R. NÜRNBERGER, 1986, S. 138). Literatur spaltet sich auf in Literatur für die Gebildeten, im emphatischen Sinne Lesefähigen, und in die Literatur für die Masse, die lediglich die Kulturtechnik beherrscht. Voraussetzung für das Buch, die Zeitschrift und die Zeitung als Massenmedien ist die in der Mitte des 19. Jahrhunderts in Europa erreichte Vollalphabetisierung. Am Ende des Jahrhunderts wird auch der autographe Prozess mit Hilfe der Schreibmaschine technifiziert. Die Zeit von 1800 bis 1900 ist deshalb die paradigmatische Zeit für die Entwicklung der modernen *Aufschreibesysteme* (F. A. KITTLER, 1985), die mit einer »Industrialisierung der Wahrnehmung« (K. KREIMEIER, 2000, S. 17) zusammengehen.

Die Schreibmetaphern der Literatur des 19. Jahrhunderts und mit ihnen die geläufigen Periodisierungen folgen einerseits der politischen Geschichte, andererseits der Mediengeschichte: ihre Tendenzen sind Romantik und Realismus, Errettungen der inneren und der äußeren Wirklichkeiten. Während die Romantiken des 19. Jahrhunderts ihre Erkundungen dem Buch anvertrauen, sehen sich die Realismen und Naturalismen in der Rolle der Beschreibung. Der Romantik der Phantasien folgen telegraphische, photographische und phonographische Realismen (in Form der konsequenten Realismen), schließlich, um die Jahrhundertwende mit der Neuromantik, kinematographische Phantasmen. Karl GUTZKOW gibt den *Telegraph für Deutschland* heraus, eine Zeitschrift. Theodor FONTANE schreibt mit dem Psychographen, dem Federhalter, HOLZ nach der »phonographischen Methode«. Seine *Phantasus*-Gedichte um 1900 gleichen auf dem Papier einem Filmstreifen.

Als am 1. November 1895 die Brüder Auguste und Louis LUMIÈRE im Grand Café auf dem Boulevard des Capucines in Paris die laufenden Bilder vorführen, ist die heile Welt, in der Literaten ins ruhige Kaffeehaus gehen können, um dort die Welt nach ihrem Modell zu beschreiben, vergangen (vgl. ironisch T. MANN, *Tonio Kröger*, *Gesammelte Werke*, Bd. VIII, S. 294). Nun gelingt die

Aufzeichnung einer Wirklichkeit auf rein physikalisch-chemischem Wege, mit einer kurbelnden Bewegung am Apparat. Der Rest, so scheint es, ist technischer Prozess. Nichts allerdings ist irrealer als diese technisch hergestellte Wirklichkeit, was Georges MÉLIÈS wenig später mit seinen Filmtricks zu demonstrieren versteht. Nichts aber ist auch sensationeller als die Wiedergabe der bewegten und bewegenden Bilder.

Mit einem Male verliert die Literatur das Privileg, Geschichte und Geschichten zu erfinden und zu fixieren. Die Geschichtsschreibung war im 19. Jahrhundert abgegeben worden an die historische Wissenschaft. Noch aber war die ›Poetendimension‹ geblieben, die Utopie, der Traum. Gerade aber des Traums bemächtigt sich um 1900 nicht nur eine neue Wissenschaft, sondern auch die neue Graphie der bewegten Bilder, die zudem noch den Vorteil hat, auch für die nicht in der Buchstabenzucht stehenden ›kleinen Leute‹ die gewünschten Bilder industriell herzustellen. Die neue technische Apparatur scheint den ungeheuren kulturellen Aufwand der Verschriftung überflüssig zu machen. Eine Tradition für die Massen ist denkbar, ohne Alphabet, direkt, ohne rationale Umsetzung, Poetik, Rhetorik oder Papier. Sensationen werden konsumierbar ohne Anstrengung, ohne Bildung des Nutzers. Es sind kleine Geschichten, Geschichtchen, von der Länge nächtlicher natürlicher Träume, die dem gelangweilten Publikum im Café am Boulevard und im Varieté vorgeführt werden.

Wenn man, ohne hier eine monokausale Beziehung herstellen zu wollen, den Impetus des kulturkritischen Pessimismus der ›Jahrhundertwende‹, die Stimmung des ›fin de siècle‹ beschreiben will, so ist es eben jene Verunsicherung des Begriffs von Literatur und seiner traditionellen Begründung, die eine neue Epoche in der Mediengeschichte der Literatur um 1900 begründet. War das Gutenbergzeitalter noch ein Zeitalter, in dem sich die Rückkehr zur Mündlichkeit und zur Theatralität romantisch (d.h. in Buchform) formulieren ließ, so wird nun eine Neubestimmung der Aufgaben des Schriftstellers notwendig.

Im Gegensatz zu den langdauernden kulturkritischen Debatten, die nicht müde werden, den Verfall aller Bildung zu beklagen, ist es die sensible Literatur und Kunst, die, schon im Vorgriff, aber in jedem Fall in unmittelbarer Wechselwirkung, jene neuen Aufgaben der Literatur und der Dichtung bestimmt. Die Autoren

des S. Fischer Verlags, des Verlags der modernen Klassiker, bestimmen paradigmatisch eine neue Literaturprogrammatik. Zu
nennen sind in Deutschland Thomas MANN, Hugo von HOF-
MANNSTHAL, Arthur SCHNITZLER und Arno HOLZ. Zu nennen
sind aber auch die Schule des neuen Sehens bei Rainer Maria
RILKE in dessen epochalen *Aufzeichnungen des Malte Laurids Brigge*
von 1910 und vor allem die Prosa von Franz KAFKA, zuerst veröffentlicht in der Buchreihe *Der jüngste Tag* beim Kurt Wolff Verlag
Leipzig. Bei Kurt Wolff veröffentlichte der Lektor des Verlags,
Kurt PINTHUS 1913 das *Kinobuch*, den damals kaum beachteten,
ex post gesehen aber epochalen Versuch der ›jüngsten‹ Literatur,
sich produktiv dem Kino zu nähern. ADORNO hat von KAFKAS
Prosa als »Verbindungstexte zu einem stummen Film« gesprochen (an W. BENJAMIN, 17.12.1934, zit. nach ZELLER, 1976, S.
411). Die rigide Beachtung des alttestamentarischen Bilderver-
bots lässt eine neue, analytische Literatur entstehen. In KAFKAS
Erzählung *Die Verwandlung* wird die Metaphorik selber zum Gegenstand der Erzählung: Die auf den fiktiven Gregor Samsa angewandte Metapher des Ungeziefers wird für ihn selber zur Realität, die seine Existenz vernichtet.

2. Theater im Zeitalter der neuen Graphien

2.1 Nationales Theater

Gegenüber den neuen Graphien des 19. Jahrhunderts, dem Telegraphen und dem Photographen, kann das Theater trotz seiner
Bevormundung durch das Buch und die Literatur sein Monopol
der lebendigen Darstellung und der mit ihr verbundenen Wirkungen ausspielen. Der raumüberbrückende Telegraph ist vor-
derhand nur für kurze Mitteilungen brauchbar. Er beweist aber
bereits früh seine Macht in Politik und Kommerz. Die Botschaft
vom Sieg der Alliierten über NAPOLEON in der Schlacht bei Wa-
terloo, über Telegraph und Taubenpost transportiert, ist Ausgangspunkt nicht nur eines bis heute operierenden Nachrichten-
hauses (Reuters), sondern auch des immensen Reichtums der
ROTHSCHILD'schen Bankhäuser. Die Photographie hält die private Pose des Bürgers als Pose eines Rollenträgers fest. Indirekt wird
der Schauspieler die Modellfigur. Zu handeln hat der Bürger auf
den öffentlichen und militärischen Schauplätzen. Noch immer

bedeuten die Bretter des Schauspiels die Welt. Nur das Theater
kann ›Leben‹ wieder zum Leben erwecken.

Das Theater im Zeitalter der neuen Graphien kann als Modellfall für die Verbindung von Medien- und Gesellschaftsge-
schichte angesehen werden. Als Nationaltheater ist es der Inte-
grationspunkt bürgerlicher Hoffnungen. Als Kunstanstalt im
Sinne GOETHEs ist es der Inbegriff einer gesellschaftlichen Utopie. Ist doch im kleinen Kreis der Ausgleich zu erreichen, den die
große Welt der Politik, die großen Zentren Paris und London ver-
missen lassen. Dort, in Paris und London, herrscht das Geschäftstheater, die Profitmaxime. Hier unterstützen Fürst und Publikum einträchtig die Kunst.

Eduard DEVRIENT, einer der reflektierenden und reflektierten Theaterleiter in Deutschland, bestimmt die Aufgaben der
Schauspielkunst umfassend: Sie habe das »Menschheitsgeschick«
darzustellen, »sie spielt mit der Unvollkommenheit der menschlichen Natur und erliegt selbst unter ihrer Last«. Insofern sei es
notwendig, »daß diese Kunst endlich in ihrer sittlichen und staatlichen Bedeutung zu begreifen sei, und daß man sie würdig halten und würdig machen müsse, an den großen gesellschaftlichen
Entwicklungen unserer Zeit ihren Anteil zu gewinnen« (E.
DEVRIENT, 1848, Vorwort). Dennoch sind spezifische Defizite zu
registrieren. Sie resultieren daraus, dass die literarisch-dramatur-
gische Dominanz im Theater, der Bezug auf das Vorformulierte,
eben jene Spontaneität der Produktion zurückdrängt, die Kennzeichen des Theaters ist.

Gegenüber dem theatralischen Apparat werden die Dramatiker skeptisch. Bedeutende Dramatik entsteht, ohne dass sie auf
zeitgenössisches Theater beziehbar ist. So wird Georg BÜCHNERs
Dramatik (*Dantons Tod*, *Woyzeck*, *Leonce und Lena*) erst zwei Men-
schenalter später, in einer neuen medialen Konstellation, für das
Theater entdeckt. Friedrich HEBBELs persönliches Verhältnis zum
Wiener Theater – Christine ENGHAUS-HEBBEL war eine der führenden Schauspielerinnen an der »Burg« – kann nicht darüber
hinwegsehen lassen, dass er seine Stücke theaterfremd angelegt
hat. Das Theatergenie zwischen Romantik und Realismus ist der
Wiener Johann Nepomuk NESTROY. Er ist Erbe der Wiener Tradition des Vorstadttheaters, des sogenannten Alt-Wiener Volkstheaters. NESTROY ist das Gegenteil eines Literaten. Alle seine Edito-
ren sind dafür Zeuge. Er ist der Meister des spontanen Spielwit-

zes, der hintersinnigen Ironie. Sein Theater stützt sich auf
non-verbale, gestische Elemente, die allenfalls partiturartig aufgeschrieben werden können. Ein Stück wie *Der Talisman* hat die Re-
quisite, eine standesgemäße Perücke, die unstandesgemäß rote
Haare verbirgt, bereits im Titel. Theater erweist sich als verändernde Institution durch Rekurs auf seine mediale Besonderheit.

Als Wendepunkt in der Geschichte von Drama und Theater
in Deutschland muss die Revolution von 1848 und ihr Scheitern
angesehen werden. Die Revolutionszeit bringt in den Zentren,
Berlin und Wien, eine Blüte des Volkstheaters. Das Wiener Vor-
stadttheater kann auf die längste Tradition verweisen. Lokalthea-
tertraditionen gibt es jedoch auch in anderen größeren Städten
mit einiger politischer Bedeutung, so in Leipzig und Frankfurt.
Das Bürgertum verlacht sich selbst in seinen Hampelmännern,
Staberls und Nantes, den stehenden Figuren des Populärtheaters
des 19. Jahrhunderts. Oft kommen jedoch, wie in Wien der be-
rühmte Karl CARL, die Entdecker des Lokalen aus der Ferne. Die
überraschende Politisierung des Populärtheaters hat einen praktischen Grund. Als nicht regelmäßiges Theater kennt es das Extempore, den Vortrag aus dem Stegreif. Hanswurst war nicht zu
vertreiben, und in vielerlei Gestalten tritt er, unversehens, immer
wieder auf die Bühne. Über die stehende Figur entwickelt das
Volkstheater eine Identifikationsfigur, die bis in die Programmstruktur moderner Massenmedien reicht.

2.2 Theater im Zeitalter der Photographie.
»Silberne Klassizität«. Höhepunkt des Illusionstheaters.
Geschäftstheater. Drama als Gesamtkunstwerk

Nach dem Scheitern der Revolution von 1848 wird die Allianz
des bürgerlichen Reformtheaters mit den Herrschenden deutlich. Von einem festen Theater unter literarischer Dominanz –
auch Zensur ist eine literarische Institution – ist ein revolutionä-
res »Volkskrakeeltheater« nicht zu erwarten. *Die Technik des Dramas* bei Gustav FREYTAG hebt auf die Wirkung einer forcierten
»stolzen Freude« ab und postuliert einen tektonischen Dramen-
bau mit klaren und handfesten Erfolgsregeln, die bis heute in der
Medienproduktion Geltung besitzen. Seine *Journalisten* (1854),
damals vielgespielt, verbreiten jedoch nicht mehr als ein Vorurteil
über die Presse.

Während die Entwicklung der Dramatik in der zweiten Hälfte des 19. Jahrhunderts eine Lücke aufweist, ist die gleiche Zeit ein, wenn nicht der Höhepunkt der Theatergeschichte der neueren Zeit. So sieht der Nachmärz die Blütezeit einer vielgestaltigen, reichen Theaterwelt in Deutschland. Theater spaltet sich auf in Bildungstheater und Unterhaltungstheater. Die Jungdeutschen werden die großen Intendanten und Bühnenzauberer. Allen voran ist Heinrich LAUBE zu nennen, der den Gedanken LESSINGS, GOETHES, TIECKS und IMMERMANNS die praktische Form gibt, neben ihm aber auch Franz DINGELSTEDT. Da LAUBE und DINGELSTEDT zugleich für die Glanzperiode des vornehmsten deutschen Sprechtheaters, des Theaters nächst der Burg in Wien stehen, ist ihre Stellung in der Geschichte der Konfliktbeziehung von Drama und Theater von besonderer Repräsentanz. In der zweiten Hälfte des 19. Jahrhunderts entstehen die ›Häuser‹, die bis heute das Mediensystem des Theaters kennzeichnen.

LAUBE, selbst Dramatiker geringeren Grades, wird zum Typus des literarischen Theaterleiters. Er versucht, den »verhängnisvollen Dualismus von ›Kunst‹ und ›Theater‹ aus der Welt zu schaffen« (M. MARTERSTEIG, 1904, S. 415). Mittel dazu ist die künstlerische, das meint literarische Direktion. Dabei verfährt er durchaus publikumsorientiert. Sein Spielplan setzt auf die Erfolgsstücke der französischen Theaterlandschaft, die längst einen anderen Typ von Autor kennt. Eugène SCRIBE und Victorien SARDOU schreiben die wohlgebauten Stücke, wie sie das moderne Geschäftstheater einer Hauptstadt braucht. Der Kunstanspruch muss dabei hintangestellt werden. Das Ende von LAUBES Zeit am Burgtheater in Wien zeigt die Macht des Hofes im Nationaltheater. LAUBE verliert das Vertrauen der höfischen Kreise, nicht das seines bürgerlichen Publikums, was sich daran nachweisen lässt, dass er binnen kurzem ein neues Stadttheater auf Aktienbasis in Wien aufbauen kann.

DINGELSTEDT, politischer Lyriker im Vormärz, ist dagegen der große Theaterzauberer mit allen opernhaften Mitteln. Er beginnt, wie DEVRIENT in Karlsruhe, in Weimar mit einem weitbeachteten SHAKESPEARE-Zyklus. 1867 kommt er nach Wien, als Direktor der Hofoper. Er gibt die Scheu vor den ›Operisten‹ und der großen Ausstattung auf. 1871 wird er Leiter des Wiener Burgtheaters. Er setzt auf den theatralischen Apparat und den Schauspielerstar. Auch hierin folgt er der eingeführten Praxis der Welt-

städte London und Paris. Kurzfristig gelingt es ihm, die beiden
Häuser unter seiner Leitung zu vereinigen.

Im Sinne des Aufbaus einer Gegenwelt zu den Theatern der
großen Städte sind Theorie und Praxis des Dramas bei Richard
WAGNER konzipiert. Er sucht nach einem Mittel, die Trennung
der Medien aufzuheben. Sein Ziel ist das Gesamtkunstwerk. Dieser Begriff richtet sich sowohl gegen das isolierte Sprechtheater,
das Wortdrama, als auch gegen die Entwicklung der großen Oper
seit der Renaissance. In seiner Streitschrift *Oper und Drama* wendet er sich gegen den Irrweg zum Wortdrama, wie ihn sein Jahrhundert im Namen SHAKESPEARES und der Oper begangen habe.
Sein Drama im Vollsinn des Wortes sollte wieder an einer antiken
Ganzheit anknüpfen. Seine Utopie ist ein neues, populäres Theater, dem antiken Vorbild nachgestaltet. In Bayreuth baut er eine
Medienmaschine, mit Lichtzauber und ›mystischem Abgrund‹
für das Orchester.

2.3 Theater im Zeitalter der Phonographie: Naturalismus

Die Lücke zwischen Drama und Theater scheint sich zu schließen, als mit dem Drama des Naturalismus ein neuer und gesell-
schaftlich-aktueller, ›naturalistischer‹ Dramentyp sein Theater
sucht und findet. Folie des neuen Dramas sind die großen histo-
riendramatischen Formen und eine Blütezeit des Theaterbaus. In
den großen Häusern sehen Geld- und Hofadel eine idealisierte
Vergangenheit, aus der die eigene Macht und Herrlichkeit sich
ableitet. In Frankreich sind es die Theaterbauten der Belle Epo-
que, in Deutschland des Wilhelminischen Zeitalters, in England
des Viktorianismus, welche bis heute das repräsentative Gehäuse
des Theaters bilden.

Nicht zu übersehen ist die Marginalsituation der Freien Bühnen, in denen der Naturalismus seinen Spielort findet. In Frankreich, mit dem »Théâtre libre« von André ANTOINE, gegründet
1887, ist es eine kleine Gruppe von Theaterenthusiasten in der
Großstadt, die eigene Spielformen erprobt. Basis ist ein Verein.
Die Mitglieder ermöglichen Aufführungen durch ihre Beiträge.
Emile ZOLAS Ruf »Naturalismus aufs Theater« stellt zunächst
eine literarische Provokation dar. In Berlin ist es der Verein »Freie
Bühne«, gegründet 1889, der Dramen von Henrik IBSEN vor einer geschlossenen Gesellschaft in einem gemieteten Theater pro-

duzieren lässt. Otto BRAHM, die Gründerfigur, zieht sich aber
bald auf die Zeitschrift gleichen Namens, später *Neue Rundschau*,
zurück, um erst später mit seinem Deutschen Theater von 1894
an Theatergeschichte zu schreiben. Die Leistung allerdings des
Vereins »Freie Bühne«, endlich dem modernen Drama einen
Aufführungsort in der Großstadt geschaffen zu haben, darf nicht
hoch genug eingeschätzt werden. Es entsteht ein System des Me-
dienverbundes, dem es gelingt, auch den modernen Massenmedien gegenüber sich seinen Platz als kultureller Faktor zu erhalten.

2.4 Theater der Jahrhundertwende. Die Kinematographie und die Krise der Sprache

Der dramatische Naturalismus, eingeleitet vom konsequenten
Realismus IBSENS, mit August STRINDBERG, Gerhart HAUPTMANN
und HOLZ, hat eine vergleichsweise kurze Geschichte, sieht man
auf die Dominanz der naturalistischen Richtung. Mit Frank
WEDEKIND und bei HAUPTMANN selbst sind konkurrierende Tendenzen angesprochen. STRINDBERG entdeckt das Stationendrama
und das Traumspiel, SCHNITZLER den inneren Monolog und Reihungsstrukturen. HOFMANNSTHAL aktualisiert das barocke Welttheater. Er und Maurice MAETERLINCK schreiben statische Dramen.

Neben den erneuerten mittelalterlich-barocken dramatischen Formen und der Tendenz zur Gattungsmischung wird das
reine, wortlose Spiel wieder entdeckt, als Zeichen der Sprachkrise
um 1900. Alte Formen werden im Schatten- und Puppenspiel bei
Edward Gordon CRAIG aufgenommen, darüber hinaus die un-
griechischen, die indischen, chinesischen und japanischen Traditionen. In der Medienkonkurrenz des Theaters mit den ›neuen
Graphien‹ wendet sich das Theater den ältesten, protomedialen
Formen des Spiels zu. NIETZSCHES *Geburt der Tragödie* (1872,
1988) lässt sich in zweierlei Richtungen lesen, als Geschichte der
Rationalisierung durch die Schrift und als Appell zur Rückkehr
zu den genuin a-literarischen, ›musikalischen‹ Formen des Theaters, das nicht mehr eine »moralische Anstalt« (SCHILLER) sein
soll. Der Vorwurf des Romantizismus und damit der Buchfixierung, den NIETZSCHE gegen WAGNER erhebt, setzt den Blick frei
für die Körperlichkeit und Materialität des modernen Theaters.

Musik, Bild und Licht emanzipieren das moderne Theater von der Sprache als dem Kanon des Dramas. War noch beim Naturalismus der Sprachlaut prominent, so bei seinen Nachfolgern bereits die sprachlose, pantomimische Szene. Dies entspricht dem Dominanzwechsel im Medienbereich. Parallel zu Naturalismus und der Sprachkrise der Jahrhundertwende liegen die Erfindungen der Phonographie und der Kinematographie. Theater wie Literatur werden in ihrem Monopol der Mimesis angegriffen. Neue Möglichkeiten in der Oper werden von Gustav MAHLER und dem Bühnenbildner Alfred ROLLER erprobt. HOFMANNSTHAL entwickelt für Salzburg die Idee der differenzierten Festspiele und bringt alte Spielformen und -stoffe, so das Spiel von *Jedermann*, auch wieder auf den öffentlichen Platz vor der Kirche und in die alte Felsenreitschule. Max REINHARDT geht in die Zirkusarena, um neue Inszenierungsformen zu erproben. Gegen das Illusionstheater des Photographiezeitalters wird die Stilbühne gesetzt.

Theater wie Buch stehen beide in Wechselwirkung mit dem Film als technischem Repräsentationsmedium. Die Entwicklung eines antiaristotelischen Theaters im 20. Jahrhundert beginnt bereits mit dem Naturalismus. Das Theater steht nun wie die Buchliteratur in der Konkurrenz der technischen Medien. Auf Seiten des neuen Mediums entsteht die Gattung des Drehbuchs als Vorschrift für ein visuell-kinetisches Produkt. Die Lichtspiele des Theaters und das Lichtspiel auf der Leinwand definieren sich gegenseitig: dieses als lebendiges Theater, das aus den traditionellen Normen der Illusion gelöst werden muss, jenes als totes Leben, das erst seine Kunstform finden muss.

3. Das Forum im Zeitalter der neuen Graphien

3.1 Bilderrede, Fernsprecher und Schalltrichter: die neuen Überzeugungsmittel

Während sich die Rede als politische Rede in der Kammer und als Literatur im Kontext des Drucks entfalten kann, bringt das 19. Jahrhundert neue Formen der Evidenz auf. Es kommt zu einer dritten Medialisierung der Rhetorik durch das Hinzutreten der neuen Graphien: der Graphie des Bildes, der Graphie des Tons

und schließlich der Graphie des bewegten und damit bewegenden Bildes, des zentralen Überzeugungsmittels des Rhetors.

Da die Bilder als Illustrationen im Buch aufgenommen sind,
wird das rhetorisch-romantische System durch die Photographie
allenfalls im Blick auf seinen ›Realismus‹ tangiert, aber nicht
grundsätzlich. Die Bildergeschichten bleiben Geschichten im
Buch, haben allenfalls den Anstrich des Infantilismus oder bilden
eine spezifische Pointierung ab, in Form der Karikatur und der
Satire. Photoalben bleiben Photobücher, und die Vorführung von
Bildern hält sich an die Seitenfolge. Selbst die Hängung von Bildern in Salons, Museen und Galerien muss lesbar bleiben.

Der Phonograph überzeugt durch den Ton, den er, unvollkommen noch, für eine Ewigkeit aufzeichnet. Dass ein krächzen-
des Grammophon von derartiger Attraktivität sein konnte wie um
1885, ist heute kaum noch nachvollziehbar. Das Gebrüll des
Lautsprechers war geboren und setzte sich an die Stelle des stillen
Lesens und aufmerksamen Hörens. Der Habitus des Redners in
der Öffentlichkeit versuchte es mit Gebrüll, die Literatur mit der
›phonographischen Methode‹, der Wiederentdeckung der Laut-
gestalt, dem ›natürlichen‹ Teil der Rede.

Im Kino kehrt die rhetorische ›demonstratio ad oculos‹, ein
Mittel der Herstellung von Unmittelbarkeit, in technischem Ge-
wand zurück. Die Demonstration ist ein Mittel der Sensationser-
regung; das frühe Kinos ist Sensation per se, stumm, noch ohne
Worte. Als Rhetorik des Films sind die Methoden der ›coupage‹
und ›cadrage‹, der Montage und des Tricks zu nennen, die das
rhetorische Inventar der ›Mutationen‹ auf das Bild und seine Folgen anwenden. Dreihundert Jahre braucht die zweite Medialisierung der Rhetorik, von 1500 bis zu ihrer romantischen Transformation im Zeitalter des dominanten Buchs um 1800. Im Zeitalter
der neuen Graphien wird sie ihrer einstigen dominanten Rolle
vollends beraubt. Evidenz ist über Bilder und Töne zu erreichen,
nicht nur über die Kunst der Rede. Ein Bild, so heißt es um 1900,
sage mehr als tausend Worte.

Film, Literatur, Theater und Forum
im Zeitalter der Audiovisionen
(1900/1925–1985)

1. Der Ursprung der Massenmedien aus den Graphien: Film und Literatur

In der hier gewählten Periodisierung gewinnt die Mediengeschichte des 19. Jahrhunderts den Status des Zwischenspiels, da
dieses Jahrhundert alle ›Graphien‹ und ›Phonien‹ entwickelt, welche die technischen Grundlagen für die Massenmedien des 20.
Jahrhunderts bilden. Das Kino als Mediensystem gehört beiden
Epochen an. Einerseits kann man die Epoche des Kinos als Massenmedium bereits auf die Jahrhundertwende zurückdatieren,
andererseits kann man den Rundfunk noch als eine der Techniken werten, die zunächst noch nicht alle Basismedien vereinigt.
Defizient in dieser Hinsicht ist aber auch der Kinematograph.
Erst der Tonfilm führt Bewegtbild und Ton zusammen. Das Ende
der 20er Jahre bereits konzipierte Verfahren des Bildrundfunks
führt dann das Bewegtbild-Ton-System des Kinos und das Ver-
breitungssystem des Radios zusammen.

Filmgeschichte lässt sich also im Rahmen einer integralen
Mediengeschichte doppelt verorten: als technische Erfüllung der
Vision vom ›Gesamtkunstwerk‹ und als erstes Massenmedium,
als ›Theater der kleinen Leute‹. Der Filmgeschichte ist ein Medienumbruch eingeschrieben. Die doppelte Klassizität des
Stummfilms und des Tonfilms mit ihren Höhepunkten in den
20er und in den 40er Jahren resultiert weniger aus der Tatsache
des fehlenden Tons beim sogenannten Stummfilm, der nie ohne
Musik vorgeführt wurde, als aus der Zwischenstellung des Mediums zwischen den Epochen der Neuen Graphien und der Audiovisionen.

Der Umbruch zu den analogen Massenmedien des 20. Jahrhunderts ist ein komplexer, vielschrittiger Prozess. In der Mitte
der 20er Jahre treten mit Radio und Tonfilm die beiden Medien
auf, die sich im Fernsehen zur entwickelten Audiovision der
zweiten Hälfte des 20. Jahrhunderts zusammenschließen und die
Formen des Films und der Literatur aufsaugen. Dominantes Me-

dium wird für das 20. Jahrhundert der Rundfunk, als ›Lautsprecher‹ zunächst und dann als ›Fernseher‹. Es ergeben sich komplexe Intermedialitäten zwischen Literatur, Film einerseits und dem
Rundfunk andererseits. Film interagiert mit Literatur im Innen-
bereich der Produktion und im Medium der Zeitung als kritischer Instanz. Rundfunk braucht das Manuskript und die musikalischen Darbietungen als Voraussetzungen der Sendung. Sie
konkurrieren nicht mit dem Buch. Fernsehen braucht den Film,
der sich ihm gegenüber als Kinematographie der Avantgarde positioniert. »Caméra stylo« ist das Stichwort des Films im Zeitalter
des Fernsehens. Der Film greift seinerseits aber auch auf die Mittel des Theaters zurück, um seine Inszenierungspraxis gegenüber
den Massenprodukten der Audiovision abzusichern. Das Theater
baut die Mittel der direkten Darstellung als »Living Theatre« aus,
welches mit der neuen medialisierten Direktheit durch körperliche Direktheit konkurrieren kann. Das lebendige Theater wird
zum Gegenmodell der Audiovision, die ihrerseits das ›Live-Prinzip‹ beansprucht (G. HALLENBERGER/H. SCHANZE, 2000). Mit
ihr endet aber auch jene Geschichte der ›Ismen‹, in der es dem
Buch gelang, trotz der Dominanz der Bilder seine eigene Rolle so
zu definieren, dass bis heute von einem ›Ende der Bücher‹ nicht
gesprochen werden kann. Die ›Klassiker der Moderne‹ stehen in
den Bücherschränken der Gebildeten. Samuel FISCHER kreiert
das literarische Buch, die Gebrüder ULLSTEIN das moderne Buch
als Massenmedium. Dem ›deutschen Lautsprecher‹ gegenüber
bewährt sich die Exilliteratur, und ohne die Literaten der Stunde
Null wäre ein ›neuer Rundfunk‹ nicht denkbar gewesen. Fernsehen nähert sich über einen ›literarischen Film‹ dem Film, zu einem Zeitpunkt allerdings, als die neuen Digitaltechniken bereits
zur Großtechnik avancieren.

2. Theater und Drama im Zeitalter der Audiovisionen

2.1 Lehrtheater und Verfremdung

Die neuen Formen des Theaters des 20. Jahrhunderts entstehen
in komplexer Intermedialität, mit dem Film, mit dem Rundfunk,
mit dem Fernsehen, aber auch mit den vormedialen Formen der
Musik und des Tanzes und ihrer befreienden Körperlichkeit. In

den 20er Jahren, im aufkommenden Rundfunkzeitalter, wird
Berlin zur führenden Theaterstadt der Welt. Wieder kommt es
zur epochalen Zusammenarbeit zwischen Theatermann und
Stückeschreiber, zwischen Erwin PISCATOR und Bertolt BRECHT.
PISCATOR baut Massenszenen auf, nutzt moderne mediale Techniken, einschließlich der Mittel von Film und Foto. Ziel ist ein
politisches Theater. Das Prinzip der Simultaneität und Revue-
struktur wird aufgenommen. Die *Dreigroschenoper* des Stü-
ckeschreibers Brecht zitiert die englische Theatergeschichte, die
Tradition des Populärtheaters, durchaus mit gesellschaftskriti-
scher Absicht. Das Prinzip der Verfremdung durchbricht die Situation des Illusionstheaters. Das Theater findet sich als Theater
wieder und macht dies dem Zuschauer bewusst.

Im Russland der 20er Jahre konstruieren Wsewolod MEYER-
HOLD und Wladimir MAJAKOWSKI ein poetisches, basismediales
Theater aus Licht, Farben und Tönen. In Italien findet Luigi
PIRANDELLO im Mittel des Spiels im Spiel zurück zum Theater.
Distanzbildung zur klassischen Form des literarischen Dramas
mit seiner noch vergleichsweise einfachen mimetischen Struktur
lässt die Befreiung des Mimus zu. Die Radikalisierung des Theaters in Frankreich stellt das Wortdrama vor die Notwendigkeit,
seinen Untergang wortlos zu akzeptieren. Die ungeschminkte
Brutalität eines Theaters der Grausamkeit bei Antonin ARTAUD
1932, die Grotesken des Alfred JARRY schon 1896 mit *König Ubu*,
bis hin zu den szenischen Experimenten von Eugène IONESCO
und Samuel BECKETT im Absurden Theater stellen jedoch wieder in Frage. Ziel ist der ästhetische Schock von der Bühne her.
Schrei, musikalische Disharmonie, grelle Lichteffekte, Masken
sind die Wirkmittel. Es ist die Nähe des Absurden Theaters zum
Existenzialismus, die ihm in Jean Paul SARTRE und Albert CAMUS
Philosophen als Stückeschreiber zuführt.

Demgegenüber ist das groteske Theater im deutschen
Sprachraum noch vergleichsweise traditionell. Es nimmt Elemente des BRECHT'schen Lehrtheaters auf, dessen theatralische
Qualitäten erst mit politisch bedingter Verzögerung rezipiert
werden können, und bringt sie auf die Formel der »schlimmst-
möglichsten Wendung« (Friedrich DÜRRENMATT). Komödie
wird zum Kanon, weil die Welt anders nicht mehr ertragen werden kann. Die Komödie hat keinen guten Schluss mehr. DÜR-
RENMATTs *Der Besuch der alten Dame* endet tödlich für den Ausge-

grenzten, den seine eigenen Mitbürger um ihres Vorteils willen erschlagen.

Dass Literatur sich gegen Sprache, Theater gegen das Theater ausspricht, bringt Literatur und Theater auf eine paradoxe Weise wieder zusammen. Die Provokation richtet sich gegen ein Theater und eine Literatur, die als nicht lernfähig erkannt werden, da sie nach alten Regeln Bildung und Unterhaltung produzieren. Sie steht aber auch gegen die neuen Massenmedien, welche die Rezepte, die Formen und die Inhalte der ›alten Literatur‹ für sich reklamieren. Erneuert wird das literarische Theater von den auf das Wort abgestellten Formen des Hörspiels. Ein Stück DÜRREN-MATTs, *Die Physiker*, das sich bewusst dem »technischen Zeitalter« stellt, erscheint als Bühnendrama, als Hörspiel und als Fernsehfilm.

2.2 Theater und Fernsehen. Dokumentarismus und Regietheater

In der Theaterwelt werden die Anregungen der literarischen Avantgarde durch das Konzept eines »Living Theatre« aufgenommen, das sich bewusst gegen das reproduzierbare Kunstwerk des Medienzeitalters stellen kann. In Italien bringt Giorgio STREHLER die alten Formen des Mimus, wie sie über die Jahrtausende hinweg bestanden, wieder ins Spiel. Wiederaufgenommen werden Formen des ›Volksstücks‹ in den Stücken von Ödön von HOR-VÁTH, der als Gegenspieler von BRECHT und dessen »Lehrtheater« aufgefasst wird, und bei Peter WEISS. Transformationen der ›Klassiker‹ auf der Bühne suchen das Theatralische gegen seine literarischen Traditionen zu retten. Die Sprechstücke von Peter HAND-KE inszenieren Sprachspiele mit dem und gegen das Publikum.

Die Formen des modernen Theaters wie die des modernen Dramas sind die des Widerspruchs. Selbst das dokumentarische Theater der 60er und 70er Jahre, Theater der Antikunst und des Wirklichkeitsanspruchs, versucht durch seine Präsenz Vorsprung gegenüber dem neuen Dokumentarmedium Fernsehen zu gewinnen. Die Koevolution mit dem Fernsehen verändert das Theater. Das Drama im weitesten Sinne, in allen traditionellen Formen des Spiels, gewinnt als Fernsehspiel einen neuen Spielraum. Nie zuvor zählten die dramatischen Gattungen ein größeres, weltweites Publikum.

Dort, wo Regietheater alle Mittel nutzt, wird das Buchdrama ein Text beliebiger Verfügbarkeit, wie im Medienbereich insgesamt. Das Prinzip der Texttreue gilt als obsolet. Die notwendige Aufmerksamkeit eines dispersen Publikums lässt sich nur durch theatralische Professionalität gewinnen. Sie führt zu neuen Theaterformen, die die alten Stoffe nur noch als Anregung nutzen. Beispiel hierfür sind die Inszenierungen von Robert WILSON, der eine ganz eigene Form für sein Theater im Medienzeitalter findet.

2.3 Forum und Fernsehen. Fernsehen als Forum

Die Medialisierung der Rhetorik im Zeitalter der Audiovisionen kann als Verfallsgeschichte der Rede geschrieben werden, aber auch als deren Wiederentdeckungsgeschichte. In der Geschichte der Audiovision kehren die rhetorischen Motive der Direktheit wieder, in aller Brutalität der Sensationsmache, die schon den alten Rednern vorgeworfen wurde.

Kern der Medialisierung des Forums, in der die scheinbare Unmittelbarkeit des Ausgangspunktes in seltener Brutalität wiederkehrt, sind die medialen Techniken der Live-Produktion. Film setzt eine literarische Vorlage, zumindest ein Drehbuch voraus. Auch der Film ist hergestellte Präsenz. Diese hergestellte Präsenz wird technisch aufgezeichnet. Anstelle des Papiers und der Buchstaben, die bis dahin das Monopol des vom Leser im Kopfe wiederherzustellenden lebendigen Bilds hatten, tritt der technische Vorgang. Der Raum der erinnernden Vergegenwärtigung beim Lesen wird technifiziert.

Der Tonrundfunk knüpfte an das Gebrüll des Phonographen an, stellt ein Forum technisch her, auf dem einer redet und alle zuhören müssen. Die direkte Zeigung wird durch gestische Sprache ersetzt. Im Format der Rundfunkreportage wird die Inszenierung einer überzeugten Masse, die dem »Führer« huldigt, als Überzeugungsmittel eingesetzt.

Der Tonfilm wird zum Unterhaltungsmedium, dessen Botschaft allenfalls sekundär sein darf. Ton und Bild temperieren sich gegenseitig. Für ›Öffentlichkeit‹ und deren Herstellung ist dieses Medium nicht geeignet. Es funktioniert unterschwellig.

Die Probleme von Gespräch und Rede im Fernsehen sind vielfach beschrieben worden. Interessanter als die Fernsehrhetorik ist der Versuch im entwickelten Fernsehzeitalter, sich der mündlichen Rede als Medium der Öffentlichkeit neu zu versichern, ein Vorgang, der seit den 60er Jahren unter dem Stichwort »Renaissance der Rhetorik« zu beobachten ist. Aus dem offenen Forum wird die geschlossene Situation des Filmerlebens. Mit der Rundfunktechnik wird dann das disperse Publikum erreicht. Das Fernseherlebnis vereinigt Öffentlichkeit und Privatheit. Fernsehen wird zum neuen »kulturellen Forum« (H. NEWCOMB/P. M. HIRSCH, 1986).

Gerade die Erfahrungen mit der Medialisierung der Rhetorik, ihrer Funktionalisierung im Sinne der Relation des Redens und Hörens, als Gehorchens, macht auf die Vielschichtigkeit der Überzeugungsmittel aufmerksam. Rhetorik verschwistert sich mit Ideologiekritik, was hier wohl ganz wörtlich Kritik der Bilder der Welt heißen sollte, die sich vor die wirkliche Welt stellen.

Die Rhetorik im televisionären Zeitalter zielt nicht auf ein fassbares Publikum, auch nicht mehr auf eine Öffentlichkeit, die, in den Worten Friedrich SCHLEGELs, eine unsichtbare Kirche der Gebildeten, der Meinungsführer darstellt. Sie arbeitet mit ›talking heads‹, Experten, deren Medienpräsenz allein die Botschaft ist. Das ›Agenda setting‹, die Regel des Redens (des Talks) sind Produkte des Mediums selber. Die Fragen bleiben, mit einem halben BRECHT-Zitat, stets ›offen‹. Ihren schon fast in sein Gegenteil umschlagenden Höhepunkt haben die Talk Shows in sogenannten Medienforen gefunden, in denen immer wieder die gleichen ›talking heads‹ zu den gleichen Problemen reden, was dann auch nicht mehr gesendet wird.

Zu recht hat bereits Roland BARTHES (1964) auf die Wiederkehr des alten Systems der Mündlichkeit im 20. Jahrhundert hingewiesen. Die Theorie macht diese Wiederkehr erst spät deutlich, in der Spätphase einer wissenschaftlichen Methodenentwicklung, die den Namen »Strukturalismus« führt. Trotz ganz andersartiger Zielrichtungen ist festzuhalten, dass schon der frühe Strukturalismus mit seiner Aufmerksamkeit für Sprache selber, für das sprachliche System, aber auch in seinem Interesse an ihrer Anthropologie die Wiederentdeckung der Rhetorik eingeleitet hat. Diese Wiederentdeckung der Rhetorik musste jedoch, angesichts ihrer politischen Deformierungen, eine kritische sein, nicht eine affirmative.

Text, Ton und Bild im Zeitalter der Digitalmedien

1. Digitalisierung: Renaissance des Buchs?

Die Digitalisierung erreicht bereits in den 80er Jahren des 20. Jahrhunderts das Buch (und mit ihm alle sog. Printmedien). Die Konzepte des Hypertexts, die dem Internet als Netz der Netze unterlegt sind, gehen auf universelle Bibliotheksutopien zurück. Im Roman formiert sich zuerst die sogenannte Netzgesellschaft. Der Literaturgeschichte der Digitalmedien (H. SCHANZE, 1996) folgt ihre Theater- und Rhetorikgeschichte. Dies lässt sich an der Metaphorik der Digitalmedien ablesen. Bibliothek, Forum und Theater konvergieren.

Stellt man die Unterscheidung ›digital‹ versus ›analog‹ in den Vordergrund, so sind die neuen Medien dem ›Buch‹ näher als den visuell-kinetischen Medien, sofern diese auf analoger Bildtechnik beruhen. Die eingeführte Begrifflichkeit der Datenverarbeitung beruht auf der Buchanalogie. Die ›Files‹, die ›Directories‹, die Tabellenstruktur von Datenbanksystemen, die Wiederkehr des Wissens über ›Fonts‹: All dies sind nur Hinweise auf einen umfassenden metaphorischen Prozess, der zu einer neuen, dem Digitalmedium angemessenen Begrifflichkeit geführt hat.

In der Tat hat das Buch auch als Erstes der modernen Massenmedien den Prozess der Digitalisierung durchlaufen. Kaum ein Buch mehr, das nicht eine Oberfläche eines Digitalmediums wäre. Die Musikproduktion hat sich dem angeschlossen. Die CD ist das Beispiel. Aus technischen Gründen und wegen noch nicht akzeptierter (oder vor allem finanziell akzeptabler) Oberflächen sind die Videoproduktion und das Fernsehen noch nicht voll digitalisiert; eine Umstellung aber ist im Gange. Definitorisch umfasst die ›Graphische Datenverarbeitung‹ inzwischen auch das ›Interaktive Fernsehen‹. Auch hier ist das Bild des Buchs im Spiel. Die Rede von der ›Graphischen Datenverarbeitung‹ schließt unmittelbar an die vom ›Graphischen Gewerbe‹, der Buchherstellung, an. Metaphorisch kehrt das Buch auch im Bereich der Bildverarbeitung zurück.

So tiefgreifend das Digitalmedium die Produktion der Bücher verändert hat (Satz und Druck, die Publikation als Ganzes), so ist doch das Buchmedium als ›altes‹ Digitalmedium gegenüber dem Bildermedium privilegiert. Da die Verfahren des neuen Digitalmediums aus der Schrift- und Buchherstellung ableitbar sind, stehen Buch und digitale Datenverarbeitung in einem Verhältnis der Analogie und nicht der Differenz. Bilder dagegen müssen in Form von Programmen geschrieben oder digitalisiert werden. Das graphische System gewinnt eine neue Dimension, die das Verhältnis von geschriebenem Wort und aufgenommenem Bild neu bestimmt.

Die Wiederkehr des Buches ist, wie um 1900 die Krise der Sprache und des Buchs, zuerst von den betroffenen Künstlern entdeckt worden. Als ›Ereignis‹ einer neuen Bildästhetik kann Peter GREENAWAYs Film *Prospero's Books* gelten, der nicht von ungefähr den Mythos der Bücher ins bewegte Bild gesetzt hat. Auch im Film kehrt das Buch, metaphorisch, zurück. Buch und Gedächtnis werden zu Leitmetaphern des ›Digitalzeitalters‹, das sich so den Zusammenhang mit der kulturellen Tradition sichert.

Auch das Fernsehen bedient sich als Digitalmedium der Metaphorik des Printbereichs. In Fortschreibung seines Ansatzes vom »Kulturellen Forum« hat Horace NEWCOMB vorgeschlagen, das neue Fernsehen als große »Library« anzusehen (H. NEWCOMB, 2001). Fernsehen wird einer der möglichen Inhalte, die auf der Digitalen Plattform angeboten werden.

2. Theater im Zeitalter der Digitalmedien: Event und Multimedia

Die modernen Formen des Theaters sind sich vor allem der Tradition des Mimus bewusst, die Tradition des Logos tritt zurück. Die dramatischen Autoren versuchen durch die Exposition von Extremsituationen der besonderen Situation des Lebens-Spiels schockierende Effekte abzugewinnen. Der Zuschauer wird in besonderer Weise, da er nicht ›abschalten‹ kann, gefordert. Die Stücke von Botho STRAUSS und Thomas BERNHARD fordern den Zuschauer, sich der Zeitlichkeit und Räumlichkeit des Spiels bewusst zu werden.

Zu lange hatte der Logos, als überprüfbare Norm, den Mimus in Bann gehalten. Hanswurst kehrt seit Beginn des Medienzeitalters an seinen Schauplatz zurück. Das Theater ist aber nicht mehr das alte. Die Oberfläche des Bildschirms, als Lichtspiel oder als Röhre, hat die Theaterlandschaft zu einem universellen Ort werden lassen. Die modernen elektronischen Speichermedien fixieren theatralische Ereignisse, wie umgekehrt die Medien in die Kunstwelt des Theaters aufgenommen werden. Theater, Film, Fernsehen, Video und Digitalmedien treten, wie dies nicht nur die Operninszenierungen von Peter SELLARs zeigen, in den geheiligten Bezirk der Festspiele ein. Nur die Musik des Musiktheaters erscheint noch untangiert. Moderne Opernproduktionen nutzen jedoch bereits, wie auch die Massenmedien, die Technik der elektronischen Musikproduktion, die auch hier das sogenannte ›Live-Prinzip‹ ablöst.

Die umfassende Inszenierung des Ereignisses, festgelegt bis in den Sekundenschritt, hat die Konsequenz, dass der dramatischen Vorschrift eine zweite Schicht der Schriftlichkeit überlagert wird.

Das Medientheater der 90er Jahre gewinnt insofern ein problematisches Verhältnis zum Text, als gerade hier das Programm, also die Vorschrift, in unübersehbarer Weise die Spontaneität und den Mimus herausfordert. Mit dem Thema der virtuellen Welten ist der uralte Traum des Theaters von der zweiten Wirklichkeit in eine neue Stufe der Realisation getreten.

3. Forum im Zeitalter der Digitalmedien: Die Welt im Netz

Die Konsequenzen der Digitalisierung für Rhetorik und Rhetorikkritik werden derzeit kontrovers diskutiert. Die ›alte‹ Ideologiekritik ist aufgelöst, Manipulation wird nicht mehr als Verstellung der Wirklichkeit kritisiert, sondern als deren Konstruktion begriffen. Im ›digitalen‹ Zeitalter stoßen zwei Rhetoriken aufeinander: die neu legitimierte literarische Rhetorik und eine neu legitimierte Rhetorik der Mündlichkeit, die sich der Medialisierung zu entziehen trachtet, somit auch den Redner und sein Officium in den Mittelpunkt zu stellen hat. Die neue Medialisierung steht unter dem Gesetz der Simulation und der Modellbildung. Ist schon die Rede auf dem Forum zuvor schriftlich aufgesetzt, simuliert das gedruckte Buch das Manuskript, die Audiovision die Präsenz, so muss nunmehr die ›Wirklichkeit‹ als eine konstruierte und zu dekonstruierende begriffen werden, als Spiel schlechthin, in dem es nur noch Figuren, aber keine Personen, geschweige denn noch Menschen geben soll.

In der jüngsten Medialisierung der Rhetorik kehren die beiden ersten als Modelle wieder. Diese Epoche, nicht zu verwechseln und zu vermischen mit dem Zeitalter der Audiovision, ist sicher noch nicht geschichtsfähig. Nehmen wir an, dass der erste Medialisierungsprozess der Rhetorik, mit Manuskript und Buch, schon ein Jahrtausend benötigte, um zu sich selbst zu kommen, d. h. theoriefähig zu werden, die umfassende Theoretisierung des Zeitalters der Audiovision, nach gut 100 Jahren, noch am Anfang steht, so sollte niemand erwarten, bereits heute eine ausgeführte Theorie der Medialisierung der Rhetorik im Digitalzeitalter aufgestellt zu finden. Allenfalls können Grundlinien aufgezeigt werden, die sich aus bisherigen Erfahrungen ableiten lassen.

Jede Medialisierung der Rhetorik ist durch Tendenzen der Restriktion des Apparats der Kunstrede gekennzeichnet. Während sich die literarische und romantische Rhetorik auf die Macht der Worte begrenzt, also zur reinen Elokutionsrhetorik tendiert, die audiovisuelle Rhetorik auf sensationelle Erfindung und laute Aktion, so setzt die Rhetorik des digitalen Zeitalters, soweit dies schon überschaubar ist, auf den Kanon der Ordnung der Rede. Vorgestellt wird eine Vielzahl von möglichen Ordnungen, Modellen, die als Szenarien überzeugen sollen. Diskussionen in der Öffentlichkeit stellen sich seit den Modellrechnungen des Club of Rome als Entscheidungen über solche Modelle dar. Man sucht hochzurechnen, man entwirft Konstellationen, mögliche Welten, an denen sich Plausibilitäten ablesen lassen. Solche Anordnungen in virtuellen Räumen stellen keine Erfindungen im alten Sinn mehr dar, auch keine Buchstaben- und Wortwelten, noch weniger laute Aktionen, auch wenn sie gelegentlich und spektakulär mit den gerechneten Welten von CO_2-Konzentrationen vorläufig verbunden werden. Ist das Digitalmedium vor allem eine Erweiterung des operationalen Gedächtnisses durch ein externes, technisches Gedächtnis, so steht auch, neben den Ordnungen der Rede, das System des Memorierens im Vordergrund des Interesses. Überzeugt wird durch externe Memoria und durch Simulationen. Die Analogien zum romantischen System der Buchrhetorik sind unverkennbar; es sind aber auch die Differenzen festzuhalten. Anstelle der Illustrationen im Buch treten die Visualisierungen, der Einsatz bewegter Schemata zur Überzeugung des

Auges. Das Ohr wird durch künstlich erzeugte Klänge überzeugt, die durch Verfahren des ›sampling‹, der Kombination von digitalisierten Live-Ereignissen, oder rein digital hergestellt werden. Die Klang- und Bilderwelten werden mit den Wortwelten verbunden zu multimedialen Ereignissen, welche die Erinnerung an die romantische Idee vom Gesamtkunstwerk in sich tragen.

In einer weiteren Metapher wird die Grundschicht der Rhetorik aufgerufen. Es handelt sich hier wiederum um die Metapher des ›Forums‹. Der uferlose Gebrauch dieser Metapher allerorten, ob live dabei oder im Netzwerk virtuell, kann hier nur als Indiz für eine verlorene und künstlich wiederherzustellende Unmittelbarkeit gelten, als Romantizismus im technischen Zeitalter. Das Computerzeitalter bevorzugt, im Gegensatz zum Zeitalter der Audiovision mit seinen Zeitmetaphern, die Metaphern des Platzes, des Ortes, des Raums.

Aufgerufen wird auch, metaphorisch, die Leitvorstellung des Manuskriptzeitalters der Rhetorik, die des Briefs. Der virtuelle Briefkasten, die Mail Box, das Sendungsbewusstsein der Computerfreaks, alles dies lebt nicht nur von der Erinnerung an die Punkt-zu-Punkt-Kommunikation, sie setzt sie auch theoretisch-begrifflich voraus.

Dementsprechend wird auch das System der Rhetorik neu konfiguriert, um einen Lieblingsausdruck der Information Science zu gebrauchen. Für die Buchrhetorik war die Frage nach der Elokution entscheidend. Die Invention wurde im Geniebegriff metaphysiziert, die Disposition zur Poetik der Gattungen und deren Mischung verklärt, Memoria und Aktion als veralteter Kram deklariert. Für das Zeitalter der Audiovision stand die Aktion im Mittelpunkt, die große Geste und das Pathos, die Lautstärke, gegen die das Instrument der Differenzierung und der Kritik eingesetzt wurde. Es scheint nun, als wolle das Zeitalter der Digitalmedien sich wieder der Invention und der Erinnerung zuwenden, die Fragen nach der Disposition rationaler stellen und auch der Frage nach der rhetorischen Oberfläche ein neues Gewicht geben. Problematisch wäre es jedoch, wollte man ›Echtzeit‹ mit ›Präsenz‹ im Sinne unseres Ausgangspunktes, einfach in Eins setzen. Wie stets wird es auch hier komplementäre Entwicklungen der ›neuen‹, der ›alten‹, der ›uralten‹ und der ›ur-uralten‹ Medien geben. Computerforum, Pantoffelkino, unsichtbare Kirche, Briefe und Agora können durchaus koexistieren. Die Medienge-

schichte erlaubt es nicht, eine der Stufen der Medialisierung der
Rhetorik absolut zu nehmen, auch nicht die mit größtem Pathos
auftretende letzte, auch nicht die jeweils vorletzte, mit dem besonderen Ethos verbundene, auch nicht den Mythos der Unmittelbarkeit nur zu beschwören.

4. Kunst und Kommerz: Fusionen und Differenzen

Die Digitalisierung von Text, Ton und Bild hat inzwischen das
System der Audiovision als Ganzes erreicht. In ›Multimedia‹ er-
öffnet sich die Möglichkeit eines unifizierten medialen Systems,
das alle ›alten‹ Künste in sich aufnimmt, so auch das System der
künstlichen Mündlichkeit. Skriptorium, Bibliothek, Forum und
Theater, sie kehren wieder in der Metaphorik der Digitalmedien.
In ihrer Gesamtheit treten sie als neues Bildschirmmedium auf.
Bild und Ton, die Basismedien vor der Schrift, fusionieren. Medienkunst als Netzkunst ist eine subtiles Spiel mit den Enden der
Kunst. Virtualität der Netzkunst provoziert den Körper, der sie
zugleich, mit allen Sinnen, als seine globale Erweiterung erfährt.
Die Geschichte der Simulationen ist eine integrale Medienge-
schichte, die auf das uralte Prinzip der Mimesis und ihrer Magie
zurückgreift.

Einige Tendenzen im Blick auf Veränderungen der Text-,
Bild- und Tonkünste sind bereits erkennbar, wie überhaupt – dies
gilt auch für den ersten Medienumbruch – die Künstler in ihrer
Sensibilität den Theoretikern vorauseilen. Neben der Fusionie-
rung und Hybridisierung der basalen Ausdrucksmedien zeigen
sich charakteristische Ausdifferenzierungen. Produktiv aufgenommen wird die Trennung von ›Hardware‹ und ›Software‹. Die
Arbeit mit den basalen Ausdrucksmedien, die auch Stahl, Stein
und der menschliche Körper selber sein können, machen über
deren Materialität Differenzen zu einer nur technisch realisierba-
ren Virtualität erfahrbar. Demgegenüber steht die multimediale
Arbeit im Kunstraum der Simulationen, der Herstellung von
Modellen und virtuellen Welten. Da sich auch hier die Ausdrucksformen überkreuzen können, entstehen Formen von
künstlichen Netzwerken, die zu interaktiven Erfahrungsräumen,
zur ›Netzkunst‹ werden. Die feste Installation, kennzeichnend
für die entwickelte Audiovision und ihre Kunstszene, wird zu einem beweglichen Spiel mit sich verändernden Konstellationen

fortentwickelt. Die Inhalte, die alten Mythen, die alten Bilder, die alten Formen gewinnen einen Spielraum und neue Spielzeiten. In vielfältigen Formen ziehen die Digitalmedien ins Theater ein und lassen Phantasmagorien neuer Art auf den alten Bühnen entstehen. Computermusik verbündet sich mit Schrift und Bild. Neue und alte Bilder begegnen sich im virtuellen Museum.

Die Kultur- und Mediengeschichte des 20. und beginnenden 21. Jahrhunderts hat die Paradoxien, Brüche und Inkonsequenzen nicht nur auszutragen und zu thematisieren, sie hat sie auch, unter der Industrie der Sinne, zu gestalten.

Die beiden medialen Zeitwenden des 20. Jahrhunderts haben eine unterschiedliche Qualität. Sieht man einerseits die Inklusionsproblematik (die Digitalmedien sind auch Massenmedien), und sieht man andererseits die Tendenzen zur Auflösung und Individualisierung der Massenmedien sowie die für das neue Medium kennzeichnende Interaktivität, so ergeben sich komplexe Interaktions- und Wahrnehmungsmuster, die mit denen der klassischen Audiovision brechen. Stimmt man dieser Sicht zu, so ließe sich auch der eingangs zitierte Widerspruch von Apokalyptik und Euphorik im Mediengeschäft nach einem Stakkato einer ruhigeren Betrachtung zuführen. Ein Ende der (Medien-)Geschichte ist nicht in Sicht.

HELMUT SCHANZE

Literatur

PLATON, Phaidros (um 360 v. Chr.), in: Sämtliche Werke, Bd. IV, Hamburg 1958. – ARISTOTELES, Poetik (um 334 v. Chr.). Griechisch/deutsch, übers. und hg. von M. FUHRMANN, Stuttgart 1982. – J. C. SCALIGER, Poetices libri septem (1561), Neudruck Stuttgart-Bad Cannstatt 1964. – J. C. GOTTSCHED, Versuch einer Critischen Dichtkunst (1730), Neudr. Darmstadt 1964. – G. E. LESSING, Laokoon (1766), in: ders., Werke, hg. von H. G. GÖPFERT, Bd. 4, Darmstadt 1970–1979, S. 781–982. – G. E. LESSING, Hamburgische Dramaturgie (1767–69), in: ders., Werke, hg. von H. G. GÖPFERT, Bd. 4, Darmstadt 1970–1979, S. 327–775. – W. MENZEL, Die deutsche Literatur, Stuttgart 1836. – E. DEVRIENT, Geschichte der deutschen Schauspielkunst (1848), hg. von R. KABEL/C. TRILSE, München 1967. – F. NIETZSCHE, Die Geburt der Tragödie aus dem Geist der Musik (1872), in: Kritische Studienausgabe. Hg. von G. COLLI/M. MONTANARI, Bd. 1, S. 9–156. – R. WAGNER, Oper und Drama (1852), in: ders., Dichtungen und Schriften, hg. von D. Borchmeyer, Bd. 7, Frankfurt a. M. 1983. – G. Freytag, Die Technik des Dramas (1863), Neudr. Darmstadt 1969. – A. Holz, Kunsttheoretische Schriften, in: Werke, hg. von W. Emrich/A. Holz, Bd. V, Neuwied o. J. – M. Martersteig, Das deutsche Theater im 19. Jahrhundert. Eine kulturgeschichtliche Darstellung, Leipzig 1904. – K. Pinthus, Das Kinobuch (1913/14), Frankfurt a. M. 1983. – W. Benjamin, Das Kunstwerk im Zeitalter seiner technischen Reproduzierbarkeit (1927), in: ders., Illuminationen. Ausgewählte Schriften, Frankfurt a. M. 1977. – W. Benjamin, Ursprung des deutschen Trauerspiels, Berlin 1928. – W. Benjamin, Kleine Geschichte der Photographie (1931), in: ders., Gesammelte Schriften, Bd. II.1, Frankfurt a. M. 1977. – J. Gregor, Weltgeschichte des Theaters, Wien 1933. – M. Horkheimer/T. W. Adorno, Dialektik der Aufklärung, Amsterdam 1947. – H. von Hofmannsthal, »Ein Brief«, in: ders., Gesammelte Werke. Prosa II, Frankfurt a. M. 1951, S. 7–20. – O. Rommel, Die Alt-Wiener Volkskomödie. Ihre Geschichte vom barocken Welt-Theater bis zum Tode Nestroys, Wien 1952. – A. Lesky, Die griechische Tragödie, Stuttgart 1958. – R. Alewyn u. a., Das große Welttheater, Hamburg 1959. – M. Kesting, Das epische Theater. Zur Struktur des modernen Dramas, Stuttgart 1959. – H. Lausberg, Handbuch der literarischen Rhetorik, München 1960. – J. Habermas, Strukturwandel der Öffentlichkeit, Frankfurt a. M. 1962. – R. Barthes, Rhétorique de l'image, in: Communications 4, 1964, S. 40–51. – F. A. Yates, The Art of Memory, London 1966. – H. Kindermann, Theatergeschichte Europas, 10 Bde., Salzburg 1962–1974. – M. Esslin, Das Theater des Absurden, Frankfurt a. M. 1964. – M. McLuhan, Die Magischen Kanäle. Understanding Media, Düsseldorf 1964. – W. Hinck, Das deutsche Lustspiel des 17. und 18. Jahrhunderts und die italienische Komödie, Stuttgart 1965. – E. Catholy, Fastnachtspiel, Stuttgart 1966. – E. Bentley, Das lebendige Drama. Eine elementare Dramaturgie, Velber 1967. – E. Devrient, Geschichte der deutschen Schauspielkunst, hg. von R. Kabel/C. Trilse, München/Wien 1967. – M. L. Clarke, Die Rhetorik bei den Römern, Göttingen 1968. – H. Knudsen, Deutsche Theatergeschichte, Stuttgart 1959, ²1970. – J. Steiner, Die Bühnenanweisung, Göttingen 1969. – W. Unruh, Theatertechnik. Fachkunde und Vorschriftensammlung, Berlin 1969. – Die Bauformen der griechischen Tragödie, hg. von W. Jens, München 1971. – M. Fuhrmann, Einführung in die antike Dichtungstheorie, Darmstadt 1972. – Die römische Komödie, hg. von E. Lefèvre, Darmstadt 1973. – J. J. Murphy, Rhetoric in the Middle Ages. A History of Rhetorical Theory from St. Augustin to the Renaissance. Berkeley and Los Angeles 1974. – H. Schanze, Medienkunde für Literaturwissenschaftler, München 1974. – Hätte ich das Kino! Die Schriftsteller und der Stummfilm. Katalog und Ausstellung: Ludwig Greve, Margot Pehle, Heidi Westhoff, hg. von B. ZELLER, Marbach 1976. – Literatur in den Massenmedien. Demontage von Dichtung, hg. von F. KNILLI u. a., München 1976. – G. DELEUZE/F. GUATTARI, Rhizom, Berlin 1977. – Literaturwissenschaft – Medienwissenschaft, hg. von H. KREUZER, Heidelberg 1977. – H. SCHANZE, Literaturgeschichte als ›Mediengeschichte‹?, in: Literaturwissenschaft – Medienwissenschaft, hg. von H. KREUZER, Heidelberg 1977, S. 131–144. – H. D. BLUME, Einführung in das antike Theaterwesen, Darmstadt 1978. – Literatur und Theater im Wilhelminischen Zeitalter, hg. von H. P. BAYERDÖRFER u. a., Tübingen 1978. – E. L. EISENSTEIN, The Printing Press as an Agent of Change. 2 vols., Cambridge 1979. – E. PLATZ-WAURY, Drama und Theater. Eine Einführung, Tübingen 1978, ³1992. – Fernsehsendungen und ihre Formen, hg. von H. KREUZER/K. PRÜMM, Stuttgart 1979. – H. A. FRENZEL, Geschichte des Theaters – Daten und Dokumente 1470–1840, München 1979. – S. OETTERMANN, Das Panorama. Die Geschichte eines Massenmediums, Frankfurt a. M. 1980. – J. GRIMM, Das avantgardistische Theater Frankreichs 1895–1930, München 1981. – R. GRIMM, Deutsche Dramentheorien, 2 Bde., Frankfurt a. M. 1971, 3. verb. Aufl. Wiesbaden 1981. – The Drama of the Middle Ages, hg. von C. DAVIDSON, New York 1982. – J.-L. GODARD, Einführung in die wahre Geschichte des Kinos, München 1983. – H. SCHANZE, Der Experimentalroman des deutschen Naturalismus, in: Handbuch des deutschen Romans, hg. von H. KOOPMANN, Düsseldorf 1983, S. 460–467. – H. SCHANZE, Vom Manuskript zum Buch: Zur Problematik der »Neuen Rhetorik« um 1500 in Deutschland, in: Rhetorica, Bd. 1, 2 (1983), S. 61–73. – D. KAMPER/C. WULF, Das Schwinden der Sinne, Frankfurt a. M. 1984. – V. KLOTZ, Bürgerliches Lachtheater. Komödie, Posse, Schwank, Operette, München 1984. – W. SCHMITZ, Deutsche Bibliotheksgeschichte, Bern u. a. 1984. – F. A. KITTLER, Aufschreibesysteme 1800–1900, München 1985. – F. A. KITTLER, Grammophon Film Typewriter, Berlin 1986. – H. NEWCOMB/P. M. HIRSCH, Fernsehen als kulturelles Forum, in: Rundfunk und Fernsehen 2 (1986). – R. NÜRNBERGER, Das Zeitalter der Französischen Revolution und Napoleons, in: Propyläen Weltgeschichte, hg. von G. MANN, Bd. 8, Berlin 1986, S. 59–192. – V. ASCHOFF, Geschichte der Nachrichtentechnik, 2 Bde., Berlin u. a. 1987–89. – H. SEGEBERG, Literarische Technik-Bilder. Studien zum Verhältnis von Technik und Literaturgeschichte im 19. und frühen 20. Jahrhundert, Tübingen 1987. – Text-Transfers. Probleme intermedialer Übersetzung, hg. von E. W. B. HESS-LÜTTICH,

Münster 1987. – E. Fischer-Lichte, Die Schaubühne als zivilisatorische Anstalt betrachtet. Anmerkungen zur Entwicklung der europäischen Schauspielkunst, in: Hess-Lüttich 1987, S. 21–46. – Wege zur Kommunikationsgeschichte, hg. von W. R. Langenbucher, München 1987. – P. Zanker, Augustus und die Macht der Bilder, München 1987. – A. Leroi-Gourhan, Hand und Wort. Die Evolution von Sprache, Technik und Kunst, Frankfurt a. M. 1988. – G. Genette, Paratexte, Frankfurt a. M. 1989. – Literaturverfilmungen, hg. von F.-J. Albersmeier/V. Roloff, Frankfurt a. M. 1989. – S. Zielinski, Audiovisionen. Kino und Fernsehen als Zwischenspiele in der Geschichte, Reinbek bei Hamburg 1989. – J. Hörisch, Armaturen der Sinne. Literarische und technische Medien 1870– 1920, München 1990. – Fernsehen in der Bundesrepublik Deutschland: Perioden – Zäsuren – Epochen, hg. von H. Kreuzer/H. Schanze, Heidelberg 1991. – M. Giesecke, Der Buchdruck der frühen Neuzeit, Frankfurt a. M. 1991. – H. Schanze, Vom Zelluloid zum Video. Die Medienentwicklung der Nachkriegszeit, in: Zs. f. Literaturwissenschaft und Linguistik (LiLi) 80, Göttingen 1990, S. 101–109. – J. D. Bolter, Writing Space. The Computer, Hypertext, and the History of Writing, Hillsdale 1991. – W. Faulstich/C. Rückert, Mediengeschichte im tabellarischen Überblick von den Anfängen bis heute, Bardowick 1993. – U. Jochum, Kleine Bibliotheksgeschichte, Stuttgart 1993. – R. Matzker, Das Medium der Phänomenalität. Wahrnehmungs- und erkenntnistheoretische Aspekte der Medientheorie und der Filmgeschichte, München 1993. – F. Rötzer/P. Weibel, Cyberspace. Zum medialen Gesamtkunstwerk, München 1993. – H. Schanze, Gedruckte Renaissance. Mediengeschichtliche Überlegungen zur Transformation der Rhetorik von 1500–1700, in: Renaissance-Rhetorik/Renaissance Rhetoric, hg. von H. F. Plett, Berlin 1993, S. 213–222. – J. Baudry, Das Dispositiv: Metapsychologische Betrachtungen des Realtätseindrucks, in: Psyche 48 (1994), H. 11, S. 1004–1045. – Geschichte des Fernsehens in der Bundesrepublik Deutschland, 4 Bde., hg. von H. Kreuzer/C. W. Thomsen, München 1994. – Hybridkultur. Bildschirmmedien und Evolutionsformen der Künste, hg. von C. W. Thomsen, Arbeitshefte Bildschirmmedien 46, Siegen 1994. – Intermedialität. Vom Text zum Bild, hg. von T. Eicher/U. Bleckmann, Bielefeld 1994. – D. Kamper, Bildstörungen. Im Orbit des Imaginären, Stuttgart 1994. – J. Paech, Film, Fernsehen, Video und die Künste. Strategien der Intermedialität, Stuttgart/Weimar 1994. – Romantik-Handbuch, hg. von H. Schanze, Stuttgart 1994. – D. de Kerckhove, Schriftgeburten. Vom Alphabet zum Computer, München 1995. – Literatur intermedial. Musik –

Malerei – Photographie – Film, hg. von P. ZIMA, Darmstadt 1995. – H. SCHANZE, Die Wiederkehr des Buchs. Zur Metaphorik der Digitalmedien, in: OBST 50 (1995), S. 53–60. – H. WENZEL, Hören und Sehen, Schrift und Bild. Kultur und Gedächtnis im Mittelalter, München 1995. – W. FAULSTICH, Medien und Öffentlichkeiten im Mittelalter 800–1400. Die Geschichte der Medien, Bd. 2, Göttingen 1996. – J. F. MÜLLER, Intermedialität. Formen moderner kultureller Kommunikation, München 1996. – ORALITY, Literacy, and Modern Media, hg. von D. SCHEUNEMANN, Columbia 1996. – K. PRÜMM, In der Hölle – im Paradies der Bilder. Medienstreit und Mediengebrauch, in: Stationen der Mediengeschichte. Zs. f. Literaturwissenschaft und Linguistik (LiLi) 103 (1996), hg. von H. KREUZER, Stuttgart 1996, S. 52–69. – H. SCHANZE, Literaturgeschichte des Digitalmediums, in: Kreuzer 1996, S. 116–131. – Jeffrey Shaw – eine Gebrauchsanweisung. Vom Expanded Cinema zur Virtuellen Realität, hg. vom ZKM Karlsruhe, Karlsruhe 1997. – Text und Ton im Film, hg. von P. GOETSCH/D. SCHEUNEMANN, Tübingen 1997. – Qualitative Perspektiven des Medienwandels, hg. von H. SCHANZE/P. LUDES, Opladen 1997. – H. WINKLER, Docuverse. Zur Medientheorie der Computer, München 1997. – Computer als Medium, hg. von N. BOLZ u. a., München 1998. – Europäische Kinokunst im Zeitalter des Fernsehens, hg. von V. ROLOFF u. a., München 1998. – Interaktive Medien und ihre Nutzer, 3 Bde., hg. von H. SCHANZE/M. KAMMER, Baden-Baden 1998–2001. – F. RÖTZER, Digitale Weltentwürfe. Streifzüge durch die Netzkultur, München 1998. – G. BRAUNGART/ L. HITZENBERGER, Multimedia – Informationssysteme zwischen Bild und Sprache, Wiesbaden 1999. – S. FÜSSEL, Gutenberg und seine Wirkung, Frankfurt a. M. 1999. – Geschäft mit Wort und Meinung. Medienunternehmer seit dem 18. Jahrhundert, hg. von G. SCHULZ, München 1999. – U. HICK, Geschichte der optischen Medien, München 1999. – H. H. HIEBEL/H. HIEBLER/K. KOGLER/H. WALITSCH, Große Medienchronik, München 1999. – H. SCHANZE, Faust-Konstellationen. Mythos und Medien, München 1999. – H. SCHANZE, Zeitwenden – Medienumbrüche, in: Zeitwenden – Rückblick, eine Ausstellung der Stiftung für Kunst und Kultur e.V. und des Landesmuseums Bonn. Katalog, hg. von F. G. ZEHNDER, Köln 1999. – Artefakte Artefiktionen. Transformationsprozesse zeitgenössischer Literaturen, Medien, Künste, Architekturen, hg. von A. KREWANI, Heidelberg 2000. – Live is Life. Mediale Inszenierungen des Authentischen, hg. von G. HALLENBERGER/H. SCHANZE, Baden-Baden 2000. – Schauspiele des Begehrens. Das Kino in unseren Köpfen, hg. von U. FELTEN u. a., Arbeitshefte Bildschirmmedien 77, Siegen 2000. – R.

SCHNELL, Medienästhetik, Stuttgart 2000. – K. KREIMEIER, Dispositiv
Kino. Zur Industrialisierung der Wahrnehmung im 19. und frühen
20. Jahrhundert. In: H. SEGEBERG (Hg.), Die Perfektionierung des
Scheins. Das Kino der Weimarer Republik im Kontext der Künste.
(Mediengeschichte des Films Band 3), München 2000. – Rohmer in-
termedial, hg. von U. FELTEN/V. ROLOFF, Tübingen 2001. – H.
SCHANZE, opsis und melodia. In: P. CSOBÁDI u. a. (Hg.), »... ersichtlich
gewordene Taten der Musik. Das Musiktheater in den audiovisuellen
Medien, Anit/Salzburg 2001. – H. NEWCOMB, Television as Library,
in: Bildschirm-Medien-Theorien, hg. von P. GENDOLLA/ P. LUDES/V.
ROLOFF, München 2001 (im Druck).

III

DIE EINZELNEN MEDIEN

Mediengeschichte der Literatur

So unbestreitbar das Phänomen Literatur auf mediale Träger, allen voran die Schrift, angewiesen ist, so sehr bleibt die Frage offen, ob bzw. inwiefern es sich bei Literatur selbst um ein Medium handelt. Zwar kann es keine a-mediale Form von Literatur geben, Literatur ist jedoch nie deckungsgleich mit den Medien, die sie für ihre Produktion, Distribution, Wahrnehmung und Kommunikation wählt.

Als Medien können dabei alle diejenigen Techniken gelten, die zum einen der Produktion, zum anderen der Rezeption literarischer Artefakte dienen. In den ersten Bereich fällt die Abfolge der konkreten Trägermedien literarischer Kommunikation von der Mündlichkeit (1.1) über die Handschrift zum Buchdruck (2.1) bis hin zu den Formen digitaler Speicherung und Verarbeitung. Zum zweiten Bereich gehören die jeweils zugeordneten Modi, in denen literarische Kommunikation sich vollzieht: die mündliche Performanz als Akt der wiederholenden Bewahrung, die (laute oder leise) Lektüre (1.2) als Aktualisierung von Sinn sowie das hypertextuelle Suchen (2.2). In der Perspektive einer Mediengeschichte der Literatur tritt an die Stelle des rollenorientierten, personalen Modells von Autor, Text und Leser die Beobachtung der jeweiligen Formbildung aus Träger- und Kommunikationsmedien.

Die erste Frage, die sich von hier aus stellt, lautet, inwieweit die materiellen Strukturen der Trägermedien literarische Formen bedingen oder gar determinieren. Eine konsequente *Hardware-Geschichte der Literatur* (F. A. KITTLER, 1999) würde alle ihre diskursiven, institutionellen und gesellschaftlichen Merkmale auf die technikgeschichtlichen Implikationen ihrer Trägermedien zurückführen und Medien als generierende Faktoren für Literatur begreifen. Demgegenüber lässt sich beobachten, wie Literatur ihre Relation zu Medientechniken diskursiviert und thematisiert. Die zweite Frage an eine Mediengeschichte der Literatur betrifft demnach die Art und Weise, in der Literatur eine Reflexion ihrer eigenen medialen Struktur (3.1) sowie der Verfasstheit konkurrierender Kommunikationsmedien (3.2) sein kann.

Die literaturhistorisch entscheidende Frage für beide Perspektiven richtet sich nach möglichen Berührungspunkten zwischen Literatur- und Mediengeschichte: Ist – etwa für das 18. Jahrhundert (A. KOSCHORKE, 1999) – eher von einer Koinzidenz auszugehen, oder sind die (geistesgeschichtlich, aber auch institutionshistorisch, systemtheoretisch oder diskursanalytisch relevanten) evolutionären Schwellen und Zäsuren des Literatursystems auf der Grundlage mediengeschichtlicher Modifikationen zu revidieren? In welcher Form z. B. für eine medienhistorische Beobachtung die Epochenschwelle um 1800 noch die herausragende Stellung einer ›Klassik‹ behalten kann, oder ob nicht vielmehr die Phase der Ausdifferenzierung des Textlayouts im 12. Jahrhundert oder die der Konkurrenz mit neuen Medientechniken seit dem 19. Jahrhundert zentral zu verhandeln wären, steht von hier aus zur Diskussion.

Aus medienhistorischer Perspektive sind die Zäsuren dort zu setzen, wo die Durchschlagkraft neuer Medien für die Literatur einen Wandel ihrer Produktion, Überlieferung und Rezeption zur Folge hat, zum ersten Mal also im Wechsel von einem oralen kulturellen Gedächtnis, das auf Speicherung durch Wiederholung beruht, zur Überlieferung der Schriftkultur. Dabei steht der These von der Ablösung der Mündlichkeit durch die Schrift sowie der Annahme, der Beginn von Literatur sei (nicht zuletzt aus etymologischen Gründen) erst mit der Etablierung der Schrift und dem »alphabetic mind« (E. HAVELOCK, 1982, S. 7) anzusetzen, die These von der Kontinuität der Literatur im Medienwandel bzw. der Koexistenz verschiedener Medienformen entgegen: »there is no clear cut between ›oral‹ and ›written‹ literature« (R. FINNEGAN, 1977, S. 7). In der Tat scheint es wenig fruchtbar, oraler Dichtung normativ den Literaturstatus zu verweigern, ebenso wenig sinnvoll ist es jedoch, die medienbedingten Wandlungen des Literaturkonzepts selbst durch anthropologische Kontinuitätsunterstellungen zu verschleiern. Anstatt die Alternative zwischen determiniertem Wandel und literarischer Kontinuität fortzuschreiben, tut eine Mediengeschichte der Literatur daher gut daran, kulturhistorische Medienumbrüche als Angebote zu verstehen, die literarische Texte aufgreifen können, aber nicht müssen. Wechselnde Materialitäten, Produktions- und Rezeptionstechniken bieten ein Potenzial zu Formbildungen des Komplexes Literatur (H. U. GUMBRECHT, 1998).

1. Formen der Schrift

1.1 Mündlichkeit/Schriftlichkeit

Mündlichkeit/Schriftlichkeit bildet die operativ wie reflexiv primäre Unterscheidung einer Mediengeschichte der Literatur. Die Verschriftlichung von Diskursen wurde zum ersten Mal im antiken Griechenland problematisiert, nachdem die zunächst mündliche Literatur (Epen, Oden, Lehrgedichte) zuvor bereits ohne immanenten Reflexionsprozess auf schriftliche Tradierung umgestellt hatte. PLATONs Schriftkritik im *Phaidros* betont den verderblichen Einfluss externer Speicher- und Übertragungsmedien auf das Gedächtnisvermögen des Menschen und beklagt den Verlust der unmittelbaren, die Präsenz beider Teilnehmer voraussetzenden, Angesichtigkeit mündlicher Kommunikation. Doch über diese technikpessimistischen Implikationen hinaus liefert PLATON mit der Privilegierung der Stimme gegenüber der Schrift und der auf dieser Hierarchisierung fußenden Metaphysik der Präsenz (J. DERRIDA, 1974) Kategorien, die paradoxerweise auch in aktuellen medienoptimistischen Positionen wiederkehren, sofern sie etwa den Live-Aspekt des Fernsehens oder die Echtzeit und Interaktivität des Internet hervorheben (2.2).

Im Gegensatz zu einer solchen geistes- und kulturgeschichtlichen Reflexion der Schrift und ihrer diskursiven Wirksamkeit, die Jacques Derrida zufolge das gesamte Denken des Abendlandes prägt, versteht sich die in den 30er Jahren des 20. Jahrhunderts entstandene oral poetry-Forschung (Milman PARRY, Albert LORD, Eric HAVELOCK u. a.) als historisch empirische Wissenschaft, die die Konsequenzen des Medienwechsels für Form, Inhalt, Umfang und narrative Struktur der Literatur zu bestimmen versucht. Als Ausgangspunkt gilt auch ihr der Übergang von der mündlich vorgetragenen zur schriftlich fixierten Dichtung im antiken Griechenland. Drei Funktionszusammenhänge der Schrift werden dabei analysiert: Schrift erlaubt die Zerdehnung der Kommunikationssituation (K. EHLICH, 1983), erfordert also nicht mehr die Kopräsenz von Sender und Empfänger. Sie erzeugt eine kontextunabhängige Reproduzierbarkeit von Texten, auf der bis heute geläufige Praktiken der Lektüre beruhen. Schließlich tilgt die annähernd selektionslose Speicherung (in der Bibliothek: vgl. N. WEGMANN, 2000) das kulturhistorische Charakteristikum oraler Gesellschaften, die strukturelle Amnesie (J. GOODY u. a., 1981, S. 65; A. ASSMANN u. a., 1983, S. 281).

Erst die Kombination dieser drei Funktionen der Schrift (Temporalisierung, Kontextunabhängigkeit und unbegrenzte Speicherkapazität) führt zur Konstitution von ›Texten‹ im modernen Sinn. Der Wechsel von der Mündlichkeit zur Schriftlichkeit wird daher in der Medienwirkungsforschung als Ursache sowohl von umfassenden sozio-kulturellen Veränderungen, als auch von literaturhistorischen Schwellen herangezogen, deren Wirkungen bis in die Moderne hineinreichen. So begünstigten die visuelle Ordnung der Schrift und ihre lineare Verräumlichung den Übergang von zyklisch organisierten Ursprungserzählungen (Mythos) zu kausal motivierten, linear voranschreitenden Berichten (Logos) (J. GOODY u. a., 1981, S. 86; E. HAVELOCK, 1992; W. ONG, 1982). Die schriftkulturell bedingten Kategorien wie Logik, Geschichtsbewusstsein und Selbstobjektivation wirken aus dieser Perspektive unmittelbar auf die literarische Formbildung bzw. ermöglichen allererst bestimmte literarische Gattungen, etwa den Roman, der – bei Miguel de CERVANTES, Laurence STERNE oder NOVALIS – immer auch selbst die Problematik des Lesens und Schreibens thematisiert (s.u., 3.1). Schließlich etabliere Schriftlichkeit Autor- und Leserfiguren, die als Individuen begriffen werden und die Texte isoliert produzieren wie rezipieren. An die Stelle bloßer Wiederholung von Traditionsgehalten tritt ein genialer Schöpfer (inventio statt imitatio; M. BEAUJOUR, 1993, S. 15), an die Stelle der bloß memorierenden Lektüre eine der Auslegungspluralität Rechnung tragende Hermeneutik (»Sinn‹ statt *memoria*«; J. FOHRMANN, 1994, S. 25).

Die Einführung von Schrift bringt eine grundsätzliche (und unumkehrbare) Umdeutung des Verständnisses von mündlich gesprochener Sprache und mündlich basierter Literatur mit sich. Schriftliche Literatur thematisiert die von ihr abgelösten mündlichen Dichtungsformen: »Schrift ist Sprachanalyse« (F. COULMAS, 1981, S. 24). Die Irreversibilität dieser Entwicklung hat dazu geführt, dass die Oralitätsforschung nur der Schrift einen Medienstatus zugesteht, während sie der mündlichen Dichtung und ihrer Tradition die Fähigkeit zur Reflexion auf ihre Medialität absprechen muss. Für die Erforschung oraler Literatur folgt aus dieser Irreversibilität, dass die existierenden schriftlichen Überlieferungen als literale Transformation eines oralen Korpus begriffen werden müssen, damit dann untersucht werden kann, inwiefern die Charakteristika und Strukturmerkmale der Oralität sich in der schriftlichen Form bewahrt haben. Für die Antike liefern die Epen HOMERs (8. Jh. v. Chr.) das Paradigma, an das die Frage gestellt werden kann, wie die Rekonstruktion oraler Strukturen aus schriftlicher Überlieferung möglich ist. PARRY und LORD analysierten so – und durch den Abgleich mit mittelalterlichen oder gegenwärtigen (Afrika) Kompositions- und Überlieferungsformen oraler Dichtung – die Strukturelemente von oral poetry: (1) wiederkehrende patterns für die Handlungs- und Personenbeschreibung sowie den gleichbleibenden Rhythmus der Epen, die beide der mnemonischen Organisation einer oralen Tradition dienen; (2) der pädagogische Impuls der Texte, der die Anwesenheit von Zuhörern unterstellt, wodurch die kollektive Aufführungssituation und die damit im Zusammenhang stehende gesellschaftliche Funktion der Epen dokumentiert wird. Die Aufführungsgebundenheit der »composition-in-performance« (R. FINNEGAN, 1977, S. 18; P. ZUMTHOR, 1985, S. 370) machen Situationsabhängigkeit, Transitorik, Wandelbarkeit und die Angewiesenheit auf Wiederholung zu Prinzipien der Formbildung oraler Dichtung. Im Gegensatz dazu untersucht ein Zweig der Mediävistik (Horst WENZEL, Peter M. SPANGENBERG) die Formen medialer Selbstreferenz in mittelalterlichen Epen und erweitert dabei den Medienbegriff von seiner schriftbezogenen Exklusivität nicht nur um die Stimme, sondern den gesamten Körper (Gestik) und alle anderen präsenzerzeugenden Elemente (Tischordnung, Insigniendarstellung u. a.).

Für eine differenzierte Betrachtung der Unterscheidung Mündlichkeit/Schriftlichkeit ist es wichtig festzuhalten, dass diese Formen mündlicher Medialität mit dem Aufkommen der Schrift nicht etwa vollständig verschwinden, sondern sich umwandeln und in anderen Formen – als »»secondary orality«« also (W. ONG, 1982, S. 3) – fortbestehen. Einerseits geht sekundäre Oralität in andere Literaturgenres, z. B. das Theater, ein oder prägt im 20. Jahrhundert die neuen Medien, z. B. als Hörspiel im Radio. Andererseits aber entwickelt auch die schriftlich verfasste Literatur Strategien, die es ihr erlauben, den Modus der Mündlichkeit zweiter Ordnung mit ihren medialen Mitteln zu inszenieren (K. H. GÖTTERT, 1998; P. LÖSER, 1999; s.u. 3.2). Aus dieser Perspektive bezeichnen neue Medien keinen Bruch mit den tra-

dierten Formen der Literatur, sondern erweitern ihren Möglich-
keitsraum.

1.2 Schrift/Text

Werden Schriftlichkeit und Mündlichkeit als unterschiedliche
kommunikative Medientechniken (N. LUHMANN, 1993) und
nicht als Abfolge kulturhistorischer Epochen behandelt, müssen
sie auf eine gemeinsame operative Einheit rückführbar sein. In
der Literaturwissenschaft hat sich hierfür der Textbegriff als geeignet erwiesen. Er muss allerdings so übergreifend angelegt sein,
dass er, wie vom Strukturalismus der 50er und 60er Jahre einge-
fordert, unterschiedliche semiotische und medientechnische Systeme einbezieht bzw. poststrukturalistisch sogar auf a-semio-
tische, d. h. die Grenzen der Signifikation überschreitende Elemente erweiterbar ist. Der Begriff des Textes (texte générale) – in
Anlehnung an J. DERRIDA (1974) auch derjenige der Schrift (écriture) – beschränkt sich dann nicht auf alphabetische Buchstaben-
folgen. Neben intermedialen Schrift/Bild-Konfigurationen oder
typographischen Gestaltungsformen in analog wie digital gene-
rierten Dokumenten erstreckt sich der Textbegriff auf mündliche
Interaktionen, alle visuellen (Film, bildende Kunst, Architektur
etc.) und akustischen (Musik) Medien, aber auch auf alltagskul-
turelle Phänomene (M. BASSLER, 1998, S. 472). Die Kategorie des
Textes bzw. der Schrift avanciert so zu einer Universalie (N. PE-
THES, 2001), die nicht nur Kombinationen aus unterschiedlichen
medial-semiotischen Mitteilungsformen zu denken ermöglicht,
sondern auch eine Einbeziehung aller wahrnehmbaren Zusammenhänge in das, historisch durchaus wandelbare, Text- und Les-
barkeits-Paradigma (H. BLUMENBERG, 1981). Darin jedenfalls ist
eine konzeptuelle Basis gegeben, auf der Literatur- und Medienwissenschaft zusammenrücken, ja ununterscheidbar werden
können.

Für eine medienhistorische Spezifikation lässt sich der Textbegriff als variierende Schnittstelle behandeln, die die konstituierenden, vor allem semiotischen Komponenten zueinander sowie
zum zugrundeliegenden Bündel medientechnischer Voraussetzungen in Beziehung setzt. In diesem Sinne erzeugt und organisiert der Text eine Oberfläche, auf welcher sich semiotische mit
medientechnischen Funktionen verbinden und zu räumlich

wahrnehmbaren Formen (Textgestalten, Textbildern) verfesti-
gen. Die textuelle Schnittstelle dient nicht nur einer Steuerung
des Lesens, sie verweist auch auf die pragmatischen Rahmenbedingungen (S. HESPER, 1994, S. 18), d. h. den Gebrauch eines
Textes. Denn der Art und Weise, in der schriftliche oder visuelle
Zeichen auf einer Papierrolle, einer Buchseite oder auf einem
Computerbildschirm angeordnet und miteinander verknüpft
werden, lassen sich Indizien für Archivierungs-, Aneignungs-
und Zugriffsmöglichkeiten entnehmen.

Neben der konzeptuellen Universalisierung und medial-semiotischen Öffnung des Textbegriffs versucht eine empirisch verpflichtete Forschungsrichtung, die Entstehung und Veränderung von Textformen historisch zurückzudatieren und im
Blick auf unterschiedliche Trägermedien – in Stein gehauene
Schrifttafeln, Schriftrollen oder Kodizes – zu spezifieren. Zwar
tritt erst im 2. Jahrhundert n. Chr. der Kodex, ein aus mehreren
gefalteten, ineinandergelegten und gehefteten Pergament- oder
Papierblättern bestehendes Buch, an die Stelle der in der Antike
verbreiteten Schriftrolle (E. SCHÖN, 1999, S. 8, wertet diesen
Übergang als eine dem Buchdruck mit beweglichen Lettern vergleichbare »Revolution«). Doch wurden bereits bei der Gestaltung der in Stein gehauenen Gesetzestexte der Antike (W. RAIBLE,
1991) Maßnahmen zur »Textvermessung« und »Kolometrie« (H.
CANCIK, 1979) ergriffen. Die Gesetze wurden nummeriert und
durch Abstände als einzelne kenntlich gemacht. In der hellenistischen Zeit entstanden auch Vorrichtungen wie Spaltenordnung
oder Betitelungssysteme zur Strukturierung der Schrift auf der
Schriftrolle, die schon damals eine nicht oralisierte, stille Lektüre
(R. CHARTIER/G. CAVALLO, 1999, S. 77) ermöglicht haben. Indes
bildet sich unser heutiges Schriftbild erst durch die Unterteilung
eines Textes in einzelne, in sich gegliederte Seiten heraus, wie sie
in der scholastischen Buchkultur des 12. bis 14. Jahrhunderts
erstmals vollzogen wird (I. ILLICH/B. SANDERS, 1988; I. ILLICH,
1991; W. RAIBLE, 1991). Hier differenziert sich die Buchseite typographisch aus und ordnet den bis dahin weitestgehend nur
durch Cola und Commata strukturierten Fließtext als ein hierar-
chisches Gefüge. Darin sind die Grundlagen für das biblionome,
von der Bibel/Buch-Einheit her gedachte Layout gegeben.

Durch Absatzbildungen, Nummerierung von Zeilen und Argumenten, durch farbliche Markierung von Zitaten sowie Hin-

zufügung von Inhaltsverzeichnissen, Begriffskonkordanzen und (Kapitel-)Überschriften wird der (sakrale) Haupttext von Glossen, Kommentaren und Marginalien unterschieden. Der Text gewinnt eine distinkte, einen Anfang und ein Ende umspannende Gestalt, die im Wesentlichen von der Differenz zwischen Haupt- und Paratext (G. GENETTE, 1992) getragen wird; eine Gestalt, die dem nur noch mit dem Auge wahrnehmenden Leser an jeder Stelle des Textes eine Orientierung darüber bietet, in welchem Teil des gegliederten Textganzen er sich jeweils befindet.

Hatte der ungegliederte Fließtext noch in den Skriptorien der monastischen Schriftkultur (8. bis 12. Jahrhundert) »psychomotorische Techniken« (I. ILLICH, 1991, S. 62) erforderlich gemacht, mit deren Hilfe die inhaltliche Bedeutung erst durch ein murmelndes Vokalisieren der einzelnen Wörter erschlossen werden konnte, so perfektioniert und standardisiert die typographische Differenzierung des Textes den Modus der stillen, individuellen Lektüre (P. SAENGER, 1982). Die Gliederung des Layouts ermöglicht einen selektiven und alinearen Zugriff auf ausgewählte Textstellen. Insofern alle modernen Lektüretechniken (M. BICKENBACH, 1999) die Handhabung, Vermittlung und Koordination zwischen Textganzem und Einzelstellen (inklusive paratextueller Elemente) organisieren, verweist die typographisch begünstigte Selektivität und Alinearität auf ein grundlegendes Problem der Hermeneutik: Sie macht ein Lesen möglich, das nicht mehr nur auf das bloße Verstehen des buchstäblichen Wortsinns (littera) gerichtet ist, sondern auf die Bedeutung (sensus) des Textes und dessen Sinngehalt (sententia) (R. CHARTIER/G. CAVALLO, 1999, S. 34).

Doch betrifft die typographische Ausdifferenzierung der Textgestalt nur geistliche, in lateinischer Sprache verfasste Literatur. Da volkssprachliche – d. h. nicht dem Studium (der Bibel), sondern der geselligen Unterhaltung dienende – Dichtung bis in die Neuzeit ausschließlich auf mündliche und musikalische Aufführung angelegt war, diente ihre Verschriftlichung lediglich der Thesaurierung und war auf Hilfsmaßnahmen zur Strukturierung des Lesens nicht angewiesen. Erst mit der allmählichen Alphabetisierung der weltlichen Aristokratie ab der Mitte des 14. Jahrhunderts wird auch volkssprachliche Literatur gelesen (R. CHARTIER, 1990, S. 160). Die Tradition des performativen, lauten Vortrags tritt jedoch nicht gänzlich zurück, sondern erhält sich in an-

deren Formen weiter. In gebildeten Zirkeln des 15. und 16. Jahrhunderts oder in den Salons des 18. Jahrhunderts werden Texte,
vor allem Lyrik und Drama, weiterhin laut vorgelesen. Entscheidend ist dabei, dass lautes Lesen nicht mehr medientechnisch bedingt und für das Verständnis zwingend ist. Es kann nur noch so-
zial- oder mentalitätshistorisch erklärt werden (E. SCHÖN, 1987).

   Prosa hingegen ist schon früh, der Roman wohl von Anfang
an, individuell und still gelesen worden (E. SCHÖN, 1999, S. 5).
Der Roman erkennt damit selbstreflexiv die Schrift als seine Voraussetzung an (W. ONG, 1982, S. 149, 159) und bestätigt so die eigene typographisch bedingte Konstitution, beispielsweise durch
Einführung von Elementen, die das lineare Erzählkontinuum
durch delinearisierende Hinzufügungen (z. B. durch Fußnoten
bei Jean Paul [Friedrich Richter] oder durch die Kontrastierung
verschiedener Layout-Typen in E. T. A. HOFFMANNs *Lebensan-
sichten des Katers Murr*) unterbrechen. Dass die Textgestalt auch
kommuniziert, und dies anders als semantische Einheiten, lässt
sich an vielen Beispielen zeigen (R. NINK, 1993; S. WEHDE,
2000). So wird etwa in Heinrich von KLEISTs *Marquise von O.* eine
Vergewaltigung durch ein typographisches Element, den Gedan-
kenstrich, wiedergegeben. Mit der Herausbildung des ästhetischen Autonomiestatus im 18. Jahrhundert muss Literatur prüfen, welche typographischen Techniken mit welcher Bedeutung
in fiktionalen Texte eingesetzt werden können. Die Auflösung
von typographischen Strukturen erweist sich dabei als nicht minder bedeutsam. Seit dem ausgehenden 19. Jahrhundert scheint
auch die Lyrik, bis dahin ausschließlich an der akustischen Dimension der Sprache orientiert, die typographische Mitteilung
entdeckt zu haben (Stéphane MALLARMÉ, Rainer Maria RILKE).
In der Avantgarde-Literatur des 20. Jahrhunderts schließlich gehört die Bezugnahme auf das Layout zum ästhetischen Standard
(Dada, konkrete Poesie, experimenteller Roman).

   Die Textgestaltung und ihre auf das 12. Jahrhundert zurück-
gehende Ausdifferenzierung wird nur vereinzelt als medientechnisch relevante Zäsur gewertet (S. HESPER, 1994, S. 21). Meist
geht die Mediengeschichtsschreibung von nur drei Schwellen
aus, dem Übergang zur Schriftlichkeit, der Erfindung des Buchdrucks und schließlich der Digitalität (D. KLOOCK/A. SPAHR,
1997, S. 237ff.). Unter dem Gesichtspunkt der Materialität von
Kommunikation aber rücken Typographie und Textgestaltung

seit den 1980er Jahren allmählich als literaturkonstitutive Komponenten in den Fokus der Aufmerksamkeit (s.u., 3.1).

2. Massenmedien der Schrift

2.1 Buchdruck

Auch nach der Institutionalisierung des Buchdrucks mit beweglichen Bleilettern in der zweiten Hälfte des 15. Jahrhunderts orientiert sich der Seitenaufbau eines Textes an handschriftlichen Vorgaben. Ebenso gehört die Standardisierung in große Folioformate, mittlere und kleine tragbare Bücher noch in die Endphase der Manuskriptkultur (R. CHARTIER/G. CAVALLO, 1991, S. 41). Die eigentliche Neuerung der Druckkultur liegt in der nun möglich gewordenen (massenhaften) Vervielfältigung von Texten, die aufgrund der vergleichsweise unkomplizierten Reproduktion auch eine großzügige Bebilderung zulässt. Zugleich erfordert der sprunghaft angestiegene Zuwachs von Büchern klar definierte Identifikationshinweise, die Archivierung und Katalogisierung ermöglichen. Dabei erweist sich die Gestaltung der Titel- und Umschlagseiten als bedeutsam (E. EISENSTEIN, 1979, S. 21; S. Rieger, 1997), fungieren diese doch als eine Art ›Verpackung‹, die sowohl für den Autor und seinen Text als auch für den Hersteller und seine Werkstatt werben sollen. Ein solcher Umschlag informiert über Titel und Autor sowie gegebenenfalls die Textsorte, er zeigt aber auch an, dass Bücher aus dem abgezirkelten Raum einer klerikalen schreib- und lesekundigen Elite zum Segment eines florierenden Marktes geworden sind.

Die Druckerpresse ermöglicht nicht nur eine hohe Auflage, vielmehr setzt das Gebot der Rentabilität diese voraus. Sie trägt zur Senkung der Herstellungskosten bei und bedingt eine bis dahin unbekannte Zirkulation und Verfügbarkeit von Texten. Das entscheidende Qualitätsmerkmal besteht daher in der Quantifizierung, womit das Buch als Massenmedium etabliert wird:

> Mit dem Begriff der Massenmedien sollen [...] alle Einrichtungen der Gesellschaft erfaßt werden, die sich zur Verbreitung von Kommunikation technischer Mittel der Vervielfältigung bedienen. Vor allem ist an Bücher, Zeitschriften, Zeitungen zu denken, die durch die Druckpresse hergestellt

werden [...]. Die Massenproduktion von Manuskripten nach
Diktat wie in mittelalterlichen Schreibwerkstätten soll nicht
genügen. (N. LUHMANN, 1996, S. 10f.)

In diesem basalen Sinn ist drucktechnisch reproduzierte Literatur
immer auch ein Massenmedium und nur als solches mit dem
›modernen‹ Literaturverständnis kompatibel (G. SMOLKA-
KOERDT u. a., 1988). Dass die tatsächliche Zugänglichkeit und
Nutzung von Büchern seit der Anfangszeit der Druckerpresse bis
ins 18. Jahrhundert hinein weiterhin nur einem geringen Anteil
der (noch nicht voll alphabetisierten) Gesellschaft vorbehalten ist
(W. FAULSTICH, 1994, S. 128ff.), widerlegt das medientechnisch
ausgerichtete Argument nicht, demzufolge sich Gedrucktes als
Massenware zu verbreiten beginnt. Denn prinzipiell gilt:

> Informationen, die bis dato strikt kontrolliert werden konn-
> ten, entzogen sich nunmehr jeder herkömmlichen Zensur.
> In unterschiedlichen Graden wurde der Zugang zu Informa-
> tion, die in gedruckten Büchern abgespeichert waren, öffent-
> lich. (M. GIESECKE, 1991, S. 210)

Im Hinblick auf Literatur im engeren Sinne muss festgehalten
werden, dass die Druckerpresse mit der Entstehung von literarischen Formen korreliert. Damit kann die Mediengeschichte der
Literatur zum Schlüssel einer Geschichte literarischer Gattungen
werden, wenn beispielsweise die »Ausbreitung des Romans« auf
die »Erfindung der Buchdruckerkunst« zurückgeführt wird (W.
BENJAMIN, 1963/1977, S. 442f.). Entscheidend ist darüber hinaus,
dass im 15. Jahrhundert die Verschriftlichung und Reproduktion
von Literatur nicht mehr aus mnemotechnischen Gründen erfolgt und nur als Gedächtnisstütze für den ›eigentlichen‹ literarischen Akt, die Vokalisierung nämlich, dient, sondern mit der
Operation des Lesens aufs engste verknüpft ist.

Doch werden im Zeitalter des Buchdrucks nicht nur Texte
zum Lesen bestimmt, auch die Bedeutung und Funktion des Lesens verändert sich gegenüber der traditionellen Lectio-Lehre, insofern es nun kein psychomotorisches Aneignungsverhalten
mehr meint. Lesen konstituiert sich vielmehr als eine kommunikative, verstehensorientierte Operation.

Nicht nur jeweils aktuelle Texte, auch verloren geglaubte und
wieder aufgefundene antike Manuskripte werden schon in der
Anfangszeit des Buchdrucks neu gesetzt, vervielfältigt und so in

den verfügbaren Bücherbestand aufgenommen. Handelt es sich
um anonyme oder nicht betitelte Dokumente, müssen sie durch
entsprechende, wenngleich nur erfundene, Angaben ergänzt
werden (M. GIESECKE, 1991, S. 323f.), anderenfalls wäre es nicht
möglich, sie in Katalogen und Registern zu erfassen. Neben der
allmählichen Transformation aller schriftlichen Texte in stets
identisch reproduzierbare Druckerzeugnisse ist die Ausbreitung
der neuen Technik auf alle Bereiche und Textformen ein weiteres zentrales Merkmal der Buchdruckepoche. Indem aber kleine
Textsorten wie Flugblätter, Kalender, Unterweisungen, Pam-
phlete, kurze Traktate u. a. m. mittels derselben Verfahren hergestellt und vervielfältigt werden wie die Bibel etwa, kann gegen die
Druckerpresse der Vorwurf erhoben werden, sie nivelliere – pro-
duktionstechnisch gesehen – alle Qualitätsunterschiede, die zwischen kanonisch-klassischen und Gebrauchstexten bestehen. In
diesem Sinne polemisiert beispielsweise Sebastian BRANT in seinem *Narrenschiff* (1494) gegen die »Wahllosigkeit« der neuen
Technologie. Aber schon im 16. Jahrhundert reagiert die Literatur nicht mehr mit Ablehnung, sondern mit neuen narrativen
Formen auf die expandierenden Veröffentlichungsmöglichkei-
ten, etwa durch die Erhebung des Alltäglichen zu ihrem Gegenstand:

> Der Buchdruck machte es [...] möglich, daß Geschichten
> von Heiligen und heiligen Königen durch Lebensläufe und
> Autobiographien von eher alltäglichen, die unterschiedlich-
> sten Berufe ausübenden Menschen ersetzt wurden. (E. EI-
> SENSTEIN, 1979, S. 119)

Galt in der Handschriftkultur alles als kanonisch, was überhaupt
in schriftlicher Form vorlag, war doch der Akt der Abschrift
gleichbedeutend mit Kanonisierung, so müssen mit dem Anstieg
der Zahl der Druckerzeugnisse die bewahrenswerten Texte aus
der Kontingenz des Verfügbaren erst selektiert und legitimiert
werden. Der Kanon und mit ihm die Unterscheidung zwischen
›guter‹ und ›schlechter‹, ›lesenswerter‹ und ›unnützer‹, ›erbauli-
cher‹ oder gar ›gefährlicher‹ Literatur muss erst konstituiert und
einer permanenten, obschon für Variabilität und Modifikation offenen Prüfung unterzogen werden. Variabel muss er schon deshalb gehalten werden, weil die Druckerpresse nicht nur Überliefertes bewahrt, sondern auch die Produktion neuer und innovati-

ver Texte motiviert. Problematisch ist somit nicht mehr der Zugriff auf Bücher, sondern vor allem die Kriterien für ihre Auswahl und Bewertung (R. von HEYDEBRAND, 1998).

»Der Buchdruck schafft bisher ungekannte Möglichkeiten des Textvergleichs und des Vergleichs von Äußerungen und Meinungen einer Vielzahl von Autoren und Zeiten.« (N. LUHMANN, 1990, S. 603) Damit bedingt er einen Rezeptionsmodus, der sich allmählich von der intensiven Wiederholungslektüre eines einzigen Textes zur extensiven Einmallektüre unterschiedlicher Texte (R. ENGELSING, 1970), manchmal nur einer kursorischen Lektüre einzelner Textstellen (G. STANITZEK, 1999, S. 254ff.) verschiebt und im 18. Jahrhundert sogar unter dem Rubrum ›Lesewut‹ auf eine pathologische Formel gebracht wird. Doch nicht nur literarische, auch wissenschaftliche Texte bilden nun einen Zusammenhang, in welchem der Anschluss an eine bewahrenswerte Tradition und die Abweichung durch Neuerung in ein besonderes Verhältnis zueinander treten müssen. »Das Hauptargument brauchte nicht mehr darauf gerichtet zu werden, die traditionellen Wissensbestände zu erhalten. Vielmehr ging es darum, immer wieder neue, ›anschlußfähige‹ Informationen zu verteilen.« (M. GIESECKE, 1991, S. 427) Dabei reflektieren die Texte durch Verweise und Zitate, mit denen sie sich in einem intertextuellen Netzwerk positionieren, diese Doppelbewegung der gleichzeitigen Bestätigung und Abweichung von traditionellen Vorgaben. Erst auf einer solchen durch den Buchdruck standardisierten »Zitierbasis« (F. A. KITTLER, 1993, S. 178) kann dann im 19. Jahrhundert eine Disziplin wie die Literaturwissenschaft aufbauen.

2.2 Hypertext

Den vorläufig letzten medienhistorischen Einschnitt stellt die Digitalisierung dar, die im Hinblick auf Literatur vor allem im Hypertext virulent wird. Medientechnisch bezeichnet der Hypertext eine Seitenbeschreibungssprache (HTML), die digitale Dokumente innerhalb des worldwide web übertragbar macht. Zugleich visualisiert er sich in Form eines komplexen, skripturale, piktorale und akustische Elemente überlagernden Interface auf der Oberfläche des Computerbildschirms. Seine Operativität wird als multisequentielle Verknüpfung von Hyperlinks beschrieben und in eine besondere Nähe zum mentalen Assoziationsvorgang gerückt. Insofern aber der Hypertext kognitive Prozesse unmittelbar abzubilden vermag, lässt er sich weniger mittels der kommunikativen Unterscheidung zwischen einer semiotischen Mitteilung und ihrer Information erfassen, als anhand der Kontaktstrukturen, die zwischen den ›verlinkten‹ Textstellen entstehen und auf einer Entkopplung von Kommunikation und Information beruhen (F. A. KITTLER, 1993, S. 173f.). Indem Hyperlinks eine Textstelle mit Textstellen anderer Dokumente verbinden, die wiederum an weitere Links anknüpfen können, unterbrechen sie nicht nur das lineare Nacheinander der alphabetischen Schriftordnung, sie entgrenzen und dezentrieren vielmehr jede Texteinheit durch eine gleichsam unbegrenzte intertextuelle Konnektivität.

Als ein solches unendlich verzweigbares Dokument lässt sich der Hypertext, zumindest seiner Disposition nach, weder einheitlich abgrenzen noch einem einzelnen auktorialen Verfasser zurechnen. Seit Ted NELSONs 1965 vorgenommener Prägung des Begriffs (T. NELSON, 1974) wird er mit einem Ethos der Kollektivität in Beziehung gebracht. Im Netz, einem von Realzeit bestimmten und vermeintlich herrschaftsfreien Raum, soll der Hypertext allen Usern gleichermaßen zugänglich sein und als Schauplatz gemeinschaftlicher Interaktion und Partizipation dienen. Damit scheint jene von der Schrift und dem Buchdruck hervorgerufene kulturelle Differenz zwischen Interaktion und Kommunikation (N. LUHMANN, 1984, S. 216ff.) überwunden zu sein bzw. in neuartiger Weise rekombiniert werden zu können. Man spricht von einer virtuellen Tele-Angesichtigkeit, -Unmittelbarkeit oder -Präsenz (G. P. LANDOW, 1997, S. 103f.; s.o. 1.1).

Eine in mehrfacher Hinsicht dynamische Funktionsstruktur kennzeichnet den Hypertext (H. IDENSEN/M. KROHN, 1991, S. 382). Sie tritt nicht zuletzt in seinem Schriftbild zum Vorschein, da dieses unterschiedliche textuelle Bausteine wechselnd miteinander zu verknüpfen erlaubt und damit auf der im 12. Jahrhundert vollzogenen Modularisierung des Schriftkontinuums in distinkte (para)textuelle Einheiten aufbaut (s.o., 2.1). Doch unterscheidet sich die Oberfläche des Hypertextes von dem biblionomen Layout dadurch, dass sie die einzelnen Textelemente auf mehrere Ebenen verteilt, die sich gleichzeitig und in veränderlichen Formen auf dem Bildschirm aktualisieren lassen. Ein sol-

cher Text erfordert eine Lektürepraktik, die sowohl dem Wechsel
der Hyperlinks zu folgen als auch der Simultaneität unterschiedlicher Textebenen bzw. -fenster zu begegnen imstande ist. Sur-
fing und browsing figurieren dabei als zentrale Metaphern, mit
denen dieser Lektüretypus (des Suchens) bestimmt werden kann:

> The hypertext does not possess a single hierarchical-linear
> structure. It does not confront the reader with a single perso-
> na; instead, it speaks in several, sometimes contradictory voi-
> ces. (J. D. BOLTER, 1991, S. 240)

Der Rede vom Hypertext liegt ein Medienverbund aus Computer, Interface und Netzwerk zugrunde (W. HALBACH, 1998, S.
274). So gilt die Konnektivität von Textstellen unterschiedlicher
Dokumente als Ergebnis rechnergestützer Prozesse, während die
Multiplikation in mehrere, einander überlagernde Textebenen
auf Möglichkeiten digitaler Bildschirmdarstellung zurückgeht.
Die Interaktivität schließlich setzt die Echtzeit des Netzes voraus
(M. FASSLER, 1996, S. 235ff.). Allerdings liegt mit der sogenannten
guided tour ein über Hyperlinks verknüpfter Texttyp vor, dessen
Datenmenge und -organisation mehr oder weniger festgeschrieben, zumeist nur auf einen Autor rückführbar und daher für interaktive Eingriffe ungeeignet ist. Da sich ein solcher Text kaum
von einem gedruckten unterscheidet, macht er einerseits deutlich, dass sich die Abgrenzung der Print- von digitalen Texten
längst nicht so radikal darstellt, wie vielfach postuliert. Andererseits verweist er auf die Inkongruenz zwischen dem empirischen
Befund und der konzeptuellen Idealtypik (K. BÖHLE, 1997, S.
134). Seine aktuelle Brisanz bezieht der Hypertext nämlich weniger aus den empirisch nachweisbaren Umsetzungen als aus der
diskursiven Emphase, die oft nach dem Schema der Medienwirkungsforschung seine soziale und kulturhistorische Relevanz
hervorhebt.

Angesichts der (noch) nicht voll entfalteten Dispositionen
können die einschneidenden Auswirkungen des Hypertextes allerdings erst für die nächste Zukunft prognostiziert werden:

> We still read according to print technology, and we still direct
> almost all of what we write toward print modes of publica-
> tion, but we can already glimpse the first appearances of hy-
> pertextuality and begin to ascertain some aspects of its possi-
> ble futures. (G. P. LANDOW, 1997, S. 57)

Die Rede vom Hypertext vereint funktional unterschiedene Gesichtspunkte, insofern sie im Computer nicht nur die Entstehung einer neuen Produktions- und Reproduktionsform beobachtet, sondern auch aufeinander verweisende Modifikationen in der Rezeption, Gestaltung und Speicherung von Texten diagnostiziert und damit Funktionen eingeführt, die sich innerhalb der Buchkultur auf mehrere historisch auseinander liegende Schwellen verteilen.

Auch in der Perspektive einer Mediengeschichte der Literatur kommt dem Hypertext vor allem eine diskursive Bedeutsamkeit zu. Hingegen hat er innerhalb der tatsächlichen Produktion und Rezeption von literarischen Texten, der Hyperfiction oder New Media Poetry (E. KAC, 1996), bislang noch einen vergleichsweise marginalen Stellenwert. Seine quantitative Unterlegenheit gegenüber den Printmedien ist dabei nur ein Indiz, das auf strukturelle Probleme hindeutet. Ein zentrales Manko der hypertextuellen Literaturprojekte, von Abenteuerspielen wie *Kafka im Weltraum* zu narrativen und poetischen Experimenten wie *Lichtzeile* oder *literaturcafé* liegt darin, dass es ihnen nicht gelingt, ästhetische Innovationen mit einer ähnlichen Wirksamkeit durchzusetzen, wie sie den medientechnischen Innovationen des Hypertextes attestiert wird. Die als Hypertext etikettierten Projekte orientieren sich weitestgehend an den formal-ästhetischen Vorgaben, die auch für gedruckte Texte bindend sind, so dass sie vom Netz ins Buch konvertiert werden können (R. GOETZ, 1999). Umgekehrt aber lässt sich beobachten, wie gedruckte Literatur auf die Herausforderungen des Internet reagiert, wenn sie dieses thematisch aufgreift und sogar zur Grundlage eines Science-Fiction-Genres, der sogenannten *Cyberpunk*-Literatur, macht (W. GIBSON, 1987). Ihr Gegenstand ist ein autonom wie undurchsichtig gewordenes digitales Netz, das sich allmählich auf alle Lebens- und Gesellschaftsbereiche ausbreitet und die Unterscheidung zwischen der virtuellen und realen Welt ebenso auslöscht (M. DERY, 1997, S. 25ff.) wie die zwischen Kommunikation und Bewusstsein (N. WERBER, 1999, S. 414). Viele dieser im Printmedium publizierten fiktionalen Texte sind zwar zuerst im Netz erschienen, doch nur selten wurden sie als interaktive Dokumente konzipiert und verfasst.

Die Hypertextforschung wurzelt in einer theoretischen Schieflage, da sie sich auf Kategorien stützt, die bereits für moder-

ne (Avantgarde-)Literatur (James Joyce, Marcel Proust, Jorge
Luis Borges, Julio Cortázar, Andreas Okopenko etc.) beansprucht wurden, während sie gegenwärtig die Konstitution einer
neuen Schreib- und Lektüreform proklamieren sollen. Literatur
im Netz wird vor allem im Blick auf die Auflösung der Werkein-
heit und der auktorialen Autorfunktion sowie die daraus erwach-
senen Konsequenzen für den Leserstatus (U. Wirth, 1997, S.
320) problematisiert, mithin in einen literaturwissenschaftlich
gut etablierten Problemhorizont integriert. Dabei gelten die elektronisch erzeugten Texte als empirische Grundlegung dessen,
was gedruckte Avantgarde-Literatur nur qua Verweis zu reflektieren vermochte (D. Scheunemann, 1997, S. 202) und poststrukturalistische Literaturtheorie mit Konzepten wie Intertextualität,
Derridas écriture oder Gilles Deleuze'/Félix Guattaris Rhizom vorweggedacht hat.

3. Medienbeobachtung

3.1 Selbstreflexivität

Der entscheidende Perspektivwechsel, den die Untersuchung der
Mediengeschichte der Literatur in der Abfolge und Differenzierung ihrer Trägermedien mit sich gebracht hat, besteht darin, dass
anstelle der Bedeutung eines literarischen Artefakts die medialen
Bedingungen, die dieser Bedeutungsbildung zugrunde liegen, fo-
kussiert werden. Ein solches Forschungsinteresse gilt der Selbstbeobachtung der Medien, die von der Fremdbeobachtung anderer, konkurrierender Medien zu unterscheiden ist (s.u., 3.2). In
diesem Zusammenhang wird die Frage, ab wann – im historischen Sinne – Literatur sich selbstreflexiv zu ihrer medialen Bedingtheit ins Verhältnis setzt, unterschiedlich beantwortet. Lassen
sich auch schon in einem mittelalterlichen, auf mündlich-musi-
kalische Aufführung angelegten Epos Indizien für eine bewusste
Bezugnahme auf die medialen Rahmenbedingungen nachweisen, oder ist diese Form der Selbstreferenz ein Privileg der modernen Literatur (P. Gendolla, 1999)? Ein Segment der aktuellen
mediävistischen Literaturforschung zeigt, wie dem menschlichen
Körper im Beziehungsgeflecht der höfischen Ständeordnung ein
medialer Status zukommt, wenn er als Projektionsfläche besonderer sensomotorischer Einwirkungen literarisch beobachtet

wird. Aber auch die Memorialfunktion der Schrift wird in der höfischen Literatur thematisiert:

> Mit dem ›Tristan‹ Gottfrieds von Straßburg, der sich durch
> ein hohes Sprachbewußtsein auszeichnet, wird die Literatur
> als Medium der Memoria und Repräsentation selbstreferen-
> tiell und erreicht damit eine Stufe artistischer Komplexität,
> die für die Poetik mittelalterlicher Texte grundlegend er-
> scheint. (H. WENZEL, 1995, S. 388f.)

Das für die Selbstbeobachtung der eigenen Medialität zentrale Schlagwort von der »Materialität der Kommunikation« (H. U. GUMBRECHT/K. L. PFEIFFER, 1988) meint die ›Körperlichkeit‹ der Literatur im doppelten Sinne: hinsichtlich der physischen Rahmung ihrer Performanz (Rhythmus, Tanz) und hinsichtlich der physikalischen Form ihrer Zeichen. Während die erste Bedeutung vornehmlich für orale Literaturen gilt (s.o., 1.1), tritt die zweite seit der Etablierung des Buchdrucks – die Gliederung des Layouts voraussetzend – in den Vordergrund (2.1): durch die Reflexion auf die typographische Gestaltung von Buchseiten seit der frühen Neuzeit, barocke Figurengedichte, das allegorische Zeichenkonzept dieser Epoche (W. BENJAMIN, 1928/1974), die Thematisierung der lautlichen und graphischen Struktur von Sprach- und Schriftzeichen von Jakob BÖHME über Johann Georg HAMANN und die Frühromantik bis zu Georg Wilhelm Friedrich HEGEL und die Sprachkrise der literarischen Moderne (Friedrich NIETZSCHE, Hugo von HOFMANNSTHAL, Fritz MAUTHNER). Gemeinsam ist diesen disparaten Positionen, dass sie an die Stelle des typologischen oder hermeneutischen Durchdringens der zeichenmateriellen Oberfläche diese selbst als das Medium der sinnhaften Formbildung, als bedeutsame oder aber widerständige Gestalt, beobachten: »Dem Drang zur verflüssigenden Spiritualisierung tritt die Materialisierung des Textes als Veto entgegen.« (A. ASSMANN, 1988, S. 241) Diese eher rezeptionsästhetisch ausgerichtete Beobachtungsvariante lässt sich von einer produktionsästhetischen Reflexion auf die Medienbedingtheit der Literatur unterscheiden:

> [E]in Mann, der sich niedersetzt, eine Geschichte zu schrei-
> ben, und wäre es nur die Geschichte von Jack Hickthrift oder
> Tom Thumb, [weiß] ebensowenig [...] wie sein Absatz am

> Schuh, was für Schwierigkeiten und verwünschte Hindernisse ihm in den Weg kommen können [...]. Denn wenn er auch nur den mindesten Geist besitzt, wird er auf seiner Straße 50 Abweichungen, bald hierhin, bald dorthin, von der geraden Linie zu machen haben. [...] Überdies hat er noch Nachrichten zu vergleichen/Anekdoten zu sammeln/Inschriften zu entziffern/Geschichten einzuweben/Überlieferte Berichte zu sichten/[...]. Summa summarum, bei jedem Abschnitt gibt es Archive, die er durchsuchen muß, Protokolle, Berichte, Dokumente und endlose Stammtafeln, [...] bei deren Lektüre er sich aufhalten muß. (L. STERNE, 1759–66/1963, S. 41f.)

So scheint medienreflexive Literatur mit einer Tradition zu brechen, für die der ›tote‹ Buchstabe nur ein Hilfsmittel zur Proliferation des lebendigen Geistes ist. Die Lösung von dieser grundlegenden und eigentlichen Fiktion der Literatur – dem Durchschlagen von »Manipulationen an einem Code auf die Seele von Lesern und Hörern« (F. A. KITTLER, 1990, S. 198) – macht die medienhistorisch zentrale Opposition der Literatur sichtbar. Texte können ihre medialen Materialitäten in der Hoffnung auf einen unmittelbaren sprachlichen Ausdruck ausblenden oder umgekehrt die Medialität ihrer Aussagen explizit thematisieren. Schon Gotthold Ephraim LESSINGs Schrift *Laokoon* (1764) rückt die Frage nach der medialen Darstellung, dem jeweils gattungsspezifischen Zeichenmaterial der Künste, an die Stelle der imaginativen Vorstellung (I. MÜLDER-BACH, 1998, S. 103ff.) und differenziert sie auf dieser Grundlage gegeneinander aus:

> Wenn es wahr ist, daß die Malerei zu ihren Nachahmungen ganz andere Mittel, oder Zeichen gebrauchet, als die Poesie; jene nämlich Figuren und Farben in dem Raume, diese aber artikulierte Töne in der Zeit; wenn unstreitig die Zeichen ein bequemes Verhältnis zu dem Bezeichneten haben müssen: so können nebeneinander geordnete Zeichen auch nur Gegenstände, die nebeneinander, oder deren Teile nebeneinander existieren, aufeinanderfolgende Zeichen aber auch nur Gegenstände ausdrücken, die aufeinander, oder deren Teile aufeinander folgen. (G. E. LESSING, 1766/1990, S. 117)

Im 19. Jahrhundert wird diese auf der Kongruenz zwischen Signifikant und Signifikat beruhende semiotische Medientheorie in der Literatur von einer Semiologie verdrängt, d. h. von der Einsicht, dass ein Zeichen sich immer supplementär an die Stelle desjenigen setzt, worauf es verweist. (M. WETZEL, 1991).

Friedrich A. KITTLER hat die Komplexität der Unterscheidung zwischen Medialität und Unmittelbarkeit der Literatur in eine historische Abfolge gebracht, indem er die jeweiligen Glieder dieser Unterscheidung zwei ›Aufschreibesystemen‹ zuordnet. Das eine, genannt ›1800‹, versucht die Materialität der Zeichen zu verdrängen, indem es die Schrift in einer Alphabetisierungskampagne als mütterlichen Laut naturalisiert und Dichtung als Verlautbarung reiner Signifikate der Seele konzipiert. Schreiben wird hier als notwendige Übersetzung einer an sich stummen Stimme interpretiert (F. A. KITTLER, 1985/1995, S. 84).

Gleicht man KITTLERs Thesen mit den literarischen Diskursen der Zeit ab, so wird deutlich, dass die Umsetzung des Programms einer unmittelbaren Mündlichkeit sich in der Literatur nicht nur als weitaus problematischer darstellt, sondern dass die fraglichen Texte überdies ein weit höheres Reflexionsniveau aufweisen, als es KITTLERs Annahme einer naiven Medienvergessenheit glauben machen will. KITTLER blendet aus, wie sehr das Wissen um die Arbitrarität und Materialität sprachlicher Zeichen bereits das Aufschreibesystem ›1800‹ prägt. NOVALIS' *Monolog*, Friedrich SCHLEGELs Essay *über die Unverständlichkeit*, Johann Wolfgang GOETHEs *Faust II* (H. SCHANZE, 1999) und allen voran HEGELs Theorie des Zeichens als einer Pyramide ohne jegliche Ähnlichkeitsbeziehung zum Bezeichneten (G. W. F. HEGEL, *Enzyklopädie* III, § 458) markieren das Wissen um die Materialität und Medienbedingtheit von Kommunikation, das den Wunsch nach einer ›Realaufzeichnung‹ bereits um 1800 begleitet. In der neueren Forschung wird daher gerade diese Gleichzeitigkeit von Medialitätsanerkennung und Unmittelbarkeitswunsch für das Aufschreibesystem ›1800‹ festgestellt. Die Umstellung von der höfischen Körperinteraktion auf empfindsame Schriftkommunikation im 18. Jahrhundert generiert das Paradox einer »*mediale[n]* Unmittelbarkeit der Poesie« (A. KOSCHORKE, 1999, S. 292), das sich im Phantasma des Austauschs der Seelen von Autor und Leser(in) z. B. in den Briefromanen der Zeit niederschlägt. Dabei gestattet gerade die Reflexion auf Medienmaterialität die Rhetorik ihrer Überwindung. Das Programm einer materielosen Metaphysik der Stimme ist also selbst ein Produkt, nicht etwa die Ab-

kehr von der Schriftkultur (A. KOSCHORKE, 1999, S. 342). Im
Zuge der Dekonstruktion von Präsenz durch Einsicht in Materia-
lität der Kommunikation muss es daher auch um die Analyse der
Produktion dieser Präsenzeffekte durch Medien gehen (H. U.
GUMBRECHT, 1998). Für das 18. Jahrhundert ist eine »*Mediologie*«
(A. KOSCHORKE, 1999, S. 345) zu untersuchen, die den Wechsel-
wirkungen zwischen Verschriftungstechniken, semantischer Af-
fektmodellierung und Sozialcodes nachgeht.

 Die Utopie einer literarischen Seelenkommunikation in der
Empfindsamkeit und später in der Romantik kann unter diesen
Bedingungen kaum aufrechterhalten werden. Damit relativiert
sich die strikte Trennung, die KITTLER zwischen den Aufschreibesystemen ›1800‹ und ›1900‹ gegeben sieht. Für KITTLER gilt:
Erst »NIETZSCHE entdeckt die materiale Basis des literarischen
Wirkens« (F. A. KITTLER, 1985/1995, S. 227). In einer Art gesamt-
kulturellen linguistic turn trete nun die Insistenz der Signifikan-
ten ins Bewusstsein. Anstatt die Zeichenmaterialitäten weiter zu
überspielen, wird die unumgängliche Referenz aller Aussagen auf
ihre eigene Semiozität reflektiert. Parallel zur Einführung der
Schreibmaschine werden in der Literatur Figuren der Typisie-
rung, Fragmentierung und autorlosen Speicherung beobachtbar.
KITTLER stützt sich auf ein Diktum NIETZSCHEs, das dieser auf
der Schreibmaschine verfasst hat: »Unser Schreibzeug arbeitet
mit an unseren Gedanken« (F. A. KITTLER, 1985/1995, S. 247).
Beispiele für diese medientechnische Wende aus der Literaturgeschichte reichen von MALLARMÉ über die Dada-Bewegung und
ihre Nonsensprodukte (Christian MORGENSTERN, *Das große La-
lula*) bis zur konkreten Poesie der 1960er Jahre. Dichtung thematisiert anstelle sinnhafter Gehalte die eigene Materialität der Laute, Zeichen und Buchseiten und gerät in dieser Selbstreflexion in
die Nähe zum Delirium und psychoanalytischen Protokoll (F. A.
KITTLER, 1985/1995, S. 369–385). Genau dessen Prinzip der
Selbstaufzeichnung entlehnt die Literatur den technischen Medien: »Zur symbolischen Fixierung von Symbolischem tritt die
technische Aufzeichnung von Realem in Konkurrenz.« (F. A.
KITTLER, 1985/1995, S. 289) Damit scheint das Aufschreibesystem ›1900‹ den Wettbewerb um die medienliteraturgeschichtlich
angestrebte Realaufzeichnung gewonnen zu haben. Tatsächlich
zeigt sich hier jedoch, wie beschränkt KITTLERs Ansatz die eigene
Unterscheidung zwischen Sinn und Materialität anwenden kann,

wenn er sich programmatisch auf Seiten der Hardware, also im Aufschreibesystem ›1900‹, verortet. Des Weiteren ist gegen KITT-LERs frühes Modell einzuwenden, dass Mediengeschichte nicht als Ablösung, sondern als Anhäufungsprozess konkurrierender Medien zu konzipieren ist (H. WINKLER, 1997, S. 49, 187; F. A. KITTLER, 1993). Die jeweiligen Materialitäten eines Mediums sind daher historisch kontingente Ereignisse, an die literarisch angeknüpft werden kann, ohne dass determiniert wäre, wie daran angeknüpft wird. Die Reflexion von Medienmaterialitäten kann gleichberechtigt neben der Unmittelbarkeitsrhetorik der Literatur bestehen.

Gegenüber diesem medienhistorischen Ansatz versucht ein an der Dekonstruktion und Grammatologie Derridas orientiertes medientheoretisches Modell, die jeweiligen Dichotomien in ihrer systematischen Logik zu beschreiben. Einerseits ermöglicht die grammatologische Grundlegung des Schriftbegriffs (écriture) eine Umkehrung der Mündlichkeit/Schriftlichkeit-Unterscheidung und des ihr zugeordneten Präsenz/Absenz-Verhältnisses (s.o., 1.1). DERRIDA zufolge stellt die sinnzentrierte, ideengeschichtliche und anthropologisch fundierte abendländische Buchkultur den Versuch dar, das differentielle ›Spiel‹ der ursprungslosen Schriftspuren durch die Etablierung eines Phantasmas der Präsenz mündlicher Kommunikation stillzustellen (J. DERRIDA, 1974, S. 35). Die Freisetzung der Schrift vom Buch ermöglicht hingegen eine Öffnung des Textes (J. DERRIDA, 1972, S. 443) auf die Schrift und ihr supplementäres ›Spiel‹ (s.o., 2.2). Mit *Postkarte* (1982, 1987) legt DERRIDA überdies eine dekonstruktive Techniktheorie vor, die am Exempel der postalischen Kommunikation aufzeigt, wie unauflösbar Schrift und Technik miteinander verwoben sind (B. SIEGERT, 1993; vgl. M. WETZEL, 1991, S. 20).

Solche Thesen einer Konkurrenz zwischen linearem Buch und alinearer écriture gewinnen in der Medienwirkungsforschung Konturen. Hat die dem Alphabet eigene lineare Denkform das Sprachspiel der Poesie ermöglicht (V. FLUSSER, 1992, S. 69), so kehren mit den neuen Medien des 19. Jahrhunderts de-linearisierende Effekte der Spur wieder. Die Konsequenz der »postsignifikanten Semiotik realer Spuren« (M. WETZEL, 1991, S. 74) in den Aufzeichnungstechniken Photographie, Grammophon und Film besteht für die Literatur darin, dass diese selbst nicht mehr als Medium der Realaufzeichnung von Welt begriffen

werden kann, sondern nur noch als Reflexion über Medienauf-
zeichnungen möglich ist (s.u., 3.2). Die zunehmende Dominanz
bildlicher Medien ermöglicht neue Erzählformen, die den Glauben an das Potenzial literarischer Unmittelbarkeit zerstören:

> Was sich hier schreibt, ist eine andere Weise zu erzählen. Sie
> bedient sich keiner Sprache im strengen Sinne, sondern ›zi-
> tiert‹ mit Hilfe der stummen graphischen Mittel des Aus-
> schnitts, des Rahmens, von Tiefe, Schärfe, Kontrast, und
> stellt damit das Psychische selbst in seiner temporalen Dis-
> kontinuität von Belichtung und Entwicklung vor Augen. (M.
> WETZEL, 1991, S. 193)

Umgekehrt beweist allerdings die Literaturgeschichte, dass der
Glaube sowohl an die ausschließliche Dominanz eines Medien-
paradigmas als auch an die zwingende Kausalwirkung der Materialität auf die resultierenden ästhetischen Diskurse unbedingt zu
relativieren ist. Neben der Evolution neuer – teilweise mediensi-
mulierender, teilweise mediendeterminierter – Textformen, etwa
bei JOYCE, CORTÁZAR oder Georges PEREC, steht die erdrückende
Persistenz des linearen Narrativs bis hinein in die Hypertextlite-
ratur oder in Plots von Computerspielen (s.o., 2.2 bzw. K. WENZ,
1999). Die Frage nach einem eventuell gegenläufigen Potenzial
der Literatur bleibt daher gültig: »Unterläuft oder überspielt ›literarisches‹ Schreiben Grenzen und Zwänge historischer Aufschreibesysteme und technischer Kommunikationsmedien?« (K.
L. PFEIFFER, 1988, S. 731) Daneben bleibt zu fragen, ob das zentrale Medium der Literatur, die Schrift, überhaupt als Materialität
begriffen werden muss, oder ob sie – anstelle der metaphorischen
Generalisierung des Schriftkonzepts in der Dekonstruktion –
nicht schlicht als Form einer Unterscheidung zwischen Mündlichkeit und Schriftlichkeit beobachtet werden muss. Aus dieser
Perspektive wäre Schrift weniger aufgrund ihrer Materialität als
wegen ihres Unterscheidungspotenzials ein zentrales Anschluss-
medium (auch) für literarische Kommunikation (N. BINCZEK,
2000).

3.2 Medienkonkurrenz

Neben der selbstreferentiellen Beobachtung der eigenen medialen Bedingtheit kann sich Literatur auch zu ihrer medialen Umwelt ins Verhältnis setzen. Voraussetzung dieser fremdreferentiellen Beobachtung anderer Kommunikationsformen ist, dass überhaupt zwischen verschiedenen Medien unterschieden wird. Eine Bezugnahme auf konkurrierende Medien muss unterschiedliche medienspezifische Ästhetiken untereinander und in Relation zur Literatur profilieren. Doch wird über den Ausgriff auf die mediale Umwelt auch die eigene mediale Position präzisiert. In diesem Sinne avanciert beispielsweise in der Literatur der Romantik die Musik zu einer zentralen Vergleichskategorie:

> Das Phantasma der Klänge ist eine Auseinandersetzung der romantischen Texte mit (der sogenannten Stummheit) der *Schrift*: Das abwesend bleibende Erklingen schien gerade durch die Nichtzuständigkeit von Buchstabenschrift ein Versprechen zu geben, das die romantische Poesie an dieser Stelle fortschreibend sich gab: im *Anschluß* an das Raunen eines Sprechens ohne Mund, ans Rauschen einer (nicht zu filternden) Vielstimmigkeit. (B. MENKE, 1999, S. 75)

Im Gegensatz zu solchen Angleichungen sind explizite Abgrenzungen der Literatur zu beobachten. In diesem Fall nimmt die Reflexion alternativer Medien die Form einer generellen Kulturkritik hinsichtlich des Verfalls ästhetischer Werte an und dokumentiert gleichzeitig eine spezifische Paranoia der Literatur: »Zu glauben, das Informationszeitalter habe es ausgerechnet auf die Literatur abgesehen, zeugt doch von einigem Verfolgungswahn.« (B. DOTZLER, 1992, S. 115) Entweder versucht der literarische Mediendiskurs die Effekte analog aufzeichnender Techniken nachzuahmen; oder aber er behauptet seine Eigenständigkeit gegenüber aller medienvermittelten Kommunikation. Ihre grundsätzliche Beziehung zu den Medien kann die Literatur jedoch auch und gerade im heftigsten Abwehrgestus nicht leugnen.

Medienhistorisch ist die ›Angst‹ der Literatur vor den Medien auf den traditionellen Wettstreit der Künste um die ästhetische Vorherrschaft, den ›paragone‹ (Jean-Baptiste DUBOS, Edmund BURKE u. a.) zurückzuführen. Repräsentation von Welt heißt in der Schriftkultur stets: symbolische Repräsentation. Deren sinnliche Defizite können ausgeglichen werden, indem die Einbildungskraft zum integralen Vermögen der Simulation aller Sinneseindrücke erhoben wird (H. WENZEL, 1994; C. KARPENSTEIN-ESSBACH, 1999). Literarische Texte entwerfen als »Domäne schriftlich vermittelter Virtualitäten« (S. RIEGER, 1995, S. 410) bereits um 1800 eine »multimediale Show« von Sinneseindrücken (F. A. KITTLER, 1985/1995, S. 149). Allerdings entsteht diese medienintegrative Aufwertung der literarischen Einbildungskraft erst vor dem Hintergrund des synästhetischen Programms romantischer Kunstphilosophie, das seinerseits auf die sinnesdifferenzierende Anthropologie um 1800 (P. UTZ, 1990) sowie die dazu strukturhomologe Mediendifferenz reagiert. Die imaginative Mediensimulation der Literatur ist daher als krisenhafte Replik auf die zeitgenössische Wahrnehmung zu werten, das Sinneswesen Mensch sei seiner Einheit verlustig gegangen.

Zu fragen bleibt, wie die konkurrierenden Medien das Symbolsystem der Literatur verändern und wie dieses sich umgekehrt zu den umgebenden Medienstrukturen verhält. Die erste Frage betrifft das jeweils medienhistorisch bedingte »Aufschreibesystem« der Literatur (F. A. KITTLER, 1985/1995; s.o. 3.1). Ihre Beantwortung hängt jedoch unmittelbar von der zweiten Frage ab, bedenkt man, dass die Auswirkungen von Medientechniken auf die Form literarischer Texte stets auch darin begründet sind, wie Literatur sich zu diesen Medien verhält: durch Ablehnung, durch Kooperation oder durch Thematisierung.

Folgt die Abgrenzung der Literatur von konkurrierenden Medientechniken dem Schema der Kulturkritik, so arbeitet sie auf eine ›Demedialisierung‹ hin. Autoren von Stefan GEORGE bis Botho STRAUSS versuchen sich des ästhetischen Stellenwerts von Literatur zu versichern, indem sie postulieren, technische Medien seien von der Literatur fernzuhalten. Die Abgrenzung des literarischen Werts von dem jeweils aktuellen Leitmassenmedium im Kontext der Autonomisierung des Ästhetischen hat aber strukturelle Gründe. Medien gestatten immer auch eine Perfektionierung der genuin literarischen Bedingungen. So hat etwa GEORGE eine Druckschrift entwickelt, die das Lesen seiner Gedichte in besonderer Weise unterstützen soll. Neben der literarischen Abgrenzungs- und Bedrohungsrhetorik gegenüber den Medien steht also immer auch deren Nützlichkeit, gerade für die Literatur.

Ähnlich wurde das Kino zunächst als ästhetisches Medium nicht wahrgenommen, bis es in den 1930er Jahren von Siegfried KRACAUER und Walter BENJAMIN oder den russischen Strukturalisten gleichermaßen evaluiert worden ist und der Literatur als formale Orientierung dienen konnte. Emphatische Befürwortungen dieser Interaktion, etwa bei Bertolt BRECHT oder Alfred DÖBLIN (»Kinostil«), stehen dabei gleichberechtigt neben Positionen, die eine strikte Trennung der literarischen und der filmischen Repräsentationsformen fordern (T. MANN, H. HESSE). Wurde dabei Rundfunkmedien von Anfang an (v. a. durch BRECHTs *Radiotheorie*) zugetraut, literarische Funktion zu übernehmen (z. B. das Hörspiel: M. MAURACH, 1995) –, so zeigt sich heute, wie dem Fernsehen literarische Kategorien wie Textualität, Ästhetik und Lesbarkeit abgesprochen werden. Ereignisstruktur und Programmfluss des Fernsehens scheinen einem literarischen Traditionsgedächtnis defizitär gegenüberzustehen (B. ZIMMERMANN, 1996, S. 38f.). Nur wenige literarische Projekte versuchen, diese Attribute produktiv umzusetzen, etwa Rainald GOETZ' *Festung* (1989, 1992) oder Walter KEMPOWSKIs *Bloomsday '97* (1997; J. LINK, 1997/1999, S. 67f.). Dennoch ist gegen die »starre Konfrontation von Gutenberg-Galaxis und Medienwelt« (K. PRÜMM, 1992, S. 94) die Einsicht zu stellen, dass »Literatur im Fortbestand *mit* ihrer Gefährdung« zu existieren vermag (B. DOTZLER, 1992, S. 123).

Diese Koexistenz kann zum einen diskurshistorisch als Koevolution von Technik und Literatur (z. B. B. SIEGERT, 1993) hergeleitet werden. So setzt Bernhard J. DOTZLERs »Rechenmaschinengeschichte« der Literatur die »Formation [...] eines homogenen Wissensraums für Literatur und Maschine, Wörter und Zahlen, Dichtung und Mathematik« voraus (B. DOTZLER, 1996, S. 44). Dem stehen produktionsästhetische Analysen zu konkreten Formen der Kooperation zwischen Literatur und anderen Medien zur Seite. In Anschluss an LESSINGs medienästhetische Unterscheidung der Kunstformen stellt sich dabei die Frage nach der Vermittelbarkeit der Künste, die semiotisch als Transformation zwischen verschiedenen Zeichensystemen über ein gemeinsames tertium comparationis – etwa die Kategorie des Erzählens – zu beschreiben ist (I. SCHNEIDER, 1981). Vor diesem Hintergrund ist die Literaturverfilmung zum Paradigma der Debatte um das intermediale Potenzial der Literatur geworden. Diese Fokussierung hat Intermedialität jedoch auf ein Übersetzungsproblem zwischen den Medien reduziert. Der Film als Transformation von Literatur impliziert die Annahme der Vorgängigkeit eines Mediums, während neuere Intermedialitätstheorien fordern, »der audiovisuellen Transposition von buchliterarischen Texten die Verliterarisierung von audiovisuellen Produkten a priori gleichberechtigt an die Seite zu stellen« (F.-J. ALBERSMEIER, 1995, S. 238; vgl. J. PAECH, 1997, V. ROLOFF/U. LINK-HEER, 1994).

In diesem Sinne gilt es, die Wechselwirkung zwischen Medienformen zu beobachten. Literatur dient einerseits als Basis für filmische Adaptionen (als Vorlage, aber auch in Form eines Drehbuchs usw.), andererseits hat die Ästhetik des Films literarische Darstellungsweisen im 20. Jahrhundert maßgeblich beeinflusst (Montage, Dokumentation usw.). Dadurch kommt es im 20. Jahrhundert zur »Entstehung eines neuen intermedialen Romantyps« (F.-J. ALBERSMEIER, 1992, S. 149), der Musik, Malerei, Photographie und Film integriert, simuliert oder thematisiert (P. ZIMA, 1995). Die literaturwissenschaftlich etablierte Rede von einer ›filmischen Schreibweise‹ unterstellt dabei eine Kausalwirkung. Tatsächlich sind Medientechniken wie der Film aber nur Formen, an die literarische Programme reflektiert anschließen können, etwa bei Rolf Dieter BRINKMANN oder in der Hoffnung auf »neue nichtliterarische Sprachformen« bei Alexander KLUGE. In diesem Verständnis bieten neue Medien Lösungsangebote für die Krise der Repräsentation in der Literatur.

Derartige Reflexionen von Technologien werden im 20. Jahrhundert geradezu zu einem Leitmotiv der Literatur (H. SEGEBERG, 1987). Vor diesem Hintergrund können beispielsweise in Thomas MANNs *Zauberberg* medientechnische Aspekte rekonstruiert und als »Begrüßungsrede auf die neuen Medien im alten Printmedium« (J. HÖRISCH, 1989, S. 23) gewertet werden. Literatur kann dabei zum Medium der Kritik neuer Medien, allen voran des Fernsehens werden (bei Hans Magnus ENZENSBERGER, Peter HANDKE, Eckhard HENSCHEID; vgl. U. JAPP, 1996). Sie ist aber auch ein Beobachtungsmedium medialer Konkurrenz (J. HÖRISCH, 1999). Im Verbund aktueller Massenmedien ist weniger das Ende der Literatur zu befürchten als ihre Evolution zu sehen, die noch mit Hilfe des Bedrohungspotenzials vorangetrieben werden kann, wenn dieses als Medium der Formbildung neuer Texte genutzt wird. Dieses Potenzial zur Mediensimulation scheint eine Schreibtechnik zu sein, mittels deren sich die Literatur noch zu jeder kommenden Medienumwelt wird verhalten können. Die »Inszenierung fremder Medialitäten in der Schrift« (P. LÖSER, 1999, S. 18; vgl. K. L. PFEIFFER, 1999, S. 70) ist eine Schreibstrategie, die der Generierung der Effekte anderer Medien in der Literatur dient. Aus dieser Perspektive führt mediale Konkurrenz zu einer »Systemspannung« (H. WINKLER, 1997, S. 17) innerhalb der Literatur, die ihre Fortsetzung allererst garantiert, eine Fortsetzung allerdings, die das Literatursystem in der Herausforderung verändert und nicht selten auch in andere Medien einwandern lässt. Literatur muss sich nicht nur qua Simulation in ihrer medialen Umgebung behaupten, sie kann sich ihrer auch bedienen. Mit Computerlyrik, Hyperfiction oder slam poetry entwickeln sich Textsorten und Mitteilungsformen, die zeigen, wie sich das mediale Spektrum der Schrift erweitern lässt.

NATALIE BINCZEK/NICOLAS PETHES

Literatur

L. STERNE, Das Leben und die Meinungen des Tristram Shandy (1759–66), München 1963. – G. E. LESSING, Laokoon: oder über die Grenzen von Malerei und Poesie (1766), in: ders., Werke und Briefe, Bd. 5/2: Werke 1766–1769, hg. von W. BARNER, Frankfurt a. M. 1990, Teil I, S. 11–206. – G. W. F. HEGEL, Enzyklopädie der philosophischen Wissenschaften im Grundrisse (1817), in: Werke (in 20 Bden). Auf der Grundlage der Werke von 1832–1845, E. MOLDENHAUER und K. M. MICHEL (Hg.), Frankfurt a. M. 1970, Bd. 8–10. – W. BENJAMIN, Ursprung des deutschen Trauerspiels (1928), in: ders., Gesammelte Schriften, Bd. 1, Frankfurt a. M. 1974, S. 203–430. – W. BENJAMIN, Der Erzähler (1936), in: ders., Gesammelte Schriften, Bd. 2, Frankfurt a. M. 1977, S. 438–464. – A. LORD, Der Sänger erzählt: wie ein Epos entsteht, München 1965. – R. ENGELSING, Die Perioden der Lesergeschichte in der Neuzeit. Das statistische Ausmaß und die soziokulturelle Bedeutung der Lektüre, in: Archiv für Geschichte des Buchwesens 10 (1970), Sp. 945–963. – J. DERRIDA, Die Schrift und die Differenz, Frankfurt a. M. 1972. – J. DERRIDA, Grammatologie, Frankfurt a. M. 1974. – T. NELSON, Computer Lib./Dream Machines, Selbstverlag 1974. – R. FINNEGAN, Oral Poetry. Its Nature, Significance and Social Context, Cambridge 1977. – H. CANCIK, Der Text als Bild. Über optische Zeichen zur Konstitution von Satzgruppen in antiken Texten, in: Wort und Bild, hg. von H. BRUNNER u. a., München 1979, S. 81–100. – E. EISENSTEIN, The Printing Press as an Agent of Change. Communications and Cultural Transformations in Early Modern Europe, Cambridge 1979. – H. BLUMENBERG, Die Lesbarkeit der Welt, Frankfurt a. M. 1981. – F. COULMAS, Über Schrift, Frankfurt a. M. 1981. – J. GOODY u. a. (Hg.), Literalität in traditionellen Gesellschaften, Frankfurt a. M. 1981. – I. SCHNEIDER, Der verwandelte Text. Wege zu einer Theorie der Literaturverfilmung, Tübingen 1981. – J. DERRIDA, Die Postkarte. Von Sokrates bis an Freud und jenseits, 1. Lieferung, Berlin 1982, 2. Lieferung 1987. – E. HAVELOCK, The Literate Revolution in Greece and its Cultural Consequences, Princeton 1982. – W. ONG, Orality and Literacy. The Technologizing of the West, Padstow 1982. – P. SAENGER, Silent Reading: Its Impact on Late Medieval Script and Society, in: Viator. Medieval and Renaissance Studies 13 (1982), S. 367–414. – K. EHLICH, Text und sprachliches Handeln. Die Entstehung von Texten aus dem Bedürfnis nach Überlieferung, in: A. ASSMANN/J. ASSMANN/Ch. HARDMEIER (Hg.) Schrift und Gedächtnis. Beiträge zur Archäologie der literarischen Kommunikation I, München 1983, S. 24-43. – Schrift und Gedächtnis, Beiträge zur Archäologie der literarischen Kommunikation, hg. von A. ASSMANN u. a., München 1983. – N. LUHMANN, Soziale Systeme. Grundriß einer allgemeinen Theorie, Frankfurt a. M. 1984. – F. A. KITTLER, Aufschreibesysteme 1800–1900, München 1985, ³1995. – G. L. ULMER, Applied Grammatology, Post(e)-Pedagogy from Jacques Derrida to Joseph Beuys, Baltimore 1985. – P. ZUMTHOR, Die orale Dichtung. Raum, Zeit, Periodisierungsprobleme, in: Epochenschwelle und Epochenbewußtsein, hg. von H. U. GUMBRECHT/U. LINK-HEER, Frankfurt a. M. 1985, S. 359–375. – Entstehung und Folgen der Schriftkultur, hg. von J. GOODY/I. WATT, Frankfurt a. M. 1986. – W. GIBSON, Neuromancer, München 1987. – M. PARRY, The Making of Homeric Verse: The Collected Papers of Milman Parry, A. PARRY (Hg.), Oxford 1987. – E. SCHÖN, Der Verlust der Sinnlichkeit oder die Verwandlung des Lesers, Stuttgart 1987. – H. SEGEBERG, (Hg.), Technik in der Literatur, Frankfurt a. M. 1987. – Text Transfers. Probleme intermedialer Übersetzung, hg. von E. HESS-LÜTTICH, München 1987. – A. ASSMANN, Wilde Semiose, in: Materialität der Kommunikation, hg. von H. U. GUMBRECHT/K. L. PFEIFFER, Frankfurt a. M. 1988, S. 237–251. – Materialität der Kommunikation, hg. von H. U. GUMBRECHT/K. L. PFEIFFER, Frankfurt a. M. 1988. – I. ILLICH/B. SANDERS, Das Denken lernt schreiben. Lesekultur und Identität, Hamburg 1988. – J. D. MÜLLER, Der Körper des Buchs. Zum Medienwechsel zwischen Handschrift und Druck, in: Materialität der Kommunikation, hg. von H. U. GUMBRECHT/K. L. PFEIFFER,

Frankfurt a. M. 1988, S. 203–217. – K. L. PFEIFFER, Dimensionen der Literatur, in: Materialität der Kommunikation, hg. von H. U. GUMBRECHT/K. L. PFEIFFER, Frankfurt a. M. 1988, S. 730–762. – W. SANDERMANN, Die Kulturgeschichte des Papiers. Berlin 1988 (2. Aufl. u. d. T. Papier. Eine spannende Kulturgeschichte, Berlin u. a. 1992). – Der Ursprung von Literatur. Medien, Rollen, Kommunikationssituationen zwischen 1450 und 1650, hg. von G. SMOLKA-KOERDT u. a., München 1988. – P. ZUMTHOR, Körper und Performanz, in: Materialität der Kommunikation, hg. von H. U. GUMBRECHT/K. L. PFEIFFER, Frankfurt a. M. 1988, S. 703–713. – J. HÖRISCH, Die deutsche Seele up to date. Sakramente der Medientechnik auf dem Zauberberg, in: Arsenale der Seele, hg. von F. A. KITTLER/G. C. THOLEN, München 1989, S. 13–24. – P. WEINGARTEN, Die Verkabelung der Sprache. Grenzen der Technisierung von Kommunikation, Frankfurt a. M. 1989. – R. CHARTIER, Lesewelten. Buch und Lektüre in der frühen Neuzeit, Frankfurt a. M./New York 1990. – H. HAARMANN, Universalgeschichte der Schrift, Frankfurt a. M. 1990. – E. HAVELOCK, Schriftlichkeit. Das griechische Alphabet als kulturelle Revolution, Weinheim ²1990. – F. A. KITTLER, Fiktion und Simulation, in: Aisthesis. Wahrnehmung heute oder Perspektiven einer anderen Ästhetik, hg. von K. BARCK u. a., Leipzig 1990, S. 196–213. – N. LUHMANN, Die Wissenschaft der Gesellschaft, Frankfurt a. M. 1990. – M. POSER, The Mode of Information, Chicago 1990. – P. UTZ, Das Auge und das Ohr im Text. Literarische Sinneswahrnehmung in der Goethezeit, München 1990. – J. D. BOLTER, Writing Space. The Computer, Hypertext and the History of Writing, Hillsdale 1991. – M. GIESECKE, Der Buchdruck in der frühen Neuzeit. Eine historische Fallstudie über die Durchsetzung von Informations- und Kommunikationstechnologien, Frankfurt a. M. 1991. – H. IDENSEN/M. KROHN, Kunst-Netzwerke. Ideen als Objekte, in: Digitaler Schein, hg. von F. RÖTZER, München 1991. – I. ILLICH, Im Weinberg des Textes. Als das Schriftbild der Moderne entstand, Frankfurt a. M. 1991. – W. RAIBLE, Die Semiotik der Textgestalt: Erscheinungsformen und Folgen eines kulturellen Evolutionsprozesses, Heidelberg 1991. – V. TROST, Skriptorium. Die Buchherstellung im Mittelalter, Stuttgart 1991. – M. WETZEL, Die Enden des Buches und die Wiederkehr der Schrift, Weinheim 1991. – F.-J. ALBERSMEIER, Theater, Film und Literatur in Frankreich. Medienwechsel und Intermedialität, Darmstadt 1992. – B. DOTZLER, Zum Literaturschwundsyndrom – und zu Walter Percys Thanatos-Syndrom, in: Zs. f. Literaturwissenschaft und Linguistik (LiLi) 87/88 (1992), S. 111–132. – V. FLUSSER, Die Schrift. Hat Schreiben Zukunft?, Frankfurt a. M. 1992. – G. GENETTE, Paratexte.

Das Buch vom Beiwerk des Buches, München 1992. – E. HAVELOCK, Als die Muse Schreiben lernte, Frankfurt a.M. 1992. – K. PRÜMM, Lesereisen in die Gutenberg-Galaxis und in die Medienwelt, in: Zs. f. Literaturwissenschaft und Linguistik (LiLi) 87/88 (1992), S. 86–96. – I. SCHNEIDER, Literatur, Medien, Leser. Überlegungen am Rande der empirischen Studie Kultur und Medien, in: Zs. f. Literaturwissenschaft und Linguistik (LiLi) 87/88 (1992), S. 63–85. – M. BEAUJOUR, Memory in poetics, in: Memoria. Vergessen und Erinnern, hg. von A. HAVERKAMP/R. LACHMANN, München 1993, S. 9–16. – F. A. KITTLER, Geschichte der Kommunikationsmedien, in: Raum und Verfahren. Interventionen, hg. von J. HUBER/A. MÜLLER, Basel u. a. 1993, S. 169–188. – N. LUHMANN, Die Form der Schrift, in: Schrift, hg. von H. U. GUMBRECHT/K. L. PFEIFFER, München 1993, S. 349–367. – R. NINK, Literatur und Typographie. Wort-Bild-Synthesen in der englischen Literatur des 16. bis 20. Jahrhunderts, München 1993. – B. SIEGERT, Relais. Geschicke der Literatur als Epoche der Post. 1751–1913, Berlin 1993. – W. FAULSTICH, Grundwissen Medien, München 1994. – J. FOHRMANN, Zum historischen Ort der Literaturwissenschaft, in: Literatur in der Mediengesellschaft, hg. von L. JÄGER/B. SWITALLA, München 1994, S. 25–36. – Germanistik in der Mediengesellschaft, hg. von L. JÄGER/B. SWITALLA, München 1994. – S. HESPER, Schreiben ohne Text. Die prozessuale Ästhetik von Gilles Deleuze und Félix Guattari, Opladen 1994. – P. KIRCHNER, Literatur-Shows. Die Präsentation von Literatur im Fernsehen, Wiesbaden 1994. – V. ROLOFF/U. LINK-HEER, Luis Buñuel. Film – Literatur – Intermedialität, Darmstadt 1994. – H. WENZEL, Visibile parlare. Zur Repräsentation der audiovisuellen Wahrnehmung in Schrift und Bild, in: Germanistik in der Mediengesellschaft, L. JÄGER/B. SWITALLA, (Hg.), München 1994, S. 141–158. – F.-J. ALBERSMEIER, Literatur und Film. Entwurf einer praxisorientierten Textsystematik, in: Literatur intermedial. Musik – Malerei – Photographie – Film, hg. von P. ZIMA, Darmstadt 1995, S. 235–268. – A. ASSMANN/J. ASSMANN, Archäologie der literarischen Kommunikation, in: Einführung in die Literaturwissenschaft, hg. von M. PECHLIVANOS u. a., Stuttgart 1995, S. 200–206. – D. de KERCKHOVE, Schriftgeburten. Vom Alphabet zum Computer, München 1995. – Literatur Intermedial. Musik – Malerei – Photographie – Film, hg. von P. ZIMA, Darmstadt 1995. – M. MAURACH, Das experimentelle Hörspiel, Stuttgart 1995. – S. RIEGER, Medienwissenschaft der Literatur – Literaturwissenschaft der Medien, in: Einführung in die Literaturwissenschaft, hg. von M. PECHLIVANOS u. a., Stuttgart 1995, S. 402–412. – U. SCHNEIDER, Friedrich Nicolais Allgemeine Deutsche Bibliothek als Integrationsmedium der Gelehrtenrepublik, Wiesbaden 1995. – P. M. SPANGENBERG, Medienge-schichte – Medientheorie, in: J. FOHRMANN und H. MÜLLER (Hg.), Literaturwissenschaft, München 1995, S. 31–76. – H. WENZEL, Hören und Sehen, Schrift und Bild. Kultur und Gedächtnis im Mittelal-ter, München 1995. – B. DOTZLER, Papiermaschinen, Versuch über communication & control in Literatur und Technik, Berlin 1996. – M. FASSLER, Mediale Interaktion. Speicher, Individualität, Öffent-lichkeit, München 1996. – Fernsehgeschichte der Literatur. Voraus-setzungen – Fallstudien – Kanon, hg. von H. SCHANZE, München 1996. – U. JAPP, Das Fernsehen als Gegenstand der Literatur und der Literaturwissenschaft, in: Fernsehgeschichte der Literatur, hg. von H. SCHANZE, München 1996, S. 17–28. – N. LUHMANN, Die Realität der Massenmedien, erw. Aufl., Opladen ²1996. – New Media Poetry. Poetic Innovations and New Technologies, in: Visible Language 30, Nr. 2 (1996), hg. von E. KAC. – E. SCHÜTZ/T. WEGMANN, Literatur und Medien, in: Grundzüge der Literaturwissenschaft, hg. von H. L. ARNOLD/H. DETERING, München 1996, S. 52–78. – B. ZIMMERMANN, Was heißt und zu welchem Ende erforschen wir die Fernseh-geschichte der Literatur?, in: Fernsehgeschichte der Literatur, hg. von H. SCHANZE, München 1996, S. 36–42. – J. D. BOLTER, Das Internet in der Geschichte der Technologien des Schreibens, in: Mythos In-ternet, hg. von S. MÜNKER/A. ROESLER, Frankfurt a. M. 1997, S. 37–55. – M. DERY, Cyber. Die Kultur der Zukunft, Berlin 1997. – H. IDENSEN, Hypertext – Fröhliche Wissenschaft?, in: Hypercult, hg. von M. WARNKE u. a., Basel/Frankfurt a. M. 1997, S. 151–190. – D. KLOOCK/A. SPAHR, Medientheorien. Eine Einführung, München 1997. – G. P. LANDOW, Hypertext. The Convergence of Contempora-ry Critical Theory and Technology, Baltimore ²1997. – Lesen in der Informationsgesellschaft – Perspektiven der Medienkulturen, hg. von K. RING u. a., Baden-Baden 1997. – J. LINK, Versuch über den Normalismus. Wie Normalität produziert wird, Opladen 1997, Op-laden/Wiesbaden ²1999. – J. PAECH, Überlegungen zum Dispositiv als Theorie medialer Topik, in: Medienwissenschaft 4 (1997), S. 400–420. – S. RIEGER, Speichern/Merken. Die künstlichen Intelligen-zen des Barock, München 1997. – D. SCHEUNEMANN, »Jumps – Cuts – Links«. Ästhetische Antizipationen der neuen Medien, in: Qualita-tive Perspektiven des Medienwandels, hg. von H. SCHANZE/P. LUDES, Opladen 1997, S. 198–211. – N. WEGMANN/M. BICKENBACH, Herders »Reisejournal«. Ein Datenbankreport, in: Deutsche Vierteljahrs-schrift, H. 3 (1997), S. 397–420. – H. WINKLER, Docuverse. Zur Me-dientheorie der Computer, München 1997. – U. WIRTH, Literatur im Internet. Oder: Wen kümmert's, wer Liest?, in: S. MÜNKER und A.

ROESLER (Hg.), Mythos Internet, Frankfurt/Main 1997, S. 319–337. –
M. BASSLER, Stichwort Text. Die Literaturwissenschaft unterwegs zu
ihrem Gegenstand, in: Jb. d. dt. Schillerges. 42 (1998), S. 470–475. –
K. H. GÖTTERT, Geschichte der Stimme, München 1998. – H. U.
GUMBRECHT, Medium Literatur, in: Geschichte der Medien, hg. von
M. FASSLER/W. HALBACH, München 1998, S. 83–108. – W. HALBACH,
Netzwerke, in: M. FASSLER und W. HALBACH (Hg.), Geschichte der
Medien 1998, S. 269–307. – Kanon – Macht – Kultur. Theoretische,
historische und soziale Aspekte ästhetischer Kanonbildung, hg. von
R. von HEYDEBRAND, Stuttgart 1998. – Medienwechsel. Erträge aus 12
Jahren Forschung zum Thema Mündlichkeit/Schriftlichkeit, hg. von
W. RAIBLE, Tübingen 1998. – I. MÜLDER-BACH, Im Zeichen Pygma-
lions. Das Modell der Statue und die Entdeckung der »Darstellung«
im 18. Jahrhundert, München 1998. – G. STANITZEK, Autorität im
Hypertext (Alexander Kluge), in: Internationales Archiv für Sozialge-
schichte der deutschen Literatur, Bd. 23, Nr. 2 (1998), S. 1–46. – M.
BICKENBACH, Von den Möglichkeiten einer ›inneren‹ Geschichte des
Lesens, Tübingen 1999. – K. BÖHLE, Inkunablenzeit: Theoreme, Pa-
ratexte, Hypertexte, in: Hyperkult. Geschichte, Theorie und Kontext
digitaler Medien, M. WARNKE, W. COY, G. Ch. THOLEN, Frankfurt a.
M. und Basel 1997. – R. CHARTIER/G. CAVALLO, Die Welt des Lesens.
Von der Schriftrolle zum Bildschirm, Frankfurt a. M./New York
1999. – P. GENDOLLA, Kunst als Medientheorie, in: Konfigurationen.
Zwischen Kunst und Medien, hg. von S. SCHADE/G. C. THOLEN,
München 1999, S. 177–186. – R. GOETZ, Abfall für alle. Roman eines
Jahres, Frankfurt a. M. 1999. – J. HÖRISCH, Ende der Vorstellung.
Poesie der neuen Medien, Frankfurt a. M. 1999. – C. KARPENSTEIN-
ESSBACH, Literatur zwischen inszenierten Wahrnehmungen. Pro-
blemfelder der Medienanalyse, in: Konfigurationen. Zwischen Kunst
und Medien, hg. von S. SCHADE/G. C. THOLEN, München 1999, S.
187–197. – F. A. KITTLER, Literaturgeschichte, in: Literaturwissen-
schaft. Einführung in ein Sprachspiel, hg. von H. BOSSE/U. RENNER,
Freiburg 1999, S. 357–361. – A. KOSCHORKE, Körperströme und
Schriftverkehr. Mediologie des 18. Jahrhunderts, München 1999. –
P. LÖSER, Mediensimulation als Schreibstrategie. Film, Mündlichkeit
und Hypertext in postmoderner Literatur, Göttingen 1999. – B.
MENKE, Töne – Hören, in: Poetologien des Wissens um 1800, hg. von
J. VOGL, München 1999, S. 69–95. – K. L. PFEIFFER, Das Mediale und
das Imaginäre. Dimensionen kulturanthropologischer Medientheorie, Frankfurt a. M. 1999. – H. SCHANZE, Faust-Konstellationen. Mythos und Medien, München 1999. – K. SCHENK, Medienpoesie. Moderne Lyrik zwischen Stimme und Schrift, Stuttgart 1999. – E.

SCHÖN, Geschichte des Lesens, in: B. FRANZMANN, K. HASEMANN, D. LÖFFLER und E. SCHÖN (Hg.), Handbuch Lesen. Im Auftrag der Stiftung Lesen und der Deutschen Literaturkonferenz, München 1999, S. 1–58. – G. SCHWERING, Schrift im Netz? Mediengeschichte und Dekonstruktion, Siegen 1999 (= Medien und Kommunikation 131). – G. STANITZEK, Brutale Lektüre. Um 1800 (heute), Poetologien des Wissens um 1800, hg. von J. VOGL, München 1999, S. 249–265. – K. WENZ, Narrativität in Computerspielen, in: Konfigurationen. Zwischen Kunst und Medien, hg. von S. SCHADE/G. C. THOLEN, München 1999, S. 209–218. – N. WERBER, Die Zukunft der Weltgesellschaft. Über die Verteilung von Exklusion und Inklusion im Zeitalter globaler Medien, in: R. MARESCH und N. WERBER (Hg.), Kommunikation., Medien, Macht, Frankfurt a. M. 1999, S. 414–444. – N. BINCZEK, Im Medium der Schrift. Zum dekonstruktiven Anteil in der Systemtheorie Niklas Luhmanns, München 2000. – T. HETTCHE und J. HENSEL (Hg.) Null. Literatur im Netz. Köln 2000. – N. WEGMANN, Bibliotheksliteratur. Suchen und Finden im alexandrinischen Zeitalter, Köln 2000. – S. WEHDE, Typographische Kultur, Tübingen 2000. – N. PETHES, Intermedialitätsphilologie? Der implizite Mediendiskurs der Literatur, in: Deutsche Vierteljahrsschrift, H. 4 (2001). – G. STANITZEK und W. VOSSKAMP (Hg.), Schnittstelle: Medien und Kulturwissenschaften, Köln 2001.

Mediengeschichte des Theaters

1. Mediengeschichte des Theaters bis ca. 1900

Die Mediengeschichte des (europäischen) Theaters bis ca. 1900 ist durch vier tiefgreifende Prozesse bestimmt, wobei sich Entwicklungen, die die Theatergeschichte der Antike charakterisieren, mutatis mutandis, in der Theatergeschichte des (späten) Mittelalters und der (frühen) Neuzeit teilweise wiederholen. Diese Prozesse sind die Säkularisierung des Theaters (1.1), seine Literarisierung (1.2), seine Professionalisierung und Institutionalisierung (1.3) und der Ausbau des technischen Apparats (1.4).

1.1 Die Säkularisierung des Theaters

Gemeint ist eine schrittweise Herauslösung aus dem kultischen bzw. liturgischen Kontext. Dabei bleiben die Aufführungen griechischer und römischer Tragödien und Komödien bis in die Kaiserzeit – trotz der ›Entmythologisierung‹ der Tragödie und der Umwandlung der Komödie in ein ›bürgerliches Lustspiel‹ (›neue attische Komödie‹) – an den Rahmen des (attischen und römischen) Staatskults mit seinen jährlich wiederkehrenden Festen gebunden; erst in der Kaiserzeit werden theatrale Aufführungen auch aus singulären Anlässen wie Triumph-, Sieges- und Leichenfeiern veranstaltet. Das geistliche Theater des Mittelalters, das sich zunächst im Zusammenhang der klösterlichen Liturgiereform des 10. Jahrhunderts entfaltet, zeichnet sich seit dem ausgehenden 12. Jahrhundert durch ›Publikumszugewandtheit‹ (an die Stelle der Teilnehmer an der kultischen Feier – des monastischen Offiziums – tritt das Gegenüber von Darstellern und Zuschauern), durch Profanierung (Verlegung der Spiele aus dem sakralen Raum der Kirche auf öffentliche Plätze), durch den Übergang zur Volkssprache (mit dem häufig auch die liturgischen ›Kernszenen‹ der Spiele entfallen) und durch die Laisierung der Aufführungen (Laiendarsteller; lediglich die Funktion des ›ludi regens‹, die Schriftkundigkeit voraussetzt, bleibt in geistlicher Hand) aus. Mit diesen Veränderungen ist auch ein Funktionswandel verbunden – an die Stelle der liturgischen Vergegenwärtigung christlicher Heilsgeschichte treten als neue Funktionen Seelsorge und Laienmission, Präsenz und Stabilisierung der Kirche in den Städten, die Integration antagonistischer gesellschaftlicher und ökonomischer Kräfte in der Stadtgemeinde und, nicht zuletzt, die repräsentative Selbstdarstellung der Städte. Was bleibt, ist die Bindung an die kirchlichen Festzyklen der ›resurrectio‹ und der ›nativitas‹. Und dies gilt auch für das weltliche Theater des späten Mittelalters, das Fastnachtspiel, dessen fester Ort im Kirchenjahr die Vorfastenzeit ist. Erst mit den neuen Formen des Theaters der Humanisten (Schul- und Universitätstheater) und mit dem höfischen Theater der Renaissance wird diese Bindung aufgegeben, wobei im höfischen Theater an die Stelle des kultischen (kirchlichen) Festes das höfische Fest mit der Feier des (absoluten) Monarchen als Aufführungsrahmen tritt.

1.2 Die Literarisierung des Theaters

Die Literarisierung des Theaters bedeutet nicht nur die ›Kontrolle‹ der Autoren über das Theater‹ und eine ›Stabilisierung des Theaters‹ (H. Schanze), sondern auch die potenzielle Lösung des ›Medientextes‹ Drama vom Theater (das ›Lesedrama‹, spätestens seit Seneca). Seit dem 5. Jahrhundert v. Chr. werden die Texte der attischen Tragödien und Komödien nicht nur ›aufgeschrieben‹, schriftlich konzipiert und fixiert, sondern auch, unabhängig von den Aufführungen, der Öffentlichkeit in Buchform zugänglich gemacht. Es ist dieser Literarisierungsprozess des antiken Theaters, dem wir die Tatsache verdanken, daß die Texte antiker Dramen, in Bibliotheks- und Schulausgaben, die Jahrhunderte überdauert haben. Im Mittelalter gibt es auf der einen Seite ein literarisches Drama, in lateinischer Sprache, auf durchaus hohem literarischem Niveau, entstanden unter dem Eindruck literarischer Dramen antiker Provenienz – die ›Legendendramen‹ Hrotsvits, die ›epischen‹ (oder ›elegischen‹) ›comoediae‹ des 12. Jahrhunderts; diese Dramen waren für die Schullektüre bestimmt (Hrotsvits ›Legendendramen‹ als christliches Terenz-Surrogat) oder wurden in literarischen Zirkeln rezitiert, waren aber mit Sicherheit nicht für theatrale Aufführungen bestimmt. Daneben, und völlig unabhängig davon, gibt es das höchst lebendige und vielseitige, vielgestaltige geistliche Theater, dessen Spieltexte – in lateinischer wie in den Volkssprachen – jedoch nicht den Anspruch auf einen Grad von Literarizität erhoben, der über den Status textueller Substrate der Aufführungen hinausging. Das

spiegelt sich zum einen in spezifischen Formen der Überlieferung: in den Formaten der Handschriften (das Rollenformat, das
Schmalformat), in funktional bestimmten Handschriftentypen
(›Dirigierrollen‹, ›Soufflierrollen‹, Einzelrollen), in der graphischen Differenzierung von Haupttext und Nebentext durch die
Verwendung roter und schwarzer Tinte und/oder unterschiedlicher Schrifttypen, im Wechsel der Sprachen zwischen Haupt-
und Nebentext – der Nebentext, für den geistlichen ›ludi regens‹
bestimmt, ist auch bei Spielen in der Volkssprache in aller Regel
in lateinischer Sprache fixiert. Zum anderen spiegelt es sich in der
Textgestalt, in der vergleichsweise hohen Variabilität der Texte
(die Texte werden für jede neue Aufführung überarbeitet, gekürzt, interpoliert, mit anderen Texten kontaminiert, neu geschrieben; entsprechend kompliziert sind die Abhängigkeitsver-
hältnisse der Texte untereinander). Diese Texte sind mithin in
erster Linie Zeugnisse der Theatergeschichte, nicht der Literaturgeschichte. Sie sind entsprechend anonym, nicht als Werke namhafter Autoren überliefert. Das ändert sich an der Schwelle zur
Neuzeit, mit der Wiederentdeckung des antiken Dramas und
Theaters seit dem 14. Jahrhundert. Die neuen Typen des Dramas,
die durch die Humanisten entwickelt und den mittelalterlichen
Formen des Dramas und Theaters entgegengesetzt werden (und
das gilt durchaus auch etwa für das Meistersingerdrama oder die
sogenannten ›Bürgerspiele‹ in den Städten der Schweiz), sind
ebenso wie für die Aufführung auch für die Lektüre bestimmt.
Zwar kennt auch das 16. Jahrhundert nach wie vor die nicht-literarischen Formen des Theaters, womit nicht nur die Spätformen
des geistlichen Theaters gemeint sind; mit der ›commedia
dell'arte‹ hat das 16. Jahrhundert durchaus eine neue und hoch-
entwickelte, weitgehend durch Improvisation bestimmte Form
des nicht-literarischen Theaters hervorgebracht. Aber anders als
im Mittelalter gibt es im 16. Jahrhundert keine Form des literarischen Dramas mehr, die nicht zugleich für die theatrale Aufführung bestimmt wäre. Dramen werden aufgeführt und gleichzeitig
in Buchform publiziert, wobei sich gewisse Standards der Text-
präsentation durchsetzen, die (teilweise) bis in die Gegenwart
Gültigkeit besitzen: Titelblatt und ›praefatio‹, ›argumentum‹ und
Verzeichnis der ›dramatis personae‹, Akt- und Szenengliederung
etc. Es ist durchaus bezeichnend, dass SCALIGER zu den ›partes‹,
den ›Teilen‹ der Tragödie auch das ›argumentum‹ und den Titel,

die ›inscriptio‹, zählt. Auffällig sind Unterschiede in der nationalen Entwicklung. Gerade für den deutschsprachigen Kulturraum gilt, dass die Grenzlinie zwischen den nicht-literarischen Formen des mittelalterlichen Theaters und den jüngeren Formen des literarischen Dramas fast unüberwindlich erscheint. Es gibt hier tatsächlich nur wenige Ausnahmen (das sogenannte *Heidelberger Passionsspiel*, 1514, ist als Andachtsbuch in Form eines Spieltextes konzipiert, für die erbauliche Lektüre bestimmt, und basiert auf einem ›echten‹ Spieltext, dem *Frankfurter Passionsspiel* von 1493; von den zahlreichen geistlichen Dramen des deutschen Spätmittelalters ist überhaupt nur ein einziges in Buchform publiziert worden, das *Spiel von Frau Jutten* – erhalten ist dieses Stück des 15. Jahrhunderts in einem Druck aus dem Jahre 1565, veranstaltet durch einen protestantischen Geistlichen, der das spätmittelalterliche Stück zu einem Instrument antipapistischer Polemik umfunktionierte; das Nürnberger Fastnachtsspiel schließlich verdankt seine frühe Literarisierung im 15. Jahrhundert dem Umstand, dass angesehene Autoren aus der städtischen Mittelschicht wie Rosenplüt und Folz das Fastnachtsspiel in ihr literarisches Repertoire übernommen hatten, wodurch das Bild der Gattung Fastnachtsspiel weitgehend geprägt und zugleich verzerrt wurde). Ganz anders stellt sich die mediengeschichtliche Situation in Frankreich dar, wo der Prozess der Literarisierung des Theaters vergleichsweise früh einsetzt. Die Mehrzahl der geistlichen Dramen Frankreichs sind in der Überlieferung namhaften Autoren zugewiesen; das gilt bereits für das älteste geistliche Drama in französischer Sprache, den *Jeu de Saint Nicolas* des J. Bodel d'Arras, und das gilt vor allem für die großen Passionsspiele E. Marcadés, A. Grébans und J. Michels. Die Texte dieser Passionen zeichnen sich durch ihre anspruchsvolle literarische Form aus – den kalkulierten Wechsel unterschiedlicher Vers- und Strophenformen und die prunkvolle Rhetorik; sie knüpfen ebenso an gelehrte geistliche Literatur an wie an die repräsentativen Formen höfischer Literatur und Kultur und sind als literarische Texte überliefert, in repräsentativen Lesehandschriften und in Drucken; allein Michels *Passion d'Angers* ist zwischen 1490 und 1542 fünfzehn Mal im Druck erschienen, darunter auch in einer äußerst kostbaren Prachtausgabe; und diese Texte sind bei weitem nicht in dem Maße flexibel wie die der vergleichbaren deutschsprachigen Spiele. In dieser gegenüber dem deutschsprachigen

Kulturraum ›fortgeschrittenen‹ mediengeschichtlichen Situation machen sich auch die Bedeutung der Metropole Paris und die mit Paris verbundenen Zentralisierung des französischen Kulturlebens bemerkbar. Dass die großen Passionen des 15. Jahrhunderts auch im Druck verbreitet wurden, bedeutet im übrigen nicht nur, dass sie gelesen werden konnten, sondern ebenso, dass sie in ganz Frankreich (und in den Niederlanden) gespielt wurden.

1.3 Die Professionalisierung und Institutionalisierung des Theaters

Die Organisation des attischen Theaters lag in Händen der Archonten; die römischen ›ludi‹ wurden von den Ädilen organisiert. Die Ausführenden waren in der ›klassischen‹ Zeit des griechischen Theaters (im 5. Jahrhundert) attische Bürger; an ihre Stelle treten jedoch seit dem 4. Jahrhundert die professionellen Schauspielertruppen der ›dionysischen Techniten‹; das römische Theater kennt von Anfang an nur die am Vorbild der ›Techniten‹-Vereinigungen orientierten ›greges‹ der professionellen ›Histrionen‹. Das nachantike Theater ist bis in das 16. Jahrhundert ausschließlich Laientheater. Seit Mitte des 16. Jahrhunderts etablieren sich jedoch neben den (dominierenden) Formen des Universitäts- und Schultheaters, des Ordentheaters und des höfischen Dilettantentheaters erste Formen des professionellen Theaters: zum einen die ›commedia dell'arte‹-Truppen, die in Italien seit 1545 belegt sind und seit der zweiten Hälfte des 16. Jahrhunderts in allen Teilen Europas, von Spanien bis Russland, gastieren, und zum anderen das ›populäre‹ elisabethanische Theater Englands, das von (privatwirtschaftlich organisierten, in der Regel nach dem Teilhabersystem arbeitenden) professionellen Truppen getragen wird. Vereinzelt sind professionelle Schauspielertruppen in England schon an der Schwelle zum 16. Jahrhundert nachweisbar – im Rahmen des geistlichen Theaters; verstärkt treten sie jedoch erst nach der Mitte des 16. Jahrhunderts, mit der Etablierung der ›public‹ und ›private theatres‹, in Erscheinung; sie rekrutieren sich dabei zunächst aus Angehörigen der ›scholae‹ der aufgelösten Klöster, aus Mitgliedern von Handwerkergilden, die bereits an der Organisation und Ausführung des geistlichen Theaters beteiligt waren, sowie aus Kreisen vagierender Schausteller, Akrobaten

etc. Die Restriktionen, die den Truppen durch den puritanisch
dominierten Londoner Magistrat seit 1574 auferlegt werden, führen einerseits zu Umstrukturierungen der Truppen (ihre zeitweise Unterstellung unter das Patronat der ›gentlemen‹ bzw. der
Königin/des Königs – bis in die Zeit Jakobs I.), andererseits zur
Migration einzelner Truppen auf das Festland, nach Holland,
Dänemark und Deutschland (erstes nachweisbares Gastspiel einer englischen Wandertruppe 1586/87 am kursächsischen Hof in
Dresden). Auch in Frankreich sind seit dem frühen 17. Jahrhundert professionelle Wandertruppen bezeugt. Ein dritter Bereich,
in dem sich – im 17. Jahrhundert – professionelles Theater entfaltet, ist die Oper. In Deutschland liegt das professionelle Theater
bis in die zweite Hälfte des 17. Jahrhunderts fast ausschließlich
bei den ›englischen Komödianten‹ (vereinzelt auch bei nach ihrem Vorbild organisierten niederländischen Truppen) sowie bei
italienischen ›commedia dell'arte‹-Truppen und Opern-Compa-
gnien; eine erste professionelle deutsche Truppe ist die von C. A.
PAULSEN und J. VELTEN gegründete ›Bande‹, die seit 1685 am
kursächsischen Hof in Dresden engagiert ist. Das Nebeneinander
von Laientheater – einschließlich des höfischen Dilettantentheaters – und professionellem Theater bestimmt das deutsche Theater noch bis ins ausgehende 18. Jahrhundert. Von der Professionalisierung nicht zu trennen ist die Institutionalisierung des
Theaters. Am Anfang der neuzeitlichen Entwicklung stehen hier
die privatwirtschaftlich geführten englischen ›public‹ und ›private
theatres‹, die den professionellen Truppen, mit denen sie koope-
rieren, ein festes Haus mit der entsprechenden Technik zur Verfügung stellen können. Vergleichbare Institutionen etablieren
sich seit dem frühen 17. Jahrhundert in Italien (die Opernhäuser)
und Frankreich (Hôtel de Bourgogne seit 1624, Théâtre du Ma-
rais seit 1634). Das erste (und für die ganze weitere Entwicklung
vorbildhafte) ›stehende‹ Theater mit fester Bindung einer professionellen Truppe an ein festes Haus ist die 1680 auf Anweisung
COLBERTS durch Fusion mehrerer Truppen gegründete und als
›Staatstheater‹ im Hôtel de Bourgogne institutionalisierte Comédie française. In Deutschland wird die Institutionalisierung des
Theaters seit Mitte des 18. Jahrhunderts durch die Idee des ›Nationaltheaters‹ vorbereitet; die ersten Theater des deutschsprachigen Raums, die an einem festen Haus unter professioneller Leitung und mit einem festen Ensemble arbeiten, sind – nach dem

gescheiterten Experiment eines Hamburgischen ›Nationaltheaters‹ (1767–69) – das 1775 durch GOETHE gegründete Gothaer Theater, das 1776 durch JOSEPH II. gegründete Wiener Burgtheater – beides ›Hoftheater‹ – und, als erstes ›bürgerliches‹ (finanziell allerdings vom Wittelsbacher Hof getragenes) Theater mit festem Ensemble, das 1777 durch DALBERG gegründete Mannheimer Nationaltheater. Das ›Hoftheater‹ bleibt in Deutschland bis ins ausgehende 19. Jahrhundert die dominierende Form des institutionalisierten Theaters; im späten 19. Jahrhundert verlieren die ›Hoftheater‹ jedoch durch die Konkurrenz städtischer und privater Bühnen, die nicht der Zensur des Hofes unterliegen (und sich damit neuen ästhetischen Entwicklungen öffnen können), an Bedeutung. 1918 werden die ›Hoftheater‹ in Staats-, Landes- und Stadttheater umgewandelt.

1.4 Der Ausbau des technischen Apparats

Bereits die Architekturbühne des antiken Theaters kennt, zumindest in hellenistischer Zeit, eine Bühnenmaschinerie (so die kranähnliche Flugmaschine für den Auftritt des sprichwörtlichen ›deus ex machina‹ und das ›ekkyklema‹). Solange das geistliche Theater des Mittelalters an die ›Simultan-Raum-Bühne‹ gebunden ist, bedient es sich vereinzelt bühnentechnischer ›Tricks‹ (z.B. Suizid und Höllenfahrt des Judas im *Donaueschinger Passionsspiel*). Bei dieser Bühnenform sind die Schauplätze auf öffentlichen Plätzen der Stadt großräumig nebeneinander aufgebaut, Darsteller und Zuschauer bewegen sich von Schauplatz zu Schauplatz; eine Alternative ist die Wagenbühne, bei der die einzelnen Schauplätze auf Wagen aufgebaut sind, die, im Rahmen einer Prozession, an den Zuschauern vorbeiziehen oder an den einzelnen Stationen des Prozessionsweges aufgestellt sind, wobei dann die Zuschauer sich von Station zu Station bzw. von Wagen zu Wagen bewegen. Zur Ausbildung einer regelrechten Bühnenmaschinerie kommt es erst in der Spätzeit des geistlichen Theaters im 16. Jahrhundert mit dem Übergang zur Simultan-Flächen-Bühne. Die einzelnen Schauplätze sind dabei auf einem festen Bühnenpodest – im geschlossenen Theaterraum – nebeneinander aufgebaut, mit großem technischem Aufwand vor allem in Frankreich. Die neuzeitliche Bühnentechnik knüpft jedoch weder an die Bühnenformen des geistlichen Theaters an, noch an die neuen Bühnenformen des 16. Jahrhunderts, die durchweg Weiterentwicklungen des neutralen Bühnenpodests des frühen Humanistentheaters sind – die ›Terenz- oder Badezellenbühne‹, die Meistersingerbühne, die Bühne der niederländischen Rederijker, die ›Shakespeare-Bühne‹. Letztere (u. a. im Globe Theatre, seit 1599) kennt, durch Vorhänge getrennt, Vorder- und Hinterbühne, Versenkung und Oberbühne sowie, über dem die gesamte Bühne überspannenden Baldachin (›the shadow‹), Glockenturm, Wind-, Donner- und Blitzmaschine; ihre Raumordnung wird durch die Wanderbühne prinzipiell übernommen. Ausgangspunkt der neuen Entwicklung ist vielmehr das italienische Theater der Renaissance, dessen Architekturbühne (PALLADIOS Teatro Olimpico in Vicenza) – im geschlossenen Theaterraum – sich an antiken Vorbildern orientiert. Die Bildbühne des neuzeitlichen Guckkastentheaters – mit ihrem Bühnenillusionismus – ist eine Weiterentwicklung der Architekturbühne des 15. und 16. Jahrhunderts. Eine Vorform der Guckkastenbühne ist dabei die Winkelrahmenbühne (seit 1508 in Ferrara, S. SERLIO), die nicht verhängbar ist und eine Verwandlung während des Stückes nicht zulässt (die Bildbühne, vor der die Darsteller agieren, ist links und rechts durch Winkelrahmen auf stumpfwinkliger Basis begrenzt, die mit bemalter Leinwand bespannt sind; bemalter Prospekt) – was Konsequenzen für die Dramaturgie der Stücke hat (Postulat der ›Einheit des Ortes‹). Beim ausgebauten Guckkastensystem – das die endgültige Ablösung des mittelalterlichen Simultanprinzips (die verschiedenen Schauplätze sind nebeneinander aufgebaut) durch das neuzeitliche Sukzessionsprinzip (die verschieden Schauplätze werden nacheinander gezeigt) ermöglicht – sind Zuschauer- und Bühnenraum architektonisch getrennt; für den Zuschauer ist, durch den architektonischen Rahmen des Bühnenportals, nur ein Teil des Bühnenraumes einsehbar; während der Verwandlung ist dieser Rahmen durch einen Vorhang verschlossen. Eine erste Form der Guckkastenbühne (seit 1589) arbeitet dabei mit dem Telari-System (drehbare Prismen – ›telari‹ – entlang der linken und rechten Bühneseite, bei denen die dem Publikum abgewandten Seiten wiederholt neu bespannt werden können; aufrollbarer Bühnenprospekt). Ihre Normalform ist, bis ins späte 19. Jahrhundert, die Kulissenbühne (seit 1620; Erfinder G. B. ALEOTTI) mit ihren rückwärts gestaffelten, seitlich verschieb-

baren Kulissen und dem am Schnürboden aufgehängten und aus-
wechselbaren Prospekt.

Die Ablösung der Kulissenbühne durch neue Formen der
(Guckkasten)bühne im späten 19. Jahrhundert wird möglich
durch einen raschen Fortschritt der Technik. Folgenreichste büh-
nentechnische Neuerungen des ausgehenden 19. Jahrhunderts
sind die Einführung der Stahlkonstruktion (seit 1880) und des
mechanischen (hydraulischen) Antriebs. Auf dieser Grundlage
beruhen die Drehbühne, die Wagen- bzw. Schiebebühne und die
Hebebühne. Die Drehbühne (entwickelt 1896 durch K. LAUTEN-
SCHLÄGER für eine *Don Giovanni*-Aufführung im Münchner Re-
sidenztheater) ermöglicht den gleichzeitigen Aufbau mehrerer
Dekorationen und einen raschen Szenenwechsel durch Drehung
der Kreisfläche; zu ihr gehört auch der Rundhorizont, der sie in
halbzylindrischer Form umgibt, entweder als in der Obermaschinerie aufgehängte (und aufrollbare) Leinwandfläche oder als fest
eingebauter Zylinder- bzw. Kuppelhorizont (im 20. Jahrhundert
heb- und senkbar gestaltet, zuerst Stuttgart 1935, und auch als
Projektionsfläche nutzbar). Auf der Wagen- bzw. Schiebebühne
können die Dekorationen, auf fahrbaren Plattformen auf der Sei-
ten- oder Hinterbühne aufgebaut, schnell auf die Bühne gefahren
werden. Durch die Hubpodien der Hebebühne können (an Stelle
der älteren Versenkung) ganze Bühnensegmente angehoben oder
abgesenkt werden. Dazu kommt die elektrische Bühnenbeleuchtung (zuerst 1883 in Brünn; sie löst die Gasbeleuchtung, eingeführt 1822 in London, Covent Garden, ab). Die Bühnenmaschinerie moderner Theaterbauten ist durch die Kombination dieser
technischen Möglichkeiten charakterisiert; sie umfasst Haupt-
bühne, Seiten- und Hinterbühne, die Unterbühne mit der Un-
termaschinerie (der Bühnenboden ist ganz oder teilweise dreh-
bar, seitlich verschiebbar, versenkbar) und die Oberbühne mit der
Obermaschinerie (Schnürboden mit Arbeits- und Beleuchtungs-
brücken, Vorhangzügen, Flugwerken und Rundhorizont). Die
neue Bühnentechnik führt an der Schwelle zum 20. Jahrhundert
zu einer Perfektion des illusionistischen Theaters, sowohl im Sinne des (spät)romantischen ›Gesamtkunstwerks‹ (WAGNER) wie
auch im Sinne des Historismus und des an der Fotografie orientierten naturalistischen Theaters.

2. Das Medium Theater im 20. Jahrhundert

Die Mediengeschichte des Theaters im 20. Jahrhundert ist durch eine Reihe von Entwicklungen charakterisiert, die sich teilweise überlagern, teilweise gegenläufig sind. Dabei müssen unterschieden werden: (1) die Ausbildung neuer Formen des Theaters als Reaktion auf die etablierten Formen, die sich seit dem 18. Jahrhundert herausgebildet haben und die das Medium an der Schwelle zum 20. Jahrhundert bestimmen, d. h. als Reaktion auf das institutionalisierte Hoftheater, Stadttheater etc., auf seinen regelmäßigen Spielbetrieb, mit seiner Routine und den Zwängen des Theateralltags, auf den perfektionierten Bühnenillusionismus des WAGNERschen ›Gesamtkunstwerks‹, des historistischen und des naturalistischen Theaters, auf die ›geschlossene‹ Dramaturgie, die entsprechende ›Geschlossenheit‹ der ›Weltsicht‹ und die das ›bürgerliche‹ Subjekt voraussetzende psychologisierende Figurenkonzeption des ›bürgerlichen‹ Theaters; (2) der durch die ›Konkurrenz‹ des Theaters mit den ›neuen‹ Medien des Kinos, des Radios und des Fernsehens (zu denen noch die digitalen Medien kommen) ausgelöste Prozess medialer Koevolution, der gleichermaßen durch Attraktion und Distanzierung bestimmt ist – das Theater nimmt einerseits ›Anregungen‹ der ›neuen‹ Medien auf, integriert ihre ästhetischen Codes, so wie es sich andererseits im Zuge einer ›Mediendifferenzierung‹ auf seine genuinen Möglichkeiten besinnt und diese ausbaut und weiterentwickelt; schließlich (3) die Medialisierungen des Theaters in den ›neuen‹ Medien des Kinos – als Theater- und Opernfilm –, des Radios – als Hörspiel – und des Fernsehens – als Theater und Oper im Fernsehen. Im Folgenden sollen zunächst einige zentrale Aspekte der Geschichte des Mediums Theater im 20. Jahrhundert herausgegriffen und beleuchtet werden.

2.1 Festspiele und Ensembletheater

Die Anfänge der modernen Festspielidee reichen bis in das 18. Jahrhundert zurück; ihre historische Voraussetzung ist die Institutionalisierung des Theaters. Zwei Aspekte müssen dabei unterschieden werden: (1) die Idee einer Erneuerung des Theaters unter Abwendung von den Formen des institutionalisierten Theaters und bewusstem Rückgriff auf Formen des vormodernen

Theaters mit ihrer Bindung an das kultische oder höfische Fest,
auf das Theater der Griechen, das geistliche Theater (vor allem
die Moralitäten und Mirakelspiele des späten Mittelalters) und
die höfische Theaterkultur der Renaissance und des Barock; (2)
die Idee exemplarischer Aufführungen von hoher künstlerischer
Qualität, unbeschädigt vom Routinebetrieb der ›stehenden‹
Theater und den Zwängen des Theateralltags. Beide Aspekte bestimmen die prototypischen und bis heute Maßstäbe setzenden
Festspiele, die Bayreuther und die Salzburger Festspiele. WAG-
NERS Festspielidee entsprang seiner Auseinandersetzung mit der
Revolution von 1848; die Festspiele sollten – so WAGNERS ur-
sprüngliche Konzeption –, jenseits des kommerziellen Theaters
und nach dem Vorbild der attischen Tragödie, eine Selbstdarstel-
lung der befreiten Menschheit sein, ein großes Fest an der
Schwelle einer neuen Epoche in der Geschichte der Menschheit;
in der Praxis wurden sie (zumindest ihrem Anspruch nach) zu
mustergültigen Aufführungen der Wagnerschen Werke. Die
Gründung der Salzburger Festspiele durch H. von HOFMANNS-
THAL und M. REINHARDT (1920) erfolgte unter dem Eindruck der
Katastrophe des Ersten Weltkriegs und des Zusammenbruchs des
alten Österreich, sie stand im Zeichen der Rückbesinnung, der
Vergegenwärtigung der großen Tradition; im Mittelpunkt des
Programms sollten »Schauspiel und Oper« – »Beides und von
Beidem das Höchste« (HOFMANNSTHAL) – stehen. Eine ähnliche
Konzeption verfolgten die nach der Katastrophe des Zweiten
Weltkriegs gegründeten Edinburgher Festspiele (seit 1947). Vor
allem im Kulturbetrieb der zweiten Hälfte des 20. Jahrhunderts
spielen Festspiele eine herausragende Rolle, wobei die Zahl der
Festspielgründungen (einschließlich der kleineren ›Festivals‹)
permanent wächst. Im Einzelnen unterscheiden sich die zahlreichen Festspiele durch Konzeption und Intention; sie zeichnen
sich (wie die WAGNER-Festspiele in Bayreuth) durch eine spezifische Programmatik aus (z. B. die HÄNDEL-Festspiele in Göttingen, seit 1920, Halle, seit 1922/52, und Karlsruhe, seit 1977), sie
sind (wie die Salzburger Festspiele) an ein bestimmtes historisches Ambiente gebunden (z. B. die spätrömische Arena in Vero-
na, seit 1913, oder die barocken Schlosstheater in Drottningholm,
seit 1922, Ludwigsburg, seit 1932, und Schwetzingen, seit 1952,
ein englischer Adelssitz bei dem 1934 durch den englischen Ari-
stokraten Lord CHRISTIE und die aus Deutschland emigrierten F.

Busch und C. Eberth gegründeten Glyndebourne Festival), sie sind publikumsorientiert (wie die 1948 durch den Deutschen Gewerkschaftsbund und die Stadt Recklinghausen gegründeten Ruhrfestspiele, die sich, bis in die 80er Jahre des 20. Jahrhunderts an einem klassisch-humanistischen Bildungsideal orientiert, primär an die Arbeiterschaft wenden; seit den 90er Jahren, unter der Intendanz von H. Heyme, ist das Programm vor allem durch interkulturelle und ›cross over‹-Produktionen bestimmt) oder sie konzentrieren sich ganz einfach auf Qualität und Mustergültigkeit der Aufführungen (z. B. die Münchner Opernfestspiele, seit 1901, oder die 1967 durch H. von Karajan gegründeten Salzburger Osterfestspiele); auch kommerzielle Aspekte (regionale Wirtschaftsförderung – zahlreiche kleinere Festivals, aber auch Baden-Baden, seit 1998) und die aktuelle ›event‹-Kultur spielen eine Rolle.

Auch das Ensembletheater des 20. Jahrhunderts wendet sich gezielt gegen den Routinebetrieb, der bei den meisten institutionalisierten Theatern die Arbeit der Regisseure und Schauspieler beeinträchtigt; es wendet sich aber ebenso gegen das ›ensuite‹-Spiel vor allem der Boulevardtheater, die sich im 19. Jahrhundert in den Großstädten etablieren, und gegen das Tourneetheater, das im letzten Drittel des 20. Jahrhunderts die ›Bespieltheater‹ der kleineren und mittleren Städte – abseits der Theatermetropolen – bedient und sich dabei durch bekannte Serienstars gegen die Konkurrenz des Fernsehens zu behaupten sucht; und es wendet sich überhaupt gegen jeden Formen eines Startheaters, in dessen Zentrum ein oder mehrere Stars stehen, deren (Selbst)darstellung die Produktion sich unterzuordnen hat. Im Zentrum des Ensembletheaters steht ein Ensemble, das, durch bestimmte Regisseure geprägt und auf ein gemeinsames künstlerisches Konzept verpflichtet, sich teilweise durchaus als schöpferisches Kollektiv verstehend, über einen längeren Zeitraum eng zusammenarbeitet; die Produktionen werden gemeinsam erarbeitet, in langen und intensiven Proben, sorgfältig im Detail, bei ›hochkarätiger‹ Besetzung auch kleinerer Rollen und mit regelmäßiger Kontrolle und Überarbeitung der Inszenierungen; charakteristisch sind auch Eigenproduktionen von Stücken ohne direkte literarische Vorlage. Das für das 20. Jahrhundert prototypische Ensembletheater ist das 1898 durch K. S. Stanislawski und W. I. Nemirowitsch-Dantschenko gegründete und von beiden bis 1938 geleitete,

durch STANISLAWSKIs naturalistisches Theaterkonzept bestimmte Moskauer Akademische Künstlertheater. Bedeutende Ensembletheater der Zeit nach 1945 sind das Berliner Ensemble (gegründet 1949 durch H. BRECHT und H. WEIGEL, seit 1954 im
Theater am Schiffbauerdamm angesiedelt), das, BRECHTs Konzeption des epischen Theaters verpflichtet und in enger Verbindung von Theorie und Praxis, zum Aufbau einer sozialistischen
Gesellschaft in Deutschland beitragen wollte (vgl. 2.3), die Berliner Schaubühne (gegründet 1962 als Schaubühne am Halleschen
Ufer, seit 1980 Schaubühne am Lehniner Platz), vor allem unter
der künstlerischen Leitung P. STEINs (1970–84) – im Zentrum
der Arbeit stand die Erforschung und Reflexion (mit den Mitteln
des Theaters) von Geschichte und Herkunft der bürgerlichen
Gesellschaft, ihrer revolutionären Positionen und ihrer Perspektiven für die Zukunft –, und das Pariser Théâtre du Soleil (gegründet 1964 durch A. MNOUCHKINE, seit 1970 in der Cartou-
cherie von Vincennes bei Paris angesiedelt), das ebenso an Formen des japanischen und chinesischen Theaters anknüpft wie an
das elisabethanische Theater SHAKESPEAREs, die ›commedia
dell'arte‹ und das Theater MEYERHOLDs; bedeutende Eigenproduktionen waren u. a. die ›Revolutionsstücke‹ *1789* und *1793*
(1970/72), im Bereich der Oper die Komische Oper Berlin (gegründet 1947 durch Walter FELSENSTEIN) und dessen Konzept
eines realistischen Musiktheaters verpflichtet).

2.2 Neue Formen der Bühne und der Szenographie

Über die bühnentechnischen Neuerungen des späten 19. Jahrhunderts (vgl. 1.4) hinaus ermöglicht im 20. Jahrhundert vor allem die elektrische Bühnenbeleuchtung – mit ihren Punkt-, Ver-
folgungs- und Breitstrahlscheinwerfern, ihren Projektionsappa-
raten und Spiegelreflektoren – neue räumliche Konzeptionen der
Inszenierung. Bahnbrechend ist dabei die Entwicklung des ersten
›Raumtheaters‹ durch A. APPIA (Hellertal, 1911; Aufhebung der
Trennung zwischen Bühne und Zuschauerraum, Gestaltung des
Raumes durch wenige mobile Bauelemente – einfache stereometrische Formen – und den konsequenten Einsatz des Lichtes –
›Lichtregie‹). Gleichzeitig beginnt die Suche nach neuen, ›alternativen‹ Spielstätten; vor allem M. Reinhardt erschließt dem Thea-
ter eine Reihe eindrucksvoller Architektur- und Naturbühnen,

meist Freilichtbühnen, bei denen im Zusammenspiel von (historischer) Architektur, Natur und Licht ein atmosphärisch dichter szenischer Raum entsteht (1911 Uraufführung des HOFMANNS-THALschen *Jedermann* im Berliner Zirkus Schumann; es folgen 1920, zur Eröffnung der Salzburger Festspiele, *Jedermann* auf dem Salzburger Domplatz und 1922 die Uraufführung von HOF-MANNSTHALS *Salzburger Großem Welttheater* in der Salzburger Kollegienkirche, 1933 Shakespeares *Sommernachtstraum* in den Florentiner Boboli-Gärten, Wiederholungen u. a. 1934 in der Hollywood Bowl; 1933 *Faust I* in der Salzburger Felsenreitschule, in der von C. HOLZMEISTER entworfenen ›Faust-Stadt‹, einer Simultanbühne nach mittelalterlichem Vorbild u. a. m.). Auch historische Spielstätten werden wiederbelebt (so die barocken Schlosstheater in Bayreuth, Drottningholm und Ludwigsburg).

Was die Szenographie betrifft, so setzt sich mit der Perfektionierung des Bühnenillusionismus im ausgehenden 19. Jahrhundert auch das heute selbstverständliche Verfahren durch, für jede neue Inszenierung eine eigene Bühnenkonzeption und ein eigenes Bühnenbild zu entwerfen, statt die Szene durch Rückgriff auf den Fundus zu gestalten. Konsequent genutzt werden die neuen Möglichkeiten der Szenographie zuerst durch das Theater des Naturalismus (›Echtheit des Milieus‹, an der Fotografie orientierte detailgetreue Wiedergabe der Handlungsorte); daneben entfalten sich die malerischen Raum- und Landschaftsvisionen des Impressionismus. Zu Beginn des 20. Jahrhunderts setzen dann E. G. CRAIG und A. APPIA dem perfektionierten Illusionstheater erste Formen einer abstrakten Bühnengestaltung entgegen; der sogenannte ›Craigism‹ bevorzugt einfache geometrische Figuren als Grundformen der Spielfläche – quadratische, rechteckige, kreis- und ellipsenförmige Scheiben –, einfache stereometrische Bauelemente – Kuben, Zylinder etc. –, Vorhänge und ›Lichtregie‹ an Stelle gemalter Dekorationen; hinzu kommt, vor allem bei Appia, die choreographische Gestaltung der Bewegungsabläufe auf dem Theater. Das Theater des Expressionismus setzt diese Ansätze fort (Treppenbühnen, etwa die sogenannte ›Jessner-Treppe‹, so benannt nach ihrer Verwendung in L. JESSNERs Inszenierungen von Schillers *Wilhelm Tell*, 1919, und Shakespeares *Richard III.*, 1920, am Staatstheater Berlin; perspektivische Verzerrungen der Bildelemente; dazu Projektionen und Filmeinblendungen). Weitere Möglichkeiten der Szenographie werden im Rahmen des

BRECHTschen ›epischen Theaters‹ entwickelt (›Verfremdung‹; vgl. 2.3). Das ›Dritte Reich‹ bereitet diesen neuen szenographischen Formen in Deutschland zunächst ein Ende; doch greift das Theater nach 1945 die im ersten Drittel des 20. Jahrhunderts entwickelten Möglichkeiten der szenischen Gestaltung gezielt wieder auf (u. a. W. WAGNER, dessen Inszenierungen, seit 1951, an die Stilbühne Craigs, Appias und des Expressionismus anknüpfen) und baut sie konsequent aus.

Am Ende des 20. Jahrhunderts verfügt das Theater über eine breite Palette an Möglichkeiten der Bühnenkonzeption, wobei vor allem das Musiktheater – aus pragmatischen Gründen (Akustik) – an der traditionellen Guckkastenbühne (in Verbindung mit dem Rang- und Logentheater) festhält. Neben den großen Bühnen werden Zimmertheater, Proben- und Werkraumtheater genutzt; neben unterschiedlichen Formen des ›Raumtheaters‹ (z. B. Berliner Schaubühne) einschließlich der ›Arenabühne‹ (›theatre in the round‹) und des Natur- und Architekturtheaters (Stadien – z. B. 1977 K. M. GRÜBERs Inszenierung von *Hyperion: Die Winterreise*, nach HÖLDERLIN, im Berliner Olympia-Stadion –, Fabrikhallen, Hotelhallen, Scheunen etc.) werden historische Spielstätten nicht nur wiederbelebt, sondern auch rekonstruiert und nachgebaut (seit den 80er Jahren mehrere Versuche, das Londoner Globe Theatre der SHAKESPEARE-Zeit nachzubauen). Auch Theaterzelte, Straßen und Hinterhöfe werden für Aufführungen genutzt. Die ›alternativen‹ Spielorte spielen dabei v. a. im Rahmen von Festspielen und kleineren Festivals (vgl. 2.1) eine Rolle.

Nicht weniger pluralistisch sind die szenographischen Möglichkeiten des Theaters am Ende des 20. Jahrhunderts. Sie unterscheiden sich ebenso stilistisch (etwa auch in der Anlehnung an bestimmte Strömungen der bildenden Kunst vom Kubismus über die Neue Sachlichkeit bis zu Pop Art und Op Art) wie durch die Bevorzugung bestimmter Materialien (Holz, Metall, Plastik etc.), Farben (Primärfarben, gedeckte Farben, Monochromie usw.) oder Lichteffekte; hinzu kommen interästhetische und intermediale Praktiken wie die Einbeziehung von Elementen des Happenings und der Performance in das Theater oder filmische Schnitt- und Überblendungstechniken. Auch die ›leere Bühne‹ und die Offenlegung der Bühnenmaschinerie werden szenographisch genutzt. In einzelnen Fällen werden Bühnenbilder durch

prominente Maler und Bildhauer entworfen (CHAGALL, KO-
KOSCHKA, HOCKNEY, VASARELY).

2.3 Neue Konzeptionen des ›Medientextes‹ Drama und neue Theaterkonzeptionen

Die das europäische Theater der Neuzeit dominierenden Formtypen des Dramas, die ihren Ursprung in der Renaissance haben
– das (klassizistische) Drama der ›geschlossenen‹ und das durch
SHAKESPEARE und das elisabethanische Theater geprägte Drama
der ›offenen Form‹ – werden seit dem späten 19. Jahrhundert zunehmend problematisiert und sukzessive durch neue Formtypen
abgelöst, die wiederum neue Theaterkonzeptionen bedingen.
Dieser Vorgang kann in Zusammenhang mit einer Krise der bürgerlichen Gesellschaft und des bürgerlichen Individuums und
den damit verbundenen Diskontinuitätserfahrungen gesehen
werden und betrifft vor allem die Handlung (die dramatische Fabel als Möglichkeit der Weltdarstellung) und die Figurenkonzeption (autonome Subjekte als Träger der Handlung). Die Entwicklung deutet sich bereits an in WAGNERS ›Gesamtkunstwerk‹, das
einen radikalen romantischen Gegenentwurf zur Erfahrung der
Diskontinuität darstellt, in Ibsens ›analytischem Drama‹, in dem
an die Stelle der Darstellung einer Handlung deren Rekonstruktion tritt, in den Dramen TSCHECHOWS, deren Figuren nur noch
in ihren Erinnerungen leben, und in den ›Stationendramen‹
STRINDBERGS mit ihrer ›subjektiven Dramatik‹ (die Folge der Stationen wird durch ein erlebendes Subjekt zusammengehalten).
Das (soziale) Drama des Naturalismus (HAUPTMANN) versucht –
am Ende des 19. Jahrhunderts –, dem Handlungszusammenhang
und dem Handeln der Figuren durch Rückgriff auf natur- und
sozialwissenschaftliche Theorien ein neues Fundament zu geben.
Gleichzeitig entfalten das symbolistische Drama und Theater
MAETERLINCKS (*Pelléas et Mélisande*, 1893) und die lyrischen Ein-
akter und Monodramen des jungen HOFMANNSTHAL, fern aller
sozialen Problematik, eine autonome Kunstwelt symbolischer
Zeichen.

    In der Zeit nach 1900 kommt es zunächst zu wiederholten
Versuchen der Neubegründung des Dramas durch Rückgriffe auf
historische (vormoderne) und außereuropäische Modelle, so auf
die griechische Tragödie (P. ERNST), die spätmittelalterliche Mo-

ralität (HOFMANNSTHAL, *Jedermann*, 1911), das spanische ›auto sacramental‹ (HOFMANNSTHAL, *Das Salzburger große Welttheater*, 1922; CLAUDEL) oder das japanische Nô-Theater (W.B. YEATS).

Mit neuen Formtypen des Dramas experimentiert das Theater des Expressionismus (nach 1910) und der Zeit nach dem Ersten Weltkrieg. Das expressionistische ›Stationendrama‹ mit seiner radikalen ›Ich-Dramatik‹ gestaltet den Gegensatz zwischen einem isolierten ›Ich‹ und einer Welt, die ihm ›fremd‹ geworden ist (z. B. HASENCLEVER, *Der Sohn*, 1914); PISCATOR entwickelt die Revue als Form des politischen Theaters; F. BRUCKNER; u. a. *Die Verbrecher*, 1929) greift die Form der Montage auf; in PIRANDELLOS *Sei personnagi in cerca d'autore* (1921) wird die ›Unmöglichkeit‹ des traditionellen Dramas zum Thema des Dramas selbst; M. FLEISSER und Ö. v. HORVÁTH begründen das sozialkritische Volksstück; F. GARCÍA LORCA löst die ›sozialen Aktionen‹ seiner Dramen in eine durch die traditionelle Form der spanischen Romanze geprägte balladeske Folge lyrischer Situationen (»Romanzen in Aktion«) auf; T. WILDER (*Our Town*, 1938) führt den Erzähler als Spielleiter ein; E. O'NEILL, der v. a. an IBSEN anknüpft, stellt das ›analytische Drama‹ durch Rückgriff auf die FREUDsche Psychoanalyse auf eine neue Grundlage (*Mourning Becomes Electra*, 1931) – diese Linie wird in den 40er und 50er Jahren durch T. WILLIAMS und A. MILLER fortgesetzt.

Der folgenreichste Neuansatz nach dem Ersten Weltkrieg ist das ›epische Theater‹ BRECHTs. Ausgangspunkt der Brechtschen Theorie des ›epischen Theaters‹ (u. a. *Kleines Organon für das Theater*, 1948) ist die ›aristotelische Wirkungsästhetik‹ des neuzeitlichen Theaters, als deren ›Hauptpunkt‹ BRECHT die ›Einfühlung‹ des einzelnen Zuschauers in die handelnden Figuren (›Furcht und Mitleid‹, ›katharsis‹) betrachtet. BRECHT bringt diese (von ihm, historisch freilich nicht korrekt, so benannte) ›aristotelische Dramatik‹ mit der bürgerlich-liberalen Vorstellung der ›freien‹ Einzelpersönlichkeit in Verbindung; er fordert eine Lösung der Emotionen des Zuschauers von der individuellen ›Einfühlung‹: Die Emotionen, die mithin nicht ganz aus der Wirkungsästhetik des Theaters verbannt werden, sollen in Verbindung mit rationalen und kritischen Reaktionen der Zuschauer an deren spezifisches Klasseninteresse gebunden werden und damit kollektive Bedeutung erhalten. Dies bedeutet zugleich eine Änderung der pädagogischen Zielrichtung des Theaters: Während das Theater der Aufklärung das bürgerliche Individuum durch ›Furcht und Mitleid‹ ›bessern‹ will, geht es BRECHT um die Veränderung der gesellschaftlichen Verhältnisse; der Zuschauer soll im Bühnengeschehen nicht ein unabänderliches Fatum sehen, das ihn allenfalls persönlich erschüttern und ›verändern‹ kann, er soll vielmehr mit einer veränderbaren Welt konfrontiert werden und daraus Konsequenzen für das eigene politische Handeln ziehen, sich entscheiden. Das Theater wird damit zu einem Instrumentarium sozialer und politischer Veränderung im marxistischen Sinne. Diese neue, ›nichtaristotelische‹ Wirkungsästhetik des Theaters bedingt eine entsprechende dramatische Bauform, deren Strukturen von BRECHT als ›episch‹ bezeichnet werden. Grundstruktur ist dabei die ›Verfremdung‹, die eine emotionale Beteilung des Zuschauers am Bühnengeschehen verhindern und Distanz als Voraussetzung kritischer Reflexion schaffen soll. Neben die unmittelbare Darstellung des Geschehens auf der Bühne in Rede und Gegenrede der Figuren tritt dabei die argumentative Kommentierung durch den ›Erzähler‹, durch eingeschobene Songs, durch Spruchbänder bzw. auf den Bühnenvorhang (die ›Brecht-Gardine‹) projizierte Texte. An die Stelle eines streng gebauten Dramas tritt eine lockere Folge einzelner Szenen, deren jede modellhaft eine bestimmte Station der Handlung darstellt (›Stationendrama‹) und dem Zuschauer in paradigmatischer Weise etwas ›zeigt‹. Der Schluss des Stückes bleibt in einem dialektischen Sinne offen: Der Zuschauer muss die Antwort auf die im Stück aufgeworfenen Fragen selbst finden; erst in seiner (politischen) Entscheidung findet das Theaterspiel mithin seinen Abschluss. BRECHT entwickelte sein ›episches Theater‹ in mehreren Stufen: Am Anfang stehen die ›epischen Opern‹ (*Die Dreigroschenoper*, 1928; *Aufstieg und Fall der Stadt Mahagonny*, 1929 – beide in Zusammenarbeit mit K. WEILL); es folgen die ›Lehrstücke‹ (u.a. *Der Jasager und Der Neinsager*, 1929–31; *Die Maßnahme*, 1930); den Höhepunkt der Entwicklung bilden die großen Stücke der Emigrationszeit (u.a. *Leben des Galilei*, 1938/39; *Mutter Courage und ihre Kinder*, 1941). 1948 erfolgt, zur praktischen Erprobung der Theorie und ihrer Weiterentwicklung, die Gründung des Berliner Ensembles (vgl. 2.1).

Das Theater nach 1945 wird zunächst – bis in die 60er Jahre – durch das absurde Theater und durch die philosophischen (existentialistischen) Thesenstücke J. P. SARTRES und A. CAMUS' bestimmt; in der Bundesrepublik Deutschland (und in Österreich) spielen daneben die durch das ›Dritte Reich‹ verzögerte Rezeption der internationalen Entwicklung und die szenischen Parabeln M. Frischs und F. Dürrenmatts eine Rolle. Brechts ›episches Theater‹ kann sich demgegenüber nur zögerlich durchsetzen. Dies ändert sich mit den 60er Jahren, die – neben einer verstärkten Brecht-Rezeption – auch eine Reihe neuer Entwicklungen einleiten: das Dokumentarspiel (H. Kipphardt, *In der Sache J. Robert Oppenheimer*, 1964), ein zwischen dem Dokumentarspiel und dem Brechtschen Lehrstück angesiedeltes Geschichtsdrama (R. Hochhuth) und ein an M. Fleisser und Horváth anknüpfendes sozialkritisches Volksstück (M. Sperr, F. X. Kroetz, P. Turrini, F. Mitterer, T. Strittmatter). Brechts ›episches Theater‹ wird in produktiver Weise durch P. Weiss, H. Müller, P. Hacks, V. Braun u. a. fortgesetzt. Die Entwicklung seit den 70er, verstärkt in den 80er Jahren, ist v. a. durch die Abkehr vom Brechtschen Modell (T. Dorst, *Merlin oder Das wüste Land*, 1981) und durch die bewusste Auflösung und ›Zertrümmerung‹ der Handlung charakterisiert; Letztere findet sich ebenso in den späten Stücken H. Müllers (*Germania Tod in Berlin*, 1977; *Wolokolamsker Chaussee I–V*, 1985–88), in denen die Dekonstruktion und Fragmentarisierung der Handlung eine konsequente Weiterführung der ›Verfremdung‹ der Handlung in Brechts ›epischem Theater‹ darstellt, wie in B. Strauss' ›mentalem Theater‹. Auch das postmodernistische ›Spiel‹ mit vorgegebenem Textmaterial gehört zum Theater des ausgehenden 20. Jahrhunderts (H. Müller, *Die Hamletmaschine*, 1978).

Die neuen Konzeptionen des ›Medientextes‹ Drama entfalten sich durchweg im Rahmen des institutionalisierten Theaters; dabei greifen sie wiederholt auf die Möglichkeiten der ›neuen‹ Medien, vor allem des Kinos (bzw. des Films) zurück. Schon bei Wagners späten ›Gesamtkunstwerken‹ *Der Ring des Nibelungen* und *Parsifal* kann man im Hinblick auf ihr raum-zeitliches Kontinuum und die sukzessive Verwandlung der Szene bei offenem Vorhang durchaus von einer filmischen Dramaturgie avant la lettre sprechen. Gezielt eingesetzt wird der Film von Piscator in seinen politischen Revuen der 20er Jahre.

Neben neuen Konzeptionen des ›Medientextes‹ Drama entstehen im 20. Jahrhundert Formen des experimentellen Theaters, die sich, bei aller Heterogenität und in unterschiedlichster Weise, vom etablierten ›bürgerlichen‹ Theater durch die ›Rückbesinnung‹ des Mediums Theater auf seine eigenen Mittel (und deren Erweiterung) unterscheiden und insofern nicht nur ›Anti-Theater‹, sondern auch selbstreferenzielles Theater sind. Zu diesen Formen des experimentellen Theaters gehören im ersten Drittel des 20. Jahrhunderts das ›Bewegungstheater‹ CRAIGS und APPIAS und das avantgardistische Theater der jungen Sowjetunion – darunter MEYERHOLDS ›Biomechanik‹ – ebenso wie das Bauhaustheater Oskar SCHLEMMERS, das ›März-Theater‹ Kurt SCHWITTERS' oder verschiedene Formen des expressionistischen Theaters. Es folgt in den 30er Jahren A. ARTAUDS Konzept des ›Theaters der Grausamkeit‹. Formen experimentellen Theaters nach 1945 sind das ›arme Theater‹ J. GROTOWSKIS – ein Theater, »in dem der Schauspieler und das Publikum das Einzige ist, was übrig geblieben ist« –, das ›Ethnotheater‹ P. BROOKS oder E. BARBAS und das ›environment theatre‹ R. SCHECHNERS, ferner das Theater der ›kulturrevolutionären Avantgarde‹ der 60er Jahre – das ›Bread and Puppet Theatre‹, die ›Performing Group‹ oder das ›Living Theatre‹ J. BECKS und J. MALINAS mit seiner Öffnung zum Straßentheater. Neuere Formen experimentellen Theaters sind das ›Mitspieltheater‹, zu dem auch das ›dynamische Theater‹ des Darmstädter Kreises (1957–59) um die Dramaturgen C. BREMER und D. SPOERRI gehört, und das Happening. Jüngste Formen experimentellen Theaters sind durch die Öffnung zu den digitalen Medien charakterisiert, so bei der katalanischen Gruppe ›La Fura dels Baus‹.

Die Oper als Institution kann auch nach 1945 ihre Rolle als repräsentative Form des ›bürgerlichen Theaters‹ behaupten. Das den Spielplan dominierende klassisch-romantische Repertoire von MOZART über WAGNER und VERDI bis zu STRAUSS und PUCCINI wird dabei durch neue Regiekonzepte, vor allem durch das seit den 70er Jahren auch die Opernbühne erfassende Regietheater (vgl. 2.4) einem permanenten Prozess kritischer Überprüfung und aktualisierender Reinterpretation unterzogen. Erweitert wird das Repertoire in erster Linie durch den Rückgriff auf die vorklassische Oper (MONTEVERDI, HÄNDEL) und die Wiederentdeckung ›vergessener‹ (in Deutschland durch das ›Dritte Reich‹ verfemter) Werke des 19. (MEYERBEER) und frühen 20. Jahrhunderts (ZEMLINSKY, SCHREKER; von zentraler Bedeutung: die Uraufführung von SCHÖNBERGS *Moses und Aron*, Zürich 1957).

Neue Werke finden demgegenüber nur selten Eingang in das Repertoire; sie knüpfen zunächst an die ›klassische Moderne‹ der Zeit nach dem Ersten Weltkrieg an und bewegen sich zwischen Atonalität und Polytonalität, Neoklassizismus und Neobarock, Zwölftontechnik und der Verwendung exotischer Skalen, serieller, punktueller und aleatorischer Musik, stilistischer Strenge und Eklektizismus; neue Impulse kommen nicht nur aus Oratorium und Ballett, sondern auch aus dem asiatischen Theater (Nô-Theater) und den ›neuen‹ Medien wie Film und Fernsehen. Von besonderer Bedeutung sind: (1) die Literaturoper, die auf die nur geringfügig bearbeiteten Originaltexte (in der Regel quantitative Eingriffe) literarischer Dramen zurückgreift (Anfänge im frühen 20. Jh.: DEBUSSY, *Pelléas et Mélisande*; STRAUSS, *Salome* und *Elektra*; BERG, *Wozzeck* und *Lulu*); (2) neue Formen der Auseinandersetzung mit der Antike, der Aktualisierung des griechischen Theaters und seiner Stoffe; das Spektrum reicht dabei von der ›Erneuerung‹ des kultischen Theaters (ORFF) über die desillusionierende Banalisierung des Mythos (KRENEK) bis hin zu Formen der ›Verfremdung‹ und Dekonstruktion (z. B. S. MATTHUS, *Omphale*, 1976; Text: P. HACKS); (3) Formen des experimentellen Musiktheaters (v. a. in den 60er und 70er Jahren), charakterisiert durch Grenzüberschreitungen zu anderen Künsten, Collage, Einsatz multimedialer Mittel, Parodie und Verwendung ungewohnter Klangmittel und Klangkombinationen (u. a. D. SCHNEBEL und M. KAGEL).

2.4 Das Regietheater

Die neuen Möglichkeiten der Bühnentechnik, die neuen Formen der Bühne und der Szenographie, die neuen Konzeptionen des ›Medientextes‹ Drama und die neuen Theaterkonzeptionen bedingen auch neue Formen der Inszenierung. Seit Beginn des 20. Jahrhunderts (STANISLAWSKI, M. REINHARDT, Theater des Expressionismus) ist der Regisseur für die künstlerische Konzeption einer Inszenierung in allen ihren Aspekten zuständig (wobei im Ensemble- und Gruppentheater seine Rolle an das Kollektiv aller an der Inszenierung Beteiligten übergeht; vgl. 2.1). In der theatralen Inszenierung setzen sich dabei im Laufe des 20. Jahrhunderts – in bewusster Abkehr vom Bühnenillusionismus des ausgehenden 19. Jahrhunderts, dann aber auch als Konsequenz eines Prozesses der Mediendifferenzierung, als Reaktion auf das ›realistische‹ Kino (und, vor allem seit den 60er Jahren, auf das Fernsehen) – unterschiedliche Formen der Abstraktion (vgl. 2.2) und eines antiillusionistischen Theaters (BRECHTS ›episches Theater‹; vgl. 2.3) durch. Neben Formen eines ›reichen‹ Theaters und seinen ›kulinarischen‹ Inszenierungen (M. REINHARDT) behauptet sich ein ›armes‹ Theater in unterschiedlichen Ausprägungen (GROTOWSKI, aber auch P. BROOK), neben einem ›Theater der Bilder‹ entsteht ein ›Theater der Körper‹. In der zweiten Hälfte des 20. Jahrhunderts kommen die intermedialen und interästhetischen Inszenierungsformen des Happenings und der Performance hinzu.

Die Entwicklung führt in den 70er Jahren zum ›Regietheater‹. Der Begriff stammt aus der polemischen Diskussion über Möglichkeiten und Grenzen der Regie (gemessen an dem der Inszenierung zugrunde liegenden Stück), die sich parallel zur Etablierung des ›Regietheaters‹, vor allem in Deutschland, entfaltet. Der Gegenbegriff ist der eines ›werktreuen‹ Theaters, das sich an einem (in der Retrospektive deutlich verzerrten und verklärten) Bild des Theaters der 50er und 60er Jahre orientiert, an Regisseuren wie BARLOG, GRÜNDGENS, KORTNER oder STROUX, deren sparsamer Einsatz inszenatorischer Mittel – Konzentration auf den Schauspieler (›Schauspielertheater‹) und das ›dichterische Wort‹ (›Worttheater‹), klare Herausarbeitung der Grundstrukturen der Handlung – mit Abstinenz gegenüber ›willkürlichen interpretatorischen Eingriffen‹ in das Stück und seine Substanz gleichgesetzt wird. Jenseits aller Polemik ist das Regietheater eine Form des Theaters bzw. der Inszenierung, die sich seit den 70er Jahren vor allem im deutschsprachigen (inzwischen auch im angelsächsischen) Raum durchgesetzt hat und bei der, im Schauspiel wie in der Oper, vor allem das klassische Repertoire einer permanenten kritischen Überprüfung und Reinterpretation unterzogen wird. Die Inszenierungen werden dabei durchaus nicht immer vom Regisseur allein bestimmt; im Idealfall entstehen sie in enger Zusammenarbeit von Regie, Dramaturgie und Szenographie (exemplarisch hierfür sind die Frankfurter Inszenierungen von WAGNERS *Parsifal* und *Ring des Nibelungen*, 1982 und 1985–87, durch R. BERGHAUS in Zusammenarbeit mit dem Dramaturgen K. ZEHELEIN, dem Bühnenbildner A. MANTHEY und dem Dirigenten – und damaligen Intendanten der Frankfurter

Oper – M. GIELEN). Einige der Vertreter des Regietheaters sind
von Haus aus Bühnenbildner (so A. FREYER, K.-E. HERRMANN,
A. MANTHEY, H. WERNICKE), andere kommen vom Tanztheater
(R. BERGHAUS) oder dem Film (W. HERZOG). Das Regietheater
greift auf die ›verfremdenden‹ Mittel des BRECHTschen ›epischen
Theaters‹ zurück. Zu seinen Strategien gehören die diegetische
Transposition mit ihrer Verschiebung des raum-zeitlichen Kon-
tinuums (die Handlung eines Stückes wird in dessen Entste-
hungszeit oder in die Gegenwart verlegt), die damit meist verbundene pragmatische Transformation (Pistolen und Gewehre
statt Schwertern und Lanzen; Don Giovanni stirbt am Herzinfakt
oder an Aids), Eingriffe in den Motivationszusammenhang der
Stücke, die Neubewertung einzelner Figuren, die Perspektivierung des Geschehens (BEETHOVENs *Fidelio* aus der Perspektive
Roccos) und seine ›Verrätselung‹ (Änigmatisierung); Extremfall
ist die Auflösung der Handlung. Hinzu kommen intertextuelle,
interästhetische und intermediale Praktiken (Regiezitate, tänzeri-
sche Stilisierung der Bewegungsabläufe, Orientierung am Film).
Wesentliche Anregungen bezieht das Regietheater aus Psychoanalyse, marxistischer Gesellschaftstheorie und Postmodernis-
mus bzw. Poststrukturalismus.

3. Das Theater des 20. Jahrhunderts in den Medien

Bei den Medialisierungen des Theaters in den ›neuen‹ Medien
des Kinos, des Radios und des Fernsehens müssen (im Anschluss
an H. SCHANZE) prinzipiell drei Formen unterschieden werden:
(1) die mediale Transformation als Umsetzung eines für das Medium des Theaters bestimmten ›Textes‹ (Drama, Oper etc.) in einem anderen Medium und mit dessen Mitteln; hierher gehört
vor allem der Theater- und Opernfilm (vgl. 3.1); (2) die mediale
Transposition, bei der nicht ein ›Medientext‹, sondern seine szenische Realisierung (Inszenierung bzw. Aufführung) aus dem
Medium des Theaters in ein anderes Medium transponiert, ›ver-
setzt‹ wird und die mithin die Medialisierung einer Medialisierung darstellt; hierher gehören die ›Aufführungsreportagen‹ (z.B.
Live-Übertragungen von Aufführungen im Radio oder im Fernsehen, Aufzeichnungen etc.; vgl. 3.2); und (3) die mediale Trans-
figuration, bei der im anderen Medium nicht ein bestimmter
›Medientext‹, sondern die ihm zugrunde liegende ›Geschichte‹

(der ›mythos‹ im aristotelischen Sinne) – oder auch ›nur‹ das ›Geschehen‹ – realisiert wird (z. B. K. Koch/J. Renoir/L. Visconti, *Tosca*, 1942). Im Folgenden wird ein Überblick über die Medialisierungen des Theaters in Film und Fernsehen geboten; die Medialisierungen des Theaters im Radio (das Drama als Hörspiel, dominierend vor allem in den ersten Jahren der Hörspielgeschichte, 1924ff. – wiederbelebt in den 90er Jahren durch das ›Hörbuch‹ –, und die Rundfunkaufnahmen von Opern, die vor allem in der Zeit vor der Etablierung der Langspielplatte, bis in die 50er Jahre, eine beachtliche Rolle spielten; daneben Opernübertragungen und -aufzeichnungen) seien hier lediglich erwähnt.

3.1 Der Theater- und Opernfilm

Der Spielfilm ist nicht nur in seinen Anfängen (Méliès), schon aufgrund seiner eingeschränkten technischen Möglichkeiten (die ›festen‹ Einstellungen), ›verfilmtes Theater‹; er greift auch von Anfang an auf die Erfolgsstücke des Theaters zurück (Méliès, *Les aventures de Guillaume Tell*, 1898; *Faust* und *Le barbier de Seville*, 1904; Pathé bzw. L. Nouguet, *Guillaume Tell*, 1903; W. Fox, *Carmen*, 1916; C. De Mille, *Carmen*, ebenfalls 1916; E. Lubitsch, *Carmen*, 1918; *Madame Dubarry*, 1919). Dabei handelt es sich bei den Theater- und Opernfilmen der Stummfilmzeit – aufgrund der fehlenden Tonspur – ausschließlich um filmische Transfigurationen; Höhepunkte dieser ersten Phase in der Geschichte des Theater- und Opernfilms sind Svend Gades und H. Schalls *Hamlet* (1920, mit Asta Nielsen in der Titelrolle), Murnaus *Faust*-Film (*Faust – Eine deutsche Volkssage*, 1926, mit Motiven des Goetheschen *Faust*) und R. Wienes *Rosenkavalier* (1926, Drehbuch: Hofmannsthal, musikalische Arrangements: Strauss). Die filmische Transformation von Dramen und Opern wird erst mit dem Tonfilm möglich. Exemplarische Bedeutung für die Entwicklung der Gattung des Theaterfilms – im Sinne filmischer Transformationen – kommt dabei den Shakespeare-Verfilmungen L. Oliviers (*Henry V*, 1944; *Hamlet*, 1948; *Richard III*, 1956; *Othello*, 1965), O. Welles' (*Macbeth*, 1948; *Othello*, 1951; *Chemes at Midnight* [*Falstaff*], 1966), F. Zeffirellis (*The Taming of the Shrew*, 1966; *Romeo and Juliet*, 1968; *Hamlet*, 1990), G. Kosintsevs (*Hamlet*, 1964) und K. Branaghs (*Henry V*, 1989; *Much Ado About*

Nothing, 1993; *Hamlet*, 1995) zu; herausragende neuere SHAKE-SPEARE-Verfilmungen sind B. LUHRMANNs *William Shakespeare's Romeo and Juliet* (1996) und Michael HOFFMANs *William Shakespeare's A Midsummer Night's Dream* (1999). Exemplarische Opernfilme sind M. OPHÜLS' *Verkaufte Braut* (1932), Michael POWELLS *The Tales of Hoffman*[n] (1951), W. FELSENSTEINS *Fidelio* (1956), Joseph LOSEYS *Don Giovanni* (1979), ZEFFIRELLIS *La traviata* (1982) und *Otello* (1986), F. ROSIS *Carmen* (1984) und SYBERBERGS *Parsifal* (1982).

Die Bedeutung dieser filmischen Transformationen liegt in der Art und Weise, wie sie spezifische Möglichkeiten des Films nutzen, die dem Theater nicht zur Verfügung stehen:

(1) Eine spezifisch filmische Raumkonzeption, die sich von den räumlichen Möglichkeiten der Theaterbühne grundsätzlich unterscheidet, erzeugt einen einheitlichen und kontinuierlichen Raum, der in keiner Einstellung des Films ganz gegeben ist, der vielmehr sukzessive entsteht und sich in der Zeit entfaltet, wobei in der Wahrnehmung gleichwohl stets ein Bewußtsein seiner Einheitlichkeit vorhanden ist. Die Film-Theorie hat hier von einer >filmischen Raum-Zeit< (W. DADEK), von einer >Verzeitlichung des Raumes< – »temporalization of space« (E. PANOVSKY) – und einer entsprechenden >Verräumlichung der Zeit< (A. HAUSER) gesprochen. Im Opernfilm entsteht diese >filmische Raum-Zeit< in engem Zusammenwirken mit der Musik; jeder Opernfilm hat seine eigene musikalische >Raum-Zeit<, seinen musikalisch strukturierten >Chronotopos< (ein Begriff aus der Romantheorie M. BACHTINS), und dieser musikalisch strukturierte >Chronotopos< gibt dem Film eine atmosphärische Dichte und Geschlossenheit, die Bühneninszenierungen selten erreichen. Eine besondere Rolle spielen in diesem Zusammenhang >reale< Drehorte und Außenaufnahmen. Doch ist es letztlich nicht von entscheidender Bedeutung, ob dem >Chronotopos< des Theater- und Opernfilms eine >realistische< Raumkonzeption zugrunde liegt oder ob es sich um einen künstlichen (und >symbolischen<) Raum handelt (L. OLIVIERs *Hamlet*, O. WELLES' *Macbeth*, SYBERBERGS *Parsifal* mit der ins Überdimensionale vergrößerten Totenmaske WAGNERs als Handlungsraum des Filmes). Auch >reale< Räume können im Theater- und Opernfilm, bei Letzterem im Zusammenwirken mit der Musik, zu >symbolischen< Räumen werden (O. WELLES' *Othello*, die Paris-Bilder in ZEFFIRELLIS *Tra-*

viata, LOSEYs *Don Giovanni*). Zum ›Chronotopos‹ des Theater-
und Opernfilms gehört auch, dass er die Umsetzung dramatischer (musikalisch-dramatischer) Bewegung als extensive Bewegung im Raum ermöglicht (O. WELLES' *Macbeth* und *Othello*; das
Duett Micha-Kezal in OPHÜLS' *Verkaufter Braut*, von diesem als
Parforce-Ritt zu Pferde inszeniert, bei dem die Kamera kaum
mithalten kann).

(2) Die raum-zeitliche Entfaltung seelischer Innenräume in
Formen des ›Zeit-Bildes‹ (G. DELEUZE) basiert auf Bildkonzep-
tionen, in denen die Subjektivität, die Innerlichkeit der Figuren,
der seelische ›Innenraum‹, in dem sie leben, sich bewegen, sich
verändern, ihre Erinnerungen, ihre Träume bildliche Gestalt gewinnen (extensiv genutzt in FELSENSTEINs *Fidelio*-Film – ›Erinnerungsbilder‹, ›Traumbilder‹, auch ›Kristallbilder‹; exemplarische
›Erinnerungsbilder‹ auch in Bondartschuks Verfilmung von
PUSCHKINs *Boris Godunov*, 1986).

(3) Die von EISENSTEIN entwickelte ›filmische Metapher‹
(ebenfalls in FELSENSTEINs *Fidelio* – Pizarro-Arie) ist eine Variante des ›Zeit-Bildes‹.

(4) Wirkungsvoll eingesetzt werden die typischen Verfahrensweisen filmischen Erzählens: Analepsen und Prolepsen als zeitliche Rückgriffe und Vorgriffe, zeitliche Syllepsen (durch Parallel-
montage kann verdeckte Handlung sichtbar gemacht werden),
Verhältnisse der Achronie (im Falle der bereits erwähnten filmischen Metaphern). Im Opernfilm bieten Vor- und Zwischenspiele darüber hinaus Anlass zum filmischen ›récit sommaire‹ oder zu
deskriptiven Pausen (ausgedehnten Architektur- und Land-
schaftsbeschreibungen). Ein wohlkalkulierter Wechsel der Einstellungsgröße führt den Zuschauer mehr oder weniger dicht an
das Geschehen heran, Aufnahmen mit der ›subjektiven Kamera‹
vermitteln ihm die Perspektive einer Figur etc.

Auffallend ist, dass der Theater- und Opernfilm die Möglichkeiten der diegetischen Transposition (G. GENETTE) – gemeint ist
die Verlegung der Handlung aus einem ›historisch-geographi-
schen Rahmen‹ in einen anderen, von einer Epoche in eine andere, *verbunden* mit einem Wechsel des sozialen Milieus – nicht in
der extensiven Weise nutzt, wie die Bühnenpraxis, bei der diese
Möglichkeiten zeitweise geradezu das Standardverfahren der ›Regietheater‹ (vgl. 2.4) darstellten (eindrucksvolle Beispiele der jüngeren Zeit sind immerhin LUHRMANNs *Romeo and Juliet* und M.

HOFFMANs *Midsummer Night's Dream*). Diese Zurückhaltung mag mit einer Tendenz des Films zu Darstellungskonventionen zusammenhängen, die der Tradition des ›Realismus‹ verpflichtet sind, einer Tendenz, der in der Filmtheorie ein ›Realismus-Postulat‹ bzw. nachgerade ein ›Realismus-Dogma‹ entspricht (KRACAUER).

Vereinzelt, vor allem in den 50er Jahren, werden Theaterfilme auch als filmische Transpositionen exemplarischer Bühneninszenierungen realisiert; hierher gehören die Verfilmungen einiger Inszenierungen des Wiener Burgtheaters der 50er Jahre (*Wilhelm Tell*, J. GIELEN/A. STÖGER, 1956; *Maria Stuart*, L. LINDTBERG/STÖGER, 1959), die Verfilmung der Hamburger *Faust I*-Inszenierung durch GRÜNDGENS (P. GORSKI, 1960) und die Opernfilme P. CZINNERs (*Don Giovanni*, 1955; *Der Rosenkavalier*, 1960; beides Verfilmungen von Inszenierungen der Salzburger Festspiele).

3.2 Theater und Oper im Fernsehen

Auch das Fernsehen greift, seit seinen Anfängen, in unterschiedlicher Weise auf das Theater zurück. Die Skala der heute üblichen Produktions- und Sendeformen entfaltet sich zwischen zwei Grundformen von polarer Gegensätzlichkeit: (1) dem Theater- und Opernfilm mit dem Kinofilm, für den das Fernsehen Distributionsmedium sein kann (vgl. 3.1), und dem für das Fernsehen (oder ›amphibisch‹, im Hinblick auf die mediale Mehrfachverwertung, in enger Kooperation mit dem Fernsehen) produzierten Theater- und Opernfilm (in sehr unterschiedlichen Ausprägungen – bei P. ZADEK, H. NEUENFELS, SYBERBERG, I. BERGMAN, R. BERGHAUS u. a.); und (2) der Fernsehadaption einer Theateraufführung, der ›Aufführungs-Reportage‹ (G. FRIEDRICH). Der Terminus ›Aufführungs-Reportage‹ bietet sich dabei insofern an, als sich ihm zum einen verschiedene Möglichkeiten subsumieren lassen – die Live-Übertragung ebenso wie die elektronische Aufzeichnung einer Aufführung, zum anderen aber, weil er auf die dokumentarische Funktion dieser Art der Fernsehadaption einer Oper hinweist. Regelfall der ›Aufführungs-Reportage‹ ist heute die Aufzeichnung einer Aufführung (mit Publikum) bei zeitversetzter Sendung, wobei der zeitliche Abstand zwischen Aufführung (und Aufzeichnung) und Sendung sich zwischen wenigen

Tagen und vielen Monaten (im Falle von Wiederholungen auch Jahren) bewegen kann; die Live-Übertragung, mit zahlreichen Unwägbarkeiten verknüpft, hingegen ist Aufführungen mit besonderem ›event‹-Charakter (etwa Festspielpremieren) vorbehalten; meist handelt es sich ohnehin um simulierte Live-Übertragungen, bei denen die Aufzeichnung der Generalprobe zeitgleich mit der Aufführung im Theater gesendet wird. Die Reihe weiterer Produktions- und Distributionsformen, die sich zwischen diesen Polen des Theater- und Opernfilms und der ›Aufführungs-Reportage‹ entfaltet, ist im Wesentlichen durch Interferenzen und Mischformen bedingt. Hierzu gehören, als Varianten der ›Aufführungs-Reportage‹, produktionsästhetisch in unterschiedlicher Weise dem Theater- und Opernfilm angenähert, die verschiedenen Formen der Fernsehadaption einer Bühneninszenierung (der Inszenierung im Gegensatz zur einzelnen Aufführung), nämlich (a) die Fernsehadaption einer Bühneninszenierung auf der Basis der Aufzeichnung mehrerer Aufführungen (mit Publikum); (b) die im Theater (aber ohne Publikum) takeweise (bei der Oper fakultativ unter Anwendung eines ›play back-Verfahrens‹) vorgenommene Aufzeichnung einer Inszenierung; und (c) die Studioadaption einer Inszenierung.

Neben dem Theater- und Opernfilm einerseits und den verschiedenen Formen der ›Aufführungs-Reportage‹ andererseits gab es bis weit in die 60er Jahre als weitere prinzipielle Möglichkeit noch (3) die im Studio produzierte Fernsehinszenierung (Theater im Fernsehen als Fernsehspiel), die der Entwicklung des Fernsehens zum Opfer gefallen ist. Bei den Studioproduktionen der Oper standen dem Fernsehen dabei als alternative Techniken ein ›Live-Verfahren‹ und ein ›play back-Verfahren‹ zur Verfügung, wobei das ›play back-Verfahren‹ zusätzlich noch mit der sogenannten ›Doublierungs-Technik‹ gekoppelt werden konnte. Diese ›Doublierungs-Technik‹, deren sich heute P. WEIGL in seinen für das Fernsehen produzierten Opernfilmen bedient, war vor allem eine Spezialität der Fernsehinszenierungen K. WILHELMS. Vor- und Nachteile der in unterschiedlicher Weise mit technischen und ästhetischen Problemen behafteten Verfahrensweisen der Studioproduktion waren das zentrale Thema der Diskussion über Theater im Fernsehen bis in die 60er Jahre.

Mit den Studioproduktionen ist auch die sogenannte ›Fernsehoper‹ von den Bildschirmen verschwunden. Sie ist nicht nur aufgrund der produktionstechnischen und ästhetischen Entwicklung des Fernsehens obsolet geworden, sondern auch aufgrund der ästhetischen und distributionellen Grenzen dieses Genres selbst, für das immerhin zeitweise Komponisten wie MENOTTI, SUTERMEISTER, EGK und BRITTEN gearbeitet haben. Der ›Fernsehoper‹ als einem speziell für die Aufführung im Fernsehen komponierten Werk (meist handelte es sich um Auftragswerke) waren insofern ästhetisch enge Grenzen gesetzt, als sie eine kammermusikalische Komposition bei absoluter Textverständlichkeit für ein Massenpublikum ohne Textbuch erforderte und, da das Orchester unsichtbar bleiben musste, der Musik letztlich nur eine ›illustrative‹ Funktion zubilligen konnte. Hinzu kam das Problem der Distribution – die ›Fernsehoper‹ litt »unter dem Zwang, sich unter Umständen durch eine einzige Sendung qualifizieren zu müssen« (BERTZ-DOSTAL, 1970, S. 525). Das aber widerspricht grundsätzlich dem Rezeptionsverhalten des Opernpublikums. 95 % der insgesamt 110 ›Fernsehopern‹, die H. BERTZ-DOSTAL in ihrer grundlegenden Untersuchung dieses Genres registriert, sind nur einmal inszeniert und gesendet worden. Die große Ausnahme bildet das prototypische Werk der Gattung, MENOTTIs *Amahl and the Night Visitors*, das seit seiner Uraufführung durch die NBC an Weihnachten 1951 international (!) für das Fernsehen 19 mal inszeniert und 49 mal ausgestrahlt wurde. Den Weg vom Bildschirm auf die Opernbühnen haben nur die Werke etablierter Komponisten gefunden, wie eben MENOTTI oder BRITTEN.

Bei den ›Aufführungs-Reportagen‹ handelt es sich – im Gegensatz zu den filmischen Transformationen – um intermediale Transpositionen, die eine Bühneninszenierung mit den (genuin filmischen) Mitteln des Fernsehens ›nacherzählen‹. Die Kamera wird dabei zu einem ›Modell-Zuschauer‹ (in Anlehnung an ECOs Begriff des ›Modell-Lesers‹), der die Aufführung stellvertretend für die Zuschauer vor den Fernsehbildschirmen ›sieht‹; die im Theater- und Opernfilm dominierende Funktion der Kamera als Erzählinstanz ist demgegenüber von sekundärer Bedeutung.

Die ästhetischen Defizite der ›Aufführungs-Reportagen‹ sind im Laufe der letzten Jahrzehnte hinreichend diskutiert worden. Sie sind zu einem beträchtlichen Teil durch die defizitären ästhetischen Möglichkeiten des Fernsehens bedingt, wie z. B. den aufgrund des kleinen Bildschirms und der schlechten Bildauflösung notwendigen weitgehenden Verzicht auf die Totale, der dem Fernsehzuschauer oft die räumliche Orientierung in einer Inszenierung erschwert, und die Verfremdung der Farben- und Beleuchtungsskala. Teilweise sind diese Defizite aber auch im Aufzeichnungs- und Produktionsverfahren selbst bedingt; so den – bei der Aufzeichnung mit fünf bis sieben fest postierten Kameras – mit jedem Schnitt verknüpften Wechsel der Perspektive, der den konventionellen Anschlussregeln widerspricht, da er technisch, aber nicht ästhetisch motiviert ist, den bei Nah- und Großaufnahmen mit dem ›Sprung über den Orchestergraben‹ mittels Teleobjektiv bzw. Zoom einhergehenden Verlust an räumlicher Tiefenwirkung oder die mit Aufnahmen von den oberen Rängen verknüpfte ›Vogelperspektive‹, die in der Regel ebenfalls nicht ästhetisch motiviert ist – es sei denn, sie werde, kompensatorisch, zur Verdeutlichung der Bühnentiefe eingesetzt.

Eine genaue Vorbereitung der Aufzeichnung kann diese Defizite bis zu einem gewissen Grade ausgleichen und im kalkulierten Wechsel der Einstellungsgröße und der Kameraperspektive und durch exakt gesetzte Schnitte eine angemessene Bild-Dramaturgie erreichen. In keinem Fall kann die ›Aufführungs-Reportage‹ eine Aufführung konservieren oder abbilden; sie ist immer mit dem Verlust der Unmittelbarkeit und der ›Aura‹ der Aufführung behaftet.

Spezielle Probleme, die sich bei ›Aufführungs-Reportagen‹ von Opern zusätzlich stellen – und für die es letztlich keine probaten Lösungen gibt –, sind (1) das Problem der bildlichen Umsetzung der Ouvertüren (und überhaupt der sinfonischen Teile der Opernpartitur), (2) das Problem der bildlichen Umsetzung der Chor- und Ensembleszenen, der operntypischen ›Massenszenen‹ also, und (3) das Problem der bildlichen Umsetzung der Arien.

Trotz ihren Defiziten, trotz allen Problemen und trotz aller Kritik ist die ›Aufführungs-Reportage‹ heute die quantitativ vorherrschende Produktions- und Distributionsform des Theaters und der Oper im Fernsehen; tatsächlich sind mehr als 90 % der Sendungen ›Aufführungs-Reportagen‹. Dies ist nicht nur darin begründet, dass die ›Aufführungs-Reportage‹ eine größtmögliche Zahl von Zuschauern, wenn auch nur mittelbar, an einem theatralen Ereignis partizipieren lässt, sondern vor allem in ihrer Dokumentationsfunktion: Sie dokumentiert das theatrale Ereignis,

entreißt es der Flüchtigkeit des Augenblicks und schreibt es dem
kulturellen Gedächtnis der Gesellschaft ein.

JÜRGEN KÜHNEL

Literatur

H. KINDERMANN, Theatergeschichte Europas, 10 Bde., Salzburg
1957–74. – H. BERTZ-DOSTAL, Oper im Fernsehen, 2 Bde., Wien
1970. – H. KREUZER/K. PRÜMM, Fernsehsendungen und ihre Formen,
Stuttgart 1979. – G. FRIEDRICH, Die Oper zeigt sich in den Medien
von einer neuen Seite, in: Oper 1985, Zürich 1985, S. 75–77. – B. LAR-
GE, Oper fürs Fernsehen, in: Oper 1985, Zürich 1985, S. 78–80. – G.
DELEUZE, Kino 2. Das Zeit-Bild, Frankfurt a. M. 1990. – E.
FISCHER-LICHTE, Geschichte des Dramas, 2 Bde., Tübingen 1990. – E.
FISCHER-LICHTE, Kurze Geschichte des deutschen Theaters, Tübin-
gen/Basel 1993. – R. BOLWIN/P. SEIBERT (Hg.), Theater und Fernsehen. Bilanz einer Beziehung, Opladen 1996. – S. BECKER, Die Fern-
seharbeiten Peter Zadeks der sechziger und siebziger Jahre. Zur Koevolution der Medien Theater und Fernsehen, Stuttgart 1997. – G.
GENETTE, Die Erzählung, München ²1998. – K. KALCHSCHMID, Oper
im Film – näher an der Wahrheit? In: Opernwelt, Jg. 1998, H. 4, S.
17–25. – I. LEMKE (Hg.), Theaterbühne – Fernsehbilder. Sprech-,
Musik- und Tanztheater im und für das Fernsehen, Anif/Salzburg
1998. – S. NUY, Arthur Schnitzler ferngesehen. Ein Beitrag zur Geschichte des Theaters im Fernsehen der Bundesrepublik Deutschland (1953–1989), Münster/New York u. a. 2000. – P. CSOBADI/G.
GRUBER/J. KÜHNEL/U. MÜLLER/O. PANAGL/F. V. SPECHTLER (Hrsg.),
»... ersichtlich gewordene Taten der Musik«. Das Musiktheater in den
audiovisuellen Medien, Anif/Salzburg 2001.

Mediengeschichte der Musik

1. Vorüberlegungen

Das Thema Mediengeschichte der Musik ist in vielfacher Hinsicht interdisziplinär. Es ereignet sich dort, wo Medienwissenschaft, Geschichtswissenschaft und Musikwissenschaft sich treffen. Ein zentraler Aspekt der Thematik wird durch den Begriff ›Medien‹ verdeutlicht. Bei Medien handelt es sich zunächst ganz allgemein um Hilfsmittel, die den Menschen zur Bewältigung bestimmter kommunikativer Aufgaben dienen und damit um kulturelle Errungenschaften. In einem speziellen und eingeschränkten Sinn dienen Medien der Aufnahme, Übertragung und Wiedergabe von Information. Der Medienbegriff besitzt aber noch sehr viele andere Bedeutungsfacetten und ist in Zusammenhang mit Musik problematischer, als er auf den ersten Blick zu sein scheint. Bücher, Musikinstrumente oder Fernsehgeräte werden als Medien angesehen, ohne dass darüber viel Diskussion notwendig wäre. Wie ist es aber bei der Frage, ob Musik als Medium anzusehen ist, oder gar ein musizierender Mensch? Wenn man von der Definition ausgeht, dass ein Medium ein Hilfsmittel ist, das der Aufnahme, Übertragung und Wiedergabe von Information dient, dann ist man zunächst geneigt, allein Objekte und Sachen als Medien anzusehen. In diesem Sinne besteht kein Zweifel darüber, dass ein CD-Wiedergabegerät als Medium anzusehen ist, ebenso wie der Tonträger, auf dem Musik oder andere akustische Information gespeichert ist. Wie verhält es sich aber mit der Musik, die auf dem Tonträger gespeichert ist? Ist sie ein Medium?

Wenn ein Komponist ein geistliches Werk nach Worten aus der Bibel schafft, dann dient die Musik dazu, Emotionen, intellektuelle Eindrücke und andere mit den Worten der Sprache nicht unmittelbar erfassbare Wirkungen des Bibeltextes in die besondere Sprache der Musik zu übersetzen und den Zuhörern zu vermitteln. Sie ist damit ein Hilfsmittel, den Bibeltext auf spezifische Weise den Menschen nahe zu bringen, die über die Möglichkeiten der gesprochenen Sprache weit hinausgehen, sie ist ein Medium. Aber auch andere Medien sind in diesem Beispiel daran beteiligt, die Intentionen und Emotionen des Komponisten sowie

seiner musikalischen Ideen den Menschen zu übermitteln, an die
sie gerichtet sind. Der Komponist wird seine Ideen in Form von
Noten zu Papier gebracht haben, womit zwei weitere beteiligte
Medien angesprochen sind, nämlich Notenschrift und Papier als
Trägermedien. Es müssen aber die Notensymbole auch in erklingende Musik umgewandelt werden, wozu wiederum Hilfsmittel
oder Medien nötig sind: Musikinstrumente, Notenpulte, verviel-
fältigtes (gedrucktes) Notenmaterial, ein Aufführungsraum und
nicht zuletzt Menschen, welche die Musik zum Erklingen bringen, also Instrumentalisten, Sänger und ein Dirigent als musikalischer Koordinator bei einem größeren Klangkörper. Im Sinne der
Definition, dass ein Medium ein Hilfsmittel zur Aufnahme,
Übertragung und Wiedergabe von Information ist, muss demnach auch der Mensch als Medium angesehen werden, denn er
nimmt als Musiker den Notentext auf, setzt ihn mit Hilfe seines
Instrumentes oder seiner Stimme in Töne um (ein Notentext ist
auch eine musikalische Handlungsanweisung), gibt damit die
Musik wieder und überträgt sie auf den Zuhörer, wobei Luft als
Trägermedium der Schallwellen dient. Wenn ein Mensch jedoch
als Medium bezeichnet wird, so hat dies oft eine esoterische und
metaphysische Nebenbedeutung, die den Rahmen wissenschaftlicher Argumentation gelegentlich überschreitet. Setzt man den
hier begonnenen Gedanken radikal fort, dann kann man die Ge-
genfrage stellen, was denn *kein* Medium ist. Vielleicht ist die vor-
geschlagene Definition falsch?

    Die hier angedeutete und nicht abgeschlossene begriffliche
Klärung des Medienbegriffs zeigt spezifische Schwierigkeiten
auf, die damit zusammenhängen, dass zur Definition des Medienbegriffs wiederum ein übergeordnetes Medium notwendig
ist: die menschliche Sprache. Sie ist in zwei weit verbreiteten Formen besonders bekannt: als Umgangssprache und als Wissen-
schaftssprache. Die Sprache reflektiert einerseits die aktuelle Situation und Lebenspraxis der Menschen, andererseits ist sie ein
historisch überliefertes Medium, das ›immer schon da ist‹ und
eine vergangene, d. h. historische Lebenspraxis widerspiegelt.
Sprache drückt nicht nur eine spezifische Wahrnehmung der
Welt aus, sondern sie beeinflusst auch die Wahrnehmung und hat
damit eine apriorische Funktion, wie sich besonders im interkul-
turellen Sprachvergleich zeigt. Unterschiedliche Sprachen repräsentieren auch unterschiedliche Weltanschauungen. Die Sprache

ist zudem ein Medium, ohne das ein Zusammenleben der Menschen sich nicht organisieren und koordinieren lässt, sie ist eine notwendige Bedingung allen sozialen Lebens. Damit darf auch die metatheoretische Funktion, welche die Sprache bei der Behandlung des vorliegenden Themas einnimmt, nicht übersehen und vernachlässigt werden.

So wie sprachliche Zeichen und Symbole nur Abbilder der Welt, nicht aber die Welt selbst sind, so stellen auch Medien nur Abbilder und Teile der Welt dar. Auch in der Mediengeschichte der Musik sind sie Hilfsmittel, mit denen partielle Abbilder der Musik aufgenommen, übertragen und wiedergegeben werden können. Medial vermittelte Musik in Radio, Fernsehen und anderen Massenmedien ist stets nur eine Abbildung, nie aber ein originales Ereignis. Sie nimmt in unserer Zeit eine rein quantitativ dominierende Funktion gegenüber Musik als direktem und interpersonalem Ereignis (etwa im Konzertsaal) ein, d. h. der größte Teil der heute erlebten und dargebotenen Musik ist eine technische Reproduktion und nicht ein Original, eine Abbildung und kein unvermitteltes, direktes Musikerlebnis. Bei medial vermittelter Musik hören die Menschen folglich keine direkte Musik, sondern eine technische Reproduktion bzw. eine Abbildung von Musik. Es ist ein trivialer und zugleich elementarer Unterschied, ob ich mir ein Kaminfeuer im Fernsehen ansehe oder mich an einem Kaminfeuer wärme und direkt vor ihm sitze. Einen analogen Unterschied zwischen einem unvermittelten direkten Musikerlebnis und medial vermittelter Musik machen die Menschen heute meist nicht mehr, weil die technisch reproduzierte akustische Abbildung von Musik ihnen häufig erlebnismäßig vertrauter ist als das Original und sie es für das Original nehmen. Musik ist aber umfassender als medial vermittelte Musik, sie ist ein interpersonales, unmittelbares soziales und kulturelles Phänomen ebenso wie die Sprache, nur hat sie eine andere Qualität.

Die Betrachtung von Musik im Zusammenhang mit Medien kann leicht zu einer Verdinglichung (Reifikation) führen, die dem Wesen von Musik in vieler Hinsicht widerspricht. Musik ist nicht etwas für alle Zeiten Fixiertes und Starres, wie etwa der musikalische Werkbegriff gelegentlich suggeriert (W. SEIDEL, 1987), der wiederum auf der schriftlichen Fixierung von Musik in Notenschrift basiert. Zwar besitzt die in Schriftsymbolen festgehaltene musikalische Form eine gewisse Unveränderlichkeit, die sich demgegenüber in der akustischen, flüchtigen, erklingenden und ursprünglich wesentlichen Form der Musik nicht findet. Der Notentext ist ein stummes und in gewissen Grenzen isomorphes Abbild der erklingenden Musik und damit keine Musik im ursprünglichen und wesentlichen Sinn, sondern ein mediales Vorstadium von Musik. Ebenso ist eine Compact Disc keine Musik, sondern ein Träger musikalischer akustischer Information, der mit Hilfe einer geeigneten Abspielapparatur erklingende Musik erzeugen kann. Aus einem Notentext wird erst dadurch Musik, dass ein Mensch ihn als Handlungsanweisung mit Hilfe eines Musikinstrumentes in erklingende Musik umsetzt. (Von der heute technisch möglichen Sondersituation, Notentext mit Hilfe eines speziellen Scanprogramms in Computerdateien umzuwandeln und diese dann mit einem Sequenzerprogramm und angeschlossenem Tonerzeugungsmodul in erklingende Musik umzuwandeln, sei hier abgesehen. Nur mit außerordentlichem Zusatzaufwand programmiertechnischer Art ist es möglich, das dabei entstehende akustische Produkt einigermaßen ›musikalisch‹ und ›human‹ klingen zu lassen.) In der musikwissenschaftlichen Praxis setzt sich inzwischen immer mehr die Auffassung durch, Musik nicht als eine unveränderliche und starre ›Sache‹ anzusehen, sondern vielmehr als ein Kommunikat in einem umfangreichen und sehr differenzierten Kommunikationsprozess (H.-P. REINECKE, *Kommunikative Musikpsychologie*, 1975). Dadurch wird eine Reihe hartnäckiger musikwissenschaftlicher Probleme umgangen, die entstehen, wenn die gesellschaftlichen und kulturellen Zusammenhänge von Musik und die damit verbundenen Kommunikationsstrukturen und -prozesse ausgeblendet und der wissenschaftlichen Untersuchung a priori entzogen werden. Musik besitzt einen wesentlich dynamischen und prozesshaften Charakter, nicht einen statischen. Hinzu kommt, dass die Musikwissenschaft von der Linguistik lernen kann, nicht von einem normativen Ansatz auszugehen, sondern vielmehr von einem deskriptiven (D. CRYSTAL, 1998), der den tatsächlichen differenzierten Verhältnissen wesentlich angemessener ist. Dies gilt auch für die Verbindung von Musik und Medien. Musik entwickelt sich in Verbindung mit Medien und außermusikalischen Gegebenheiten weiter, mit denen sie verknüpft ist. Ebenso entwickeln sich auch Medien, mit denen die Musik verknüpft ist, unter dem

Einfluss von Musik weiter. Für die wissenschaftliche Untersuchung erweist es sich besonders bei interdisziplinären Themen als vorteilhaft, nicht von einem reifizierten Musikbegriff auszugehen, sondern vielmehr von einer dynamischen Betrachtungsweise, die durch eine Variation der Denkmodelle gekennzeichnet ist. Je nach zugrunde gelegtem Denkmodell werden verschiedene Ansichten von Musik deutlich. Ein solcher Ansatz kann als metatheoretisch orientiert gekennzeichnet werden (H. W. BUROW, 1979).

In das Thema Mediengeschichte der Musik gehen Aspekte ein, welche den gesamten musikwissenschaftlichen Forschungsbereich umfassen. Stichwortartig seien hier nur einige genannt: Mensch als Medium (Musikerbiographien), Musikinstrumente und ihre Geschichte, Entwicklung der Notenschrift, Entstehung der Schallaufzeichnung (Phono, Magnetophon, Lichtton – Tonfilm), Verknüpfung der Schallaufzeichnung mit der optischen Ebene (Film, Video, Multimedia), Verknüpfung von Musik mit Literatur (Kunstlied), mit religiösen Texten und Handlungen (Sakralmusik), mit Alltagssprache (Populäre Musik, Rockmusik etc.), mit Libretti (Oper, Musical), mit Bildern, Kultur und Natur (Programm-Musik, Kunstgeschichte). Als Medien im Zusammenhang mit Musik seien hier einige Beispiele genannt, ohne dass diese Aufzählung vollständig ist: Abbildungen von musikalischen Ereignissen, schriftliche Musikdokumente wie Handschriften, Tabulaturen, Notentexte, in neuerer Zeit auch Tonträger, audiovisuelle und multimediale Datenträger. Die Zahl wird noch größer, wenn nicht nur direkt musikbezogene Medien berücksichtigt werden, sondern auch indirekt bzw. mittelbar auf Musik bezogene Medien, wie etwa Presseinterviews mit Musikern oder Konzertkritiken. Bei sprachlichen musikbezogenen Medien (Musikbücher, musikwissenschaftliche Literatur, Fachpublikationen) sind streng genommen nur diejenigen Medien direkt musikbezogen, in denen unmittelbare musikalische Handlungsanweisungen und fachliche Hinweise gegeben werden, d.h. die mit der Zielsetzung geschaffen worden sind, auf die Musik und ihre Ausführung direkten Einfluss zu nehmen. Ein großer Anteil musikbezogener sprachlicher Kommunikation ist jedoch nicht direkt auf Musik bezogen, sondern indirekt auf sprachliche Äußerungen und Reaktionen sowie Empfindungen in Zusammenhang mit Musik. Während etwa ein Dirigent in seiner musi-

kalischen Fachsprache direkt mit den Musikern über Musik
kommuniziert und damit direkten gestaltenden Einfluss auf sie
nimmt, sind die Zuhörer meist musikalische Laien und reden
über ihre Eindrücke und Empfindungen über Musik, d. h. sie
sind eine Sprachstufe weiter von der Musik entfernt. Sie betrachten Musik als ästhetisches Phänomen. Gleiches gilt für einen großen Anteil musikwissenschaftlicher Literatur, der sich nicht mit
Musik direkt auseinander setzt, sondern sich auf sprachliche Äußerungen über Musik bezieht und damit ebenfalls eine Sprachstufe weiter von der Musik entfernt ist. Beispiele für solche indi-
rekten musikbezogenen Medien in Schriftform sind durch Themen wissenschaftlicher Arbeiten wie *Geschichte der Musiktheorie,*
Die Rezeption der Sinfonien Beethovens, Schumanns Ästhetik in seiner
späten Klaviermusik und auch die Thematik des vorliegenden Auf-
satzes *Mediengeschichte der Musik* angedeutet.

Eine umfassende Darstellung einer Mediengeschichte der
Musik hat neben einer Geschichte der Entwicklung der Musik
auch eine Geschichte der Entwicklung musikbezogener Medien
zum Thema. Diese sind wiederum eingebettet in die übergeordneten Zusammenhänge der Evolutionsgeschichte der Menschheit (Phylogenese), der Kulturgeschichte der Menschheit und
der allgemeinen Mediengeschichte. Um die Thematik im hier
vorgegebenen Umfang zu begrenzen, liegt der Schwerpunkt der
folgenden Betrachtungen im zentraleuropäischen Raum und in
den Industrienationen. Dabei wird von nachstehend näher beschriebenen Entwicklungsstadien ausgegangen: (1) Stadium der
ausschließlich akustischen Form von Musik, (2) Stadium der
Entwicklung der Notenschrift und des Notendrucks, (3) Entwicklung der technischen Schallaufzeichnung, -verbreitung und
-wiedergabe, (4) Verknüpfung der Schallaufzeichnung mit Film,
Fernsehen und Video, (5) Technische Konsolidierung, Digitalisierung und Entwicklung neuer Medien.

2. Stadium der ausschließlich akustischen Form
    von Musik

Die Frage nach der Entstehung und dem Wesen von Musik ist so
alt wie die Musik selbst. Die Entstehung von Musik lässt sich nur
äußerst unvollkommen anhand von Mythen, Bilddarstellungen,
Instrumentenfunden und ähnlichen Musikzeugnissen der Ver-

gangenheit in Verbindung mit wissenschaftlichen Hypothesen rekonstruieren. Mit Hilfe solcher Quellen ist es jedoch nicht möglich, die vergangene Musik zum Erklingen zu bringen und alle diejenigen Lebenspraktiken und Anteile der früheren musikalischen Kommunikationsprozesse wieder hervorzurufen, welche wesentlich zum damaligen Musikerlebnis beigetragen haben. Es ist allenfalls möglich, mehr oder minder gut begründete Hypothesen an die sehr lückenhaften Quellenfunde heranzutragen und einigermaßen plausibel zu machen. Musik als erklingendes Phänomen der Urzeit ist unwiederbringlich verloren. Hier liegen Grenzen für eine Mediengeschichte der Musik.

Das Stadium der ausschließlich akustischen Form von Musik ist wesentlich durch die folgenden Gegebenheiten gekennzeichnet: Was erhalten ist, ist allein durch mündliche Traditionen (Vorsingen und Nachsingen, Vorspielen und Nachspielen) überliefert worden und mit allen Eigenheiten behaftet, welche dieser Überlieferungsform eigen sind. (Diese Eigenheiten sind durchaus nicht nur negativ zu sehen, sondern auch positiv. So sind etwa Volksliedmelodien im Laufe von Jahrhunderten ›zurechtgesungen‹ worden und haben ihre vollendete Form gerade durch dieses mündliche Überlieferungsverfahren erhalten.). Sehr viele Beispiele aus der Volksliedüberlieferung oder etwa dem gregorianischen Choral sind nur auf diesem Wege tradiert worden, bevor sie schriftlich fixiert und damit in anderer (medialer) Form weiter überliefert worden sind. Die spätere Entwicklung der Schriftsprache ermöglicht eine sprachlich fixierte Darstellung von Musizierpraktiken und damit verbundenen Tätigkeiten wie Instrumentenbau, Spieltechniken, Aufführungsbedingungen etc. Die bildliche Darstellung, welche vermutlich vor der schriftsprachlichen entstanden ist, ergänzt und erweitert diese Möglichkeiten. Der größte Teil der Musik, welche sich damals nur in flüchtig-vergänglicher Form ereignet hat, ist für immer verloren gegangen. Damit ist sie nur äußerst lückenhaft oder nicht rekonstruierbar.

In dieser Phase ist u. a. unbegleiteter Gesang vorzufinden. Er ist möglicherweise aus der menschlichen Sprachmelodie und/ oder der Verbindung mit tierischer Kommunikation und ihrer Nachahmung entstanden. Eine Theorie der Entstehung von Musik geht vom Vorbild des Vogelgesangs aus und versucht den unbegleiteten Gesang aus der menschlichen Nachahmung des Vogelgesangs zu erklären (Nachahmungstheorie). Eine weitere Theorie der Entstehung von Musik führt den unbegleiteten Gesang auf die menschliche gesprochene Sprache und deren besonders kunstvolle Ausgestaltung bzw. Überhöhung zurück (Sprachtheorie der Entstehung von Musik). Danach stellt der unbegleitete Gesang eine künstlerische Ausgestaltung elementarer sprachlicher Elemente dar, wie sie etwa in den Sprachlauten sowie prosodischen und affektiven Elementen vorzufinden sind.

Im Stadium der ausschließlich akustischen Form von Musik gab es zweifellos auch das Musizieren mit Instrumenten (Instrumentalmusik). Es setzt besondere kulturell-handwerkliche Techniken der Herstellung von Musikinstrumenten voraus und ist daher in seiner Entstehung später als der unbegleitete Gesang zu datieren. Es bildete sich vermutlich teilweise aus der instrumentalen Signalkommunikation mit Instrumenten über größere Entfernungen heraus.

Weiterhin gab es die Kombination von Gesang und dem Musizieren mit Instrumenten. Dies ist durch zahlreiche Abbildungen, auf denen singende und mit Instrumenten musizierende Menschen dargestellt sind, ebenso belegt wie durch schriftliche sprachliche Überlieferungen.

3. Stadium der Entwicklung der Notenschrift und des Notendrucks

Die Entwicklung der Notenschrift und des Notendrucks bildet einen weiteren wichtigen und einschneidenden Abschnitt in der Mediengeschichte der Musik. Durch schriftliche Überlieferung wird Musik unabhängig vom Gedächtnis der beteiligten Menschen tradiert. Der Notentext enthält detaillierte Handlungsanweisungen zur Aufführung eines notierten Werkes. Mit dem Notentext entstehen ein Werkbegriff und ein besonderes Interesse nicht nur am Musikwerk, sondern auch an dessen Verbindung mit seinen Schöpfern (Komponist und Interpret). Die Musik erlangt relative Unvergänglichkeit, d. h. sie ist in ihrer formalen Struktur nicht mehr flüchtig und unwiederbringlich verloren, sondern sie ist durch die schriftliche Fixierung in gewissen Grenzen in ihrer Struktur weitgehend unverändert reproduzierbar, speicherbar und tradierbar. Sie wird damit zu einem historischen Faktum und Dokument bzw. zu einer Quelle.

Im Bereich der Musik wird unter ›Notation‹ die Gesamtheit der Zeichensysteme verstanden, die der visuellen Darstellung und Klärung musikalischer Gedanken dienen. Als musikalische Paläografie wird die Wissenschaft von den älteren Formen der Notation bezeichnet. Musik in schriftlich fixierter Form kann Zeit und Raum überbrücken, sie kann aufbewahrt und reproduziert, sie kann vervielfältigt und verbreitet werden. Beim Schaffensvorgang ermöglicht musikalische Notation das ›Anhalten‹ und Zurückverfolgen des musikalischen Verlaufs. Dadurch erlaubt sie die sukzessive Erfindung und Zusammensetzung (lat. compositio) einer komplexen musikalischen Struktur. Ebenso verschafft die Notation auch dem Rezipienten die Möglichkeit des Überblicks oder des genaueren Untersuchens eines realiter rasch verklingenden Verlaufs. Die schriftliche Fixierung von Musik schafft somit die Voraussetzungen für die Komposition sowie deren Reproduktion im engeren Sinne. Grundsätzlich handelt es sich bei einer musikalischen Notation um die Umsetzung akustischer Phänomene in visuelle Symbole oder Zeichen. Die Notation kann dabei ihrer Intention entsprechend vorhandenes Musikgut aufzeichnen, also quasi ›nach-schreiben‹ (Resultatschrift) oder neu Erfundenes festhalten und anderen ›vorschreiben‹ (Konzeptionsschrift). Bezogen auf das Schriftsystem wird die phonische Notation, welche die Ordnungssysteme von Silben, Buchstaben oder Ziffern verwendet, von der grafischen Notation unterschieden, in welcher die musikalischen Parameter wie Tonhöhe, Tondauer, Lautstärke und andere Parameter in verschiedenen Graden von Genauigkeit durch ein System diskreter Symbole oder Zeichen wiedergegeben werden. Der Begriff ›Notenschrift‹ geht auf die in der abendländischen Musik verwendeten charakteristischen Notenzeichen zurück. Die Notationsgeschichte kennt neben der notationsmäßigen Darstellung des klanglichen Eindrucks von Musik auch das Verfahren der Griffschriften oder Tabulaturen. Es handelt sich hierbei um Aktionsschriften, in denen entsprechende spieltechnische Anweisungen erteilt werden. In der heutigen Notation sind vereinzelt noch Elemente einer solchen Aktionsschrift enthalten. Ein musikalisches Gebilde kann in seiner notierten Form nie in allen seinen Parametern voll erfasst werden. Es bleiben bei einer noch so ausführlichen Notendarstellung stets viele Ausführungs- und Interpretationsmöglichkeiten offen. Der Anteil der Aufführungspraxis ist bei der klanglichen Realisierung eines musikalischen Notentextes umso größer, je geringer dessen Informationsgehalt ist.

Die historische Entwicklung der Notation zeigt, dass schon aus antiken ägyptischen Quellen Notationsversuche bekannt sind. In der Antike findet sich die erste voll entwickelte und systematische Notation in Form einer Buchstaben-Tonschrift bei den Griechen. Sie wird in Vokal- und Instrumental-Notation untergliedert und taucht in Zusammenhang mit der antiken griechischen Musiktheorie auf. Die Buchstaben des ionischen Alphabets dienen dabei als Zeichen. Vermutlich im 5. oder 6. Jahrhundert hat sich die Notenschrift des byzantinischen Gesangs entwickelt und ist in zahlreichen Handschriften überliefert, die aus der Zeit zwischen dem 9. und 15. Jahrhundert stammen. Eine solche Notation in Neumen diente der Aufzeichnung von Melodien. Im musikwissenschaftlichen Sprachgebrauch werden als Neumen (griech. neuma = Wink, Gebärde) im allgemeinen Notenzeichen benannt, mit denen die einstimmige Musik des christlichen Mittelalters etwa seit dem 8. Jahrhundert aufgezeichnet wurde. Neumen sind etwa seit dem 9. Jahrhundert im lateinischen Kirchengesang in Gebrauch und wurden im 13. Jahrhundert zu der bis heute üblichen Choralnotation umgebildet. Das Notenliniensystem mit Terzabstand und Notenschlüssel wurde um das Jahr 1025 von GUIDO von Arezzo begründet. Es wird noch heute in veränderter Form verwendet. Die Modalnotation wurde in der Notre-Dame-Epoche geschaffen, also etwa in der zweiten Hälfte des 12. Jahrhunderts. In ihr war erstmals eine exakte Darstellung der Tondauer möglich. Etwa seit 1225 tendiert die musikalische Notation dazu, die Länge der Töne an die Form der Einzelnoten zu binden. Weitgehend nach eigenen Regeln wurde die Musik dann in der folgenden Epoche des Trecento notiert. Die Musik wurde beim Komponieren auf einer Tabula compositoria (lat. = Kompositionstafel) festgehalten, in der Notenlinien und senkrechte Ordnungsstriche (spätere Taktstriche) schon fest eingearbeitet waren. Auf dieser Tafel konnte man während des musikalischen Kompositionsvorganges Radierungen und Veränderungen vornehmen. Später wurde dann nach Fertigstellung der endgültigen Form des Musikwerkes hiervon eine Abschrift vorgenommen, die man als Chorbuch bezeichnete. In ihm waren alle Stimmen gleichzeitig angeordnet und aufgeführt. Es kann daher als

Vorläuferform der heute üblichen Partitur angesehen werden oder als kleinere Partiturform, die man als Particell bezeichnet. Von diesem Chorbuch wurden dann die verschiedenen Stimmbücher abgeschrieben, in welchen die Einzelstimmen für verschiedene Interpretengruppen notiert waren.

Erst die Erfindung der Notenschrift ermöglichte es, fest strukturierte Kompositionen in großer Komplexität und Differenziertheit zu schaffen, wie wir sie etwa in vielen Werken der polyphonen Musik vorfinden. Die Schriftlichkeit von erklingender Musik konstituiert die Möglichkeit einer Trennung von ausführendem Musiker und ideellem Schöpfer (Komponist). Der Musik wird eine neue schöpferische Qualität und Dimension durch die Einführung eines neuen Mediums in ihren kulturellen Schaffensprozess gegeben. In einem vorher nicht denkbaren Ausmaß hatte dies geradezu revolutionäre Auswirkungen auf die Entwicklung, Differenzierung und Verbreitung von Musik. Sehr deutlich zeigen sich diese Prozesse in einem musikhistorischen Rückblick. Während früher zeitweilig ausübender Musiker und Schöpfer von Musik in Personalunion vereint waren, ermöglichte die Notenschrift eine Arbeitsteilung, Trennung und damit Spezialisierung dieser beiden Funktionen. Musik, die als Kunstform ursprünglich ›flüchtig‹ ist, bekommt durch die Notation nun etwas ›Dauerhaftes‹, eine neue ›Seinsqualität‹ bzw. Existenzform.

In der Geschichte der Notation kann als ein wesentliches Entwicklungsprinzip angesehen werden, dass sowohl die Fixierung der Tonhöhe als auch die Fixierung der Tonlänge und damit des zeitlichen Ablaufs immer weiter differenziert und präzisiert wurde. Die heute vorherrschende Standardnotation, die als traditionell oder konventionell bezeichnet wird, existiert im Wesentlichen in dieser Form seit dem 17. Jahrhundert. Sie unterscheidet sich wesentlich von neuen Notationsverfahren, die nach 1950 entwickelt wurden. Vor allem in der seriellen und in der elektronischen Musik wurden neue Notationsformen entwickelt, von denen hier nur die musikalische Grafik genannt werden soll (zum Schriftbild der Musik: E. KARKOSCHKA, 1984).

Die Phase des Musiknotendrucks, zunächst mit liturgischen Büchern, begann schon bald nach der Erfindung des Buchdrucks durch Johannes GUTENBERG um 1450. Das älteste Beispiel dafür ist 1457 nachweisbar. Um das Druckbild zu verbessern, wurde eine ganze Reihe von technischen Verfahren und Werkzeugen entwickelt, die etwa den Notenköpfen gleichmäßige Gestalt gaben. In jüngerer Zeit wurden Versuche unternommen, das Notenstechen maschinell zu ersetzen, und hierfür wurden verschiedene Formen von Notenschreibmaschinen konstruiert. Außerdem wurden vorgefertigte Noten von Folien auf Druckfolien abgerieben und übertragen. Mit der Erfindung der Lithographie 1796 durch Alois SENEFELDER erfuhr der Notendruck eine Umwälzung. Durch sie konnten bei entsprechend großen Druckvorlagen 4 bis 16 Seiten in einem Arbeitsgang in beliebig hoher Auflage gedruckt werden. Eine weitere Verbesserung erfolgte nach 1900 durch den in den USA entwickelten Offsetdruck, und mit der Computertechnik haben sich neue Möglichkeiten ergeben, für die Musiknoten-Druckvorlagenherstellung rationelle Verfahren zu entwickeln.

In der Differenzierung des Musiknotendrucks nach 1850 ist zu beobachten, wie die ursprünglich handwerklichen Techniken des Druckens zunehmend industrialisiert werden mit der Folge einer Erhöhung der Auflage, einer Reduktion der Herstellungskosten und des Verkaufspreises von Druckerzeugnissen sowie deren zunehmender Verbreitung. Dies führt zu einer Rationalisierung und Kommerzialisierung der Produktion sowie zu einer Verbesserung von Distribution und Distributionswegen für Printmedien und damit auch für Musik in Form von gedruckten Notenexemplaren. Im Zuge der Arbeitsteilung in Produktion und Distribution entstand ein Verlagswesen, in der Musik speziell ein Musikverlagswesen als institutionalisierte Stufe und Zusammenfassung der angeführten Arbeitsprozesse. Dies alles führte zu einer weiteren Verbesserung der Qualität der Erzeugnisse (Notendruck) und zu einer weiteren Differenzierung und Arbeitsteilung im Musikproduktionsbereich und hier besonders bei der Komposition und Produktion von Musik in größeren Auflagen. In die zweite Hälfte des 19. Jahrhunderts fällt auch die Entstehung der Unterhaltungsmusik im industriellen Maßstab. Weiterhin ist zu beachten, dass es sich bei vervielfältigten Notendrucken um Reproduktionen, nicht um Originale handelt, die prinzipiell dem üblichen kaufmännischen Geschäftsverkehr ebenso unterliegen wie der übrige Warenverkehr auch. Allerdings muss zusätzlich gesehen werden, dass Musik-Druckerzeugnisse einen Alleinstellungscharakter und Unverwechselbarkeit haben, was sie von den meisten täglichen Konsumgütern erheblich unterscheidet (zu Musikmarketing und -distribution: vgl. H. W. BUROW, 1998, S. 139-207).

4. Entwicklung der technischen Schallaufzeichnung und -verbreitung

Für die Phase der Entwicklung der technischen Schallaufzeichnung und -verbreitung sind einige Daten wichtig, die nachstehend aufgeführt werden. An ihnen zeigt sich, welche rasante Verbreitung und industrielle Umsetzung in einem Zeitraum von nicht einmal 50 Jahren die bahnbrechenden Erfindungen bereits damals fanden. (1) 1877 erfindet Thomas A. EDISON den Phonographen mit dem ursprünglichen Zweck eines Büro-Diktiergerätes. (2) 1887 erfindet Emil BERLINER die Schallplatte und macht damit aus dem Phonographen das Grammophon, welches auch für künstlerische Schallaufzeichnungszwecke nutzbar ist. (3) 1897 finden erste Versuche statt, die technischen Grundlagen des militärischen Funkverkehrs für eine große Öffentlichkeit zu nutzen und zu kommerzialisieren. 1923 begann in Berlin der erste regelmäßige Radio-Programmdienst; bereits 1925 gibt es in Deutschland mehr als eine Million zahlende Radiohörer. (4) 1898 erfindet der dänische Elektroingenieur Valdemar POULSEN das Telegraphon, ein erstes Magnetlesebandgerät, das als Trägermedium ein magnetisiertes Stahlband verwendete. Später wurde beim Magnetophon (Magnettonbandgerät) ein dünnes Kunststoffband mit magnetisierbaren Metalloxidpartikeln verwendet. Es setzte sich auch auf der Konsumentenebene nach dem Zweiten Weltkrieg durch. (5) Ab etwa 1920 wurde das alte mechanische Verfahren des Grammophons durch die elektrische Aufzeichnung und Wiedergabe ersetzt, wobei Schwingungen der Nadel durch eine elektromagnetische Vorrichtung und nicht mehr mechanisch durch einen Schalltrichter verstärkt wurden. Hierdurch wurde eine wesentliche Steigerung der Klangqualität erreicht.

Die erste mechanische Aufzeichnung von Schallschwingungen wurde 1877 von EDISON durchgeführt. Schallwellen brachten eine Membran zum Schwingen, die mit einem Stichel verbunden war, der die Schwingungen auf eine Walze übertrug. Die Erfindung der Schallplatte kann man BERLINER zuschreiben, der im Jahre 1887 ein Gerät herausbrachte, das eine flache, wachsbeschichtete Zinkscheibe als Tonträger einsetzte. Bei diesem Verfahren bewegte sich der Stichel quer zur Schreibspur in Seitenschrift, und jede Platte musste einzeln hergestellt werden. Dieses Verfahren wurde 1892 weiter vervollkommnet, indem mit einem nickelüberzogenen Kupfernegativ Platten aus vulkanisiertem Gummi gepresst wurden (Beginn der Tonträger-Vervielfältigung). Seit 1895 wurde ein Material verwendet, das vorwiegend aus Schellack bestand, und 1925 erschien die erste elektrisch aufgenommene Platte, die nach einem Verfahren hergestellt wurde, welches Joseph MAXFIELD im Jahre 1887 in den Bell Telephone Laboratories entwickelt hatte.

Der Hörfunk entwickelte sich in einer Mischform von privatwirtschaftlicher und staatlicher Trägerschaft, was teilweise durch die traditionelle Fernmeldehoheit des Staates bedingt war. Hinzu kommt, dass sich von Beginn an das Militär und hier vor allem die Kriegsmarine die Funktechnologie für ihren Nachrichtenverkehr zunutze machte. Die Allgemeine Elektrizitäts-Gesellschaft (AEG) sowie Siemens & Halske starteten 1897 ihre ersten Versuche, Funkverkehr über große Entfernungen zu übertragen, und schon 1903 brachten die beiden Elektrokonzerne ihre konkurrierenden Systeme in eine gemeinsame Tochtergesellschaft ein, die später unter dem Namen Telefunken firmierte.

In der Person von Hans BREDOW wird die Verbindung von Staatsapparat und Privatwirtschaft deutlich. Er war zunächst Telefunken-Direktor, trat dann aber 1919 seinen Dienst als Ministerialdirektor bei der Reichspost an. 1926 wurde er Rundfunk-Kommissar. Nach einer auf einen relativ kleinen Empfängerkreis beschränkten Vorphase von Militär- und Wirtschaftsfunk entstand der eigentliche, ›rundum‹ empfangbare Massenfunk am 29.10.1923. An diesem Tag begann die Sendestelle Berlin ihren ersten regelmäßigen Programmdienst, und zum Jahresende registriert die Post etwa 500 zahlende Empfänger. Ein Jahr später waren es schon 500 000, und 1925 hatte man in Deutschland bereits 1 Million Rundfunkhörer.

Zu Beginn der Schallaufzeichnung gab es mit dem Grammophon nur ein Speichermedium, nämlich die Schellack-Platte. Heute steht eine große Zahl von Schallaufzeichnungsmedien zur Verfügung, die unabhängig voneinander oder vielfach parallel nebeneinander (über ein Zeitcodesignal miteinander synchronisiert) in einem Verbund genutzt werden. Noch heute wird trotz

der Digitaltechnik analoge Aufzeichnungstechnik in vielen seriösen Tonstudios eingesetzt, nicht zuletzt wegen der mit ihr verbundenen besonderen klanglichen Qualitäten und der robusten,
fehlertoleranten mechanischen Technik. Eine sehr wichtige
Form der analogen Aufzeichnung von Schallereignissen und
auch von Bildinformationen ist die auf Magnetband. Im Konsu-
mentenbereich ist die Musikcassette ein häufig anzutreffendes,
weltweit verbreitetes analoges Bandaufzeichnungsmedium.

Sowohl beim Notendruck als auch bei Musik in akustisch-
medial vertriebener Form handelt es sich um Kopien, d. h. Ver-
vielfältigungsstücke, nicht um originale, einmalige und unwie-
derbringliche Produkte. Sie können prinzipiell beliebig wiederholt, d. h. reproduziert werden (W. BENJAMIN, 1963/1970). Beim
Vertrieb von Musik kann zwischen einem Vertrieb in physischer
Form und einem Vertrieb in nichtphysischer Form unterschieden
werden. Ein Vertrieb in physischer Form liegt beispielsweise dann
vor, wenn ein Käufer einen bespielten Tonträger wie etwa eine
CD oder eine Musikcassette erwirbt, während ein Vertrieb in
nichtphysischer Form bei der Übertragung von Musik durch Ra-
diowellen erfolgt. Dabei kann festgestellt werden, dass der Mu-
sikvertrieb in nichtphysischer Form bereits heute eine quantitativ
dominierende Stellung einnimmt, die sich zukünftig noch dadurch verstärken wird, dass die nichtphysische Verbreitung von
Musik über digitale Datennetze (etwa das Internet) und Funkka-
näle (Satelliten-Transponder) zunehmen wird. Neben der terre-
strischen, d. h. erdgestützten Übertragung von Musik über Sen-
demasten spielt auch die extraterrestrische Übertragung via Satellit eine wichtige Rolle. Durch die zunehmende Digitalisierung
der Übertragungswege und der damit verbundenen Vervielfachung der Übertragungskapazität durch Einsatz hoch wirksamer
Datenkompressionstechniken und Beibehaltung der hohen
Übertragungsqualität wird der Vertrieb von Musik in nichtphysischer Form noch wesentlich gesteigert.

5. Verknüpfung der Schallaufzeichnung mit Film, Fernsehen und Video

In den ersten Jahren des Stummfilms wurden akustische Ereignisse nicht direkt in die Filmproduktion einbezogen. Vielmehr
war der Film zunächst ›stumm‹. Bei der Aufführung im Kino

wurde zum einen von einem Musiker, meist einem Pianisten, direkt zum visuellen Ereignis des Films ad hoc eine Musik improvisiert bzw. spontan erfunden. Zum anderen war es möglich, von einem Kinoorchester speziell vorbereitete Kompositionen zum Film spielen zu lassen. Außerdem wurden elektrische Orgeln eingesetzt (Hammondorgel, Wurlitzer Orgel, eigentlich eigenständige Musikinstrumente und keine Orgeln, da der Ton nicht mit Pfeifen, sondern auf elektronischem Wege erzeugt wird), die eine orchesterähnliche Klangfülle erzeugen konnten. Später wurde der Ton (Musik, Sprache, Geräusche, Klänge) mit den fortschreitenden technischen Möglichkeiten des Tonfilms zu einem künstlerischen Element der Filmproduktion und integraler Bestandteil der filmischen Dramaturgie. Mit der technischen Verbesserung elektroakustischer Verfahren und der Erfindung von Schall- und Bildaufzeichnung auf Magnetband sowie deren Übertragung mittels Rundfunkwellen gerieten Rundfunk, Fernsehen und Film einerseits in Konkurrenz zueinander, andererseits wuchsen die technischen Verfahren immer mehr zusammen. In der Fernsehproduktion wurde später nicht nur Filmmaterial verwendet, sondern zunehmend mit der MAZ (Magnetische Bild- und Tonaufzeichnung) gearbeitet. Filme wurden nicht nur im Kino gezeigt, sondern auch über das Medium des Fernsehens ausgestrahlt. Mit der Verbreitung des Videorecorders im Heimbereich erwuchs dem Film im Kino zusätzliche Konkurrenz, konnten nun auch Kinofilme auf Video überspielt und vermarktet werden. In jüngster Zeit wird der Video-Vertrieb durch die DVD erweitert.

Auch für die Musik wurden die technischen Möglichkeiten genutzt, die sich durch Stummfilm, Tonfilm, MAZ- und Videoaufzeichnung ergaben. In der Verbindung mit der optischen Ebene, welche durch diese Medien bereitgestellt wird, haben Musik und akustischer Bereich meist nur eine dienende Funktion, und daraus ergeben sich spezifisch ästhetische Bedingungen, welche die Musik in diesen Medien prägen. Sie darf in der Regel nicht zu sehr in den Vordergrund treten, um nicht die optische Dramaturgie zu dominieren bzw. von ihr die Aufmerksamkeit zu sehr abzulenken. Andererseits müssen Musik und akustische Ereignisse so gestaltet sein, dass sie die emotionale Ebene des Visuellen verstärken oder in gegensätzlicher Weise dramatisieren. Gerade in jüngster Zeit zeigt sich jedoch auch ein Trend bei Musikvideos, in dem die Musik eine dominierende Funktion übernimmt und die optische Ebene eine dienende, sowie die Musik verstärkende Funktion übernimmt. Auch im Bereich des Marketing stehen Film bzw. Video und Musik oft nicht in einem untergeordneten, sondern durchaus in einem gleichberechtigten Verhältnis zueinander. So wird die Popularität von Filmen oft dadurch gesteigert, dass die Musik zu ihnen von bekannten Stars der populären Musik geschrieben und schon vor der Filmveröffentlichung in die Hitparaden (Verkaufslisten, Charts) gebracht wird. Umgekehrt bringt der Einsatz von Musik in Filmen oft auch gute Chartspositionen ein und wirkt für die Musik verkaufsfördernd. Daher kann im Verhältnis von Musik und den Medien Film, Fernsehen und Video nicht nur von einem Nebeneinander oder von einer Unterordnung gesprochen werden, sondern ebenso von einem gleichberechtigten Miteinander.

6. Technische Konsolidierung und Digitalisierung

In der Phase der technischen Konsolidierung und Digitalisierung ist die Digitalisierung von Audiotechnik (u. a. Compact Disc Markteinführung um 1980) sowie der dazu gehörenden Übertragungs- und Wiedergabemedien die entscheidende technische Neuerung für die Mediengeschichte der Musik.

Bei der digitalen Tonaufzeichnung auf Magnetband ist die Tonqualität völlig unabhängig vom Aufzeichnungsmedium (Datenfehler ausgenommen). Es muss lediglich sichergestellt sein, dass die geschriebenen Daten bei der Wiedergabe ohne Aussetzer völlig fehlerfrei gelesen werden können. Da dies prinzipiell nicht immer möglich ist, gibt es Fehlerkorrekturverfahren, etwa bei DAT der Reed-Solomon-Code, der kleine Schreib- und Lesefehler ausgleichen kann. Wegen der aufwändigen und nicht ganz unanfälligen Bandtransport-Mechanik und der damit zusammenhängenden längeren Reaktionszeiten bleibt die Aufnahme von Digital Audio auf Band nicht ganz unproblematisch. Gleichwohl ist sie dort unverzichtbar, wo das Aufzeichnungsmedium im Produktionsbetrieb sofort vollständig ausgetauscht werden muss, um Platz für eine neue Aufzeichnung zu machen und die alte Aufzeichnung zu bewahren. Dies ist bei der Aufzeichnung auf normale Festplatten als Speichermedium von digitalen Audio-Daten nicht der Fall. Wenn man Computerspeicher als Aufnahmemedien verwendet, so muss man RAM-Speicher für kurzzeitige Aufnahme-Puffer-Speicherung und Schreib-Lese-Speicher für die längerfristige Aufnahme und Archivierung unterscheiden. Für Letzteres sind Festplatten zur Zeit das gebräuchlichste Medium. Durch ihre immer größere Speicherkapazität, kürzere Schreib- und Lese-Zugriffszeiten und die fallenden Preise werden sie zunehmend als Aufzeichnungsmedium für Digital Audio und die dabei entstehenden enormen Datenmengen verwendet (bei nicht komprimierter CD-Stereo-Qualität mehr als 1,4 Millionen Bits/Sekunde). Bei der Langzeit-Archivierung wird als Backup-Medium gern ein professioneller Tapestreamer auf DAT-Basis verwendet (oder bei speziellen Digital Audio-Geräten auch ein DAT-Recorder mit digitaler Aufnahmeschnittstelle). Hierdurch wird eine sehr kostengünstige Langzeit-Archivierung erreicht. Als Folge der zunehmenden Verbreitung von CD-Brennern (Geräten, mit denen man selber Einzel-CDs herstellen kann) und der großen Datenspeicherkapazität von CD-Rohlingen wird es immer gebräuchlicher, beschreibbare CDs als Backup-Medium zu verwenden. Andere Computerspeicher wie etwa DVD (Digital Versatile Disc) haben sich bei Digital Audio bisher nicht durchsetzen können, jedoch wird DVD nicht nur für Video, sondern möglicherweise auch für Digital Audio ein zukunftsträchtiges Medium sein.

Seit etwa 1980 erfolgt die ›Schallplatten‹-herstellung mittels des Compact-Disc-Verfahrens, welches inzwischen die analoge Schallplatte fast völlig verdrängt hat. Bei diesem Verfahren werden Schallsignale nach dem Prinzip der Puls-Code-Modulation digitalisiert und als digitale Informationen in winzigen mikroskopischen Vertiefungen einer metallbedampften Kunststoffplatte eingeprägt. Die Information wird in einem Abspielgerät von einem Laser abgetastet und optoelektronisch in digitale Impulse zurückverwandelt, wobei der CD-Player einen Digital-Analog-Wandler enthält. In ihm wird die digitale Musikinformation wieder in ein ursprünglich analoges und damit hörbares Musiksignal zurückverwandelt. Die Compact Disc (CD) ist ein digitaler optischer Festspeicher in Form einer mit Metall (meist Aluminium) beschichteten kreisrunden Scheibe mit einem Durchmesser von 12 cm (und sehr selten 8 cm) und einer Stärke von 1,2 mm. Das digitalisierte Musiksignal und bestimmte Zusatzinformationen, etwa für die Trennung der Stereokanäle, die Lage und Anzahl der Musikstücke und die Zeitanzeige, sind als eine von innen nach außen spiralförmig verlaufende Spur mit einer dichten Folge kleiner Vertiefungen gespeichert. Ihre Breite beträgt 0,5, ihre Tiefe 0,1 mm, ihre Länge etwa 1 bis 3 mm und der Spurabstand 1,6 mm. Diese Vertiefungen bezeichnet man als Pits. Unter dem Mikroskop sehen sie wie eine aus Morsezeichen bestehende Spirale aus. Im Abspielgerät werden sie berührungslos mit dem fokussierten Lichtstrahl eines Halbleiterlasers abgetastet, zum ursprünglich stereophonen Musiksignal zurückverwandelt und nach Verstärkung über Lautsprecher wiedergegeben. Die maximale Spieldauer einer Longplay-CD beträgt etwa 75 Minuten, und die Vorteile im Vergleich zur analogen Langspielplatte liegen u. a. in einer vergrößerten Dynamik (90 dB) sowie Rausch- und Verschleißfreiheit.

Aus der CD wurde die CD-ROM (CD-Read-Only-Memory) weiterentwickelt, die als Datenspeicher für Computerprogramme und Informationsdateien bis zu 650 MB fasst, was einer Textmenge von ca. 270 000 DIN A4-Seiten entspricht. Auf einer CD-I (CD-Interactive), die auf der gleichen Technologie basiert, können gleichzeitig Programmdaten, Audio- und Video-Informationen gespeichert werden.

Weltweiter Standard bei der Stereoaufzeichnung im Bereich Digital Audio bleibt nach wie vor DAT (Digital Audio Tape), das sich sowohl im Consumer- als auch im Professional-Audio-Bereich durchgesetzt hat. In bedeutendem Maße gewinnt nach langjährigen Anfangsschwierigkeiten auch die Minidisc (MD) einen Marktanteil. Bei der MD handelt es sich um ein optoelektronisch abstastbares, wiederbeschreibbares Medium (vergleichbar einer wiederbeschreibbaren CD) im Format etwa einer 3,5 Zoll-Diskette. Auf ihr werden digitale Audiodaten im komprimierten Zustand nichtlinear aufgezeichnet. Die Bandaufzeichnung von Digital Audio auf U-matic ist als weltweiter Standard im CD-Premastering-Bereich und bei der professionellen Video- und Film-Nachvertonung nach wie vor wichtig. Eine Prognose der zukünftigen Entwicklung bleibt sehr schwierig. Wünschenswert wäre eine internationale Verständigung und Normierung von digitalen Schnittstellen-Standards, wie es bereits bei MIDI der Fall ist, und wie es bei analoger Technik ohnehin selbstverständlich ist: Der Ausgang jedes Analog-Gerätes kann mit dem Eingang jedes anderen Analog-Gerätes prinzipiell verkoppelt werden und umgekehrt. Es wird noch einige Zeit vergehen, bis dies im digitalen Audio-Geräte-Bereich ebenso uneingeschränkt der Fall ist.

Bei der digitalen Aufzeichnung und Wiedergabe von Musikdaten sei noch kurz auf MIDI (Musical Instruments Digital Interface) hingewiesen. Es handelt sich dabei um eine digitale Schnittstelle und Datenübertragungsnorm. Lag ihr ursprünglicher Zweck darin, verschiedene digitale Musikinstrumente miteinander in der Form verbinden zu können, dass beim Spielen auf dem einen Instrument die anderen angeschlossenen Instrumente die gleichen Töne mit ihrer jeweils eigenen Klangfarbe spielten, so hat sich MIDI auch im Bereich von Computerspielen (Multimedia) als Medium der Aufzeichnung und Wiedergabe von Musik durchgesetzt (H. W. BUROW, 1998, S. 102–107). Auf den umfangreichen und komplexen Bereich der digitalen Musikproduktionstechnik kann aus Gründen des begrenzten Umfanges hier nicht näher eingegangen werden. Dazu sei ebenfalls auf vorstehendes Werk verwiesen.

In der Phase technischer Konsolidierung und Digitalisierung liegt einer der Schwerpunkte auf der Verbesserung der Aufzeichnungs- und Wiedergabequalität sowie auf einer möglichst kostengünstigen, hochqualitativen und verlustfreien Übertragungs-, Vervielfältigungs- und Wiedergabekapazität. Außerdem erlauben die damit verbundenen hochwirksamen Verschlüsselungsverfahren eine Begrenzung der Zuhörer- und Zuschauerzahlen auf zahlendes Publikum (Pay-Radio und Pay-TV). Zudem wird die Übertragungskapazität potenziert (hochwirksame Datenkompressionsalgorithmen) und damit das Programmübertragungsangebot überproportional erweitert. Mit der Digitalisierung einher geht auch ein zunehmendes ›Zusammenwachsen‹ von herkömmlicher Unterhaltungselektronik und Computertechnik. Die rasante Entwicklungsgeschwindigkeit der Computerindustrie ergreift in ihrer Dynamik auch die gesamte Industrie der Massenmedien (Digital Audio, Radio, TV, Video, Film, Multimedia).

Für die Musik hat die Digitalisierung des Fernsehens und der Video-Aufnahme- und Wiedergabetechnik zur Folge, dass ihre technische Qualität auch im Verbund mit Film und Video in höchster Übertragungsgüte der CD nahezu völlig erhalten bleibt. Hierdurch wird die Rolle des akustischen Bereichs nochmals deutlich aufgewertet. Nachdem den Filmkomponisten eine dramaturgisch wichtige Rolle in der Geschichte von Film, Fernsehen und Video zugewachsen war, werden nun auch zunehmend solche Sounddesigner nachgefragt, die akustische Klangereignisse produzieren, welche natürliche akustische Geräusche nicht nur reproduzieren oder synthetisch imitieren, sondern sie in der Wirkung noch übersteigern und überhöhen. Bedingung für die volle Ausschöpfung dieser gesteigerten Audio-Produktionsqualität ist das Vorhandensein einer Wiedergabeanlage von Digital-Mehrkanal-Filmton in höchster Qualität. Diese Bedingung wird im professionellen Bereich, etwa im Kino, zunehmend erfüllt.

7. Wechselwirkungen zwischen Musik und Medien

Zweifellos haben die Medien einen erheblichen Einfluss auf die Musik sowie die an ihr beteiligten Menschen gehabt. In der Anthropologie ist bekannt, dass der Mensch nicht nur Kultur schafft, sondern dass die geschaffene Kultur auch seine Lebensbedingungen verändert. Diese Veränderungen vollziehen sich im Bereich der Musik durch das Zusammenwirken von Musikproduktion, Musikdistribution und Musikrezeption und sollen kurz am Beispiel des Formatradios für die modernen Massenmedien verdeutlicht werden (dazu ausführlich H. W. BUROW, 1998).

Privatwirtschaftliche Radiosender verdienen ihr Geld durch Werbeeinnahmen, und je größer das durch empirische Medienforschung nachgewiesene Publikum und seine ›Bindung‹ an den Radiosender ist (Einschaltquote, Verweildauer etc.), desto attraktiver wird er als Medium für die Werbeindustrie, was sich auch auf die zu zahlenden Werbesekundenpreise und damit auf die Einnahmen des Senders auswirkt. Dementsprechend wird u. a. die Musikauswahl so gestaltet, dass sie der gewünschten Zielgruppe optimal angepasst ist, wobei auch hier Hörerforschung und deren statistische Auswertungsergebnisse, unbeeinflusst von subjektiven Empfindungen eines Musikredakteurs, über die gespielten Titel im Musikprogramm entscheiden. Diese und eine Reihe anderer durch empirische Medienforschung gesicherte Maßnahmen führen zu einem Sendekonzept, das genau an die erforschten Bedürfnisse des Zuhörers angepasst ist und somit seinen ›Musikgeschmack‹ im Idealfall zu 100 Prozent trifft. Das kommerzielle Radio als Musikmedium ist deshalb so, wie es ist.

Dass hierbei eine asymptotische Annäherung an einen fiktiven ›Anfangszustand‹ eines soziologisch erforschten musikalischen Geschmacks eines wohldefinierten Publikums stattfindet und keine Innovation mehr möglich ist, sondern nur eine mit empirischen Forschungsmethoden ausgeklügelte Anpassung und Bedürfnisbefriedigung, wie sie im kaufmännischen Bereich durchaus üblich ist (›Der Kunde ist König‹), kann unbestritten gesagt werden. Damit wird aber fast jedes innovative Element aus dem musikalischen Kreislauf ausgeschlossen, es kommt zur Wiederholung des immer Gleichen. Genau dies findet man bestätigt, wenn man unterschiedliche Radiosender mit dem gleichen Format vergleicht. Welche Langzeiteffekte dieses Medien- und Konsumentenverhalten auf die Entwicklung der Musikkultur hat, wird die Zukunft zeigen. Aber der Mensch ist Medien nicht hilflos ausgeliefert. Er hat jederzeit die Möglichkeit, über ihren Gebrauch ebenso zu bestimmen wie über ihren Nichtgebrauch.

HEINZ W. BUROW

Literatur

F. BLUME, Was ist Musik? Ein Vortrag. Erschienen als Band 5 der Reihe »Musikalische Zeitfragen«, Kassel/Basel 1959. – T. W. ADORNO, »Resumé über Kulturindustrie«. Ohne Leitbild, Frankfurt a. M. 1967. – E. H. LENNEBERG, Language in the Light of Evolution, in: Animal Communication, hg. von T. A. SEBEOK, Bloomington u. a. 1968, ²1973, S. 592–613. – W. BENJAMIN, Das Kunstwerk im Zeitalter seiner technischen Reproduzierbarkeit. Drei Studien zur Kunstsoziologie, Frankfurt a. M. 1963, ⁴1970. – H. M. ENZENSBERGER, Baukasten zu einer Theorie der Medien, in: Kursbuch 20 (1970), S. 159–186. – K. J. NARR, Beiträge der Urgeschichte zur Kenntnis der Menschennatur, in: Neue Anthropologie. Bd. 4: Kulturanthropologie, hg. von H.-G. GADAMER/P. VOGLER, Stuttgart 1973, S. 3–62. – Neue Anthropologie. Bd. 4: Kulturanthropologie, hg. von H.-G. GADAMER/P. VOGLER, Stuttgart 1973. – F. WAGNER, Universalgeschichte und Gesamtgeschichte, in: Neue Anthropologie. Bd. 4: Kulturanthropologie, hg. von H.-G. GADAMER/P. VOGLER, Stuttgart 1973, S. 195–224. – H.-P. REINECKE, Kommunikative Musikpsychologie, in: Grundlagen der Musiktherapie und Musikpsychologie, hg. von G. HARRER, Stuttgart 1975, S. 99–111. – H.-P. REINECKE, Über die Bedeutung der Musik in den audiovisuellen Medien (1975), in: Gutachtensammlung 1952–1985, hg. von E. SCHULZE u. a. im Auftrag der GEMA, Marburg 1997,

S. 139–152. – Musik in den Massenmedien Rundfunk und Fernsehen. Perspektiven und Materialien, hg. von H.-C. SCHMIDT, Mainz 1976. – Symposium Musik und Massenmedien. Referate gehalten am 10./11. Juni 1977 in Saarbrücken, hg. von H. RÖSING, München 1978. – H. W. BUROW, Beiträge zur Theorie und Methode der Musikwissenschaft, Hamburg 1979. – F. KNILLI, Medium, in: Kritische Stichwörter zur Medienwissenschaft, hg. von W. FAULSTICH, München 1979, S. 230–251. – Radio-Journalismus. Ein Handbuch für Ausbildung und Praxis im Hörfunk, hg. von W. LAROCHE u. a., München 1980, [5]1991. – Rundfunk in Deutschland, hg. von H. BAUSCH, 5 Bde., München 1980. – Rundfunkpolitik nach 1945, 2 Bde., hg. von H. BAUSCH, München 1980. – A. BAINES, Musikinstrumente. Die Geschichte ihrer Entwicklung und Formen, München 1982. – Musik, Statistik, Kulturpolitik. Daten und Argumente zum Musikleben in der Bundesrepublik Deutschland, bearb. von K. FOHRBECK/A. J. WIESAND, Köln 1982. – D. RATZKE, Handbuch der neuen Medien. Information und Kommunikation, Fernsehen und Hörfunk, Presse und Audiovision heute und morgen, Stuttgart 1982, [2]1984. – G. BREITBART u. a., Rundfunkökonomie. Wirtschaftliche Aspekte von Rundfunk und Fernsehen, Baden-Baden 1983. – P. DAHL, Radio. Sozialgeschichte für Sender und Empfänger, Reinbek bei Hamburg 1983. – E. JÜRGENS, Deutsche Mediengeschichte: Ein Überblick vom Buchdruck zum Hörfunk (1445–1945), in: Fernstudium Kommunikationswissenschaft in zwei Teilen, bearb. von P. Reinkober, München 1984, [2]1989, S. 63–133. – E. KARKOSCHKA, Das Schriftbild der Neuen Musik. Bestandsaufnahme neuer Notationssymbole. Anleitung zu deren Deutung, Realisation und Kritik, Celle 1984. – C. DAHLHAUS u. a., Was ist Musik?, Wilhelmshaven 1985. – J. MERAN, Theorien in der Geschichtswissenschaft. Die Diskussion über die Wissenschaftlichkeit der Geschichte, Göttingen 1985. – T. BEHRENS, Die Entstehung der Massenmedien in Deutschland. Ein Vergleich von Film, Hörfunk und Fernsehen und ein Ausblick auf die Neuen Medien, Frankfurt a. M. 1986. – Musik in den Medien. Programmgestaltung im Spannungsfeld von Dramaturgie, Industrie und Publikum, hg. von W. HOFFMANN-RIEM u. a., Baden-Baden 1986. – M. DICKREITER, Handbuch der Tonstudiotechnik, hg. von der Schule für Rundfunktechnik, München 1987. – H. HIRSCH, Schallplatten zwischen Kunst und Kommerz. Fakten, Tendenzen und Überlegungen zur Produktion und Verbreitung von Tonträgern, Wilhelmshaven 1987. – W. SEIDEL, Werk und Werkbegriff in der Musikgeschichte, Darmstadt 1987. – D. STEINER-HALL, Musik in der Fernsehwerbung, Frankfurt a. M. 1987. – W. J. KOSCHNICK, Standard-Lexikon für Mediaplanung und Mediaforschung, München u. a. 1988. – Medienhandbuch. Privater Hörfunk/Privates Fernsehen, hg. von M. PAPE/D. SAMLAND, Neuwied 1988. – Neue Technologien und das Fach Musik, hg. vom niedersächsischen Kultusminister, Hannover 1988. – D. RATZKE, Lexikon der Medien. Elektronische Medien. Aktuelle Begriffe, Abkürzungen und Adressen, Frankfurt a. M. 1988. – W. DONSBACH/R. MATHES, Rundfunk, in: Fischer Lexikon Publizistik/Massenkommunikation, hg. von E. NOELLE-NEUMANN u. a., Frankfurt a. M. 1989, überarb. Neuausg. 1994, S. 475–518. – Fischer Lexikon Publizistik/ Massenkommunikation, hg. von E. NOELLE-NEUMANN, Frankfurt a. M. 1989, überarb. Neuausg. 1994, 1996. – M.-L. KIEFER, Mediennutzung im Wandel, in: Medienangebot und Mediennutzung. Entwicklungstendenzen im entstehenden dualen Rundfunksystem, hg. von W. A. MAHLE, Berlin-West 1989, S. 107–115. – K. LANG/G. ENGEL-LANG, Long-term Effects of Mass Media, in: Medienangebot und Mediennutzung. Entwicklungstendenzen im entstehenden dualen Rundfunksystem, hg. von W. A. MAHLE, Berlin 1989, S. 35–40. – Medienangebot und Mediennutzung. Entwicklungstendenzen im entstehenden dualen Rundfunksystem, hg. von W. A. MAHLE, Berlin 1989. – U. Saxer, Medieninnovation und Medienakzeptanz, in: Medienangebot und Mediennutzung. Entwicklungstendenzen im entstehenden dualen Rundfunksystem, hg. von W. A. MAHLE, Berlin 1989, S. 145–174. – R. SCHULZ, Mediaforschung, in: Fischer Lexikon Publizistik/Massenkommunikation, hg. von E. NOELLE-NEUMANN, Frankfurt a. M. 1989, überarb. Neuausg. 1996, S. 187–218. – J. STANGE, Die Bedeutung der elektroakustischen Medien für die Musik im 20. Jahrhundert, Pfaffenweiler 1989. – P. ALLEMEIER, Musik verkaufen, ein Beruf, Starnberg 1990. – P. ACKERMANN, Computer und Musik. Eine Einführung in die digitale Klang- und Musikverarbeitung, Wien/ New York 1991. – M. HAAS u. a., Radio-Management. Ein Handbuch für Radio-Journalisten, München 1991. – W. SCHIFFNER, Einflüsse der Technik auf die Entwicklung von Rock/Pop-Musik, Hamburg 1991. – Handbuch der Musikwirtschaft, hg. von R. MOSER/A. SCHEUERMANN, Starnberg/München 1992. – H.-P. SCHMITZ-BORCHERT, Medienmarkt und Medienorganisation. Zum Wandel des Hörfunks durch wirtschaftlichen Wettbewerb, Essen 1992. – R. A. STAMM, Ökologie des Menschen, Vorlesungs-Skript, Lüneburg 1992. – M. BALDAUF/W. KLINGLER, Konstante Hörfunknutzung in Deutschland. Ergebnisse der Media-Analyse 1993, in: Media Perspektiven 9 (1993), S. 410–417. – H. HENLE, Das Tonstudio Handbuch. Praktische Einführung in die professionelle Aufnahmetechnik, München 1990, ³1993. – W. KLINGLER/C. SCHRÖDER, Strukturanalysen von Radiopro-

grammen 1985–1990, in: Media Perspektiven 10 (1993), S. 479–491.
– K. Prüfig, Formatradio – Ein medienwirtschaftliches Konzept,
Berlin 1993. – J. Reetze, Medienwelten. Schein und Wirklichkeit in
Bild und Ton, Berlin u. a. 1993. – G. Tembrock, Musik und Ge-
schichte: Ein Beitrag der Evolutionsbiologie, in: Zwischen Aufklärung und Kulturindustrie, hg. von H. W. Heister u. a., Hamburg
1993, S. 25–43. – Das Cambridge Buch der Musik, hg. von S. Sadie/A.
Latham, Frankfurt a. M. 1994. – Die Musik in Geschichte und Gegenwart. Allgemeine Enzyklopädie der Musik. 20 Bde. in zwei Teilen
(Sachteil und Personenteil), hg. von F. Blume, Kassel 1994. – Die
Wirklichkeit der Medien. Eine Einführung in die Kommunikationswissenschaft, hg. von K. Merten u. a., Opladen 1994. – M. Elsner u.
a., Zur Kulturgeschichte der Medien, in: Die Wirklichkeit der Medien. Eine Einführung in die Kommunikationswissenschaft, hg. von
K. Merten u. a., Opladen 1994, S. 163–187. – Grundwissen Medien,
hg. von W. Faulstich, München 1994. – P. M. Hejl, Soziale Konstruktion von Wirklichkeit, in: Die Wirklichkeit der Medien. Eine
Einführung in die Kommunikationswissenschaft, hg. von K. Merten
u. a., Opladen 1994, S. 43–59. – S. Weischenberg/U. Hienzsch, Die
Entwicklung der Medientechnik, in: Die Wirklichkeit der Medien,
hg. von K. Merten u. a., Opladen 1994, S. 455–480. – Hörfunk-Jahrbuch '94, hg. von S. Ory/H. G. Bauer, Berlin 1995. – Musik Almanach 1996/97. Daten und Fakten zum Musikleben in Deutschland,
hg. vom Deutschen Musikrat, Kassel 1995. – R. Weiss/U. Hasebrink,
Hörertypen und ihr Medienalltag. Eine Sekundärauswertung der
Media-Analyse '94 zur Radiokultur in Hamburg, Berlin 1995. – GE-
MA-Jahrbuch 1996/97, hg. von der Gesellschaft für musikalische
Aufführungs- und mechanische Vervielfältigungsrechte, Berlin
1996. – M. Gentile, Hörfunkchronik (Stand: 1. Oktober 1995), in:
Hörfunk-Jahrbuch '95, hg. von S. Ory/H. G. Bauer, Berlin 1996, S.
11–44. – Hörfunk-Jahrbuch '95, hg. von S. Ory/H. G. Bauer, Berlin
1996. – G. Penninger, Formate im privaten Hörfunk – Entwicklung
von Programmen für segmentierte Hörerschaften, in: Hörfunk-Jahrbuch '95, hg. von S. Ory/H. G. Bauer, Berlin 1996, S. 75–85. – W.
Schürmanns, Hörfunkforschung für Programm-Macher, in: Hörfunk-Jahrbuch '95, hg. von S. Ory/H. G. Bauer, Berlin 1996, S.
209–225. – Gutachtensammlung 1952–1985, hg. von E. Schulze/D.
Meurer im Auftrage der GEMA, Marburg 1997. – Jahrbuch '97, hg.
vom Bundesverband der phonographischen Wirtschaft, Starnberg
1997. – Medien – Musik – Mensch. Neue Medien und Musikwissenschaft, hg. von T. Hemker/D. Müllensiefen, Hamburg 1997. – H.
W. Burow, Musik, Medien, Technik. Ein Handbuch, Laaber 1998. –

D. Crystal, Die Cambridge Enzyklopädie der Sprache, Köln 1998. – E. O. Wilson, Die Einheit des Wissens, Berlin 1998. – Musik multimedial – Filmmusik, Videoclip, Fernsehen, hg. von J. Kloppenburg, Laaber 2000. – Gemeinschaftskatalog. Verzeichnis aller lieferbarer Tonträger, hg. vom Bundesverband der Phonographischen Wirtschaft, Starnberg (erscheint jährlich neu).

Mediengeschichte der Bildkünste

1. Kunstgeschichte oder Mediengeschichte, Mediengeschichte und Kunstgeschichte?

Wer den Versuch unternimmt, eine Mediengeschichte der Bildkünste zu skizzieren, gerät in ein Definitions- und Darstellungsproblem. Eine Geschichte der optischen Medien ist entweder die Mediengeschichte schlechthin, versteht man sie als Geschichte der visuellen Wahrnehmung, oder nur eine ihrer drei Hauptlinien, des Tons, des Bildes und der Schrift. In diesem Beitrag soll eine Mediengeschichte auf das Bild als Basismedium eingegrenzt werden. Die Mediengeschichte der Bildkünste hat von der Immaterialisierung der Bilder zu handeln, die über ihre Beschreibung hinausgeht. Beschreibende Analyse, die Lektüre der Bilder, die Ikonographie bleibt das Proprium der Kunstgeschichte. Sucht sie aber, im Zeitalter der technischen Reproduzierbarkeit, ihre Bilder zu zeigen, so macht sie ohne Zögern von deren Medialisierung im Druck, in der Projektion und auf dem Bildschirm Gebrauch. Die Simulation und Demonstration vergangener Architekturen, Skulpturen und Tafelbilder mit Hilfe des Rechners wird zum Alltagsgeschäft der Kunstwissenschaft schon deshalb gehören, weil Medienkünstler sich des neuen Mediums produktiv bedienen.

Das Wichtigste am historischen Bildwerk ist seine Originalität. An jeder sekundären Medialisierung haftet etwas von der Fälschung. Sie unterliegt dem Verdacht des Trugs. Kopiert und damit verfälscht wurden Bilder von Anbeginn. Die Kopie ist zugleich auch eine mediale Erweiterung der Macht der Bilder. Mit der Verbreitung einer Religion, die Simulacren zum Gegenstand ihrer Verehrung macht, ist der Typus des zu verehrenden Bildes festgelegt. Münzen und Statuen vermehren das Bildnis des Herrschers in einer Vielzahl von Kopien. Das Bild des Kaisers und die Aufschrift weisen das Geld, nach Niklas LUHMANN ein »symbolisch generalisiertes Kommunikationsmedium« (N. LUHMANN, 1997, S. 293, vgl. auch P. Ludes, 1998, S. 116 ff.), dem Herrscher zu: »Gebt dem Kaiser was des Kaisers ist, und Gott, was Gottes ist« (NT, MARKUS XII). Im Umkehrschluss: Das Bild ist für die Schriftreligion nicht anbetungswürdig.

Während im antiken bzw. mittelalterlichen Mediensystem
(vor ›GUTENBERG‹) die Kopie im Sprachgebrauch der Rhetorik
eine Vermehrung des Inhalts ist, findet in den neuzeitlichen Me-
diensystemen eine Aufspaltung statt: Die mechanische Kopie ist
die Domäne der Typographie; das Original, die Vorlage gewinnt
eine Aura. Mit der kunstgeschichtlichen Ikonographie setzt sich
der Gedanke des Bildtypus durch. Das Museum kauft und sammelt vornehmlich die Urbilder, das gebildete Publikum kauft
und sammelt Kopien. Durch neue Medien entstehen eigene Formen der Bildkünste: der Holzschnitt, der Stich, die Lithographie,
die Photographie, der Film und schließlich die Formen der Medienkunst.

Eine Mediengeschichte der Bildkünste kann und darf die
Kunstgeschichte weder ersetzen noch diese bloß reproduzieren.
In der vorliegenden Darstellung wird Bezug genommen auf die
Geschichte der Medienästhetik und der Medienpsychologie, deren Ausgangspositionen übernommen werden, sowie auf kunst-
wissenschaftliche Grundbegriffe, die jener Mediengeschichte
und Medienanalyse unverzichtbar sind. Die methodischen Begriffe der Betrachtung und Beschreibung, der Perspektivierung
und Fokussierung, die nicht ohne Grund aus der Bildanalyse in
den allgemeinwissenschaftlichen Sprachgebrauch übergegangen
sind, werden hier im Sinne einer Eingrenzung gebraucht. Historisch bezieht sich die folgende Mediengeschichte der Bildkünste
auf die neuen Bildgraphien des 19. und 20. Jahrhunderts, die entweder für das Medium Buch und die Erweiterung seiner illustra-
tiven Möglichkeiten sorgen oder in die Vorgeschichte der virtuellen Bilder gehören: auf die Phantasmagorie und die ›Lebenden
Bilder‹, die Lithographie, kurz das Litho, die Photographie, die
Autotypie, das Kino, auf die Vereinnahmung der Bildkünste
durch die entwickelte Audiovision und schließlich auf die Universalisierung der geschriebenen Bilder, wie sie die Digitalmedien vorsehen. Das Wechselspiel zwischen optischen und graphischen Techniken, in dem mit einer überraschenden Regelmäßig-
keit die Industrialisierung und die Immaterialisierung der Bilder
im 18., 19. und 20. Jahrhundert voran getrieben wird, nimmt der
Kunstgeschichte nicht ihren Gegenstand. Die Popularisierung
der Bilder jedoch tangiert nicht zuletzt auch das kunstgeschichtli-
che Wissen und provoziert Bildkünstler wie auch Schriftsteller,
ihre eigene Handschrift im weitesten Sinne neu zu definieren.

Abstrakte und virtuelle Kunst sind aufs engste mit der Mediengeschichte der Bildkünste verbunden, wie auch ihre provozierende Rückkehr zur Materialität und Körperlichkeit. Die Avantgarden des 20. Jahrhunderts nutzen Texte als Bilder und Bilder als Texte; die traditionelle Trennung der Künste, wie sie etwa von Gotthold Ephraim LESSING in seinem *Laokoon* zwischen bildender Kunst und Poesie postuliert wurde, gilt als überholt und wird programmatisch – von beiden Seiten – überschritten.

2. Magische Laternen und Phantasmagorien

Die Geschichte der optischen Medien der Neuzeit beginnt um 1500 mit der Beschreibung der Camera obscura durch LEONARDO DA VINCI. Der Apparat wird um 1560 mit einer konvexen Linse ausgestattet, welche die Lichtstrahlen in einem Punkt sammelt. Auf diese Weise wird in der ›Kammer‹ ein scharfes Lichtbild erzeugt.

Seit der Mitte des 17. Jahrhunderts wird mit den Magischen Laternen, Apparaten, die ein Bild auf eine Leinwand projizieren, experimentiert. Sie kehren das Prinzip der Camera obscura um. 1646 beschreibt Athanasius KIRCHER die Laterna magica als Mittel zur Projektion von Schriften und Figuren.

Am Ende des 18. Jahrhunderts wird die Laterna magica, auch Phantaskop benannt, zur Volksbelustigung eingesetzt. Vorformen des Kinos entstehen. Johann Wolfgang von GOETHE, für technische Neuerungen aufgeschlossen, erhält 1828 Nachricht von der Verwendung »einer Art Laterna Magika« bei der Aufführung von Szenen des ersten Teils seines *Faust*. Er bittet um Informationen über den »Apparat«, den er imaginativ als Möglichkeit für die Realisierung seiner Helena-Szene, im vorgesehenen zweiten Teil, als »Klassisch-Romantische Phantasmagorie« einsetzt (vgl. H. SCHANZE, 1989, S. 179ff.). Johann Carl ENSLEN hatte den Apparat, bei dem Figuren mit Hilfe einer Laterna magica auf Nebel oder eine Florwand projiziert werden, bereits um 1796 eingesetzt. ENSLEN verknüpfte die Projektionstechnik mit der Spiegeltechnik, den »Spiegel« mit der »Lampe« (vgl. M. H. ABRAMS, 1953).

Natürlich wurden Geistererscheinungen und Geistertanz durch Spiegel, die oben über dem Vorhange des Theaters be-

weglich dargestellt sind, und theils durch transparente Gemälde, theils durch dort sich bewegende lebende Menschen,
wovon der Schein auf eine Coulissenwand, oder Florwand
geworfen wird – mit Hilfe von Hohlspiegeln und einer magischen Laterne hervorgezaubert [...]. (*Journal des Luxus und der
Moden*, 1896, S. 424, zit. n. S. OETTERMANN, 1989, S. 116f.)

Als romantisches Sujet finden sich Beschreibungen der komplexen Medienmaschinen in den Romanen von Jean Paul (Friedrich
RICHTER).

Die optischen Apparate finden ihre theoretische Reflexion in
der für die Geschichte der Medien hochbedeutsamen, in ihrer
Polemik gegen den Objektivismus Isaac NEWTONs und seiner
Erklärung der Farbphänomene oft missverstandenen *Farbenlehre*
GOETHEs. GOETHEs Interesse zielt nicht auf die physikalische
Farbzerlegung, sondern auf die »sinnig-sittigende Wirkung« der
Farbe. Hierbei entdeckt er die Phänomene der »subjektiven« Farben, und damit die Grundprinzipien des Farbensehens. Er ist sich
der optischen Täuschungen, des Grundverfahrens der Medienmaschinen, bewusst und betrachtet die Farbphänomene quasi
rhetorisch.

3. Lithographie

Das 19. Jahrhundert, das Jahrhundert der neuen Graphien, beginnt mit einer revolutionären Drucktechnik für Bilder: der Lithographie. Der Steindruck, den Alois SENEFELDER 1796–99 entwickelt, ist als Faszinosum der Zeit der Klassik und Romantik
kaum zu unterschätzen. Die ›chemische Druckerei‹ ermöglicht
nicht nur einen preiswerteren Notendruck, sondern vor allem
die Bildreproduktion in Umrissen. Das *Domwerk* von Sulpiz
BOISSERÉE, die ebenso fantasievolle wie architektonisch anspruchsvolle Konstruktion des zu vollendenden Kölner Doms
auf dem Papier, ist mit Hilfe der Lithographie hergestellt. Für die
Schlussszene »Bergschluchten« des *Faust* sind die Lithographien,
die durch Johann Nepomuk STRIXNER von Carlo LASINIOS Sti-
chen der Fresken des Campo Santo in Pisa abgezogen werden,
von entscheidender Bedeutung.

Das klassizistische Ideal ist der Umriss, dessen Wiedergabe
und Verbreitung die Lithographie ermöglicht. Besonders geeignet für das lithographische Verfahren ist die Kreidezeichnung.

Durch Federzeichnungen auf dem Stein wird der Kupferstich nachgeahmt, auch ist die Imitation der Radierung möglich. Anspruchsvolle Illustrationen werden radikal verbilligt und damit populär. Die Lithographie ist zwar kein Massenmedium im Sinne des 20. Jahrhunderts, ihre Auflagen erreichen aber die Buchauflagen und damit alle Gebildeten.

Das klassizistische München wird in den Jahren von 1800–1810 zum Zentrum der Lithographie (H. H. HIEBEL, 1999, S. 145), und damit des Kunstdrucks. Neben der Reproduktion entstehen ›Original-Lithographien‹ mit eigenem Kunstanspruch. Das Verfahren selbst aber gibt, ähnlich wie im 18. Jahrhundert das technisch bedingte Geschmiere bei Gipsabgüssen (Kitsch), nunmehr mit dem Fachbegriff des ›Klischees‹ das Wort für das Unschöpferische schlechthin ab.

4. Photogramme, Photographie

Eingreifender noch als die Lithographie ist die Erfindung der Photographie, deren komplizierte Geschichte hier nur in Umrissen vorgestellt werden kann. Bereits 1727 sind Versuche mit Silbersalzen und ihrer Lichtempfindlichkeit belegt. Aber noch 1802 scheitern erneute Versuche am Problem, das Bild zu fixieren – die Leistung, die mit der Schrift, der Graphie, mediengeschichtlich verbunden wird. Der Physiker Joseph Nicéphore NIÉPCE experimentierte mit einer Asphaltplatte, sein Verfahren wurde von Louis DAGUERRE zur ›Daguerrotypie‹ fortentwickelt. DAGUERRE benutzte eine belichtete Silberplatte. 1839 stellte William Fox TALBOT sein Verfahren der Kopie und, entscheidend für die Verbreitung, ein mit Jodsilber und Silbernitrat getränktes Papier für den Negativprozess vor. 1847 ging Fox TALBOT zu jodsilberhaltigen Eiweißschichten über, die dann durch das Kollodium ersetzt wurden.

Dem Photographen gelingt es, mit Hilfe komplexer optischer und chemischer Verfahren Bilder nach der Natur herzustellen. Um das Objekt im richtigen Ausschnitt erfassen zu können, bedient er sich der Mattscheibe, die dann durch die lichtempfindliche Platte ersetzt wird. Die belichtete und entwickelte Platte, das Negativ, wird durch Kopie auf Papier zum Positiv, dem photographischen Bild. Die Bezeichnung ›print‹ im Englischen hält die Nähe zur Drucktechnik fest. Es handelt sich um ein chemisches

Druckverfahren. Mit Hilfe des Pigmentdrucks lassen sich photographische Bilder noch vor der Erfindung des Farbfilms auch ko-
lorieren. Die Versuche zur Farbphotographie gehen zurück auf
Thomas Johann SEEBECKs Versuche von 1810, fortgeführt durch
NIÉPCE. Für die Mediengeschichte insgesamt zentral jedoch ist
die Entdeckung James Clerk MAXWELLs von 1861, dass sich jedes
farbige Bild in die Grundfarben Rot, Gelb und Blau, genauer,
Magenta, Gelb und Cyan (Blau-violett), auflösen lässt. Bereits
um 1870 werden im Dreifarbendruck farbige Bilder hergestellt
bzw. reproduziert. Die photographischen Verfahren wurden vor
1900 durch die Photolithographie, die Heliogravüre (den Lichtdruck) und die Zinkotypie erweitert. Durch Verfahren der Retu-
sche lassen sich ungewollte Details korrigieren; die Photographie
und ihr Anspruch auf Naturwahrheit sind widerlegt. Begriffe wie
Negativ und Positiv, Entwicklung, Apparat und Objektiv erhalten eine technisch sinnfällige Bedeutung. Vor allem ist es das Porträt, das den Siegeszug der Photographie im 19. Jahrhundert auslöst. Die Nutzung der photographischen Techniken im Atelier
zur Sicherung der Ähnlichkeit im Sinne eines reduzierten Begriffs der Mimesis sind für das ›ut pictura poesis‹-Ideal der Kunst-
und Literaturgeschichte eine Provokation. Ihre produktive Umsetzung erfährt sie zuerst in der Literatur, in den von Gottfried
KELLER, dem verhinderten Maler, nur beschriebenen, ungemal-
ten Bildern des *Grünen Heinrich*.

Das eigentliche Faszinosum der ›stillen Bilder‹ der ›Silbernen
Klassizität‹ wird erkannt und beschrieben im Jahrhundert der lauten Bilder. Die Photographie wird zur Kunst mit einer eigentüm-
lichen Aura, den Begriff, den Walter BENJAMIN in seiner *Kleinen
Geschichte der Photographie* (1931) nicht zuletzt an diesem Medium
entwickelt. Die Zeit bringt eine Verwandlung hervor, »von der
damaligen Banalität zur Magie von heute« (E. T. VOSS, 1986, S.
174). An den alten Photos manifestiert sich die »darauf festgehaltene Phantasmagorie einstigen Lebens« (E. T. VOSS, 1986, S. 174).
E. Theodor VOSS hat mit der Bemerkung, dass mit der Photographie das Papier sehen gelernt habe, die mediengeschichtliche
Pointe der Geschichte der Photographie formuliert (E. T. VOSS,
1986, S. 181): Die Photographie übernimmt die Rolle der ersten
»Zeitmaschine«.

5. Autotypie: Die Auflösung der Bilder

Das Verfahren zu Aufrasterung von Bildern, das die massenhafte Verbreitung von Bildern in der Zeitung, aber auch den hochqualitativen Kunstband im Mehrfarbendruck ermöglicht, schließlich auch die Wiedergabe von Text und Bild auf dem Bildschirm, ist eine weitere der epochemachenden Erfindungen des 19. Jahrhunderts. Es löst das Verfahren der Lithographie praktisch ab, indem es die natürliche Rasterung, die der Stein und sein Korn, aber auch das Korn der photographischen Platte aufweist, in ein rationales, skalierbares und berechenbares Verfahren der Bildreproduktion und -wiedergabe überführt. Das Verfahren der Autotypie setzt auf das der Photographie auf: gerasterte Negative werden auf Glasplatten mit einem lichtempfindlichen Chromgelatinebelag kopiert (Lichtdruck). Ein weiterer Entwicklungsschritt kann unterbleiben. Die Druckform wird von den belichteten Platten wiederum mit Hilfe eines chemischen Verfahrens abgenommen. Im Flachdruck (Offset) wird das gleiche Verfahren zur Herstellung der Filme genutzt, von denen dann die Offsetplatte abgenommen wird.

Kern des Verfahrens ist die Rasterung. Das Bild wird in Bildpunkte unterschiedlicher Größe und Farbe zerlegt. Die Anzahl der Bildpunkte je Zoll bestimmt die Auflösung und damit die Qualität der Wiedergabe. Das Verfahren geht auf das Jahr 1881 zurück, das Geburtsjahr von Pablo PICASSO, das Jahr des ersten Ortsfernsprechnetzes in Deutschland und der ersten elektrischen Straßenbahn. Der Erfinder Georg MEISENBACH – einer der unbekanntesten, aber wichtigsten Medienerfinder – betrieb in Berlin eine der großen Lithographieanstalten (Meisenbach, Riffarth & Co), mit Zinkätzerei (Zinkographie), einem eigenen Freilichtatelier, einer Kupferdruckerei, einer Steindruckerei und einer Heliogravüreabteilung für hochwertigste Kunstdrucke. Spezialität des Hauses waren die ›Künstlerplakate‹, die unter der Rubrik des ›Kunstgewerbes‹ am Jahrhundertende aus der Geschichte des ›Jugendstils‹ nicht wegzudenken sind.

6. Panorama und Diorama als Vorformen des kinematographischen Sehens

Stephan OETTERMANN hat die Formen der großen Bilder des 19. Jahrhunderts als Massenmedien in die direkte Vorgeschichte des Films gestellt und erklärt damit den außergewöhnlichen Fall des völligen Verschwindens von alten Medien im neuen Dispositiv, wie es die entwickelte Audiovision des 20. Jahrhunderts darstellt. Die Ausstellung des Deutschen Filmmuseums in Frankfurt, eingerichtet von Werner SCHOBERT, verfolgt die gleiche Linie. Die Vorformen gehen im Kino unter. Dies macht aber ihre medienhistorische Bedeutung aus. Ohne das Panorama und das Diorama sind der ›Große Film‹ und seine Bildlichkeit nicht zu denken. Ganz untergegangen ist das Panorama nicht; ein vielleicht exzentrisches Werk, nur aus der politischen Situation erklärbar, ist das Bauernkriegs-Panorama von Wilhelm TÜBKE in Mühlhausen (Thüringen).

Die Geschichte der großen Bilder im 19. Jahrhundert, zu trennen von den kleinen Bildern der Photographie, mit denen sie in ständiger Wechselwirkung steht, beginnt bereits mit den ›Guckkästen‹, den ›schönen Raritätenkasten‹ des 17. und 18. Jahrhunderts. Die Vergrößerung, die der Photographie als Verfahren durchaus geläufig ist, zum gigantische Um- und Rundblick ist jedoch eine Entwicklung des 19. Jahrhunderts.

7. Kinematographie und Bildkunst

Die Kinematographie, als Aufschreibesystem für ›lebende‹ Bilder, weist ein besonderes Spannungsverhältnis zu den Bildkünsten auf. Auf der einen Seite ist die Entstehung der modernen Kunst ohne die Gesamtheit der neuen Graphien des 19. Jahrhunderts nicht zu denken; Kunst wird zur analytischen und experimentellen Aufgabe. Auf der anderen Seite bezieht sich die Kinematographie in besonderer Weise auf die ›stillen Bilder‹. In seinem Aufsatz über das »Filmmanuskript« weist Hans KYSER, der das Drehbuch zu Friedrich Wilhelm MURNAUS Faust-Film schrieb, auf die besondere Bedeutung der »Bilder« im Film hin.

> Gewöhnlich glauben Laien, die zufällig mal in ein Filmmanuskript hineingesehen haben, daß es zunächst auf die tech-

nischen Bezeichnungen wie: aufblenden, überblenden, ab-
blenden, Totale, Halbtotale, Großaufnahmen usw. an-
kommt, um einer Handlung ihr filmisches Gesicht zu geben.
Für den produktiven Regisseur sind sie überflüssig. Er arbeitet mit viel feineren Nuancen, die er nur aus seiner Auffassung des Bildes in Dekoration und Licht findet. Der produktive Filmautor sieht mit dem Auge der Kamera als Bewe-
gungsmoment, mehr aber mit dem inneren Gesicht, das jeden Vorgang in spieldramatische Bildteile auflöst. Er grup-
piert die Handlung in szenische Folgen, zerlegt diese nach
inneren Gesetzen von Spannung und Kontrast, opfert Zwischenglieder der Illustration, um im Bildrhythmus des dramatischen Geschehens zu bleiben, zerlegt das mimische
Spiel des einzelnen Bildes in seine Elemente der Ausdrucks-
psychologie, überspringt mit der Zublendung Raum und
Zeit, reißt, die Atelierdekoration verlassend, die Landschaft
der Welt auf, um Raum der Handlung zu schaffen, die nie
Theater ohne vierte Wand zu sein hat, sondern Leben. (H.
KYSER, zit. n. B. ZELLER, 1976, S. 225)

Der selbstreferentielle Umgang des Films mit dem »Raum«, mit
Licht, Schatten und Bewegung, konstituiert das autonome filmische Werk als Kunstwerk, ein Status, den man immer wieder den
neuen Medienproduktionen abgesprochen hat. MURNAUS *Faust*-
Film gilt in der Filmliteratur als Paradigma des Kunstfilms
schlechthin, aber auch als ein Werk des Kitsches und der Klischees. Willy HAAS schreibt einen Tag nach der Uraufführung
von einer »musikalisch-reichen Apparatkunst« (vgl. H. SCHANZE,
1999, S. 20). Er zielt damit terminologisch auf die aristotelische
opsis und melodia des Gesamtkunstwerks. Eric ROHMER spricht
von »einer Art visueller Oper« (E. ROHMER, 1977/1980, S. 9).
Auch wenn das Werk sich im Wesentlichen auf Motive aus dem
»Ersten Teil« der GOETHEschen Tragödie beschränkt, nimmt es
der Form nach das »Phantasmagorische« des »Zweiten Teils« des
Faust auf.

Wenn MURNAUS *Faust*-Film von Kunstkritikern als ›Kitsch‹
gesehen worden ist, so ist dies ein Hinweis auf eine technisch genutzte Tradition der schönen Bilder. Deren ›Originalität‹ ist Teil
der Wirkweise des Films. Dabei erscheinen REMBRANDT und August von KRELING, »Magier eine Lichterscheinung betrachtend«,
nachgeschaffen vom Weimarer Kupferstecher Johann LIPS, als Il-

lustration für das *Faust*-Fragment von 1797, und von KRELINGs
Illustrationen zur Prachtausgabe des *Faust* beim Münchner Verlag F. Bruckmann 1875 als Vorlagen für MURNAUs Bilder (vgl. L.
BERRIATÚA, 1990). Originalität in einem kunsthistorischen Sinn
ist auf dieser Ebene nicht mehr gegeben. Nachgeschaffene Produkte, bei denen die Rechte der originalen Erfinder erloschen
sind, werden in der pharmazeutischen Industrieproduktion als
›Generica‹ bezeichnet. Der Begriff, der sich auf das ›Generische‹,
das Nachgeschaffene der Kunst überhaupt beziehen lässt, kann
hier Anwendung finden. Will man den Status der Künste im neu-
en Gesamtkunstwerk bestimmen, so kann man es als ›generisches
Gesamtkunstwerk‹ bezeichnen. Dies ist, angesichts des Verfalls
der Originalität in der Gegenwart, kaum eine Abwertung, sondern eine Beschreibung eben der Verfahren heutiger Avantgarden, die MURNAU in seinem *Faust*-Film bereits Mitte der 20er
Jahre nutzte. Man darf mit BENJAMIN, der wie Bertolt BRECHT
den Prozess der Moderne bereits diagnostizierte, von einem
»Verlust der Aura« sprechen. MURNAU produziert jenen leuch-
tenden Rand der Bilder, hebt sie von der Fläche in Licht und
Schatten, macht sie beweglich und bewegend. Er lässt ihre reine
›Figur‹ erscheinen. Er stellt eine Assemblage, eine Montage von
Bildern her. Die Kunst des Kinos übertrifft die Magie der Buchstaben, das alte faustische Thema, und bringt es zur Erscheinung.
Sie übertrifft die Magie des Theaters, des alten Illusionsapparats,
in technischer Perfektion. Wenn man die Frage nach der ›Magie‹,
nach den ›Erscheinungen‹, in den Mittelpunkt stellt, so ist MUR-
NAUs *Faust*-Film als Paradigma der Medialisierung der Bildkünste sogar ›originaler‹ als GOETHEs phantasmagorisches Spiel, das
noch immer die Worte zu Hilfe nehmen muss.

   Die Raumorganisation, Perspektive und Montage, die Manu-
faktur des Films, der integrale Schnitt, die Collage der Sequen-
zen: alles dies sind ästhetische Verfahren, die seit den 20er Jahren
wie der »Duft der Aufklärung« (Georg Friedrich HEGEL) unauf-
haltsam in die anderen Künste diffundieren. Die ästhetischen
Avantgarden nutzen die filmischen Verfahren im Blick auf ihre
intermedialen Experimente. Neben die Koevolution der medialen Apparate, die Veränderungen im Gesamtbereich der Wahrnehmungen, wie sie Paul VALÉRY bereits 1928 als »conquête de
l'ubiquité« beschreibt (P. VALÉRY, 1960), tritt die Intermedialität
der neuen Schreibweisen.

Die umfassende Diskussion um das Kunstmedium Film wie auch die eigenständigen, auf die Ideen vom neuen ›Gesamtkunstwerk‹ antwortenden künstlerischen Formen der klassischen Moderne führen, über die Avantgarden der 20er und 30er Jahre zu den ersten Begriffen der ›Mixed Media‹, ›Intermedia‹ und ›Multi-Media-Art‹ in der Kunst zu Beginn der 60er Jahre. Der »Hang zum Gesamtkunstwerk« (H. SZEEMANN, 1983) ist insofern nicht zuletzt eine Tendenz auch der Mediengeschichte der Bildkünste im 20. Jahrhundert. Aus heutiger Sicht sind die Arbeiten und Experimente des Weimarer und Dessauer Bauhauses ein entscheidender Schritt auf dem Weg zu gegenwärtigen Konzepten künstlerischer Intermedialität und zur »Hybridisierung« (C. W. THOMSEN, 1994).

HELMUT SCHANZE

8. Das Fernsehen und die Kunst

Mehr noch als das Kino sollte das neue Massenmedium Fernsehen eine Flut von tönenden Bildern produzieren, die auch heute ihren höchsten Pegelstand noch immer nicht erreicht zu haben scheint. Hegte man anfangs die Hoffnung, das »neue geheimnisvolle Fenster in die Welt«, wie Werner PLEISTER (1952/1989, S. 66) das Fernsehen anlässlich der Aufnahme des bundesdeutschen Sendebetriebs am 25.12.1952 bezeichnete, sei in ästhetischer Hinsicht imstande, neue bildsprachliche Produktions-, Kommunikations- und Distributionsformen hervorzubringen, ja »mit Gewißheit die Kunst von morgen« (G. ECKERT, 1953, S. 102) zu verkörpern, so kehrte alsbald Ernüchterung ein. Durchaus stellvertretend für die Kulturkritik der nachfolgenden Jahre diagnostizierte Theodor W. ADORNO schon 1953 mit Blick auf das kommerzielle US-Fernsehen:

> Das Medium selbst fällt ins umfassende Schema der Kulturindustrie und treibt deren Tendenz, das Bewußtsein des Publikums von allen Seiten zu umstellen und einzufangen, als Verbindung von Film und Radio weiter. (T. W. ADORNO, 1953/1977, S. 507)

Und auch die bildenden Künstler, denen das Fernsehen nur in Ausnahmefällen Partizipationsmöglichkeiten einräumte, reagierten zunächst mit größter Zurückhaltung. Soweit künstlerische

Auseinandersetzungen mit dem televisuellen Medium überhaupt erfolgten, blieben sie zumeist darauf beschränkt, das Fernsehgerät, das mit Abstand beliebteste Möbel der 60er Jahre, in entsprechender Form zu konterkarieren. Beispiele dafür waren Günther UECKERS Nagelobjekt *TV* von 1963, Wolf VOSTELLS Happenings *TV-Beerdigung* und *TV-Erschießung* aus dem selben Jahr sowie die Aktion *Filz-TV* (1968) von Joseph BEUYS. Das TV-Programm selbst und damit auch die elektronischen Bilder besaßen hingegen für die allermeisten Vertreter der zeitgenössischen Kunst, vor allem für die Maler, Bildhauer und Objektkünstler, keine nennenswerte bildnerische Relevanz. Für sie galt und gilt zum Teil heute noch das programmatische Diktum des Konzept-Künstlers Joseph KOSUTH, der 1969 in seiner Schrift *Art after Philosophy* ausführte,

> daß die Lebensfähigkeit von Kunst nicht an die Vorführung optischer (oder anderer) Erfahrungsarten geknüpft ist. Daß das in früheren Jahrhunderten zu den äußerlichen Funktionen von Kunst gehört haben mag, ist nicht unwahrscheinlich. Schließlich lebte der Mensch selbst noch im 19. Jahrhundert in einer ziemlich standardisierten optischen Umwelt. [...] In unserer Zeit aber haben wir, was die Erfahrung anbelangt, eine drastisch reichhaltigere Umwelt. Es ist eine Sache von Stunden und Tagen, nicht von Monaten, um die ganze Erde zu fliegen. Wir haben das Kino und das Farbfernsehen ebenso wie das von Menschenhand geschaffene Schauspiel der Lichter von Las Vegas oder der New Yorker Wolkenkratzer. Die ganze Welt ist überschaubar, und die ganze Welt kann im Wohnzimmer zusehen, wie der Mensch auf dem Mond spazieren geht. Gewiß ist von Kunst oder von Objekten der Malerei und der Bildhauerei doch nicht zu erwarten, daß sie erfahrungsgemäß damit konkurrieren? (J. KOSUTH, 1969/1981, S. 160f.)

Inwieweit die so reklamierte Andersartigkeit und Differenz der Kunst, letztlich also das Potenzial ihrer Werke, genuine Erfahrungs- und Sinnangebote jenseits der alltäglichen (massenmedial geprägten) Wahrnehmung zu formulieren, auch in umgekehrter Weise in die televisuelle Kunst-Berichterstattung Eingang fand und damit auf die Etablierung des Fernsehens als kunstreproduzierendes Medium Einfluss nahm, sei im Folgenden kurz umrissen. Diese Gegenüberstellung intendiert, bildästhetische Aspekte des Bildschirmmediums Fernsehen zu akzentuieren, deren Ablehnung und Verwerfung – so wird im Anschluss zu skizzieren sein – dann maßgeblich dazu beitrug, das technisch verwandte, seit Mitte der 60er Jahre verfügbare Medium Video als neues künstlerisches Ausdrucksmittel durchzusetzen.

8.1 Kunst im Fernsehen

War lange Zeit in den Debatten um die Fotografie und später auch den Film noch die Frage zentral, ob und inwieweit sich diese Medien für eine adäquate Wiedergabe von Werken der bildenden Kunst überhaupt eigneten (vgl. W. KEMP, 1980; S. KRACAUER, 1937/1979; W. PINDER, 1941; H. HOFFMANN, 1967), so bestand mit Einführung des Fernsehens schon weitgehend Konsens, dass das televisuelle Medium eine effiziente, massenwirksame Verbreitung von Kunst garantierte. Lediglich die dazu erforderlichen technischen und institutionellen Voraussetzungen wurden eingehend diskutiert. Erst seit dem Ende der 60er Jahre mahnten kritische Stimmen an, Grenzen und Chancen des neuen kunstreproduzierenden Mediums grundsätzlich auszuloten, zu einem Zeitpunkt, als dessen Etablierung schon längst abgeschlossen war: Der Kunst gegenüber wähnte sich das Fernsehen bereits in der Rolle des ›starken‹ Mediums und insistierte, indem es mit den Werken der Malerei, Plastik und Architektur entsprechend selbstbewusst verfuhr, nunmehr auf eigenen televisuellen Standards und Normen (siehe G. STEINMÜLLER, 1997, S. 66f.).

Für die Ausbildung dieser fernsehspezifischen Vermittlungsformen von Kunst waren gleichwohl mehrere Entwicklungsschritte kennzeichnend. Ein Blick auf die Geschichte der Kunstsendung im Fernsehen der Bundesrepublik Deutschland, jenes Genres, welches in den Jahren des öffentlich-rechtlichen Fernsehmonopols von 1953 bis 1985 ein Sendevolumen von knapp 10 000 Einzelproduktionen, Serienfolgen und Kunstbeiträgen im Rahmen von Kulturmagazinen umfasste (vgl. G. WINTER u. a., 2000), erhellt, dass in den beiden ersten Fernsehjahrzehnten eine deutliche Orientierung an den visuellen Mitteln des älteren Mediums Film erfolgte. Um Werke der Malerei, Plastik und Architektur in bewegte, televisuelle Bilder zu übersetzen, bevorzugte man in der Regel Ausschnitte, d. h. Nah- und Detailaufnahmen, die mit Hilfe spezifischer Verfahren des Filmschnitts kombiniert

wurden. Sei es in Form der sichtbaren, schon im Stummfilm er-
probten subjektiven Montage, die zumeist darauf abzielte, den
›Hintergrund‹ der Werke im Hinblick auf Künstlerbiographie
und Zeitgeschichte transparent zu machen. Oder sei es in Form
einer unsichtbaren, vor allem aus Hollywood-Spielfilmen geläufigen Verknüpfung dieser Ausschnitte zu gleitenden, kontinuierlich erscheinenden Bildfolgen, um den gegenständlichen ›Vordergrund‹ der Werke auszuleuchten, ihren Sujets Plastizität zu
verleihen, ja ihre bildlichen, plastischen und architektonischen
Motive in Bewegung zu versetzen. Derart fragmentarisiert und il-
lusioniert, bestand für die so repräsentierten Kunstwerke – von
wenigen avancierten Fernsehproduktionen der 60er Jahre einmal
abgesehen – kaum jemals die Möglichkeit, auf dem Bildschirm als
ein in sich geschlossenes, sinnvoll organisiertes Ganzes in Erscheinung zu treten.

   Gemälde, Bildwerke und Bauwerke unter Berücksichtigung
ihrer eigenen ästhetischen Grenzen zu zeigen, versprach dagegen
eine zweite, im engeren Sinn als televisuell zu bezeichnende Prä-
sentationsform, die auf dem Live-Effekt basierte und ihre Ausprägung bereits in den Anfangsjahren des Fernsehens erhielt.
Überwiegend Total- und Weitwinkelaufnahmen kamen hierbei
zum Einsatz, die unter simultanen Wahrnehmungsbedingungen
zwar in gewissem Umfang Rückschlüsse auf die tatsächliche Ausdehnung, den Standort und den räumlichen Kontext der Werke
gestatteten, genauere Einblicke in die spezifischen, nur sukzessiv
und aus der Nähe sichtbaren Formen der künstlerischen Gestaltung aber in gleichem Maße verweigerten. Hauptattraktion dieser
Art von Sendungen war daher in letzter Instanz auch weniger die
bildende Kunst, als vielmehr das live präsentierte bzw. als
Live-Präsentation inszenierte Kunstereignis. Interviews mit
Künstlerpersönlichkeiten, Zeitzeugen und Experten zählten
ebenso dazu wie Eröffnungen bedeutender Ausstellungen, Über-
gaben von Kunst im öffentlichen Raum und Feierlichkeiten anlässlich der Fertigstellung von neuen oder restaurierten Bauwer-
ken.

   Aus einer Sonderform dieser ereigniszentrierten Kunstsendungen, dem an kunsthistorische Lichtbild-Vorträge angelehnten
Fernsehauftritt namhafter Kunstexperten, sollte später ein uni-
verseller, für die televisuelle Reproduktion von Werken der Malerei, Plastik und Architektur gleichermaßen gültiger Standard er-

wachsen. Kennzeichnend für diesen Standard, der in den zahlreichen Bildungssendungen der 60er Jahre bereits seine ›Serienreife‹ unter Beweis stellte, war das von Fernsehmachern immer wieder als genuin ästhetische Qualität ihres Mediums hervorgehobene Konzept der »Auflösung des Bildes« (vgl. Deutsche UNESCO-Kommission, 1970, S. 105ff.). Dahinter verbarg sich – wie in paradigmatischer Weise anhand der damaligen, mit Malerei befassten Fernsehserien verfolgt werden konnte – ein Verfahren der Telegenisierung, das zunächst eine Reduktion des Kunstwerks, ganz gleich welcher Epoche, welcher stilistischen oder funktionalen Beschaffenheit, auf einen halbtotalen, innerhalb des eigentlichen Bildrahmens bemessenen Ausschnitt vorsah. Das Tafelbild, seiner angestammten Proportionen und ästhetischen Grenze hierdurch beraubt und damit auch in seiner internen Sinnstruktur beeinträchtigt, mutierte nunmehr zum Telebild mit konstantem, durch das 3 : 4 Format der Mattscheibe normierten Zuschnitt und industriell gefertigter, durch den Bildschirmrahmen des jeweiligen Gerätetyps vorgegebener Begrenzung. An diese Umformatierung und Usurpation des Bildes durch das Bildschirmbild – Fernsehgeräte der Firma Philips hießen damals ›Leonardo Spezial‹ und ›Leonardo Luxus‹, während Empfänger der Firma Graetz mit Typenbezeichnungen wie ›Markgraf‹, ›Reichsgraf‹ und ›Kurfürst‹ aufwarteten – schlossen sodann Nah- und Detailaufnahmen an, welche das betreffende Kunstwerk systematisch zerlegten und bebilderten. In ihrem Aufbau folgten diese überwiegend als Standbild- und nur selten als Bewegtbildabfolge montierten Ausschnitte der »Macht der Mitte« (Rudolf ARNHEIM), d. h. sie wurden als Telebilder nunmehr selber betont bildmäßig aufgefasst. Für das so reproduzierte, zerlegte und zugleich bebilderte Kunstwerk hatte dies zur Folge, dass seine genuine Organisation von Raum und Fläche zu einem komplex strukturierten Ganzen nicht nur unberücksichtigt blieb, sondern vollends zum Verschwinden gebracht wurde. Noch pointierter formuliert: Das Bildliche des Bildes gelangte im Bildlichen des Bildschirmbildes zur Auflösung (vgl. G. STEINMÜLLER, 1997, S. 62ff., Abb. 79–85b).

Das Konzept der Bildauflösung, das im Grunde genommen ein Verfahren der »Bildverdrängung« (G. WINTER, *Bilderstreit*, 2000, S. 451) beinhaltete und in den bildmonographischen Fernsehserien der 80er und 90er Jahre, etwa den *100(0) Meisterwerken*,

sicherlich seinen professionellsten wie exponiertesten Ausdruck
fand, bestimmte freilich nicht nur den televisuellen Umgang mit
Malerei, sondern in fortschreitendem Maße auch den Zugriff des
Fernsehens auf die dreidimensionalen künstlerischen Medien
Plastik und Architektur. Im Falle der Plastik brachte der Zwang
zum »Ent-fern-sehen« (R. WISSER, 1994, S. 303), d. h. zum Nah-
sehen und damit zum Zerlegen eines komplexen, künstlerisch
organisierten Ganzen in eine Folge telegener Bewegtbilder, nicht
die eigene bildnerisch-plastisch verantwortete Bewegung, sondern vielmehr die mediale Zurichtung eines Objektes oder Bild-
werks im Fernsehbild zum Vorschein (vgl. M. DOBBE, *Bildwerke
im Bild*, 2000, S. 365). Im Falle der Architektur verdrängte er die
»von ihr selbst geforderten Sicht- und Darstellungsweisen immer
stärker zugunsten telebildlicher Ansichten [...], so daß die spezifische, im Medium der Architektur selbst akzentuierte Bildlichkeit
zunehmend vom televisuellen Einheitsbild verschluckt« wurde
(G. WINTER, *Bildwerk oder Bauwerk*, 2000, S. 400). Mit dem nunmehr universellen, die televisuelle Reproduktion von bildender
Kunst generell reglementierenden und gleichschaltenden Verfahren der Bildauflösung und Bildverdrängung war die Emanzipation des Fernsehens von den technischen Medien Film und
Fotografie, denen gegenüber in Form filmisch geprägter oder als
elektronische Lichtbild-Vorträge konzipierter Kunstsendungen
zunächst noch ›Zitierpflicht‹ bestanden hatte, nicht allein vollzogen. Im Kern offengelegt war damit zugleich die eigene Bildästhetik des vermeintlich rein auf Dokumentation und Vermittlung
ausgerichteten Mediums Fernsehen, also das,

> was tatsächlich das Prinzip der Telebildlichkeit ausmacht: die
> differenzlose Reproduktion der Gegenstandswelt als tatsäch-
> lich geoffenbarter Wirklichkeit, jenseits aller differenten Bil-
> der und Bildmöglichkeiten. [...] Architektur oder Malerei,
> Landschaft oder Skulptur, eine bestimmte Weinstraße oder
> ein Interview – die Bildlichkeit ist immer jene Form von
> bildlicher Realität, die so, durch die Nicht-Rahmung des
> Fernsehers gerahmt, Wirklichkeit scheinbar ungefiltert und
> ununterbrochen dem Betrachter zufließen läßt, worin alles
> seinen telebildlichen Ort hat, auch das jeweilige Maß an Vi-
> sualität zurechtgerückt ist; mit dem Ergebnis, daß Kunst und
> Wirklichkeit ununterscheidbar geworden sind, Kunst Wirk-
> lichkeit zu sein scheint und umgekehrt, was freilich das Ende

der Kunst, jeder Kunst bedeuten würde. (G. WINTER, *Bild-werk oder Bauwerk*, 2000, S. 408f.)

8.2 Videokunst versus Fernsehen

Widerspruch gegen die Nivellierung und Eliminierung differen-ter Bildwirklichkeit, letztlich der Wirklichkeit selbst zugunsten stereotyper Bildschirmwirklichkeit, wie sie das Fernsehen tagtäg-lich praktizierte, legten in den 60er und 70er Jahren vor allem jene Künstlerinnen und Künstler ein, die sich mit dem neuen Medi-um Video auseinandersetzten. Der künstlerische Einsatz von Vi-deo – einer elektronischen, dem Fernsehen vergleichbaren, je-doch weitaus leichter zu bedienenden Technik zur synchronen Übertragung und Aufzeichnung von Bild und Ton, welche erst-mals 1965 mit der tragbaren Portapak-Einheit von Sony auf dem amerikanischen Markt verfügbar war – machte im Wesentlichen zwei Prinzipien geltend: (1) das Prinzip Realzeit und (2) das Prin-zip Verfremdung.

(1) Dem televisuellen Zwang zur Auflösung von Realität in »schnellgeschnittene Normalzeit« (B. VIOLA, 2000, S. 164), in schnitttechnisch oder durch multi-camera-editing manipulierte und somit auch manipulierende Bildschirmbilder, setzte ein Teil der Videokünstler eine Strategie der Verlangsamung, ja »Verlang-weiligung« (M. DOBBE, *Fernsehästhetik*, 2000, S. 474) entgegen. Dies geschah entweder in Form sogenannter Closed Circuit-In-stallationen oder aber in Form von ungeschnittenen, in Realzeit aufgezeichneten künstlerischen Aktionen, die als einfache »pri-märe Vorgänge« (K. RINKE, 1982, S. 242) einem genau kalkulier-ten, zumeist minimalistischen Konzept folgten. Exemplarisch da-für waren die Film/Video-Produktionen von Gerry SCHUM, wel-che zunächst als *Fernsehgalerie* konzipiert wurden und unter den Titeln *Land Art* (1969) und *Identifications* (1970) in den ARD-Sen-dern zur Ausstrahlung kamen. Mangelndes Interesse der Fern-sehverantwortlichen an derart experimentellen, eigentlich sub-versiven Sendungen veranlasste SCHUM bald darauf, für Vi-deo-Tapes mit künstlerischen Aktionen wie *Inhalation* und *Wasser holen, Wasser bringen, Wasser schütten* von Klaus RINKE (1971), wie *Kreise*, *Teilungen* und *Diagonalen* von Ulrich RÜCKRIEM aus dem-selben Jahr, neue fernsehunabhängige Distributionsformen, etwa in Gestalt einer Video-Galerie, zu entwickeln (vgl. D. MIGNOT, 1982, S. 52ff.).

Anders als in den genannten Video-Tapes, direkter und unmittelbarer noch, als es das Live-Medium Fernsehen jemals vermochte, sprach sich das Prinzip Realzeit in den sogenannten Closed Circuits aus, die als konkrete Rauminstallationen auf Rück-
koppelungseffekten zwischen Videokamera und Monitor basierten und dabei in aller Regel den Betrachter als Akteur, d.h. als unverzichtbaren Bestandteil des Werkganzen, mit einbezogen. Gegenwart im Sinne der Synchronizität von Urbild und Abbild, von
Raum und Zeit, war zumeist das Generalthema, welches diese
Closed Circuit-Installationen in neuer Weise hinterfragten, sichtbar und erfahrbar machten. Bruce NAUMANs *Live-Taped Video-
Corridor* von 1969/70, worin die Annäherung des Betrachters an
sein eigenes elektronisches Spiegelbild immer wieder in ein
Sich-Entfernen umgepolt wurde, galt dafür als herausragendes
Beispiel. Nicht minder irritierend stellte Dan GRAHAMs *Present
Continuous Past[s]* von 1974 die Gegenwärtigkeit von Wahrneh-
mung zur Disposition, indem diese Videoarbeit – hervorgerufen
durch Spiegel, Monitore, Kameras und Zeitverzögerung in
8-Sekunden-Intervallen – den Betrachter mit zeitversetzten ›vergangenen‹ Bildern seiner selbst konfrontierte (vgl. M. DOBBE,
Fernsehästhetik, 2000, S. 475f.).

(2) Den Modus der »schnellgeschnittenen Normalzeit« des
Fernsehens und damit auch die Stereotypie seiner Bildschirmbilder durch gezielten Eingriff, durch Ironisierung, Beschleunigung
und schließlich Überforderung bloßzustellen, intendierten jene
Künstlerinnen und Künstler, die sich des Mediums Video unter
Rückgriff auf vorhandene und zum Teil selbstentwickelte Verfahren der elektronischen Bildbearbeitung bedienten. Vorläufer und
zugleich Protagonist dieser anti-fernsehästhetischen, dem Prinzip Verfremdung verpflichteten Richtung der Videokunst war
Nam June PAIK, der sich als Komponist elektronischer Musik
schon seit 1962 mit der Modulation von Fernsehbildern befasste.
Im Unterschied zu seinen Fluxus-Kollegen VOSTELL und BEUYS,
deren künstlerische, vornehmlich auf das Fernsehgerät bezogene
Aktionen eher als »Versuche, die verdammte Kiste abzuschaffen«
(W. HERZOGENRATH, 1982, S. 26), bewertet werden konnten,
konzentrierte sich PAIKs Interesse primär auf das TV-Programm
im Sinne eines kontinuierlichen Outputs an bewegten Bildern.
Diesen Strom der Telebilder durch Magnete und Manipulationen der Bildröhre zu stören, mäandrieren zu lassen (*Exposition of*

Music-Electronic Television, 1963; *Magnet TV*, 1965) oder zu einer einzigen Linie zusammenzuschrumpfen (*Zen for TV*, 1965), war das Ziel seiner frühen Arbeiten. Es folgten Experimente mit dem ersten Video-Synthesizer, den PAIK in Zusammenarbeit mit dem Ingenieur Shuya ABE konstruierte. Sie ermöglichten u. a. Solarisationen, mit deren Hilfe völlig heterogenes, zumeist auf TV-Mitschnitten basierendes Bildmaterial »in eine Art visuellen Teppich« (F. MALSCH, 1996, S. 195) transformiert und damit unter neuen Voraussetzungen, im Sinne einer »Ästhetik des gestörten Bildes« (E. DECKER, 1988, S. 37), homogenisiert wurde. Typisch dafür war *Global Groove*, ein Video-Tape von 1973, dessen visuelle Grundstruktur in PAIKs Video-Skulpturen der nachfolgenden Jahre wiederkehren sollte.

Audiovisuelles, vom Fernsehen ausgestrahltes Material mit Hilfe elektronischer, vom Fernsehen zur Verfügung gestellter Studiotechnik zu bearbeiten und für die Verbreitung dieses gezielt verfremdeten und beschleunigten Materials wiederum die Distributionswege des Fernsehens zu nutzen, war kennzeichnend für *Black Gate Cologne* (1968) von Otto PIENE und Aldo TAMBELLINI, eine der wenigen, in unmittelbarer Zusammenarbeit mit TV-Anstalten (WDR) realisierten deutschen Video-Produktionen. Wie im Falle von SCHUMs *Fernsehgalerie* (1969/70) sollte auch dieser Unterwanderungsversuch keineswegs auf einhellige Zustimmung seitens der Fernsehverantwortlichen stoßen. »Unüberwindliche Aversionen professioneller Fernsehmacher gegenüber dieser Art des Guerilla-Fernsehens« (J. MONTESBAQUER, 1982, S. 136) bestärkten daher Künstler wie Jochen HILTMANN, Mike KREBS, Gusztáv HÁMOS und Marcel ODENBACH in ihrer Position, Verfahren zur elektronischen Bearbeitung, Verfremdung und schließlich Bloßstellung von Fernsehbildern autonom und in deutlicher Abgrenzung von den »öffentlich-rechtlichen Großküchen« (K. vom BRUCH, 1982, S. 112) zu entwickeln.

9. Video, Multimedia und Computer

Mit dem Beginn der 80er Jahre klarte der misstrauische Blick, mit dem das Fernsehen bis dahin das Treiben des ›kleinen Bruders‹ Video verfolgt hatte, allmählich auf. Ursache dafür waren zum einen Polarisierungstendenzen, die innerhalb der Video-Szene zur

Ausbildung zweier Varianten – sozusagen einer E- und einer U-Variante – führten, zum anderen übergreifende inter- und multimediale Entwicklungen, für deren rasante Beschleunigung der zunehmende Einsatz von Computertechnik verantwortlich zeichnete.

Was die Video-Szene betraf, so erfolgte bereits seit Mitte der 70er Jahre eine fortschreitende Differenzierung und Erweiterung von anti-fernsehästhetischen Positionen, wie sie zu Beginn der künstlerischen Auseinandersetzung mit diesem neuen Medium noch bezogen worden waren. »Anstatt den Zuschauer mit der Fassade appretierter Herren im Nadelstreifen zu langweilen, oder mit Katastrophen-Szenarios und Ratespielchen zu unterhalten, machen Videokünstler(-innen)« – so lautete das programmatische Diktum von Klaus von BRUCH (1982, S. 112) – »Aussagen zur Sache. Sie nehmen sich selbst und ihre Lebensbedingungen ernst, ihre Aussagen sind identisch.« Gemeint waren damit jene den Bereichen ›Body Art‹ und Performance verbundenen Künstler und vor allem Künstlerinnen, deren durch Selbstbeobachtung, Selbstreflexion und die Frage nach (weiblicher) Identität gekennzeichneten Arbeiten – oftmals mit kritischer Bezugnahme auf die Kontroll- und Überwachungsfunktion von Video in öffentlichen und privaten Gebrauchszusammenhängen – neue thematische Schwerpunkte setzten.

Komplementär zu diesen eher inhaltlich geprägten Positionsbestimmungen des neuen Mediums Video, wie sie u. a. von Vito ACCONCI, Rebecca HORN, Valie EXPORT, Frederike PEZOLD, Annegret SOLTAU, Ulrike ROSENBACH und Marina ABRAMOVIC vorgenommen wurden, akzentuierten andere Protagonisten der Videokunst unter Verwendung zunehmend komplexerer Verfahren der elektronischen Bearbeitung von Bild und Ton neue ästhetische, d. h. bild-sprachliche Möglichkeiten und Qualitäten ihres Mediums. Die fluidalen, auf das Element Wasser Bezug nehmenden Video-Installationen von Fabrizio PLESSI waren dafür in der gleichen Weise Beleg wie die imaginären, mythologisch aufgeladenen Bildwelten von Bill VIOLA, die analytischen, das Verhältnis von Wort und Bild, von Bezeichnendem und Bezeichnetem permanent problematisierenden Arbeiten von Gary HILL oder auch die aggressiv-denunziatorischen, in repetitiven Bild-Ton-Rhythmen geschnittenen Videobänder von Klaus von BRUCH. Beide Richtungen trugen maßgeblich dazu bei, Video als ein spezifi-

sches, auf genuine Inhalte und Formen verweisendes künstlerisches Ausdrucksmedium zu etablieren, dessen Entwicklung die
kunstvermittelnden Institutionen, die Museen, Galerien, Kunst-
vereine, aber auch das Fernsehen in dem ihm eigenen Modus der
Kunstberichterstattung nunmehr mit Interesse verfolgten.

Im Unterschied zu dieser, auf der medialen Besonderung
und ästhetischen Eigenständigkeit von Video insistierenden Strömungen, der ›E-Variante‹ von Videokunst, die in der Kunstszene
spätestens 1987, mit der Kasseler documenta 8, als fest verankert
gelten konnte, setzte die ›U-Variante‹ in Gestalt der sogenannten
Clip-Ästhetik des Musik-Videos, zu deren Ausprägung John
SANBORN und Maria PERILLO in den frühen 80er Jahren wesentliche Vorarbeiten geleistet hatten, von vornherein auf Anschlussfähigkeit bzw. Amalgamierung mit dem Medium Fernsehen. Für
die rasante Verbreitung der Clip-Ästhetik, »einer fragmentari-
schen, im Bildschnitt extrem beschleunigten Bildsprache, die
narrative Elemente mit einem visuellen Pattern und der unterleg-
ten Musik verknüpft« (F. MALSCH, 1996, S. 33), sorgte zunächst
der überaus erfolgreiche Kanal MTV, ein eigens für Musik-Videos, sprich: als Dauerwerbung für Pop-Musik, konzipierter Fernsehsender. Stilistische Anverwandlungen und Übernahmen von Elementen der Clip-Ästhetik erfolgten umgehend im
Werbespot, sodann auch in anderen televisuellen Genres, z. B. in
Jugend-, Unterhaltungs- und Sportsendungen. Vom Medium
Video hatte sich Wibke von BONIN, langjährige Kunstredakteurin
des WDR, 1982 erhofft, dass »neue Impulse von Künstlern kommen, die das elektronische Handwerk selbstverständlich beherrschen und zu neuen Formulierungen vorstoßen, die die Fernseh-
sprache des Alltags erneuern und bereichern« (W. von BONIN,
1982, S. 135). Wenige Jahre später war dieser Wunsch bereits in
Erfüllung gegangen, wenn auch unter ganz anderen ästhetischen
Voraussetzungen, als ursprünglich erwartet.

Zum anderen konnte der Video-Clip in seiner spezifischen
Zusammenführung von Pop-Musik und Tanz, von Video, Film,
Fernsehen und Computer in gewisser Weise auch als das bild-
schirmbezogene Pendant von inter- und multimedialen Entwick-
lungen angesehen werden, die sich in den Bereichen Kinemato-
graphie, Theater, Musik und vor allem bildende Kunst, von der
Fluxus-Bewegung und Arte Povera in den 60er Jahren, über
Andy WARHOL, Laurie ANDERSON und Robert WILSON bis hin

zur sogenannten Medienkunst der 90er Jahre, abzeichneten. Äu-
ßeres Kennzeichen dieser Tendenzen, insbesondere der gegenwärtig noch immer nicht überschaubaren oder gar absehbaren
Medienkunst, scheint zu sein, dass sie sich einer Klassifizierung
nach der Darstellungsform bzw. nach dem jeweiligen medialen
Träger des zugrundeliegenden künstlerischen Konzeptes wider-
setzen: »Nicht das Medium, mit dem der Künstler sich ausdrückt,
nicht die Form der Gestaltung sollte uns primär interessieren –
sondern die Aussage selbst« (W. HERZOGENRATH, 1993, S. 53).
Entsprechend breit gestaltet sich das Spektrum des Medienein-
satzes; es reicht – so versuchte z. B. die thematische Ausstellung
»Feuer Wasser Erde Luft – Die vier Elemente« 1993 im Rahmen
der Hamburger Mediale zu belegen – »vom Video bis zum Laser,
von Hologrammen bis zur computerunterstützten Fotografie,
von Interaktiven Video-Environments bis zu ganz verschiedenar-
tigen Klangskulpturen« (W. HERZOGENRATH, 1993, S. 57), ja es
umfasst – so wäre aus heutiger Sicht hinzuzufügen – offenbar die
gesamte Bandbreite von Low- bis High-Tech, von der camera
obscura und Glühbirneninstallation bis hin zu Internet und Cyberspace. Gleichwohl bleibt anzumerken, dass insbesondere dort,
wo der Computer ins Zentrum medienkünstlerischer Konzeptionen rückt, sich ein neues fundamentales Problem eröffnet, das
in anderer Weise auch dem computeranimierten Video-Clip ein-
beschrieben ist, nämlich die Frage nach dem Status, letztlich der
Bildlichkeit des digitalen Bildes. Während das fotografische, »das
kinematographische wie das elektronische Bild aufgrund der analogen Basis eine Repräsentationsfunktion innehat«, ist das computergenerierte Bild »als eine Form der Präsentation vorgestellt«
(Y. SPIELMANN, 1999, S. 61). Das heißt, digitale Bilder sind »Ex-
plikate eines Rechenvorgangs«, die nahezu jede beliebige Gestalt
annehmen können und imstande sind, »Darstellungsweisen oder
Referenzen zu simulieren« (G. BOEHM, 1999, S. 176). Simula-
tionsbilder aber stellen nicht nur das Verhältnis von Realität und
Abbild, von Sein und Schein und damit die visuelle Zuverlässigkeit der in den Medienkünsten formulierten Inhalte auf die Pro-
be, sondern auch das Verhältnis von Abbild und Bild. Die derzeitige medienästhetische Debatte um die Frage, ob und inwieweit
computergenerierte Bilder noch »bildhafte« oder bereits »bildlose« Bilder sind, lässt sich wohl dann erst entscheiden,

wenn geklärt ist, welche Rolle die Medien, jenseits ihres bloß technischen Funktionierens, für die Entstehung von Bildern übernehmen, wenn offengelegt ist, in welcher Weise Bildlichkeit tatsächlich *medial* »vermittelt«, also von den medialen Bedingungen der Möglichkeit ihres Erscheinens gekennzeichnet ist. (M. DOBBE, 1999, S. 181)

GERD STEINMÜLLER

Literatur

Hundert Jahre in Wort und Bild. Eine Kulturgeschichte des XIX. Jahrhunderts, hg. von S. STEPHAN, Berlin 1899. – P. VALÉRY, La conquête de l'ubiquité (1928), in: ders., Œvres, T. II, Paris 1960, S. 1284–1287. – W. BENJAMIN, Kleine Geschichte der Photographie (1931), in: ders., Gesammelte Schriften II.1, Frankfurt a. M. 1977. – S. KRACAUER, Film und Malerei (1937), in: ders., Kino. Essays, Studien, Glossen zum Film, hg. von K. WITTE, Frankfurt a. M. 1974, ²1979, S. 53–57. – W. PINDER, Einige Worte zum kunstwissenschaftlichen Unterrichtsfilm, in: Film und Bild. Zeitschrift der Reichsanstalt für Film und Bild 7 (1941), S. 11f. – M. H. ABRAMS, The Mirror and the Lamp. Romantic Theory and Critical Tradition, New York 1953. – T. W. ADORNO, Prolog zum Fernsehen (1953), in: ders., Gesammelte Schriften, Bd. 10/2, Frankfurt a. M. 1977, S. 507–517. – G. ECKERT, Die Kunst des Fernsehens, Hamburg 1953. – H. HOFFMANN, Kunst und Künstler im Film – Grenzen, Möglichkeiten, in: Film im Museum, hg. von der Deutschen UNESCO-Kommission, Köln 1967, S. 16–41. – H. BUDDEMEIER, Panorama, Diorama, Photographie. Entstehung und Wirkung neuer Medien im 19. Jahrhundert, München 1970. – Fernsehen im Museum, hg. von der Deutschen UNESCO-Kommission, Köln 1970. – Hätte ich das Kino! Die Schriftsteller und der Stummfilm. Katalog und Ausstellung: Ludwig Greve, Margot Pehle, Heidi Westhoff, hg. von B. ZELLER, Marbach 1976. – K.-H. HÜTER, Vom Gesamtkunstwerk zur totalen Architektur. Synthesekonzeptionen bei Gropius und dem Bauhaus, in: Wissenschaftliche Zeitschrift der Hochschule für Architektur und Bauwesen 5–6, Weimar 1976, S. 507–514. – E. ROHMER, L'organisation de l'espace dans le Faust de Murnau und Faust. Découpage intégral (1977); dt.: Murnaus Faustfilm, München 1980. – W. KEMP, Theorie der Fotografie, 2 Bde., München 1980. – S. OETTERMANN, Das Panorama. Die Geschichte eines Massenmediums, Frankfurt a. M. 1980. – U. PETERS, Stilgeschichte der Fotografie in Deutschland, Köln 1980. – J. KOSUTH, Kunst nach der Philosophie (1969), in: ders., Bedeutung von Bedeutung. Texte und Dokumentationen der Investigationen über Kunst seit 1965 in Auswahl, Stuttgart 1981, S. 142–181. – W. von BONIN, Video und Fernsehen: Wer braucht wen?, in: Videokunst in Deutschland 1963–1982, hg. von W. HERZOGENRATH, Stuttgart 1982, S. 133–136. – K. vom BRUCH, »Logik zum Vorteil von Bewegung«. Mit dem Video in der Hand arbeite ich gut gelaunt und sicher, in: Videokunst in Deutschland 1963–1982, hg. von W. HERZOGENRATH, Stuttgart 1982, S. 110–113. – W. HERZOGENRATH, Versuche, die verdammte Kiste abzuschaffen – oder: die Anfänge eines Kunstmediums in Europa mit Fluxus, in: Videokunst in Deutschland 1963–1982, hg. von W. HERZOGENRATH, Stuttgart 1982, S. 26–29. – D. HOFFMANN/A. JUNKER, Laterna Magica. Lichtbilder aus Menschenwelt und Götterwelt, Berlin 1982. – D. MIGNOT, Gerry Schum – Die Idee einer Fernsehgalerie, in: Videokunst in Deutschland 1963–1982, hg. von W. HERZOGENRATH, Stuttgart 1982, S. 44–54. – J. MONTES-BAQUER, Neue Bilder für ein neues Medium. WDR-Produktionen 1969–80, in: Videokunst in Deutschland 1963–1982, hg. von W. HERZOGENRATH, Stuttgart 1982, S. 136–137. – K. RINKE, Gespräch mit A. Haase, in: Videokunst in Deutschland 1963–1982, hg. von W. HERZOGENRATH, Stuttgart 1982, S. 242. – Videokunst in Deutschland 1963–1982, hg. von W. HERZOGENRATH, Stuttgart 1982. – H. SZEEMANN, Der Hang zum Gesamtkunstwerk. Europäische Utopien seit 1800, Aarau/Frankfurt a. M. 1983. – E. T. VOSS, Das »sehende Papier«. Betrachtungen zum Medium Photographie aus der Sicht des Sammlers, in: Neue Rundschau 92 (1986), H. 4, S. 155–186. – H. v. AMELUNXEN, Die aufgehobene Zeit. Die Erfindung der Photographie durch William Henry Fox Talbot, Berlin 1988. – E. DECKER, Paik. Video, Köln 1988. – S. OETTERMANN, Johann Carl Enslen (1759–1869) … und zuletzt auch noch Photographie-Pionier, in: Silber und Salz. Zur Frühzeit der Photographie im deutschen Sprachraum, Köln 1989. – W. PLEISTER, Eröffnungsansprache am 25.12.1952, in: ARD-Jahrbuch 1989, Hamburg 1989, S. 66. – H. SCHANZE, Goethes Dramatik, Tübingen 1989. – L. BERRIATÚA, Los Proverbios de F. W. Murnau. Filmoteca Española, 2 Bde., Madrid 1990. – W. HERZOGENRATH, Vier Elemente. Das Gleiche im Wandel – vom Materiellen zum Immateriellen, in: Ausst. Kat. Mediale Hamburg, Hamburg 1993, S. 52–57. – H.-J. IMIELA, Stein- und Offsetdruck. Geschichte der Druckverfahren, Teil 4, Stuttgart 1993. – Hybridkultur. Bildschirmmedien und Evolutionsformen der Künste. Annäherungen an ein interdisziplinäres Forschungsprogramm, hg. von C. W. THOMSEN, Siegen 1994. – R. WISSER, Bildwerdung der Welt – Weltwerdung des Bildes, in: Gestern begann die Zukunft. Entwicklung und gesellschaftliche Bedeutung der Medienvielfalt, hg. von H. HOFFMANN, Darmstadt 1994, S. 294–312. – F. MALSCH, Video und Kunst – ein historischer Abriß, in: F. MALSCH/D. STRECKEL, Künstler-Videos. Entwicklung und Bedeutung, Ostfildern-Ruit 1996, S. 17–42. – N. LUHMANN, Die Gesellschaft der Gesellschaft. 2 Teilbände, Frankfurt a. M. 1997. – G. STEINMÜLLER, Bild und Bildschirm. Strukturen, Strategien und Stationen der Visualisierung von Malerei im Fernsehen der Bundesrepublik Deutschland, Siegen 1997. – G. BOEHM, Vom Medium zum Bild, in: Bild – Medium – Kunst, hg. von Y. SPIELMANN/G. WINTER, München 1999, S. 165–177. – M. DOBBE, Bildlose Bilder? Zum Status des Bildes im Medienzeitalter, in: Bild – Medium – Kunst, hg. von Y. SPIELMANN/G. WINTER, München 1999, S. 179–201. – U. HICK, Geschichte der optischen Medien, München 1999. – H. H. HIEBEL u. a., Große Medienchronik, München 1999. – P. LUDES, Einführung in die Medienwissenschaft. Mit einer Einleitung von J. HÖRISCH, Berlin 1999. – Y. SPIELMANN, Schichtung und Verdichtung im elektronischen Bild, in: Bild – Medium – Kunst, hg. von Y. SPIELMANN/G. WINTER, München 1999, S. 59–75. – H. SCHANZE, Faust-Konstellationen. Mythos und Medien, München 1999. – Zeitwenden – Rückblick, eine Ausstellung der Stiftung für Kunst und Kultur e.V. und des Landesmuseums Bonn, Köln 1999. – M. DOBBE, Bildwerke im Bild. Zur Mediatisierung von Plastik im Fernsehen, in: G. WINTER u. a., Die Kunstsendung im Fernsehen der Bundesrepublik Deutschland (1953–1985), Bd. 1, Potsdam 2000, S. 335–371. – M. DOBBE, Elemente der Fernsehästhetik aus der Perspektive der Videokunst, in: G. WINTER u. a., Die Kunstsendung im Fernsehen der Bundesrepublik Deutschland (1953–1985), Bd. 1, Potsdam 2000, S. 463–483. – B. VIOLA, Soldat an der Zeitfront. Ein Gespräch über Zeitschwellen von H.-N. JOCKS, in: Kunstforum international, Bd. 150, April–Juni 2000, S. 156–169. – G. WINTER, Bilderstreit oder Bildverdrängung? Zur Krise des Bildlichen im Zeitalter der digitalen Medien, in: G. WINTER u. a., Die Kunstsendung im Fernsehen der Bundesrepublik Deutschland (1953–1985), Bd. 1, Potsdam 2000, S. 447–462. – G. WINTER, Bildwerk oder Bauwerk. Zur Mediatisierung von Architektur im Fernsehen, in: G. WINTER u. a., Die Kunstsendung im Fernsehen der Bundesrepublik Deutschland (1953–1985), Bd. 1, Potsdam 2000, S. 379–423. – G. WINTER u. a., Die Kunstsendung im Fernsehen der Bundesrepublik Deutschland (1953–1985), Bd. 1: Geschichte – Typologie – Ästhetik, Bd. 2: Chronologisches Verzeichnis, Potsdam 2000.

Mediengeschichte des Drucks

1. Leben, als Buch

Seit Elizabeth EISENSTEINs Untersuchungen zur Druckerpresse als »agent of change« gilt GUTENBERGs Erfindung als mediengeschichtliches Paradigma. Sie greift ein in alle anderen bisherigen Mediensysteme, in die Strukturen der Gesellschaft wie auch in die Wahrnehmung des Einzelnen, insbesondere des Künstlers. EISENSTEIN nutzt eine vieldeutige Metapher, deren Kernbedeutung im Englischen bei deutschen Übersetzungen oft übersehen wird: die des Katalysators. Johann Wolfgang von GOETHE hat in seinen *Wahlverwandtschaften* die Natur der chemischen Gleichnisse, ihr Faszinosum und zugleich ihre Gefahr eindrucksvoll beschrieben, dies zum Zeitpunkt, als das Printmedium als Dominanzmedium zu gelten hat. Friedrich von HARDENBERG (NOVALIS) hatte den Roman als »Leben, als Buch« bestimmt (vgl. H. SCHANZE, 1994, S. 2). Die Katastrophe des Romangeschehens bei GOETHE konzentriert sich in einer Szene, die Buch und Leben konfrontiert und das todbringende Risiko einer das Leben dominierenden Bücherwelt vorstellt. Die Leserin Ottilie, die heilige Ottilie am Schluss des Romans, kann Kind und Buch auf dem schwankenden Kahn des Lebens nicht zusammenhalten. Es kommt zum tragischen Unfall:

> Auf dem linken Arm das Kind, in der linken Hand das Buch, in der rechten das Ruder, schwankt auch sie und fällt in den Kahn. (J. W. von GOETHE, 1809/1951, Bd. 6, S. 457)

Das Kind wird Opfer einer gefährlichen Balance, in der das Medium Buch zum Agenten des Schicksals stilisiert wird. Fast wie eine Parodie auf diese Romanpassage erscheint dann die Wendung, die Wolfgang MENZEL der Bücherwut des »Volks der Dichter und Denker« 1836 gibt:

> Die Deutschen thun nicht viel, aber sie schreiben desto mehr. [...] Das sinnige deutsche Volk liebt es zu denken und zu dichten, und zum Schreiben hat es immer Zeit. Es hat sich die Buchdruckerkunst selbst erfunden, und nun arbeitete es unermüdlich an der großen Maschine. [...] Was immer wir

auch in der einen Hand haben mögen, in der anderen haben wir gewiß immer ein Buch. (W. Menzel, 1828/1836, S. 3f.)

Die Erfindung Gutenbergs eröffnet das Zeitalter des »Typographischen Menschen«. Goethes »Weltgedicht« gibt diesem den Namen *Faust*. J. D. Bolter hat die Unterscheidung des »Faustischen« vom »Turingschen Menschen« zur Leitdifferenz der Moderne und einer postulierten Postmoderne erhoben (J. D. Bolter, 1990).

2. Definitionen

Das Ende der »Gutenberg-Galaxis« (M. McLuhan, 1968) ist noch keineswegs erreicht – von einer metaphorischen ›Wiederkehr des Buchs‹ kann gegenwärtig aus guten Gründen gesprochen werden. Vordergründig liest sich die Geschichte der Ausdifferenzierung der Druckmedien als Geschichte eines säkularen Fortschritts, sie ist die moderne Fortschrittsgeschichte schlechthin. Der Druck ist die Kommunikationstechnologie der Frühmoderne, das Buch bleibt die kritische Instanz der Moderne und kann auch für die Postmoderne stehen. Der Druck stellt eine zeitaufhebende und universelle Technik dar, ratifiziert den Sieg der Typographie über die Handschrift. Dies macht Erfindung, Entwicklung und seine Wirkung zum Paradigma einer Geschichte des technisierten Schreibzeugs (vgl. F. A. Kittler, 1985 u. ö.). »Buch und Perspektive«, die Druckkunst und die Veränderungen in der Wahrnehmung und Darstellung der Welt und des Menschen um 1500, die Zentralperspektive, sind aufeinander zu beziehen. Eine »Mathematisierung« liege »am Grund des Buchdrucks«. Dies veranlasst Kittler zur Feststellung, dass Kultur nicht ohne Technik und Technik nicht ohne Kultur zu haben seien. Die »Buchstaben«, auch die gegossenen, sind dem Leben und seinen Tragödien gegenüber gleichwohl einigermaßen indifferent, auch wenn sie im Wortsinn »Geschichte« gemacht haben (vgl. F. A. Kittler, 2000, bes. S. 21, S. 30).

Definiert man Medien als Kommunikationsorganisationen, in und mit denen professionell agiert wird, so wird die Geschichte der Druckprofessionen zum Paradigma der Geschichte des Berufs, einer Begriffsbildung, die zeitlich mit der Erfindung der Druckerpresse zusammenfällt. Die verschiedenen Berufszweige der Schwarzen Kunst, das Selbstbewusstsein der Setzer, Drucker, Verleger und Buchhändler, die verschiedenen Branchen der Druckerzeugnisse, des Buchs, der Zeitschrift, der Zeitung, ihr ureigenstes Berufsethos und die auch rechtlich relevante These von der besonderen Ware Buch, der weltbewegenden Bedeutung der Zeitung als Massenmedium, all dies hat schon früh das historische Interesse bewegt. Der Streit, ob die erzählte, die geschriebene oder die gedruckte Geschichte von größerer Bedeutung sei, er ist für die gedruckte zu entscheiden, zumal heute mündliche Erzählung und die handschriftliche Überlieferung, so sie Bedeutung beansprucht, längst gedruckt ist oder sofort gedruckt wird. Das Motto der *New York Times* definiert die Nachricht aufgrund ihrer Eignung für den Druck. Diese Definition zeugt vom Selbstbewusstsein der Presse, die meint, in alle Dinge des Lebens berichtend eingreifen und die Ergebnisse ihrer Investigationen auch publizieren zu müssen. Öffentlichkeit wird bis heute paradigmatisch über das Medium des Drucks hergestellt.

Der Eingriff des Drucks in die Verhältnisse des Menschen und in seine gesellschaftlichen Bindungen spart die Sphäre der Religion nicht aus. Sie steht vielmehr am Beginn. Der Druck der Bibel als das *Werk der Bücher* ist ein religionsgeschichtliches Ereignis ersten Ranges. Unablösbar von der Bildungs- und Schulgeschichte, von der modernen Wissenschaft überhaupt, ist die Druckerpresse das Werkzeug, an dem der geheime und freie Gedanke, die Kopfgeburt, jene Materialität gewinnt, die den modernen Begriff des freien Worts, der freien öffentlichen Meinung, der Freiheit schlechthin zur Geltung kommen lässt.

Das »Geschäft mit Wort und Meinung« (G. SCHULZ, 1999) ist bis heute ein besondres. Es ist den Kapitalverhältnissen einerseits entzogen als deren kritische Instanz, auf der anderen Seite stellt es jedoch das ursprüngliche Investitions- und Kapitalgeschäft selber dar. Der Betreiber einer Offizin, eines Verlags, einer Buchhandlung kann als Urbild eines modernen Unternehmers gelten. Die ersten Druckergesellen verstehen sich als Teilhaber des Geheimnisses und stehen selbstbewusst ihren Prinzipalen gegenüber. Sie organisieren sich gewerkschaftlich im ältesten Wortsinn.

3. Dimensionen

Wie alle Mediengeschichten ist die Geschichte des Drucks vieldimensional und vielfach zu perspektivieren. Ihre Bezüge zur Kunstgeschichte, zur Geschichte der Schrift und zur Geschichte der Autorschaft, in Fragen der Gestaltung der Typen, der Seiten, der Illustrationen, des Buchschmucks und des Einbands, in denen der Reproduktionsverfahren auch zur Mediengeschichte des Bildes auf der einen Seite, wie auch zur Geschichte der Bibliotheken und vor allem des Lesens auf der anderen Seite, machen die Geschichte des Drucks zu einer Schnittstelle von Mediengeschichten. Mit dem Ziel der Erneuerung und Fortschreibung der Tradition der *Geschichte des deutschen Buchhandels* von Friedrich KAPP und Johann GOLDFRIEDRICH, die zwischen 1886 und 1913 herauskam, legt seit 2001 die Historische Kommission des Börsenvereins des Deutschen Buchhandels eine neue *Geschichte des deutschen Buchhandels im 19. und 20. Jahrhundert* vor (G. JÄGER u. a., 2001). Sie stellt die neuere und neueste Geschichte des Mediums im Blick auf den Handel mit der besonderen Ware differenziert vor. Sie verbindet die sozial- und wirtschaftsgeschichtliche Perspektive mit der kulturgeschichtlichen.

Sieht der Autor, folgt man der spitzen Bemerkung Friedrich SCHLEGELs, das Verhältnis von Drucken und Schreiben wie das der Wochenstube zum ersten Kuss, so verrät dieser Satz und der Vergleichspunkt mehr über die Druckerei als die vielen Seiten der Druck-, Verlags- und Buchhandelsgeschichten. Ihre frühe technische Gestalt, die, über den Hebel verstärkt, die Kraft des menschlichen Arms nutzt, um den Gedanken für eine kleine Ewigkeit auf das Papier zu pressen, sie wäre, in einer Geschichte der Druckmetaphoriken, noch zu erforschen. Bücherflut und Lesewut stehen im Gefolge der Druckkunst. Bibliomanie aber scheint noch die angenehmste aller Manien. Und wenn zu Beginn der Audiovision um 1900 Kunstrichtungen, wie der ›Impressionismus‹ und der ›Expressionismus‹ zu den ›Druckkünsten‹ zusammengefasst werden, so beweist auch hier noch das Druckmedium seine metaphorische Macht.

Die folgende kleine Mediengeschichte des Drucks kann allen Metaphern, Mythen und Legenden der Druckerei kaum gerecht werden, auch nicht der Gesamtheit der Geschichten, die sie von Anbeginn umziehen. Sie geht aus von der Technikgeschichte des

Drucks. Sie beschreibt die Grundlinien und Grundkonflikte mit ihren ästhetischen, sozialen, politischen und ökonomischen Folgen. Als Teil der Schrift-, Buch- und Bibliotheksgeschichte nimmt sie die Traditionen von Schrift, Buch und Büchersammlung auf. Das alte Buch wurde um 1450 wieder neu erfunden, als Medium der Sicherung und Verbreitung der bedeutenden Handschriften im globalen Zuschnitt. Von der Druckerpresse nimmt die Geschichte der modernen Zeitung, der Presse, ihren Ausgang. Aktualität und Periodizität, der Druck für den Tag sind ihre Kennzeichen. Die Spannung zwischen Buch und Presse, zwischen klassischem Anspruch und Aktualität, bestimmt die Helix der Mediengeschichte des Drucks, die im Folgenden ausgezogen werden soll. Die Reichhaltigkeit der Geschichte der Professionen von Druck, Verlag und Buchhandel kann hier nicht annähernd ausgebreitet werden. Hier sind Spezialgeschichten zu konsultieren, die keineswegs in einer Mediengeschichte des Drucks aufgehen.

Eine Kulturgeschichte der Drucktechnik und des Buchhandels setzt auf einer Vorgeschichte, der Geschichte des handschriftlich kopierten Buchs und seiner Verbreitung, auf (vgl. H. WIDMANN, 1965). Dessen Form wird so perfekt wie möglich nachgeahmt und zugleich noch an Ebenmäßigkeit übertroffen. Der Erfinder, der am Anfang der Mediengeschichte des Drucks steht, musste ein Artist sein, einer, der die ›Künste‹ im alten Sinn verstand, zugleich aber auch ein Techniker im modernen Sinn des Wortes. Ihm sind ein Ingenium, ein Genie zuzusprechen, zugleich aber auch die Fähigkeiten eines Mechanikers, eines Chemikers, eines Ingenieurs.

Dass die Erfindergeschichte mit einem »Mann des Jahrtausends« beginnt und dass dessen Bedeutung für die moderne Welt kaum unterschätzt werden kann, hat Stephan FÜSSEL in einer Reihe von Arbeiten vor und im Umkreis des halben Milleniums der Druckkunst nachdrücklich gezeigt. Sein Buch *Gutenberg und seine Wirkung* gibt einen Abriss einer Mediengeschichte des Drucks von den Anfängen bis zu den Digitalmedien. Zunächst erscheint die Erfindung quasi geschichtslos. Auf den großen Sprung folgen die kleinen Verbesserungen. »Die technischen Grundprinzipien von Gutenbergs Erfindung blieben 350 Jahre unverändert.« (S. FÜSSEL, 1999, S. 2) Die industrielle Revolution des 19. Jahrhunderts und ihr Fortschrittsdenken bringen Schnellpresse, Satzautomat und Rollenpapier. In der Mitte des 20. Jahrhunderts setzen sich die Flachdruckverfahren durch. An seinem Ende wird der Satz computerisiert. Das Druckmedium wird als Erstes zum Digitalmedium, noch vor dem Ton und dem Bild. Papierlos wurde das Büro dadurch nicht, auch leerten sich nicht die Bücherschränke. Das Gegenteil ist der Fall, noch nie ist mehr gedruckt worden als am Ende des 20. Jahrhunderts. FÜSSELs These von der »anhaltenden Medienrevolution« kann hier gefolgt werden. Ihre frühen Stadien sind unmittelbar an den Ort der Erfindung gebunden. Ihre globale Diffusion ist, bis heute, in ihrer Geschwindigkeit ein Rätsel. Ihre anhaltende Aktualität als »Kommunikationsrevolution« (S. FÜSSEL, 1999, S. 2) wirkt fort auch im Medienumbruch der Digitalisierung.

4. Gutenberg: die Enteignung des Erfinders

Ort und Zeit einer säkularen Erfindung geben dem Historiker stets Probleme auf: Es gibt Vorgeschichten, aber auch Wirkungsgeschichten, in deren Brennpunkt die eigentliche Erfindung steht. Nun ist GUTENBERG auch in dieser Hinsicht der Prototyp des modernen Erfinders schlechthin. Ein sicheres Geburtsdatum kennen wir nicht. Der Name des Erfinders wird heute mit Henne GENSFLEISCH ZUR LADEN angegeben. »Zum Gutenberg« ist der Name des Mainzischen Stadthofs im Besitz der Familie, der wohl auch die erste Werkstatt beherbergte. Die erste urkundliche Erwähnung der epochalen Erfindung datiert auf das Jahr 1440 und nimmt auf eine kaufmännische und handwerkliche Tätigkeit in Straßburg Bezug. Worte wie ›Pressen‹, ›Form‹ und ›Gezeug‹ in den Archivalien haben zum Schluss geführt, dass die Erfindung bereits in den Straßburger Jahren GUTENBERGs Gestalt gewonnen hat (vgl. F. IRSIGLER, 1998). Seit 1448 ist GUTENBERGs erneute Anwesenheit in Mainz nachgewiesen. Er nimmt Geld auf, um seine Erfindung in die Tat umzusetzen. 1450 ist das Jahr, auf welches das *Werk der Bücher*, GUTENBERGs erster Bibeldruck, chronikalisch fixiert ist. 1456 liegt es vollständig vor. 1455 ist ein Rechtsstreit mit seinem Geldgeber Johann FUST belegt. Ihm fielen, da der Erfinder zahlungsunfähig war, der gesamte Lagerbestand, das Werkzeug und, in Person des Gesellen Peter SCHÖFFER, auch das gesamte Wissen zu. Neben dem *Werk der Bücher* hatte GUTENBERG

1455 weitere Werke unter der Presse: Einblattdrucke, Kalender, Ablassbriefe, Propagandaschriften und den sogenannten *Donat*, eine lateinische Kurzgrammatik für den Schulgebrauch. Die Weiterarbeit GUTENBERGS an seiner Erfindung ist belegt, der Nachweis konkreter Druckerzeugnisse bisher nicht möglich. Die Enteignung des Erfinders scheint, zumindest für Mainz, bis zu seinem Lebensende am 3. Februar 1468 so umfassend gewesen zu sein, dass er in der Druckgeschichte nach 1455 keine Rolle mehr spielen konnte.

Das *Werk der Bücher* (Sigle: G 42), von einer bis heute kaum erreichten ästhetischen Qualität, die ›Bibel‹ im mehrfachen Wortsinn, bleibt GUTENBERGS Vermächtnis an die Geschichte. Sie ist die Materialisierung der Kommunikationsverhältnisse einer Epoche. Nicht ohne Grund werden die verbliebenen Exemplare an besonderen Stellen, unter besonderen Schutzbedingungen aufbewahrt. Die Exemplare in Mainz, am Ort ihrer Entstehung, und das Exemplar in der National Library in Washington (D. C.) ziehen verehrende Blicke auf sich. Sie symbolisieren die globale Dimension der Erfindung und des nach dem Erfinder so benannten ›Gutenberg-Zeitalters‹.

Seine Erfindung ist als eine »Bündelung von Erfindungen« zu bezeichnen (S. FÜSSEL, 1999, S. 9). Mit dem *Werk der Bücher* erreicht die Erfindung in Mainz ihre Vollendung. Mit dem Druck der Bibel entfaltet sich ihre Idee, die der technischen Vervielfältigung. Der Druck ist das technische Mittel der unbegrenzten Diffusion des Gedankens. Als Medium ist es zugleich ein Inhalt: so, wie die Exemplare verbreitet werden, verbreitet und differenziert sich auch die Druckkunst. Auf die Phase der tastenden Invention und auf die Phase der konzentrierten Ausführung folgt eine dynamische Phase der Verbreitung in dreifachem Sinn: der des Gedankens, der des Mediums und der seiner Herstellung zugrunde liegenden Kunst. Das Druckmedium wird ausdifferenziert, nach Orten, Personen, Professionen und Erzeugnissen. Vom Ort der ersten Realisation wandert die Druckkunst aus in die Welt, die Druckorte werden zwar nicht unendlich, so doch progressiv vervielfältigt. Durch die limitierte Weitergabe des Geheimnisses entsteht eine neue Zunft, eine besondere Handwerkerschaft. Zwar wird das Bündel der Erfindungen nicht aufgeschnürt, aber einzelne Funktionen, die GUTENBERG noch in seiner Person vereinigte, werden auf neue Gewerke, Gewerbe und Formen der Unternehmung verteilt. Schließlich werden auch die unterschiedlichen Erzeugnisse, wie sie GUTENBERG in seiner Offizin aus den Tagesgegebenheiten heraus herstellte, auf unterschiedliche Sparten verteilt: Vom Flugblatt lässt sich die Linie zur Zeitung ziehen, von den Kleinschriften zur Zeitschrift und zu den Magazinen, von dem Werk der Bücher die Linie zum kleinen und großen Buch, dem Kanon der Presse schlechthin.

5. Druckdiffusion: Rom, Venedig, Paris, London

Von einer glücklichen Schuld kann man sprechen, wenn man die Geschichte der Verbreitung des Drucks über Europa, schließlich über die gesamte damals bekannte Welt in knapp einem halben Jahrhundert, die Zeit der Inkunabeln oder ›Wiegendrucke‹ überschaut. Sie kann als die Zeit einer Mediendynamik gelesen werden, wie sie nur mit jener der Schrifterfindung selber, mit der Geschichte der Audiovision um 1900 und mit dem gegenwärtigen Medienumbruch verglichen werden kann. Eine solche mediale Hyperdynamik bedarf des besonderen Darstellungsmodells. Regelmäßig eignet sich hierfür das des Dramas. Und in der Tat scheint die Geschichte GUTENBERGs, als des Helden dieses Dramas, nicht der dramatischen Züge, der Eignung zur wahrscheinlichen Fabel, zu entbehren. Da ist er, der tragische Held, der schließlich um die Früchte seines jahrzehntelangen Bemühens gebracht wird, da sind die Schurken, die ihm zur Unzeit die Wechsel präsentieren – mit Herzblut unterzeichnet, so könnte man ergänzen. Da sind aber auch die lustigen Gesellen, die, kaum, dass sich der Anlass bietet, den Meister verlassen und das Weite suchen. Die ›Jünger Gutenbergs‹ haben durchaus eine moralische Rechtfertigung für ihren Geheimnisbruch auf ihrer Seite. Der Streit um die Besetzung des erzbischöflichen Stuhls, die Erstürmung der Stadt Mainz 1462, Plünderung und Feuersbrunst, die Zerstörung auch der Offizin FUSTS und SCHÖFFERS leiten ihn ein. Die Druckgehilfen »waren schnell in alle Windrichtungen gestoben. Ihrer eidlichen Verpflichtungen zur Geheimhaltung des Druckverfahrens fühlten sie sich durch dieses Ereignis entbunden, und so wurden sie zu wahrhaftigen Aposteln der schwarzen Kunst« (W. KRAHL, 1916, S. 50).

Die Druckdiffusion erhält so geradezu mythische Dimensionen. Die Geschichte der Profession und die Geschichte der Assoziation und Organisation der in ihnen tätigen, durchaus modernen Arbeiterschaft, die in einer Zwischenstellung von ›Kunst‹ und ›Industrie‹ ihr Selbstbewusstsein als Handwerker und Arbeiter zugleich gewinnen, kann bis heute als Paradigma für Medienarbeit gelten. Die Setzer und Drucker führen den Begriff der Arbeiterassoziation als moderne Gewerkschaft – wie ihn das 19. Jahrhundert ausprägte – auf die Anfangszeit der Druckkunst zurück. Die Gesellen bringen eine gute Bildung mit und arbeiten für die Gelehrten. Trotz der Arbeitsteilung, die »in der Erstzeit ihren Anfang nahm«, treten sie ihren Prinzipalen selbstbewusst gegenüber. Ihre Gebräuche des »Postulierens«, die Rituale der Berufseinführung mit groben Scherzen, weisen sie als ein Völkchen aus, das den Zusammenhalt übt und pflegt (W. KRAHL, 1916, S. 45ff.).

Die historischen Daten der frühen Drucke, der Inkunabeln oder Wiegendrucke, sind von der Forschung bestmöglich belegt (vgl. F. GELDNER, 1978), gleichwohl sind noch immer Funde zu machen. Der *Gesamtkatalog der Wiegendrucke* ist zu einem kaum über den Buchstaben F bisher fertiggestellten Werk der Bücherwerke geraten. Die Schlüsse, die sich aus dem bereits vorgelegten Material und aus der Forschung selber ziehen lassen, geben eine Karte der europäischen Kommunikationsverhältnisse um 1450 ab. Der Buchdruck wandert die Straßen der Handels-, Geistes- und Kulturgeschichte des Humanismus und der Renaissance und bereitet das Zeitalter der Reformation vor (vgl. S. FÜSSEL, 1999, S. 39–125).

Die ersten Druckereien im deutschen Sprachraum, Bamberg (Johann SENSENSCHMIDT, 1461) und Straßburg (Johann MENTELIN, 1460) sind mit Mainz über Rhein und Main verbunden – den großen Verkehrs- und Handelswegen. Gleiches gilt für Köln (Ulrich ZELL aus Hanau, ca. 1465), Augsburg (1468), Nürnberg (1470) und auch für die Hansestadt Lübeck (1475). Köln erreicht, neben Nürnberg bereits um 1480 einen Spitzenplatz unter den deutschen Druckorten. Die Verkehrs- und Handelsverbindungen führen auch zum ersten der niederländischen Druckorte, Utrecht, seit 1473. Brüssel folgt 1476.

1465 aber bereits arbeiten die deutschen Drucker Konrad SWEYNHEIM (aus dem mainzischen Schwanheim) und Arnold PANNARTZ in Subiaco bei Rom, seit 1467 in Rom selber. Ihre Druckerzeugnisse sind als frühhumanistisch zu kennzeichnen.

Ulrich HAN aus Ingolstadt druckt dort seit 1466, wie später auch SWEYNHEIM und PANNARTZ, für die Kurie und ihre Umgebung.

1469 erhält JOHANNES VON SPEYER das Privileg der Serenissima, Drucke in Venedig herzustellen, der Beginn einer Drucktradition von kulturgeschichtlich exzeptioneller Bedeutung. Nicht nur werden in Venedig die erste volkssprachige Bibel gedruckt und nahezu alle der klassisch-lateinischen und griechischen Schriftsteller. Als der wichtigste der venezianischen Frühdrucker gilt Nicolas JENSON. 1458 ist sein Aufenthalt in Mainz belegt. Der Münzmeister KARLS VII. von Frankreich eignet sich hier das Geheimnis der ›Schwarzen Kunst‹ an. Etwa ab 1470 schneidet er die nach ihm benannte, wahrhaft klassische Antiqua-Schrift, die er für seine Klassiker- und Kirchenväterdrucke in Venedig einsetzt. Dagegen setzt der aus Augsburg stammende Frühdrucker Erhard RATDOLT ein üppiges Rankenwerk und ausgearbeitete, frühmanieristische Zierschriften ein. JENSON folgt, nicht nur in der Ästhetik des Schriftschnitts, dem italienischen Frühdrucker Aldus MANUTIUS. »Die enge Verbindung von Illustrationen und Schriftblöcken finden hier erstmalig eine perfekte Gestaltung« (S. FÜSSEL, 1999, S. 45). Nicht ohne Grund nennt sich ein Computerprogramm zur Satzherstellung nach dem Frühdrucker. Der vorliegende Band ist in einer »Aldine« gesetzt.

In Frankreich geht die Druckkunst auch organisatorisch zuerst die Verbindung mit der Universität ein. Druckergesellen vom Oberrhein werden damit beauftragt, ab 1470 eine Druckerei für die Sorbonne einzurichten. Auch sie entscheiden sich für eine Antiqua für den Druck der lateinischen Klassiker und der Schriften der Humanisten. Lyon wird 1473 Druckort, Toulouse 1476.

Von besonderer Bedeutung für das Medium bis heute ist der englische Frühdrucker William CAXTON. Er lernt die Kunst in Köln kennen. Das erste englische gedruckte Buch werden 1476 Geoffrey CHAUCERs *Canterbury Tales*, für die er eine Bastardtype (eine Mischung von Schreibschrift und Antiqua, nicht aber die ›gotische‹ Schrift der deutschen Frühdrucker) benutzt. Dies ist insofern außergewöhnlich, als sich hier erstmals ein Drucker nicht mit lateinischen oder griechischen Texten, sondern mit einem Werk der Volkssprache profiliert. Seine Ästhetik und Metrik des Buchs unterscheidet sich in charakteristischen Details von der GUTENBERGs und seiner Jünger, wie auch von der Ästhetik und Metrik der italienischen und französischen Frühdrucker.

Durch den Computersatz, der auf der anglo-amerikanischen Tradition beruht, sind seine Druckprinzipien in der heutigen Praxis die herrschenden geworden.

6. Humanismus, Reformation und ›Weltliteratur‹

CAXTON gilt als Beispiel des gelehrten Druckers, der in die Geistes- und Kulturgeschichte aktiv eingreift. In der Folgezeit ist es in der Tat diese Koppelung von typographischer Technik einerseits und der sozialen und mentalen Veränderungen andererseits, welche, mit EISENSTEIN, die Druckkunst zum Agenten des Wandels werden lässt. Die enge Zusammenarbeit der humanistischen Gelehrten und der Drucker, so des Druck- und Verlagshauses von Froben und Amerbach in Basel mit ERASMUS VON ROTTERDAM, die Verbreitung der reformatorischen Schriften nicht nur Martin LUTHERS, sondern auch der schweizerischen Reformatoren Ulrich ZWINGLI und Johann CALVIN, gleichfalls in Druckschriften beantwortet von ihren Gegnern – alles dies stellt den Medienumbruch in den Dienst einer politischen, kulturellen und sozialen Wende, in der, nach den gelehrten Anfängen der italienischen Renaissance und des mitteleuropäischen Humanismus nun die Taten folgen. Die höchste Aktivität der Presse in Form von Flugschriften ist mit dem Beginn der Bauernkriege zu registrieren.

Organisatorisch rührt die Erfindung der Presse an das klerikale Medienmonopol. Laien können nun, mit drastisch verringerten Kosten für die Exemplare, die Distribution des Wissens übernehmen. In einer Situation der Emanzipation entwickelt sich das mediale System des auf der Typographie aufgebauten Buchwesens. Es gewinnt früh eine grundlegende Struktur, die sich durch subtile Arbeitsteilung vom alten System des Skriptoriums und der ›alten‹ Bibliothek, unterscheidet und einen eigenständigen kulturellen und politischen Auftrag für sich in Anspruch nimmt.

Der Druck stärkt die Wissenschaft und das frühe Bürgertum, die Gelehrten an der Universität und die Gebildeten in der Stadt. Zu den Frühdrucken gehören nicht zuletzt die ›Rhetoriken‹, genauer, die Formularbücher, mit denen das Wissen der Kanzleien und der in ihnen tätigen Juristen eine weite Verbreitung fand. Die Veränderung der Rhetorik zur Kunst des Schreibens, wie sie be-

reits im Mittelalter einsetzt, die Ausarbeitung der ersten volks-
sprachigen Rhetoriken wird durch das gedruckte Buch gefördert,
und, vor allem, verbreitet (vgl. H. SCHANZE, 1983; M. GIESECKE,
1991). Ebenso verändert sich der Status der Dichtkunst (H.
SCHANZE, 1994). Zunächst im sogenannten Humanistenlatein
gehalten, fordern die ›Nationen‹ auch hier ihr Recht. Der erste
Druck der *Divina commedia* DANTES datiert bereits von 1472. Dies
ist zugleich das entscheidende Datum für die Fixierung der italienischen Sprache auf toskanisch-florentinischer Basis. CHAUCERS
Canterbury Tales folgen 1476. Pietro BEMBO lässt 1525 seinen
Traktat *Prose della volgar lingua* drucken. Ihm folgt Joachim du BEL-
LAY 1559 mit einer *Verteidigung der französischen Sprache*.

Zu den großen Werken von CAXTONS Jüngern gehört nicht
zuletzt auch der gedruckte SHAKESPEARE. Der Dichter selber gehört der flüchtigen Bühne an. Die Drucker sind es, die seinen
Ruhm über die Jahrhunderte verbreiten. Sieben Jahre nach seinem Tod (1616) veranlassten Schauspielerkollegen und Freunde
den Druck seiner Bühnenwerke und seiner Sonette im großen
Buchformat, dem ›Folio‹.

7. Buchhandel: Ballen, Messen und Kolportage

Der Ausdifferenzierung der Erwerbstätigkeiten nach Gewerbe
und Handel folgt die organisatorische Trennung von Druckerei
und Buchhandel. Die Frühdrucker haben diese Aufgabe noch
selbst übernommen und bis heute gibt es eine wechselseitige
Konzernierungs- und Differenzierungsgeschichte zwischen
Druck, Verlag und Buchhandel. Als ein ›Urtyp‹ eines großen
Druck- und Verlagshauses gilt die Offizin von Anton KOBERGER
(erster Druck 1473) mit 100 Gesellen und einem beachtlichen
Vertriebsnetz. In Lyon waren 300 Gesellen tätig, wohl unter dem
gleichen Prinzipal (W. KRAHL, 1916, S. 59). Verkauft wurden die
Druckerzeugnisse ungebunden. Die Druckbogen wurden in Fäs-
sern und Ballen transportiert und auf den großen Messen nach
Materialwert getauscht. Als Haupthandelsort diente zunächst
Frankfurt am Main, später Leipzig. 1564 wurde in Frankfurt der
erste Messkatalog veröffentlicht. Seit 1598 erschienen in Frankfurt amtliche Messkataloge. Während in Frankfurt (und für die
süddeutschen Buchhändler) der Tauschhandel, mit der Folge

möglicher Überproduktion, noch Regel war, führte Leipzig (das
von den nord- und mitteldeutschen Buchhändlern besucht wurde) den sogenannten Nettohandel (Barverkehr) ein.

Den weiteren Vertrieb besorgten ortsfeste, vor allem aber
auch wandernde Händler (Buchführer, Kolporteure). Wenige
Buchgrossisten belieferten die vielen Sortimenter, die ihrerseits
auf den jährlichen Messen sich einen Überblick über das Ge-
samtangebot verschafften. Seit etwa 1800 setzte sich der Kondi-
tionsverkehr durch, d. h. die Bezahlung erfolgte nach Absatz, also
im Regelfall erst zur nächstjährigen Messe. Das Risiko trug damit
die für das Buchwesen charakteristische Form der Handelsunter-
nehmung, der Verlag. Sie trat zwischen Autoren, Druckerei und
Buchhandel im engeren Sinn als Mittler und Risikoträger.

8. Verlagswesen: Risiko und Gewinn

Der Begriff des Verlages, heute nahezu ausschließlich im Bereich
der Printmedien gebräuchlich, hat sich gleichzeitig mit der Erfindung des Drucks gebildet. Der Verleger (im weiten Sinn) legt
dem Handwerker die Kosten für seine Rohstoffe, später auch seiner Arbeitsgeräte vor und garantiert den Absatz seiner Produkte.
Noch im 19. Jahrhundert wird z. B. die Heimarbeit der Weber in
Form des Verlags organisiert. Neben der Großbuchhandlung
(den Grossisten) und dem Buchhändler im engeren Sinne (dem
Sortimenter) bedient sich der herstellende Buchhandel des Ver-
lagsprinzips. Mit dem Untergang der Manufakturen bleibt der
Begriff nur dem Druckmedium erhalten, wenn auch hier im 20.
Jahrhundert buchindustrielle Unternehmensformen gefunden
werden. Beachtlich aber ist bis heute der kleine Verlag, der das
Prinzip selber unter den Bedingungen der ›besonderen Ware
Buch‹ erfolgreich fortführen kann. Definiert man Medium als
Form des Übergangs, so ist das Verlagsprinzip als eine Form der
Vermittlung in besonderer Weise als Organisationsform eines
Mediums geeignet, ohne dass sich hieraus eine allgemeine Orga-
nisationsregel für Medien ableiten ließe. Der Film z. B. hat andere
Formen mit Produktion und Verleih gefunden.

9. Privilegien und die Frage des Nachdrucks: das geistige Eigentum und sein Schutz

Druck lässt eine nahezu unbegrenzte Vervielfältigung zu. Ist eine
›Auflage‹ erschöpft, kann beliebig nachgedruckt werden. Bleibt
der Nachdruck im eigenen Haus, so bringt er bedeutenden wirtschaftlichen Erfolg. Nutzt dagegen ein anderer Drucker das Zeichen des Erfolgs eines Druckerzeugnisses, so eignet er sich einen
immateriellen Wert an. Dieser liegt nicht nur im Wert des Manuskripts, also der Vorlage selber, und in der Investition in den Satz,
sondern in der Tatsache, dass dieser Wert sich bereits durch Ab-
satzzahlen bewährt hat. Der Gewinnmitnahme durch eine unbe-
schränkte Nachdruckpraxis wirkt eine frühe staatliche Regulie-
rungspraxis entgegen. Bereits Kaiser MAXIMILIAN I. vergibt
Druckprivilegien. Erst im 18. Jahrhundert kommt es zu Privilegien, die nicht nur die Drucker, sondern auch die Autoren vor
unberechtigtem Nachdruck schützen sollen. Das in dieser Beziehung epochemachende kaiserliche Privileg wird, wie die Privilegien aller Staaten des ›Deutschen Bundes‹, erst 1825 rückwirkend
ab 1816 für 50 Jahre an GOETHE erteilt.

10. Zensur als Kommunikationskontrolle

Die andere Form der kirchlichen und staatlichen Regulierung
nutzt das Instrument der Zensur. Eine Geschichte der Zensur ist
eine Mediengeschichte eigener Art, die nicht nur das Druckwe-
sen und seine Regulierung zum Gegenstand haben muss. Die Erteilung des Rechts der Zensur durch Papst SIXTUS IV. 1479 an die
Universität Köln, das die Verbreitung häretischer Schriften verhindern sollte, gilt als Ausgangspunkt einer Geschichte, deren positiver Gegenpol die in der neueren Verfassungsgeschichte zentrale Forderung der ›Pressfreiheit‹ darstellt. Die Geschichte der
Zensur ist als negative Mediengeschichte, als Geschichte nicht
der Ermöglichung, sondern der Verhinderung von Kommunikation, eine eigene Auskunftsquelle für die Veränderung der Kommunikationsverhältnisse seit der Erfindung der Druckerpresse
(vgl. J. J. HOUBEN, 1926, 24/28; D. BREUER, 1992). Sie hat, wie im
Falle des ›Jungen Deutschland‹, literaturhistorische Epoche gemacht (vgl. H. SCHANZE, 1974). Ihre Aufhebung in den Verfas-
sungen des 19. Jahrhunderts demonstriert nicht zuletzt die Macht

der großen Presse und des kleinen Buchs. Aber selbst im 19. und 20. Jahrhundert blieben Verbote, Normierungen und Normierungsversuche nicht aus (vgl. W. SIEMANN/A. GRAF, 2001, S. 87–121).

11. Cotta und sein Imperium

Während Leipzig im 18. Jahrhundert zum Zentrum des deutschen Buchhandels aufsteigt, bleibt gleichwohl der süddeutsche Raum der Sitz maßgeblicher Verlagshäuser. GOETHE findet, nach Georg Joachim GÖSCHEN in Berlin (vgl. S. FÜSSEL, 1999), seinen Verleger in Stuttgart und Tübingen: Johann Friedrich COTTA. Zwischenzeitlich ist auch Brockhaus in Leipzig im Gespräch. Die entscheidenden Verhandlungen mit dem Verleger COTTA können, nach Erteilung des großen Bundesprivilegs, durch Sulpiz BOISSERÉE zu einem äußerst günstigen Abschluss geführt werden (vgl. H. SCHANZE, 1995). Die ›Ausgabe letzter Hand‹, seit 1822 geplant, erscheint in 40 Bänden 1827–30. Es folgen 20 Nachlassbände 1831–42. Hans Heinrich RECLAM kann den *Faust* erst nach der 1816 durch Bundesbeschluss gesetzten Frist, 1867, als Band 1 in seine »Universalbibliothek« aufnehmen.

Der Grund für den Abschluss auf Seiten COTTAs dürfte kaum in der Erwartung eines wirtschaftlichen Erfolgs gelegen haben, der sich, nach Ausweis seiner Buchhaltung, auch nicht eingestellt hat. Vielmehr ging es COTTA um eine umfassende Absicherung eines modernen Verlagsbetriebs mit einer Vielzahl von Druckerzeugnissen, die es ihm geboten sein ließ, in einer Quer- und Mischfinanzierung auch auf die besondere Reputation des Hauses zu achten, die durch den Namen des großen Dichters und Staatsmanns gewährleistet schien. COTTA betrieb mit der *Augsburgischen Allgemeinen* das führende politische Organ seiner Zeit. Sein *Morgenblatt* war das tonangebende literarische Rezensionsorgan. Neben den ›Klassikern‹ führte er ein breites Verlagsprogramm (vgl. D. KUHN, 1980). Auf der Basis des COTTA'schen Konzepts ließ sich, unter Nutzung der neuen Drucktechniken, eine Buchindustrie aufbauen, welche die überkommene Balance von Gewerbe, Handel und kulturellem Auftrag in wirtschaftlich optimaler Weise wahrte.

12. Industrialisierung des Drucks und ›der feste Ladenpreis‹

Für die Mediengeschichte des 19. Jahrhunderts ist das Gegen- und Miteinander von Buch und Presse der bestimmende Faktor. Mit der Vollalphabetisierung, wie sie um 1850 angesetzt wird, erhalten breite Volksschichten die Möglichkeit der »Theilnahme am Staat«, die sie auch als ihr Recht in Anspruch nehmen (vgl. R. SCHENDA, 1970; R. ENGELSING, 1974). Eine Verfassung, ein Gesetzbuch müssen geschriebene und im Druck verbreitete sein. Die Ausnahme Großbritanniens bestätigt die Gültigkeit des Publikationsgrundsatzes, der dem der Wissenschaft folgt. Dass die Zensurgrundsätze des ›Deutschen Bundes‹ auf die Bogenanzahl, also auf ein minder gefährliches ›Buch‹ über 20 Bogen, und die ›Presserzeugnisse‹ unter dieser magischen Bogenzahl abheben, mag als Kuriosum gelten. Kurioser sind nur noch die Strategien ihrer Unterwanderung.

Der Bedarf an Druckerzeugnissen einerseits, der Fortschritt der Drucktechniken andererseits wird beantwortet durch eine zunehmende Industrialisierung des Drucks, eine quantitative Steigerung bis hin zur ›Massenpresse‹ (vgl. I. RARISCH, 1976), die wiederum die Gegenbewegung einer ›besonderen Ware Buch‹ auszulösen im Stande ist. Presse und Buch werden weiter unterschieden, der Begriff der Presse wird nunmehr fast ausschließlich für die massenhaft erzeugten Tagespublikationen eingesetzt. Während also bei der Presse das Werkzeug im Mittelpunkt der Betrachtung steht, so beim Buch die besondere Materialität der Kommunikation. Es soll anderen Regeln als denen der Massenerzeugnisse unterworfen werden. Die Antwort der Verleger und der Buchhändler gibt der ›Börsenverein der Deutschen Buchhändler‹ mit seiner ›Verkehrsordnung‹.

1825 ist COTTA, neben GÖSCHEN, Karl Christian HORVATH und Friedrich Christoph PERTHES, maßgeblich an der Gründung des Börsenvereins beteiligt. 1888 übernahm Adolf KRÖNER, Vorsteher des Börsenvereins von 1882 bis 1892, die Cottasche Verlagshandlung. Bereits 1886 hatte er die Cottasche Buchdruckerei erworben, 1889 die Buchhandlung. Er integrierte sie in seinen Medienkonzern, den er 1890 zur ›Union Deutsche Verlagsgesellschaft‹ formte. Bereits 1895 kam es allerdings wieder zu Verkäufen. KRÖNER beschränkte sich auf ein persönlich überschaubares

Verlagshaus. Sein Sohn Alfred machte sich 1898 mit einem eigenen Verlag selbständig (vgl. G. JÄGER u. a., 2001, S. 211).

Im Rahmen der sogenannten KRÖNERschen Reform wurden 1888 die ›Verkehrs- und Verkaufsordnung‹ und der ›feste Ladenpreis‹ durchgesetzt. Auf KRÖNER gehen die ›drei Argumentationslinien‹ zurück, die bis heute die Preisbindung bei Büchern legitimieren: (1) das kulturpolitische Argument, die Preisbindung diene der Aufrechterhaltung einer breiten und differenzierten Buchproduktion; (2) das regionalpolitische Argument, sie sichere das flächendeckende Sortiment; (3) das sozialpolitische Argument, sie fördere die mittelständische Wirtschaft (vgl. M. ESTERMANN/G. JÄGER, 2001, S. 34). Fallweise kann angeführt werden, dass sie auch den nach Prozenten am Verkaufspreis honorierten Autoren eine gewisse Abrechungssicherheit gibt. Indirekt hatte KRÖNER mit seiner nach ihm benannten Reform seiner eigenen Konzernidee widersprochen. Für sich selbst zog er die Konsequenz. Druckerei, Verlag und Buchhandel gehen nach Auflösung des Konzerns getrennte Wege. Das Prinzip des Medienkonzerns (in der Form der Aktiengesellschaft) aber koexistiert bis heute mit dem Prinzip des persönlich verantwortlichen Verlegers.

13. Zeitschriften, Monatshefte, Zeitungen

In der Tat ist das Zusammenwirken der verschiedenen Sparten im Mediensystem Druck einerseits, der ›Verkehrsordnung‹ andererseits auch von den Inhalten her gegeben. Die Autoren schätzen den Vorabdruck in den Zeitschriften, Monatsheften und Zeitungen (so in Form des Fortsetzungsromans) als Sicherung ihrer Einnahmequellen, die Verleger können in einer Mehrfachauswertung ihre Rechte am Werk realisieren. Die Monatsschriften oder Revuen bzw. der Typ der ›Rundschau‹ halten die Mitte zwischen Tageszeitung und Buch. Die *Deutsche Revue* von Karl GUTZKOW und Ludolf WIENBARG, wegen des Bundesverbots gegen das ›Junge Deutschland‹ von 1835 nie erschienen, ist der Versuch, die französische Revueform in Deutschland einzuführen. Zu nennen sind die *Grenzboten*, die *Gartenlaube*, *Westermann's Monatshefte* und die *Deutsche Rundschau*, über die Literatur eine breite Leserschaft, noch vor der Buchveröffentlichung, erreichte. 1843 gründete Johann Jakob WEBER in Leipzig die erste *Illustrierte Zeitung*,

die, in neuer Drucktechnik, Bild und Text in ein neues Verhältnis
bringt.

Die Zeitungswissenschaft hat Geschichte und Typologie der
Presse des 19. und 20. Jahrhunderts umfassend beschrieben. Die
Vielzahl der Presseorgane und ihre Bedeutung für die Meinungsbildung, im Sinne der jeweiligen Regierungen oder in kritischer
Absicht, ist in einer eigenen, umfassenden Geschichtsschreibung
belegt (vgl. K. KOSZYK, 1966, 1972). Am Ende des 19. Jahrhunderts gewinnt Berlin jene Bedeutung als Pressestadt, wie sie Paris
und London längst einnahmen.

14. Die Drucker als Avantgarde der Arbeiterassoziation.
Ästhetik und Pragmatik der Druckerei

Im Zeitalter der Industrialisierung des Drucks verstehen sich die
Setzer und Drucker als gewerkschaftliche Avantgarde. Ihr bekannter Eigensinn qualifiziert sie einerseits zu Vorreitern der Arbeiterassoziation, andererseits halten sie an ihrem besonderen
Berufsverständnis und ihren Traditionen fest. 1866 wird der Verband der Deutschen Buchdrucker gegründet. Seine Geschichte,
herausgegeben zum 50. Jahrestag der Gründung, gilt dem Verband als »kraftvolles Monument« der Organisation. Aus dem In-
teressenstreit mit den Prinzipalen entwickelt sich, nach Gründung des Verbands, ein erfolgreicher Verhandlungspartner der
Unternehmer mit denkbar höchstem Organisationsgrad. In drei-
jährigem Turnus werden ›Buchdruckertage‹ abgehalten, 1879
wird ein ›Unterstützungsverein Deutscher Buchdrucker‹ mit einem umfassenden sozialpolitischen Engagement gegründet.

Der Verband konzentrierte sich in seinem Tarifwesen auf den
Satz, die Korrektur und die allgemeinen Arbeitsbedingungen.
Die Arbeit an der Presse selber ist in den Tarifabschlüssen im
Rahmen der ›Gesamtforderungen‹ festgelegt. 1848 wurde eine
Arbeitszeit von maximal 10 Stunden täglich gefordert. Der erste
allgemeine Tarif von 1873 bestimmt im § 30: »Die tägliche Ar-
beitszeit ist eine zehnstündige, incl. eine Viertelstunde Frühstück
und eine Viertelstunde Vesper.« (W. KRAHL, 1916, Anhang S. 31)

Während also der Druck selber, nicht zuletzt wegen des hohen Grades der Mechanisierung und Industrialisierung (die Ei-
senpresse seit 1800, die Presse mit Farbwerk seit 1803, der Koe-
nig'sche Tiegel und die Zylinderdruckmaschine, die ›Schnell-

presse‹, seit 1811, die Dampfpresse seit 1826, die Hochdruck-Rotation seit 1846 für den Zeitungsdruck, die Tiefdruck-Rotationsmaschine seit 1860) auf Arbeitszeitregelung abstellt, werden Satzarbeiten penibel aufgelistet. Insofern ist der Tarifvertrag ein Dokument des Standes der Kunst. In 30 Paragraphen wird eine Ästhetik der Druckkunst nach dem Schwierigkeitsgrad ihrer Ausführung in Pfennigen und Prozenten quantifiziert. So ist die Perlschrift teurer als Petit, Borgis und Corpus, also die normalen (Brot-)Schriften. Teurer wird es wieder beim Schriftgrad Cicero. Fraktur ist in Deutschland billiger als Antiqua und Kursiv, besonderen Aufschlag bedingen Fremdsprachen. Der teuerste Satz ist der griechische. Durchschuss und Kolumnentitel werden besonders vergütet. Aufschlag bringt sogenannter Gemischter Satz, 100 % Aufschlag wird beim mathematischen Satz berechnet. Ziffern, Abbreviaturen, Spatien, Poesie (!!), Verminderung des Zwischenraums, Marginalien, Unterlegungen, über- und untergeschlossene Zeilen, kleinere Schriftgattungen, schmales Format, der Umbruch und die Korrektur werden gesondert nach Vergütung und Aufschlag aufgeführt. »Für ein allgemein schwer leserliches, ungeordnetes oder durch Correcturen erschwertes Manuscript ist der Setzer besonders zu entschädigen« (§ 22). Weitere Paragraphen betreffen die »Haupt-, Schmutz- und Dedicationstitel«, einschließlich besonderer Berechnung von Inhalt, Vorrede und Einleitung, den Gips-Stereotypsatz, das Zusammensuchen des Materials, unsystematisches Material, das Aufräumen, die Aushilfsarbeiten, den Zeitungs- und Zeitschriftendruck, der dem Tarif unterworfen ist, und die nach Zeit zu berechnenden sonstigen Arbeiten. (W. KRAHL, 1916, Anhang S. 49–54, Tarif von 1886.)

Aber auch in der Satzherstellung kommt es, ausgehend vom Zeitungswesen, zum Ende des 19. Jahrhunderts zur Mechanisierung. Anstelle der schwer lesbaren Manuskripte tritt das Typoskript des Autors oder der Sekretärin (der Typistin), die so selber einen Teil der Satzarbeit übernehmen. Die Idee geht auf ein Patent einer ›Setzmaschine‹ von 1822 zurück. Die Monotype, eine Einzeltypen-Giessmaschine (seit 1887, Patent 1885), und Ottmar MERGENTHALERs Linotype, eine Zeilengiess- und -setzmaschine, werden mit schreibmaschinenähnlichen Tastaturen ausgestattet. Die Arbeit des Setzers nähert sich der des Angestellten, bzw. der Industriearbeiter, die im Akkord arbeiten.

Es kommt so zu einer schleichenden Nivellierung der Arbeiterschaft. Der hohe Organisationsgrad und die ausgewiesene Bildung der Druckgehilfen verschaffen ihnen einerseits Respekt in
der Arbeiterbewegung, auf der anderen Seite wird die Form ihrer
Tarifverträge im 20. Jahrhundert zunehmend obsolet.

15. Moderne Klassiker: Das Beispiel S. Fischer, Verlag. Buchklubs und Buchgemeinschaften

Bis 1892 war Adolf KRÖNER Vorsteher des Börsenvereins, sechs
Jahre zuvor, 1886, gründete Samuel FISCHER seine Firma »S. Fi-
scher, Verlag«. Dieser Verlag wurde nicht nur zum Verlag der Mo-
derne, mit Henrik IBSEN, Gerhart HAUPTMANN und Thomas
MANN, Hugo von HOFMANNSTHAL, Hermann HESSE und Arthur
SCHNITZLER im Programm, sondern auch zum Typus des modernen Verlags im Zeitalter der Audiovisionen. Er konzentriert sein
›Haus‹ auf die sogenannten Kernkompetenzen des literarischen
Verlegers. Den Massenmarkt kann er Verlegern wie Rudolf
MOSSE und den Gebrüdern ULLSTEIN – Letztere aus Ungarn
stammend wie Fischer – überlassen. Niemals aber verlegt er ein
einzelnes Buch, er will immer ›den ganzen Ibsen‹, den ›ganzen
Hauptmann‹. Sein Prinzip der ›Gesammelten Werke in Einzel-
ausgaben‹ sucht die Quadratur des Kreises, dem lebenden Autor
gibt sie den Schein des Klassikers. Darüber hinaus verfolgt er das
Prinzip der ›Sammlung‹, der ›Collection‹ oder ›Edition‹. Auch hier
geht es um den sanften Fortsetzungszwang. Zudem schafft er einen internen Medienverbund mit seiner Zeitschrift, der *Neuen
Rundschau*, und wirbt mit einem jährlichen *Almanach*, um auf diese Weise, nach Jahresringen, ein konsistentes Verlagsprogramm
darzustellen (vgl. SCHANZE, 1986, S. 189–201). Die Serialität der
modernen Medien erweist sich als Überlebensmittel für die ›besondere Ware‹.

›Klassiker‹ wie auch ›Moderne Klassiker‹ stehen auf dem Programm der in den 20er Jahren begründeten, nach 1945 mit größtem Erfolg ausgebauten Buchklubs, Buchgemeinschaften und
Buchgesellschaften (u. a. Bertelsmann Lesering, Deutscher Bü-
cherbund, Deutsche Buchgemeinschaft, Wissenschaftliche
Buchgesellschaft, Ex Libris, Schweiz, Book of the Month Club,
USA). Sie verfolgen das Programm des breiten Buchbesitzes und
werben mit preiswerten Sonderausgaben, mit direktem oder in-

direktem Hinweis auf die höheren Ladenpreise. Durch Mitglied-
schaft und neue Vertriebsformen, die den Buchhandel nicht umgehen müssen, werden auch sie zu Programmmedien im Bereich
des Drucks.

16. Die Massenpresse und die Gleichschaltung

Dem Erfolg des Prinzips des persönlich verantworteten Verlags
als literarischer Verlag auf der einen Seite entspricht eine gleichwohl zunehmende Konzentration und Konzernierung im Pressebereich seit etwa 1880, die in den 20er Jahren ihren Höhepunkt
erreicht. Im Pressebereich ist die englische Entwicklung zu den
Medienmogulen prägend. Mit Engagement baut Lord NORTH-
CLIFFE in England sein Zeitungsimperium auf. In den USA ist es
der Zeitungsmagnat William Randolph HEARST, im Deutschland
der 20er Jahre der Berliner Verleger Alfred HUGENBERG. Er treibt
die Konzernierungsidee auf eine fatale Spitze, indem er eine
deutschnationale, schließlich die NSDAP unverhohlen unter-
stützende Tendenz verfolgt.

   In der Tat lässt sich aber, rein quantitativ, die These von einer
Bücherkrise um 1925, angesichts der neuen Medien, kaum halten. Das literarische Buch als kritische Instanz gerät jedoch not-
wendigerweise in eine Opposition zu Faschismus und Nationalsozialismus der 20er Jahre. Die faschistischen Bewegungen nutzen rigoros die These von der vorgeblichen Macht der Bücher,
um sich selber an die Macht zu bringen. Die Bücherverbrennung
von 1933 wird zum makabren Schaustück der Anti-Intellektuali-
tät. In der Folge werden – entsprechend einer dem neuesten Medium, dem Rundfunk, entlehnten Metapher – nicht nur die Presse, sondern auch das gesamte Buchwesen gleichgeschaltet. Adolf
HITLERs *Mein Kampf* und dessen Verlag Franz Eher werden zum
Zentralverlag der NSDAP, der das Buch des Führers, als vom
Schenkenden zu bezahlendes Geschenk an alle Volksgenossen
vorgeschrieben, zu grotesken Riesenauflagen führt.

17. Rückkehr des Buchs: Von Fischer zu Suhrkamp

Die Zeit nach 1945 ist durchaus wieder eine Zeit des Qualitätsbuchs. Papierknappheit und die Zulassungskontrolle der Militärregierungen lassen eine neue Balance zwischen Presse und Buch
erwarten. FISCHERS Idee wird fortgesetzt durch Peter SUHRKAMP;
der persönliche Verleger wird zum einflussreichen Gestalter der
literarischen und wissenschaftlichen Szene mit der Verlagsprogrammatik seines Nachfolgers Siegfried UNSELD. Die Situation
des Wiederaufbaus knüpft an die Strukturen der Mitte der 20er
Jahre an, bei gleichzeitigem Versuch, Pressekonzentrationen zu
verhindern. Buch und Presse werden, so bei dem Verleger Georg
von HOLTZBRINCK, vor allem aber im Haus Bertelsmann, in Medienhäuser eingebracht, die ihre Macht vor allem in den zur Verfügung gehaltenen Inhalten haben. Das Buch als Inhalt der Medien der Audiovision bildet insofern noch immer die Grundlage
von Wertschöpfungsketten, die in die neuesten Medien fortgesetzt werden.

Der Verleger Ernst ROWOHLT übernimmt nach 1945 das
Prinzip des Zeitungsdrucks für die Buchproduktion. Rowohlts
Rotations Romane und seine Deutsche Enzyklopädie sind die
Wegbereiter des international bereits durchgesetzten Taschenbuchs, dem sich Fischer, Suhrkamp mit seiner ›edition‹, der zu
diesem Zweck gegründete ›Deutsche Taschenbuch Verlag‹ (dtv),
und andere Verlage, im Verbund auch die Wissenschaftsverlage
(UTB) mit ihren Reihen anschließen. Das Prinzip der Reihe erhält eine neue Dimension im Rahmen eines angestrebten Massenmarkts.

18. Ost-West-Verdoppelung und der Weltmarkt
der Bücher

Ende des Zweiten Weltkriegs geht das Bücherviertel in Leipzig in
Feuer auf. Leipzig wird nach der Teilung seine alte Stellung an
den Vorgänger im 17. und 18. Jahrhundert verlieren. Leipziger
Verlage gehen nach Frankfurt, Stuttgart, Tübingen und München, in vielen Fällen sogar an die alten Standorte zurück. Die
Frankfurter Buchmesse erreicht neue Dimensionen als Weltmarkt der Bücher. Ihre Jahresringe seit 1949 demonstrieren in
Zahlen die ungebrochene Macht des Druckmediums, auch wenn

es, seit den 90er Jahren, in der Satztechnik ein ›Neues Medium‹ wird. Die Druckmaschinenindustrie entwirft computergesteuerte Druckmaschinen mit höchster Leistung, aber auch für kleinste Druckaufträge.

In der Mediengeschichte der Bundesrepublik und der ehemaligen DDR bleiben die Druckmedien weiterhin ›Leitmedien‹ insofern, als sie in unterschiedlicher Weise die jeweiligen politischen Systeme charakterisieren (vgl. J. WILKE, 1999, S. 302f). Der Neuaufbau des Pressewesens nach 1945 ist geprägt durch Eingriffe, aber auch durch Ermutigungen durch die Siegermächte. Der Widerspruch in der DDR zwischen dem Anspruch, eine ›Literaturgesellschaft‹ zu bilden, und den rigiden Zensureingriffen der Einheitspartei führt bis in die Wende von 1989.

19. Digitalmedium Buch

Fast unauffällig hat der Regisseur Peter GREENAWAY seine Figur des Prospero in *Prospero's Books*, einer Adaption von SHAKESPEARES *The Tempest*, mit der Kopfbedeckung des legendären Gutenberg-Bildnisses versehen (vgl. D. SCHEUNEMANN, 1996). Der Film selber ist ein Experiment mit der digitalen Verarbeitung bewegter Bilder. Die Presse und das Buch sind die ersten Medien, die, bis auf die papierne Materialität, zuerst auf der neuen Digitalen Plattform positioniert werden können. Entscheidend ist hier die kontinuierliche Entwicklung der Satz- und Drucktechnik. Der Flachdruck (Offset, Lithographie) hat seinen Siegeszug schon im 19. Jahrhundert angetreten. Lichtdruck, Laser und Tintenstrahl sind kaum etwas Neues. Die Digitalisierung hielt im Fotosatz 1965 Einzug mit der ›Digiset‹, einem Fotosetzgerät mit CRT-Technik. Die Firma ihres Erfinders, Dr.-Ing. Rudolf HELL, war führend bei der elektronischen Bildbearbeitung (Scanner). Die Einführung dieser Verfahren löste eine Revolution in der Drucktechnik aus. Wird der Satz dem Schreiben zugeschlagen, so reduziert sich der Druck auf die Belichtung der Offset-Platte und den hochrationalisierten Lauf des Papiers durch die Maschine. Der Computersatz ist nur der letzte Schritt auf dem Weg der Technifizierung des Schreibzeugs, die mit dem Bleisatz beginnt. Genutzt wird die allgemein verfügbare Tastatur der Schreibmaschine. Das Textprogramm dient der widerstandslosen Eingabe der Buchstaben, die nicht mehr mühsam aus dem Setzkasten geholt werden müssen. Auf dem Bildschirm wird die gesamte Satztechnik, von der Auszeichnung bis hin zum Umbruch, perfekt simuliert. Was bis in die 80er Jahre noch das Geheimnis der Jünger GUTENBERGS war, die Ästhetik der Seite, wird zu einem öffentlichen Gut. Je nach seiner Qualität erlaubt ein Satzprogramm die Herstellung optimaler Druckqualität. Die Kunst der Typographie – das, was die Schwierigkeiten des Satzes ausmacht – aber ist in die Hand blutiger Laien gegeben, die in Textverarbeitungsschulungen eben das Wissen eingebläut bekommen, für dessen Erwerb der Druckergehilfe noch in den 60er Jahren eine vierjährige Lehrzeit beanspruchen durfte. Der Qualitätsverlust ist – ohne damit eine Krise des Buchs erneut zu beschwören – allenthalben sichtbar. Die Frage ist, ob die Mediengeschichte des Drucks damit ein Ende gefunden hat. Ehe eine Antwort auf diese Frage gegeben werden kann, wäre zu prüfen, ob mit den Digitalmedien die Mediengeschichte des Drucks die Geschichte der Medien der Audiovision – über eine erweiterte Seitenbeschreibungssprache, der aus dem ISO-Standard für die Auszeichnung SGML entwickelten Beschreibungssprachen HTML bzw. XML (Extended Markup Language) – nicht endgültig übernommen habe. Die Eignung eines Palm-Top-Computers, dessen Gestaltung dem eines kleinen Handbuchs nachempfunden ist, für das Buch auf Abruf wird sich am Preis des Gesamtsystems entscheiden. Der Vorteil der Papierlosigkeit, oder des »elektronischen Papiers« als neue Oberfläche an Stelle eines Bildschirms ist bisher noch nicht belegt. Gilt der eingangs erwähnte Satz, dass die Medienrevolution der Druckerei noch im Gange ist, so ist zu fragen, ob der optische Qualitätsverlust der Druckerzeugnisse in ihrer Summe nicht noch aufgewogen und abgelöst werden kann durch neue, das Auge befriedigende Qualitäten des papiernen Buchs als feste Oberfläche des Digitalmediums. Die gedruckten Werke finden nach wie vor ihre begeisterten Leser, auch wenn ihr Satz ohne die Schwere des Bleis erfolgen kann, der Druck nicht mehr den gewohnten Eindruck auf dem Papier hinterlässt.

HELMUT SCHANZE

Literatur

J. W. von GOETHE, Die Wahlverwandtschaften (1809), in: Goethes Werke. Hamburger Ausgabe, Bd. 6, Hamburg u. a. 1951, S. 242–490. – W. MENZEL, Die deutsche Literatur, Bd. 1–4, Stuttgart 1828, ²1836. – F. KAPP/J. GOLDFRIEDRICH, Geschichte des deutschen Buchhandels, Leipzig 1886–1913. – W. KRAHL, Der Verband der Deutschen Buchdrucker. Fünfzig Jahre deutsche gewerkschaftliche Arbeit mit einer Vorgeschichte. Hg. vom Vorstand des Verbandes der deutschen Buchdrucker, 1. Bd., Berlin 1916. – Der deutsche Buchhandel in Urkunden und Quellen, hg. von H. WIDMANN, Hamburg 1965. – K. KOSZYK, Deutsche Presse im 19. Jahrhundert, München 1966. – M. MCLUHAN, The Gutenberg Galaxy. The Making of Typographic Man, Toronto 1962 (dt. Die Gutenberg-Galaxis. Das Ende des Buchzeitalters, Düsseldorf/Wien 1968). – P. de MENDELSSOHN, S. Fischer und sein Verlag, Frankfurt a. M. 1970. – R. SCHENDA, Volk ohne Buch, Frankfurt a. M. 1970. – K. KOSZYK, Deutsche Presse 1814–1945, München 1972. – K. KOSZYK, Vorläufer der Massenpresse. Ökonomie und Publizistik zwischen Reformation und Franz. Revolution, München 1972. – R. ENGELSING, Der Bürger als Leser. Lesergeschichte in Deutschland 1500–1800, Stuttgart 1974. – H. SCHANZE, Medienkunde für Literaturwissenschaftler. Mitarbeit: Manfred Kammer, München 1974. – I. RARISCH, Industrialisierung und Literatur. Buchproduktion, Verlagswesen und Buchhandel in Deutschland im 19. Jahrhundert in ihrem statistischen Zusammenhang, Berlin 1976. – H. G. GÖPFERT, Vom Autor zum Leser. Beiträge zur Geschichte des Buchwesens, München 1977. – F. GELDNER, Inkunabelkunde. Eine Einführung in die Welt des frühen Buchdrucks, Wiesbaden 1978. – H. H. HOUBEN, Der ewige Zensor. Längs- und Querschnitte durch die Geschichte der Buch- und Theaterzensur. Neudruck der Ausgabe von 1926, Königstein 1978. – E. L. EISENSTEIN, The printing press as an agent of change. Communications and cultural transformations in early-modern Europe, 2 Bde., Cambridge u. a. 1979. – D. KUHN, Cotta und das 19. Jahrhundert. Aus der literarischen Arbeit eines Verlag. Ständige Ausstellung des Schiller-Nationalmuseums und des Deutschen Literaturarchivs Marbach am Neckar, Marbach/München 1980. – E. KLEINSCHMIDT, Stadt und Literatur in der frühen Neuzeit, Köln 1982. – H. SCHANZE, Vom Manuskript zum Buch. Zur Problematik der »Neuen Rhetorik« um 1500 in Deutschland, in: Rhetorica, Vol. 1, 2 (1983), S. 61–73. – F. A. KITTLER, Aufschreibesysteme 1800–1900, München 1985, ³1995. – H. SCHANZE, S. Fischer: Verlagsgeschichte als Kulturgeschichte, in: Neue Rundschau 4 (1986), S. 187–202. – H. SCHANZE, Zur Sozialgeschichte des ersten Buchs. Über

Fibel, Bildung und »Theilnahme am Staat« in der ersten Hälfte des 19. Jahrhunderts, in: Bildungsgeschichte als Sozialgeschichte, hg. von H. Kanz, Frankfurt a. M. 1986. – S. Corsten u. a., Lexikon des gesamten Buchwesens, Stuttgart 1985, ²1987ff. – Die Erforschung der Buch- und Bibliotheksgeschichte in Deutschland. Festschrift für P. Raabe, hg. von W. Arnold u. a., Wiesbaden 1987. – E. Schön, Der Verlust der Sinnlichkeit oder die Verwandlungen des Lesers. Mentalitätswechsel um 1800, Stuttgart 1987. – S. Corsten u. a., Der Buchdruck im 15. Jahrhundert, 2 Teile, Stuttgart 1988, 1993. – Das Buch in Praxis und Wissenschaft. 40 Jahre Deutsches Bucharchiv in München. Eine Festschrift, hg. von P. Vodosek, Wiesbaden 1989. – J. D. Bolter, Der Digitale Faust. Philosophie des Computer-Zeitalters, Stuttgart 1990. – N. N., Geschichte des Suhrkamp-Verlags, Frankfurt a. M. 1990. – M. Giesecke, Der Buchdruck der frühen Neuzeit. Eine historische Fallstudie über die Durchsetzung neuer Informations- und Kommunikationstechnologien, Frankfurt a. M. 1991. – D. Breuer, Geschichte der literarischen Zensur in Deutschland, Heidelberg 1992. – Romantik-Handbuch, hg. von H. Schanze, Stuttgart 1994. – H. Altenhein, Probleme des Verlagsgeschäfts, Wiesbaden 1995. – H. Schanze, Christlich-kirchliche Figuren. Zur poetologischen Bedeutung mittelalterlicher »Bilder« für Goethes Spätwerk. In: Kunst als Kulturgut. Die Bildersammlung der Brüder Boisserée – ein Schritt in der Begründung des Museums, hg. von O. Pöggeler/A. Gethmann-Siefert, Bonn 1995. – S. Füssel, Art. Buch/Verlag/Bibliothek, in: Fischer Lexikon Literatur, Bd. 3, hg. von U. Ricklefs, Band 3, 1996, S. 336–355. – Orality, Literacy, and Modern Media, hg. von D. Scheunemann, Columbia (USA) 1996. – F. Irsigler, Gutenbergs dritte aventiur und kunst. Über mögliche Verbindungen von Glockengusstechniken und Buchdruck mit beweglichen Lettern, in: Metamorphose. Vom Erz zum Klang. Glocken – Kunst – Sinne, bearb. von A. Barth/C. Biundo, Trier 1998, S. 36–41. – Geschäft mit Wort und Meinung. Medienunternehmer seit dem 18. Jahrhundert, hg. von G. Schulz, München 1999. – H. Schanze, Samuel Fischer, Peter Suhrkamp, Siegfried Unseld. Vorüberlegungen zu einer Verlegertypologie im 20. Jahrhundert, in: Geschäft mit Wort und Meinung. Medienunternehmer seit dem 18. Jahrhundert, hg. von G. Schulz, München 1999, S. 147–163. – S. Füssel, Gutenberg und seine Wirkung, Frankfurt a. M. 1999. – S. Füssel, Studien zur Verlagsgeschichte und zur Verlegertypologie der Goethe-Zeit, Berlin/New York 1999. – Mediengeschichte der Bundesrepublik Deutschland, hg. von J. Wilke, Bonn/Köln 1999. – Der Börsenverein des Deutschen Buchhandels 1825–2000, hg. von S. Füssel u. a., Frankfurt a. M. 2000. – F.

424   Die einzelnen Medien

A. KITTLER, Buch und Perspektive, in: J. KNAPE, H.-A. RIETHMÜLLER, Perspektiven der Buch- und Kommunikationskultur, Tübingen 2000, S. 19–32. – M. ESTERMANN/G. JÄGER, Geschichtliche Grundlagen und Entwicklung des Buchhandels im Deutschen Reich bis 1871, in: G. JÄGER u. a., Geschichte des Deutschen Buchhandels im 19. und 20. Jahrhundert. Das Kaiserreich 1870–1918, Teil I, Frankfurt a. M. 2001, S. 17–41. – G. JÄGER u. a., Geschichte des Deutschen Buchhandels im 19. und 20. Jahrhundert. Das Kaiserreich 1870–1918, Teil I, Frankfurt a. M. 2001. – G. JÄGER, Die Verlegerpersönlichkeit – ideelle Interessen, wirtschaftliche Erfolge, soziale Stellung, in: G. JÄGER u. a., Geschichte des Deutschen Buchhandels im 19. und 20. Jahrhundert. Das Kaiserreich 1870–1918, Teil I, Frankfurt a. M. 2001, S. 216–244. – W. SIEMANN/A. GRAF, Verbote, Normierungen und Normierungsversuche, in: G. JÄGER u. a., Geschichte des Deutschen Buchhandels im 19. und 20. Jahrhundert. Das Kaiserreich 1870–1918, Teil I, Frankfurt a. M. 2001, S. 87–121.

Mediengeschichte des Films

Prolog

Besuchen Sie manchmal den Film? Sie sollten es tun! [...]
Vielleicht hat er in seiner gegenwärtigen Form noch keine
ganz große Zukunft, aber lassen sich erst größere kommerzielle Interessen – etwa elektrochemische oder solche der
Farbenindustrie – damit verknüpfen, so werden Sie in einigen Jahrzehnten eine Entwicklung sehn, die durch nichts
aufzuhalten ist. Dann setzt der Vorgang ein, wo jedes Meh-
rungs- und Steigerungsmittel herhalten muß, und was immer unsere Dichter oder Ästhetiker sich einbilden werden,
entstehen wird eine Kunst der A.E.G. oder der Deutschen
Farbwerke. (R. MUSIL, Der Mann ohne Eigenschaften, 1952,
S. 645)

Filmgeschichte im traditionellen Verständnis schöpft, nach dem
Modell der Literatur- oder der Kunstgeschichte, aus dem Historismus des bürgerlichen Zeitalters, dem gerade die große Industrie und die Technik (nicht zuletzt die der Kinematographie) ein
Ende setzten. Stets war Historismus ein verkappter Heroismus,
eine große Koalition der Historiker mit den Schöpfern und ihren
Schulen, mit dem Ringen um die Bearbeitung des Stoffs und dem
vollendeten Werk. Anders die Mediengeschichte des Films: Sie
setzt ihr Erkenntnisinteresse dort an, wo sich die Technik und
kommerzielle Bestrebungen einschalten und den Mythos des
Schöpfers, die Fiktion des singulären Werks untergraben. Thomas A. EDISON, die AEG, Siemens & Halske oder die Deutschen
Farbwerke demontieren die Leitbilder des bürgerlichen Jahrhunderts; ihre Investitionen in neue Kommunikationstechniken leiten den epochalen Bruch zwischen Kulturgeschichte im traditionellen Verständnis und moderner Mediengeschichte ein.

Filmgeschichte als Mediengeschichte entfaltet per definitio-
nem in der Reflexion ihrer Konstitutionsbedingungen ein theo-
retisches Potenzial, das über Geschichtsschreibung hinausweist.
Nicht zuletzt bearbeitet sie den Perzeptionsprozess, in dessen
Verlauf gesellschaftliche Systeme ihre Medien und die Mediensysteme sich selbst entdecken und von nun an beobachten. So
kommt sie an den Erkenntnis-Schüben nicht vorbei, die in der
Umbruchperiode um 1900 auf die Konturen der heraufziehen-

den Medienzivilisation reagieren, während die bürgerlich-idealistischen Konstruktionen von Kunst und Kultur, mit ihnen die geistigen Landschaften des 19. Jahrhunderts, schon in der Abenddämmerung liegen.

Das Aperçu einer »Kunst der A.E.G.«, das Robert MUSIL dem bürgerlichen Schöngeist Arnheim – Großindustrieller und Kulturpessimist, ein Porträt des AEG-Erben und späteren Politikers Walther RATHENAU – in den Mund legt, antizipiert hellseherisch die Strukturen und den Funktionalismus der modernen Medienzivilisation. MUSIL, dessen Roman zu Beginn der 30er Jahre erschien, datiert die geistige, kulturelle, politische und soziale Krise Europas – und in ihrem Schatten den Diskurs über die medienhistorische Zäsur – exakt auf das Jahr 1913, das dem politischen Zusammenbruch des bürgerlichen Zeitalters im Ersten Weltkrieg vorausgeht, auf das gleiche Jahr im Übrigen, in dem anspruchsvolle Lichtspielhäuser und literarische Filmsujets das bürgerliche Publikum erstmals für das neue Medium zu gewinnen suchen. Ungleichzeitigkeiten prägen die Frühgeschichte der Kinematographie – ein Erbe der Entwicklungsgeschichte, die zuvor ihre Technik durchlief.

1. Bastelnde Erfinder und große Industrie

Von der Erfindung der Fotografie über die stereoskopischen Effekte des Panoramas und die Bewegungsillusionen der Nebelbilder bis zum Bioscop Max SKLADANOWSKYs und dem ersten Kinematographen der Brüder Louis und Auguste LUMIÈRE arbeiten Erfinder auf der ganzen Welt an der Realisierung eines »technisch-magischen Märchens«, als dessen Inbegriff Ernst BLOCH (E. BLOCH, 1967, S. 414) die Erzählung von Aladins Wunderlampe galt. Auf der Grundlage neuer physikalischer Techniken, gestützt auf die Errungenschaften der optischen Industrie und experimentierend mit dem künstlichen Licht, das in dieser Zeit die Entwicklung vom Gaslicht über die Kohlenstäbe des Bogenlichts zur Elektrizität durchläuft, sind sie Bastler und Tüftler im Schatten der großen Industrie, gelegentlich inspiriert, öfter ausgebeutet von den Entwicklungsabteilungen der Konzerne. Ihre Vorgeschichte reicht bis ins 10. Jahrhundert zurück.

> Die Geschichte der analogen optischen Medien beginnt mit
> der Entdeckung des Prinzips der Camera obscura [...], nach
> dem ein Bild, das durch ein kleines Loch eines Kastens fällt,
> auf dessen Rückwand spiegelverkehrt und auf den Kopf ge-
> stellt sichtbar wird. [...] Das umgekehrte Schema – die Pro-
> jektion von Bildinformation auf einem transparenten Träger
> durch Licht – liegt der Laterna magica zugrunde, die im 17.
> Jahrhundert entwickelt wird [...]. (H. H. HIEBEL, 1999, S.
> 283)

Zwischen dem Araber Ibn Al HAITHAM, dem ›Erfinder‹ der Camera obscura, und den Brüdern Claude und Joseph NIÈPCE, die
im revolutionären Jahr 1793 erstmals die chemische Fixierung
der von der Camera obscura erzeugten Bilder erproben, liegen
annähernd acht Jahrhunderte, aber es handelt sich um dieselbe
Medien-Vision, die freilich erst im Zeichen eines naturwissen-
schaftlich-technischen Weltbildes Realität werden kann. Den
Schritt von der chemischen Fixierung mittels Silbersalzen, die
erstmals Louis DAGUERRE gelingt, zur massenhaften Reproduzierbarkeit (und Industrialisierbarkeit) des technischen Bildes
leistet William Fox TALBOT 1839.

Schon elf Jahre zuvor hat Michael FARADAY mittels einer ge-
schlitzten Scheibe vor einem Spiegel die Funktion der natürlichen Netzhautträgheit für die Wahrnehmung von Bewegungsab-
läufen getestet. Bilder von Bewegungsphasen verbinden sich für
das Auge dann zu einem kontinuierlichen Ablauf, wenn ihre Abfolge von einer bestimmten Zeiteinheit reguliert wird. Film ist
die »Aufnahme und Wiedergabe von bewegten Bildern, bei denen
man in rascher Folge Bildreihen photographisch aufnimmt und
dann zur Betrachtung in analoger Weise projiziert.« (M. REHM,
Information und Kommunikation, in URL: http://hub.ib. Hu-berlin.
de/~wumsta/rehm.html)

Das stroboskopische »Lebensrad« des belgischen Anatomen
und Physikers Joseph PLATEAU (Phenakistiskop, 1832) und seine
Verbindung mit der Laterna magica durch Franz Freiherr von
UCHATIUS (1853), die ersten Serienfotografien von Edward
MUYBRIDGE (1878), die Ersetzung der fotografischen Platten
durch Rollfilm aus Papier (George EASTMAN, 1884) und Zelluloid (Hannibal GOODWIN, 1887), schließlich die Einführung der
seitlichen Perforation durch EDISONs Kinematographen (1889)
sind die weiteren Stationen auf dem Weg zur ersten Filmaufnah-

me. Die Projektion der ersten Laufbilder auf eine Leinwand – EDISONS Kinetoskop von 1891 ist noch ein Guckkastengerät, das nur ein einzelner Betrachter bedienen kann – ermöglicht 1895 der Cinématographe der Brüder LUMIÈRE.

Untrennbar von der frühen Kinematographiegeschichte ist die Dynamik, mit der sich in den USA wie in Europa der Hoch- und Industriekapitalismus mit seinen technischen Innovationen freie Bahn verschafft – ein historisches Panorama, das die Geschichtsschreibung mit herausragenden Industrie-Dynasten wie Cornelius VANDERBILT (Eisenbahnen), John Davison ROCKE- FELLER (Öl, Energie) und Andrew CARNEGIE (Stahl) besetzt hat, in Deutschland mit Unternehmerpersönlichkeiten wie August THYSSEN, Alfred KRUPP, Hugo STINNES, Johann Friedrich BOR- SIG, Werner von SIEMENS, Friedrich BAYER und dem AEG- Gründer Emil RATHENAU. Jenseits des Biographischen werden die Strukturen ökonomischer Prozesse, die Paradigmen eines neuen wirtschaftlichen Systems sichtbar. RATHENAU sei, schreibt Graf KESSLER in seiner Biographie,

> mindestens für die deutsche und europäische neue Wirt- schaft die am meisten typische Persönlichkeit, weil die bei- den Grundtendenzen, die sie von jeder früheren Wirtschaft unterscheiden, die *sofortige Nutzbarmachung jeder technischen Neuerung für den Massenverbrauch und die sofortige Heranziehung jeder neuen Kapitalquelle für die Vergrößerung der Produktion* in ihm am einheitlichsten und zielbewußtesten hervortreten. (H. Graf Kessler, 1988, S. 23)

Es sind – neben der Initialfunktion technischer Erfindungen im Bereich der Optik, der Chemie und der Elektrophysik – vor allem diese betriebswirtschaftlichen »Grundtendenzen«, die den Trans- missionsriemen zwischen der expandierenden Großindustrie und der Herausbildung der technischen Massenkommunika- tionsmittel im Übergang zum 20. Jahrhundert bilden: die Um- schmelzung jeglichen innovativen Potenzials in Produktivkapital für die Massenproduktion und die Erweiterung der Kapitalbasis unter Ausnutzung aller Ressourcen und Einsatz neuer Strategien – von der Etablierung ›vertikaler‹ Produktions- und Vertriebs- strukturen bis zum modernen Marketing.

2. Ungleichzeitigkeiten

Für die frühe Kinogeschichte ist eine spezifische Ungleichzeitigkeit festzustellen, in der sich die das Biedermeier prägende Parallelität von spätromantischem Schaustellergewerbe (»Nebelbilder«, illusionistische Geistererscheinungen mittels mechanisch-optischer Machinationen) und Industrialisierung der Lebenswelt fortsetzt. Während, um 1900, Ferdinand BRAUN die Kathodenstrahlröhre baut und Marie CURIE das Radium entdeckt, während das erste bemannte Motorflugzeug konstruiert und das erste Sechstagerennen veranstaltet wird, während die Besucher der Pariser Weltausstellung bereits Rolltreppen benutzen und Guglielmo MARCONI die ersten drahtlosen Informationen über den Atlantik sendet, während das erste europäische Fernheizwerk in Dresden entsteht und eine elektrische Schnellbahn bei Zossen bereits mehr als 200 Kilometer in der Stunde fährt – während sich somit schon um die Jahrhundertwende ankündigt, dass die neue Epoche die Lebenswelten, die Wahrnehmungsweisen und die Zeit-Ökonomie der Industriegesellschaften von Grund auf umwälzen wird, sucht die Kinematographie, das erfolgreichste Massenmedium der kommenden Jahrzehnte, als zweidimensionales Variété nach Anerkennung und findet – in Deutschland noch bis etwa 1907 – als Attraktion des wandernden Schaustellergewerbes ihr Publikum.

Freiherr von UCHATIUS verkauft seine Erfindung noch an einen Wiener Zauberkünstler, weil er für sie keine praktische Anwendungsmöglichkeit sieht – geschweige eine Chance, sie zu vermarkten. Der romantische Technizismus, der die skurrilen Ingenieure Ernst Theodor Amadeus HOFFMANNs beseelte, und die kommerzielle und technische Rationalität des entwickelten Kapitalismus mischen sich an der Schwelle zum 20. Jahrhundert zu einem zwitterhaften Amalgam, einer Jahrmarktsattraktion, die noch nicht erkennen lässt, dass sie sich innerhalb eines Jahrzehnts zum Leitmedium der ersten Jahrhunderthälfte entwickeln wird. Modernen Produktions- und Distributionsstrukturen gehen, bis zur Etablierung des langen Spielfilms, archaische Marktverhältnisse voraus: eine »Hökerwirtschaft zu Dumpingpreisen« und eine uneingeschränkte Handels- und Wettbewerbsfreiheit, »die durch keinerlei Eingriffsmöglichkeiten seitens der Filmherstellung eingeengt war.« (C. MÜLLER, 1994, S. 48)

Gebrauchs- und Tauschwert bilden im Warencorpus des Films ein besonders kompliziertes Verhältnis, das nach Peter BÄCHLIN die Reibungsverluste der frühen Jahre erklärt:

> Der Umfang der Produktion und die Art des hergestellten Produkts, d. h. Form, Inhalt und Gehalt des Films, sind einerseits durch den Warencharakter der Produktion bedingt, andererseits durch den von wirtschaftlichen, soziologischen und psychologischen Faktoren bestimmten Bedarf. Das Produktionsinteresse, d. h. die Produktion nach der größten ökonomischen Zweckmäßigkeit, kann in Widerspruch geraten mit dem Konsumtionsinteresse, wenn die Filmware einfach als Tauschwert aufgefasst wird und ihr Gebrauchswert nicht genügend Berücksichtigung findet. Der Charakter der Filmware setzt der Produktion nach dem ökonomischen Prinzip besonders enge Grenzen, was zur Folge hat, daß die Filmwirtschaft ihre eigenen Produktionsformen entwickeln musste. (P. BÄCHLIN, 1945, S. 16f.)

Die Filmwirtschaft sei ein Wirtschaftszweig ohne Tradition, fügt BÄCHLIN hinzu. Präziser wäre zu sagen: Als Synthese von allerneuester Produktionstechnologie und traditioneller Präsentationskultur (Jahrmarkt, Panorama, Music Hall, Zirkus, Varieté) muss das neue Gewerbe für sein Produkt adäquate und zugleich, im ökonomischen Sinn, progressive Wirtschaftsformen entwickeln – in einer historischen Phase, in der die allgemeine Warenproduktion unter industriellen Bedingungen bereits hochkomplexe Strukturen entwickelt und die gesellschaftliche Landschaft umgepflügt hat. Um sich, angetrieben durch die Innovationen der Produktionstechnologie, in möglichst kurzer Zeit von einem traditionellen (Schausteller-)Gewerbe zum Industriezweig zu wandeln, müssen die frühen Filmunternehmer den Distributions- und Konsumtionssektor (Vertrieb/Verleih/Abspiel) in den rasanten ökonomischen Prozess integrieren und damit völlig neue Strukturen im Bereich der Kommunikation kultureller Produkte, letztlich in dem der gesellschaftlichen Kommunikation überhaupt etablieren. An eben dieser Schnittstelle zwischen kultureller Tradition, industrieller Produktionsweise und profitorientierter Distributionsökonomie entsteht, in der Epoche um 1900, das Phänomen der Massenkommunikation .

Von der Einrichtung erster ortsfester Kinos um 1905 über die Durchsetzung des langen Spielfilms zwischen 1910 und 1914 bis zur Einführung des Tonfilms 1929 ist die internationale Wirtschaftsgeschichte des Films eine Geschichte der Aneignung und Anverwandlung ökonomischer Modelle, die in anderen Industriezweigen erprobt wurden:

> In einer äußerst kurzen Zeitspanne hat die Filmwirtschaft fast alle vor ihrer Entstehung entwickelten kapitalistischen Unternehmungsformen von der privaten Einzelunternehmung bis zum modernen, trustmäßig organisierten Konzern durchlaufen. (P. BÄCHLIN, 1945, S. 17)

Die Periode von der Neuordnung der Marktverhältnisse durch den Tonfilm bis zur Etablierung des neuen Leitmediums Fernsehen um 1950 ist als das Reifestadium des Mediums anzusehen. Es hat sich weltweit als Massen-Unterhaltungsmedium durchgesetzt, dominiert von der vertikalen Unternehmensform der großen amerikanischen Studios (der »Majors«), aber auch gekennzeichnet von einer Vielzahl kleinerer und mittlerer Betriebsformen, die im Windschatten der Kapitalkonzentrationsprozesse nicht nur überleben, sondern die Krisenzyklen der großen Industrie vielfach unterlaufen und eine begrenzte, freilich auch stets bedrohte ökonomische Eigenständigkeit behaupten können.

Hundert Jahre nach der ersten Filmvorführung, im Zeichen eines neuen technologischen und kulturellen Umbruchs, ist abermals der (nunmehr digitale) Bastler und Tüftler gefragt – als Zulieferer und Innovationsspender eines weltumspannenden Kommunikations- und Unterhaltungssystems, das neben vielen anderen Produkten auch den Film samt seiner Medien- und Kulturgeschichte vereinnahmt hat.

3. Beschleunigung

Bereits die ersten (›dokumentarischen‹) Filme der Brüder Lumière signalisieren, dass das neue Medium einer wahrnehmungspsychologischen Erfahrung zum Durchbruch und zur Erkenntnis ihrer selbst verhelfen wird, die schon um die Jahrhundertwende in zahlreichen Zeugnissen als konstitutiv für das Selbstbild und das Lebensgefühl der Moderne beschrieben wird. Das vage Bewusstsein, in einem ›Zeitalter der Beschleunigung‹ zu leben, teilte sich schon den utopischen Romanen und Technik-Phantasien des 19. Jahrhunderts mit und hat von dort Eingang in die

Science-fiction-Literatur (und -Filme) des 20. Jahrhunderts gefunden. Die immer schneller voranschreitende Technisierung der Lebenswelt – symbolisch dafür: die Revolutionierung des Transportwesens durch die Eisenbahn – wurde als Angriff auf naturgegebene raum-zeitliche Konventionen, als »annihilation of time and space« (W. SCHIVELBUSCH, 1977, S. 16) definiert. Gegen Ende des 19. Jahrhunderts wird der Modus der Beschleunigung teils zum Faszinosum, teils zum Menetekel der technischen Zivilisation. Das 1904 von Henry ADAMS formulierte »Law of Acceleration« ist von Kulturskepsis und Reflexen eines katastrophisch empfundenen Alltags geprägt, der sich in grotesk-komischer Manier im Aufstand der Dinge gegen den Menschen im Slapstick-Film Ausdruck verschafft.

Der Film wird zum Attraktionszentrum und authentischen Vehikel der neuen Erfahrung. Zeitlupe und Zeitraffer, der Entzeitlichungs- und Enträumlichungseffekt der Montage, die technisch-ästhetische Formbestimmtheit des »Bewegungsbildes« (Gilles DELEUZE) artikulieren, produktions- und wahrnehmungsästhetisch, einen kategorischen Einspruch gegen die im »punctum« der Fotografie (R. BARTHES, 1985) angehaltene und aufbewahrte Zeit. Liefert die gesellschaftlich institutionalisierte Beschleunigung der Wertschöpfung im industriellen Produktionsprozess den arbeitenden Menschen der Verdinglichung durch Fließband und Stechuhr aus, so postuliert das Kino eine fiktive Zeitbeherrschung und verspricht Emanzipation von der Chronometrie industrieller Fremdbestimmung: ein Dispositiv, das – ähnlich wie die mit der Stoppuhr gemessene Rekordjagd im Sport – dem Konsumenten lustvolle Partizipation an einer modernen Zeit-Ökonomie verheißt.

Mit den Leinwandidolen des Sensationsfilms entstehen Leitfiguren des beschleunigten Lebensgefühls. Doch gleichzeitig werden die Kinematographie und die von ihr initiierte fortschreitende ›Medialisierung‹ des gesellschaftlichen Lebens auch immer wieder im Mittelpunkt einer kulturkritischen Argumentation stehen, die nicht zuletzt wahrnehmungspsychologisch orientiert ist und (ähnlich wie schon der Einspruch der bürgerlichen Kinogegner im ersten Jahrzehnt des 20. Jahrhunderts) den Faktor der Beschleunigung im Prozess der Informationsübertragung als Aspekt einer die Rezeptionsfähigkeit des Konsumenten überfordernden ›Reizüberflutung‹ beschreibt.

Das Fernsehen und die neuen, digitalen Medientechnologien, die seit den 80er Jahren des 20. Jahrhunderts den Markt erobern, haben diesen Prozess forciert und für die Erfahrung von Raum und Zeit abermals einen Paradigmenwechsel herbeigeführt, der freilich in der Technologie des Bewegungsbildes, somit im ersten ›Medienumbruch‹ der Moderne, bereits konstitutiv angelegt ist. Kulminiert heute die von den Live-Schaltungen des Fernsehens vermittelte Faszination der Echtzeit und der Tele-Präsenz, zumal mit den Möglichkeiten des Internets, in der Vision einer interaktiv vernetzten Welt, in der die räumliche Distanz gegen Null tendiert (weil der Beschleunigungsgrad der Informationsübermittlung die Lichtgeschwindigkeit eingeholt hat), so ist daran zu erinnern, dass die Vision selbst bereits in den frühen Jahren des Films formuliert wurde und ein Produkt seiner Mediengeschichte ist.

So beschreibt etwa der österreichische Journalist Max NORDAU in seinem 1915 erschienenen Aufsatz *Kinokultur* die kinematographische Bilderfülle nachgerade als eine Explosion der visuellen Reichweite gegenüber den Sichtbarkeitshorizonten früherer Jahrhunderte: »Der Filmapparat ist allgegenwärtig. Nichts und niemand schließt sich vor ihm ab. Seine Indiskretion ist privilegiert und wird eingeladen.« (M. NORDAU, 1915) Zumal die technik-gestützten Unfälle des Industriezeitalters sind authentische – sei's dokumentarische, sei's fiktionale – Sujets des Films. Inszenierte Realität nimmt die ›virtual reality‹ der digitalen Medien vorweg:

> Man sollte glauben, daß Katastrophen, zu denen [der Kameramann] wegen ihrer Plötzlichkeit nicht rechtzeitig herbeieilen kann, ihm entgehen. Mit nichten. Da Eisenbahnzusammenstöße, Dynamitexplosionen, Selbstmorde, Autoverbrechen nicht überrascht werden können [...], so werden sie einfach künstlich in Szene gesetzt [...] und im Film festgehalten. (M. NORDAU, 1915)

Die Sensationen des neuen Mediums bedienen die Präferenzen und Erwartungen eines unter den Bedingungen der Industrialisierung umgeschichteten, vom Erlebnishorizont der Großstadt geprägten Massenpublikums.

Um 1900 liegt das Geburtsdatum für den Typ des neuen Büro-Angestellten. Aus den Dienstleistungsbetrieben der großen Warenhäuser gingen die Verkäuferinnen, aus den kleinen und großen Büros nach Einführung der Mechanisierung der Büroarbeit, vor allem der Ablösung des handschriftlichen Kopierens durch die Schreibmaschinen die Büroangestellten und die »Schreibmaschinenfräuleins« hervor. Ihr Aufstieg begann zugleich mit dem Siegeszug des Kinos, und sie formten eine Gesellschaftsschicht nach eigenen Glücksvorstellungen: jung, flott, schick, kess, schnoddrig, Zigaretten rauchend – und abgearbeitet. Auf der Suche nach einem eigenen Selbstgefühl bildeten sie das Fußvolk des Individualismus und der Massengesellschaft. (E. ROTERS, 1984, S. 51)

Das Kino als Massenmedium stattet dieses Fußvolk mit einer neuen, zunehmend lebensnotwendigen Selektionsfähigkeit aus, die es dem Einzelnen ermöglicht, in jenem »äußerst mannigfaltigen Stufenbau von Sympathien, Gleichgültigkeiten und Aversionen« (G. SIMMEL, 1903, S. 185), in dem er sich als urbanisierter, von vielfältigsten Impulsen bedrängter Zivilisationstyp orientieren muss, Entscheidungen im emotionalen Bereich zu treffen. Georg SIMMEL verweist darauf, dass die seelische Aktivität des Stadtmenschen »fast auf jeden Eindruck seitens eines anderen Menschen mit einer irgendwie bestimmten Empfindung« (G. SIMMEL, 1903, S. 189) antwortet – mit jener als »neue Nervosität« bezeichneten Überempfänglichkeit, die das Subjekt nur mittels antrainierter »Indifferenz« auszugleichen vermag. Sie allein freilich wäre »ebenso unnatürlich, wie die Verschwommenheit wahlloser gegenseitiger Suggestion unerträglich« (G. SIMMEL, 1903, S. 189). Beide Extreme bezeichnet SIMMEL als die »typischen Gefahren der Großstadt«, vor denen nur eine spezifische Form von »Antipathie« bewahrt: »Sie bewirkt die Distanzen und Abwendungen, ohne die diese Art Leben überhaupt nicht geführt werden könnte«, und ermöglicht eine Lebensgestaltung, in der als »Dissoziierung« erscheinen mag, was in Wirklichkeit »eine ihrer elementaren Sozialisierungsformen« darstellt (G. SIMMEL, 1903, S. 190).

Eben dieses komplizierte Widerspiel von Distanz und Nähe, Zu- und Abwendung, Attraktion und Antipathie, Dissoziierung und Sozialisierung im Sinne des gesellschaftlich Erwünschten wird flankierend unterstützt von den Angeboten des neuen Mas-

senmediums Film, das dem Konsumenten sowohl ›kleine Fluchten‹ aus der Entfremdung ermöglicht als auch Rückgewinnung
seiner Ich-Stärke auf dem Wege der Identifikation und (Wie-
der-)Einordnung in den Rahmen seiner Lebensgestaltung, mit
der er sich im sozialen Feld zu behaupten sucht.

4. Technik

Etwas ganz und gar Ephemeres, Immaterielles – das Licht – ist die
Quintessenz, die wesentliche Energie der Filmproduktion: diejenige Instanz, die über alle anderen ästhetischen Valenzen entscheidet und daher auch die weitere Entwicklung der Technik
(der Kameras, der gesamten Studiotechnik, der Projektoren) bestimmt. Der Diskurs über die »Architektur« filmischer Bilder,
über die »Plastizität« des filmisch Dargestellten oder über die Organisation des filmischen »Raums« (exemplarisch etwa bei E.
ROHMER, 1980, S. 13ff.) meint Effekte, die dem spezifischen
Licht-Illusionismus des Kinos zuzuschreiben sind. Die materiale
Grundlage ist belichtetes Zelluloid, das dank der Projektorlampe
ein zweidimensionales Bild auf die Leinwand wirft: reine Oberfläche, rechteckig gerahmt wie Tafelbilder, eingefasst in eine
Dunkelheit, die wir – wie avanciert die Technik des kinematographischen Illusionismus jeweils sein mag – bis heute mit dem
Dunkel in PLATONs Höhle assoziieren (vgl. auch J.-P. SARTRE,
1965, S. 91ff.). »Architektur«, »Plastik«, filmischer »Raum« – dies
sind Begriffe, die auf einer elaborierten Diskursebene noch immer den Anschluss an alte Medien und tradierte Künste suchen,
während die kinematographische Technik die Wahrnehmungs-
modi vergangener Epochen längst in neue mediale Erfahrungen
umgeschmolzen hat.

   Bis nach dem Ende des Ersten Weltkriegs sind Glashäuser die
angemessene Produktionsarchitektur; Berlin als Filmproduk-
tions-Standort z.B. besteht aus einem sich unablässig ausdehnenden, sich verändernden Netz aus Glasateliers. In der Frühzeit verwandeln sich einige Fotografen-Ateliers in der Friedrichstraße in
Filmateliers, erweisen sich aber insoweit als nur bedingt tauglich,
als sie nach Norden ausgerichtet sind. Die Filmproduktion, die
noch auf Tageslicht angewiesen ist, gleichzeitig aber von den Un-
bilden der Witterung unabhängig sein will, benötigt nach Süden
ausgerichtete Standorte, um am Tage möglichst lange das herein-

flutende Licht nutzen zu können. Mit der Einführung des (elektrischen) Kunstlichts ist dieses Standort-Problem gelöst.

Von Beginn an arbeitet die Kinematographie am Projekt der
Extension sinnlicher Erfahrung; Pan-Sensualismus ist schon im
ersten Jahrzehnt das Programm ihrer technischen Pioniere. Auf
der Pariser Weltausstellung von 1900 werden die ersten ›Tonfilme‹
nach dem Nadeltonverfahren (als Kombination von Filmstreifen
und Schallplatte) vorgeführt: Szenen aus dem Pariser Alltag, begleitet von Musik, Gesang und Kommentar. Sarah BERNHARDT
spielt und spricht eine Szene aus *Hamlet*. »Phonorama« ist der frühe Code-Begriff für den erstrebten Synkretismus der audio-visuellen Präsentation, tatsächlich umschreibt er nur die simple Addition der erreichten technischen Standards. Die Synchronisation
ist gleichsam kurzatmig; erst die Langspielplatte wird in den
nächsten Jahren die Technik der Tonspeicherung den Bedingungen der filmischen Narration angleichen.

Echte ›Synchronie‹ zwischen Bild und Ton wird mit dem Nadeltonverfahren allerdings nie erreicht. Sie bleibt dem Lichtton
vorbehalten, den drei deutsche Erfinder – Hans VOGT, Jo ENGL
und Joseph MASSOLLE – seit 1919 mit Hilfe einer verbesserten Si-
gnalverstärkungstechnik und empfindlicherer Fotozellen entwik-
keln – ein Patent, das sie, da zunächst europäische Interessenten
ausbleiben, nach Amerika verkaufen müssen, nachdem dort die
finanziell angeschlagenen Warner Bros. 1927 auf der Grundlage
des Nadeltonverfahrens (»Vitaphone«) einen Welterfolg produziert und die Konkurrenz von Fox auf den Plan gerufen hatten.
William FOX antwortet ab 1929 mit dem in Deutschland erfunde-
nen und zum »Movietone« weiterentwickelten Lichttonverfahren und setzt es mit seinen Filmen weltweit durch. Im Hintergrund agieren Elektrokonzerne: die Western Electric Company
der Morgan-Gruppe, ihrerseits im Konkurrenzkampf mit der
General Electric, steht für den technisch bald überholten Nadelt-
on, stattet jedoch Fox mit der erforderlichen Verstärkertechnik
aus, während eine Tochtergesellschaft der General Electric bereits
an einem Lichttonverfahren (»Photophone«) arbeitet. Bis 1930
tragen amerikanische und europäische Patentanwälte heftige
Rechtsstreitigkeiten aus, die erst mit dem Prinzip der »interchan-
geability« (wechselseitige Verwendbarkeit und Austauschbarkeit
der unterschiedlichen Lichtton-Patente auf allen Märkten) ge-
genstandslos werden.

In den folgenden Jahrzehnten wird das Lichttonverfahren weiter perfektioniert, doch den qualitativen Sprung in neue Tonwelten leisten, in den 90er Jahren des 20. Jahrhunderts, erst die digitalen Systeme DTS (Digital Theatre System), SDDS (Sony) und SR-D (Dolby), das 1998 zum »Dolby Digital-Surround EX«-Verfahren erweitert wird. Die weitere Entwicklung der Tonfilmtechnik ist offen – ebenso die Frage, ob Produzenten und Regisseure gewillt sind, die pan-sensualistischen Bedürfnisse des Kinopublikums in neue, ungeahnte transzendentale Klangwelten zu entführen.

> We'll be curious to see if filmmakers will extensively use this new technology (i.e. »Surround EX«) to present movies to the audience which really offer enveloping sound and in a way »sensurround«. (U. FRINDIK, 1999, S. 123)

Waren die schauspielerischen Leistungen im Stummfilm mit der Pantomime im Bunde oder vermittelten sie den stilistischen Gestus eines zweidimensionalen Variétés, so stiftet der Tonfilm neue intermediale Allianzen. Einerseits erschließt er sich die Dialog-Situationen des Theaters und verleibt sich alle Bühnen-Genres vom Salonstück über das klassische Drama bis zum Musical, ja bis zur Oper ein, andererseits kann er nun seine Affinität zu literarischer Deskription und epischen Narrationstechniken entfalten und die Kamera, die sich zuvor der Interpretation des Sichtbaren zu widmen hatte, für die Beobachtung des Unscheinbaren, für die Nuance, für die »Mikrologie des Nebenbei« (E. BLOCH, 1967, S. 472) aktivieren. Die Durchsetzung des Tonfilms, noch zu Beginn der 30er Jahre von erheblichen ästhetischen Vorbehalten begleitet (vgl. etwa R. ARNHEIMS Aufsätze *Tonfilm mit Gewalt* [1931] und *Tonfilm auf Abwegen* [1932]), eröffnet somit ein neues intermediales Feld.

Mit dem Autochrom-Verfahren der Brüder LUMIÈRE werden schon 1907 die Fotografien farbig: Glasplatten, beschichtet mit roten, grünen und blauen Körnern aus Kartoffelstärke, regulieren die Komplementarität des Lichteinfalls und kreieren, ganz im Sinne des pan-sensualistischen Verlangens, eine in ihren Kardinalfarben erstrahlende ›Wirklichkeit‹. Auch hier herrscht noch nicht Integration, sondern Addition der technischen Innovationen; Raster werden zusammengefügt und ergeben ein Drittes: die bunte Welt. Farbige Kinofilme, d. h. handkolorierte Schwarzweiß-Streifen, existieren seit 1896. Nahezu alle stummen Spielfilme werden mit symbolischen Farbtönungen vorgeführt (blau für Nachtszenen, rot für Feuersbrünste etc.); oft wird eine zweite Farbe mittels Viragierung hinzugefügt.

1909 entwickelt George Albert SMITH für die britische Charles Urban Trading Company die Kinemacolor-Technik, die dem Film mit Hilfe eines rotierenden Rot-Grün-Filters vor der Kamera bzw. dem Projektor zur Farbe verhilft und dem Londoner Publikum die erste öffentliche Vorführung mit farbigen Filmen beschert. George EASTMANs subtraktives Zweifarbensystem Kodachrome von 1916 weist bereits dem Filmmaterial eigene Farbstoffe auf. Seit 1917 etabliert sich in den USA – ab 1936 auch in England – die Firma Technicolor und bereitet auf der Basis ihres Dreifarbensystems, das Spezialkameras erfordert, im großen Maßstab die Industrialisierung des Farbfilms vor (G. KOSHOFER, 1999, S. 8). Die Dreischichtenemulsion des modernen Farbfilms wird Mitte der 30er Jahre von Kodachrome und Agfa-Color entwickelt. Die Konkurrenz mit dem Fernsehen seit Beginn der 50er Jahre, die der Spielfilmproduktion für die Kinoauswertung im Bereich der Rezeptionsästhetik spektakuläre Überbietungsstrategien abverlangt, führt zu Experimenten mit dem (farbigen) 3-D-Format und zielt mit den Breitwand-Systemen – von Cinerama über Vista-Vision und Todd-AO bis zu Cinemascope – auch auf eine Steigerung der Farbintensität.

Seit 1969 propagiert Technicolor mit einem neuen, Technivision genannten Verfahren Videobänder auch für die Filmproduktion.

> Für die Konvertierung des elektronischen Bildsignals in ein Zelluloidbild wird ein 3-Farben-Laser verwendet. Mit dem Technivision-Verfahren beginnt – nach fast 25jähriger Entwicklungsarbeit – die großangelegte Übernahme von fernsehtechnischen Möglichkeiten der Bildgewinnung und -verarbeitung in die Spiel- und Werbefilmproduktion. Damit zieht auch die Bildästhetik des Fernsehens in den Film ein. (H. H. HIEBEL, 1999, S. 287)

In den 90er Jahren wechselt die elektronische Filmproduktion in die digitale Dimension; 1996 wird in den USA der erste vollständig auf der Basis von Computeranimationen generierte Spielfilm hergestellt.

5. Montage

Montage, verstanden als Sprung aus der Kontinuität der empirischen Sinneswahrnehmungen in die Kontingenz unvorhersehba-
rer Kombinationsmöglichkeiten, ist bereits ein Experimentierfeld
vor-filmischer visueller Medien wie der Nebelbilder, denen es
mittels raffinierter Lichtwirkungen gelingt, Wahrnehmungsge-
wohnheiten und -erwartungen im Dienst einer effektvollen Narration zu durchkreuzen. Schon das frühe Kino bedient sich ähnlicher Überraschungsmuster, aber »erst mit der Erkenntnis, dass
die wirksamste Kunst des Films die Verbindung der einzelnen
Filmteile« sei, findet er »zu seiner eigenen Sprache« (L.-A. BAW-
DEN, 1978, S. 424). Aus der Notwendigkeit, das filmische Material zu organisieren, entwickelt sich ein Lernprozess: Bilder zu verknüpfen impliziert, Schauplätze zu trennen oder zu verbinden,
den Ablauf der erzählten Zeit zu verlangsamen oder zu beschleu-
nigen; der einzelnen filmischen Einstellung im Kontrast oder in
der Korrespondenz mit den sie umgebenden Einstellungen eine
spezifische Bedeutung zu verleihen.

Allerdings: Die Frage, was recht eigentlich ›Filmsprache‹ sei,
gerät mit dem Auftritt des sowjetischen Revolutionsfilms bald
nach 1917 ins Zentrum einer Montage-Debatte, die Elemente eines weltanschaulichen Diskurses enthält und z. B. von Sergej
EISENSTEIN dezidiert in die Dimensionen des Klassenantagonis-
mus gerückt wird. Ist die schon um 1910 in den USA entwickelte
Parallel- und Kontrastmontage nur ein Mittel emotional aufgela-
dener Narration innerhalb einer von grundsätzlicher Linearität
und zeitlicher Kontinuität bestimmten Erzähllogik – oder ist sie
operabel im Sinne einer ›Intellektualisierung‹ der einzelnen Film-
einstellung zum bildlichen Begriff, zur Metapher, zum Attraktionszentrum einer nicht-narrativen Argumentation, die nicht an
die Einfühlung und Identifikationsbereitschaft des Zuschauers
appelliert, sondern an sein Abstraktionsvermögen und seine Fähigkeit, Zusammenhänge zwischen Fragmenten herzustellen? Es
ist diese historische Kontroverse, die eine Basistechnik der Filmproduktion – die simple Notwendigkeit, das Ganze des Films aus
seinen Teilen zusammenzukleben – an einen zentralen ästhetischen Topos des 20. Jahrhunderts und der »klassischen Moderne«
anschließt: an die Montageverfahren in der Literatur, der Malerei
und des Theaters, die nach dem Ersten Weltkrieg, in den Worten

BLOCHs, die Bruchlinien einer »bürgerlichen Zerfallszeit« (E. BLOCH, 1967, S. 476) reflektieren. »Montage bricht aus dem eingestürzten Zusammenhang und den mancherlei Relativismen der Zeit Teile heraus, um sie zu neuen Figuren zu verbinden.« (E. BLOCH, 1967, S. 476)

»Objektive« (gesellschaftlich hervorgetriebene) und »subjektive« (technisch-ästhetisch intendierte) Montage fallen im Film zusammen. Wie jener Vetter bei E. T. A. HOFFMANN (*Des Vetters Eckfenster*, 1822), der sich aus seinem Berliner Eckfenster lehnt und, erstmals mit filmisch schweifendem und fokussierendem Blick, die Menschenmenge auf dem Gendarmenmarkt in Blicksegmente zerlegt, mithin nichts anderes als »subjektive Montage« betreibt, tastet das neue, das kinematographische Medium die gesprungenen Oberflächen einer Zerfallszeit ab, die aus ihren Widersprüchen längst die »objektive Montage« hervorgetrieben hat: »Teile stimmen nicht mehr zueinander, sind lösbar geworden, neu montierbar.« (E. BLOCH, 1962, S. 221)

Schon der frühe Film vor 1914, etwa das amerikanische Slapstick-Genre, arbeitet am nervus rerum der Epoche und infiltriert die traditionellen Künste mit seinen Strategien. Die Montagen der Expressionisten, dann der Dadaisten, der Bauhaus-Künstler, des PISCATOR-Theaters und schließlich der europäischen Film-Avantgarde um 1930 liefern das Material für BLOCHs Begriff der »kulturellen Montage«, welche die objektiven Montageprozesse in der Gesellschaft in homologe Signaturen übersetzt: Im technischen wie im kulturell reflektierten Montage-Akt werde »der Zusammenhang der alten Oberfläche zerfällt, ein neuer gebildet.« Und: »Faßlich für viele war zunächst nur das geschnittene, neu geklebte Lichtbild montiert, im Umgang mit Maschinen ist das Wort freilich älter.« (E. BLOCH, 1962, S. 221)

Die vor-filmischen Medien des 19. Jahrhunderts – Panorama, Diorama, Fotografie – haben hier eine wichtige Vorarbeit geleistet – ebenso wie die »vor-filmischen« Wahrnehmungsweisen in Texten HOFFMANNs, Edgar Allan POEs, Gustave FLAUBERTs und Charles BAUDELAIREs. Aber die Kinematographie ist nicht das lang erwartete Telos dessen, was zuvor schon in anderen Medien brodelt. Vielmehr: die ›neuen Medien‹ des 19. Jahrhunderts, die vor-filmischen Sehweisen in der Literatur (J. PAECH, 1988) und in der Malerei, die frühen Formen des Comics sind, wie die Kinematographie, seismographische Reflexe auf gesellschaftliche

Transformationen, die sich ihrerseits einschneidend auf kollektive Gestaltungs- und Wahrnehmungsmuster auswirken. Was sie miteinander verbindet, ist das Prinzip der Montage.

Im weiteren Verlauf seiner Kommerzialisierung und im Zuge seiner Etablierung als global akzeptiertes Massenmedium hat der Film diese Schnittstelle zur ästhetischen Moderne – letztlich zu den Bedingungen des von ihm selbst initiierten ›Medienumbruchs‹ – bald verlassen. Schon in der Ära des stummen Films begünstigen konventionalisierte Narrationsmuster die ›fließende‹ Sequenz gegenüber der einzelnen Kameraeinstellung. Das Medium bildet seine ästhetischen Qualitäten in den Bereichen des (realistischen oder symbolischen) Dekors, der Beleuchtungseffekte und der schauspielerischen Mittel aus, während die anti-realistischen, argumentativen, auf Abstraktion und kognitive Partizipation zielenden Potenzen der Montage – als ›sperriges‹, nicht kommerzialisierbares ästhetisches Material – der Film-Avantgarde überlassen bleiben.

Der Tonfilm forciert die Entwicklung zu einer normativen Auffassung des Filmschnitts. Dialog und Geräusche, gestützt durch illustrierende Musikeffekte, entlasten die Bilder von der exklusiven Bürde, dem Zuschauer etwas zu zeigen und zugleich das Gezeigte semantisch zu entschlüsseln; der Montage fällt nun eine raum-zeitlich bindende, auf Kongruenzen und lineare Logik gerichtete Steuerungsfunktion zu. Mit dem amerikanischen »continuity editing system« (vgl. H. BELLER, 1992/1995) wird der Filmschnitt ›unsichtbar‹ – Einstellungsgröße, Blickperspektive, die Bewegungen der Kameras und die Bewegungen im Bildraum sind mit Dialog und Musik so koordiniert, dass die Montage allein die empathische Teilnahme des selbstvergessenen Zuschauers am Geschehen auf der Leinwand zu organisieren hat. Das Erbe der historischen Montage-Debatte, als Selbstverpflichtung zum Experiment, treten am Rande der industriellen Verwertung das Kino der Avantgarde, einzelne Vertreter des europäischen Autorenfilms, der amerikanische Undergoundfilm der 60er Jahre und teilweise der internationale Dokumentarfilm an.

6. Hollywood

Ein Ort 12 Kilometer außerhalb von Los Angeles, mit ausgewogenem Klima, verschneiten Gipfeln am Horizont und idealen Lichtverhältnissen zwischen Wüste und Pazifischem Ozean, wird zum Zentrum nicht nur der amerikanischen, sondern der internationalen Filmindustrie, zur Welt-Hauptstadt des Lichts im 20. Jahrhundert. 1908 wird in Hollywood der erste Film realisiert; 1909, mit ›Gründung der Motion Picture Patents Company, nehmen die ›Independents‹ ihre Produktion in Kalifornien auf; 1911 wird das erste Studio errichtet, wenig später verlagern die in New York residierenden Produzenten Jesse L. LASKY, Samuel GOLDWYN, Louis B. MAYER, Cecil B. DeMILLE, William FOX, Carl LAEMMLE, Adolph ZUKOR, Thomas H. INCE und andere die Filmfabrikation nach Hollywood.

In den Produkten nicht minder als in der Aura Hollywoods werden sich von nun an die modernen, in technischer Rationalität gründenden, nichtsdestoweniger magischen Licht-Mythologien des 20. Jahrhunderts konzentrieren. In der Mediengeschichte des Films wird Hollywood selbst zum ›Medium‹, zum Inbegriff nicht nur der Filmindustrie, sondern des Showbusiness einer bis heute nicht abgeschlossenen Ära. Die singuläre Koinzidenz von Kapitalakkumulation und rationalisierter Kapitalverwertung, kalkulierter Standardisierung der Produkte und globalem Marketing bringt einen kulturellen Surplus hervor, den keine andere nationale Filmproduktion auch nur annähernd erreicht. Hollywood ist die Real-Phantasmagorie einer Welt-Metropole des Glamours, in der raffinierter Geschäftssinn und kapitalistische Skrupellosigkeit, ein ausgefeilter Sinn für technisch-ästhetische Perfektion und zynische Ausbeutung der Massenwünsche, taylorisierter Produktionsrhythmus und Starkult zusammenschießen.

Hollywood als Konstruktion und Mythos der Mediengeschichte gründet in den Funktionsmechanismen einer effizient arbeitenden Maschinerie, die sich in den Jahren des Ersten Weltkriegs etabliert und dank der globalen wirtschaftlichen Situation nach 1918 den notwendigen ökonomischen Schwung erhält, um auf dem Weltmarkt anzugreifen. Mit dem Starsystem kreieren die Produzenten eine Strategie, die es ihnen ermöglicht, ein wachsendes Publikum an die Imago idealtypischer Identifikationsfiguren und deren sozialisierende Aura, damit aber auch an die Produktionen ihrer Studios zu binden. Die Etablierung kanonischer Filmgenres erleichtert die Arbeitsteilung zwischen den marktbeherrschenden Firmen und setzt seit den 20er Jahren das Genre-Kino als ökonomischen Faktor und kulturelle Konstante in der Mediengeschichte des Kinos durch. Die rigiden Restriktionen der 1926 vom System selbst implantierten Zensur (»Hays Office«) dezimieren die Produkte kategorisch auf das gesellschaftlich Tolerable, mindern jedoch keineswegs ihre Kommerzialisierbarkeit. Sie regulieren vielmehr die Balance zwischen der Vergnügungsindustrie und dem gesellschaftlichen Diskurs. Die hochgradige Arbeitsteiligkeit, die sich auch international in der Filmindustrie entwickelt hat, rationalisiert Hollywood in den 30er Jahren zu jenem Studiosystem, das nicht nur makellose ›Fließbandware‹ für den globalen Markt hervorbringt, sondern auch jeder Firma zu ihrem eigenen filmischen – und filmgeschichtlichen – Imprimatur verhilft.

Im Distributionssystem setzen die amerikanischen Konzerne weltweit die Praxis des Blind- und Blockbuchens durch, die bis nach dem Zweiten Weltkrieg die Herrschaft der Produktion über die anderen Teilsysteme (Verleih und Abspiel) sichert. Auf den Durchbruch des Fernsehens antwortet Hollywood mit technischen Innovationen – und auf die Erosion des klassischen Unternehmertums mit neuen betriebswirtschaftlichen Konzepten. Banken-Konsortien und Investmentkonzerne verdrängen die ausgelaugten ›Tycoons‹ und übernehmen das Kommando in den alten Studios, die ihre Filme nun möglichst schnell – und auf expandierenden Märkten – amortisieren müssen, um sie zur weiteren Gewinnabschöpfung an die Fernseh-Networks zu verkaufen. Parallel zu dieser Entwicklung haben die Hollywood-Firmen stets in ausländische Märkte investiert und sie so annektiert oder von sich abhängig gemacht.

Die umfassende Kommerzialisierung des Mediums in Europa, tendenziell in allen anderen Teilen der Welt, hat zwar nationale Produktionszentren von unterschiedlicher ›Reichweite‹ geschaffen, aber sie erfolgt durchgehend nach dem von Hollywood vorgegebenen Paradigma, freilich ohne die Ressourcen, über die bis heute die amerikanische Medienindustrie verfügt. Gegen Ende des 20. Jahrhunderts allerdings ist Hollywood, einst das idealisierte und mythisierte Spiegelbild der amerikanischen ›mel-

ting pot‹-Kultur, seinerseits nur eine Unterabteilung der expandierenden Multimedia-Industrie. Sie produziert heute das elektronisch und digital gestützte, intermedial ausdifferenzierte Un-
terhaltungs-Universum für die emotionalen Bedürfnisse einer
Weltbevölkerung, die unter dem Diktat der Ökonomie in die
Globalisierung aufgebrochen ist und sich kulturell immer mehr
nach dem Alphabet ausrichtet, das ihr die wenigen ›global players‹
unter den Multimedia-Konzernen vorbuchstabieren.

7. Standardisierung, Medialisierung, Genremuster

Die Mediengeschichte des Films geht einher mit einem umfassenden sozialen, kulturellen und technologischen Prozess, der
die Bilder und ihre Verwertung gleichsam ummünzt, ökonomisch gesprochen: einen modernen Monetarismus des Visuellen
schafft. Die Ubiquität der technischen Bilder wird zu einer Erfahrung des Alltags. Die Fotografie ist um die Jahrhundertwende
ein Ding der Wirklichkeit geworden, ein Gebrauchs-Gegenstand,
»ver-dinglicht« im MARXschen Verständnis, und wartet auf
schnelle, allseitige Distribution, d. h. zügige Konsumtion. Der
Filmkamera und dem Projektor, die den Bildern das Laufen bei-
bringen, sie in rhythmisierte Bewegung und Beschleunigung versetzen, entspricht im Pressewesen das Prinzip der Rotation. 1902
nimmt die *Berliner Illustrierte Zeitung* die erste Rotationsdruckma-
schine, die gleichzeitig Texte und Bilder verarbeiten kann, in Betrieb. 1904 stellt der Londoner *Daily Mirror* als erste Zeitung seine
Drucktechnik zur Wiedergabe von fotografischen Bildinformationen auf den Autotypiedruck um. Noch im selben Jahr wenden
die Zeitungen *L'Illustration* in Paris und *Daily Mirror* in London die
Technik der Bildtelegrafie an (M. REHM, Information und Kommunikation in Geschichte und Gegenwart, in URL: http://hub.
ib.hu-berlin.de/~wumsta/rehm.html).

Die neuen Medientechnologien, das urbane Prinzip der Ak-
zeleration, die Rasanz der Verbreitung der technischen Bilder einerseits und Kino-Dramatik, Kino-Dramaturgien andererseits
greifen ineinander. 1908 kann ein Pariser Juwelendiebstahl innerhalb eines Tages in London aufgeklärt werden, nachdem der *Daily
Mirror* das von der französischen Polizei per Bildtelegraf über-
sandte Fahndungsfoto veröffentlicht hatte (M. REHM, Informa-

tion und Kommunikation in Geschichte und Gegenwart, in URL: http://hub.ib.hu-berlin.de/~wumsta/rehm.html).

Unter dem Zugriff der technisch produzierten Bilder – auch dies kennzeichnet die Mediengeschichte der Kinematographie – verwandelt sich soziale Wirklichkeit unversehens in ›Medienwirklichkeit‹, d. h. in eine medial vermittelte, von Medien gesteuerte und imprägnierte Dimension von Welterfahrung, die mit den Wahrnehmungen des Alltags teils konkurriert, sie teils unterwandert, teils mit ihnen jene Allianzen eingeht, die sehr bald zum festen Inventar des modernen Bewusstseins gehören.

Film und Presse synchronisieren seit der Jahrhundertwende die Produktion ›mediengestützter‹ Weltbilder auf der Ebene populärer Genres, normativer Geschichtsmuster und konventionalisierter Narrationsschemata. Den Wildwestgeschichten der ›Dime-Novels‹, die in der zweiten Hälfte des 19. Jahrhunderts die amerikanische Kolonisationsgeschichte für ein breites Publikum interpretierten, folgen um die Jahrhundertwende die ›klassischen‹ Cowboyromane vom Typus *The Virginian* (1902) von Owen WISTER – und gleichzeitig die ersten Wildwestfilme in den Nickelodeons der amerikanischen Großstädte. Nicht nur repliziert ein neues Medium auf das ältere, auch die Geschichte der ›Stoffveredlung‹, der Modellierung von Motiven und Handlungsmustern (von den ›primitiven‹ Dime-Novels zu den ›ernsthaften‹ Western-Romanen Wisters und anderer) wiederholt sich im Kino, mit ihr die Herausbildung von Interpretationsvielfalt im Widerspruchsgeflecht von (medialem) Komplexitätsgewinn und (inhaltlicher) Komplexitätsreduktion.

Die Ausdifferenzierung von Filmgenres und Genre-Filmen (die ihre Stoffe zunächst aus der Literatur, auch vom Theater beziehen, bevor sie sich bald aus dem Material der Filmindustrie selbst generieren) führt auch zu einer jeweils spezifischeren Modellierung mediengestützter Welt- und Leitbilder – entsprechend der Zuordnung der Filmhandlung zum Fundus der nationalen Mythen (dies gilt für den Western in den USA), zum Repertoire geschichtlicher Legenden (Historienfilm), zum ›zeitlosen‹ Haushalt menschlicher Gefühle (Liebesfilm und Melodrama) und Entgrenzungswünsche (Reise- und Abenteuerfilm, Science fiction- und Horrorfilm), zum sozialen und politischen Erfahrungshorizont der Epoche (Kriegsfilm) oder zum Katalog der gesellschaftlichen Ordnungsvorstellungen, deren Aufhebung oder

Unterwanderung schon die Kriminalromane des 18. und 19.
Jahrhunderts thematisiert haben – ein Erbe, das nun das Kino mit
dem vielfach aufgefächerten Genre der Detektiv-, Kriminal-,
Gangster- und Polizeifilme antritt.

Quer zu solchen thematisch orientierten Zuordnungsmu-
stern bringt der intermediale Kontext der Kinematographie seinerseits Filmgenres (Literaturverfilmung, Filmkomödie, Operet-
ten-, Ballett-, Revue- und Musicalfilm) hervor; das Genre des
Ausstattungsfilms verweist, bereits im ersten Jahrzehnt der Kinematographie, auf Produktions- und Studiomodalitäten, und aus
den historischen, sozialen und kulturellen Besonderheiten der
einzelnen nationalen Filmkulturen entstehen Genres (der Pro-
blemfilm in Deutschland) oder Sub-Genres (der Mafiafilm in
Italien, der japanische Samurai-Film, die Kung-Fu-Filme aus
Hongkong), die in dem Maße, wie sie die Unschärfen des Genre-
begriffs selbst zu Tage treten lassen, die Genreanalyse als eine
Aufgabe der Film- und Medientheorie vor erhebliche Probleme
stellen. Desgleichen eröffnet sich im non-fiktionalen Bereich ein
mindestens ebenso weites Feld genre-ähnlicher Kategorien und
Sub-Kategorien, die entweder von Formaten und Techniken
(Kurzfilm, Trickfilm, Animationsfilm), von der pragmatischen
Seite (Werbe-, Industrie- und Propagandafilm) oder von ästhetischen Strategien wie im Fall des Experimentalfilms definiert werden, wobei Grenzziehungen oft problematisch sind und Überschneidungen sich bei den unterschiedlichen Parametern von
selbst ergeben. Ein Versuch, das Super-Genre des Dokumentarfilms zu strukturieren, würde zweifellos zu einer ähnlichen Vielfalt führen, wie sie im Bereich des fiktionalen Films besteht (M.
Hattendorf, 1994).

8. Kunst oder Ware?

Durch die Mediengeschichte des Films zieht sich ein Widerspruch, der, oberflächlich gesehen, die Debatten aus der Frühgeschichte der Fotografie rekapituliert (ist die Fotografie als Kunst
oder nur als eine mechanische Kopiertechnik anzusehen?). Im
dynamischen Prozess der ökonomischen Verwertung der technischen Bilder verschärft sich diese Antinomie und wird, unter den
Bedingungen der Massenkommunikation, neu definiert: Ist der
Film primär Ware – oder nicht auch ›Kulturgut‹; ›gehört‹ die Kine-

matographie den Konzernen, oder ist sie nicht vor allem anderen das authentische Ausdrucksmittel einer kreativen Phantasie, die sich weder von politischen noch von ökonomischen Systemen zur Ordnung rufen und ihren pragmatischen Interessen unterordnen lässt?

Die Kunst-Debatte in den ersten Jahrzehnten der Kinematographie spiegelte noch die Ambivalenz von Industrierationalität und vorindustriellen Dispositionen im Verhältnis zwischen Welt und ›Weltbild‹, Bild und Betrachter. Sie lagert auf einer traditionellen, aus dem 19. Jahrhundert vertrauten Bewusstseinsebene im Bannkreis jener scheinbar säkularisierten, de facto zutiefst theologischen Kunst-Adoration, der Walter BENJAMIN in seinem Kunstwerk-Aufsatz programmatisch ein Ende setzen will:

> Hatte man schon vordem vielen vergeblichen Scharfsinn an die Entscheidung der Frage gewandt, ob die Photographie eine Kunst sei – ohne die Vorfrage sich gestellt zu haben: ob nicht durch die Erfindung der Photographie der Gesamtcharakter der Kunst sich verändert habe –, so übernahmen die Filmtheoretiker bald die entsprechende voreilige Fragestellung. (W. BENJAMIN, 1936/1955, S. 378)

Benjamin beklagt die »blinde Gewaltsamkeit« in den Anfängen der Filmtheorie, den Vergleich, den Abel GANCE zwischen Filmbildern und ägyptischen Hieroglyphen zieht, und die sakrale Anbetung, die SÉVERIN-MARS oder Alexandre ARNOUX dem Kino entgegenbringen:

> Es ist sehr lehrreich zu sehen, wie das Bestreben, den Film der »Kunst« zuzuschlagen, diese Theoretiker nötigt, mit einer Rücksichtslosigkeit ohnegleichen kultische Elemente in ihn hineinzuinterpretieren. (W. BENJAMIN, 1936/1955, S. 378)

In der Mediengeschichte des Films wurde allerdings BENJAMINS ›materiale‹, an marxistischer Analyse geschulte Sicht durch neue, sowohl von Hollywood als auch vom ›Autorenkino‹ initiierte Sakralisierungen des filmischen Bildes Lügen gestraft. Nicht nur die Kunst-Debatte dauert bis heute an – auch die Klage von GANCE, noch gebe es »nicht genug Kult« (W. BENJAMIN, 1936/1955, S. 378) für das, was in der Kinematographie nach Ausdruck sucht, ist durch die Existenz zahlloser historischer und aktueller Filme eingeholt, die nicht nur von den Marketingmaschinen der

Konzerne, sondern auch von der ›seriösen‹ Filmkritik zu ›Kultfilmen‹ nobiliert worden sind und nach wie vor nobilitiert werden. Und auch die rhetorische Frage von ARNOUX, ob nicht die Beschreibung des Filmischen letztlich auf die »Definition des Gebets« (W. BENJAMIN, 1936/1955, S. 378) hinauslaufe, haben die ›Sensibilisten‹ jener ›Politique des Auteurs‹, die im Frankreich der späten 50er Jahre auf den Plan trat – mit einer gewissen Verspätung auch einige Autoren des damals ›jungen‹ deutschen Films – durchaus positiv beantwortet.

Tatsächlich weist BENJAMINs – seinerseits kultisch rezipierter – Diskurs eine Bruchlinie auf. Seine These, das Kino lanciere eine zerstreute Rezeption, es fördere die kritische Stellungnahme des Zuschauers und unterziehe die filmischen Wirklichkeitskonstruktionen »einer Reihe von optischen Tests« (W. BENJAMIN, 1936/1955, S. 380), wurde vom Kino selbst widerlegt. BENJAMIN hat der Kinematographie Qualitäten zugeschrieben, die sich unter ihren ökonomischen und technischen Bedingungen gerade nicht entfaltet haben. Film zielt nicht auf (kritische) ›Begutachtung‹, sondern auf Suggestion, nicht auf die Haltung des Testens, sondern auf Verzauberung. In der Tat hat das Kino – ungeachtet der tendenziell unendlichen Reproduzierbarkeit seiner Bildwelten – neue Kultwerte und neue kultische Unterwerfungsriten hervorgebracht. Medienhistorisch wurde nicht der Kinofilm, sondern das Fernsehgerät zum ›Übungsinstrument‹ des zerstreuten Blicks.

9. Ein Antagonismus

Dass im filmischen Vorgang das einzelne Bild und mit ihm unsere Wahrnehmung sich in Permanenz zu verflüchtigen und verflüssigen scheint, bildet bis heute das principium movens aller einschlägigen Theorie. Doch nicht nur der »Fluss der Bilder«, auch die Inkommensurabilität des einzelnen Bildes bestimmt offensichtlich das Faszinosum des kinematographischen Geschehens, sein »begriffsschematisch indisponibles Sinnliches«, sein »semantisch unkontrollierbares Anders-Sein«:

Die Formenwelt des Films ist potentiell so reich, wie es Dinge und differenzierende Bewegungen von Augen, Ohren,

Gefühlen, Erinnerungen und Ahnungen – wie es sinnliche Gegenstandsbezeichnungen gibt. (R. KERSTING, 1989, S. 14)

Wenn aber die ›Form‹ des Films sich der Fixierung (des wahrnehmenden Blicks wie der theoretischen ›Festschreibung‹) entzieht, so unterläuft sie auch gleichermaßen auktoriale und kommerzielle Produktionsstrategien. Sie triumphiert gerade in jenen von der Apparatur wie ›nebenbei‹ erfassten sinnlichen Elementen, die in der ›Verfilmung‹ einer Idee oder eines Stoffs nicht aufgehen, vielmehr ihren ästhetisch nicht intendierten, aber um so reicheren Surplus, den »lebendigen Bilderstrom der kino-emotion« (R. KERSTING, 1989, S. 15) bilden. Hier zeichnet sich ein Widerspruch ab, der in der Geschichte des Films zum Schisma wurde, zu einem bis heute unversöhnten Antagonismus zwischen der ungehemmten Kommerzialisierung der technischen und ästhetischen Standards durch die Industrie – und der Behauptung eines »Eigensinns« (ein Zentralbegriff in der Medientheorie Alexander KLUGES; vgl. etwa O. NEGT/A. KLUGE, 1981) filmischer Wahrnehmung, aufbewahrt und in Bewegung gesetzt dank einer wie auch immer definierten ›Politique des Auteurs‹ und ihrer ästhetischen Strategien.

Auch der Dualismus zwischen fiktionalem und dokumentarischem Film wurzelt letztlich in diesem fundamentalen Widerspruch. Die Blaue Blume jenes »technisch-magischen Märchens«, von dem die Filmtechnik träumt, ist erklärtermaßen nichts anderes als die Überwindung der Malerei und des ordnenden, interpretierenden (Künstler-)Subjekts zugunsten der physikalisch erzeugten Lichtspur. Sie soll einer »Objektivität« zum Durchbruch verhelfen, die sich mit Hilfe des Apparats, unabhängig vom wahrnehmenden Subjekt und seiner Willkür, der Aufzeichnung selbst einschreibt. Fotografie, wie auch der Film, »geht nicht auf in dem, was das Bewußtsein ins rechte Licht rückt« (R. KERSTING, 1989, S. 46). Während eine Malerei, so Susan SONTAG,

> niemals mehr als eine Interpretation bietet, ist eine Fotografie nie weniger als die Aufzeichnung einer Emanation (Lichtwellen, die von Gegenständen reflektiert werden) – eine materielle Spur ihres Gegenstandes. (S. SONTAG, zit. n. R. KERSTING, 1989, S. 46)

Mit den technischen Medien Fotografie und Film beginnt jener Prozess, der die Medien euphorisch als Erkenntnisinstrumente gegenüber einer zuvor unverstandenen Wirklichkeit inauguriert: Die Filmkamera sei ein Hilfsmittel, »um tiefer in die sichtbare Welt einzudringen, um die visuellen Erscheinungen zu erforschen und aufzuzeichnen, um nicht zu vergessen, was geschieht und was man in Zukunft zu berücksichtigen hat.« So Dziga VERTOV über sein Konzept *Kino-Glaz* (D. VERTOV, 1926/1998, S. 87). Zugleich jedoch lässt der kommerzielle Verwertungsprozess die Medien – genauer: ihre Produkte – weniger als Spiegel oder »Emanationen«, geschweige als Instrumente zur wissenschaftlichen Erforschung der Realität denn als Dinge der Wirklichkeit selbst erscheinen. »Jedes Foto ist buchstäblich eine Auf-nahme, ›take‹, Entnahme.« (R. KERSTING, 1989, S. 46) SONTAG zufolge führt die Fotografie zurück zu den Ding-Abbild-Relationen vor-industrieller Gesellschaften, für welche »das Ding und sein Bild nichts anderes als zwei verschiedene, das heißt physisch unterschiedliche Manifestationen ein und desselben Geistes« gewesen sind (S. SONTAG, zit. n. R. KERSTING, 1989, S. 47). Mit der Ver-dinglichung der Bilder durch die Machinationen der Technik werden sie zu Dingen nicht nur für den Händler, der mit ihnen Handel treibt, sondern auch für unser Bewusstsein, das sie allzu schnell mit dem abgebildeten Ding in eins setzt – und für unsere Hände, die sich heute darin üben, Bilder ein- und abzuschalten, sie zu speichern und zu scannen, sie zu manipulieren und sie am Ende zu löschen, wenn wir nichts mit ihnen anzufangen wissen.

Allerdings hat die Entwicklung der technischen Medienzivilisation eine signifikante Umkehrung bewirkt:

> Die »alte« Magie der Bilder unterscheidet sich [...] von der neuen durch eine wesentliche Nuance: nicht werden den Bildern Eigenschaften realer Gegenstände zugesprochen, vielmehr diesen die Qualität von Bildern. Nicht die Bilder trügen, sondern die Realität. Die Welt posiert fürs Fernsehen, darin und nicht unabhängig davon besteht ihre Wirklichkeit. (R. KERSTING, 1989, S. 50)

Dass wir uns zunehmend daran gewöhnt haben, die empirische Realität als (kulturell codiertes, von fotografischer oder filmischer Erfahrung gestütztes) Kontinuum von ›Bildern‹ zu rezipieren und uns gleichzeitig Wirklichkeit erst durch ihre Abbildung als verifizierbar, letztlich als ›wirklich‹ erscheint, ist essentiell der spezifischen Ding-Abbild-Relation der Kinematographie und ihrer Mediengeschichte zuzuschreiben. Für eine ›Politique des Auteurs‹, die den Bildern ihre ›Unschuld‹ zurückgeben und sie aus der Techno-Magie befreien will, ohne sie an die ›alten‹ Magien (des Rituals oder des Museums) wieder auszuliefern, könnte der Medienumbruch der Gegenwart, der Übergang von den analogen zu den digitalen Medien, zu einem unauflösbaren Dilemma werden.

10. Abschied von einer Konstruktion

Als Ware ›realisiert‹ sich der Film im Kino, im Wortsinn wie auch in der ökonomischen Bedeutung des Worts. Er ›rechnet‹ sich erst, wenn er auf die Köpfe der Menschen trifft. Im Kino findet die ›zweite Produktion‹ statt: Der ›Film im Kopf des Zuschauers‹ ist das immaterielle Endprodukt aller Filmfabrikation – die geheimnisvolle Ware, für die der Zuschauer letztlich zahlt. Eine körperlose, auch schwer kalkulierbare Ware, weil sich trotz aller Bemühungen der Wirkungsforschung nicht prognostizieren lässt, was der Zuschauer ›mit dem Film anfängt‹ und was er aus ihm macht.

Inzwischen gehört der Realisationsort Kino als klassische ›Abspielstätte‹ – von den Ladenkinos und Nickelodeons der Jahrhundertwende über die ›Lichtspielpaläste‹ und ›Schuhschachtelkinos‹ bis zu den Freizeitzentren der CineMaxx-Ketten – der Sozial- und Achitekturgeschichte des 20. Jahrhunderts in nicht geringerem Maße als der Geschichte der Medien an. Den Metamorphosen des traditionellen Kinofilms unter den Bedingungen der Telekommunikationsindustrie und der multimedialen Distributionsökonomie der Gegenwart geht sein Gestaltwandel unter dem Primat der Fernsehverwertung voraus, die den Film dem letzten Schlupfwinkel der bürgerlichen Öffentlichkeit, dem Kino, entwunden und dem häuslichen Konsum zugeführt hat. Der auf Videokassette gespeicherte Film und seine Vermarktung bezeichnen nur, seit den 70er Jahren, eine weitere Stufe dieser Entwicklung.

Die Mediengeschichte des Films impliziert die immer schnelleren Verwandlungen seiner materiellen Produktform, des Bildträgers, in den letzten Jahrzehnten des 20. Jahrhunderts: von der Videokassette über die schon in den 80er Jahren vom Massachusetts Institute of Technology (MIT) entwickelte Compact Disc für audiovisuelle Signale bis zum DVD (Digital Versatile Disc)-System, das den Entwicklungsstandard zu Beginn des 21. Jahrhunderts kennzeichnet: Hollywood-Filme in überwältigender Bild- und Tonqualität dank einer Speicherkapazität, die bis zu 25 Mal so groß ist wie die einer normalen CD.

Notwendig ist diese Daten-Kapazität vor allem für Computeranwendungen, mithin für das neue Hausgerät der globalisierten Weltbevölkerung, das bei entsprechend aufgerüsteter Hard- und Software auch die Übertragung kompletter Spielfilme via Internet möglich macht. Ungeachtet der noch zu lösenden technischen Probleme werden von den Konzernen und ihren medienpolitischen Repräsentanten bereits Regularien eingeführt, die am Prinzip des ›Pariser Tonfilm-Friedens‹ von 1930 ansetzen, die Welt in Einflusszonen aufzuteilen:

> Filme werden zu unterschiedlichen Zeiten in die Kinos gebracht. Es kann daher vorkommen, dass ein Film in einem Land noch im Kino läuft, in einem anderen Land aber bereits auf Video erschienen ist. Um einem illegalen Handel von DVD-Videos vorzubeugen, wurde von den Filmstudios der Regional-Code urchgesetzt. Dieser Code legt fest, in welcher Region der Erde eine DVD Video abgespielt werden kann. (*Was ist DVD?*, http://www.cs-iserlohn.de/ service/dvd.htm)

Während in den USA die Ökonomie der ›Blockbuster‹ mit ihren steigenden Produktions- (und Werbe-)etats nicht nur dem Kino als traditioneller Abspielinstanz zum Überleben verholfen, sondern auch zu einem neuen Aufschwung des international standardisierten Hollywoodfilms geführt hat, an dessen Finanzierung inzwischen auch die nationalen Filmindustrien Europas partizipieren, geriet z. B. in Frankreich, Italien, Großbritannien, vor allem aber in Deutschland die originäre Kinofilmproduktion seit der Etablierung des Fernsehens in erhebliche Bedrängnis. Dass künftig, im Zeichen der wirtschaftlichen und kulturellen ›Globalisierung‹, nationale Filmproduktionen ihren ehemaligen Rang behaupten können, scheint zweifelhaft.

Filmgeschichte als Kontinuum bedeutender Autoren und herausragender Werke im Sinne des bürgerlichen Kulturbegriffs war eine Konstruktion, die der Erscheinungsform des Mediums in einer konkreten historischen Phase seiner ökonomischen und technischen Entfaltung – etwa zwischen 1920 und 1960 – entsprach. Sie galt innerhalb eines historisch bestimmbaren, von spezifischen kulturellen Erwartungen und intermedialen Konstellationen geprägten Horizonts. Gegen Ende des 20. Jahrhunderts ist ihre Historizität, als »Zwischenspiel« der Mediengeschichte (vgl. S. ZIELINSKI, 1989), offenkundig geworden, auch wenn dieser Einschnitt vielfach nicht als Ende einer Illusion, sondern als Ergebnis einer Verschwörung des Kapitals und, zumal in Deutschland, als Komplott zwischen der Medienindustrie, den Programmgewaltigen des Fernsehens und mediokren Gremien begriffen wird. Die Quotenjagd, konkret: die Bedingung der »Prime-Time-Fähigkeit von Kinofilmen« sei im Begriff, die »Weltkinokultur« zu ruinieren (so die Geschäftsführerin Neuer Deutscher Spielfilmproduzenten, Margarete EVERS, in der *Süddeutschen Zeitung* vom 23.8.2000, »Drei Teile sind einer zu viel«).

Eine Mediengeschichte des Films wahrt solcher Nostalgie gegenüber Distanz. Sie beobachtet das Zusammenspiel, die komplexe Interdependenz technischer, ökonomischer und kultureller Faktoren, die einer Hochkultur zur Blüte verhelfen – und die ihr ein Ende bereiten, wenn sich die Grundlagen verändert haben.

KLAUS KREIMEIER

Literatur

E. T. A. HOFFMANN, Des Vetters Eckfenster, Berlin 1822. – G. SIMMEL, Die Großstädte und das Geistesleben, in: Die Großstadt. Vorträge und Aufsätze zur Städteausstellung. Jahrbuch der Gehe-Stiftung Dresden, Bd. 9, hg. von T. PETERMANN, Dresden 1903, S. 185–192). – M. NORDAU, Kinokultur, in: Der Kinematograph 423 (1915). – D. VERTOV, Vorläufige Instruktion an die Zirkel des »Kino-Glaz« (1926), in: Bilder des Wirklichen. Texte zur Theorie des Dokumentarfilms, hg. von E. HOHENBERGER, Berlin 1998, S. 87–94. – R. ARNHEIM, Tonfilm mit Gewalt (1931), in: ders., Kritiken und Aufsätze zum Film, hg. von H. H. DIEDERICHS, München/Wien 1977, S. 68–71. – R. ARNHEIM, Tonfilm auf Abwegen (1932), in: ders., Kritiken und Aufsätze zum Film, hg. von H. H. DIEDERICHS, München/Wien 1977, S. 71–93. – W. BENJAMIN, Das Kunstwerk im Zeitalter seiner technischen Reproduzierbarkeit (1936), in: ders., Schriften, Bd. I, hg. von T. W. ADORNO/G. ADORNO, Frankfurt a. M. 1955, S. 366–406. – P. BÄCHLIN, Der Film als Ware, Basel 1945. – R. MUSIL, Der Mann ohne

Eigenschaften, Hamburg 1952. – E. BLOCH, Erbschaft dieser Zeit, Frankfurt a. M. 1962. – J.-P. SARTRE, Die Wörter, Reinbek bei Hamburg 1965. – E. BLOCH, Das Prinzip Hoffnung, Bd. 1, Frankfurt a. M. 1967. – W. SCHIVELBUSCH, Geschichte der Eisenbahnreise. Zur Industrialisierung von Raum und Zeit im 19. Jahrhundert, München/Wien 1977. – rororo Filmlexikon 2, hg. von L.-A. BAWDEN (Edition der dt. Ausg. von W. TICHY), Reinbek bei Hamburg 1978. – E. ROHMER, Murnaus Faustfilm. Analyse und szenisches Protokoll, München/Wien 1980. – O. NEGT/A. KLUGE, Geschichte und Eigensinn, Frankfurt a. M. 1981. – E. ROTERS, Emporgekommen, in: Berlin um 1900 (Ausstellungskatalog), hg. von Berlinische Galerie e.V., Berlin 1984, S. 45–59. – R. BARTHES, Die helle Kammer. Bemerkungen zur Photographie, Frankfurt a. M. 1985. – H. Graf KESSLER, Walther Rathenau. Sein Leben und sein Werk, Frankfurt a. M. 1988. – J. PAECH, Literatur und Film, Stuttgart 1988. – R. KERSTING, Wie die Sinne auf Montage gehen. Zur ästhetischen Theorie des Kinos/Films, Basel/Frankfurt a. M. 1989. – S. ZIELINSKI, Audiovisionen. Kino und Fernsehen als Zwischenspiele in der Geschichte, Reinbek bei Hamburg 1989. – Handbuch der Filmmontage. Praxis und Prinzipien des Filmschnitts, hg. von H. BELLER, München 1992, ²1995. – M. HATTENDORF, Dokumentarfilm und Authentizität. Ästhetik und Pragmatik einer Gattung, Konstanz 1994. – C. MÜLLER, Frühe deutsche Kinematographie. Formale, wirtschaftliche und kulturelle Entwicklungen 1907–1912, Stuttgart/Weimar 1994. – U. FRINDIK, THX – Tremendous Hearing par Xcellence?!, in: Weltwunder der Kinematographie. Beiträge zu einer Kulturgeschichte der Filmtechnik, 5. Ausgabe, hg. von J. POLZER, Berlin 1999, S. 117–125. – H. H. HIEBEL u. a., Große Medienchronik, München 1999. – G. KOSHOFER, Die Agfacolor Story, in: Weltwunder der Kinematographie. Beiträge zu einer Kulturgeschichte der Filmtechnik, 5. Ausgabe, hg. von J. POLZER, Berlin 1999, S. 117–125. – M. EVERS, Drei Teile sind einer zu viel, in: Süddeutsche Zeitung vom 23.8.2000.

Internet

M. REHM, Information und Kommunikation in Geschichte und Gegenwart, in: http://hub.ib.hu-berlin.de/˜wumsta/rehm.html
Was ist DVD?, in: http://www.cs-iserlohn.de/service/dvd.htm

Mediengeschichte des Hörfunks

1. Einleitung: Leitfragen und Argumentation

Das Ende des Ersten Weltkriegs eröffnete das Zeitalter der elektronischen Medien. Seitdem wurde mit Hochdruck daran gearbeitet, die technischen und organisatorischen Voraussetzungen dafür zu schaffen, mit Hilfe elektromagnetischer Wellen zuerst nur Töne – von der Mitte der 30er Jahre an kamen Bilder hinzu – an eine in letzter Konsequenz beliebig große Zahl von Hörern und Zuschauern zu verteilen. Die neue Technik ermöglichte es schließlich, ganze Nationen und dann auch den ganzen Erdball zeitgleich an einem Ereignis teilnehmen zu lassen. Dies machte einerseits ihre Faszination aus. Andererseits war und ist dies nicht die Normalität der elektronischen Medien, ihre vielseitige Einpassung in den Alltag ist nüchterner. Der Rundfunk – im deutschen Sprachgebrauch werden unter dieser Bezeichnung Hörfunk und Fernsehen zusammengefasst – begann in Deutschland als Hörfunk. Bis weit in die 50er Jahre hinein besaß er eine unangefochtene Vormachtstellung. Erst das stürmische Anwachsen des Fernsehpublikums in der ersten Hälfte der 60er Jahre setzte beim Hörfunk einen längerfristigen Prozess nachhaltiger Veränderungen in Gang. Fortan war und ist seine Rolle neben dem neuen Leitmedium Fernsehen eine andere.

Jedes Medium definiert sich auch über die stets vorhandene, jedoch immer im Wandel befindliche Konkurrenz zu den anderen Medien, nachdem es in seinen Anfängen die Vorgängermedien meist erst einmal kopiert hat. Ansonsten sind seine jeweiligen ›Botschaften‹ wie die sich wandelnden Formen ihrer Übermittlung das Resultat komplexer Wechselwirkungen. Die politisch über die Medien Verfügenden weisen der Presse, dem Rundfunk bestimmte Funktionen zu und bestimmen die entsprechenden rechtlichen und organisatorischen Grundlagen. Aber mindestens ebenso wichtig sind die Ansprüche der Rezipienten und ihre Vorstellung von den jeweiligen Leistungen eines Mediums, die auch mit den nie gleichbleibenden generellen und spezifischen Nutzungsbedingungen, auch den technischen, zusammenhängen. Die Erweiterung des Raums des Öffentlichen und der politischen und sozialen Kontrolle, der Beitrag zur Sinnvermittlung und zur Vergesellschaftung der Individuen durch Informationen, durch kulturelle und bildende Angebote wie auch durch Unterhaltung, dies sind Leistungen des Hörfunks wie auch des Fernsehens. Mit seinen beschränkteren Möglichkeiten leitete aber der Hörfunk die Phase eines privatisierten, häuslichen Medienkonsums ein, der in engem Zusammenhang steht mit den sich wandelnden Bedingungen der Berufsarbeit und der Freizeit.

2. Der Hörfunk in der Weimarer Republik und während der Zeit des Nationalsozialismus (1918–45)

2.1 Entstehung und organisatorische Grundlagen

Während des Ersten Weltkriegs waren von deutschen Funkern nicht nur Morsesignale und militärische Befehle ausgesandt worden. Drahtlose Telegraphie – so wird erzählt – eignete sich auch, um Musik in die Schützengräben zu übertragen. So zeichneten sich mit dem Ende der Kampfhandlungen weitergehende Nutzungsformen als die reine Nachrichtenübermittlung für den Funkverkehr ab. Was immer in dieser Zeit an Defiziten in der öffentlichen Kommunikation bestanden haben mag und in Richtung neuer Kommunikationswege und -formen drängte: Ein wesentlicher Beweggrund für die Einführung des Rundfunks war es, der durch den Krieg ausgebauten funktechnischen Industrie weitere Absatzchancen zu geben (W. B. LERG, 1965, S. 114ff.).

Wie in anderen europäischen Ländern spielte auch in Deutschland die (Reichs-)Postverwaltung bei der Entstehung des Rundfunks die entscheidende Rolle. Sie setzte nicht zuletzt aus wirtschaftlichen Erwägungen – neue, beträchtliche Einnahmen waren zu erwarten – alles daran, die ihr über das Telegrafenregal zustehende Kompetenz im Funkwesen weiterhin allein wahrzunehmen trotz der kurzzeitigen Konkurrenzansprüche der über 100 000 entlassenen Militärfunker bzw. deren Vertretung. Die alleinige Verfügung der Reichspost bei der Gestaltung des Rundfunks – sie lag maßgeblich in den Händen des Ministerialdirektors bzw. späteren technischen Staatssekretärs Hans BREDOW – führte zu einer obrigkeitsstaatlich orientierten Gängelung des neuen Mediums. Doch auch andere europäische Postverwaltungen waren sich längere Zeit nicht darüber im Klaren, inwieweit sich ein aus ihrer lediglich verkehrsverwaltenden (W. B. LERG,

1965, S. 287ff.) Zuständigkeit erwachsender Funkdienst zu einem publizistischen Mittel entwickeln dürfe, und verfuhren beim Ausbau des Rundfunks ebenfalls entsprechend restriktiv (E. SCHADE, 2000, S. 21, 33; A. CRISELL, 1997, S. 9ff.).

Die äußerst vorsichtig taktierende Reichspost kam auch deshalb bei der Entwicklung des Rundfunks, des Hörfunks, nur langsam voran, weil es galt, nach den Erfahrungen mit den revolutionären Funkern, die Kontrolle auch über die Empfangsapparate zu wahren. Diese sollten weder als potenzielle Sender genutzt werden können, noch sollten sie unbefugten Empfang ermöglichen. Vorgezogen wurden daher Anwendungen in Analogie zur drahtgebundenen Nachrichtenverteilung an exklusive und damit leichter kontrollierbare Teilnehmer. Auf dieser Linie lagen auch die Ideen für eine kollektive Nutzung. Wenn schon weitere ›Programmdienste‹, dann solche mit Empfang in größeren Räumen: Der »Saalfunk« wurde eine Zeitlang favorisiert. Im Sommer 1922 nahm ein exklusiver drahtloser Verteildienst, der »Eildienst für amtliche und private Handelsnachrichten«, seine Tätigkeit auf, und zwei Konzessionsgesuche gingen bei der Reichspost ein. Eines davon sah einen Funkdienst als individuell empfangbares ›Angebot an alle‹ vor. Nicht zuletzt auch unter dem Eindruck der sich in diese Richtung entwickelnden Funkverhältnisse in den USA und in Großbritannien machte die Reichspost dann den Weg frei für den Rundfunk, wie wir ihn bis heute kennen (W. B. LERG, 1965, S. 122ff.).

Ein weiteres Problemfeld kam hinzu. Sowohl getragen von der Distanz zur Sphäre des Politischen wie auch von der Überlegung, dass der neue Funkdienst nur dann rasch und unter den Fittichen der Reichspost aufgebaut werden könne, wenn er aus dem Gezänk des parteipolitischen Alltags der Republik herausgehalten werde, wollte die Reichspost diesen auf im Wesentlichen kulturelle bzw. volkserzieherische und unterhaltende Angebote beschränken. Auf diese Weise könne er auch »Gemeinschaftssinn und Staatsgedanken [...] bekräftigen und letzten Endes der ersehnten Volksgemeinschaft die Wege ebnen«, wie BREDOW später einmal meinte (R. SCHUMACHER, *Radio als Medium*, 1997, S. 467f.). Zudem besaß ein dem politischen Tageskampf enthobenes Kommunikationsinstrument in den tonangebenden Kreisen des Bürgertums die ›höhere Weihe‹ einer Kultureinrichtung, wie auch die in der breiteren Öffentlichkeit sowie einigen Fachzeit-

schriften geführte Debatte über die Erwartungen und Befürchtungen an das neuen Medium belegt (H. O. HALEFELDT, 1986).
Einerseits gab es Hoffnungen darauf, kulturelle Werte im Volk
leichter verbreiten zu können, andererseits erhebliche Sorgen um
Kulturverlust. Für Letztere mochten Bredows mehrfache Hinweise auf einen »Unterhaltungsrundfunk« Anlass gegeben haben,
wie selbstverständlich generelle Vorbehalte gegen die ›Massenmedien‹.

Weil jedoch trotz des kultur- bzw. unterhaltungsorientierten
Konzepts Elemente der Nachrichtenvermittlung im Stile der Tagespresse nicht auszuschließen waren, wagte es BREDOW nicht,
das für Regulierung und Kontrolle der Publizistik zuständige
Reichsinnenministerium völlig auszuschalten. Dort gab es einige
Beamte, die gerade die politisch-publizistische Funktion des neu-
en Mediums fördern und zur Stärkung des republikanischen Gedankens nutzen wollten. Diese konnten BREDOW jedoch nur minimale Zugeständnisse abringen. Die langwierige interministe-
rielle Auseinandersetzung verzögerte den Beginn eines Pro-
grammbetriebs noch einmal um mehrere Monate, bis am
29.10.1923 die erste – einstündige – Rundfunksendung in
Deutschland ausgestrahlt werden konnte (W. B. LERG, 1965, S.
138ff.).

Nachdem bis Ende 1922 deutlich geworden war, dass ein
reichsweit zentral verbreitetes Rundfunkprogramm weder technisch möglich noch angesichts der föderalen Struktur des Deutschen Reichs politisch durchsetzbar sein werde, nutzte BREDOW
seine vorhandenen Verbindungen zu Kreisen der Wirtschaft und
›ließ‹ diese nach im Reichspostministerium entwickelten Plänen
regionale Gesellschaften für den Programmdienst in Berlin,
Breslau, Königsberg, Leipzig, Hamburg, Frankfurt am Main,
Münster (später Köln), Stuttgart und München gründen. Für die
als Aktiengesellschaften gegründeten Unternehmen brachten
private Geldgeber die Anschubfinanzierung auf. Für den weiteren Betrieb sicherte die Post den Gesellschaften 60% der Einnahmen aus der Rundfunkgebühr von zwei Mark pro Monat nach
dem Ende der Hyperinflation zu. Durch Regelungen des Stimm-
rechts blieben die Reichspost bzw. staatliche Instanzen der bestimmende Faktor in den Gesellschaften. Der Rundfunk der Weimarer Republik hatte eine »privatwirtschaftliche Fassade«, war je-

doch weitgehend staatlich kontrolliert (W. B. LERG, 1980, S. 405ff.).

Um das Prinzip der parteipolitischen Neutralität zu wahren, wurden Kontrollvorschriften ausgearbeitet und 1926 Kontrollgremien eingerichtet: die weitgehend einflusslosen »Kulturbeiräte« und die mit Beamten des Reichs und der Länder besetzten weit wirkungsvolleren »Überwachungsausschüsse«. Diese dürfen, was ihren Einfluss angeht, weder unter- noch überschätzt werden. Die Konfliktfälle der Programmgesellschaften mit ihnen umreißen die regional teilweise unterschiedlich genutzten Spielräume der Kontrolleure wie der Programmverantwortlichen für den Bereich des Politischen tangierende Inhalte im Weimarer Rundfunk, deren Grenzen in der Regel durch die Selbstzensur der Sendegesellschaften selten überschritten wurden (H. O. HALEFELDT, 1997, S. 165ff.). Immerhin gelang es am Ende der 20er Jahre vor allem im preußischen Einflussbereich, mit Unterstützung einiger SPD-Politiker das politische Programm zaghaft auszuweiten (W. BIERBACH, 1975).

Mit der Drohung, ihnen die noch nicht erteilten Sendekonzessionen zu verweigern, zwang BREDOW 1925 die im Auf- und Ausbau befindlichen Regionalgesellschaften unter das Dach der ebenfalls von der Post völlig kontrollierten Reichsrundfunkgesellschaft (RRG), deren Geschicke er bis Anfang 1933 lenkte. Die RRG entwickelte sich zu einem Organ zentralistischer Steuerung der Rundfunkgesellschaften, insbesondere unter den Sparzwängen der 1930 einsetzenden Wirtschaftskrise (W. B. LERG, 1980, S. 271ff.).

Die 1926 endgültig installierte Rundfunkordnung blieb bis in die zweite Jahreshälfte 1932 in Kraft. Das Präsidialkabinett des Reichskanzlers Franz von PAPEN, das den Rundfunk erstmals ungeniert und extensiv auch für die eigene Selbstdarstellung nutzte, schaltete die Privataktionäre aus, setzte staatliche Kommissare an die Spitze der RRG und der einzelnen Sendegesellschaften und erweiterte damit den Anspruch der Exekutive auf Einflussnahme im Rundfunk. So endete die latente Spannung zwischen einem nach mehr Pluralismus drängenden Massenmedium, das in das Korsett der Weimarer Rundfunkordnung gezwängt worden war, und dem autoritären Staat mit der vollständigen Inbesitznahme durch diesen, ehe dann die Nationalsozialisten sich des Rundfunks bemächtigten (W. B. LERG, 1980, S. 438ff.).

2.2 Programmgeschichte 1923–1933

BREDOW hatte einmal die Vorstellung geäußert hatte, der Rundfunk sei als »theaterähnlicher« Betrieb zu organisieren. Tatsächlich war der Rundfunk anfangs nicht mehr als die lediglich auf das Akustische reduzierte (Fern-)Vermittlung von Musikaufführungen, Rezitationen, Theatervorführungen und ähnlichen Ereignissen, die eben den Vorteil hatte, dass sie dem Zuhörer die Anwesenheit am Ort des Geschehens ersparte. Auch das Zeitgerüst der Rundfunkprogramme entsprach anfangs und später mit gewissen Analogien den Vorgängermedien. Es gab Mittags-, Nachmittags- (am Sonntag) und Abendkonzerte, allgemeinbildende Vorträge am frühen Abend, literarisch-musikalische Matineen am späten Sonntagvormittag, schließlich auch spätabendliche Tanzmusik wie im Nachtlokal (L. STOFFELS, 1997, S. 641ff.).

Die Abendstunden blieben bis in die 60er Jahre hinein die Haupthörzeit. Da erst jetzt transportable Geräte in nennenswerter Zahl verbreitet waren, erforderte bis dahin Rundfunkempfang die Anwesenheit zu Hause, normalerweise in der Nähe des einzigen einem Haushalt zur Verfügung stehenden Empfängers. Unter diesen Voraussetzungen blieb der Hörfunk bis in die 60er Jahre hinein ein hauptsächlich in der Freizeit genutztes Medium.

Abgesehen von den Berufstätigen gab es Personen, die ständig oder die meiste Zeit zu Hause anzutreffen waren: (Haus)Frauen sowie Kinder. Sie wurden als nächste mit für sie eigens konzipierten Angeboten, d. h. dem Frauenfunk, Unterhaltungsmusik und den Kinderstunden am Nachmittag versorgt. Eine etwa zweistündige (12.00 bis 14.00 Uhr) »Mittagsstrecke« mit Nachrichten und einem Konzert kam hinzu, 1927/28 begannen die Programmgesellschaften, den Morgen und den Vormittag in Angriff zu nehmen, und waren dann ab etwa 1930 mit mehr oder weniger großen Sendepausen den ganzen Tag auf Sendung. Anfang der 30er Jahre gab es bei allen Sendern am Sonntag, *dem* Freizeittag für die berufstätige Bevölkerung, ein vom frühen Morgen bis gegen Mitternacht ununterbrochenes Angebot (R. SCHUMACHER, *Programmstruktur*, 1997, S. 353ff.).

Bis zu diesem Zeitpunkt hatten sich für den die Menschen nun über ihren Tagesablauf begleitenden Hörfunk eigenständige Formen entwickelt, die sich allmählich von denen der Vorgängermedien entfernten. Dies hatte damit zu tun, dass es doch einen

Unterschied macht, ein Konzert oder ein Schauspiel (als Hör-Spiel) in den eigenen vier Wänden oder in der Konzerthalle zu hören bzw. im Theater zu sehen. Es gibt nur wenige stichhaltige Indizien dafür, aber diese belegen, wie sich hier ein allmählicher Übergang vollzog, der in Verbindung mit der technischen Konfiguration die situativen Bedingungen des Hörens bestimmte (C. LENK, 1997). Ein wichtiger Schritt war in der zweiten Hälfte der 20er Jahre, dass die kopfhörerbestückten Detektorgeräte, die unbewegtes Verharren vor den Apparaten erforderten, durch Radiogeräte mit Lautsprechern mehr und mehr ersetzt wurden. Diese kamen dem eher zerstreuten Nebenbeihören im häuslichen Rahmen entgegen, was Auswirkungen auf die Zusammensetzung des Angebots und seine Formen hatte. Auch die nur vereinzelt und mit wenig exakten Methoden erfragten Wünsche von 1930 drei Millionen, 1933 schließlich vier Millionen Teilnehmern (H. POHLE, 1956, S. 333) verstärkten eine allmählich in Gang kommende Loslösung von überhöhten Ansprüchen an die Aufnahmefähigkeit des Publikums.

So wurde von den anfangs mehrstündigen Schauspielübertragungen mehr und mehr abgesehen. Die Vorlagen von Sendespielen als Bearbeitung der epischen und dramatischen Weltliteratur wurden radikal gekürzt und das Personal auf wenige, wiedererkennbare Stimmen beschränkt, auch im eigens für den Hörfunk geschriebenen Originalhörspiel. Hinzu kamen andere offenere Gestaltungsformen: das collageartig zusammengestellte Hörbild und die zeitgleich zum Geschehen gesprochene Reportage (K. DUSSEL/E. LERSCH, 1999, S. 75ff., 93ff.).

Zwar stellten schon aus finanziellen Gründen besser situierte, städtische Hörer – auf dem Land ließ auch die für das Radiohören unabdingbare Stromversorgung noch zu wünschen übrig – einen überproportionalen Anteil der Apparatebesitzer. Doch zunehmend leisteten sich auch andere soziale Schichten einen Empfänger (K. DUSSEL, 1999, S. 68ff.). Und alle zusammen hatten in ihrer überwiegenden Mehrheit etwas andere Vorstellungen davon, was sie hören wollten, als es die Programmverantwortlichen für sie vorgesehen hatten. Deren oberstes Ziel sei – so formulierte es ein Programmleiter –, das »gesamte Gebiet der Kunst, der Geisteswissenschaft und der festlichen Geselligkeit« zu präsentieren, und er wünschte, dass auch die »weitverzweigten Schichten der werktätigen Bevölkerung [...] ihren kärglichen Feierabend mit etwas Anregsamem, Schönem und Neuem [...] verbringen möchten«. Dies widersprach jedoch der Erfahrung eines anderen Programmleiters, dass mit einem »beträchtlichen [...] Prozentsatz vorübergehend bildungsunlustiger Hörer gerechnet werden« müsse (K. DUSSEL/E. LERSCH, 1999, S. 37, 40).

Diese Einsicht wirkte sich erkennbar aus. Im Laufe der Jahre machte der Hörfunk in gewissem Umfang Konzessionen an die Wünsche und die Aufnahmefähigkeit seines Publikums. Ein wichtiges Indiz dafür sind vor allem der stetige Rückgang der Vorträge, deren Anteil sich von 25,5 % im Jahre 1925 auf 14,4 % 1932 reduzierte (H. POHLE, 1956, S. 327), und die langsame, aber stetige Zunahme unterhaltender Angebote (L. STOFFELS, *Kulturfaktor und Unterhaltungsrundfunk*, 1997; L. STOFFELS, *Sendeplätze*, 1997).

Trotz der unbestreitbaren Tendenz zur Anpassung an Wünsche und Rezeptionsbedingungen der Hörer blieb für den Hörfunk der Weimarer Republik ein hoher kultureller und bildungsorientierter Anspruch das Markenzeichen. Er bewahrte auf diesem Sektor alles in allem Kontinuität. Auch veränderte sich im Laufe der Jahre kaum die Relation von durchschnittlichen Wort- und Musikanteilen in den Programmen der einzelnen Gesellschaften (sie lag durchgehend bei etwa 50 %). Und insgesamt blieb es ebenfalls bei der Verteilung der großen Bereiche: 60 % des Angebots standen für Kultur und Bildung, 30 % der Sendezeit war der Unterhaltung zugeordnet, und nur etwa 10 % wurde informierenden Sendungen zugestanden.

Wie stark der Weimarer Rundfunk an seinem hochkulturellen Anspruch insgesamt festhielt, machen einige weitere Indizien deutlich. So kamen die unterhaltenden Gattungen in erster Linie tagsüber zu ihrem Recht, doch gerade in den sogenannten Haupthörzeiten am Abend wurden trotz der zitierten Einsicht insgesamt nur geringe Konzessionen gemacht, wie die von der zweiten Hälfte der 20er Jahre bis zum Ende der Republik insgesamt wenig veränderte Programmstruktur zwischen 19.00 und 22.00 Uhr belegt. Am frühen Abend, zwischen 19.00 und 20.00 Uhr, erwartete bei vielen Sendegesellschaften die von der Arbeit heimkehrenden Hörer ein zwar reduziertes, aber mindestens einstündiges (in der Mitte der 20er Jahre in Stuttgart und Köln noch zweistündiges) reines Wortprogramm, allerdings kein aktuell informierendes, sondern eines mit belehrenden Vorträgen. Es ging

um »Bibliotheken und ihre Benützer« oder »Das Wesen der Go-
tik«, hinzu kamen häufig Sprachkurse. Autoren der Sendungen
waren von Anfang an und blieben in hohem Maße Wissenschaftler.

Das eigentliche Abendprogramm ab 20.00 Uhr brachte überwiegend Musik, jedoch musste sich an vielen Abenden der ent-
spannungsbedürftige Hörer dem »Hegemonieanspruch der traditionellen Hochkultur« (K. C. FÜHRER, 1996, S. 777) unterwerfen, wobei durchaus Unterschiede zwischen den einzelnen Sendegesellschaften bestanden. Es dominierten Konzerte, Kammer-
musikabende und Opernaufführungen, entweder als Übertragungen aus Konzert- und Opernhäusern oder gestaltet von sen-
dereigenen Ensembles. Wenn Unterhaltendes abends eingefloch-
ten wurde, dann handelte es sich wenigstens um sogenannte gehobene Unterhaltungsmusik (K. DUSSEL, 1999, S. 64ff.), die bis
weit in die 40er und auch noch in den 50er Jahren das Angebot an
Leichter Musik bestimmte. Darunter fiel der weite Bereich der
Operettenmusik wie das Repertoire der Salonorchester, das von
frühen Schlagern bis zur popularisierten Kunstmusik reichte.
Wie immer das Angebot mit dem Geschmacksniveau und der
Aufnahmefähigkeit der Hörer im Einzelnen korrelieren mochte,
die Programmverantwortlichen sorgten dafür, dass ein bestimmtes Niveau nicht unterschritten wurde: Wenn schon Unterhaltung, dann mit Anspruch. Für rhythmisch betonte Unterhaltungsmusik, u. a. der Jazz in seinen verschiedenen Spielarten, dessen verschiedene Abwandlungen und Adaptionen etwa in der
Tanzmusik der 20er Jahre gepflegt wurden, hatten die Verantwortlichen wenig übrig und verbannten sie in die Nachtstunden.

Vernachlässigt im Programm des Weimarer Rundfunks waren
die aktuelle Information und erst recht die Politik. Deren quantitativer Umfang war von Anfang an bescheiden. Er blieb es auch,
was den Absichten der Gründerväter entsprach. Die Nachrichten, Kernstück jeglicher politischen Information, waren bei allen
Sendegesellschaften nicht häufiger als dreimal täglich im Programm, bei manchen nur zweimal. Bezeichnenderweise fehlten
sie zur Haupthörzeit am frühen und mittleren Abend und wurden lediglich zum Sendeschluss gebracht, darüber hinaus um die
Mittagszeit. Die Meldungen stellte eine zentrale Nachrichten-
stelle, die »Drahtloser Dienst AG« (DRADAG), nicht nur zusammen, sondern formulierte auch die zu verlesenden Texte, die die

Sendegesellschaften zu übernehmen hatten. Die DRADAG war zu strikter Überparteilichkeit verpflichtet. Dies sollte ein monströses Aufsichtsgremium gewährleisten, das auch noch Reichs- und Länderinteressen unter einen Hut zu bringen hatte (K. DUSSEL, 1999, S. 58f.).

Sonstige tagesaktuelle Senderreihen gab es nur wenige, als erste erlangten nach ›Erfindung‹ der Rundfunk-Reportage (etwa 1925) vor allem Sportübertragungen und -berichte einige Bedeutung. Mehrere Sendegesellschaften führten täglich wiederkehrende Reihen zum Zeitgeschehen ein, die allmählich beträchtliche thematische Spannbreiten entwickelten. Eine Trennung vom Bereich der Tagespolitik war hier nicht immer exakt vorzunehmen, besonders dann nicht, wenn einzelne Vorträge Probleme der Wirtschaft und des Sozialen ansprachen und zwangsläufig ein Blick auf die aktuelle Situation geworfen werden musste. So blieb der Anspruch des Unpolitischen und Überparteilichen künstlich. Ohnehin wurde wie auch sonst üblich in der Weimarer Republik, der Begriff der Überparteilichkeit häufig zu Ungunsten der Linken ausgelegt und damit verletzt. Darüber hinaus fand entgegen der offiziellen Rhetorik Politikvermittlung im Rundfunk unter dem Mantel der Bildungsbeflissenheit statt. Wenn dies den Überwachungsausschüssen auffiel, griffen sie ein. Aber da es von Land zu Land unterschiedliche Spielräume gab, konnte der Rundfunk doch allmählich das politische Leben zum Thema machen. Dies entsprach ja durchaus der Eigengesetzlichkeit des neuen Mediums, das sich Zugang zu neuen Schichten von Hörern verschaffte und dem Zeitgefühl einer Beschleunigung aller Lebensvorgänge entsprach: auch da konnte die aktuelle Gegenwart in all ihren Facetten nicht außen vor bleiben. (R. SCHUMACHER, *Radio als Vermittlung*, 1997, S. 1196ff.). Ausdruck dafür war auch, dass auf der überregional verbreiteten »Deutschen Welle« – die als Ergänzung der Programme der Regionalgesellschaften ausschließlich auf Kultur und Bildung setzte – 1927 erstmals sogenannte »kontradiktorische« Vorträge gesendet wurden, also Dispute auch politischen Inhalts. Zuerst brachte man die Ausführungen nacheinander, 1929 gab es in Dialogform geführte Streitgespräche, allerdings auf der Basis vorab formulierter Manuskripte (K. DUSSEL/ E. LERSCH, 1999, S. 60ff.).

2.3 Der Hörfunk im Nationalsozialismus

Der Beitrag des Hörfunks für die Sicherung der nationalsozialistischen Herrschaft, für die Herstellung der vielbeschworenen Volksgemeinschaft ist immer sehr hoch eingeschätzt worden. Doch darf man die beabsichtigten Wirkungen des Rundfunks in den programmatischen Äußerungen der NS-Rundfunkverantwortlichen nicht unmittelbar mit der Wirklichkeit gleichsetzen. Da sowohl exakte Programmbeschreibungen und –analysen als vor allem auch genauere Untersuchungen der ›Wirkungen‹ fehlen, fällt es nicht leicht, über sehr pauschale Feststellungen (z. B. H. POHLE, 1956, S. 346f.) hinaus den tatsächlichen Erfolg oder Misserfolg der nationalsozialistischen Rundfunkpropaganda zu beurteilen.

Der organisatorische Apparat des NS-Rundfunks wurde indes schon detailliert beschrieben und analysiert (A. DILLER, 1980). Von der Machtergreifung bis zum Kriegsende war dieser immer recht überschaubar und in seinen Zuständigkeiten – im Vergleich zum sonstigen Kompetenzenchaos im ›Dritten Reich‹ – wie seinen Weisungssträngen relativ klar geregelt. Dies verhinderte jedoch nicht widersprüchliche Weisungen des Ministers oder seines Ministeriums und erheblichen und vor allem langwierigen Streit mit dem Auswärtigen Amt und der Wehrmachtsführung um die Zuständigkeit für die Auslandspropaganda und den Rundfunk in den besetzten Gebieten während des Zweiten Weltkriegs (A. DILLER, 1980, S. 300ff.). Reichspropagandaminister Joseph GOEBBELS, der am 13.3.1933 sein Amt übernahm, stützte sich auf die kleine Rundfunkabteilung seines Ministeriums, das wenige Tage nach seiner Gründung die beim Reichsinnenminister liegenden Kompetenzen für den Rundfunk übernahm. Mit dem Reichspostminister wurde rasch Einigung über die wirtschaftliche Führung erzielt. Einige Monate später mussten die Länder ihren Anteil an den Regionalgesellschaften und der Reichsrundfunkgesellschaft an das Reich verkaufen, die Regionalgesellschaften wurden jeweils als Reichssender Berlin oder Köln weisungsabhängige Abteilungen der RRG. In Reichssendeleiter Eugen HADAMOVSKY besaß diese einen durchsetzungsfähigen Erfüllungsgehilfen des Ministers. Neu installierte, willfährige Intendanten und anderes Führungspersonal der Reichssender, bei denen nicht nur die Leitungsebenen größtenteils ausgewech-

selt und jüdische Mitarbeiter bereits im Frühjahr 1933 entlassen
wurden, taten ein Übriges, um die jeweils vorgegebene Linie in
den einzelnen Sendern durchzusetzen. 1937 wurde die bis dahin
kollektive Leitung der RRG gestrafft und die Funktion eines
Reichsintendanten eingeführt. Dies blieb bis zum Kriegsende
Heinrich GLASMEIER, bis dahin Intendant des Reichssenders
Köln.

Zahlreich sind die Belege für direkte Eingriffe des Propagan-
daministers in grundsätzliche Fragen des Programmangebots und
der Programmstruktur, aber auch in Details der Programmgestaltung (A. DILLER, 1980, S. 134ff., 345ff.). GOEBBELS scheiterte jedoch mit dem Versuch, ein gewisses Maß an Vielfalt auch im
NS-Rundfunk auf das Angebot von drei Sendergruppen zu reduzieren; das Vorhaben wurde bereits im Januar 1934 aufgegeben.
Erst am 9.6.1940 wurde unter dem Druck der kriegsbedingten
Erfordernisse ein einheitliches Reichsprogramm eingeführt, das
stundenweise durch ein sogenanntes »Doppelprogramm« ergänzt
wurde (A. DILLER, 1980, S. 169ff., 375f.).

Wie fast überall in Europa entwickelte sich in Deutschland
während der 30er Jahre der Hörfunk zum Massenmedium. Bis
zum 1.1.1938 verdoppelte sich die Zahl der angemeldeten Empfangsgeräte auf 9,1 Millionen, um sich bis Jahresbeginn 1943 auf
16,2 Millionen – auf dem Territorium des »Großdeutschen Reiches« – noch einmal zu erhöhen (H. POHLE, 1956, S. 333). Zweifellos wurde der Radiogeräteabsatz dadurch gefördert, dass es die
billigen sogenannten Volksempfänger gab. Dennoch lag die Quote mit knapp 134 Geräten pro 1000 Einwohner unterhalb der in
einigen anderen west- und nordeuropäischen Ländern (in Großbritannien betrug sie 183,5 Zulassungen je 1000 Einwohner, in
Schweden 170,5; H. POHLE, 1956, S. 334).

Es ist immer wieder frappierend zu lesen, mit welcher Strin-
genz Reichspropagandaminister GOEBBELS schon wenige Wochen nach der Machtergreifung die Grundlinien der Programmpolitik formulierte und im Wesentlichen auch zur Richtschnur
seines Handelns machte. Bereits in seiner ersten großen Rede vor
den Rundfunkintendanten am 25.3.1933 distanzierte er sich von
allzu vordergründiger Gesinnungsarbeit im Rundfunk:

Nur nicht die Gesinnung auf den Präsentierteller legen. Nur
nicht glauben, man könne sich im Dienst der nationalen Re-

gierung am besten betätigen, wenn man Abend für Abend
schmetternde Märsche ertönen läßt. Die Phantasie muß alle
Mittel in Anspruch nehmen, um die neue Gesinnung modern, aktuell und interessant den breiten Massen zu Gehör
zu bringen, interessant und lehrreich, aber nicht belehrend.
Der Rundfunk soll niemals an dem Wort kranken, man
merkt die Absicht und ist verstimmt. (J. GOEBBELS, zit. n. H.
POHLE, 1956, S. 278)

GOEBBELS war sich also völlig darüber im Klaren, dass sich der
Rundfunk nur dann für politische Zwecke instrumentalisieren
ließ, wenn er sich an bereits eingeführten Nutzungsgewohnhei-
ten, an den Bedürfnissen der Hörer orientierte. Und so setzte der
NS-Rundfunk, nach einer kurzen Phase anfänglicher Desorien-
tierung, d. h. der Verirrung in massive vordergründige Propaganda, konsequent auf Unterhaltung.

Das Rundfunkprogramm im April 1933 war zunächst kein
grundlegend anderes als das vor der Machtergreifung im Januar,
und auch ein flüchtiger Blick auf Programmausdrucke in den
späteren 30er Jahren lässt allemal Vertrautes entdecken. Innerhalb
des gewachsenen Programmrahmens haben die nationalsozialistischen Rundfunkverantwortlichen eigene Akzente gesetzt, im
ersten Jahr jedoch in einer Weise, die der verantwortliche Mini-
ster gerade vermieden wissen wollte. Nach einer Phase des Übergangs etwa 1934/35 setzte dann ein deutlicher Trend zu mehr Unterhaltung im Hörfunk ein, ein Einschnitt, der etwa für das Win-
terhalbjahr 1935/36 markiert werden kann. Die »Unterhaltungsoffensive« der Friedensperiode bzw. der Jahre sich steigernder au-
ßenpolitischer Spannungen 1938/39 ist, was das Programmangebot und möglicherweise auch seine Wirkungen betrifft, von den
besonderen Bedingungen der Kriegsjahre 1939–45 zu trennen. In
dieser Zeit ist noch einmal eine Zäsur am Beginn des Russland-
feldzuges im Sommer 1941 zu setzen.

Auch wenn manches gleich blieb, war 1933 der Ablauf des
Rundfunkprogramms durch chaotische Zustände geprägt. Es gab
dauernd Programmänderungen und Sondersendungen mit pro-
pagandistischem Überschwang, eine Großveranstaltung nach der
anderen wurde durch den Äther gejagt und keine Rücksicht auf
bereits vorhandene Hörgewohnheiten genommen, wie am
1.5.1933 die Dauerübertragung vom Tempelhofer Feld, die fast
den ganzen Tag beanspruchte und fast aus einem reinen Wortpro-

gramm bestand. Die Verantwortlichen erkannten bald, dass hier
zuviel des Guten getan worden war und rasch wieder ›normale‹
Verhältnisse einkehren mussten. Kennzeichnend war auch die
Einsicht, dass für die rückblickend als Glanzstück nationalsoziali-
stischer Propaganda stilisierte *Stunde der Nation* zu viele Sendeter-
mine angesetzt worden waren, denen zunehmend der ›Stoff‹ aus-
ging. Der anfangs tägliche Senderhythmus wurde erst gedehnt,
die Sendung 1935 endgültig eingestellt (H. POHLE, 1956, S. 299).

Was die genauere Ursache dafür war, nun relativ kurzfristig
im Rundfunk eine sogenannte Kulturoffensive zu starten, ist
nicht ganz durchschaubar. Wollte man sich bei den bürgerlichen
Schichten und auch gegenüber dem Ausland als Bewahrer und
Förderer der deutschen Kulturtraditionen in Erinnerung rufen?
Jedenfalls brachten 1934 einzelne Reichssender in ihren Abend-
programmen Zyklen mit Werken deutscher Komponisten: Ludwig van BEETHOVEN, Wolfgang Amadeus MOZART, und »als
weltanschauliche Kämpfer wurden Richard WAGNER, Friedrich
SCHILLER und Houston Stewart CHAMBERLAIN vorgestellt. Doch
nach einem knappen Jahr wurde dieses Konzept aufgegeben.« (K.
DUSSEL, 1999, S. 91)

Die Kehrtwendung, die von da an die Programmpolitik des
NS-Rundfunks nachhaltig bestimmen sollte, wurde im Winter
1934/35 eingeläutet. Reichssendeleiter HADAMOVSKY begründete
sie damit, dass erst die durch Unterhaltungssendungen erreichte
Entspannung des Hörers Gewähr dafür biete, »künstlerische und
weltanschauliche Aufbauarbeit« zu leisten (K. DUSSEL/E. LERSCH,
1999, S. 137). Das Programmangebot änderte sich seitdem allmählich, jedoch unübersehbar. So wurde der Musikanteil von gut
57 % im Jahr 1933 auf fast 70 % im Jahr 1938 gesteigert. Im Wort-
bereich reduzierte sich das Vortragswesen auf unter 10 %, womit
ein bereits in der Weimarer Republik einsetzender Trend sich fort-
setzte. Nahezu konstant blieb der Anteil des aktuellen Wortes mit
knapp 17 % (H. POHLE, 1956, S. 327).

Den Trend zu mehr Unterhaltung belegen auch weitere Veränderungen. Am Abend wurden die Sendeplätze für Ernste Musik auf spätere, d. h. hörerschwächere Zeiten geschoben. Im Großen und Ganzen begannen sie häufiger erst um 21.30 Uhr (statt
wie früher um 20.00 Uhr). Auch die Unterhaltungsmusik kann
in diesen Jahren zum überwiegenden Teil noch als »gehoben«
charakterisiert und der »Salonmusik« zugerechnet werden. Hier

gab es keine weltanschaulich motivierten Vorbehalte gegen bestimmte Genres. Lediglich nicht-arische Komponisten und Aufnahmen von jüdischen Musikern – und zu ihnen gehörten einige der beliebtesten – durften einzig und allein aus rassischen Gründen nicht mehr gespielt werden.

In den 30er Jahren wurde jedoch auch offenbar, dass sich der Musikgeschmack veränderte. Die mit Jazzelementen durchsetzten, rhythmisch betonten Schlagermelodien bzw. die entsprechende Tanzmusik erfreute sich zunehmend größerer Beliebtheit. Bezeichnenderweise reagierten die Verantwortlichen mit Rücksicht auf die zu erreichenden propagandistischen Ziele auch auf diesem Sektor recht flexibel. Rhetorisch wurde gegen »Niggerei und jüdische Frivolitäten [...]« eine entschieden trennende Schranke« errichtet und 1935 von HADAMOVSKY ein »endgültiges Verbot des Niggerjazz für den gesamten deutschen Rundfunk« ausgesprochen (K. DUSSEL/E. LERSCH, 1999, S. 134f.). In der Praxis ließen sich die Verantwortlichen nicht auf kleinliche Auseinandersetzungen ein, und erst recht im Zweiten Weltkrieg wurde dem »Verlangen nach moderner rhythmischer Musik« – so Reichsintendant GLASMEIER (K. DUSSEL/E. LERSCH, 1999, S. 144) – trotz Bedenken und mancher Widerstände mehr oder weniger offen Rechnung getragen (K. DUSSEL, 1999, S. 95).

Indem die Nationalsozialisten die unterhaltenden Elemente im Programm verstärkten und auch den Programmtypus der sich großer Beliebtheit erfreuenden »Bunten Stunde« – wie den *Frohe(n) Samstagnachmittag* aus Köln – pflegten, setzten sie im Wortprogramm tendenziell weniger auf die bildenden Sendungen und auf die an hochkulturellen Angeboten interessierten Hörer. Indiz dafür war auch, dass die am Ende der Weimarer Republik weit entwickelte Hörspielkultur nicht weiter gepflegt wurde. Den Nationalsozialisten ging es – völlig folgerichtig – in erster Linie darum, die große Masse der Hörer zufrieden zu stellen, die eben anderes vom Radio erwartete. Dem entsprach auch die zunehmende Tendenz zu täglich sich wiederholenden Sendeplätzen gleichen Angebots, so dass es einfacher wurde, das jeweils zusagende Programm ohne Rundfunkzeitschrift wiederzufinden bzw. möglichst oft seine Erwartungen bestätigt zu sehen. In diese samt und sonders unpolitische Unterhaltung – sie war vor allem auf dem musikalischen Sektor ein Gebrauchsartikel wie die Güter des täglichen Bedarfs und insofern erst einmal frei von ideologischen

Komponenten (K. DUSSEL, 1999, S. 96f.) – war und blieb natürlich die Propaganda eingelagert, in Nachrichten, Zeitfunksen-
dungen, Kommentaren, der *Zeitschriften- und Rundfunkschau*, später in den Kommentaren der Waffengattungen und dann auch
den Wehrmachtsberichten. Die Bedeutung aktueller Sendungen
wuchs, als 1938 mit den zahlreichen außenpolitischen Krisen die
Zeichen auf Krieg standen, dem Führer jedoch das Volk nicht
entsprechend vorbereitet schien. Im Zeichen der Erfolge der ersten Kriegsjahre reichte allerdings noch die in den Vorkriegsjah-
ren gefundene Balance zwischen Unterhaltung und dem übrigen
Programm aus.

Als im Sommer 1941, am Beginn des Russland-Feldzuges, die
latenten Sorgen über den Kriegsausgang in der Bevölkerung zu
wachsen schienen, startete GOEBBELS' enger Mitarbeiter Hans
HINKEL eine neue Unterhaltungsoffensive im nun zentralisierten
Rundfunk, die mit einem Umbau der Rundfunkorganisation
und vor allem der Gründung eines »Deutschen Tanz- und Unter-
haltungsorchesters« einherging. Forciert wurden diese Anstrengungen, als spätestens im Winter 1942/43 der deutsche Vormarsch
im Osten ins Stocken geriet. Seitdem steuerte das Programm auf
einen weiteren quantitativen Ausbau der Unterhaltungssendungen zu. Im Reichsprogramm wurde nur noch an zwei Tagen der
Woche ernste Musik gesendet, und an diesen Abenden brachte
das Kontrastprogramm ›leichte Kost‹, während an den weiteren
Abenden beide Programme unterhaltende Musik sendeten (W.
KLINGLER, 1983, S. 129ff.).

Es scheint, dass weder die innere noch die äußere Rundfunkpropaganda einen entscheidenden Einfluss auf den Gang der
Dinge genommen haben. Ausländische Sender wurden trotz der
angedrohten Strafen gehört und brachten das NS-Regime dennoch nicht eigentlich in Gefahr. Insofern ist der ›Kampf der Ät-
herwellen‹ zwischen Deutschland und seinen Kriegsgegnern ein
spannendes, dennoch allzu leicht überschätztes Kapitel des
Kriegsgeschehens und der Rundfunkgeschichte. Ebenso konnte
– wofür vieles spricht – die von der Forschung konstatierte eher
verhaltene Kriegsbegeisterung der deutschen Bevölkerung durch
die innere Rundfunkpropaganda nicht wirklich beseitigt werden,
und sie funktionierte umso weniger, je länger der Krieg dauerte.
Dennoch versicherte sich das NS-Regime letztlich durch andere
als direkte oder indirekte propagandistische Beeinflussung und

bis zum bitteren Ende der erforderlichen ›Loyalität‹ der deutschen Bevölkerung.

Auf Befehl HITLERs wurden schließlich vor den einrückenden Alliierten fast alle Sendeanlagen zerstört. Die Funkhäuser in den Innenstädten waren meist schon früher dem Bombenkrieg zum Opfer gefallen. Außer in Hamburg herrschte Ende April/Anfang Mai 1945 auf den Frequenzen der Reichssender Funkstille.

3. Hörfunk in den Westzonen und der Bundesrepublik Deutschland

Nach der bedingungslosen Kapitulation des Deutschen Reiches am 8.5.1945 ging die Funkhoheit auf die alliierten Besatzungsmächte über. Jegliche deutsche Tätigkeit auf dem Rundfunksektor war erst einmal verboten. Abgesehen von direkten besatzungspolitischen Erfordernissen und Zielen sollten damit die Voraussetzungen für ein neues Rundfunksystem geschaffen werden. Es war vorgesehen, dass die Deutschen nach einer kurzen Übergangsphase unter alliierter Kontrolle möglichst bald selbst die Verantwortung übernähmen. In dieser Übergangsphase, die einherging mit dem Wiederaufbau zerstörter Produktions- und Sendeanlagen des Rundfunks, wurde jeweils eine zentrale Rundfunkstation für die englische und die französische Zone in Hamburg – der Nordwestdeutsche Rundfunk – und in Baden-Baden – der Südwestfunk – errichtet. Hinzu kamen in der amerikanischen Zone jeweils für die neugegründeten Länder zuständige Rundfunkstationen in Frankfurt (Radio Frankfurt, dann Hessischer Rundfunk), München (Radio München, dann Bayerischer Rundfunk) Stuttgart (Radio Stuttgart, dann Süddeutscher Rundfunk) und Bremen (Radio Bremen) hinzu. Damit blieben die früheren Rundfunkstandorte erhalten, nur Köln wurde eine Zeitlang – bis 1955 – zur Zweigstelle des Hamburger Funkhauses ›degradiert‹. Neu hinzugekommen waren Bremen und Baden-Baden. Der Südwestfunk ging am 31.3. 1946 als Letzter auf Sendung, die anderen Stationen begannen im Mai/Juni 1945 mit anfangs rudimentären Eigenprogrammen, die sich nach und nach ausweiteten. Im Frühjahr/Sommer 1946 waren die Stationen – von längeren, dann immer kürzer werdenden Sendepausen abgesehen – etwa von 6.00 bis 24.00 Uhr wieder auf Sendung (H. BAUSCH, 1980, S. 13ff.).

Anfangs wurden bei allen US-amerikanischen Sendern der Militärregierung und beim Südwestfunk alle Sendungen der Vorzensur unterzogen. Sie wurde jedoch ziemlich bald auf die politischen Sendungen reduziert. Darüber hinaus gab es Auflagensendungen wie Übertragungen der *Stimme Amerikas* oder Sendungen in französischer Sprache. Am nachhaltigsten und am längsten griffen die US-amerikanischen Rundfunkoffiziere in das Programmgeschehen ein. Zwar mussten auch sie sich seit etwa Herbst 1946 auf reine Kontrollaufgaben zurückziehen, da damals die Rundfunkkommandos drastisch verkleinert wurden. Bis dahin prägten sie jedoch die Programmstruktur und forcierten als Beitrag zur Umerziehung zahlreiche Sendereihen, die freiheitliche Traditionen in Kunst und Literatur, demokratische Tugenden und die Idee der Völkerverständigung beschworen (E. LERSCH, 1990, S. 57ff.).

Weniger rigoros waren die französischen Rundfunkoffiziere, die entgegen den Gepflogenheiten bei den US-Amerikanern besonders liberal waren, wenn es um die Weiterbeschäftigung ehemaliger Mitarbeiter des Reichsrundfunks beim Südwestfunk ging (S. FRIEDRICH, 1991, S. 44ff.). Am zurückhaltendsten verhielten sich die Briten. Nicht nur, dass die Besatzungsbehörden deutliche Distanz zu allzu durchsichtigen Umerziehungsversuchen erkennen ließen (A. KUTSCH, 1991, S. 104ff.). Sie gaben einer Gruppe von politisch engagierten und besonders kreativen Mitarbeitern wie Axel EGGEBRECHT, Ernst SCHNABEL, Peter von ZAHN und anderen von Anfang an Gelegenheit, weitgehend unabhängig Sendungen zu gestalten und neue journalistische wie hörfunkästhetische Maßstäbe zu setzen (H. U. WAGNER, 1990).

Das Nachkriegsradio half vielen Hörern dabei, angesichts der noch nicht jeden Werktag, in geringem Umfang und teilweise nicht ausreichender Auflage erscheinenden Tagespresse und sonstiger Druckerzeugnisse wieder Anschluss an die in den Jahren des ›Dritten Reiches‹ verschlossene Welt der politischen und kulturellen Entwicklung des Auslands zu finden. Dennoch darf nicht übersehen werden, dass der Hörfunk in den unmittelbaren Nachkriegsjahren selten Katalysator und Vermittler des unbedingt Neuen und Anderen sowie innovativer Ideen war. Angesichts der insgesamt nach wie vor durch Mangel und Not bestimmten Lebensverhältnisse und des weiterhin behinderten Nachrichten- wie sonstigen Verkehrs mit dem Ausland, waren die Möglichkeiten der Materialbeschaffung eingeschränkt. Darüber hinaus musste in den politisch-informierenden Sendungen das ›Handwerk‹ der ideologiefernen politischen Berichterstattung und Kommentierung noch eingeübt werden. Die Unterhaltungsmusik knüpfte selbstverständlich an das Vorherige an und vermittelte den wenigen Jazz- und Bigband-Fans neue Eindrücke, die die Mehrzahl der Hörer jedoch verstörte (E. LERSCH, 1990, S. 143ff.).

Trotz der Öffnung zum Ausland hin spiegelte im Bereich der Kultur das Hörfunkprogramm auch einen Trend zur Wahrung gesicherter Traditionen, wenn nicht partiell zum Restaurativen wider (M. ESTERMANN/E. LERSCH, 1996). Dafür gibt das weitgehend in der Routine von Literaturadaptionen erstarrte Hörspiel der 40er Jahre einen anschaulichen Beleg (H. U. WAGNER, 1997).

Es lag den westalliierten Besatzungsmächten fern, abgesehen von den anfänglichen Eingriffen und der festen Etablierung der politischen Berichterstattung, einen völlig neuen Rundfunk zu konzipieren und ihn den Deutschen aufzuoktroyieren. Unerbittlich waren sie jedoch in der Frage, wie die Organisation des Rundfunks und vor allem die Programmaufsicht bzw. -kontrolle so gestaltet werden könne, dass weder ein unpolitisches oder vorgeblich politisch neutrales Kulturinstitut im Stile des Rundfunks der Weimarer Republik noch ein Propaganda-Apparat wie im ›Dritten Reich‹ wieder entstehen könnte. Vor allem die Briten und US-Amerikaner – die Franzosen ihrerseits hatten selbst einen Staatsrundfunk – strebten einen »Rundfunk für die Demokratie« an. Bei den Debatten um die Rundfunkgesetze, vor allem in den Parlamenten der Länder in der amerikanischen Zone, ging es darum, ein sowohl pluralistische Programmkonzepte wie gesellschaftlichen Interessenausgleich im Rundfunk ermöglichendes Organisationsmodell zu finden. Nach längerem Hin und Her fand man in der nach dem Vorbild der britischen BBC konzipierten selbstverwalteten »Anstalt des öffentlichen Rechts« die Rechtsform für den einerseits staatsfernen und andererseits von gesellschaftlichen Gruppen kontrollierten und weiterhin gebührenfinanzierten Rundfunk (H. BAUSCH, 1980, S. 24ff.; K. DUSSEL, 1995). In den noch unter alliierter Vorherrschaft entweder von den Militärregierungen erlassenen (so in der britischen und

französischen Zone Ende 1947 bzw. im Oktober 1949) oder von
den Landtagen verabschiedeten Rundfunkstatuten bzw. -geset-
zen (Herbst 1948 bis Frühjahr 1949) gab es im Übrigen keine
ausführlicheren Vorschriften darüber, wie das Programmangebot
des Hörfunks darüber hinaus gestaltet werden müsse, etwa in Bezug auf die Höhe des Anteils kultureller Sendungen.

Mit Gründung der Bundesrepublik im Sommer 1949 war das
öffentlich-rechtliche Rundfunksystem in seinen gesetzlichen
und organisatorischen Grundlagen durch die Vorgaben der alliierten Besatzungsmächte etabliert. Die sechs, später neun westdeutschen Rundfunkanstalten gründeten im Sommer 1950 die
»Arbeitsgemeinschaft der öffentlich-rechtlichen Rundfunkanstalten der Bundesrepublik Deutschland« (ARD), deren konstitu-
ierende Sitzung am 5.8.1950 in München stattfand. Ihre wichtigste – wenn auch bei weitem nicht einzige – Aufgabe sollte darin
bestehen, das in Planung befindliche Fernsehprogramm vorzu-
bereiten und dann gemeinsam auszustrahlen. Die neuen Fern-
sehabteilungen – später Direktionen – wurden im Übrigen ohne
Änderung der gesetzlichen, eigentlich nur für den Hörfunk ge-
dachten Grundlagen, in die Anstalten integriert. Aus diesen und
mancherlei anderen Gründen boten in diesen frühen Jahren zahlreiche Fernsehsendungen häufig nicht mehr als ›abgefilmten‹
Hörfunk. Das zweite elektronische Medium löste sich in manchen Programmsegmenten nur allmählich von seinem Vorbild.

3.1 Programmgeschichte des Hörfunks in der BRD

Leitmedium der 50er Jahre blieb, noch unbelastet von der neuen
Konkurrenz des Fernsehens, der Hörfunk, die Zahl der Radioap-
parate erreichte den Grad der Vollversorgung. Im sogenannten
›Radiojahrzehnt‹ kann somit der Grad der Politikvermittlung, der
Verbreitung von Kultur und Literatur durch den Hörfunk kaum
überschätzt werden, ganz abgesehen von der stetigen Begleitung
der häuslichen Freizeit durch das Radio.

Abgesehen davon, dass nun explizit politische Themen im aktuell informierenden Programmbereich vorkamen, unterschieden sich die Programme der Landesrundfunkanstalten Ende der
40er Jahre in ihrem Angebot nicht wesentlich von denen Anfang
der 30er Jahre, also der Zeit, als der Hörfunk nach den ›formative

years‹ seine endgültige Gestalt gefunden hatte. Grundlage aller
Programmplanungen war nach wie vor das auf der Mittelwelle
ausgestrahlte einzige Hörfunkprogramm. Im Wesentlichen ohne
Alternative war es im jeweiligen Sendegebiet das einzig gut hör-
bare und am meisten genutzte Angebot. Geblieben war damit
auch die überkommene konfliktträchtige Aufgabe für die Programmmacher, über den ganzen Tag verteilt nacheinander und
nicht in parallelen Angeboten die sehr unterschiedlichen Wünsche und Präferenzen der Hörer erfüllen zu müssen. Darüber
hinaus war insbesondere das stark verbreitete Interesse an Unterhaltung und Ablenkung gegenüber dem Auftrag abzuwägen,
auch anspruchsvollere Programmangebote in größerem Umfang
auszustrahlen.

Als Argumentationshilfe für den immer von weiten Hörer-
kreisen und teilweise auch von der Programmpresse infrage gestellten großen Anteil der sogenannten Qualitätsangebote und ihrer gleichfalls häufig günstigen Platzierung in den Hauptsende-
zeiten am frühen und mittleren Abend, bedienten sich die Intendanten der Rundfunkanstalten noch immer einer Rhetorik, die
stark in den volkserzieherischen Kategorien des Rundfunks der
Weimarer Republik verwurzelt war. So war davon die Rede, dass
alle Sendungen des Rundfunks den »Geist seiner Erziehungsauf-
gabe« zu atmen hätten, und Adolf GRIMME, der Generalintendant
des NWDR, hob bei seiner Einführung am 15. November hervor, dass der »Wille zum Niveau nicht stets den Majoritätsge-
schmack auf seiner Seite« haben werde (K. DUSSEL/E. LERSCH,
1999, S. 252).

Sobald aber die Ebene der feierlichen Grundsatzerklärungen
verlassen wurde, beschrieben die Programmverantwortlichen die
Realität des von ihnen gesendeten Programmangebots mit nüch-
ternen Worten, verwiesen auf die Erwartungen des Publikums an
einen unterhaltenden und von anstrengenden Arbeitstagen ab-
lenkenden Rundfunk, was sich in den konkreten Anteilen der
einzelnen Programmgattungen niederschlug. Zwar war nun die
Halbierung der Musik- und Wortanteile eingetreten, quasi ein
›Rückschritt‹ gegenüber dem unterhaltungsorientierten NS-
Rundfunk. Aber nach wie vor entfielen nur 13 % der gesamten
Sendezeit nach einer Zusammenstellung aus dem Jahr 1955 auf
die ›Ernste Musik‹, jedoch gut 45 % auf die leichte Musik bzw. die
Unterhaltung. An Wortsendungen entfielen 15 % auf Angebote

politischen Inhalts, knapp 12 % auf den Bereich der Kultur (K. DUSSEL, 1999, S. 204).

Da der Hörfunk und sein Programmangebot ohne Konkurrenz waren und er als »Hegemon der häuslichen Freizeit« (A. SCHILDT, 1995, S. 205ff., 261) allgemeine Zustimmung fand, bestand kein Anlass, die vorhandenen Programmstrukturen und -standards zu ändern. Doch forderten bald technische Fortentwicklungen die programmkonzeptionelle Phantasie heraus. Anfang der 50er Jahre eröffnete sich die Möglichkeit, im eigenen Sendegebiet ein zweites Hörfunkprogramm anzubieten. Um die durch den Kopenhagener Wellenplan 1950 eintretenden Verschlechterungen im Empfang zu kompensieren, bauten die Anstalten in aller Eile ein Sendernetz im erheblich weniger störanfälligen Frequenzbereich der Ultrakurzwelle auf, die auch ein zweites, paralleles Programmangebot ermöglichte.

Die Landesrundfunkanstalten konstruierten ihre im Laufe der 50er Jahre zur Verfügung stehenden zweiten Programme nach dem sogenannten Kontrastprinzip. Kontrast meinte, dass auf beiden Programmen das prinzipiell Gleiche zu unterschiedlichen Zeiten angeboten wurde: Wenn in dem einen Programm eine anspruchsvolle Wortsendung zu hören war, konnte der Hörer auf dem anderen in der Regel eine Sendung mit Unterhaltungsmusik einschalten und umgekehrt. Dies ermöglichte bereits Ende der 50er Jahre den Zuhörern, den kulturell anspruchsvollen Sendungen den ganzen Tag über durch das Wechseln auf das jeweils andere Programm auszuweichen.

Vielfach wurden die zweiten (UKW-)Programme auch vollständig oder zu bestimmten Tageszeiten in weitere Subprogramme auseinandergeschaltet: beim NWDR zwischen dem Norden und dem Westen (d. h. dem Gebiet von Nordrhein-Westfalen), beim SWF zwischen Rheinland-Pfalz und dem südlichen Teil von Baden-Württemberg, beim SDR zwischen Baden und Württemberg. Bis weit in die 60er, manchmal auch noch in die 70er Jahre hinein blieben die gegeneinander kontrastierten Mischprogramme für einen Teil der Häuser das Strukturprinzip der Programmplanung, die übrigen gingen schon früher neue Wege (H. O. HALEFELDT, 1980, S. 32–35).

Betrachtet man das von einer Mehrzahl noch gehörte erste, über Mittelwelle ausgestrahlte Programm, so dominierte zu den Haupthörzeiten am frühen Morgen und zur Mittagszeit die

Leichte Musik, zur Mittagszeit vergrößerte sich der Anteil des Aktuellen. Abends gab es vor oder nach 19.00 Uhr ebenfalls eine Informationsleiste. Auf die hörerschwachen Zeiten am Vormittag und am Nachmittag platzierten die Programmmacher dann zum Teil anspruchsvolle Musikangebote und zum Teil Sendungen für bestimmte Zielgruppen oder Minderheiteninteressen (Schulfunk, Literaturkritik, Wirtschaftsfunk). Ähnliches galt für die Zeit nach 22.00 Uhr, wo nur eine verschwindend geringe Zahl von Hörern noch vor dem Lautsprecher saß. Wieviel die jeweilige Anstalt ihrem breiten Publikum an kulturellem Angebot aufzwang, entschied dann die Programmgestaltung in der Haupthörzeit zwischen 19.00 und 22.00 Uhr. Pauschale Überblicke verfälschen hier leicht nicht unerhebliche Unterschiede zwischen den Häusern, wo unterschiedliche Temperamente an der Spitze standen. Doch Ende der 50er Jahre begannen diese sich abzuschleifen, und die meisten Anstalten strebten danach, durch geschickte Kombination von unterhaltendem Angebot und anspruchsvollen Sendungen die breite Masse der Hörer nicht zu vergraulen (P. Kehm, 1990, S. 130f.).

Diese Form der Gestaltung führte zu einer Programmstruktur nach dem sogenannten Kästchenprinzip, einer Folge relativ kurzer Einheiten zwischen 15 Minuten und einer Stunde, selten auch länger. Dabei unterstellten die Programmmacher – manchmal auch wider besseres Wissen oder wenigstens bessere Ahnung – ihren Hörern, dass sie für eine bestimmte Sendung das Radio einschalteten. Doch deuten alle Indikatoren und die ersten gezielten demoskopischen Untersuchungen darauf hin, dass der Grad des ungezielten Nebenbeihörens sehr viel höher war als angenommen (F. Eberhard, 1962, S. 74ff.).

Bei der Auswahl der Unterhaltungsmusik hielten die Rundfunkanstalten bis in die 60er Jahre hinein ihren Anspruch aufrecht, bestimmte Qualitätsstandards nicht zu unterschreiten, und als Faustregel kann gelten, dass mindestens die Hälfte des Angebots an Unterhaltungsmusik der ›gehobenen‹ Klasse zuzurechnen war. Neueste, von der Schallplattenindustrie produzierte Schlager hatten ihren Platz in den sogenannten Wunschkonzerten. Doch dieses Konzept widersprach nicht nur den Wünschen eines zunehmend größeren Teils der Hörerschaft. Vor allem die jugendlichen Hörer waren damit nicht einverstanden, was umso gravierender war, als ihnen das ›Familienmedium‹ Hörfunk (au-

ßer wöchentlich ein bis zwei Stunden Jugendfunk) außerordentlich wenig bot. Die jungen Hörer wichen auf die Schallplatte aus,
z. T. auch auf die britischen und amerikanischen Soldatensender
(AFN/BFN). Das Ausmaß dieser Entwicklung lässt sich nicht genau beziffern, ebenso wenig die Beliebtheit von Radio Luxem-
burg bei den Älteren. Der kommerzielle Sender konnte auf Mittelwelle in weiten Teilen West- und Südwestdeutschlands empfangen werden. Im Laufe der 60er Jahre haben dann die öffentlich-rechtlichen Anstalten ihren pädagogischen Anspruch im Bereich der Unterhaltungsmusik allmählich reduziert.

Was die (häufig in den Randzeiten platzierten) kulturellen, literarischen Sendungen angeht, so muss einerseits berücksichtigt
werden, dass sie abseits von verklärender Rückerinnerung natür-
licherweise auch den mentalen ›Mainstream‹ der 50er Jahre repräsentieren. Andererseits wurde in den Nachtprogrammen und
»Abendstudios« der Sender ein breites Spektrum an avancierter
Literatur- und Kunstkritik präsentiert, Hörspielrealisationen
knüpften – natürlich beschränkt auf die Möglichkeiten des lediglich akustischen Mediums – an die Entwicklungen des modernen
(z. B. des absurden) Theaters an. Einen Inspirator und Vermittler
von der Bedeutung Alfred ANDERSCHs gab es nur einmal im
Nachkriegsrundfunk. Doch fand er jeweils würdige Nachfolger
als Redakteure von Nachtprogrammen an seinen Wirkungsstät-
ten – er arbeitete von 1948 bis 1958 in Frankfurt am Main, Hamburg und Stuttgart –, die ergänzt wurden von ähnlich qualifizier-
ten Kollegen auch in München und Baden-Baden. Das literatur-
und/oder zeit- sowie kulturkritische, die Gattungsgrenzen spren-
gende Feature, der (Radio)Essay, war ein wesentliches Moment
der intellektuellen Kultur der Bundesrepublik. Hinzu kam die
Verschränkung mit dem Buch- und literarischen Zeitschriften-
wesen durch die mäzenatische Funktion der relativ üppigen Au-
torenhonorare für Manuskripte wie für Originalhörspiele, die
fast alle bedeutenden Schriftsteller bei den Anstalten unterbringen konnten und die zum Corpus der Nachkriegsliteratur gehören (M. ESTERMANN/E. LERSCH, 1999). Die große Masse der gesendeten Hörspiele fungierte im Wesentlichen immer noch als
Theaterersatz, in der Mehrzahl als Adaptionen der dramatischen
oder der epischen Literatur.

In den 50er Jahren wurden mit Hilfe der UKW-Technik im
Zusammenhang mit den Kulturprogrammen neue Konzepte

entwickelt. Der Aufbau einer dritten UKW-Senderkette eröffnete die Chance für ein drittes Hörfunkprogramm. Als ersten Ansatz hierzu und im Vorgriff auf künftige ›Kulturwellen‹ experimentierte der NWDR jeweils für einen begrenzten Zeitraum, d. h. um die Jahreswechsel 1954/55 und 1955/56, mit einem »Dritten Programm« als reinem Kulturprogramm nach dem Vorbild des »Third Programme« der englischen BBC. Es wurde zum 1.12.1956 eine ständige Einrichtung mit anfangs nur zwei, dann vier Stunden Sendezeit am Abend, war eben nicht nach dem Prinzip des Mischprogramms konzipiert, sondern konzentrierte sich ganz auf ein anspruchsvolles Angebot in Wort und Musik. Es präsentierte erstmals wieder nach der Deutschen Welle in der Weimarer Republik ein kulturelles Alternativangebot ausschließlich für ein kleines, elitäres Publikumssegment.

Auch die sich allmählich abzeichnende Konkurrenz des Fernsehens erforderte, sich über die Zukunft des Hörfunks Gedanken zu machen, vor allem darüber, wie dem zu erwartenden Funktionsverlust während der Hauptsendezeit des Fernsehens am Abend begegnet werden könne. Schon 1957 analysierte, auch mit Hilfe der Ergebnisse der Hörerforschung, der Stuttgarter Programmdirektor Peter KEHM diese Entwicklung. (K. DUSSEL/E. LERSCH, 1999, S. 273ff.; P. KEHM, 1990, S. 185ff.). Eine Konsequenz war der vollständige Verzicht auf die ›große‹ Hörfunkunterhaltung und die Konzentration kultureller Angebote in einem der Programme. Ab 1.10.1962 gab der SDR das Kontrastprinzip am Abend auf, und 1967 wurde das Kulturprogramm auf den ganzen Tag ausgedehnt und damit Vorbild für die Schritt für Schritt auch bei anderen Sendern entstehenden ›Kulturwellen‹. Anschaulich belegen die Prozentanteile für E- und U-Musik beim SWF diesen gravierenden Einschnitt in der Hörfunkgeschichte (K. DUSSEL, 1999, S. 211).

	U-Musik 1966	E-Musik 1966	U-Musik 1967	E-Musik 1967
UKW 1	30,9 %	16,7 %	51,5 %	1,6 %
UKW 2	28,3 %	18,5 %	12,0 %	44,0 %

Der in den 60er Jahren sich vollziehende Wandel des Hörfunks wurde weiterhin dadurch beschleunigt, dass neben der Ausbrei-

tung des Fernsehens die Transistortechnik seit Anfang des Jahrzehnts die Hörfunkgeräte immer mehr verkleinerte und stark
verbilligte (A. FICKERS, 1998), so dass sie – nun häufig vom Netz-
strom unabhängig – sowohl vermehrt in verschiedenen Wohn-
räumen und am Arbeitsplatz aufgestellt sowie auch verstärkt im
Auto verwendet werden konnten: Auch die Massenmotorisie-
rung wirkte sich auf die Hörfunkentwicklung aus. Damit waren
die Voraussetzungen dafür geschaffen, dass der Hörfunk statt als
häusliches Freizeitmedium für die ganze Familie immer mehr als
individueller Tagesbegleiter fungierte. Dies war eine Chance für
das in die Defensive geratene erste elektronische Medium, dessen
durchschnittliche tägliche Nutzungsdauer bei gut einer Stunde
(1:11 h) stagnierte. Nur erforderte es, dass der Inhalt und die Präsentationsformen sich änderten und auch eine weitere Diversifi-
zierung des Angebots vorgenommen wurde (K. DUSSEL/E.
LERSCH, 1999, S. 286ff.). Die meisten Rundfunkanstalten begannen Ende der 60er, Anfang der 70er Jahre damit, die Kästchen-
struktur der Programme aufzulösen und verstärkt sogenannte
Magazine in ihren breitenwirksamen Hörfunkprogrammen einzuführen. Magazine sind Musiksendungen, in die mehr oder weniger kurze Wortbeiträge – in der Regel zu einem Thema: aktuelle Information, Neues über Pop-Stars oder auch heimatkundli-
che Beiträge – eingefügt sind. Damit war eine Entwicklung eingeleitet, in deren letzter Konsequenz die tagesbegleitenden Programme nach und nach von ›sperrigen‹ Angeboten befreit und im
Laufe der folgenden Jahre vollständig ›durchmagaziniert‹ wurden.

   Ihren Charakter als sogenannte Einschaltprogramme, in denen relativ kleine Interessengruppen (Minderheiten) gezielt ›ihre‹
Sendungen aus den Bereichen Bildung und Kultur aufsuchen,
wahrten noch länger die zweiten bzw. dritten Programme – hier
ist die Formenvielfalt bis in die Gegenwart größer geblieben.
Doch dem Trend zum ›Durchhören‹ und/oder ungezielten Einschalten in der Erwartung, ein bestimmtes Angebot zu hören,
konnten auch sie sich nicht entziehen. Eine übersichtliche Zeitstruktur im Halbstunden- oder Stundenrhythmus mit Nachrichten zur vollen Stunde ist ebenso selbstverständlich geworden, wie
zur leichteren Orientierung eine sich täglich wiederholende Pro-
grammfolge. Einen reinen Musikkanal »Bayern 4 Klassik« als Di-
versifizierung des Kulturangebots in Musik und Wort hat jedoch

nur der BR bisher eingerichtet. Andere Häuser verzichteten darauf entweder zugunsten eines vierten bzw. fünften Hörfunkprogramms als Angebot für ältere Hörer, als Informationskanal oder zugunsten eines Angebots für Zwölf- bis Zwanzigjährige wie »N-Joy« seit 1994 beim NDR oder »Eins live« beim WDR seit 1995.

Eine Etappe auf dem Weg dorthin war die Entwicklung von »Serviceprogrammen« auf der dritten (in Nord- und Westdeutschland auf der zweiten) Senderkette. Beim Bayerischen und beim Hessischen Rundfunk entschied man sich Anfang der 70er Jahre für ein spezielles Angebot für Autofahrer mit viel Musik, wenig Wort und vor allem regelmäßigen Verkehrsmeldungen (K. DUSSEL/E. LERSCH, 1999, S. 286ff.). Doch insgesamt haben sich die Verkehrsfunkwellen nicht durchgesetzt, zukunftsträchtiger war ein anderes Konzept. Bereits in den 70er Jahren wollte z. B. der SWF diesen Weg aus verschiedensten Gründen nicht beschreiten und setzte dagegen auf ein ›klassisches‹ Mischangebot mit einem breiter angelegten »Serviceprogramm« für die bisher vernachlässigten jüngeren Publikumssegmente. Am 1.1.1975 ging SWF 3 auf Sendung; mit seinen moderneren Präsentationsformen war es bereits weitgehend »durchmagaziniert«, in der »Musikfarbe« am Musikgeschmack von jüngeren Leuten (in erster Linie Pop-Musik jenseits von gehobener Unterhaltungsmusik und deutschem Schlager) orientiert. Die Hörfunkprogramme anderer Landesrundfunkanstalten, z. B. beim BR oder beim NDR, folgten diesem Konzept teilweise erst später angesichts des Widerstands von Redakteuren gegen den Verlust oder die Veränderung ›ihrer‹ Sendungen, wie das Beispiel des NDR lehrt (R. GESERICK, 1991, S. 203ff.). Insgesamt waren die beschriebenen Reformen und der damit einhergehende Funktionswandel des Hörfunks sehr erfolgreich: Die durchschnittliche Einschaltdauer erhöhte sich bereits 1974 auf 1:52 h und lag 1980 bei 2:14 h, hatte sich also innerhalb eines Jahrzehnts nahezu verdoppelt (K. DUSSEL, 1999, S. 217).

Je nachdem, wie viele Frequenzen den Sendern zur Verfügung standen bzw. zugestanden wurden, wurden häufig in die vierten Programme auch die regionalen bzw. subregionalen Fensterprogramme integriert. Vermittlung der Nahwelt war eine der Stärken, deren sich der Hörfunk in den 70er Jahren als eines weiteren Vorteils gegenüber dem Fernsehen besann. Mit der weniger aufwändigen Technik bzw. dem erheblich geringeren Produktionsaufwand ließen sich (Teil-)Programme für relativ kleine, regional eingegrenzte Teilnehmerpotenziale in einem vertretbaren Verhältnis zu den sonstigen Aufgaben des Rundfunks finanzieren. Einige Landesrundfunkanstalten, allen voran die süddeutschen mit ihrer langen Erfahrung, übernahmen auf diesem Sektor eine Vorreiterrolle. Darüber hinaus knüpfte die Welle der Rundfunkregionalisierung an Diskussionen und Entwicklungen an, die auch in anderen europäischen Ländern stattfanden (exemplarisch: H. HOFFMANN, 1992; W. KLINGLER/E. LERSCH, 2001).

Seit Mitte der 80er Jahre wurden privatkommerzielle Veranstalter von Hörfunk- und Fernsehprogrammen durch die Mediengesetzgebung in den einzelnen Bundesländern zugelassen. Sie machten den öffentlich-rechtlichen Anbietern beträchtliche Konkurrenz. Entsprechend den Vorgaben in den jeweiligen Gesetzen über den privaten Rundfunk operierten und operieren die privaten Rundfunkveranstalter in sehr unterschiedlich groß strukturierten Versorgungsgebieten. Allzu klein geschnittene Einheiten wie z. B. als lokale Hörfunksender zu bezeichnende Stationen konnten häufig nicht wirtschaftlich arbeiten, so dass durch Aufgabe und/oder immer wieder neue Zusammenschlüsse bis in die Gegenwart der private Hörfunkanbietermarkt in ständiger Bewegung ist. In allen Fällen erforderte die Werbefinanzierung der privaten Veranstalter eine präzise Zielgruppenorientierung des Programmangebots, und dies mit allen Folgen für die Musikauswahl bzw. Musikfarben, das Verhältnis von Wort und Musikanteil etc. Darauf musste – um konkurrenzfähig zu bleiben – auch der öffentlich-rechtliche Rundfunk reagieren, und sich einem Trend zum ›Formatradio‹ anschließen, in dem praktisch nichts mehr dem Zufall überlassen bleibt und jede Sendeminute bis ins Einzelne durchgeplant ist (K. DUSSEL/E. LERSCH, 1999, S. 309f.).

3.2 Der Hörfunk in der SBZ/DDR

Anders als bei den meisten Radiostationen der Westzonen waren – zumindest äußerlich – im Hörfunk in der SBZ die vertrauten Zustände rasch wiederhergestellt. Bereits am 13.5.1945 war die seit dem 2.5. eingetretene Funkstille zu Ende, wurden die hauptstädtischen Sendeanlagen als »Berliner Rundfunk« wieder in Betrieb genommen. Schon am 20.5. wurde ein 19-stündiges Vollprogramm gesendet, was auch deshalb möglich war, weil die Produktions- und wichtigsten Sendeanlagen intakt geblieben waren. Am 20.11.1945 wurde die Mitteldeutsche Rundfunkgesellschaft mbH in Leipzig gegründet und begann am 7.12.1945, Programme auszustrahlen; bald folgten Landessender in Schwerin, Weimar und Halle. Schon am 21.12.1945 wurden die Rundfunkeinrichtungen der SBZ wieder in deutsche Hände übergeben. Sie unterstanden seitdem der »Deutschen Zentralverwaltung für Volksbildung«. Denkbar war diese Vertrauensmaßnahme nur vor dem Hintergrund des engen Zusammenspiels von sowjetischer Besatzungsmacht und der von ihr protegierten Kommunistischen Partei bzw. der Sozialistischen Einheitspartei Deutschlands (SED). Die einflussreichsten Posten waren von Anfang an mit linientreuen Kommunisten besetzt. So leitete bis 1951 die allem übergeordnete »Generalintendanz« Hans MAHLE, der mit der Gruppe Ulbricht nach Berlin zurückgekehrt war. Anweisungen an den Hörfunk ergingen von den SED-Generalsekretären bzw. -Vorsitzenden Walter ULBRICHT und Erich HONECKER über die ZK-Sekretäre für Agitation. Das blieb bis zum Ende der DDR so üblich, wenn auch je länger je mehr dem Fernsehen die größere Aufmerksamkeit gewidmet wurde.

Im Zuge einer allgemeinen Anpassung an das sowjetische Vorbild wurde im Sommer 1952 der Rundfunk völlig verändert. Die regionalistische Struktur wurde aufgelöst, die gesamte Rundfunkorganisation zentralisiert und einem »Staatlichen Rundfunkkomitee« unterstellt. Mit diesen Umstrukturierungen sollten einerseits Personal eingespart und andererseits die Kontrollmöglichkeiten verbessert werden. Die Institution wurde 1968 in ein »Staatliches Komitee für Rundfunk« – in der Terminologie der DDR wurde Rundfunk weiterhin mit dem Hörfunk gleichgesetzt – umbenannt; von jetzt ab gab es daneben auch ein eigenes Staatskomitee für das Fernsehen (K. DUSSEL, 1997).

Weniger transparent als die Leitungsebene sind für den Beobachter in den folgenden Jahren die wechselnden organisatorischen Strukturen, die die verschiedenen Programmsparten zu betreuen hatten. Diese standen in engem Zusammenhang mit den immer wieder vorgenommenen Umstrukturierungen der Programmangebote. Nach dem Ende der Aufbauphase seit 1945, die von den Programmen der Landessender geprägt gewesen war, gab es 1952 im Hörfunk ein zentrales, sich in drei Programme auf-

spaltendes Angebot: Berlin I – als Ersatz für den bis dahin bestehenden, dann aufgelösten Deutschlandsender, der später wieder
zu neuem Leben erweckt wurde – hatte einen Programmauftrag
in Richtung Westdeutschland; Berlin II firmierte als eine Art Eli-
te-, als Kulturprogramm für die DDR, und Berlin III als populäres Programm für die gesamte DDR-Bevölkerung mit der Aufgabe, insbesondere die von Partei und Regierung gestellten Aufgaben zu popularisieren. Das durch Ausdünnung der Verantwort-
lichkeiten für die einzelnen Programme eingetretene Chaos wurde nach dem 17. Juni 1953 beseitigt. Es wurden nun wieder Verantwortliche für die einzelnen Programme benannt. Letztere erhielten erneut andere Bezeichnungen, auch wenn sie die alten
Aufgaben mehr oder weniger behielten. Es gab jetzt wieder den
»Deutschlandsender«, einen »Berliner Rundfunk« und »Radio
DDR«, das aus »Berlin III« hervorgegangen war (K. DUSSEL,
1999, S. 136ff.).

Auch in der DDR wurden in den 50er Jahren der UKW-
Rundfunk eingeführt und die Frequenz- zur Programmvermeh-
rung genutzt. Seit Februar 1958 strahlte der Berliner Rundfunk
abends ein zweites Programm aus, stellte es 1971 wegen zu hoher
Belastung der Kapazitäten jedoch wieder ein. Aus dem zweiten
Programm von Radio DDR, das seit Oktober 1958 im Äther war,
entwickelte sich seit dem Deutschlandtreffen der FDJ Mitte 1964
das ursprünglich nur für die Zeit dieser Veranstaltung vorgesehene Jugendprogramm »DT 64.« Doch erst 1986 war es als Hörfunkkette voll ausgebaut. Der Hörfunk der DDR hatte somit die
seit den 70er Jahren in der Bundesrepublik in Gang befindliche
Differenzierung der Hörfunkprogramme durchlaufen. Es gab
nun ein allgemeines Angebot mit viel Musik und Information,
ein kulturorientiertes Hörfunkprogramm und ein Radio für jün-
gere Hörer (R. GESERICK, 1989, S. 113ff., 191ff.).

Für die SED-Führung war der Hörfunk – wie der gesamte
Mediensektor – ein Instrument der Agitation und Propaganda.
Doch war sie im Umgang mit den elektronischen Medien, insbesondere auch mit dem Hörfunk, lange Zeit weniger flexibel als
die Nationalsozialisten. Sie hatte größere Schwierigkeiten, Hörer
nicht zu vergraulen, indem sie deren Wunsch nach Entspannung
und Unterhaltung über das notwendige Maß hinaus enttäuschte.
Doch allein die Tatsache, dass in der DDR bereits in den 50er Jahren ein Wortanteil von lediglich 32 % und ein Musikanteil von

immerhin 68 % zu registrieren war, verdeutlicht, dass auch hier die Möglichkeiten begrenzt waren, Hörfunk als Instrument der Daueragitation einzusetzen. Früh setzte der Verzicht darauf in den Morgenstunden vor Arbeitsbeginn ein. Ähnlich wie in Westdeutschland entwickelte sich der Morgen zur wichtigsten Hörzeit, nachdem der Feierabend durch den Fernsehkonsum belegt wurde. Vor allem wegen der immer vorhandenen Konkurrenz mit den Westsendern wurde in dieser Zeit das Programm schon sehr frühzeitig »durchmagaziniert«, auf den früher einmal verlesenen Leitartikel des »Neuen Deutschland« verzichtet und alles daran gesetzt, dass das Radio als politikfreier Stimmungsmacher mit Musik rezipiert werden konnte (K. DUSSEL, 1999, S. 156ff.).

In den 50er Jahren lagen ähnlich wie in der Bundesrepublik die Haupthörzeiten noch am Abend. In diesem Jahrzehnt gab es vor allem für das Tagesprogramm eine Fülle von rasch aufeinanderfolgenden Programmänderungen, deren Sinn und Zweck rückblickend nicht immer ganz durchschaubar ist. Dagegen erinnert das Experimentieren mit dem Aufbau des Abendprogramms an die Versuche in der Bundesrepublik, die notwendigen Kompromisse zwischen Bildungsanspruch und Unterhaltungsbedürfnis zu schließen. Viel wurde darüber diskutiert, ob und in welcher Form die divergierenden Zielsetzungen am jeweiligen Abend bzw. im Ablauf der Woche ›auszugleichen‹ seien.

1963/64, in der kurzen Phase einer allgemeineren Liberalisierung auf allen Gebieten, die nach dem Sturz Nikita CHRUSCHTSCHOWs rasch zurückgenommen wurde, wurden die erwähnten Umstrukturierungen durchgeführt, die auch in der BRD das veränderte Hörerverhalten erforderte, beispielsweise im Frühprogramm des Berliner Rundfunks zwischen 4.00 und 8.00 Uhr. Auch die beiden Programme von Radio DDR wurden jetzt nach dem Prinzip potenzieller Hörerpräferenzen differenziert. Radio DDR I präsentierte sich als massenattraktives Informations- und Unterhaltungsprogramm, Radio DDR II als Kulturprogramm für Minderheiteninteressen und mit geringen Zuhörerzahlen, die den vergleichbaren Programmen in der BRD entsprachen. Die einzigen weitergehenden Organisations- und Strukturveränderungen traten nur noch mit dem speziellen Jugendangebot DT 64 und seinem Ausbau zur (fünften) Hörfunkkette 1986 ein.

In den 80er Jahren konzentrieren sich die Bemühungen fast ausschließlich auf das Morgenprogramm, bei dem es dann immer weniger um die »richtigen politischen Inhalte« als vielmehr um die »richtige Musik« ging (K. Dussel, 1999, S. 159). Agitation und Propaganda mussten angesichts der prekären Konkurrenzlage mit den Westsendern immer mehr zurücktreten.

Auf welche Weise und in welchem Umfang der Hörfunk insgesamt als »kollektiver Organisator [für] die Entwicklung der sozialistischen Gesellschaftsordnung« herangezogen wurde, und inwieweit er der Verpflichtung nachkam, »die Politik von Partei und Regierung zu erläutern« (K. Dussel, 1999, S. 160f.), ist angesichts einer insgesamt schwierigen Überlieferungslage auf ausreichender Materialbasis nur wenig präzise zu belegen. Das ausgefeilte Planungsverfahren und die Anweisungen zur Argumentation in den politischen Sendungen dienten dem Zweck subtiler Einflussnahme, was aber nur noch für die 80er Jahre rekonstruierbar scheint. Darüber hinaus stellt sich wie im nationalsozialistisch kontrollierten Rundfunk die Frage, inwieweit das Gesamtprogramm in seinem Aufbau und Schwerpunkten unter Ideologie- und Manipulationsverdacht gestellt werden kann.

Ein wesentliches Moment ist auch in diesem Zusammenhang die Unterhaltungsmusik. Ihr im Vergleich zur Bundesrepublik insgesamt höhere Anteil im DDR-Hörfunk lässt möglicherweise Rückschlüsse darauf zu, dass sich dieser ebenfalls so der Loyalität seiner Hörer versichern wollte. Dabei machten es sich die DDR-Hörfunker unnötig schwer. Bis in die zweite Hälfte der 50er Jahre hinein war das U-Musik-Angebot in der DDR und in der BRD relativ ähnlich, es dominierte die schon mehrfach apostrophierte ›gehobene‹ Unterhaltungsmusik. Als dann zunehmend moderne Formen gewünscht wurden, erging 1958 die berüchtigte Anordnung: 60 % der Unterhaltungs- und Tanzmusik mussten von Komponisten der DDR, der Sowjetunion und anderer sozialistischer Länder stammen. Die Attraktivität der sich immer stärker durchsetzenden angloamerikanischen Popmusik im Programm der massiv einstrahlenden westdeutschen Rundfunkanstalten machte die Anordnung zu einem überflüssigen Konfliktpunkt der Programmpolitik und verärgerte die Hörer, wenn auch mit heute nicht mehr messbaren Folgen. Die Vorschrift hatte bis zum Untergang der DDR Bestand, doch seit etwa 1972 war sie in der Praxis nur noch wenig relevant.

Mit der Wiedervereinigung wurde die Hörfunklandschaft der früheren DDR der der alten Bundesrepublik weitgehend angepasst. Es entstanden zwei neue Landesrundfunkanstalten: der Mitteldeutsche Rundfunk (MDR) als Dreiländeranstalt für Sachsen, Sachsen-Anhalt und Thüringen, sowie der Ostdeutsche Rundfunk Brandenburg (ORB). Mecklenburg-Vorpommern trat dem NDR-Staatsvertrag bei und wurde in dessen Hörfunkprogrammangebot integriert, die beiden anderen Anstalten entwickelten entsprechend ihren Möglichkeiten drei oder vier Hörfunkprogramme. Auch in den neuen Ländern entstand eine vielfältige Privatfunklandschaft mit allen Problemen, die diese auch in den alten Bundesländern auszeichnet.

4. Fazit

Zwanzig Jahre lang beherrschte der Hörfunk als Leitmedium die Medienszenerie der Jahrhundertmitte. Dann führten die Konkurrenz des Fernsehens und die Vervielfältigung des Angebots dazu, dass aus der ursprünglichen Faszination des ›Fernhörens‹ sehr unterschiedlicher Angebote – vom Feindsender über den Kulturvermittler bis zur fetzigen Unterhaltungsmusik – ein alltäglicher Konsumartikel wurde. Die von zahlreichen öffentlich-rechtlichen wie privatkommerziellen Programmen inzwischen erzeugte Geräuschkulisse mögen zwar viele Zeitgenossen heute nicht mehr entbehren wollen, andere hingegen jedoch eher als Belästigung denn als Kulturfaktor empfinden. Es ist eine Minderheit, für die der Hörfunk jedoch nach wie vor als Quelle von Information und vor allem Belehrung immer noch hohes Ansehen genießt. Auch wenn es in der zweiten Reihe steht: Unentbehrlich scheint das Radio auch in der Gegenwart noch immer zu sein.

EDGAR LERSCH

Literatur

H. POHLE, Der Rundfunk als Instrument der Politik. Zur Geschichte des deutschen Rundfunks von 1923/38, Hamburg 1956. – F. EBERHARD, Der Rundfunkhörer und sein Programm, Berlin 1962. – W. B. LERG, Die Entstehung des Rundfunks in Deutschland. Herkunft und Entwicklung eines publizistischen Mittels, Frankfurt a. M. 1965. – W. BIERBACH, Reform oder Reaktion?, in: Rundfunk und Politik 1923–1973, hg. von W. B. LERG/R. STEININGER, Berlin 1975, S. 37–85. – H. BAUSCH, Rundfunkpolitik nach 1945. Erster Teil (Rundfunk in

Deutschland, hg. von H. Bausch, Bd. 3), München 1980. – A. Diller, Rundfunkpolitik im Dritten Reich (Rundfunk in Deutschland, hg. von H. Bausch, Bd. 2), München 1980. – H. O. Halefeldt, Weichenstellungen in der historischen Entwicklung des Hörfunks – Versuch einer Skizze, in: Die Zukunft des Hörfunkprogramms. Symposium des Hans-Bredow-Instituts, hg. von D. Ross, Hamburg 1980, S. 20–37. – W. B. Lerg, Rundfunkpolitik in der Weimarer Republik, (Rundfunk in Deutschland, hg. von H. Bausch, Bd.1), München 1980. – W. Klingler, Nationalsozialistische Rundfunkpolitik 1942–1945. Organisation, Programm und die Hörer, Diss. Mannheim 1983. – H. O. Halefeldt, Das erste Medium für alle. Erwartungen an den Hörfunk bei seiner Einführung in Deutschland Anfang der 20er Jahre, in: Rundfunk und Fernsehen 34 (1986), S. 23–43. – R. Geserick, 40 Jahre Presse, Rundfunk und Kommunikationspolitik in der DDR, München 1989. – P. Kehm, Vorübergehend lebenslänglich. Ganz persönliche Erinnerungen aus 40 Rundfunkjahren und einigen davor, Stuttgart 1990. – E. Lersch, Rundfunk in Stuttgart 1934–1949 (Südfunk-Hefte 17), Stuttgart 1990. – H. U. Wagner, Die künstlerischen Ausdrucksmöglichkeiten des Features. NWDR-Beispiele aus den ersten Nachkriegsjahren, in: Mitteilungen des Studienkreises Rundfunk und Geschichte 16 (1990), S. 174–183. – S. Friedrich, Rundfunk und Besatzungsmacht. Organisation, Programm und Hörer des Südwestfunks 1945–1949, Baden-Baden 1991. – R. Geserick, Vom NWDR zum NDR. Der Hörfunk und seine Programme 1948–1980, in: Der NDR. Zwischen Programm und Politik. Beiträge zu seiner Geschichte, hg. von W. Köhler, Hannover 1991, S. 149–226. – A. Kutsch, Unter britischer Kontrolle, in: Der NDR. Zwischen Programm und Politik. Beiträge zu seiner Geschichte, hg. von W. Köhler, Hannover 1991, S. 83–148. – H. Hoffmann, Hessen vorn? Regionalradio im Hessischen Rundfunk, Konstanz 1992. – K. Dussel, Die Interessen der Allgemeinheit vertreten. Die Tätigkeit der Rundfunk- und Verwaltungsräte von Südwestfunk und Süddeutschem Rundfunk 1949–1969, Baden-Baden 1995. – E. B. Körber, Eine Galaxis hinter Gutenberg. Die Diskussion über Möglichkeiten und Wirkungen des Rundfunks in der Zeit der Weimarer Republik, in: Rundfunk und Geschichte, 21 (1995), S. 3–12. – E. Lersch, Das Hörfunkprogramm, in: K. Dussel u. a., Rundfunk in Stuttgart 1950–1960 (Südfunk-Hefte 21), Stuttgart 1995, S. 91–200. – A. Schildt, Moderne Zeiten. Freizeit, Massenmedien und »Zeitgeist« in der Bundesrepublik Deutschland, Hamburg 1995. – Buch, Buchhandel und Rundfunk 1945–1949, hg. von M. Estermann/E. Lersch, Wiesbaden 1996. – K. C. Führer, Auf dem Weg zur »Massenkultur«? Kino und Rundfunk in der Weimarer Republik, in: Historische Zeitschrift 262 (1996), S. 739–781. – A. CRISELL, An Introductory History of British Broadcasting, London/New York 1997. – K. DUSSEL, Die Sowjetisierung des DDR-Rundfunks in den fünfziger Jahren. Die Organisation des Staatlichen Rundfunkkomitees und seine Leitungstätigkeit. In: Zeitschrift für Geschichtswissenschaft 47 (1997), S. 992–1016. – H. O. HALEFELDT, Sendegesellschaften und Rundfunkordnungen, in: Programmgeschichte des Hörfunks der Weimarer Republik, Bd. 1, hg. von J.-F. LEONHARD, München, 1997, S. 23–339. – C. LENK, Die Erscheinung des Rundfunks. Einführung und Nutzung eines neuen Mediums 1923–1932, Opladen 1997. – R. SCHUMACHER, Programmstruktur und Tagesablauf der Hörer, in: Programmgeschichte des Hörfunks der Weimarer Republik, Bd. 1, hg. von J.-F. LEONHARD, München 1997, S. 353–422. – R. SCHUMACHER, Radio als Medium und Faktor des aktuellen Geschehens, in: Programmgeschichte des Hörfunks der Weimarer Republik, Bd. 1, hg. von J.-F. LEONHARD, München 1997, S. 423–622. – R. SCHUMACHER, Radio als Vermittlung von Gegensätzen: ein Resumee, in: Programmgeschichte des Hörfunks der Weimarer Republik, Bd. 2, hg. von J.-F. LEONHARD, München 1997, S. 1196–1208. – L. STOFFELS, Kulturfaktor und Unterhaltungsrundfunk, in: Programmgeschichte des Hörfunks der Weimarer Republik, Bd. 2, hg. von J.-F. LEONHARD, München 1997, S. 623–640. – L. STOFFELS, Sendeplätze für Kunst und Unterhaltung, in: Programmgeschichte des Hörfunks der Weimarer Republik, Bd. 2, hg. von J.-F. LEONHARD, München 1997, S. 641–681. – H. U. WAGNER, »Der gute Wille, etwas Neues zu schaffen«. Das Hörspielprogramm in Deutschland von 1945 bis 1949, Potsdam 1997. – A. FICKERS, Der Transistor als technisches und kulturelles Phänomen. Die Transistorisierung der Radio- und Fernsehempfänger 1955 bis 1965, Bassum 1998. – K. DUSSEL, Deutsche Rundfunkgeschichte. Eine Einführung, Konstanz 1999. – Buch, Buchhandel und Rundfunk 1950–1960, hg. von M. ESTERMANN/E. LERSCH, Wiesbaden 1999. – Quellen zur Programmgeschichte des deutschen Hörfunks und Fernsehens, hg. von K. DUSSEL/E. LERSCH, Göttingen 1999. – E. SCHADE, Wenig radiotechnischer Pioniergeist vor 1922. Das Scheitern des Lokalrundfunks 1923–1931, in: Radio und Fernsehen in der Schweiz. Geschichte der Schweizerischen Rundspruchgesellschaft SRG bis 1958, hg. von M. T. DRACK, Baden 2000, S. 15–58. – Rundfunk und Regionalisierung, hg. von W. KLINGLER/E. LERSCH, Konstanz 2001. – Das Manuskript von K. DUSSEL, Der deutsche Hörfunk und seine Hörer 1923–1960, vorauss. Potsdam 2001, konnte dankenswerterweise eingesehen werden.

Mediengeschichte des Fernsehens

1. Zur Einbindung des Fernsehens in die Kulturgeschichte

Niklas LUHMANN konstatiert: »Was wir über unsere Gesellschaft, ja über die Welt, in der wir leben, wissen, wissen wir durch die Massenmedien.« (N. LUHMANN, 1996, S. 9) Dass sich Medien als Zentren der Wissensvermittlung etabliert haben, ist Ergebnis eines langen historischen Prozesses. Im Rahmen des Ausbaus und der Ausdifferenzierung gesellschaftlicher Kommunikation gaben ältere Medien ihre Breitenwirkung in der Vermittlung von für die Gesellschaft bedeutsamen Narrationen schrittweise an die neu entstehenden technisch verbreiteten Massenmedien ab. Ökonomische Interessen und technische Innovationen führten zur Entwicklung und Ausdifferenzierung ihrer Formen und Inhalte. Mit der quantitativen Ausbreitung der Medienangebote ging auch eine Ausdifferenzierung der Mediengattungen einher. Bei den technischen Massenmedien wie Hörfunk und Fernsehen ist zusätzlich eine Tendenz zur Genrevermischung erkennbar. Am Ende des Prozesses der Medienkommunikation als Informationsvermittlung und Wissensakkumulation stehen unterschiedliche Formen individueller und kollektiver Sinnbildung.

Eine mediengeschichtliche Darstellung muss sich auch mit formalen Bedingungen der Vermittlung von Sinnstiftung befassen. Mit seiner Angebotsfläche gliedert sich das Fernsehen in die Traditionslinie kultureller Vermittlungsinstanzen ein, die mit Narrationen individuelle und kollektive Funktionen wie Sinnstiftung, Orientierungs- und Wertevermittlung erfüllen. Es integriert Vermittlungsformen der Kulturbereiche Literatur, Theater, Musik und Film. Das Fernsehen nutzt filmische Vermittlungsformen der visuellen Kultur und verbindet sie mit szenischen Strukturierungen der oralen/auditiven Kultur und journalistischen Vermittlungsformen der Printmedien aus dem Bereich der Schriftkultur.

1.1 Die Nutzung kultureller Darstellungscharakteristiken durch das Fernsehen

Die Präsentationscharakteristika des Fernsehens basieren auf Bedingungen der technischen Bilder und der Integration von Erscheinungsformen anderer Medien in die Angebotsfläche. Das Fernsehen übernimmt Elemente der szenischen Struktur des Theaters, seine inszenatorischen Möglichkeiten (M. ESSLIN, 1982) und verknüpft sie mit visuellen Vermittlungskonventionen des Films, die es aus der Bindung an die Projektion im Kinoraum herauslöst. Auch der im Hörfunk entwickelte Bereich des Auditiven in der direkten technischen Übertragung von Tönen ist von zentraler Bedeutung für die Fernsehvermittlung. Gerade in dieser vielschichtigen sinnlichen Vermittlungskraft, d. h. in der gleichzeitigen Ansprache unterschiedlicher menschlicher Sinne, liegt die besondere Wirkungskraft des Fernsehens begründet.

Das Fernsehen fungiert als medialer Kulturspeicher, der Inhalte anderer Medien in seine Angebotsfläche integriert: Sie bestimmen Formen und Inhalte des Fernsehens als Informationsmedium. Darstellungselemente verschiedener Kulturbereiche beeinflussen das Erscheinungsbild des Fernsehens als Kultur- und Unterhaltungsmedium. Das Fernsehen passt Traditionen und Erscheinungsformen früherer visueller Kulturen seinen Vermittlungsanforderungen an. Der Stoffbedarf von fiktionalen Sendeformen wird auch durch literarische und filmische Inhalte gedeckt. Fiktionale Sendeformen nutzten in den 50er Jahren zusätzlich Textvorlagen des Theaters. Das erste Fernsehspiel, das nach dem Krieg im NWDR-Versuchsprogramm ausgestrahlt wurde, war Johann Wolfgang von GOETHEs *Vorspiel auf dem Theater*. Formen des Unterhaltungsprogramms, wie der Show, nutzen Vorbilder anderer Veranstaltungsformen, wie beispielsweise des Varietés. Spielformen wie die Gameshow haben ihre Vorläufer u. a. im Hörfunk. In der Frühphase des Fernsehens in der Bundesrepublik griffen die Programmverantwortlichen auf bereits etablierte Formen der Berichterstattung oder des Unterhaltungsprogramms, insbesondere des Hörfunks zurück, um dem Zuschauer die Orientierung im Programmangebot des neuen Mediums zu erleichtern, doch in der weiteren Entwicklung passen sie die kulturellen und medialen Vermittlungsformen den spezifischen medialen Anforderungen des Fernsehens an. Das Verhält-

nis von auditiven und visuellen Darstellungsmitteln wechselt je
nach Sendeform.

Im aktuellen Mediensystem integriert das Fernsehen mit einem fortdauernden Angebot an Geschichte(n) unterschiedliche
Traditionslinien der Narration aus dem Bereich der Medien und
der Kultur. Publizistische Vermittlungsformen berichten über
Ereignisse aus der Wirklichkeit, diverse Erzählformen bieten fiktionale Geschichten an. Durch diese gleichzeitige Integration bisheriger Medien- und Kulturangebote schließt sich die Geschichte
des Fernsehens ebenso an die historische Entwicklung elektronischer Massenmedien wie an die Kulturgeschichte an. Medien-
und Kulturgeschichte beeinflussen nicht nur die Angebotsstruktur des Mediums, sondern auch seine Rezeption. Der Zuschauer
weiß, was er von den Programmformen des Fernsehens erwarten
kann. Informationssendungen vermitteln ihm den Eindruck,
über das wichtigste Weltgeschehen informiert zu sein, Krimis
dienen der Bestätigung eigener Wertvorstellungen, denn die Bedrohung des Bösen kann immer wieder abgewehrt werden. Die
Kenntnis etablierter Darstellungskonventionen bestimmt die Er-
wartungshaltung an die aktuellen Medienangebote.

2. Teilbereiche der Mediengeschichte des Fernsehens

Die Mediengeschichte des Fernsehens ist Teil der historischen
Entwicklung elektronischer Massenmedien, die ein komplexes
Wechselverhältnis aus Institutions-, Technik-, Programm- und
Wirkungsgeschichte kennzeichnet. Doch bleibt dieses Wechselverhältnis nicht auf den Kernbereich der Mediengeschichte begrenzt. Zusätzlich ist die historische Entwicklung eines Mediensystems in Gesellschaftsstrukturen eingebunden. Diverse gesellschaftliche und individuelle Interessenkonstellationen lösen medientechnische Konzeptionen und Entwicklungen aus. Nur selten wird das durch diese Entwicklungen neu entstandene Medium auch der ursprünglichen Wunschkonstellation entsprechend
eingesetzt. Das Telefon war ursprünglich als Medium für Opernübertragungen konzipiert, setzte sich aber als Kommunikationsmedium durch (vgl. R. GENTH/J. HOPPE, 1986).

2.1 Technische Entwicklungen als Grundlage der Veränderungen von Fernsehästhetik

Seit den 80er Jahren ist der Anteil technikhistorischer Untersuchungen im Rahmen der Mediengeschichtsschreibung gestiegen. Friedrich A. KITTLER verwies 1986 auf die zentrale Bedeutung der Medientechnologien, die Muster der Wahrnehmung und Erfahrung vorgeben. Nicht Reflexion und Selbstbewusstsein legen die Normen und Standards fest, die einer existierenden Kultur die Auswahl, Speicherung und Übertragung zentraler Daten erlauben (F. A. KITTLER, 1986, S. 3).

Fernsehtechnik verknüpft Elemente der Produktions-, Vermittlungs- und Empfangstechnik des Rundfunks und passt sie den Anforderungen der audiovisuellen Vermittlung an. Technische Möglichkeiten bestimmen das Erscheinungsbild des Programms als Angebotsfläche des Fernsehens. So basiert die symbiotische Struktur der Angebotsfläche und der sie konstituierenden Programmformen auf Vorgaben der Fernsehtechnik. Derrick de KERCKHOVE beschreibt die technische Charakteristik des Fernsehens als symbiotische Nutzung bisheriger Medientechnologien (D. de KERCKHOVE, 1995, S. 193f.). Technische Möglichkeiten bestimmen und begrenzen das formale und inhaltliche Gestaltungsspektrum eines Mediums, das sich so auch parallel zu technischen Weiterentwicklungen verändert.

Der symbiotische Charakter der Fernsehtechnik ermöglicht die Vielfalt von Programmformen. Im Bereich der Produktionstechnik unterscheidet Vilém FLUSSER zwei Arten von technischen Bildern, die unterschiedliche Inhalte vermitteln: »Abbilder und Modelle. Die einen bedeuten, was ist, und die anderen, was sein soll oder sein könnte.« (V. FLUSSER, 1992, S. 47) Das Fernsehprogrammangebot setzt beide Arten technischer Bilder in verschiedenen Programmzusammenhängen ein. Informationssendungen geben vor, abzubilden, was ist. In fiktionalen Sendungen sind die Bilder, aber auch das, was sie abbilden, Ergebnisse einer Inszenierung, die modellhafte Möglichkeiten menschlichen Verhaltens präsentiert. In Live-Übertragungen entstehen Abbilder zeitgleich mit dem von ihnen erfassten Geschehen. Wirklichkeit und Inszenierung fallen zusammen.

Technik bildet die Grundlage der Form und damit auch der Funktion des Mediums etwa im Rahmen der Vermittlung von

Welt. Technik determiniert aber auch die Wahrnehmung der Zuschauer: Das technische Potenzial des zu dem Moment des Ereignisses zeitgleichen Abbildcharakters des Fernsehbildes führt zu der Einschätzung, das Medium sei besonders realitätsnah.

Technik ermöglicht aber auch eine unterhaltende Wirkung. Bei der Einführung neuer Technologien der Bildgestaltung lässt sich zunächst eine Phase des spielerischen, experimentellen Umgangs im Unterhaltungsbereich beobachten. Michael LECKE-BUSCHS *Beat Club* ist eine visuelle Leistungsschau der gestalterischen Möglichkeiten des Chroma-Key-Verfahrens in den 60er Jahren. »Zum visuellen Repertoire gehören elektronische Farbmanipulationen, Mehrfach-Schichtungen von Bildebenen und der Einsatz von Collage-Techniken.« (R. MAULKO, 2000, S. 28) Digitale Bildtechnologien wurden in den 80er Jahren zunächst für die Gestaltung ästhetisch innovativer Videoclips, aber auch in Werbespots eingesetzt.

Die Medienentwicklung des Fernsehens ist nicht nur von der Produktionstechnik, sondern auch von Innovationen im Bereich der Empfangstechnik bestimmt. So basiert die zunehmende Ausweitung der Programmangebote durch immer neue Sendeanstalten auf Weiterentwicklungen der Verbreitungstechnik. In der zweiten Hälfte der 50er Jahre standen mit der Erschließung des UHF-Bereichs neue zusätzliche Frequenzen zur Verfügung, die die Ausstrahlung eines zweiten Fernsehprogramms ermöglichten. Erst die Fortentwicklung der Kabeltechnik und die Verbilligung der Satellitentechnik bot die Grundlage der massenhaften Verbreitung kommerzieller Programmangebote.

Entwicklungen im Bereich der Empfangstechnik beeinflussen die Rezeption und damit die Medienwirkung. Die besondere Wirkung des Mediums ist durch die Art der Empfangstechnik beeinflusst. Theodor W. ADORNO schreibt: »Die Grenze zwischen Realität und Gebilde wird fürs Bewusstsein herabgemindert. Das Gebilde wird für ein Stück Realität, eine Art Wohnungszubehör genommen, das man mit dem Apparat sich gekauft hat.« (T. W. ADORNO, 1963, S. 73f.) Die Miniaturisierung der Empfangsgeräte bis hin zum tragbaren Kleinstempfangsgerät ermöglicht die stärkere Integration der Medien- in die Alltagsnutzung. Eine Rezeption im Berufsalltag wird ebenso möglich wie während der Freizeitaktivitäten. Doch diese Möglichkeit des ständigen Empfangs führt auch zur Sekundärnutzung des Fernsehens. Es wird zur visuellen Begleitkulisse des Alltagslebens degradiert.

2.2 Der Einfluss von Technik und Organisation auf die Programmgeschichte des Fernsehens

Die Programmentwicklung des Fernsehens ist nicht nur mit den technischen Möglichkeiten verknüpft, sondern auch mit organisatorischen Veränderungen. Sie unterliegt wechselnden Einflüssen aus politischen und rechtlichen Vorgaben, der jeweiligen Senderkonkurrenz, den Interessen der werbetreibenden Industrie und Zuschauerwünschen. Die Zielsetzungen der Organisationsformen bestimmen Struktur und Inhalt des medialen Angebots. Das Programm als Ordnungsmodell der Angebote des Fernsehens gibt mit seinem Raster die Zeitstruktur der Sendungen vor und begrenzt so ihr formales und inhaltliches Spektrum. Es sind grundsätzliche Entwicklungstendenzen bei den Fernsehprogrammen erkennbar. Zu ihnen zählt die Ausweitung des Programms zu einem kontinuierlichen Angebot, das den Alltag der Menschen begleitet und die Ausdifferenzierung von publikumswirksamen Sendungskonzepten. Das Programmangebot wiederum bildet die Grundlage der individuellen und kollektiven Medienwirkung. Das Funktionspotenzial des Mediums bestimmt seine Platzierung innerhalb des Mediensystems.

Nicht erfüllte Funktionen sind Grundlage neuer Interessenkonstellationen und damit neuer Medienentwicklung. Das neu entstehende Medium integriert die Angebote seiner Vorgängermedien als Inhalte und entwickelt zusätzlich eigene medienspezifische Angebote. Dieser medienhistorische Zyklus kennzeichnet die Entwicklung des Fernsehens ebenso wie die des Computers (H. WINKLER, 1997).

Die Zielvorgaben der Sendeanstalten als Unternehmen der Programmproduktion bestimmen nicht nur die Angebotsstruktur, sondern auch die möglichen Funktionen des Mediums. Das kommerziell erfolgreiche Unterhaltungsprinzip übernimmt andere Aufgaben als etwa die öffentlich-rechtliche Funktion der Integration gesellschaftlicher Minderheiten. So bildet die weltweit unterschiedliche Festlegung der Organisationsform des Fernsehens die Grundlage seiner rechtlichen Konstitution und seiner Ökonomie. Die auf politischen Entscheidungen basierende rechtliche Festlegung der Finanzierung durch Gebühren oder durch zu erzielende Werbeeinnahmen beeinflusst in entscheidender Weise Form und Inhalt der Angebotsfläche. So zieht sich bei einem durch Werbeeinnahmen finanzierten Programm ein Raster aus Werbeleisten durch die Sendungen. Die Interessen der werbetreibenden Industrie bestimmen auch die vermittelten Inhalte. Das Programmumfeld darf den Konsumappellen der Werbeleisten nicht widersprechen.

Ökonomische Interessen und technische Innovationen beeinflussen und begrenzen den Prozess der Entwicklung und Ausdifferenzierung von Formen und Inhalten der Massenmedien. Sind Medieninstitutionen in ökonomische Zusammenhänge eingebunden, so folgt die Produktion der Inhalte ökonomischen Leitlinien aus Kosten und Gewinn. Dies führt zur Ausgrenzung von Angeboten, die kostenaufwendig wenig publikumswirksame Inhalte vermitteln, aber gesellschaftliche Funktionen erfüllen. Das Kriterium der gesellschaftlichen Relevanz tritt zurück hinter die Zielsetzung der Optimierung der eigenen wirtschaftlichen Situation.

3. Phasen der Mediengeschichte des deutschen Fernsehens

Je nach dem jeweiligen wissenschaftlichen Interesse variieren die Phasenbildungen der Mediengeschichte. Technikhistorische Modelle erfassen Veränderungen in der Produktions- und Empfangstechnik (S. ZIELINSKI, 1989), institutionsgeschichtliche Darstellungen beschreiben Veränderungen der Senderorganisation durch politische und rechtliche Vorgaben (H. BAUSCH, 1980), ökonomische Modelle beschreiben entscheidende Veränderungen der Medienwirtschaft (H. MONKENBUSCH, 1994), Programmgeschichte erfasst Phasen der Veränderung von Angeboten (K. HICKETHIER, 1998), Medienwirkungsforschung erfasst Änderungen des Nutzungsverhaltens. Am Beispiel des Fernsehens zeigt sich, dass aus den Phasenbildungen unterschiedlicher Teildisziplinen eine detaillierte Struktur medienhistorischer Veränderungen sichtbar wird. Je nach Phase der Entwicklung variieren die Einflussfaktoren der medienhistorischen Veränderungen.

3.1 Vor- und Frühgeschichte des Mediums:
    Das NS-Fernsehen

Am Anfang der technischen Entwicklung des Fernsehens stand
ein Ubiquitätsideal. Paul NIPKOW sah die Funktion des von ihm
1884 angemeldeten Fernsehpatents darin, »ein am Ort A befindli-
ches Objekt an einem beliebigen Ort B sichtbar zu machen.« (D.
LEDER, 1998, S. 32) Er reagierte damit auf die Wunschkonstellation des 19. Jahrhunderts, Ortsungebundenheit zu erreichen, die
u. a. auch zur Entwicklung maschinisierter Transportsysteme wie
der Eisenbahn führte. In seiner Entwicklungsphase kombinierte
das Fernsehen Traditionslinien unterschiedlicher Technologien.
Die Fernsehtechnik nutzt die Wellenvermittlung des Hörfunks
ebenso wie militärische Bildtechniken, etwa der Fernlenkkamera
»Tonne«, aus dem Zweiten Weltkrieg (S. ZIELINSKI, 1993, S. 136).

In der historischen Entwicklung des Fernsehens ist ein enger
Zusammenhang zwischen der durch politisch konzipierte und
rechtlich fixierte Vorgaben bestimmten wirtschaftlichen Struktur,
der Organisationsform von Sendeanstalten, ihrer Finanzierung,
ihrer Produktions- und Verbreitungstechnik, Programmgestaltung und gesellschaftlichen Bedeutung erkennbar. Das NS- Re-
gime nutzte für seinen politisch motivierten Aufbau des neuen
Mediums Fernsehen die bereits in der Weimarer Republik entwickelte Organisationsform der Staatsabhängigkeit des Rundfunks,
die auch rechtlich fixiert wurde. Das Fernmelde-Anlagen-Gesetz
vom 4.1.1928 bestätigt die Deutsche Reichspost als Trägerin der
staatlichen Rundfunkhoheit. Bereits im Mai 1928 erteilt die
Deutsche Reichspost die erste Genehmigung zur Errichtung und
zum Betrieb einer Fernsehanlage an Denes von MIHALY die er
noch im gleichem Monat einem geladenen Publikum vorführte.
Nach einer technischen Experimentierphase, für die bereits 1930
der erste Fernsehfilm *Morgenstund hat Gold im Munde* gedreht
wurde, waren 1934 Fernsehversuchssendungen in Bild und Ton
technisch möglich. Das NS-Regime strebte eine propagandistische Nutzung des Mediums an. Am 22.3.1935 begann in Berlin
der erste regelmäßige Fernseh-Programmdienst »Paul Nipkow«.
Reichssendeleiter Eugen HADAMOVSKY betonte in seiner Eröff-
nungsrede, Ziel des Fernsehens sei es, »das Bild des Führers fest
in die Herzen aller Volksgenossen zu senken.« Nach einer Pro-
grammansage wurden Filmausschnitte aus Großkundgebungen

des letzten Jahres, eine Bilderfolge von der Berliner Heldenge-
denkfeier 1935, der Ufa-Tonfilm *Mit dem Kreuzer Königsberg in See*
und ein Ufa-Trickfilm ausgestrahlt. Das Fernsehprogramm bot
im Wechsel Politik, Information und Unterhaltung. Die Programmverantwortlichen entwickelten Programmformen, die
sich in den 50er Jahren als feste Programmbestandteile etablierten: Wochenschauen, Kulturfilme, Fernsehspiele und Unterhaltungsshows.

An drei Abenden in der Woche wurden von 20.30 bis 22.00
Uhr Sendungen – Spielfilme, Dokumentationen, Unterhaltungssendungen – ausgestrahlt. Auch regelmäßige Programmschemata etablierten sich. Der Sendebetrieb erfolgte durch die
Reichspost, die Programmverantwortung lag bei der Reichs-
Rundfunkgesellschaft. Im April begann auch die Reichspost mit
der Ausstrahlung eigener Sendungen; die Reichs-Rundfunk-
gesellschaft strahlte weiterhin an drei Abenden der Woche ein
Programm aus. In Berlin wurden öffentliche Fernsehstuben errichtet, um das Fernsehen beim Publikum bekannt zu machen.
Die Wettkämpfe der Olympischen Spiele 1936 konnten in insgesamt 28 Fernsehstuben gesehen werden. Schon in dieser Frühphase war die Live-Übertragung von Sportereignissen ein wichtiger Faktor der Zuschauerbindung.

1939 kam der erste Deutsche Fernseh-Einheitsempfänger auf
den Markt, doch der Kriegsbeginn verhinderte die geplante Freigabe des Fernsehempfangs für ein breites Publikum, stattdessen
richteten sich die Sendungen an Soldaten. Nach der Verbreitung
des Berliner Programms auch in Hamburg 1941 wurden ab 1942
auch Fernsehsendungen im besetzten Paris ausgestrahlt (zum
großen Teil auch in Französisch). Das Tagesprogramm lief von
10.00 bis 12.00 Uhr (Kulturfilme), zwei- bis dreimal wöchentlich
von 14.30 bis 18.00 Uhr (Kinderstunde, Fernsehspiel) und täglich
von 20.30 bis 23.00 Uhr (Abendprogramm). Aufgrund von Bom-
benangriffen wurde das Berliner und Hamburger Fernsehprogramm 1944 eingestellt.

3.2 Die Entwicklung des Nachkriegsfernsehens

Nach dem Zweiten Weltkrieg wollten die Alliierten einen künftigen Staatseinfluss auf den Rundfunk verhindern. Sie griffen auf
die Organisation des Weimarer Rundfunks zurück und entschie-

den sich für die Organisationsform des Fernsehens als integraler Teil der öffentlich-rechtlichen Institution Rundfunk. Dies beeinflusste wesentlich die Programmkonzeption und -gestaltung und damit das Erscheinungsbild des Fernsehens. Zum Zeitpunkt der Einführung der öffentlich-rechtlichen Organisation des Rundfunks 1948 war eine privatwirtschaftliche Organisationsform noch nicht finanzierbar. Erst die Rechtsprechung ermöglichte die Sicherung der öffentlich-rechtlichen Organisation des bundesdeutschen Fernsehens als Institution. Eine Institution ist definiert als eine »gesellschaftliche, staatliche oder kirchliche Einrichtung, in der bestimmte Aufgaben, meist in gesetzlich geregelter Form, wahrgenommen werden.« (*Brockhaus Enzyklopädie*, 1989, Bd. 10, S. 544) Ihre Organisation ist im Unterschied zur reinen Gewinnorientierung marktwirtschaftlicher Unternehmen in privater Hand auf die Erfüllung gesetzlich festgelegter Aufgaben ausgerichtet. Diese Regelung sollte die Nutzung des Mediums zur Verbreitung politischer Propaganda und zur Durchsetzung wirtschaftlicher Gewinninteressen künftig ausschließen.

Programmverantwortliche und Kritiker versuchten, das Medium gegenüber den etablierten Massenmedien des Printbereichs und des Hörfunks mit Hilfe der Beschwörung seiner besonderen technischen Möglichkeiten zu etablieren: Das Live-Medium Fernsehen als die »fünfte Wand« des Wohnzimmers sei das »Fenster zur Welt«, es »bringt die Welt ins Haus«, so lauteten damals gängige Slogans. Zwei besondere Programmereignisse förderten die Durchsetzung des Fernsehens zum Massenmedium in den 50er Jahren: die Live-Übertragungen der Krönung Queen ELIZABETHs am 2.6.1953 und des Endspiels der Fußballweltmeisterschaft am 4.7.1954 in der Schweiz.

Das Fernsehspiel galt als speziell für das Medium entwickelte Programmform. Aufgrund fehlender Aufzeichnungstechniken in den frühen 50er Jahren waren neben den Theaterübertragungen auch Fernsehspiele Live-Sendungen, die zumeist auf Textvorlagen aus dem Theaterbereich zurückgriffen. GOETHEs *Vorspiel auf dem Theater* in der Regie von Hanns Farenburg war das am 2.3.1951 ausgestrahlte erste Fernsehspiel nach dem Kriege.

Technische Innovationen veränderten Programmplanung und Sendungsdramaturgien. Im Bereich der Produktionstechnik beeinflusste 1958 eine technische Neuerung die Programmplanung und -produktion: Die MAZ-Aufzeichnung ermöglichte

Vorproduktionen, Mitschnitte von Live-Veranstaltungen und vermehrte Sendungswiederholungen. So konnte sich das Fernsehspiel von den ästhetischen Vorgaben des Theaters und Hörspiels lösen und eigene formale Möglichkeiten realisieren und ausdifferenzieren.

Im Rahmen dieser Ausdifferenzierung etablierte sich die Fernsehserie als vom Hörfunk übernommene publikumswirksame Erzählform. Als erste Serienfamilie des deutschen Fernsehens traten 1954 die Schölermanns auf. Der Sendungstitel *Unsere Nachbarn heute abend* suggerierte den intimen Fernsehblick in das nachbarliche Wohnzimmer. Mit dem Übergang aus den 50er in die 60er Jahre traten neue Fernsehnachbarn in das Leben der Zuschauer: die *Familie/Firma Hesselbach* löste die Schölermanns ab.

Im Showbereich wurde vieles erprobt, bevor sich besonders publikumswirksame Unterhaltungsformen als feste Programmbestandteile herausbildeten. Vom bunten Abend in bewährter Varieté-Manier über Kurt WILHELMS Musik- und Nonsense-Shows, Jacques KÖNIGSTEINS Spiel für Brautpaare bis hin zu Gesprächssendungen im Wohnzimmer von Margot HIELSCHER, das man eigens im Studio nachgebaut hatte, reichten die unterschiedlichen Formen.

In den 50er Jahren bildete sich in Phasen des Experimentierens und der Anpassung an bestehende kulturelle und mediale Vermittlungsformen das Spektrum der Vermittlungsformen des Fernsehens heraus. Künftige Programmschwerpunkte zeichneten sich in den Bereichen Fernsehspiel, Serie, Unterhaltungsshows, Ratgeberprogramme und Informationssendungen ab. Gleichzeitig etablierten sich Live-Übertragungen als Programmereignisse des Mediums.

3.3 Diskussion und Planung eines zweiten Programms (1957–63)

Durch das von diversen Interessengruppen geplante Aufkommen eines konkurrierenden zweiten Programms verstärkte sich der Unterhaltungsanteil im Programmangebot weiter. Mit dem sich in steigenden Zuschauerzahlen niederschlagenden wachsenden Erfolg des Fernsehens in den 50er Jahren begannen auch die Interessen an einer politischen Instrumentalisierung des Mediums durch die Regierung und an einer Einbindung des Mediums in ökonomische Zusammenhänge durch Wirtschaftsunternehmen zu wachsen. Durch die für die CDU/CSU-Regierung erfolgreichen Bundestagswahlen des Herbstes 1957 – sie erreichte die absolute Mehrheit – war nun eine weitreichende Handlungsfreiheit im rundfunkpolitischen Bereich gegeben. Das englische Modell mit dem neben der BBC existierenden kommerziellen ITV bestimmte die weitere Fernsehplanung der Regierung. Neben der öffentlich-rechtlichen ARD sollte ein durch Werbeeinnahmen finanziertes »Freies Fernsehen« entstehen. Der Bundesverband Deutscher Industrie (BDI), der Deutsche Markenartikelverband und der Bundesverband Deutscher Zeitschriftenverleger hatten bereits bei der Bundesregierung ihr Interesse am Aufbau eines zweiten Fernsehprogramms bekundet.

Die anhaltende Diskussion um ein zweites Fernsehprogramm löste organisatorische Veränderungen in der ARD aus. Am 10.12.1958 wurde ein Vertrag der ARD über den Finanzausgleich beschlossen, der, nach dem Vorbild des Hörfunks, die Einteilung der gebenden und nehmenden Sendeanstalten veränderte und die Finanzierung der Programm-Gemeinschaftsleistungen neu regelte. Auch um eine rechtliche Absicherung der bereits bestehenden Organisationsform des Gemeinschaftsprogramms zu erreichen, kam es am 17.4.1959 zur Unterzeichnung des »Abkommens über die Koordinierung des Ersten Fernsehprogramms« und zur gleichzeitigen Unterzeichnung des Abkommens über den Finanzausgleich. Beide Abkommen traten am 1.6.1959 in Kraft. Die Initiative im Rundfunkfinanzausgleich ging nun ganz auf die Länder über, die sich damit ihren Einfluss auf die Rundfunkorganisation sicherten.

Das erste Fernsehurteil des Bundesverfassungsgerichts vom 28.2.1961 beendete diese Frühform des kommerziellen Fernsehens, für die bereits die Produktionsfirma »Freies Fernsehen GmbH« Sendungen produzierte (R. STEINMETZ, 1996). Das Urteil wies dem Rundfunk, dem das Fernsehen zugerechnet wurde, im Vergleich zu anderen Massenmedien, wie etwa den Zeitungen, eine zentrale Rolle im Rahmen gesellschaftlicher Meinungsbildung zu. Die Richter betonten

neben der Presse ist der Rundfunk ein mindestens gleich bedeutsames, unentbehrliches modernes Massenkommunikationsmittel. Der Rundfunk ist nicht nur Medium, sondern auch Faktor der öffentlichen Meinungsbildung. (Verlautbarung der Pressestelle des Bundesverfassungsgerichts zum Fernsehurteil, zit. n. H. BAUSCH, 1980, S. 436)

Die Verlautbarung der Pressestelle des Bundesverfassungsgerichts zum Mehrwertsteuer-Urteil wies auf die gesellschaftliche Integrationsfunktion des öffentlich-rechtlichen Rundfunks hin:

> Die Rundfunkanstalten stehen in öffentlicher Verantwortung, nehmen Aufgaben der öffentlichen Verwaltung wahr und erfüllen eine integrierende Funktion für das Staatsganze. Ihre Tätigkeit ist deshalb nicht gewerblicher oder beruflicher Art. (H. BAUSCH, 1980, S. 439)

Die Initiative zur Gründung eines zweiten Fernsehprogramms ging mit dem Verfassungsgerichtsurteil endgültig von der Bundesregierung auf die Länder über. Am 6.6.1961 unterzeichneten die Ministerpräsidenten den Staatsvertrag über die Errichtung der Anstalt des öffentlichen Rechts »Zweites Deutsches Fernsehen« (ZDF). Nach der Konstituierung der Aufsichtsgremien und der Wahl des ersten Intendanten Prof. Dr. Karl HOLZAMER wurde das ZDF am 12.3.1962 geschäftsfähig.

In der Übergangszeit bis zum Sendungsbeginn des ZDF strahlte die ARD im Auftrag der Ministerpräsidenten der Länder vom 1.6.1961 bis zum 1.4.1963 ein zweites ARD-Programm aus, das als Kontrastprogramm zum ersten Programm konzipiert war. Der Hessische Rundfunk begann bereits am 1.5.1961 mit der Ausstrahlung eines zweiten regionalen Fernsehprogramms als Vorläufer zum zweiten ARD-Gemeinschaftsprogramm. Der Auftrag, ein zweites Fernsehprogramm auszustrahlen, enthielt bereits den Hinweis, dass nach Aufnahme des Sendebetriebes durch das ZDF eine Ausstrahlung dritter regionaler Programme durch die ARD-Anstalten möglich sei. Verschiedene regionale Sendeanstalten hatten ihre Zusage zur Beteiligung am zweiten ARD-Programm an die Bedingung der Bewilligung dritter regionaler Programme geknüpft. Auf diese Weise erweiterte sich das Angebotsspektrum der Programmangebote in den 60er Jahren, was auch zu einem Anstieg der Kosten führte.

Die Ausstrahlung des ZDF-Programms ab 1963 erfolgte in Koordination mit der ARD nach dem Vorbild des zweiten ARD-Programms. Das Schlagwort »Kontrastprogramm«, aber auch die Forderung nach einer »Schutzzone« für politische Sendungen – wie sie lange Zeit etwa am Mittwochabend bestand – bestimmten die publizistischen Diskussionen der 60er Jahre. Ein von Gremien beider Fernsehanbieter erarbeitetes Programmschema wurde nun Grundlage der Programmplanung und der Programmorganisation. Man vereinbarte zeitliche Raster für die Sendungen: Die Viertelstunde wurde zur zeitlichen Grundeinheit der Koordinationsverhandlungen (K. HICKETHIER, 1984). Dennoch blieb das Modell des Kontrastprogramms problematisch, da es sich in der Praxis nur in Ansätzen realisierte und von den Sendeanstalten oft durchbrochen wurde.

Für die Ausweitung des Programmangebots in den 60er Jahren konnten die Sendeanstalten auf das in den 50er Jahren entwickelte Angebotsspektrum zurückgreifen. Nach der übergangsweisen Ausstrahlung eines zweiten ARD-Programms und dem Sendebeginn des ZDF begannen die ARD-Sendeanstalten ab 1964 mit der Ausstrahlung dritter regionaler Programme. Diese Programme waren zunächst als zielgruppenorientierte Minderheitenprogramme mit einem primären Bildungsanspruch konzipiert und wurden von der Programmkoordination zwischen ARD und ZDF ausgenommen. Mit dem Beginn der Ausstrahlung eines Vormittagsprogramms für DDR-Zuschauer im Gemeinschaftsprogramm der ARD war in den 60er Jahren eine weitere Programmausweitung zu verzeichnen.

In der neuen Konkurrenzsituation vollzogen sich entscheidende Veränderungen im Programmangebot der ARD. Sie erweiterte zeitgleich mit dem ZDF-Ausstrahlungsbeginn ihr Nachrichtenangebot und ihre Auslandsberichterstattung, um den konkurrierenden Sender an seiner zunächst größten Schwachstelle im Programmangebot, der aktuellen Berichterstattung, zu treffen. Auch politische Magazine, etwa *Panorama*, sorgten mit ihren Skandalen für Aufmerksamkeit in einer breiten Öffentlichkeit. Das ZDF reagierte mit der früheren Platzierung seiner Hauptnachrichtensendung, um einen Vorsprung an Aktualität und den früheren Beginn des Hauptabendprogramms zu erreichen. Vergleichbar mit der Krönung ELIZABETHs 1953 bildete die erste Mondlandung am 21.7.1969 in der Live-Übertragung das massenwirksame Fernsehereignis der 60er Jahre.

Die Unterhaltungskonkurrenz durch das ZDF und seine Taktik, aufgrund mangelnder eigener Produktionskapazität auf

billigere Kaufproduktionen zurückzugreifen, führte zu einem
höheren Anteil von Serien, insbesondere von US-Kaufproduktionen, am Gesamtprogramm. Der amerikanische Einfluss
zeichnete sich auch im Spielfilmbereich ab. Die Einführung des
Farbfernsehens 1967 verstärkte zusätzlich den Unterhaltungs-
charakter des Mediums.

3.4 Die Ökonomisierung der öffentlich-rechtlichen
Institution Fernsehen seit den 60er Jahren

Trotz ihrer juristisch festgeschriebenen öffentlich-rechtlichen
Konstitution mussten sich ARD und ZDF immer stärker wirtschaftlichen Anforderungen anpassen. Bereits 1969 zeichneten
sich deutliche finanzielle Schwierigkeiten des ZDF ab; in den
frühen 70er Jahren erfasste eine Finanzkrise alle Sendeanstalten.
Die Fernsehgebühren reichten nicht für die ständigen Programm-
merweiterungen aus. Personal- und Produktionskosten waren
bei gleichen Einnahmen ständig gestiegen. Das ZDF begegnete
dieser Krise mit veränderten Programm- und Planungsstrategien.
Man suchte nach neuen Präsentationsformen, die eine sinnvolle
Nutzung bislang unausgeschöpfter Archivwerte etwa im Unterhaltungsprogramm ermöglichten und so die Kosten senkten.

Mit dem Ziel gesteigerter Produktivität galt es die Kontakte
zwischen den Redaktionen zu intensivieren. Schon 1974 wies
Dieter STOLTE (ZDF) auf die Notwendigkeit des industriellen
Managements in den öffentlich-rechtlichen Sendeanstalten hin
(D. STOLTE, 1974, S. 1). Gestiegenen künstlerischen und journalistischen Ambitionen stünden betriebswirtschaftliche Notwendigkeiten der rationellen Nutzung geschaffener Produktionsmit-
tel etwa im Studiobereich gegenüber. Die ARD-Intendanten beschlossen im gleichen Jahr einschneidende Sparmaßnahmen im
Programmbereich, die auch die Verkürzung von Sendezeiten und
die Verstärkung des Wiederholungsanteils beinhalteten. Gleichzeitig begann eine Phase der Reorganisation der Sendeanstalten,
die kontinuierliche Kostensenkungen und Optimierungen im
Bereich der Produktivität anstrebten.

ARD und ZDF setzten sich in den 70er Jahren zunehmend
mit den Folgen der Konkurrenz mit kommerziellen Anbietern in
der sich abzeichnenden Organisationsform eines dualen Rundfunksystems auseinander. Das ZDF rechnete mit dem baldigen

Aufkommen kommerzieller Programmkonkurrenz und intendierte daher die weitere Maximierung der Zuschauerzahlen. WDR-Intendant Klaus von BISMARCK suchte nach Möglichkeiten, im Interesse der Anbindung an den Sender das Publikum aktiv in die Programmgestaltung einzubeziehen (K. von BISMARCK, 1972, S. 51). STOLTE forderte frühzeitig Strategien gegen die drohende Programmkonkurrenz zu entwickeln. Aus der Erkenntnis künftiger technischer und wirtschaftlicher Möglichkeiten müssten die Sendeanstalten Vorkehrungen treffen, die dann bei tatsächlichen Veränderungen des Programmmarktes wirksam werden könnten. Das Fernsehen müsse trotz des vorhandenen Unterhaltungsbedürfnisses der Bevölkerung auch weiterhin gesellschaftliche Aufgaben übernehmen.

Doch die öffentlich-rechtlichen Sendeanstalten verstärkten den Unterhaltungsanteil ihrer Programmangebote. In den veränderten Programmschemata des Jahres 1978 schlugen sich grundlegende Strategien nieder. Ein neuer Serientermin und die Erweiterung des Nachtprogramms durch Spielfilmwiederholungen markierten die neue Bedeutung der Unterhaltung bei ARD und ZDF. Terminvereinheitlichungen und weitgehend homogene Programmangebote sollten die Orientierung der Zuschauer erleichtern. Die Erweiterung der aktuellen Berichterstattung u. a. durch die Einführung von Nachrichtenmagazinen und Verbesserungen in den Programmbereichen Kultur und Politik nutzten eigene Vorteile im Personalbereich insbesondere hinsichtlich des vorhandenen Korrespondentennetzes, das die kommerziellen Anbieter erst noch aufbauen mussten.

Dass diese frühen strategischen Überlegungen der öffentlich-rechtlichen Sendeanstalten tatsächlich sinnvoll waren, bewies die 1978 erfolgte Entscheidung der Ministerpräsidenten der Länder, Kabelpilotprojekte einzurichten, um eine Testphase für das duale Rundfunksystem mit seinem Nebeneinander kommerzieller und öffentlich-rechtlicher Programmangebote durchzuführen. Neben die öffentliche Aufgabe der integrierenden Funktion für das Staatsganze tritt mit der offiziellen Einführung des dualen Rundfunksystems 1984 die Funktion der Befriedigung individueller Unterhaltungsinteressen der Zuschauer, die das privatwirtschaftlich organisierte Fernsehen übernahm.

3.5 Zur Programmentwicklung der 70er Jahre

In den frühen 70er Jahren war als mediales Ergebnis der Studen-
tenbewegung eine zunehmende Integration sozialer Wirklichkeit
in die Sendungen zu verzeichnen. Der Versuch, Fernsehshows
mit dem didaktischen Ziel der Verbesserung des Sozialverhaltens
der Zuschauer zu gestalten, scheiterte mit Dietmar SCHÖNHERRS
und Vivi BACHs *Wünsch' Dir was* (1969–72). Auch Wolfgang
MENGES Familienserie *Ein Herz und eine Seele* (ARD), die an die
Tradition amerikanischer ›situation comedies‹ anknüpfte, stieß
auf Zuschauerproteste, die sich an politischen Diskussionen und
dem Benehmen von ›Ekel Alfred‹ (Heinz SCHUBERT) entzünde-
ten. Im Bereich des Fernsehspiels war eine Tendenz zur Darstellung von Alltagswirklichkeit und Gesellschaftsproblemen zu verzeichnen. Egon MONKs Fernsehspiel *Wilhelmsburger Freitag*
(NDR) steht stellvertretend für eine Reihe realistischer Darstellungen von Alltagswirklichkeit. In Rainer Werner FASSBINDERS
Acht Stunden sind kein Tag wurde das Realitätsprinzip auch in die
fiktionale Programmform Serie umgesetzt.

Tendenzen zur Magazinisierung des Programms, zur Zerstü-
ckelung längerer Informationseinheiten in kleine Angebotshäpp-
chen, begannen sich in den 70er Jahren durchzusetzen. Es entstanden Magazine zu den unterschiedlichsten Themenbereichen,
u. a. Senioren-, Auslands-, Auto- und Kulturmagazine. Mit Magazin und Serie etablierten sich Erzählformen, die in besonderer
Weise den Anforderungen des Erzählflusses des Fernsehens gerecht werden. Beide nutzen unterschiedliche Modelle der additi-
ven, potenziell unendlich ausdehnbaren Erzählformen, die eine
Vielzahl von Themen berücksichtigen können und leicht planbar
sind.

1975 erhielten in der ARD populäre Serien und Mehrteiler
den vormals politischen Sendungen vorbehaltenen Programm-
platz am Montag um 20.15 Uhr. Zunächst wurden *MS Franziska*,
die US-Serie *Roots* und eine mehrteilige Verfilmung von Leo
TOLSTOJs *Anna Karenina* ausgestrahlt. Die werbewirksamen Vor-
abendserien gewannen immer mehr an Bedeutung. Eine deutliche Zunahme an US-Produktionen, besonders im Bereich des
Vorabendprogramms, zeigt die durchgängige Verstärkung des
Unterhaltungsschwerpunkts im Fernsehen an.

Mit der wachsenden Bedeutung des Unterhaltungsanteils im
Gesamtprogramm nahm die Starorientierung zu. Dies machte

sich auch im Jugendprogramm, beispielsweise in der erfolgreichen Musiksendung *Disco* bemerkbar. Die Einführung der US-Programmform ›Talk Show‹ kam dem Zuschauerinteresse nach Einblicken in die Persönlichkeit von Prominenten entgegen. Reinhard MÜNCHENHAGENS *Je später der Abend* eröffnete den Reigen einer Vielzahl folgender Talk Shows. MÜNCHENHAGEN erregte durch ›aufsässige‹ Studiogäste wie Klaus KINSKI Aufsehen. Auch die Flut der ›Wohltätigkeitsshows‹ begann in den 70er Jahren. Die Aktion Sorgenkind, die Deutsche Sporthilfe, die Deutsche Krebshilfe und andere wurden von den Fernsehanstalten mit Spenden der Zuschauer versorgt.

Der Bildungsanspruch des öffentlich-rechtlichen Programmangebots wurde in das Schulfernsehen ausgelagert, das in alle Dritten Programme Einzug hielt. Dort verstärkte sich auch der Trend zur Regionalisierung: Regionale Nachrichtensendungen gewannen an Zuschauerinteresse. Die Verantwortlichen des WDR planten Ende der 70er Jahre den Aufbau von Landesstudios und die verstärkte Ausstrahlung sogenannter Fensterprogramme. Das Angebot lokaler Information sollte die Zuschauer von den Angeboten der kommerziellen Konkurrenz fernhalten.

3.6 Die Programmentwicklung im dualen Rundfunksystem

Schon seit den 70er Jahren besetzten öffentlich-rechtliche Anbieter jene Programmlücken, deren Produktion aus ihrer Sicht für kommerzielle Anbieter besonders problematisch ist. Dazu zählte die Auslandsberichterstattung durch Auslandsstudios ebenso wie der Bereich des Regionaljournalismus. Gleichzeitig vollzog sich eine weitere Ausdifferenzierung des Unterhaltungsangebots, das sich auch an aktuellen Erfolgsrezepten des kommerziellen Fernsehens in den USA orientierte. Zu den Anpassungsmaßnahmen öffentlich-rechtlicher Sendungen an kommerzielle Präsentationsformen gehörten u. a. die vermehrte Ausstrahlung der Programmformen Sitcom und Show, auch zahllose Gameshows etwa zum Thema Liebe, Partnerschaft, Ehe. Auch die Erzählweise der Fernsehfiktion wurde mit Serien wie *Die Schwarzwaldklinik* (ZDF) oder Fernsehfilm-Mehrteilern popularisiert. Die kommerziellen Anbieter bestritten nach ihrem Sendebeginn 1984 einen großen Anteil ihrer Programmangebote mit Kaufproduktionen aus den USA oder mit Serien und Spielfilmen aus dem Hause des Medienkonzerns Leo KIRCH. Gleichzeitig versuchten sie, sich Lizenzen für publikumswirksame Sportübertragungen zu sichern.

Der Beginn der 90er Jahre markierte eine Zäsur in der Programmgeschichte. Die kommerziellen Anbieter RTL und SAT.1 hatten ihre Vollprogramme etabliert und ihre finanzielle Lage deutlich verbessert. 1990 begannen RTL-Programmplaner, das Strukturprinzip des ›stripping‹ zu verfolgen und jeden Tag das gleiche Sendeformat zur gleichen Uhrzeit zu platzieren, um so die Orientierung des Zuschauers auch ohne Programmzeitschrift zu ermöglichen. ARD und ZDF passten sich an dieses Platzierungsmodell der kommerziellen Anbieter an. Der Versuch, eine tägliche Sendeleiste mit einer Daily Soap zu besetzen (*Gute Zeiten, schlechte Zeiten* bei RTL), wurde von der Sendeanstalt erst nach großen Anfangsschwierigkeiten als Erfolg bewertet. Ab Januar 1995 strahlte auch die ARD *Marienhof* und *Verbotene Liebe* täglich aus. Mit diesen Daily Soaps vollzogen sich weitere Leistenbildungen im Vorabendprogramm.

Solche Formen der Konvergenz resultierten auch in Formen der Divergenz. Ein verstärktes Engagement im Bereich der Eigenproduktionen sollte, nach der in den 80er Jahren vorherrschenden Ausstrahlung von US-Kaufproduktionen im Bereich Serien und Spielfilm, die Sender für die Zuschauer identifizierbar machen. Der Anteil von US-Serien ging bei SAT.1 und RTL zugunsten von Eigenproduktionen im Bereich fiktionaler Sendungen nach erfolgsbewährten Mustern und Motiven der Trivialliteratur langsam zurück. Gleichzeitig begannen sich mit ›Rettersendungen‹ des Reality TV und schließlich Docu Soaps Sendeformen des Semidokumentarismus im Programmangebot zu etablieren.

Der bereits zu Beginn der 90er Jahre drohenden Konkurrenz digitaler Programmbouquets begegneten die Fernsehanstalten mit zusätzlichen Spartenangeboten. Neben die öffentlich--rechtlichen Kulturkanäle traten nun kommerzielle Nachrichten-, Musik- und Sportsender. Gleichzeitig nutzten neue Sendeformate auch neue Themen. So geriet der menschliche Alltag zum Thema diverser Unterhaltungsformate, deren Spektrum von zahllosen Beziehungsshows bis hin zum televisionären Menschenzoo *Big Brother* reicht. Im Programmbouquet des digitalen Fernsehens setzt sich auch die in den 90er Jahren voranschreitende Ausdifferenzierung der Spartenprogramme fort.

3.7 Veränderungen der Fernsehorganisation seit Einführung des dualen Rundfunksystems

Da die kommerziellen Sendeanstalten sich vor allem durch Werbeeinnahmen finanzieren mussten, richteten sie ihre Senderorganisation möglichst kostensenkend ein. Sie trennten die Organisation von Programmausstrahlung, -einkauf und –produktion. Tochterunternehmen beliefern die Sendeanstalten mit Sendereihen. Mit der Gründung kommerzieller Sendeanstalten entstand so ein wirtschaftliches Teilsystem, das mehrere voneinander abhängige Teilbereiche, in denen jeweils eigene Unternehmen operieren, integriert. Der Bereich der Produktion ist ebenso Gegenstand freier Unternehmen wie Postproduktion und die Sendungsvermarktung in Form von Merchandising-Rechten. Nicht nur die Sendeanstalten, sondern alle an der Fernsehkommunikation beteiligten Unternehmen sind auf die Aufmerksamkeit der Zuschauer als Währung (G. FRANCK, 1998) angewiesen. Sie ist Grundlage einer Ökonomie des Tausches: Aufmerksamkeit in ihrer Quantifizierung als Quote wird gegen Geld der werbetreibenden Industrie eingetauscht. Das Nutzungsverhalten von Konsumenten bestimmt die Programmplanung, nicht die Orientierung an gesellschaftlichen Aufgaben, wie es in der Organisationsform der öffentlich-rechtlichen Sendeanstalten angelegt ist.

Die Fernsehanstalt fungiert als Verbindungsglied zwischen Wirtschaft und Zuschauer. Er ist nicht allein Adressat der Sendung, sondern vor allem der Werbebotschaften. Der Zuschauer tauscht seine Aufmerksamkeit für Produktwerbung gegen das Angebot unterschiedlicher Erlebnis- und Gefühlswelten. Sendeanstalten verkaufen die zeitlich begrenzte Aufmerksamkeit des Zuschauers an die werbetreibende Industrie. Quotenmäßig erfassbare Zuschauerzahlen sind das Potenzial für künftige Spot-Platzierungen. Werbeagenturen bilden die Zwischeninstanz zwischen Sendeanstalt und Produktindustrie. Die Programmverantwortlichen müssen neben der Beachtung durch die Zuschauer auch die Aufmerksamkeit der Werbeplaner für ihre Angebote erreichen, damit diese ihre Werbespots nicht bei konkurrierenden Sendeanstalten platzieren.

Aus Sendungen als kulturellen Angeboten wurden mediale Markenartikel. Produkte, die bereits die Aufmerksamkeit der Zuschauer fanden, besitzen einen besonderen Marktwert. So gewann in den 90er Jahren mit Sendungsformaten ein neues Segment im Fernsehmarkt an Bedeutung. Sendeformen und Inhalte, die in einem Land auf das breite Interesse der Zuschauer stießen, wurden international vermarktet (A. MORAN, 1998). Unternehmen wie Endemol, die Sendungsformate verkaufen, organisieren und regulieren den Austausch von Programmideen zwischen verschiedenen Produzenten. Gemeinsam mit den Produktionsfirmen fungieren sie als Urheber und Organisatoren von Sendungskonzepten. Sie bedürfen der Aufmerksamkeit der Programmverantwortlichen in den Sendeanstalten, um an Aufträge zu gelangen und sich eine weitere Existenz durch Folgeaufträge zu sichern. Firmen, die Produktionstechnik verleihen oder Studios für Dreharbeiten oder die Postproduktion zur Verfügung stellen, sind wiederum auf die gute Auftragslage freier Produktionsfirmen angewiesen. Die Marktabhängigkeit der unterschiedlichen an der Sendungsproduktion beteiligten Firmen erschwert Experimente mit neuen, noch am Kunden Zuschauer unerprobten Sendeformen. Marktförmigkeit statt Vielfalt kennzeichnen so die Programmangebote der 90er Jahre. Erfolgreiche Sendungen setzen eine Welle von Adaptionsvarianten in Gang, die von der nächsten Welle eines erfolgreichen Formatprodukts abgelöst wird.

Da die Werbezeiten in einem Programm begrenzt sind, lässt sich eine Steigerung der Einnahmen durch die Gründung neuer Programmanbieter als zusätzlicher Werbeträger erreichen. Konzernbildungen im Medienbereich kommen dem wachsenden Programmbedarf durch neue Spartenangebote und digitale Programmbouquets entgegen. Mediengiganten wie Time Warner integrieren in ihre Konzernstruktur Unternehmen der Produktions- und Verbreitungstechnik ebenso wie Film- und Fernsehproduktionsfirmen.

Die schnelle Entwicklung der Produktionstechnik in den 90er Jahren folgte den Prinzipien der Miniaturisierung und Mobilität. Im Produktionsbetrieb ließ sich durch immer kleiner werdende Kameras mit einer immer höheren Bildauflösung die Mobilität der Bildaufnahme erhöhen. Mit einer Verkleinerung der Instrumente zum Bildschnitt und der Mobilität von Sendeanlagen durch die Elektronisierung ging eine Beschleunigung der Informationsberichterstattung einher. Nun konnten Journalisten ihre Berichte direkt am Ort der Aufnahme schneiden und via eigenem Satellitengerät an ihre Redaktionen übermitteln. Diese Technik wurde erstmals im Golfkrieg eingesetzt, dessen Berichterstattung auch die Folgen dieser technisch möglichen Beschleunigung verdeutlichte. CNN berichtete im ersten elektronischen Krieg mit aufwändiger Ausrüstung live vom Kriegsgeschehen vor Ort, für Hintergrundinformationen blieb keine Zeit. Da die Journalisten ihre Informationen nicht überprüften, übernahmen sie unfreiwillige Propagandafunktionen im Dienste der politischen Antagonisten. Die Schreckensvisionen aus der Frühphase der Fernsehentwicklung realisierten sich auf damals ungeahnte Weise.

4. Das Fernsehen aus der Perspektive der Wahrnehmungsgeschichte

Mit Veränderungen der Programmgeschichte verändert sich auch die Medienwirkung. Jedes neue Medium trifft auf Wahrnehmungskonventionen, die sich mit seinen Vorgängermedien etabliert haben, gleichzeitig verändert das neue mediale Angebot auch die bisherige Medienwahrnehmung. Folgt man den Thesen der Vertreter des Modells der Wahrnehmungsgeschichte, so lässt sich das Fernsehen vornehmlich als eine Verbesserung des menschlichen Blicks und des menschlichen Gehörs begreifen. Der Empfang von Bildern der elektronischen Kamera auf dem Empfangsgerät im privaten Lebensumfeld hebt die körperhafte Begrenzung der Reichweite des Blickes und die Vermittlung von O-Tönen die des Gehörs auf. Das Auge der Kamera und das Mikrofon machen potenziell die gesamte dingliche Realität der Welt sicht- und ihre Geräusche hörbar. Der Hörfunk hatte dies nur für den Bereich des Auditiven ermöglicht. In den sich immer weiter entwickelnden Produktionstechnologien, insbesondere mittels der Digitalisierung, lässt sich die Reichweite auch auf künstliche Welten ausdehnen, die für den Menschen nur auf der Oberfläche des Bildschirms rezipierbar werden.

Die Wirkung der visuellen Vermittlung war von Anfang an umstritten. ADORNO statuierte in seiner frühen Kritik des Fernsehens die Dominanz der Bildersprache über Formen sprachbezogener Kommunikation. Die Bildsprache sei primitiver als die der Worte, und ADORNO vermutet weiter, Menschen würden durch das Fernsehen der Sprache entwöhnt. Der Position ADOR-

NOs vergleichbar kritisierte auch Günther ANDERS die Sprachlosigkeit der Menschen als Folge des Medienkonsums. »Da uns die Geräte das Sprechen abnehmen, nehmen sie uns auch die Sprache fort« (G. ANDERS, 1956, S. 107). »Worte sind für sie nicht mehr etwas, was man spricht, sondern etwas, was man nur hört; Sprechen ist für sie nicht mehr etwas, was man tut, sondern etwas, was man erhält.« (G. ANDERS, 1956, S. 109) Das Fernsehen als »Bildmaschine« hat der »Konversationsmaschine« Hörfunk in der gesellschaftlichen Bedeutung den Rang abgelaufen. FLUSSER wies darauf hin, dass in den letzten Jahrzehnten Fotos, Filme, Videos, Fernsehschirme und Computerterminals die Funktion der Informationsvermittlung von den linearen Texten übernahmen (V. FLUSSER, 1992, S. 9). Diese Veränderungen haben auch Auswirkungen auf den Rezipienten und seine Welterfahrung. Nun dominieren Vermittlungsweisen, die sich nicht auf den Bereich der sprachlich vermittelten Ratio begrenzen lassen. Die Welterklärung der Bildmedien durch das Wechselverhältnis von visuellem Zeigen aktuellen Geschehens und sprachlichem Erklären seiner Bedeutung oder durch visuelle und sprachliche Fiktion weist eine größere Nähe zur mythischen Form der Welterkenntnis auf, die auf der Doppelung von Handlungs- und übergeordneter Bedeutungsebene basiert.

ADORNO bezeichnete das Fernsehen in Abgrenzung vom Kino als den »traumlose[n] Traum« (T. W. ADORNO, 1963, S. 69). Der charakteristische Vermittlungsstil des Fernsehens sei es, ein von allen Sinnen erfassbares Abbild der Welt zu schaffen. Fernsehen bringe im Unterschied zum Film den Konsumenten das Produkt ins Haus und damit ins private Umfeld. Das Heimkino setze die Distanz von Produkt und Betrachter im wörtlichen und im übertragenen Sinne herab. Die technischen Bilder des Fernsehens werden zwar massenhaft erzeugt, erscheinen aber auf dem heimischen Bildschirm als einzelne Bildangebote, die individuell rezipiert werden, wobei sich der einzelne Zuschauer nicht als Teil der Masse erfährt, der er tatsächlich ist. Der kollektive Bezug der Fernsehinhalte wird privat rezipiert. Die Weltvermittlung und -erklärung findet im Bereich der eigenen Lebenswelt statt und ist ihr integraler Bestandteil: »Das Fernsehen wird zu einer visuellen Umwelt im Alltag.« (R. WINTER/R. ECKERT, 1990, S. 92f.) Diese besondere Rezeptionssituation trägt zum hohen Wirkungspotenzial des Fernsehens bei.

5. Die Geschichte der individuellen Wirkung des Fernsehens

Das Fernsehprogramm ist ein facettenreicher Spiegel der gesellschaftlichen Anforderungen an das Individuum. In der Rezeption unterschiedlicher Narrationen im Programm wird der Zuschauer durch das Fernsehen mit den die Gesellschaft bedingenden kollektiven Vorstellungen von Wirklichkeit, Modellen der Lebensführung, Werten und Sinnkonfigurationen vertraut gemacht. Das Fernsehen vermittelt in verschiedenen Programmformen Orientierung in den Bereichen, die das Individuum in seiner Lebenswelt betreffen. In der Frühphase der Programmentwicklung des deutschen Fernsehens wurden alltagsnahe Themen im Kreise der gesellschaftlichen Kerngruppe Familie behandelt, die als Identifikationsfiguren für die Familienmitglieder am Bildschirm zur Verfügung stehen. Die Zuschauer machten sich in der Serienrezeption mit diversen Lebensmodellen des Familien- und Berufslebens vertraut.

Insbesondere jene Sendeformen, die selbst Anforderungen thematisieren, machen historische Veränderungen der gesellschaftlichen Anforderungsstruktur deutlich. In Gameshowformaten lassen sich Grundsituationen der Prüfung und Bewährung unterscheiden, die in ihrer Ausformung den jeweils unterschiedlichen historischen Anforderungen der Gesellschaft angepasst sind. Wissen und seine Anwendung in konkreten Prüfsituationen ist die Bewährung in Quizsendungen der 60er Jahre. Als Reaktion auf gesellschaftliche Liberalisierungstendenzen in den 70er Jahren fordert *Wünsch' Dir Was* soziale Kompetenz. Körperliche Leistungsfähigkeit und Teamgeist der Region im Vergleich zu anderen europäischen Ländern ist die Bewährung in *Spiel ohne Grenzen* der 60er Jahre. In einer Zeit der Massenarbeitslosigkeit kann man in den 80er Jahren seinen *Traumjob* (ZDF) gewinnen. Gnadenlose sportliche Auseinandersetzung, die auf das direkte Ausstechen der Konkurrenten abzielt, bildet die Spielstruktur der 90er Jahre in *Die Hunderttausend Mark Show*. Risikobereitschaft ist die zentrale Forderung in *Geh aufs Ganze* (SAT.1). Die Fähigkeit zur individuellen Selbstdarstellung und zur strategischen Kooperation in wechselnden Anforderungen wird den Kandidaten in *Big Brother* (RTL 2) abverlangt.

In den sich auflösenden Arbeitsstrukturen der 90er Jahre gewann die individuelle Flexibilität an Bedeutung. Gleichzeitig vollzog sich eine Ausdifferenzierung der Gesellschaft in unterschiedliche Teilgruppen, die sich u. a. durch gleichartiges Konsumverhalten definierten. Jo REICHERTZ konstatiert:

> In einer unübersichtlich gewordenen Welt, in der jeder bei Strafe des Identitäts- und Orientierungsverlusts zum »Sinnbasteln« verpflichtet ist, nutzen Akteure zunehmend die (auch vom Fernsehen gestaltete) Kultur der Szenen und Lebensstile zur Eigen- und Fremdorientierung. (J. REICHERTZ/T. UNDERBERG, 1998, S. 9)

Lebensstile werden in den 90er Jahren in unterschiedlichen Serienformaten präsentiert.

6. Die Geschichte der gesellschaftlichen Wirkung des Fernsehens

Mit der Festlegung der Organisationsform eines neuen Mediums wird auch sein gesellschaftliches und individuelles Einsatzpotenzial mitbestimmt. Forschungsergebnisse zur gesellschaftlichen Einbindung des Fernsehens zeigen, dass in den 50er Jahren das Medium als Familienfernsehen fungierte, das den Blick in die Welt ermöglichte, aber auch in seinen fiktionalen Sendungen Modellfamilien und ihr Alltagsleben präsentierte. Vom Fernsehspiel, den frühen Ratgebersendungen bis zur ersten langlaufenden Serie im deutschen Fernsehen *Unsere Nachbarn heute abend: Die Familie Schölermann* lassen sich dafür zahlreiche Beispiele finden. Für die 60er Jahre konstatiert Helmut KREUZER eine »Umorientierung in Richtung auf ein ›Gesellschaftsfernsehen‹ mit politischem Eigengewicht« (H. KREUZER/C. W. THOMSEN, 1993, S. 13). Beispielhaft für diese Entwicklung waren Magazine wie *Panorama*, Dokumentarfilme der Reihe *Zeichen der Zeit* und die zeitkritischen Fernsehspiele der Hamburger Schule Egon MONKs. In den 70er Jahren orientierte sich das Fernsehen, so Helmut KREUZER verstärkt »an den differenzierten Interessen und Bedürfnissen von unterschiedlichsten Adressatengruppen« (H. KREUZER/C. W. THOMSEN, 1993, S. 13). Das sogenannte Zielgruppenfernsehen (u. a. Kinderfernsehen und Jugendsendungen) stehe dafür als Beispiel. Im dualen Rundfunksystem seit der zweiten Hälfte der

80er Jahre war das Medium im Selbstverständnis vieler Programmverantwortlicher von Helmut Thoma bis Georg Kofler schließlich zum »Warenhaus« (H. Kreuzer/C. W. Thomsen, 1993, S. 13) geworden, in dem vieles unvermittelt nebeneinander steht und von den verschiedenen Teilpublika abgerufen werden kann.

Das digitale Fernsehen setzte in den 90er Jahren die Ausdifferenzierung der Mediennutzer weiter fort. Formen des Pay per View sehen eine Individualnutzung des Mediums vor. Gleichzeitig lässt sich auf diese Weise die tatsächliche Nutzung ökonomisch auswerten. So beginnt sich das Fernsehen von seiner bisherigen Abhängigkeit von Werbeeinnahmen zu lösen. Der Zuschauer selbst wird als Quelle künftiger Einnahmen entdeckt. Mit Pay per View muss er sein Sehverhalten über die Rundfunkgebühren hinaus selbst finanzieren.

7. Das Fernsehen im Zeitalter des Internet

Die Digitalisierung und ihre Nutzung durch das World Wide Web markiert den bisherigen Endpunkt der historischen Abfolge der Medien, die es mittels einer einheitlichen Technik in eine neue, komplexe Hybridstruktur integriert, die alle Angebote der Medien auf eine Angebotsfläche überführt. Wolfgang Coy stellt fest: »Jedes digitalisierte Medium läßt sich prinzipiell in jedes andere digitalisierte Medium einformen, die Grenzen zwischen den digitalisierten Medien verschwinden auf der Ebene der Signale und der Zahlen.« (W. Coy, 1994, S. 46) Das Fernsehen als synkretistisches Medium, das Formen und Inhalte seiner Vorgängermedien auf seiner Angebotsfläche integrierte, ist gegenwärtig dabei, selbst zum integralen Bestandteil dieser umfangreichen Mediensymbiose zu werden. Im Internet sind Fernsehprogramme nur Teil einer umfassenden Hypertext-Struktur, die auch Angebote anderer Medien wie beispielsweise des Hörfunks umfasst. Die Narrationsstrukturen des Fernsehens, das zeigt bereits die jetzige Platzierung von Fernsehsendungen im Netz, werden in der neuen Angebotsstruktur des Internet aufgelöst in eine Abfolge individuell rezipierbarer Angebotssequenzen. So lassen sich die Meldungen der *Tagesschau* (ARD) von der Webseite einzeln abrufen.

In der zweiten Hälfte der 90er Jahre werden die Funktionen des Medienensembles und damit auch die Funktionen des Fern-

sehens neu verteilt. Die drastische Erhöhung von Übertragungskapazitäten mittels der Digitalisierung ermöglicht die Symbiose
der bislang getrennten Vermittlungswege von Rundfunk, Computer, Telefon und schriftlicher Kommunikation. Akustische, visuelle und schriftliche Botschaften lassen sich durch Bytes vermitteln. Diese Vermittlung vereinheitlicht nicht nur die Basisele-
mente der medialen Kommunikation, sondern verändert auch
den Kommunikationsprozess selbst. Die Digitalisierung ermöglicht, dass auch der Empfänger selbst als Absender fungieren
kann. Das Geräteensemble Computerterminal und Tastatur
droht den Empfangsapparat Fernsehen und Fernbedienung zu
ersetzen. So realisiert sich die alte Utopie der Zwei-Wege-Kom-
munikation, die im Fernsehen bislang vor allem auf telefonische
Zuschauerreaktionen begrenzt blieb. Im Internet kann jeder
gleichzeitig User und Provider werden. Eigene Homepages gehören zu individuellen Kommunikationsangeboten ebenso wie
e-mails und die Teilnahme an Chat-Groups.

8. Von der Massen- zur Individualkommunikation

Im Verlauf der Mediengeschichte resultierten technische Veränderungen in einem Wechsel von der Massenkommunikation zu
verschiedenen Formen technischer Individualkommunikation.
Schon im Verlauf des dualen Rundfunksystems war eine zunehmende Zersplitterung der Adressaten von Massen zu Zielgruppen erkennbar, die sich insbesondere in den 90er Jahren in einer
ständig steigenden Anzahl von Spartenprogrammen niederschlug. Das Wirkungspotenzial einzelner Sendungen ist durch
die parallele Existenz verschiedener Programmangebote und die
sich in Konsequenz vollziehende Fragmentierung des Publikums
gesunken. Mit der Digitalisierung wird sich dieser Prozess zu einer veränderten Rezeption fortsetzen. Aus dem passiven Zuschauer früherer Fernsehjahre soll künftig ein (inter)aktiver User
werden, der die verschiedenen Formen der Mediennutzung seinen individuellen Bedürfnissen anpasst. Die veränderte Mediennutzung basiert auf Veränderungen der Angebotsfläche. Die Angebotsfläche der Medienangebote im Internet übersteigt die bisherige Komplexität des Fernsehens. Das Fernsehen steht so am
Beginn eines neuen medienhistorischen Zyklus der Umvertei-
lung von Medienangeboten und -funktionen. Retrotrends im

Programmangebot des neuen Jahrtausends, wie etwa die Renaissance der Quizshows, zeigen, wie sich das Medium auf seine Kernkompetenzen zurückzieht. So sichert es sich seinen Platz im Medienensemble.

JOAN KRISTIN BLEICHER

Literatur

G. ANDERS, Die Antiquiertheit des Menschen, München 1956. – T. W. ADORNO, Prolog zum Fernsehen, in: ders., Eingriffe. Neun kritische Modelle, Frankfurt a. M. 1963, S. 69–80. – K. von BISMARCK, Die Haupttendenzen für die nächsten fünf Jahre, in: Fernseh-Informationen 3 (1972), S. 51–52. – D. STOLTE, Fernsehen von Morgen – Analysen und Prognosen, in: Aktueller Fernsehdienst 4 (1974), S. 1–3. – Rundfunk in Deutschland, Bd. 3, hg. von H. BAUSCH, 5 Bde., München 1980. – M. ESSLIN, The Age of Television, San Francisco 1982. – K. HICKETHIER, Die ersten Programmstrukturen im deutschen Fernsehen: Von der wohlkomponierten Mitte zum Viertelstundenraster, in: Rundfunk und Fernsehen 4 (1984), S. 441–462. – R. GENTH/J. HOPPE, Telephon! Der Draht, an dem wir hängen, Berlin 1986. – F. A. KITTLER, Grammophon, Film, Typewriter, Berlin 1986. – S. ZIELINSKI, Audiovisionen. Kino und Fernsehen als Zwischenspiele in der Geschichte, Reinbek bei Hamburg 1989. – R. WINTER/R. ECKERT, Mediengeschichte und kulturelle Differenzierung. Zur Entstehung und Funktion von Wahlnachbarschaften, Opladen 1990. – V. FLUSSER, Ins Universum der technischen Bilder, Göttingen 1992. – D. STOLTE, Fernsehen am Wendepunkt. Meinungsforum oder Supermarkt?, München 1992. – H. KREUZER/C. W. THOMSEN, Vorwort: Zur Geschichte des Fernsehens in der Bundesrepublik Deutschland, in: Institution, Technik und Programm. Rahmenaspekte der Programmgeschichte des Deutschen Fernsehens, hg. von K. HICKETHIER, München 1993, S. 5–13. – S. ZIELINSKI, Zur Technikgeschichte des BRD-Fernsehens, in: Institution, Technik und Programm. Rahmenaspekte der Programmgeschichte des Fernsehens, hg. von K. HICKETHIER, München 1993, S. 135–170. – W. COY, Die Entfaltung programmierbarer Medien – eine neue Medienwelt, in: Digitales Fernsehen – eine neue Medienwelt, hg. von J. PAECH/A. ZIEMER, Mainz 1994, S. 46–51. – Fernsehen. Medien, Macht und Märkte, hg. von H. MONKENBUSCH, Reinbek bei Hamburg 1994. – Geschichte des Fernsehens in der Bundesrepublik Deutschland, hg. von H. KREUZER/C. W. THOMSEN, München 1994. – KERCKHOVE, D. de, Schriftgeburten. Vom Alphabet zum Computer, München 1995. – N. LUHMANN, Die Realität der Massenmedien,

Opladen 1996. – R. STEINMETZ, Freies Fernsehen. Das erste privat-kommerzielle Fernsehprogramm in Deutschland, Konstanz 1996. – H. WINKLER, Docuverse. Zur Medientheorie des Computers, München 1997. – G. FRANCK, Ökonomie der Aufmerksamkeit, München 1998. – K. HICKETHIER (unter Mitarbeit von P. HOFF), Geschichte des deutschen Fernsehens, Stuttgart/Weimar 1998. – D. LEDER, Als das Fernsehen in die Wohnzimmer kam, in: tele kulturen. Fernsehen und Gesellschaft, hg. von J. REICHERTZ/T. UNDERBERG, Berlin 1998, S. 29–43. – A. MORAN, Copycat TV. Globalization, Program Formats and Cultural Identity, Luton 1998. – telekulturen. Fernsehen und Gesellschaft, hg. von J. REICHERTZ/T. UNDERBERG, Berlin 1998. – R. MAULKO, Digitale Televisionen, in: ZMM News, Sommersemester 2000, Hamburg 2000, S. 28–30. – H. WINKLER, Die prekäre Rolle der Technik. Technikzentrierte versus ›anthropologische‹ Mediengeschichtsschreibung, in: Über Bilder Sprechen. Positionen und Perspektiven der Medienwissenschaft, hg. von H. B. HELLER u. a., Marburg 2000, S. 9–22.

Geschichte der Digitalmedien

Die Geschichte der Digitalmedien ist in erster Linie die Geschichte des Computers. Fragt man jedoch nicht nur nach der Geschichte des Computers, verstanden als elektronisch arbeitende Maschine, mit der sich verschiedenste Arten von Daten verarbeiten lassen, sondern auch nach dem Zeitpunkt, ab dem sich die Geschichte des Computers als Geschichte eines Mediums schreiben lässt, so müssen zwei weit auseinander liegende Jahreszahlen dazu herangezogen werden. Die Geschichte des Computers – konzentriert man sich auf die vollelektronische Linie – beginnt mit dem Jahr 1946, der Beginn seiner Mediengeschichte ist schwieriger zu datieren. Als Zeitraum bieten sich die Jahre zwischen 1983 und 1993 an: 1983 wird mit der Einführung des IBM-XT Computers der Begriff ›Personal Computer‹ (PC) geprägt und die rasche Ausbreitung dieses Arbeitsinstrumentes im Bereich der Bürokommunikation wie auch im Bereich der Privatanwendungen beginnt. 1993 wird der Standard HTML freigegeben und damit beginnt der Öffnungsprozess des Internet – genauer, seiner grafischen Oberfläche World Wide Web (WWW) – für eine allgemeine Öffentlichkeit. Die daraufhin einsetzende schnelle Verbreitung dieses Angebotsspektrums, wie das exponentielle Wachstum der Informationsangebote des Netzes selbst, wären ihrerseits aber nicht in dieser Form möglich gewesen ohne die Verbreitung von PCs in den verschiedenen Einsatzbereichen. Umgekehrt hat das World Wide Web durch seine Attraktivität zur Ausweitung des Computereinsatzes vor allem in den Privathaushalten beigetragen.

Der Beginn der Geschichte des Computers als Medium ist also zwischen 1983 und 1993 anzusiedeln, die Zuweisung der medialen Qualität selbst bleibt aber nach wie vor eine Frage der Perspektive. In diesem Zeitraum fällt die erste wissenschaftliche Konferenz, die den medialen Charakter des Computers thematisiert (*The New Medium*, 1990). Bezeichnend ist, dass von geisteswissenschaftlicher Seite auf der gemeinsamen Jahrestagung der beiden führenden Organisationen der geisteswissenschaftlichen Datenverarbeitung (ALLC und ACH) der Stand der verschiedenen, bereits weit ausdifferenzierten Anwendungsfelder diskutiert und der qualitative Sprung (nicht nur – aber vor allem auch – für

den wissenschaftlichen Bereich) konstatiert wird. In diesen Zeitraum fallen auch erste Publikationen aus dem informatischen Bereich, die dem Computer den ›Rang‹ eines Mediums zuerkennen
(vgl. zusammenfassend W. COY, 1994).

Die Geschichte der Digitalmedien ist damit zwar in weiten
Teilen die Geschichte des Computers, sie ist aber auch die Geschichte der Anwendungsgebiete des Computers und der digitalen Ausprägungen anderer medialer Bereiche, die durch den Einsatz des Computers und der Digitalisierung erst möglich werden.
Doch wie bei allen anderen (Massen-)Medien, stellt der Zeitpunkt, von dem an von einem Medium (in einem engeren Sinne)
gesprochen werden kann, nicht den Beginn der zu Grunde liegenden Technologie dar.

1. Vorgeschichte

Die Frage nach der Vorgeschichte und den Voraussetzungen des
Computers führt gewöhnlich auf die Anfänge des dualen Zahlen-
systems. In der Tat stellt dieses System die Basis des heutigen ausdifferenzierten Spektrums der verschiedenen digitalen Medien
dar. Doch auch schon in der Geschichte der Nachrichtentechnik
lassen sich frühe Nutzungen des Prinzips einer dualen Unterscheidung finden, die für nachrichtentechnische Zwecke nutzbar
gemacht wurden. So wurde bereits bei der in der antiken Literatur beschriebenen Nachrichtenübertragung über den Fall der
Stadt Troja allein das Aufflammen eines Signal-Feuers als Botschaft mit einem festgelegten Inhalt definiert. Da hier jedoch einem einzelnen Zeichen eine (einmalige) Botschaft zugeordnet
ist, eignet sich diese Form der Nachrichtenübermittlung nicht für
systematische Nachrichtenübertragungen, auch wenn der Einsatz von Feuer- und Fackelsignalen in der Antike belegt ist; hier
müssen weitere Merkmale kombiniert werden, um differenzierte
Nachrichten übertragen zu können (vgl. V. ASCHOFF, 1984, S.
10–40).

2. Binäres Zahlensystem

Ungeachtet dessen, dass in der Geschichte der Zahlensysteme
eine Reihe unterschiedlicher Zahlensysteme mit differierenden
Zahlenbasen in Gebrauch waren, stellen doch das heute allge-

mein gebräuchliche Dezimalsystem und das vor allem in der Computerentwicklung besonders hervorzuhebende Binäre Zahlensystem zwei besondere Ausprägungen dar. Während Francis BACON 1605 erstmals einen binären Code aus Buchstaben entwickelt, erwähnt Gottfried Wilhelm LEIBNIZ 1680 die binäre Ausdrucksform von Zahlen und beschreibt eine binär arbeitende Rechenmaschine. In der Praxis fanden Lochkarten während der Frühphase der Computerentwicklung als Eingabe-, Steuerungs- und auch Speichermedium Verwendung. Sie sind für Vorformen des Computers (BABBAGE, HOLLERITH) von Bedeutung, ihr Entwicklungs- und Einsatzfeld – die Steuerung von Webstühlen – ist als binärer Prozess anzusehen, da bei der Kreuzung zweier Fäden eine Ja-Nein-Entscheidung getroffen werden muss (welcher der beiden Fäden, Kette oder Schuss, soll oben liegen); eine Lochkarte bildet diese Entscheidungen in digitaler Form ab.

Bereits zu Beginn des 18. Jahrhunderts wurden in Frankreich gelochte Holzbrettchen, die an einem fortlaufenden Band aufgereiht waren, zur Steuerung von Webstühlen genutzt. Die industrielle Anwendung automatisierter Steuerungssysteme ist mit dem Namen Joseph-Maria JACQUARD verbunden, der 1806 in Lyon den ersten lochkartengesteuerten Webstuhl herstellt. Auch er stützt sich dabei u. a. auf Pionierarbeiten von Jacques de VAUCANSON und überträgt sie in einen industriellen Maßstab; dieser hatte seit 1745 mit einer Stifttrommel respektive Lochstreifen gearbeitet.

Die erste vollständige Beschreibung eines Computers geht auf Charles BABBAGE zurück. Die von ihm beschriebene ›analytical engine‹ (1844) enthielt bereits alle Grundelemente wie Eingabe, Zentraleinheit (Rechenwerk, Steuerwerk, Speicher) und Ausgabe. Als Eingabemedium wie auch als Steuerungsinstrument für diesen mechanischen Computer sollten die JACQUARDschen Lochkarten dienen. Die Prinzipien und Verfahren der Programmierung wurden dabei von seiner Lebensgefährtin Ada BYRON beschrieben; sie konzipierte so wesentliche Elemente der Programmierung wie die Programmschleife (loop) oder den bedingten Sprung (conditional jump). Diese Maschine wurde aber – ebenso wie die Vorgängermaschine von 1822 (›differential engine‹), von der immerhin ein Modell existierte – nie gebaut. Spätere Nachbauten haben das prinzipielle Funktionieren dieser Konstruktion unter Beweis gestellt.

Der eigentliche Übergang zur Geschichte des Computers ist mit Herman HOLLERITH verbunden, der durch entsprechende Modifikationen der Lochkarte und die Entwicklung einer Zähl- und Sortier-Maschine den Einsatz der Lochkarte bei der Volkszählung von 1890 in den Vereinigten Staaten von Amerika ermöglichte und damit die Erfolgsgeschichte der Lochkarte begründete. Auch wenn ihr eigentlicher Siegeszug erst mit dem Einsatz zur Datenspeicherung sowie zur Steuerung der elektronischen Computer in den 50er Jahren und bis in die 70er Jahre des 20. Jahrhunderts hinein stattfindet, sind doch schon zu Beginn des Jahrhunderts wesentliche Funktionen der späteren elektronischen Datenverarbeitung wie Zählung, Sortierung, Suche und Datenbankhaltung mit diesem Speichermedium möglich. Die Speicherung der einzelnen Attributwerte erfolgt dabei digital durch Lochung oder Nicht-Lochung in dem Kartenbereich, der jeweils für das bestimmte Attribut (männlich, weiblich, Muttersprache Englisch etc., um nur einige wenige Beispiele aus der ersten Volkszählung anzuführen) reserviert war. Für den späteren Einsatz in der elektronischen Datenverarbeitung muss aber noch eine allgemein gültige Codierung der Lochungen (Normierung) erfolgen, damit beispielsweise auf die alphanumerischen Zeichen beliebig zurückgegriffen werden kann.

Für die Geschichte des Computers ist ferner die Entwicklung der Schaltalgebra – sie beschäftigt sich mit der Kombinatorik, die sich aus den verschiedenen Möglichkeiten der Kombination von Kontakten ergibt (parallel und seriell) – von Bedeutung. Verbunden ist die Schaltalgebra mit dem ›Vater der Informationstheorie‹, Claude E. SHANNON. 1948 legte er mit seinem Artikel *A mathematical theory of communication*, in dem er sein bereits in der Diplomarbeit von 1938 vorgestelltes Konzept der Schaltalgebra in modifizierter Form neu unterbreitete – eine einheitliche Theorie der Nachrichtenübertragung und -verarbeitung vor. Dass damit die Anwendung der Logik auf die Mathematik, wie sie bereits durch George BOOLE in seiner Dissertation vorgenommen worden war, der damit zu Recht als der Begründer der Aussagenlogik gesehen werden kann, umgekehrt erfolgte als bei der Anwendung der Mathematik auf die Probleme der Schaltalgebra, hat nicht verhindert, dass heute die Schaltalgebra allgemein als BOOLEsche Algebra bezeichnet wird. Die Tatsache, dass BOOLE erstmals eine Reduktion der Variablenwerte auf die binäre Unterscheidung ›0‹

und ›1‹ vorgenommen hat, mag diese historische Ungenauigkeit relativieren.

Der Grund für den besonderen Erfolg des binären Systems ist zunächst einmal darin zu sehen, dass durch seinen Einsatz eine Vereinfachung der Rechenschritte erfolgen konnte. Zwar hat auch die Mathematik selbst für komplexe Rechenoperationen Verfahren entwickelt, mit deren Hilfe es möglich wird, die Komplexität der Aufgabenstellung zu reduzieren, doch erst durch die Reduktion der Zahlenwerte auf ihre binären Repräsentanzen können komplexe Operationen systematisch in einfachere Schritte zerlegt werden, die in entsprechenden Regeln und Programmschritten (-schleifen) leicht beschrieben werden können (›Algorithmisierung‹).

In besonderer Weise ist das Problem der Berechenbarkeit mit dem Namen Alan TURING verbunden. Turing legte 1936 seine Abhandlung *On Computable Numbers, with an Application to the Entscheidungsproblem* vor, in der er zur Beantwortung des von David HILBERT 1900 formulierten ›23. Problems‹ (sog. ›Entscheidungsproblem‹) das Modell einer theoretischen Maschine vorstellt. Dieses Modell, als ›TURING-Maschine‹ in die Geschichte des Computers eingegangen, gilt als die Grundlage der modernen Berechenbarkeitstheorie. Im Kern besteht diese Maschine aus einem unendlichen Band, das mit einer beliebigen Folge von ›0‹ und ›1‹ beschrieben wird. Mit seinem Gedankenmodell kann TURING zeigen, dass es kein Problem gibt, das von einer beliebig weit entwickelten realen Maschine gelöst werden kann, das nicht auch von dieser Maschine gelöst werden kann. Diese Feststellung, die durch die ›Turing-Church-These‹ dahingehend erweitert wird, dass ein Problem, das von dieser Maschine nicht gelöst werden kann, auch von keinem Menschen gelöst werden kann, wird in letzter Konsequenz durch das Unvollständigkeitstheorem von Kurt GÖDEL gestützt. GÖDEL stellte darin fest, dass es innerhalb eines geschlossenen mathematischen Systems wahre oder falsche Aussagen gibt, deren Verifizierung oder Falsifizierung dennoch nicht möglich ist.

3. Geschichte des Computers

Die technische Entwicklung der Computer beginnt bei den elektronischen Rechenautomaten, deren Aufgabe es sein sollte, komplexe und langwierige Rechenprozesse zu automatisieren. Die Aufgabe für den als ersten vollelektronischen Rechenautomat zu bezeichnenden ›ENIAC‹ (Electronic Numerical Integrator and Calculator) sollte die Berechnung von Feuertabellen für die Artillerie sein; durch die ›verspätete‹ Inbetriebnahme an der Universität von Pennsylvania im Jahre 1946 war diese Aufgabe jedoch überflüssig geworden. Tatsächlich wurden u. a. Berechnungen für die Wasserstoffbombe mit diesem Rechenautomaten durchgeführt.

Unter dem Gesichtspunkt der Verwendung des digitalen Prinzips für die Berechnungen ist allerdings bereits das 1937 in einer ersten Version fertiggestellte (seit 1934 konzipierte) und bis 1941 verbesserte Modell eines Rechners (›Z 1‹) von Konrad ZUSE zu nennen. Es kann als der erste digitale, d. h. nach dem Binärsystem arbeitende Computer bezeichnet werden, der aber noch elektromechanisch arbeitete. Besonders der 1941 fertiggestellte Computer ›Z 3‹ ist unter dem Gesichtspunkt des bereits hier realisierten Prinzips der Gleichbehandlung von gespeicherten bzw. zur Verarbeitung bestimmten Daten und den Befehlen zur Programmsteuerung hervorzuheben. Beide Informationsarten sind auf binärer Basis als Zahlenwert oder als logisches Element im Rahmen der Schaltalgebra darstellbar und können somit auch einheitlich im Rechenwerk des Computers verarbeitet werden. Auch wenn der ›Z 3‹ noch als elektromechanischer Rechenautomat konstruiert ist, weist dieser gegenüber dem späteren vollelektronischen ENIAC von J. Presper ECKERT und John W. MAUCHLY den Vorteil der freien Programmierbarkeit auf. Die Herrschaft der Nationalsozialisten in Deutschland verhinderte jedoch eine allgemeine Anerkennung dieser Leistung.

Insbesondere die Gleichbehandlung von zu verarbeitender Information und Verarbeitungsbefehl (Programm) und deren gleichzeitige Präsenz im Speicher- bzw. Rechenwerk des Computers wird John von NEUMANN zugeschrieben. Er formulierte dieses Prinzip am klarsten und daher gilt die auch heute noch in der großen Mehrzahl der Computer eingesetzte Architektur mit der Aufteilung der Zentraleinheit in Speicher, Steuerwerk und

Rechenwerk als seine Erfindung. Tatsächlich hat er sich, was den konkreten Bau von Computern angeht, nach einem Besuch bei der ENIAC-Arbeitsgruppe im September 1944 mit der Idee des Computers auseinandergesetzt. Gemeinsam mit Herman GOLD-STINE und Arthur BURKS verfasste er einen Bericht, der 1946 veröffentlicht wurde und die allgemeine Architektur eines Computers beschrieb. Durch diesen Entwurf hat er wesentlich zur Entwicklung des (allerdings erst 1952 endgültig) fertiggestellten ED-VAC (Electronic Discrete Variable Automatic Computer) beigetragen. Dieser Rechner gilt gemeinhin als der erste Rechner mit der nach von NEUMANN benannten Architektur, da durch die Verwendung von magnetisierbaren Trommeln eine problemlose Realisierung des Prinzips der Programm-Präsenz im Arbeitsspeicher möglich wurde.

Es ist nicht Absicht dieser Darstellung, die einzelnen Modelle, die als Unikate in den verschiedensten Forschungszentren der Welt parallel entwickelt wurden, zu beschreiben oder auch nur aufzulisten. Auf dem Wege zu einem Medium sind vielmehr die Stationen zu betrachten, die der Computer und die mit ihm verbundenen Technologien in der Folgezeit durchlaufen haben, und die bis zur Situation der vollständigen Digitalisierbarkeit aller technischen Kommunikationsmedien geführt hat. (Als Einstieg in die zahlreichen Informationsangebote im Internet zur Geschichte des Computers sei stellvertretend genannt: http://www.asap.unimelb.edu.au/hstm/hstm_computers. htm)

An erster Stelle ist natürlich die technische Entwicklung der Computer selbst zu betrachten. Hierzu zählen neben den Entwicklungsschritten in den Verarbeitungskapazitäten und -geschwindigkeiten vor allem auch die Entwicklungen im Bereich der Speichertechnologien. Aber es ist auch die Geschichte der Anwendungen zu schreiben, die von der hochspezialisierten Rechenmaschine im universitären Rahmen bis zum alltäglichen Schreib- und Arbeitsgerät auf dem Schreibtisch von Privatleuten und Kindern führt wie auch die Linie der digitalen Kommunikation vom physischen Transport der Daten mittels Datenträgern bis hin zur weltweiten Vernetzung von Computern im Internet sowie die Integration der mit einer eigenen Geschichte versehenen analogen Medien, Telephonie, Rundfunk und Fernsehen auf einer digitalen Plattform. Den unterschiedlichen Entwicklungslinien sind in der Folge eigene Abschnitte gewidmet.

4. Entwicklungen der Computertechnik

Nimmt man als Kriterien für die Definition des Computers neben der freien Programmierbarkeit die vollelektronische Verarbeitung der Daten, so kann die Geschichte der Computer unterteilt werden nach den eingesetzten Technologien in den Zentraleinheiten (sog. Generationen). Der Beginn ist markiert durch den Einsatz der Röhrentechnologie, die gekennzeichnet ist durch riesige Ausmaße der Rechner, hohen Stromverbrauch und Temperaturprobleme sowie eine hohe Störanfälligkeit. Diese Periode, deren Rechner auch als die ›erste Generation‹ bezeichnet werden, dauerte im Wesentlichen bis zur Mitte der 50er Jahre.

Die ersten Versuchsmodelle, die vollständig mit Transistoren ausgestattet sind, werden im Laufe des Jahres 1955 in Betrieb genommen. Der erste kommerziell gefertigte Rechner dieser Technologie (TRANSAC S 2000) kommt 1957 auf den Markt. Diese ›2. Generation‹ von Computern setzt sich innerhalb kürzester Frist durch, so dass ab 1958 von einer allgemeinen Transistorisierung gesprochen werden kann. Neben der drastischen Reduzierung des Volumens und der Steigerung der Rechengeschwindigkeit ist vor allem die geringere Störanfälligkeit hervorzuheben, da weder eine mechanische Belastung (wie beim Relais) noch ein Materialtransport (wie bei den Röhren-Rechnern [Kathodenstrahl]) vorkommt.

Fast zeitgleich mit der Durchsetzung der ›2. Generation‹ am Markt wird bereits der technologische Schritt für die nächste Generation vollzogen. 1958 wird in den Laboratorien von Texas Instruments unter der Leitung von Jack KILBY und Bob NOYCE die erste integrierte Halbleiterschaltung, der erste Chip hergestellt. Bereits 1961 wird der erste kommerziell hergestellte Chip mit vier Transistoren auf den Markt gebracht, die allgemeine Durchsetzung und damit auch die Bezeichnung ›3. Generation‹ ist dann mit dem Jahr 1964, spätestens jedoch mit dem Jahr 1965 erreicht. Während 1964 erste ›Mini-Computer‹ als fest programmierte Systemsteuerungselemente auf den Markt kommen, wird von der Firma Digital Equipment im Jahre 1965 der PDP-8-Rechner auf den Markt gebracht. Mit diesem Rechner wird erstmals ein frei programmierbarer Rechner angeboten, der nicht als Groß-Rechner (Mainframe) konzipiert ist. Damit verknüpfen sich rein technologische Aspekte mit Anwendungsaspekten.

Die ›4. Generation‹ ist durch den Einsatz des Mikroprozessors gekennzeichnet. In der Kombination von gesteigerter Miniaturisierung durch Veränderungen bei der Herstellungstechnik (Aufdampfung von Komponenten) und Erweiterung der Funktionalität wird aus den Chips bzw. ICs der Mikroprozessor entwickelt. Er vereint Dioden, Schaltkreise und Speicherelemente zu einer funktionalen Einheit; sie bildet den Kern der Zentraleinheit des Computers (CPU) mit Rechen- und Steuerwerk. Nach seiner Erfindung im Jahre 1969 durch Ted HOFF werden die ersten Mikroprozessoren fast zeitgleich 1971 von Intel (4004) und Texas Instruments hergestellt. Auch wenn damit bereits die Technologie der ›4. Generation‹ zur Verfügung steht, vergehen noch einige Jahre, bis sie auch Einzug in den Bereich der Computer findet. Sieht man von Bausätzen für Bastler (wie z. B. den Altair 8800) ab, erweist sich als das vollständig neue und gleichzeitig wichtigste Anwendungsfeld für Mikroprozessoren der Einsatz im Bereich von ›Personal Computern‹.

Auch wenn der Begriff erst mit dem Eintritt des Computergiganten IBM in den Markt geprägt wird (1983 für den IBM XT-Computer), kann bereits das Jahr 1978 mit dem Verkaufsstart des Apple II als der Beginn der Ausweitung des Anwenderkreises angesehen werden. Ohne den Streit zwischen den ›Computer-Welten‹, der vor allem eine Differenz der Anwendungs- und Einsatzgebiete kennzeichnet, bewerten zu wollen, stellt doch erst der Markteintritt der Firma IBM und die in der Folge einsetzende explosionsartige Verbreitung im kommerziellen und im privaten Anwendungsbereich durch das sogenannte Klonen der Rechnertechnologie und die damit verbundene Setzung eines de facto Standards auf Grund der massenhaften Verbreitung den entscheidenden Schritt zur Etablierung des Mediums dar.

Die technologische Entwicklung ist in den Folgejahren bis zum heutigen Zeitpunkt gekennzeichnet durch die immer raschere Steigerung der Rechenleistung, exemplarisch festgemacht an den Generationen der Prozessoren ebenso wie an der Taktfrequenz. Paradigmatisch kann auf das sogenannte MOOREsche Gesetz (ursprünglich 1965 vom Miterfinder des ICs und Mit-Intel-Gründers Gordon MOORE formuliert) verwiesen werden, das eine Verdoppelung der Zahl der Transistoren auf einem Chip in einem Zyklus von zwei Jahren postuliert. Unter Einbeziehung einer größeren Anzahl technologischer Variablen und eines grö-

ßeren Zeitraumes lässt sich feststellen, dass sich diese korrekte
Beobachtung als Ausschnitt eines insgesamt als exponentielles
Wachstum zu bezeichnenden Prozesses erweist, der zu Beginn
des 20. Jahrhunderts eine Verdoppelung der Leistungsfähigkeit
der Computer alle drei Jahre nach sich zog, und der zu Beginn
dieses Jahrtausends auf eine Verdoppelung pro Jahr gestiegen ist.

Die Geschichte der Computertechnologie wird spätestens ab
dem Beginn der 80er Jahre vor allem durch eine Veränderung
und Ausweitung der Anwendungsbereiche gekennzeichnet (s.
Kapitel 16).

5. Speichertechnologie

Die elektrische Form der Signalverarbeitung hat zur Konsequenz, dass Informationen nur dann über einen längeren Zeitraum zur Verfügung stehen, wenn sie durch Aufrechterhaltung
einer Spannungsversorgung erhalten werden oder in einen dau-
erhaften Speicherungszustand überführt werden. Für diese dauerhafte Form des Speicherns haben sich drei grundsätzliche Arten
ausgebildet: die mechanische Speicherung in Lochkarten, die
Speicherung auf magnetisierbaren Datenträgern und die Speicherung in sogenannten optischen Datenträgern.

Die Speicherung mittels Lochkarten bzw. -streifen (aus Pappe
oder auch aus Zelluloid wie bei ZUSE) stellte in den Anfangsjahren die einzige praktikable dauerhafte Speicherungsform dar. Die
Informationen der Lochkarten mussten mittels eines (optischen)
Lochkartenlesers jeweils neu in die elektronische Form rückver-
wandelt werden.

Die dauerhafte magnetische Speicherung wird erstmals 1951
bei der Mark III in Harvard eingesetzt; dabei kommen Magnet-
bänder, die zuvor für die Aufzeichnung von akustischen Ereignissen entwickelt worden waren, zum Einsatz. Diese serielle Speicherungsform wird bis heute verwendet, auch wenn ihre Einsatzfelder auf wenige Spezialanwendungsbereiche wie z. B. die Da-
tensicherung zusammengeschrumpft sind. Obwohl im Zuge der
allgemein zunehmenden Dichte der Informationen auf den Speichermedien auch die Normen bei den Magnetbändern entsprechend modifiziert wurden, sind die Nachteile der sequentiellen
Anordnung der Informationen nicht aufzuheben: Um an die ge-
wünschte Information zu gelangen, muss das Band bis zu der ent-

sprechenden Position vor- oder zurückgespult werden, ein unter Umständen zeitaufwendiger Prozess. Nur für die Fälle, in denen nahezu alle Informationen in der gespeicherten Reihenfolge benötigt werden, stellte das Magnetband eine finanziell attraktive Alternative dar. Der bis heute vollzogene weitgehende Umstieg auf andere Speicherungsformen lässt aber auch diesen finanziellen Vorsprung schrumpfen, da kaum noch entsprechende Systeme produziert werden.

Die bis heute vorherrschende Speicherungsform, die einen leichten und schnellen Zugriff auf die Informationen zulässt, ist die Speicherung auf Disketten oder Festplatten, die einen direkten Zugriff (random access) erlauben. Die Informationen werden dabei in durch Spuren und Sektoren gebildeten Blöcken gleicher Größe gespeichert. Da sich während des Betriebs der Datenträger schnell unter dem Schreib-/Lesekopf dreht, sind vom Kopf nur noch kurze Wege (und nur in einer Richtungsdimension) zurückzulegen, um an die betreffenden Datenblöcke zu gelangen. Durch die Normung der Blockgröße kann die theoretisch mögliche maximale Speicherungsdichte nicht erreicht werden, da sich die Dichte an den Gegebenheiten des physisch kleinsten Blocks in dem am nächsten zur Mitte gelegenen Sektorabschnitt der Spur orientieren muss. Auch hier ist im Verlaufe der historischen Entwicklung die Verringerung der physischen Größe der Datenträger bei gleichzeitiger Steigerung der Speicherkapazität zu verzeichnen.

Anfangs fanden parallel zu den Bandlaufwerken in der Peripherie der Großrechner Wechsel-(Fest-)platten Verwendung. Diese wurden zunächst häufig für die dauerhafte Zwischenspeicherung von aktuell benötigten Daten bei laufenden Projekten eingesetzt, während die Langzeit-Speicherung auf den Bändern erfolgte. Aus diesen Magnetplatten entwickelten sich die Festplatten einerseits und die Disketten andererseits. Während die Festplatten erst seit der Ausstattung des ersten IBM-PCs 1983 mit einer 10 MB-Festplatte zum Kernbestand auch eines privat genutzten Computers gehörten, stellten Disketten vor allem in der ersten Zeit der Personal-Computer das einzige dauerhafte Speichermedium dar. Gleichzeitig diente und dient die Diskette aber auch als Transportmedium. Wegen der dramatisch gestiegenen Datenvolumen vor allem im multimedialen Bereich sind die Einsatzbereiche aber weitgehend auf die Speicherung von Texten oder kleineren Informationseinheiten zurückgegangen. Diese Tendenz ist trotz der auch in diesem Bereich erfolgten Steigerung der Kapazitäten (von 256 K bei 5,25" Disketten auf 1,44 MB bei 3,5" Disketten) und Einführung zusätzlicher Standards bei den magnetischen Wechselmedien wie z.B. Zip-Laufwerken mit 100 bzw. 250 MB Kapazität zu beobachten.

Daneben – und diese zunehmend in bestimmten Anwendungsbereichen auch ersetzend – haben sich die optischen Speichermedien etabliert. Ausgangspunkt dieser Technologie war jedoch nicht der Bereich der Computerentwicklungen. 1970 wurde von den Philips Forschungslaboratorien erstmals eine Compact-Disk (CD) vorgestellt, die auf einer Glasplatte sehr kleine Bilder speichern konnte. Während der Entwicklungsarbeiten wurde sehr schnell die Eignung für die (digitale) Speicherung von Tönen erkannt. Ab 1981 wurde die CD-DA gemeinsam von Philips und Sony auf den Markt gebracht und verdrängte dort rasch die Schallplatte als den bis dahin vorherrschenden Tonträger; sie leitete in diesem Marktsektor die weitgehende Digitalisierung der Transport- und Speichermedien ein. In rascher Folge werden in den folgenden Jahren neue Anwendungsgebiete erschlossen wie z.B. die CD-Video, die CD-i oder die Foto-CD. Parallel dazu wird die CD-ROM als Datenträger für große Datenmengen im Computerbereich (Speicherkapazität 650 MB) erschlossen.

Die Informationen auf der CD werden in einer Spirale, die – im Gegensatz zur Schallplatte – von innen nach außen führt, gespeichert. Mit dieser Anordnung der Informationen ist zwar eine gegenüber der Festplatte größere Dichte der Informationen durch die bessere Raumausnutzung verbunden, gleichzeitig sinkt aber die Abtastgeschwindigkeit. Die Abtastung der in Form von ›Tiefen‹ und ›Höhen‹, den sogenannten ›pits‹ und ›lands‹, codierten Informationen erfolgt mit Hilfe eines Laser-Strahls, dessen Energie so dimensioniert ist, dass die informationstragende Schicht nicht verändert wird; ausgewertet werden die Veränderungen in der Reflexion des abtastenden Laser-Strahls.

Neue Einsatzgebiete konnten durch die Steigerung der Lesegeschwindigkeit erschlossen werden. So konnte neben der Distribution von Software und dem Vertrieb von Lexika und Textsammlungen vor allem der Einsatz im Multimediabereich sowie in grafikintensiven Bereichen wie z.B. Computerspielen ausgeweitet werden. Mit der Möglichkeit, dass CDs auch vom Endanwender beschrieben werden können (ab 1997), werden sowohl für den Computermarkt als auch – juristisch problematisch – für den Audio-Markt rasch neue Anwendungsfelder erschlossen. Der Wunsch nach Sicherung von Daten und Kopieren von digitalen Informationen jeglicher Art lässt derzeit den sogenannten CD-Brenner zu einem Teil der Standard-Hardware-Ausstattung von privat genutzten PCs werden.

Auf die im gleichen Jahr (1997) erstmals vorgestellte DVD (Digital Versatile Disk, Speicherkapazität bis 17 Gigabyte) und die noch im Laborstadium befindliche HD-ROM (High-Density-ROM, Speicherkapazität bei ca. 165 Gigabyte) sei wegen deren derzeit fast ausschließlicher Verwendung im Videobereich an dieser Stelle nur verwiesen.

6. Vernetzung

In den Anfangsjahren des Einsatzes der Computertechnologie handelte es sich bei den unterschiedlichen Computern jeweils um Unikate mit einer je eigenen Binnenstruktur. Betriebssysteme im heutigen Sinne waren noch nicht entwickelt. Die Anwendungen waren jeweils hochspezialisiert, und der Einsatz erfolgte fast ausschließlich in Forschungszusammenhängen. (Die Diskussion um die potenzielle Nutzbarkeit wissenschaftlicher Erkenntnisse und technologischer Entwicklungen in militärischen Zusammenhängen soll hier nicht neu aufgerollt werden.) Die Nutzung dieser Ressourcen exklusiv für ein Projekt und ausschließlich an einem Ort wurde sehr schnell als ineffektiv erkannt. Einer der Visionäre, die bereits früh notwendige Veränderungen in diesem Bereich anmahnten, war Joseph Carl R. LICKLIDER. Er stellte bereits 1960 in *Man-Computer Symbiosis* die Forderung nach einer Orientierung der Computertechnologie an den Bedürfnissen ihrer Nutzer und einer Ausweitung der Anwendungsbereiche auf. Als erster Leiter der IPTO (Information Processing Techniques Office), einer 1962 eigens eingerichteten Agentur der ARPA (Advanced Research Projects Agency), förderte er konsequent die Entwicklung von Programmiersprachen und betrieb die Vernetzung von Computern, zunächst jedoch durch die Einführung von Time-Sharing-Betriebssystemen. Diese erlauben den gleichzeitigen Zugriff mehrerer Nutzer auf die Ressourcen und die Rechenleistung eines Computers.

Um die bei sternförmigen Netzen systembedingt auftretenden Restriktionen und Probleme bei einem Leitungsausfall zu umgehen, wurde u. a. von Paul BARAN von der RAND Corporation 1964 der Vorschlag für ein ›verteiltes Netzwerk‹ unterbreitet, dessen zentrale Idee die Etablierung eines Paketvermittlungsdienstes darstellt. Auch wenn der Vorschlag zu diesem Zeitpunkt noch keine Berücksichtigung fand, wurde er doch bei der ersten Realisierung eines Computer-Netzwerkes wieder aufgegriffen und bildet bis heute die zentrale Technologie im Internet.

Nachdem 1967 das Konzept für ein ARPANET vorgestellt wurde, dauerte es bis 1969, bis die ersten vier Rechner (in St. Barbara, Stanford, Univ. of Utah, UCLA) zu einem Netzwerk zusammengeschlossen werden konnten. Das Besondere dieses Kernnetzes bestand darin, dass hier vier unterschiedliche Rechner (IBM 360/75, SDS-940, PDP-10, SDS Sigma-7) miteinander kommunizieren konnten, eine Möglichkeit, die bis dato selbst unter Rechnern des gleichen Herstellers nicht immer gegeben war. Erreicht wurde dieses Ziel einer Plattformunabhängigkeit dadurch, dass lediglich Übergabeprotokolle definiert wurden und die Aufgabe der Kommunikation im engeren Sinne an sogenannte IMPs (Interface Message Processor) delegiert wurde.

In den Folgejahren wurde das Netz ausgeweitet und ein eigenes Netzwerk-Protokoll (NCP) entwickelt, so dass Robert KAHN auf der International Computer Communication Conference (ICCC) 1972 eine dreitägige Demonstration des Netzes durchführen konnte; diese Demonstration begeisterte die Fachöffentlichkeit. Im gleichen Jahr wurde von Ray TOMLINSON und Lawrence ROBERTS das e-mail-Programm entwickelt, mit dem die Entwickler des Netzes die notwendigen Koordinierungsaufgaben leichter bewältigen konnten. Dieser Dienst, der in den Anfängen des Netzes als ›überflüssig‹ angesehen worden war, entwickelte sich zu der ›killer-application‹, die entscheidend zur raschen Verbreitung und Akzeptanz des Netzes beitrug.

Im Anschluss daran bildeten sich zahlreiche weitere Netze mit zum Teil unterschiedlichen internen Protokollen. Um auch eine Kommunikation zwischen diesen Netzen zu ermöglichen, wurde ab 1973 die Entwicklung eines ›Internet-Protokolls‹ (vor allem von KAHN und Vincent CERF) vorangetrieben, das schließlich 1975 eingeführt wurde. Als Zwischenglieder zwischen den Netzen wurden sogenannte ›gateways‹ eingeführt, deren Aufgabe es war, die Datenpakete unkontrolliert von einem Netz in das nächste zu übergeben und lediglich die Konventionen der Adressierung (und wenn notwendig die Portionierung der Datenpakete) anzupassen. 1980 wurde die Funktionalität im Bereich der Adressierung aus dem Protokoll ausgelagert und die heutige Form des TCP/IP (Transmission Control Protocol/Internet Protocol) eingeführt. Diese Norm war so erfolgreich, dass sie z. B. im ARPANET 1983 auch das bis dato noch gültige netzinterne Protokoll NCP ablöste. Auch in zahlreichen anderen Netzen wurde zunehmend TCP/IP als netzinternes Protokoll eingeführt, wenn auch nicht übersehen werden darf, dass gerade im europäischen Bereich bis heute das X.25-Protokoll (als ISO-Norm verabschiedet) eine dominierende Rolle spielt. Das X.25-Protokoll hat seine Stärken in homogenen Netzen, bereitet aber Schwierigkeiten bei der Integration von LANs (Local Area Network) mit differierender Struktur. Aber bereits 1982 konnte demonstriert werden, dass es möglich ist, auch X.25-Netze mittels TCP/IP in des globale ›Internet‹ einzubinden; damit wurde von vornherein ein europäischer Sonderweg zwar zugelassen, eine Abkoppelung von den internationalen Entwicklungen aber vermieden.

1990 schließlich wird das ARPANET aufgelöst und seine Funktionalität vollständig vom NSFNET (National Science Foundation-NET) übernommen. Bis zu diesem Zeitpunkt sind die für technische Kommunikation, Rechnen auf verteilten Ressourcen, aber auch allgemeine wissenschaftliche Kommunikation wichtigen Dienste wie FTP, TELNET, NEWS und E-MAIL voll entwickelt; darüber hinaus sind aber bereits auch IRC, MUD, Archie und Gopher entwickelt und befinden sich im Auf- oder Ausbau. (Stellvertretend für die zahlreichen Informationsangebote über die Entwicklung des Internets im Internet selbst sei auf ›Hobbes' Timeline‹ verwiesen:
http://www.zakon.org/robert/internet/timeline/).

Bevor in der Folge stärker auf die inhaltlichen Komponenten der Digitalmedien eingegangen werden soll, muss ein kurzer Rückblick auf die besondere Stellung der Entwicklung im Bereich der Computertechnologie gegeben werden.

7. Digitalmedium Computer

Der Computer ist das Medium, bei dem Informationen von vornherein in digitaler Form vorliegen. Dies konnte durch die Ausführungen zum binären Zahlensystem gezeigt werden. Für den Bereich der Textverarbeitung (in einem weiten Sinne) ist dies ebenfalls leicht zu demonstrieren, da eine einfache Festlegung über den erlaubten Zeichenumfang (hier hat sich der AS-CII-Code mit seinen ursprünglich 128, später dann 256 Ziffern zugewiesenen Zeichen etabliert) – zumindest in erster Näherung – ausreichend ist, um Verarbeitungsprozesse von Texten vornehmen zu können. Dieses Anwendungsfeld wurde zwar schon sehr früh erschlossen, spielte in den Anfangsjahren allerdings eine eher untergeordnete Rolle. In größerem Umfang wurden entsprechende Forschungsprojekte, z. B. zur Erstellung von Konkordanzen, erst Ende der 60er Jahre, dann allerdings mit rasch zunehmender Tendenz, durchgeführt. Aufgrund der geschilderten technologischen Entwicklungsstufe der Computer konnte sich Textverarbeitung zu diesem Zeitpunkt allenfalls im universitären Rahmen abspielen. Der Durchbruch der Textverarbeitung im heutigen Sinne erfolgte erst mit der Verbreitung der Personal Computer zu Beginn der 80er Jahre.

8. Wandlung analog/digital

Für die übrigen digitalen Medien gilt, dass vor die Repräsentanz in digitaler Form ein Wandlungsprozess von der analogen Form zur digitalen Form (A/D-Wandlung) geschaltet ist. Dabei sind zwei grundsätzliche Verfahren zu unterscheiden. Das Zerlegen von Bildern oder Grafiken in Bildpunkte und die Abtastung von in Wellenform vorliegenden Signalen (Töne, Bewegtbilder). Dem Prinzip nach findet bei beiden Wandlungsprozessen aber der gleiche Vorgang statt, der sich in drei Schritte aufteilen lässt: (1) Abtastung der Werte, (2) Quantisierung, (3) Codierung.

Bei der ›Abtastung‹ wird zu einem bestimmten Zeitpunkt (wellenförmiges Signal) oder an einer bestimmten Stelle (bildhaftes Material) der exakte Wert ermittelt. Das Resultat ist bei der Abtastung eines wellenförmigen Signals der entsprechende Y-Wert des Wellensignals. Dabei spielt es für die prinzipielle Behandlung keine Rolle, um welche Wellensignale es sich handelt.

Bei einer Tonaufnahme wird die Abtastung der resultierenden Schwingung in definierten Zeitabständen vorgenommen (›Sampling-Rate‹). Bei einem Video-Signal hat eine Zerlegung der Bildinformation in 25 Einzelbilder (genauer in die doppelte Anzahl von Halbbildern) ja bereits bei der analogen Aufnahme stattgefunden, und diese Bilder wurden durch Abtastung mittels eines Elektronenstrahls in Zeilen zerlegt; damit liegt auch hier eine kontinuierliche Beschreibung des Bildes durch ein Wellensignal vor, das in festen Abständen auf seinen aktuellen Wert hin untersucht werden kann.

Bei der ›Abtastung‹ eines Standbildes (Foto oder Grafik) werden ebenfalls diskrete Werte ermittelt. Da aber anders als bei den zeitabhängigen Medien kein genormtes Verfahren zur Beschreibung vorgegeben ist, kann bei der Digitalisierung z.B. beim Scannen eines Bildes, die Anzahl der einzeln zu ermittelnden Bildpunkte frei gewählt werden und ist lediglich abhängig von der Leistungsfähigkeit des Gerätes. Hier wird von der Auflösung gesprochen, die in ›ppi‹ (pixel per inch) oder auch dpi (dots per inch) angegeben wird.

Der zweite Schritt bei der A/D-Wandlung ist die ›Quantisierung‹. Hierbei wird die Anzahl der möglichen Messwerte reduziert. Grundlage dieses Vorgangs bildet die Unzulänglichkeit der menschlichen Sinnesorgane, die bestimmte Informationen entweder gar nicht wahrnehmen oder bei entsprechend dicht nebeneinander liegenden Informationen nicht unterscheiden können. So reicht es beispielsweise aus, beim Fernsehsignal maximal 1024 Grauwerte (Luminanzwerte) zuzulassen; dennoch kann ein hinreichend scharfes und differenziertes Bild beschrieben und reproduziert werden. Der tatsächlich in Schritt 1 ermittelte Wert wird in dieser Stufe mit dem Raster der vorgegeben (zulässigen) Werte verglichen und dann für den dritten Schritt dem nächstgelegenen Standardwert zugeordnet. Die Reduzierung möglicher Werte verringert damit die sogenannte Bit-Rate, mit der digitalisiert wird.

Die Umwandlung des quantisierten Signalwertes in eine digitale Information erfolgt in Schritt 3 des Verfahrens, der ›Codierung‹. Dabei werden neben den eigentlichen Messwerten zusätzlich auch Korrekturinformationen in das zu übertragende Signal aufgenommen. Bei dem als Exempel gewählten Luminanzwert des Fernseh- oder Video-Signals spricht man folglich von einer

8-bit-Digitalisierung. Bei der Digitalisierung eines Farbbildes in einem Scanner wird in der Regel mit einer 24-bit oder einer 32-bit Codierung gearbeitet.

9. Digitalisierung von Tönen

Die technische Grundlage für die durchgängige Digitalisierung von Kommunikationsprozessen wird zu Beginn der 60er Jahre in den Bell-Laboratorien gelegt; hier wird die neue Übertragungstechnik nach dem PCM/TDM-Verfahren entwickelt (Pulscodemodulations-Zeitmultiplex-Verfahren). Dabei wird neben der beschriebenen A/D-Wandlung für den jeweiligen Übertragungskanal jeweils nur ein begrenztes Zeitfenster geöffnet, in dem die codierte Information übertragen wird. Da die Samplingrate sehr hoch ist, werden die winzigen Zeitverzögerungen innerhalb des Signals vom menschlichen Ohr nicht wahrgenommen. Diese Technologie bildet die Grundlage für die modernen Telefonsysteme ebenso wie für die Übertragung mittels Satellit und ermöglicht die Integration von Sprach- und Datenübertragung. Der Einsatz des PCM-Verfahrens für den Telefonverkehr erfolgt ab Ende der 60er Jahre in der Weitverkehrstechnik, so dass dies zunächst keine direkten Auswirkungen für den Endkunden hat, da dieser seine analogen Endgeräte nach wie vor am Netz betreiben kann.

Im gleichen Zeitraum, zu Beginn der 70er Jahre, werden in verschiedenen Laboratorien Glasfaserkabel entwickelt, deren Dämpfung (Informationsverlust bei der Übertragung) so weit gesenkt ist, dass ein Einsatz für die Datenkommunikation realistisch erscheint. Zusammen mit der seit 1960 entwickelten Lasertechnologie sind damit die technischen Voraussetzungen für die Übertragung sehr großer Datenmengen geschaffen.

Die erste öffentliche Glasfaser-Telefonleitung wird 1977 bei Los Angeles in Betrieb genommen; ihr folgen rasch weltweit weitere Strecken. Der Siegeszug der digitalen Kommunikation ist nun nicht mehr aufzuhalten; so entscheidet sich z. B. die Deutsche Bundespost 1979, das elektronische Vermittlungssystem, das erst wenige Jahre zuvor eingeführt worden war, durch digitale Vermittlungstechnik zu ersetzen. Bei der Neuinstallation von Vermittlungsanlagen findet ab 1982 ausschließlich die neue Technologie Verwendung. Mit dieser Entscheidung ist gleichzeitig auch die Grundlage für die Einführung von ISDN (Integrated Services Data Network) gelegt.

10. Daten-Vermittlungsdienste

Doch bevor es zur Integration verschiedener Dienste kommen kann, muss über den allmählichen Übergang der Dienste von der analogen in die digitale Angebotsform berichtet werden. Die Übertragung von bildlichen Informationen über Telefonnetze mittels Telefax oder die Übermittlung von geschriebenen Informationen per Telex war schon seit längerer Zeit möglich. Diese Dienste nutzten allerdings analoge Technik, wenn beispielsweise bei den Telefax-Geräten der Gruppen 1 und 2 zwar Modems eingesetzt wurden, diese aber die Informationen durch Transformation in bestimmte Töne und sehr langsam übertrugen. Erst mit Teletex, der elektronischen Variante von Telex wird – ab 1980 im Bereich der Deutschen Bundespost eingeführt – der schriftliche Verkehr zwischen Computer-Terminals möglich.

1983 wird dann nach einem dreijährigen Feldversuch der Dienst Btx (Bildschirmtext) eingeführt. Hier werden Informationen auf speziellen Datenbanken vorrätig gehalten und mittels Telefonleitung oder Datex-Netz auf die Fernsehempfänger übertragen. Die Informationen können individuell abgerufen werden, und mit weiteren Zusatzeinrichtungen können auch Rechner-Dienstleistungen in Anspruch genommen werden. Aber dieser Dienst findet keine Akzeptanz in der breiten Bevölkerung. Statt der für 1987 prognostizierten einen Million Teilnehmer konnten bis 1988 lediglich 100 000 Teilnehmer gewonnen werden.

Nur in Frankreich kann ein Btx-System (das sog. ›Minitel‹) einen relativen Erfolg verbuchen; 1988 sind 4,3 Millionen Teilnehmer registriert. Trotz einer aggressiven Einführungspolitik (die Geräte wurden an anschlusswillige Teilnehmer kostenlos abgegeben) kann das System letztlich als gescheitert eingestuft werden. Allerdings hat seine Existenz in Frankreich die Akzeptanz des Internets in einer breiten Öffentlichkeit und z. B. die Durchsetzung von e-mail-Diensten für einen längeren Zeitraum negativ beeinflusst.

In Deutschland beginnt die Deutsche Bundespost ab 1989 mit dem Aufbau des ISDN-Netzes, das alle Formen von Kom-

munikationsangeboten in digitaler Form bis zum Endkunden
bringt. Auch wenn heute die Glasfasertechnologie bis in die End-
verteilerstationen vorgedrungen ist, sind die Leitungen des ›letzten Kilometers‹ bis in den Privathaushalt in der Regel noch als
Kupferkabel verlegt.

11. Audio-CD

Der Beginn der für den Endkunden offensichtlichen Digitalisierung von Daten, hier speziell von Musik, ist mit der Vorstellung
der Audio-CD auf der Funkausstellung 1981 in Berlin verbunden. Auch wenn im gleichen Jahr ein digitales Mini-Disc-System
der Firmen Telefunken/Teldec vorgestellt wird, das noch mit einer mechanischen Abtastung arbeitet, ist die Vorstellung der Geräte und der Verkaufsstart der ersten CD-Player von Sony und
Philips im Jahr 1983 der Beginn eines tiefgreifenden Wandels in
der Distributionsgeschichte von Musik. Die Technologie der optischen Speichermedien erlaubt die Wiedergabe von Musikstü-
cken ohne die bis dahin schon nach kurzer Spieldauer eintretenden Qualitätsverluste der Schallplatten.

Der Vorteil in der Qualität wird durch die Nachteile bei der
Reproduzierbarkeit erkauft: aus Sicht der Musikindustrie ein ge-
wollter Effekt, wie sich auch aus der Einführung eines Kopier-
schutzes bei der Einführung der DAT-Kassette (Digital Au-
dio-Tape) schließen lässt. Waren bei den analogen Aufzeichnungen (Kopien) auf Audio-Kassetten immer auch Qualitätsverluste
hinzunehmen, versprach das Kopieren von digitalen Aufnahmen
auf DAT-Kassetten verlustfreie Kopien. Der Kopierschutz SCMS
(Serial Copy Management System), auf den sich Gerätehersteller
und Musikindustrie 1989 einigten, ließ aber eine verlustfreie Aufnahme nur vom Original zu und führte beim Kopieren der
DAT-Aufnahme zu ›Generationsverlusten‹, da ein zweiter
DAT-Recorder nur über den Analog-Eingang angesprochen werden konnte. Damit setzte sich von Beginn der digitalen Musikdistribution an der auch schon im analogen Bereich bei der Einführung von Tonband und Kompakt-Kassette gestartete Versuch der
Musikindustrie fort, das illegale Kopieren von urheberrechtlich
geschützten Titeln zu verhindern.

Unabhängig von diesen Versuchen, Restriktionen bei der
Nutzung einzuführen, verbreitete sich die CD-Technologie sehr

schnell und brachte innerhalb kürzester Frist immer neue Varianten und Anwendungsformen hervor. So wurde bereits 1985 der erste Recorder, der die Datenträger mehrfach bespielen kann, in Tokio vorgestellt. Allerdings können diese CDs (nach dem MOD-Verfahren [Magneto Optical Disc]) nur auf speziellen Geräten wieder abgespielt werden. Im gleichen Jahr wird der erste portable CD-Player (der sog. Discman) vorgestellt. Die immer weiter entwickelten Technologien zur Korrektur von Fehlern, die durch Erschütterungen während des Betriebs ausgelöst werden, lassen die CD zum beliebten Speichermedium für Musik werden, das sowohl in jeder mobilen Lebenssituation als auch im Auto ungetrübten Musikgenuss verspricht. Ergänzt wird die CD durch die ab 1992 eingeführte Mini-Disc, die durch entsprechende Datenreduktionsverfahren auf einer magneto-optisch (wieder)bespielbaren Scheibe von nur noch 6,4 cm Durchmesser dennoch 74 Minuten Musik unterbringt. Der Durchbruch dieser Technologie-Variante am Consumer-Markt wird ab 1996 durch stark verbesserte Klangeigenschaften erreicht. Alle diese Geräte- und Technologievarianten kommen besonders dem Lebensgefühl einer jungen Generation von Musik-Fans entgegen, die für eine breite Akzeptanz dieser Technik sorgt.

Die digitale Aufnahme auf Band (DAT) oder mit speziellen Verfahren auf mehrere Spuren setzt sich in den 90er Jahren im professionellen Bereich, in der Studiotechnik und in verschiedensten Varianten auch im Kinobereich durch. So wird z. B. mit CDS (Cinema-Digital-Sound) 1990 erstmals ein durchgängig digital arbeitendes Aufnahme- und Wiedergabesystem im Film eingesetzt, das mit sechs getrennten Tonkanälen arbeitet. Diese Vervielfältigung der Tonkanäle, die entsprechende akustische Effekte zulässt, markiert einen Trend, der mit immer neuen Varianten insbesondere im Kinobereich Einzug gehalten hat und heute auch bis auf den Heimanwender-Markt ausstrahlt.

12. Digitales Telefonieren

1992 wird der einheitliche europäische Standard für digitale schnurlose Telephonie DECT (Digital European Cordless Telephone) eingeführt; im gleichen Jahr eröffnen Telekom und Mannesmann mit dem D-Netz den Massenmarkt der Mobiltelefone. Im folgenden Jahr werden der DCS-1800-Standard, der wesentlich kleinere Funkzellen und damit niedrigere Sendeleistungen erlaubt, und ein entsprechendes Netz (E-Netz) eingeführt. Die neuen Standards lassen im Gegensatz zum internationalen Standard GSM, der die Entwicklung jeweils neuer Endgeräte für jedes Teilnetz notwendig machte, die Verwendung der vorhandenen Geräte und damit Massenproduktion zu. In den Folgejahren kommt es neben der Etablierung weiterer Netzbetreiber zu einer starken Ausweitung der Teilnehmerzahlen und in Verbindung mit immer ausgeklügelteren Tarifsystemen zu einem Preisverfall bei den sogenannten Handys. Zur Zeit ist der Markt aufgrund der vielen unterschiedlichen Tarifmodelle kaum noch überschaubar; der harte europäische Verdrängungswettbewerb sorgt aber immer noch für eine Ausweitung der Teilnehmerzahlen.

13. Digitale Video-Speicherung

Die ersten ernsthaften Versuche, die CD-Technologie auch für den Videobereich nutzbar zu machen, reichen bis in das Jahr 1988 zurück; in diesem Jahr stellt die Firma Philips ihr CD-Video-System vor. Allerdings wird bei der sogenannten Bildplatte im Gegensatz zum Ton die Bildinformation analog aufgezeichnet. Die Platte mit dem Durchmesser einer herkömmlichen Langspielplatte bietet zwar eine hervorragende Bildqualität, kann sich aber auf Dauer nicht am Markt durchsetzen.

Erst 1993 wird durch die Erweiterung des bereits 1991 eingeführten CD-i Standards, der bis dato vor allem im Bereich von interaktiven Spielen Einsatz fand, das ›Full-Motion-Video‹ eingeführt. Die technisch bedingte Begrenzung auf 74 Minuten Spielzeit verhindert aber eine breite Durchsetzung. Den Durchbruch für die Distribution von Video-Material auf Datenträgern bringt die Ende 1995 erstmals vorgestellte und 1997 mit einem Abspielgerät für den deutschen Markt erstmals zur Verfügung stehende DVD. Ursprünglich als ›Digital Video Disc‹ eingeführt, setzt sich sehr rasch die technisch präzisere Bezeichnung ›Digital Versatile Disc‹ durch. Neben einer Steigerung der Datendichte ist die beidseitige Nutzung der Platte und die Verdoppelung der Schichten pro Seite für die Erhöhung der Kapazität auf derzeit maximal 17 GB verantwortlich. Neben den Bilddaten lassen sich problemlos weitere Informationen auf dem Datenträger unterbringen; so ist z. B. die Auswahl zwischen unterschiedlichen Synchronfassungen und der Original-Sprache eines Films derzeit ebenso Standard, wie auch besondere Toneffektsysteme (z. B. Surround-Ton) zunehmend integraler Teil des Angebotes sind. Als Datenträger für aufwändige Spiele und Spielfilme bestimmt diese Technologie zunehmend den Verkaufs- bzw. Verleihmarkt, der zuvor von Video-Kassetten beherrscht war.

14. Digitaler Rundfunk

Die Verbreitung von Rundfunk in CD-Qualität ist eng mit der Entwicklung der Satellitentechnik verbunden. Waren die Übertragungen mittels Satellit in den Anfangsjahren überwiegend militärischen, wissenschaftlichen und explizit nicht-kommerziellen Zwecken vorbehalten, so übernimmt die Übertragung via Satellit im Bereich der transkontinentalen Telekommunikation rasch die Funktion der störungsanfälligen Seekabel. Als Teil eines geschlossenen Systems bleiben die eingesetzten Technologien aber für den Endanwender verborgen.

Erstmalig auf der Funkausstellung 1989 werden spezielle Satelliten-Hörfunkempfänger vorgestellt, die mittels einer Parabolantenne die 16 über die Satelliten Kopernikus und TV-Sat ausgestrahlten Stereo-Programme empfangen können. Die offizielle Einführung des DSR-Dienstes durch die Deutsche Bundespost erfolgt im September 1990. In Konkurrenz zu diesem System stehen ADR (Astra Digital Radio) und DAB (Digital Audio Broadcast); während ADR an die Ausstrahlung per Satellit gebunden ist, soll DAB auch terrestrisch ausgestrahlt werden. Beiden Systemen, die gegenüber dem älteren DRS über größere Kanalkapazitäten verfügen (da hier u. a. Lücken im digitalen Datenstrom von Fernsehkanälen zur Distribution von mehreren Radioprogrammen genutzt werden), gemeinsam ist die Empfangbarkeit auch durch normale Antennen, so dass die Programme und vor allem die mit ihnen verbundenen Zusatzdienste auch mobile Empfänger (z. B. Autoradios) erreichen.

Der Verbreitungsgrad des digitalen Rundfunks ist allerdings immer noch relativ gering. Gründe hierfür sind erstens die Konkurrenz durch die in den analogen Breitbandkabel-Diensten angebotenen Rundfunkprogramme in CD-Qualität; zweitens die starke Verbreitung der Fernseh-Satelliten-Technik in analoger Ausprägung. Dieses zweite Argument erscheint auf den ersten

Blick paradox, bei genauerer Betrachtung zeigt sich aber, dass die
– aus Sicht des Publikums – ausreichende Versorgung mit Fernsehprogrammen eine Ausweitung der Abonnentenzahlen für digital ausgestrahlte Rundfunk- und Fernsehprogramme verhindert. Diese Zurückhaltung wirkt sich auch negativ auf die technisch notwendige Umrüstung der Empfangsanlagen aus. Die
aufgrund niedriger Stückzahlen hohen Anschaffungskosten entsprechender digitaler Empfangsgeräte wirken sich ebenfalls restriktiv auf die Marktdurchdringung aus. Digitaler Rundfunkempfang stellt trotz vorhandener technischer Infrastruktur nach
wie vor nur ein Nischensegment dar.

15. Digitales Fernsehen

Die Geschichte des digitalen Fernsehens ist in weiten Teilen noch
eine Geschichte der technischen Möglichkeiten bei weitgehender
Zurückhaltung des Publikums. Ausgelöst durch eine breite Verfügbarkeit von unterschiedlichen Fernsehprogrammen in den
Breitbandkabelnetzen und über analog empfangbare Satelliten einerseits sowie durch einen über Jahre sich hinziehenden Nor-
menstreit bei der für den Empfang und die Decodierung des digitalen Signals notwendigen set-top-box andererseits, kommt es
trotz der seit 1995 zur Verfügung stehenden entsprechend ausge-
rüsteten Satelliten Astra 1E und 1F und der seit 1997 angebotenen
D-Box der KIRCH-Gruppe zu keiner durchgreifenden Veränderung der Marktanteile. Die Vervielfachung der Kanäle bei weitgehend gleichbleibender Bildqualität wird zwar bei den ersten Aus-
strahlungen des digitalen Fernsehens im Jahre 1997 zur Vervielfachung der angebotenen Kameraperspektiven bei der Übertragung von Formel-I-Autorennen genutzt, anders als in den meisten anderen größeren europäischen Ländern führt dies aber in
Deutschland nicht zur prognostizierten – und für eine Amortisa-
tion notwendigen – Steigerung der Abonnentenzahlen. Ob der
mit der Umstellung auf digitalen Empfang verbundene zwangs-
weise Umstieg auf ein Abonnementsfernsehen hier den Aus-
schlag gibt, kann nicht sicher ermittelt werden.

  Auch die Einigung der öffentlich-rechtlichen Anstalten mit
der KIRCH-Gruppe auf den Standard für die set-top-box hat noch
nicht zu einer nennenswerten Verbreiterung der Zuschauerbasis
geführt. Digitales Fernsehen in Deutschland ist derzeit nach der

erfolgten Konzentration auf dem pay-tv-Markt weitgehend identisch mit dem Angebot von Premiere-digital (zumindest was die
Zuschauerzahlen angeht). Neben die Vervielfachung der Perspektiven innerhalb einer Ausstrahlung ist eine quantitative Ausweitung der Programme, gebündelt in thematischen Paketen, getreten, die einzeln oder im Block abonniert werden können. Die
Erhöhung der Übertragungs- und Ausstrahlungskapazitäten –
vor allem durch Komprimierungsverfahren und Multiplexing –
korrespondiert mit einer Verbreiterung der Programmangebote.
Neben einer stärkeren Orientierung an aktuellen Spielfilmpro-
duktionen ist vor allem die Ausbildung von Zielgruppen- bzw.
Spartenkanälen zu beobachten.

Technisch nicht zwingend, durch die Praxis des pay-tv aber
regelmäßig damit im Zusammenhang stehend, ist die Verschlüsselung von Fernsehsendungen. Auch wenn bereits bei analogen
Bild- und/oder Tonsignalen Verschlüsselungsverfahren eingesetzt wurden und werden, eignen sich digitale Datenströme in
besonderer Weise für entsprechende Codierungsverfahren. Neben der Verschlüsselung von exklusiven Angeboten für das Abon-
nementspublikum kann das System von Codierung vor der Ausstrahlung und Decodierung im Empfangsgerät durch geeignete
Gruppenbildungen bei den Zugangsberechtigungen auch dazu
genutzt werden, den Empfang von Sendungen anderer Nationen
(es sei denn, es wird gesondert dafür bezahlt) zu unterbinden –
eine Entwicklung, die angesichts der Harmonisierungsbestre-
bungen innerhalb der Europäischen Union eher kontraproduktiv
ist und sich ausschließlich aus einseitigen kommerziellen Erwägungen erklären lässt.

Die ursprünglich vorgesehene terrestrische Ausstrahlung digitaler Rundfunk- und Fernsehprogramme bei gleichzeitiger
deutlicher Erhöhung der übertragenen Bildqualität (HDTV,
[High Definition TV], das in Japan und in den USA zumindest
teilweise ausgestrahlt wird und in Europa lediglich während der
Olympischen Spiele von Barcelona einen kurzen Feldversuch erfuhr) ist derzeit nicht in Sicht. Ob die weitgehend fehlgeschlage-
nen Feldversuche zum ›interaktiven Fernsehen‹ in der Mitte der
90er Jahre hier einen Einfluss ausgeübt haben, mag dahingestellt
sein. Festzuhalten ist, dass bestimmte Funktionalitäten dieser Angebote kurze Zeit später durch das WWW realisiert wurden und
die daten- und kapazitätsintensiven Dienste wie z. B. vi-

deo-on-demand auch heute noch keine ökonomische Basis gefunden haben. Selbst die vorgesehenen Informations- und Bestelldienste sind durch die Entwicklungen des WWW bisher nur in Teilbereichen zu einem festen Angebot herangewachsen.

16. Ausbreitung der PC-Anwendungen

Mit der Ausbreitung der PCs und ihrer kontinuierlicher Leistungssteigerung ging eine Ausweitung ihrer Anwendungsgebiete einher. In den Büro-Anwendungen und den kommerziellen Einsatzbereichen ist eine weitgehende Verdrängung ›klassischer‹ Anwendungen zu verzeichnen. Die Einsatzfelder, die hier nur exemplarisch aufgezählt werden können, reichen dabei von der Textverarbeitung mit allen ihren Varianten (vom DTP [Desk Top Publishing] bis zur Satzaufbereitung und Layout-Gestaltung für den Druck), der Tabellenkalkulation und der Datenbankhaltung bis hin zu Zeichen- und Präsentationsprogrammen. Im Bereich der Bildbearbeitung haben sich die digitalen Bildbearbeitungsprogramme weitgehend durchgesetzt. Für den technischen Entwurf werden in weiten Bereichen die sogenannten CAD-Systeme (Computer Aided Design) eingesetzt. Von hier aus führt eine direkte Entwicklungslinie zur 3D-Modellierung, die nicht nur im Bereich der Architektur, sondern auch in der rekonstruierenden Baugeschichte und – oft mit spektakulären Ergebnissen – der Gestaltung von Museen und Ausstellungen ein breiter werdendes Einsatzfeld gefunden hat.

Von dieser Modellierung dreidimensionaler Räume führt eine eigene Entwicklungslinie zur Konstruktion ›virtueller Welten‹: Auf der Basis derartiger Modelle werden dem Betrachter die wechselnden Perspektiven auf die Räumlichkeiten nicht mehr mit ›klassischen‹ Darstellungsmedien (z. B. auf dem Bildschirm) dargeboten, sie werden vielmehr unter Ausschluss jeglicher anderer räumlicher Orientierung unmittelbar vor die Augen geführt. Zusätzlich werden durch geeignete Zeigeinstrumente (die technischen Möglichkeiten reichen vom Datenhandschuh bis zur Verfolgung der Augenbewegung) die dargebotenen Perspektiven den Aktionen des Nutzers angepasst. Mit Hilfe dieser speziellen ›Extensionen‹ kann sich der Nutzer dann scheinbar frei in der ›künstlichen Welt‹ bewegen. Elaborierte Modelle lassen Interaktionen des Nutzers mit Gegenständen oder Repräsentationen anderer Personen in diesen Welten zu und vermitteln auch taktile Reize. Die notwendige enorme Rechenleistung zur Erzeugung individuell steuerbarer Bildinformationen in Echtzeit in Verbindung mit dem enormen Aufwand zur Erstellung derartiger Modellwelten macht dieses Anwendungsgebiet zwar zu einem der interessantesten (weil ausschließlich mit digitalen Mitteln herstellbaren), erklärt aber auch gleichzeitig, warum diese Anwendungen in weiten Bereichen immer noch Prototyp oder Spezialanwendung sind.

Bei der privaten Nutzung des PCs haben sich zwei wesentliche Einsatzbereiche herauskristallisiert: Besonders für den Nutzerkreis der Jugendlichen ist der Sektor der Spiele zu einem dominierenden Anwendungsfeld geworden. Dabei treiben insbesondere die technischen Anforderungen an die Leistungsfähigkeit der Hardware und hier neben der Taktfrequenz der Prozessoren vor allem die Leistungsfähigkeit der Bildschirmkarten den Markt voran. Die Forderungen an die Leistungsmerkmale übersteigen hier oft diejenigen an Computer für ›normale‹ Bürokommunikationsanwendungen. Der zweite Kreis der Anwendungen ist durch den Einzug von Standard-Bürosoftware in die Privathaushalte gekennzeichnet. Dies betrifft vor allem die Textverarbeitung, ohne die heute bereits kaum ein Haushalt mehr auskommt. Scanner zur Digitalisierung von (Bild-)Vorlagen gehören dabei fast ebenso zum Standardumfang (neu gekaufter) Geräte wie die Lautsprecherboxen zur Wiedergabe der multimedialen Bestandteile von CDs oder der Angebote des WWW.

Aber auch der Markt von Lehr- und Lernprogrammen verzeichnet starke Zuwächse. Hier sind es vor allem die Eltern, die angesichts einer als unbestimmte Bedrohung empfundenen Entwicklung der nachfolgenden Generation das notwendige Rüstzeug mit auf den Weg geben wollen. Ein weiteres Indiz ist in diesem Zusammenhang die auch mit Unterstützung der Elternschaft vorangetriebene rasche Umsetzung des Programms ›Schulen ans Netz‹ (vgl. die Ausführungen zur Entwicklung des WWW). Der Umgang mit dem PC bzw. den verschiedenen Anwendungsprogrammen (und hier insbesondere die Informationsbeschaffung) wird zunehmend als Kulturtechnik (neben Schreiben und Lesen) verstanden und in der Konsequenz als Vermittlungsaufgabe den pädagogischen Institutionen zugewiesen.

17. World Wide Web

Das Internet, dessen Entwicklung im wissenschaftlichen Bereich bis zum Beginn der 90er Jahre bereits skizziert wurde, erfuhr einen entscheidenden Entwicklungsschub durch die grafische Benutzungsoberfläche World Wide Web (WWW). Ursprünglich als Dienst zur Verbesserung der – weltweiten – Kommunikation innerhalb der Organisationsstruktur des CERN (European Laboratory for Particle Physics) von Tim BERNERS-LEE entwickelt (und als Prototyp auf einem NEXT-Computer im Rahmen der Hypertext-Konferenz 1991 vorgestellt), verbreitete sich die neue Anwendung seit 1993 explosionsartig und hat sich im Bewusstsein breiter Anwendungsschichten als Synonym für Internet und vice versa verankert. Zwei Ereignisse dieses Jahres sind es, die im Zusammenspiel die rasche Akzeptanz des neuen Dienstes ermöglichten. Im April 1993 verzichtet das Direktorium des CERN darauf, für die Nutzung der von BERNERS-LEE entwickelten HTML-Auszeichnungssprache (Hypertext Markup Language) Lizenzgebühren zu erheben und gibt damit den Standard frei. Doch mit der Textbeschreibungssprache ist nur ein Teil der notwendigen Entwicklungsarbeit geleistet. Im August des Jahres erscheint die Freeware-Version des grafikfähigen Browsers Mosaic, der von Marc ANDREESSEN, zu dem Zeitpunkt an der NCSA tätig, entwickelt worden war. Damit steht neben dem Instrument zur Entwicklung entsprechender Informationsangebote auch ein Instrument zur einfachen Bedienung und Betrachtung der Inhalte zur Verfügung.

Den entscheidenden Schritt für das Heraustreten aus der wissenschaftlichen Öffentlichkeit in den allgemeinen öffentlichen Raum stellt dann ein ausführlicher Artikel in der *New York Times* im Dezember des Jahres dar. Der Bericht über HTML und Mosaic lenkt die Aufmerksamkeit auf dieses neue Informationsmedium. ANDREESSEN verlässt kurz darauf die NCSA und gründet eine eigene Firma zur Vermarktung des Browsers. Es gelingt ihm, die Mitarbeiter des Entwicklungsteams für seine neu gegründete Firma zu gewinnen, und im November 1994 nimmt diese Firma den Namen ›Netscape‹ an.

Die folgenden Jahre sind gekennzeichnet durch ein exponentielles Wachstum sowohl der im Netz zur Verfügung stehenden Informationen als auch der Anzahl der privaten Computer, die auf die Informationsangebote zugreifen können. Die Öffnung des Netzes für die allgemeine Öffentlichkeit ist verbunden mit einer Kommerzialisierung und einer medialen Ausweitung der Angebote. Waren die angebotenen Informationen anfangs auf Texte und Grafiken begrenzt, so wurden diese rasch um Bilder und in der Folge um Töne und Bewegtbilder ergänzt. Diese Tendenz, die weitreichende technische Konsequenzen nach sich zieht, wird auch als Multimedialisierung des Netzes bezeichnet. Dabei sind dieser Entwicklung (zumindest für den Bereich der Privatanwender) auch heute noch durchaus enge Grenzen gesetzt. Die im Verhältnis zur angebotenen Datenmenge in der Regel sehr kleinen Übertragungskapazitäten führen entweder zu langen Lade- (und damit hohen Warte-)Zeiten oder zu einer Verminderung der Qualität. Von daher kommt den Verfahren zur Datenkompression und damit der Datenreduktion eine besondere Rolle zu. Entsprechende Erfolge auf dem Gebiet der Komprimierung kennzeichnen somit auch die Entwicklungsstufen des Netzes. Neben den Komprimierungs-Algorithmen im Rahmen von Archivierungsprogrammen sind es zunächst die entsprechenden Standardisierungen im Bildbereich (GIF und JPG) und dann im Bereich der zeitabhängigen Medien Ton und Video (MPEG, AVI, Quicktime etc.), die hier in verschiedenen Entwicklungs- und Standardisierungsschritten die Qualität der (gerade noch) übertragbaren Dateien steigern.

Mit dem derzeit stark umstrittenen Standard MP3 für die Komprimierung von Musik wird – wieder einmal – der sensible Bereich der ›illegalen‹ Kopie von urheberrechtlich geschützten Werken tangiert; auf der anderen Seite markiert gerade die Entwicklung entsprechender ›Tauschbörsen‹, deren Mutationsprozesse noch nicht abgeschlossen sind, einen markanten Entwicklungsschritt in der Nutzung des Mediums. Damit wird an einer bestimmten Nutzungsform noch einmal deutlich, dass ›das Netz‹ durch sein zum Teil als anarchisch zu nennendes Wachstum gerade die Problembereiche nicht bewältigen kann, die bei einem geplanten Aufbau, wie dies mit dem Vorschlag von Theodor H. NELSON für sein ›Xanadu‹-System der Fall war, ausgeschlossen gewesen wären. Auch eine Reihe weiterer juristischer Fragen, vor allem den Bereich der grenzüberschreitenden Verantwortlichkeit für die Inhalte oder die Anwendung nationaler Regelungen für den E-Commerce und die Haftung betreffend, befinden sich derzeit noch in einem Klärungs- oder Regelungsprozess.

Auf der inhaltlichen Seite kann die Entwicklung der letzten
Jahre neben der zunehmenden Kommerzialisierung und der starken Ausweitung in quantitativer wie technischer Hinsicht durch
die Ausbildung eigener Meta-Informations-Dienste oder -Orte
beschrieben werden. Waren es anfangs noch die reinen Suchmaschinen, die Orientierung in der ›Wüste‹ des Internets versprachen, sind bis heute vor allem die ›Portale‹ (horizontal wie vertikal) hinzugetreten, die in sich rasch ausbildender Differenzierung und Orientierung an bestimmten Nutzergruppen Hilfestellung beim Navigieren ebenso versprechen, wie sie sich andererseits als Ansprech- und Kooperationspartner für an zielgruppenspezifischer Werbung interessierten E-Commerce-Firmen anbieten. Den euphorischen Erwartungen an die Gewinnpotenziale
in diesem Bereich ist allerdings die Ernüchterung und damit der
teilweise drastische Börsenabsturz der ›dot-com‹-Firmen gefolgt.

Auf der technischen Seite stellen ›streaming-audio‹, ›streaming-video‹ und die verschiedenen Kompressionsformate, die
einen vorherigen Datentransfer voraussetzen, zwar mögliche Angebotsformen dar, für den Privathaushalt ist insbesondere im Bereich der Echtzeitübertragung von Bewegtbildern trotz aller Erfolge bei der Datenkompression bei den derzeit zur Verfügung
stehenden Übertragungskanälen eine qualitativ zufriedenstellende Realisierung aber nicht in Sicht. Auch die Anbindung über einen ISDN-Anschluss oder die Nutzung der erst teilweise zur
Verfügung stehenden ADSL-Übertragungstechnologie bieten
hier noch keine befriedigende Lösung.

So kann die Nutzung des Mediums im privaten Bereich derzeit immer noch durch die Kernbereiche e-mail, Chat und nicht
zuletzt Durchführung von Bank-Transaktionen im Rahmen des
home-banking – natürlich neben der Nutzung der unterschiedlichen Informationsmöglichkeiten – charakterisiert werden.

18. Multimedia

Als eine der neuen Repräsentations- und Präsentationsformen,
die erst durch die Digitalisierung möglich wurde, gilt der Hypertext. Die erste ausformulierte Beschreibung eines solchen Systems von 1945 (MEMEX, beschrieben in: V. Bush, *As We May*

Think) zeigt zwar, dass die gedankliche Konzeption weit vor der technischen Realisierung möglich war, praktische Umsetzungsversuche erfolgten jedoch erst in einem gewissen zeitlichen Abstand nach der Vorstellung des Begriffs durch NELSON 1965 und dessen ersten Konzepten eines ›Xanadu‹-Systems. Die Modell-Installationen wurden den technischen Möglichkeiten entsprechend vor allem in den 80er Jahren zunächst als lokale, ›stand-alone‹-Lösungen realisiert. Erste Anwendungen – die auch heute noch weit verbreitet sind – waren Hilfesysteme und Tutorials zu Computerprogrammen. Der als (Re-)Präsentationsmedium nur im Zusammenhang mit dem digitalen Medium Computer funktionierende Hypertext wurde vor allem in der zweiten Hälfte der 80er Jahre und zu Beginn der 90er Jahre zum Gegenstand intensiver wissenschaftlicher Auseinandersetzung. Kern der Überlegungen war dabei die veränderte Form der Informationsspeicherung und in deren Folge die Veränderung der Informationserschließung sowie die Navigation durch die neu geschaffenen Informationsräume. Ziel dieser theoretischen wie praktisch orientierten Überlegungen und Modellierungen war die Schaffung einer Rhetorik des Hypertexts.

Während sich diese Überlegungen zunächst überwiegend auf die zeitunabhängigen Bestandteile Text und Grafik bezogen, fand im Zuge der sich rasch ausweitenden Verarbeitungskapazitäten ein Übergang auf sogenannte Hypermedia – d. h. Hypersysteme unter Einbezug der zeitabhängigen Medien wie Ton und Video – statt. Die theoretische Diskussion wurde Mitte der 90er Jahre sowohl durch die Etablierung ›des‹ Hypermediums WWW als auch durch die fast ausschließliche Ersetzung des Begriffs durch ›Multimedia‹ weitgehend in den Hintergrund gedrängt. Der ökonomische Erfolg vor allem der multimedialen Anwendungen auf CD-ROM – deren Hyper-Eigenschaften in aller Regel wenig ausgeprägt waren –, die dem Rezipienten aber die unmittelbare Anschaulichkeit der zeitabhängigen Medien und in aller Regel mehr oder minder komfortable Suchmechanismen boten, führte zu einer weitgehenden Ersetzung der Begrifflichkeit, gleichzeitig aber auch zu einer ›Verflachung‹ der konzeptionellen Anstrengungen. Zwar verlangt die nach einer Zeit des Wildwuchses an Definitionsversuchen weitgehend etablierte Definition von Multimedia – in der Formulierung des Deutschen Multimedia-Verbandes (dmmv): »alle computergestützten, interaktiven

Online-, Offline-, Medien- und Kommunikationsprodukte, die mindestens drei Darstellungsformen (z.B. Text, Bild, Bewegtbild und Ton) beinhalten« (http://www. dmmv.de/welcome.htm) neben der Präsenz unterschiedlicher medialer Präsentationsformen vor allem auch die Interaktivität als konstituierendes Merkmal, dieses wird aber häufig auf die nur Teile dieses Begriffes abdeckenden Auswahlentscheidungen der Nutzer reduziert. Bei den entsprechenden Online-Produkten steht in der Konsequenz dem – mehr oder weniger – breitbandigen Distributions-Kanal ein schmalbandiger Rückkanal gegenüber. Die Akzeptanz derartiger (ungleicher) Produkte beim Käufer (Rezipienten) und die hohen Kosten einer flächendeckenden Einführung breitbandiger Kanäle lassen derzeit die höherwertigen multimedialen Anwendungen eher im Bereich der Offline-Produkte zu, allenfalls werden hier Hybrid-Lösungen angeboten.

Die multimedialen Eigenschaften des WWW sind zwar technisch gegeben, die Qualität der angebotenen zeitabhängigen Medien lässt vor allem im Bereich der Angebote von Bewegtbildern für den Nutzer noch viele Wünsche offen. Trotz großer Fortschritte im Bereich der Kompressionsverfahren und des Einsatzes von streaming-Technologien kann von einem echten Online-Multimedium derzeit noch nicht die Rede sein. In der Planung befindliche Verfahren zur Verbreiterung der Übertragungskapazitäten werfen für den Nutzer wieder einmal die Frage nach den Standards auf, die sich auf Dauer durchsetzen werden. Dennoch scheint der Boom auch angesichts der Ausweitung multimedialer Dienste auf dem drahtlosen Kommunikationsmarkt derzeit ungebrochen.

19. Digitale Plattform. Metamedien

Die Vielzahl unterschiedlicher digitaler Dienste und Kombinationen aus Dienstleistungsangeboten im Rahmen von Paketlösungen lässt die Frage nach einer Neustrukturierung des Feldes der ›klassischen‹ wie der neuen Medien virulent werden. Da derzeit alle bisherigen Medien wie auch die neuen Präsentationsformen auf digitaler Basis angeboten werden oder angeboten werden können, verspricht die Positionierung der unterschiedlichen Dienste auf einer skalierbaren digitalen Plattform eine Klärung der unterschiedlichen Bezüglichkeiten wie auch eine Ausdifferenzierung von komplex strukturierten Angebotspaketen.

Die Skala reicht von breitbandigen unidirektionalen Angeboten (in der Regel vom Kommunikationstypus ›one-to-many‹, z. B. digitales Fernsehen in Echtzeit) ohne Interaktionsmöglichkeiten bis zur ausschließlich auf Interaktion angelegten direkten Kommunikationsmöglichkeit der digitalen Telefonie. In gleicher Form sind der gerichteten Skala der Freiheitsgrade der Interaktion Festlegungen der Inhaltlichkeit zugeordnet. Während bei den Fernsehprogrammen durch den Zwang zur Vorproduktion ein größtmögliches Maß an inhaltlicher Fixierung der Kommunikationsprodukte gegeben ist, legt das technische Angebot zur Kommunikation per Telefon keinerlei Inhalte fest. Zwischen diesen beiden Polen sind alle derzeit angebotenen medialen Formen und Dienste zu verorten. Dabei sind Angebote wie Video, Radio (aber auch Books) on-demand stark an die fixierten und vorproduzierten Angebotsformen angelehnt, wenn auch der Einfluss auf die zeitliche Dimension der Ausstrahlung bzw. Distribution größer ist und damit ein höherer Freiheitsgrad der Interaktion konstatiert werden kann.

In ähnlicher Weise kann das WWW (verstanden als Informationsraum mit fixierten Informationsangeboten und entsprechenden Suchmöglichkeiten) in erster Näherung bei einer stark vorstrukturierten Angebotsform positioniert werden; gleichzeitig bieten die in den Browsern angelegten Aktionsmöglichkeiten aber eine weit höhere Selektivität. In Kombination mit Angeboten zur Individualisierung der Dienste wird damit ein entscheidender Schritt in Richtung auf eine Interaktivität im engeren Sinne getan. Mit der ebenfalls in den Online-Medien integrierten Funktionalität der Kommunikation, sei es als Chat oder als e-mail, sind Dienste gekennzeichnet, die fast vollständig der freien Interaktion zuzuordnen sind. Die Möglichkeiten zur Gestaltung eigener Informationsangebote (z. B. eigene ›homepage‹) vervollständigen die Formenpalette der elektronischen Kommunikationsmöglichkeiten.

Die unterschiedlichen Aktionsmöglichkeiten innerhalb eines Dienstes und über diesen hinaus lenken das Augenmerk vermehrt auf die Aktions- und Interaktionsmöglichkeiten des Nutzers. Es sind die unterschiedlichen Nutzerrollen, die in den Vordergrund der medialen Betrachtung rücken. Die durchgängige

Digitalisierung der unterschiedlichen medialen Produkte lässt dabei einen leichten Wechsel zwischen den verschiedenen Rollen zu. Das elektronisch versandte Textdokument lässt den Empfänger sehr viel leichter zum (Co-)Autor des Textes werden, da der verändernde Eingriff, der Vorschlag zur Formulierung sehr viel leichter anzubringen ist und einfacher (und schneller) dem Kommunikationspartner zur Verfügung gestellt werden kann. Auch die gemeinsame Arbeit an anderen digitalen Produkten (auch durch Formen der unmittelbaren digitalen Kommunikation unterstützt) ist nicht nur im Bereich der professionellen Anwendungsumgebungen möglich geworden und wird zunehmend praktiziert. Die Einbindung von digitalen Dokumenten des Bild-, Ton- oder Videobereichs in die allgemeinen Kommunikationsabläufe stellt eine gute Alternative zum physischen Transport von Datenträgern dar.

Eine besondere Form der Digitalmedien stellen die Zugangs- und Orientierungsmittel zu anderen Medien dar, die auf der digitalen Plattform implementiert werden können. Als »Metamedien« eröffnen sie virtuelle »Fenster« zu Bildern, Tönen und Texten wie auch zur digitalen Audiovision. Die neuen Metamedien, wie die »EPGs«, die elektronischen Programmführer, nutzen die genuinen Möglichkeiten des Digitalmediums, um Übersichtlichkeit in der neuen Medienunübersichtlichkeit herzustellen. Es handelt sich um informatische Oberflächen, die als Zugangssysteme zum neukonfigurierten Medienensemble fungieren und damit auch neue Nutzungsformen erschließen (vgl. H. Schanze/M. Kammer, 1998/2001, Bd. 3).

Mit diesen Potenzialen, die die strenge Trennung von Sender und Empfänger in den ›klassischen‹ Medien tendenziell aufheben, wird der besondere Charakter der ›Neuen Medien‹ deutlich. Dass diese neue Qualität eine neue Kluft zwischen den industrialisierten Staaten und ihrer Informationsgesellschaft und der großen Mehrzahl der übrigen Staaten aufreißen kann, wird zunehmend erkannt. Gleichzeitig zeigen die vielfältigen Bestrebungen auf der ganzen Welt, Meinungs- und Informationsfreiheit einzuklagen, bzw. zu praktizieren, aber auch, dass sich der Zugang zu Informationen auf Dauer nicht verhindern lassen wird.

MANFRED KAMMER

Literatur

A. Turing, On Computable Numbers, with an Application to the Entscheidungsproblem, in: Proc. London Math. Soc. 42 (1936), S. 230–265. – V. Bush, As We May Think, in: Atlantic Monthly, 176/1 (July 1945), S. 101–108. – C. E. Shannon, The mathematical Theory of Communication, University of Illinois 1949. – J. C. R. Licklider, Man-Computer-Symbiosis, IRE Transactions on Human Factors in Electronics, vol. HFE-1, März 1960, S. 4–11. – K. Brepohl, Lexikon der Neuen Medien, Köln 1977, ⁶1993. – R. Oberliesen, Information, Daten und Signale. Geschichte technischer Informationsverarbeitung, Reinbek bei Hamburg 1982. – D. Ratzke, Handbuch der Neuen Medien. Information und Kommunikation, Fernsehen und Hörfunk. Presse und Audivision heute und morgen, Stuttgart 1982. – V. Aschoff, Geschichte der Nachrichtentechnik, 2 Bde., Berlin u. a. 1984–1989. – F. A. Kittler, Medien, Opladen 1987. – A History of Personal Workstations, hg. von A. Goldberg, Reading 1988. – Text, ConText and Hypertext. Writing with and for the Computer, hg. von E. Barrett, Cambridge/London 1988. – The Art of Human-Computer Interface Design, hg. von B. Luarel, Amsterdam 1990. – M. Minsky, Mentopolis, Stuttgart 1990, ²1994. – The New Medium. 17th International Association for Literary and Linguistic Computing Conference. 10th International Conference on Computers and the Humanities, Siegen 1990. – F. Rötzer, Der digitale Schein, Frankfurt a. M. 1990. – The Hypertext/Hypermedia Handbook, hg. von E. Berk/J. Devlin, New York 1991. – R. Kuhlen, Hypertext. Ein nicht-lineares Medium zwischen Buch und Wissensbank, Berlin/Heidelberg 1991. – J. M. Nyce/P. Kahn, From Memex to Hypertext. Vannevar Bush and The Mind's Machine, Boston u. a. 1991. – H. Zemanek, Weltmacht Computer. Weltreich der Information, Esslingen 1991. – H. Rheingold, Virtuelle Welten. Reisen im Cyberspace, Reinbek bei Hamburg 1992. – N. Bolz, Am Ende der Gutenberg-Galaxis. Die neuen Kommunikationsverhältnisse, München 1993. – W. Coy, Computer als Medien: drei Aufsätze, Bremen 1994. – Digitales Fernsehen. Eine neue Dimension der Medienvielfalt, hg. von A. Ziemer, Heidelberg 1994. – W. Faulstich, Grundwissen Medien, München 1994, ⁴2000. – W. Coy, Die Turing Galaxis – Computer als Medien, in: Interface 2 – Weltbilder Bildwelten. Computergestützte Visionen, hg. von K. P. Dencker, Hamburg 1995, S. 48–53 – A. Felsenberg u. a., Statusbericht zur Situation der deutschen Pilotprojekte zum »Interaktiven Fernsehen«. Arbeitshefte Bildschirmmedien 56, Siegen 1995. – B. Gates, Der Weg nach vorn. Die Zukunft der Informationsgesellschaft, Hamburg 1995. – Kursbuch Neue Medien. Trends in Wirtschaft und Politik, Wissenschaft und Kultur, hg. von S. BOLLMANN, Mannheim 1995. – N. NEGROPONTE, Total Digital. Die Welt zwischen 0 und 1 oder die Zukunft der Kommunikation, München 1995. – R. ZEY, Neue Medien. Informations und Unterhaltungselektronik von A bis Z, Reinbek bei Hamburg 1995. – W. KÜNZEL/P. BEXTE, Maschinendenken – Denkmaschinen. An den Schaltstellen zweier Kulturen, Frankfurt a. M. 1996. – Kursbuch Internet. Anschlüsse an Wirtschaft und Politik, Wissenschaft und Kultur, hg. von S. BOLLMANN/C. HEIBACH, Mannheim 1996. – J. NIELSEN, Multimedia, Hypertext und Internet. Grundlagen und Praxis des elektronischen Publizierens, Braunschweig/Wiesbaden 1996. – C. STOLL, Die Wüste Internet. Geisterfahrten auf der Datenautobahn, Frankfurt a. M. 1996, ²1999. – K. HAFNER/L. MATTHEW, Arpa Kadabra oder die Geschichte des Internet, Heidelberg 1997, ²2000. – J. MUSCH, Die Geschichte des Netzes: ein historischer Abriß, in: B. BATINIC, Internet für Psychologen, Göttingen 1997, S. 27–48 – J. FLEMING, Web Navigation. Designing the User Experience, Sebastopol 1998. – Interaktive Medien und ihre Nutzer, 3 Bde., hg. von H. SCHANZE/M. KAMMER, Baden-Baden, 1998–2001. – Intervalle 2. Medientheorien und die digitalen Medien, hg. von W. NÖTH/K. WENZ, Kassel 1998. – Das Netz-Medium. Kommunikationswissenschaftliche Aspekte eines Mediums in der Entwicklung, hg. von I. NEVERLA, Opladen 1998. – Online-Kommunikation. Beiträge zur Nutzung und Wirkung, hg. von P. RÖSSLER, Opladen/Wiesbaden 1998. – Große Medienchronik, hg. von H. H. HIEBEL u. a., München 1999. – Interaktive Medien – Interdisziplinär vernetzt, hg. von M. BERGHAUS, Opladen 1999. – Medienunternehmen im digitalen Zeitalter. Neue Technologien – Neue Märkte – Neue Geschäftsansätze, hg. von M. SCHUMANN/T. HESS, Wiesbaden 1999. – J. PAECH/W. COY, Strukturwandel medialer Programme: Vom Fernsehen zu Multimedia, Konstanz 1999.

Internet

http://www.asap.unimelb.edu.au/hstm/hstm_computers.htm
http://www.dmmv.de/welcome.htm
http://www.zakon.org/robert/internet/timeline/

Mitarbeiterinnen und Mitarbeiter

Dr. Natalie BINCZEK, geboren 1967, Promotion 1997 an der Ruhr-Universität Bochum. Derzeit wissenschaftliche Assistentin im Fach Germanistik und Allgemeine Literaturwissenschaft an der Universität-Gesamthochschule Siegen. Zuletzt ist ihr Buch erschienen: *Im Medium der Schrift. Zum dekonstruktiven Anteil in der Systemtheorie Niklas Luhmanns*, 2000.

Dr. Joan Kristin BLEICHER, geb. 1960, Studium der Amerikanistik, Germanistik und Vergleichenden Literaturwissenschaft in Giessen, Bloomington/USA und Siegen. Promotion 1990, Habilitation mit einer Studie zur Poetik des Fernsehens. Sie ist Professorin am Hans-Bredow-Institut und lehrt im Studiengang Medienkultur an der Universität Hamburg. Langjährige Mitarbeit in diversen Forschungsprojekten zu Aspekten der Medienentwicklung. Zahlreiche Publikationen zur Mediengeschichte und Medienästhetik.

Dr. Heinz W. BUROW, geboren 1949, Kompositionsstudium und Studium der Musikwissenschaft mit Promotion in Hamburg; mehrjährige Tätigkeit als Musikverlagskaufmann, als Produzent, Komponist, Arrangeur und Dirigent; seit 1978 im gymnasialen Schuldienst als Musikpädagoge; 1981 Gründung einer eigenen Musikproduktionsfirma (Mediadisc) mit Musikverlag, Tonstudio und Schallplattenlabel; seit 1996 Veröffentlichung mehrerer wissenschaftlicher Bücher und Aufsätze.

Arne HASSE, geboren 1973 in Frankfurt am Main; 1994–2000 Studium an der Johann Wolfgang Goethe-Universität Frankfurt am Main; seither Doktorand und Wissenschaftlicher Mitarbeiter am Institut für In- und Ausländisches Medienrecht.

PD Dr. Manfred KAMMER, geboren 1949 in Mettmann, Promotion in Aachen 1981, Habilitation in Siegen 1992. Lehrt seit 1988 an der Universität-GH Siegen im Bereich Literaturwissenschaft, insbesondere ›Informatik in den Geistes- und Sozialwissenschaften‹ und seit dessen Gründung (1990) im Rahmen des Diplomstudiengangs ›Medien-Planung, -Entwicklung und -Beratung‹,

›EDV‹, ›Multimedia‹ und ›Neue Medien‹ in Theorie, Geschichte und Analyse sowie in praktischen Projekten. Mitglied des Sonderforschungsbereiches ›Bildschirmmedien‹ an der Universität-GH Siegen (1986–2000). Schwerpunkte der Veröffentlichungen liegen im Bereich der Informationsverarbeitung in den Geisteswissenschaften sowie dem Einsatz und der Nutzung der ›Neuen Medien‹ einschließlich des World Wide Web.

Prof. Dr. Helmut KOHL, geboren 1943 in Leipzig, Promotion 1973 an der Universität Konstanz. Von 1976 bis 1979 lehrte er als Professor für Bürgerliches Recht an der Universität Hamburg, seither als Professor für Zivilrecht an der Johann Wolfgang Goethe-Universität Frankfurt am Main und Direktor des dortigen Instituts für In- und Ausländisches Medienrecht. Publikationen zum Bürgerlichen Recht, zum Privaten Wirtschaftsrecht und zum Medienrecht.

Prof. Dr. Klaus KREIMEIER, geb. 1938 in Hannover, Studium der Theaterwissenschaft, Germanistik und Kunstgeschichte, Promotion 1964. Programmreferent und Dramaturg beim Fernsehen des Hessischen Rundfunks, 1968 Redakteur beim *Spiegel*, 1972 bis 1976 Dozent an der Deutschen Film- und Fernsehakademie Berlin. 1981 Habilitation im Fach Medienwissenschaft. Seit Juli 1997 Leiter des Medienstudiengangs an der Universität-Gesamthochschule Siegen. Neuere Buchveröffentlichungen: *Die Ufa-Story*, 1992; *Lob des Fernsehens*, 1995. Forscht derzeit zur Geschichte des Dokumentarfilms in der Weimarer Republik.

Prof. Dr. Hans-Dieter KÜBLER, geboren 1947 in Stuttgart, Studium der Germanistik, Geschichte, Politikwissenschaft und empirischen Kulturwissenschaft in Tübingen, Promotion 1975 mit einer Arbeit über das Regionalfernsehen, Habilitation 1980 mit einer Arbeit zu Kindermedien und Deutschunterricht; seit 1985 Professor für Medien-, Kultur- und Sozialwissenschaften an der Fachhochschule Hamburg, Fachbereich Bibliothek und Information. Arbeitet über Medien- und Kulturtheorie, empirische und historische Medienforschung, Medien- und Kulturpädagogik und Lese(r)forschung. Zahlreiche Publikationen, zuletzt: *Mediale Kommunikation*, 2000.

PD Dr. Jürgen KÜHNEL, geboren 1944 in Göppingen, Studium der Germanistik, Indogermanistik, Geschichte und Politikwissenschaft in Tübingen und Stuttgart, Studium des Schauspiels bei Lilo Barth, Promotion Stuttgart 1977, seit 1977 Akademischer Rat für Germanistische Mediaevistik an der Universität-Gesamthochschule Siegen, Habilitation Siegen 1996. Zahlreiche Publikationen zur deutschen Literatur des Mittelalters und ihrer neuzeitlichen Rezeption, zur Geschichte des Theaters und Musiktheaters, insbesondere zu Richard Wagner und zur Oper im Fernsehen.

Dr. Edgar LERSCH, geboren 1945 in Ahrweiler, Studium der Geschichte, katholischen Theologie, Philosophie und Pädagogik in Trier und Tübingen, Promotion 1977, Ausbildung für den Höheren Archivdienst und seit 1979 Leiter des Historischen Archivs des Süddeutschen Rundfunks, seit 1998 des Südwestrundfunks. Zahlreiche Veröffentlichungen zur Rundfunkgeschichte (u.a. zusammen mit Konrad Dussel Herausgabe einer Quellensammlung zur Programmgeschichte), zur Kulturentwicklung nach dem Zweiten Weltkrieg sowie zur Archivgeschichte und -theorie der audiovisuellen Medien.

PD Dr. Rainer LESCHKE, geboren 1956 in Oberhausen, Studium der Germanistik und Philosophie an der Ruhr-Universität Bochum, Promotion 1986 mit einer Arbeit zur Auseinandersetzung von Hermeneutik und Poststrukturalismus, seit 1990 wissenschaftlicher Koordinator im Fach Medienwissenschaften und 1998 Habilitation an der Universität Siegen. Derzeitige Forschungsschwerpunkte: Medientheorie, Medienethik und Filmdramaturgie.

Dr. Peter LUDES, Ph.D. (USA), geb. 1950, Studien der Soziologie, Politikwissenschaft und Philosophie an der Universität Trier und der Brandeis University, Mass., USA. Habilitation Bergische Universität-Gesamthochschule Wuppertal 1987. Seit 1994 außerplanmäßiger Professor für Kultur- und Medienwissenschaft an der Universität-Gesamthochschule Siegen, 1995–2000 2. Sprecher des Sonderforschungsbereichs »Bildschirmmedien«; 2. Vorsitzender des Research Network »Mass Media and Communication« der European Sociological Association; einer von sechzig

ExpertInnen der European Science Foundation »Changing Media – Changing Europe«. Sieben Monographien, acht herausgegebene Bücher und mehr als 100 weitere Veröffentlichungen; 13 Videodokumentationen und mehr als 40 CD-ROM-Produktionen.

Susanne MAETING, geboren 1972 in Siegen, 1991 Abschluss der Ausbildung zur Bankkauffrau, 1992 Prüfung zur Sparkassenfachwirtin an der Sparkassenakademie Münster, 1999 Bundessprecherin des Kollegs der Eberle-Butschkau-Stiftung, Studium der Medienplanung, -entwicklung und -beratung mit dem Schwerpunkt Wirtschaft an der Universität Siegen, Abschluss als Diplom-Medienwirtin in 2001 mit dem Diplomarbeitsthema: Aspekte der Filmbewertung aus betriebswirtschaftlicher Sicht.

Dr. Nicolas PETHES, geb. 1970 in München, war wissenschaftlicher Mitarbeiter im Kulturwissenschaftlichen Forschungskolleg ›Medien und Kulturelle Kommunikation‹ an der Universität zu Köln, seit April 2001 als visiting scholar an der Stanford University. Forschungsschwerpunkte Gedächtnistheorie, Relation von Literatur- und Medientheorie sowie literarische Anthropologie. Buchpublikationen u.a.: *Mnemographie. Poetiken der Erinnerung und Destruktion nach Walter Benjamin*, 1999; als Mithg. *Gedächtnis und Erinnerung. Ein interdisziplinäres Lexikon*, 2001, und *Mediale Anatomien. Menschenbilder als Medienprojektionen*, 2001.

Prof. Dr. Helmut SCHANZE, geboren 1939 in Frankfurt a.M., Promotion 1965 in Frankfurt, Habilitation 1971 in Aachen. Professor für Neuere deutsche Literaturgeschichte an der TH Aachen 1972. Lehrt seit 1987 an der Universität-Gesamthochschule Siegen, 1992–2000 Sprecher des DFG-Sonderforschungsbereichs »Bildschirmmedien«. Zahlreiche Publikationen zur deutschen Literaturgeschichte vom 18.–20. Jahrhundert (Schwerpunkte: Romantik, Goethe, Heine, Theater und Drama des 19. Jahrhunderts), zur Rhetorik und Rhetorikgeschichte, zur Mediengeschichte und -theorie sowie zur Kulturinformatik.

Prof. Dr. Ralf SCHNELL, geboren 1943 in Oldenburg, Studium der Germanistik, Theaterwissenschaft, Philosophie und Publizistik in Köln und in Berlin, Promotion und Habilitation in Hannover,

von 1981 bis 1987 Professor für Neuere Deutsche Literaturgeschichte an der Universität Hannover, von 1988 bis 1997 Lehrtä-
tigkeit an der Keio-Universität Tokyo, seit 1998 Professor für
Germanistik/Neuere deutsche Literaturwissenschaft an der Universität-Gesamthochschule Siegen. Zahlreiche Publikationen
(Schwerpunkt deutsche Literatur des 20. Jahrhunderts), zuletzt
2000 *Medienästhetik. Zu Geschichte und Theorie audiovisueller Wahrnehmungsformen*; *Orientierung Germanistik. Was sie kann, was sie will*;
Metzler Lexikon Kultur der Gegenwart (Hg.).

Dr. Gregor SCHWERING, geboren 1962, promovierte nach dem
Studium der Deutschen Philologie, Kunstgeschichte und Geschichte in Köln mit einer Arbeit zum *Diskurs des Anderen* bei Walter Benjamin und Jacques Lacan. Derzeit ist er wissenschaftlicher
Mitarbeiter am Fachbereich 3 (Sprach- und Literaturwissenschaften) der Universität-Gesamthochschule Siegen. Veröffentlichungen zu literatur-, medien- und kulturwissenschaftlichen
Themen in Zeitschriften und Sammelbänden. Zur Zeit arbeitet
er an einem Projekt zur Erzählung des Leibes vom 18. Jahrhundert bis zur Gegenwart.

Dr. Gerd STEINMÜLLER, geboren 1954 in Fellingshausen (Hessen), Studium der Kunstgeschichte, Soziologie und Kunstpädagogik. 1990 Promotion in Gießen mit einer Dissertation zur su-
prematistischen Malerei von Kasimir Malewitsch. 1992–1996
wissenschaftlicher Mitarbeiter im Sonderforschungsbereich 240
»Bildschirmmedien« an der Universität-Gesamthochschule Siegen. Seit 1996 Akademischer Rat am Institut für Kunstpädagogik
der Universität Gießen. Schwerpunkte seiner Forschung und
Veröffentlichungen: Klassische Moderne und Gegenwartskunst,
Kunst in Film, Fernsehen und Neue Medien, Kinderzeichnung
und Computer.

Prof. Dr. Jutta WERMKE, geboren 1943 in Saarbrücken, Promotion
1973 in Bonn, Habilitation 1986 in Siegen, Professur 1993 an der
Universität Bielefeld, 1994 FU Berlin, seit 1997 Universität Os-
nabrück. Publikationen zur Literatur- und Medienwissenschaft,
zur Literatur- und Mediendidaktik, Ästhetischen Erziehung und
Kreativitätsforschung.

Prof. Dr. Arnd WIEDEMANN, geboren 1962 in Mülheim an der Ruhr, Studium der Betriebswirtschaftslehre in Münster (Abschluss als Diplom-Kaufmann), Promotion 1991 zum Dr. rer. pol. in Basel, Habilitation 1997 im Fach Betriebswirtschaftslehre in Basel, seit 1998 ordentlicher Professor für Betriebswirtschaftslehre an der Universität-Gesamthochschule Siegen, Lehrstuhl für Finanz- und Bankmanagement, Forschungsschwerpunkte in den Bereichen Finanzielles Risikomanagement in Unternehmen und Ertragsorientierte Banksteuerung (Homepage: www.zinsrisiko.de).

Personenregister

Sachregister